莒县知青

宋君　唐正立\编著

经济日报出版社

图书在版编目（CIP）数据

莒县知青／宋君，唐正立著．--北京：经济日报出版社，2018.10

ISBN 978-7-5196-0425-7

Ⅰ．①莒… Ⅱ．①宋… ②唐… Ⅲ．①上山下乡知识青年-史料-莒县 Ⅳ．①D652

中国版本图书馆 CIP 数据核字（2018）第 223645 号

莒县知青

作　者	宋　君　唐正立　编著
责任编辑	陈莎莎　李石华
出版发行	经济日报出版社
社　址	北京市西城区白纸坊东街 2 号 A 座综合楼 710
邮政编码	100054
电　话	010-63584556（编辑部） 010-63538621　63567692（发行部）
网　址	www.edpbook.com.cn
E-mail	edpbook@sina.com
经　销	全国新华书店
印　刷	北京鑫瑞兴印刷有限公司
开　本	710×1000 毫米　1/16
印　张	38
字　数	686 千字
版　次	2018 年 11 月第一版
印　次	2018 年 11 月第一次印刷
书　号	ISBN 978-7-5196-0425-7
定　价	88.00 元

《莒县知青》编纂委员会

顾　　问：于　勇　葛长华

主　　任：藏新宇　李小雪

副 主 任：许传新　田纪平

委　　员：宋　君（女）　孙晓峰　孔范德　庄树卿（女）　于月友

《莒县知青》编审人员

主　　审：藏新宇

副 主 审：田纪平　孟凡金

主　　编：许传新

副 主 编：宋　君　庄树卿　于月友

特约编审：于　勇　田文阁

执行主编：宋　君（女）　唐正立

编　　辑：（按姓氏笔画排序）

万修学　孔范德　尹秀丽（女）　史树红（女）

孙建臻（女）　孙晓峰　许艳艳（女）　陈维芳（女）

李照芳（女）　张慧萍（女）　孟令成　林桂亭　鲁星华

特聘编辑：（按姓氏笔画排序）

公方树（女）　王发华　王丽姝（女）　刘荣起　许永明（女）

吴仕传　李　鸿　李成刚　杨　琦　张延超

郑孔强　殷晓林　阎　伟　董　瑛（女）程　鹏

摄　　影：马成俊　孔范德　唐正立

编　　务：王　涛

沭畔新城

文心广场

廊桥夜色（韩德军）

沭河东岸公园

千年银杏树王

莒县人民医院树东新区新院区

莒国古城建设规划鸟瞰图

◀ 1968年9月济南市第十七中学初一四班同学欢送本班第一批学生下乡时合影

▲ 济南知青与所在大队社员留影

阎庄公社朱家庄子大队知青与省劳模铁溪（大队书记）等合影 ▶

▲ 济南第十七中学知青到峤山区庄家洪沟大队插队时合影

▶ 城阳区钟家村大队知青欢送张嘉菱（济南招工）、张洪海（参军）时留念

1968年9月城阳区钟家村大队知青合影 ▶

▼ 1968年7月城阳区韩家菜园大队知青合影

▲ 城阳区邢官庄大队知青组合影

▼ 陵阳区西上庄大队知青组合影

1975年下乡到峤山公社大崖头大队10名青岛知青和一名济南知青留影

1975年6月庄疃公社知青去浮来山参观合影

"新社员宣传队"部分队员在济南趵突泉公园合影

刘官庄区李家念头大队知青与村民合影

刘官庄区前于庄大队下乡知青合影

▶ 青岛市化下乡知青在庄幢公社坝上大队插队时与带队干部留影。

▲ 1977年5月合并在前绪密大队的知青留影

▲ 1975年6月青岛知青在陵阳公社西湖村大队下乡时留影

▼ 峤山公社大辛庄大队知青合影

▼ 1977年青岛知青在前绪密大队的田间留影

▲ 莒县县委宣传车在大街上宣传知青上山下乡

▼ 1974年城阳公社邹家庄子大队知青组合影

▼ 1977年8月坝上大队知青合影

▲ 城阳公社桃园大队知青与大队长冯金合影

▼ 庄町公社前城子大队知青合影

▲ 城阳公社刘家村大队知青与村干部合影

▶ 庄疃公社前城子大队知青与带队老师合影

▲ 城阳公社东陈家楼大队知青与带队干部及村干部合影

▲ 陵阳公社刘家址坊大队部分知青合影

▲ 陵阳公社刘家址坊大队知青与大队支部书记合影

▲ 城阳区韩家菜园大队知青合影

◀ 爱国公社爱国大队知青在渠道边听吕鸿宾讲革命故事

▼ 刘官庄区前竹园大队女知青合影

▼ 刘官庄区前竹园大队知青在出工路上

陵阳公社刘家址坊大队知青合影 ▶

莒县第二次青年积极分子代表会爱国代表队合影 ▶

庄疃公社前城子大队女知青驾驶拖拉机 ▶

▼ 刘官庄区前竹园大队部分知青合影

▲ 1978年麦收，爱国大队知青林凡华在麦田挥汗收割

▲ 爱国大队女知青劳动间隙

▲ 爱国公社朱家庄子大队济南知青在田间合影

▲ 县委毛泽东新思想宣传队演出剧照

▲ 1981年县直机关纪念七一晚会剧照

▲ 济南知青尚铁汉在莒县工人俱乐部表演小提琴独奏

▶ 城阳公社邹家庄子大队知青排练文艺节目

◀ 莒县“新社员宣传队”在济南趵突泉演出

▲ 红卫兵臂章

▲ 知青大院

▲ 推过的碾

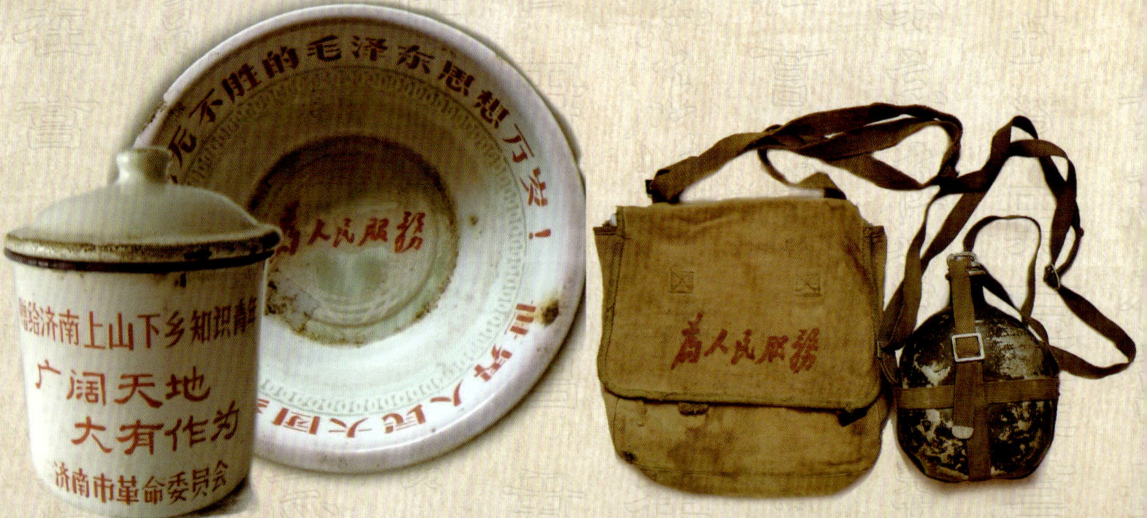

▲ 当年曾用过的物件

▲ 2007年12月由知青筹资修建的峤山区大崖头利源大桥竣工

▲ 1998年在中楼区两山口大队下乡知青首次返乡

▲ 2008年9月由知青尹力、田元等筹资兴建的大崖头小学落成

▲ 2008年中楼区两山口大队"老知青"奖学助学基金会成立

▲ 2017年5月大崖头村知青相聚力源桥

▲ 2017年8月老知青回两山口村发放助学金

▶ 莒县档案局局长许传新到基层档案室征集知青档案

▲ 2016年12月时任莒县档案局局长田纪平与刘官庄镇李家念头村李安征、葛长皆座谈了解知青情况

▲ 2016年7月15日莒县档案局召开座谈会，启动《莒县知青》编纂

▲ 2017年5月19日在济南召开《莒县知青》编纂座谈会

▲ 走访采集知青资料

▲ 知青代表参加《毋忘在莒》发展大会与档案局领导合影

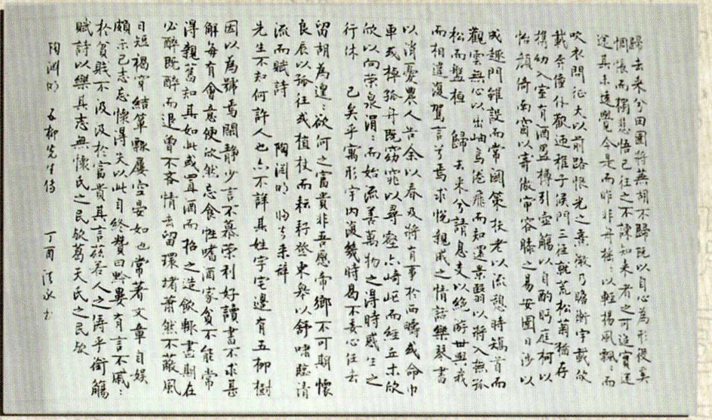

◀ 宋法永 作品

▲ 陈胜民 作品

▲ 张延超 作品

▲ 孙新民 作品

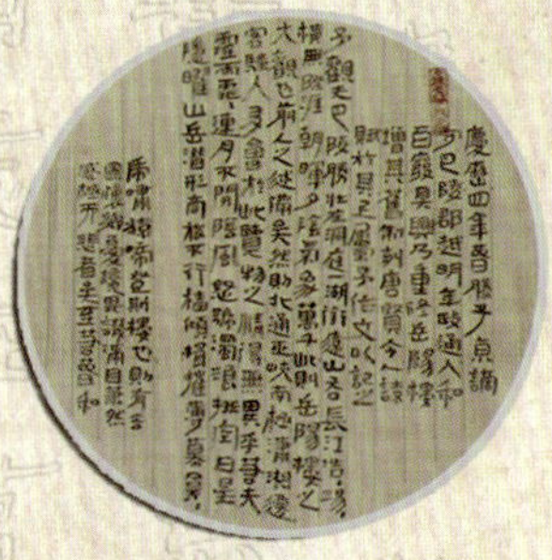

▶ 毛晓萍 作品

◀ 魏国瑞 作品

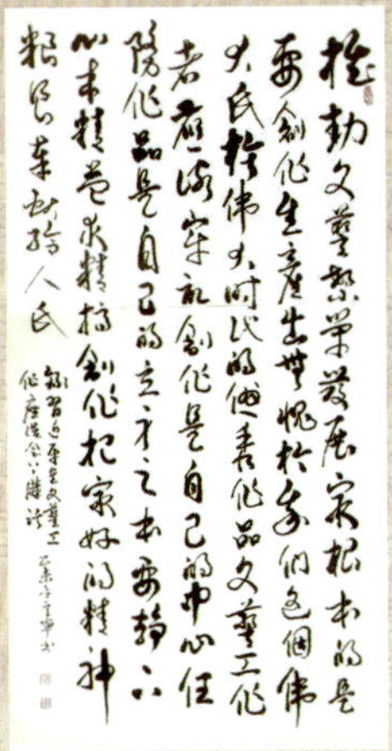

▲ 商苢宁 作品

▲ 王全梅 作品

▲ 李学军 作品

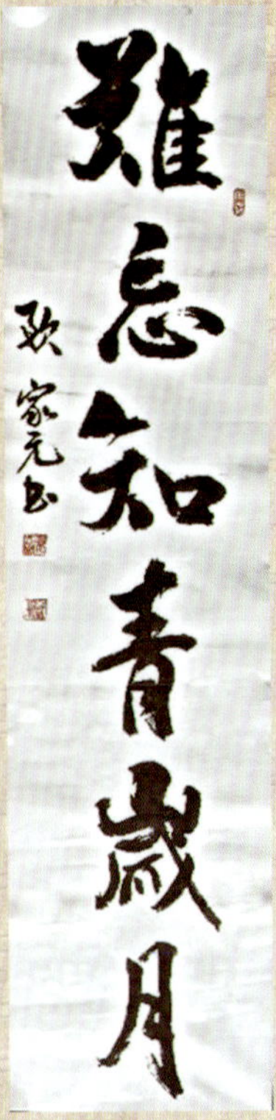

▲ 欧家元作品

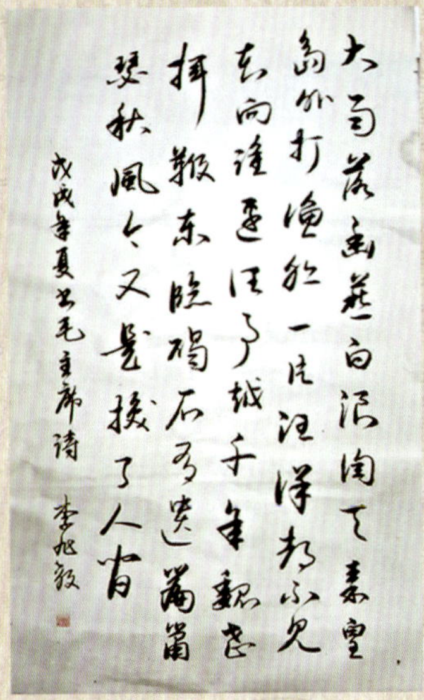

◀ 李旭毅 作品

◀ 王建波 作品

◀ 于海英 作品

▼ 辛崇英剪纸

知青岁月，你“青春无悔”了吗？

詹国枢

前些日子，接到经济日报原副秘书长于勇打来的电话，说国枢呀，我们山东莒县出了一本《莒县知青》的书，想请你给写个序，你看行吗？

我说这个不行，我已经好些年没有给人写序了！而且，莒县的事，我一点不熟，找我来写，叫我怎么下笔？不行不行，算了吧！

于勇说，你先别说不行，我说两条理由，你看行不行吧！

首先，这是专为当年知青出的一本书，出得很不容易，编得也很辛苦！你当年不也当过知青吗？四川和山东，都是知青嘛，大家都有共同经历，都是一样的感情，你能写不出来？

其次，俺于勇曾在你手下做事多年，咱俩不说是朋友，总算是同事吧？就算我这下级和兄弟求你了，你不能不答应吧？

我这人心软，于勇如此说，我还能说什么？

数日之后，《莒县知青》编辑组将电子稿从邮箱传来。打开一看，好家伙，足足500多页！以一页1000字计算，得50多万字哪！

粗略看了看，此书记述的是莒县上山下乡知青的经历、故事、情感，以及知青们的一些作品。

从20世纪60年代末始，来自济南、青岛、莒县，以及北京、辽宁、浙江、四川、湖北、福建、山西等省的知青共3100多人，来到地处沂蒙山区的莒县插队落户。他们怀着一颗一辈子扎根农村的心，战天斗地，不怕苦，不怕累，在这里留下了自己青春的足迹。为了不忘初心，弘扬美德，也是为了圆当年那代上山下乡人的一个梦，莒县有关部门决定，编纂出版这本《莒县知青》。

面对这么一本厚厚的内容如此丰富的书，怎么写序呢？说实话，我真有点不知从何下笔。

突然想起，前些年，也是出书，也是关于知青，老詹曾与人发生过一场耐人寻味的争议。

大约两年前吧，一帮当年一起上山下乡的知青，筹划出一本知青纪念手册，一切都弄得差不多了，最后，得给这册子取一书名。

取什么好呢？

有人提议，叫《青春无悔》吧！想当年，千千万万上山下乡知青意气风发，斗志昂扬，义无反顾地投身到广阔天地中，与贫下中农一起战天斗地，同吃同住同劳动。虽然吃了那么多苦，受了那么多罪，但是，我们毕竟经历了风雨，增长了见识，受到了锻炼，在农村一天天成长，一天天成熟。那段历史，是我们这代知青一生难以忘却的历史，也是我们的青春奋斗史。所以，取名《青春无悔》，最能表达大家心情！

青春无悔？NONONO，错错错！有人表示坚决反对。

理由是，虽然，在上山下乡的艰苦环境里，广大知青并没有消沉，没有气馁，也没有堕落！他们中的绝大多数人都挺过来了，确实也成长了，成熟了。但是，毕竟，那是一场发生在文化大革命期间的非常不理性、非常不正常、因而也是必须从根子上加以否定的政治运动。千千万万上山下乡知青虽然先后都下去了，而且一去就是三年、五年，甚至十年、八年，但是，他们下乡是环境所迫，是无可奈何的。广大知青虽然是这场运动的参与者，但同时也是受害者。回忆这段非正常历史，怎么能够加以肯定，加以赞扬，甚至说是“青春无悔”呢？我们不但有悔，非常后悔，而且，肠子都悔青了！

听完这段争论，大家陷入深思。

是呵，知青岁月，能说“青春无悔”吗？

从争论双方看，乍一听来，两种观点，似乎都有道理，但又好像不能完全说服人。啥原因呢？仔细想想，症结出在看问题的角度不同。

第一种观点，是从每一知青的个体角度看。确实，甭管那是一场政治运动还是什么运动，甭管当时是正常还是非正常，但是，对于我们每一个参与者来说，在那样无可选择的选择中，我们所能做的，只能是以一种向上的、积极的人生态度，去面对现实，去付出我们所能付出的一切，不懈努力，不断奋斗，去实现在那样一种现实条件下所能实现的最好的人生目标！我们这样做了，也如此努力了，千千万万知青这段不屈不挠的奋斗史、成长史，难道不值得在历史上书写一笔，难道不能说青春无悔吗？

第二种观点，则是从时代的宏观大背景看。确实，那是一场在错误的文化大革命中的发起的错误的政治运动。倘若不是那场运动，千千万万风华正茂的年轻人，肯定将会在学校里继续深造、学习，完成他们各自的学业，成长为国家需要的栋梁和各方面人才，而不至于被耽误三年、五年甚至十年、八年！而这三年、五年，十年、八年，正是年轻人学习成长的关键时期，一时被耽误，终生耽误矣！从这个角度看，这样一场错误背景下发起的错误的政治运动，难道不应该加以否定吗？

那么好了，明白了看问题角度不同得出结论也不同的道理，在如何看待当年知青上山下乡这一问题上，便有了不同角度的衡量标准，不至于一忽儿左，一忽儿右，各执一词，矛盾纠结甚至严重对立了。

正因此，翻看《莒县知青》这样一本厚重的回忆当年知青岁月的书，看到作者大都满怀激情地书写自己当年战天斗地的历史时，我是非常理解、深有同感的。我以为，有过那样一场经历，能为当年自己的行为激情追忆、冷静反思进而无悔喝彩，这样的人是明智的、现实的，也是会认认真真过好自己后半生的。

亦因此，但凡看到老知青对于当年这段生活充满感情的回忆，我也是会为他们激动，会为他们喝彩的。

从这个角度看，他们说自己青春无悔，理所当然，无可非议。

当然，事情都有一个度，物极必反。倘若走到极端，把当年上山下乡运动说成一场新中国前所未有的伟大壮举，一代年轻人必然经历的心灵洗礼，培养锻炼了一代中坚和领袖，那也未免有些牵强，并非实事求是。没错，当今中央政治局和政治局常委领导中，曾经当过知青者，确实不在少数，但这是因为他们的年龄大都属于50后，恰恰出生在那样一个年代，正因此，他们成长过程中，必然会遇到上山下乡，而到了五六十岁、六七十岁，自然就会挑起国家的大梁。这与上山下乡培养和锻炼了他们，完全两码事，不能混为一谈。

好了，为《莒县知青》作序而谈了这么多，扯得有些远了，就此打住。

不知在此书顾问于勇那里，此文能交差否？

人民日报社原编委

人民日报海外版总编辑

第十一届全国政协委员

2018年8月

我的自学

于　勇

父亲是位老知识分子。受其影响，我自幼就有求学上进的志向。记得中小学在校读书期间，作文多次写过“我的理想”，不是想当个科学家就是想成为一代名医。结果，无产阶级文化大革命一声炮响，使我们这一代人的理想、梦想变成了一枕黄粱。

“文革”始于1966年初夏。当时我在济南第十五中学17级4班刚刚学完初中一年级的课程。“文革”来了，停课闹革命。这一停，就到了初中毕业。按正常学年，我们应于1968年6月结束初中学业，结果让“文革”闹得我们拖延到年底才算毕业了。时逢毛主席发出了“知识青年到农村去接受贫下中农再教育”的号召，于是我这位实际只读了一年的初中生也顶着“知识青年”的光环，随着上山下乡的洪流来到了莒县中楼公社两山口大队成了“插队知青”。

位于大山怀抱中的两山口属穷乡僻壤，在此下乡插队两年无学可上、无书可读。1970年底招工回到故乡济南，进工厂当了锻造工人。这期间让“文革”闹得仍然是无学可上。好在济南毕竟是省城，找几本书看还是容易的。我家隔壁有位抗战时期参加革命的老干部，我叫他丛叔叔。他手上有本艾思奇著的《辩证唯物主义历史唯物主义》，我借来这本书如获至宝，抽空就翻看。当时对书中的哲学道理虽弄不太明白，但也懵懵懂懂学到些什么。在这以后几年中，我又先后读了《水浒传》《三国演义》《西游记》《三言二拍》《基督山伯爵》和《战争与和平》等中外名著。读书加思考，我开始尝试着写点东西。

谁承想不断地被厂广播站、企业办的《黄河报》采用，并经他们推荐给省市广播电台和《大众日报》《济南日报》。我更有信心了，一发不可收拾，发表的东西越来越多，质量也不断提高。如此自然引起了领导注意。1972年下半年先是到《黄河报》帮助工作，1975年又以学习的名义被借调到《济南日报》工交组。1976年4月《济南日报》通过市委组织部下调令，将我正式调入。不久后原企业党委副书记李永澄（他曾在《济南日报》工作过）与我谈心。他说，《济南日报》老同志多，你想解决组织问题要等很长时间，还是回《黄河报》入党快。入党对我来说是很大的诱惑。我也是以此为理由说服了关心、信任我的《济南日报》社的领导，于当年底重新回到《黄河报》当编辑。

俗话说，当家才知柴米贵。到媒体当记者做编辑，使我更感到了知识的贫乏。好在时代终于变了。1976年我们党粉碎了"四人帮"，结束了历时10年的文化大革命。尤其是三中全会召开，我们国家迎来了改革开放的新时代。"文革"10年浩劫，百废待兴。国家最需要的是人才。1977年10月20日旅行结婚去南京途中，广播里传来了振奋人心的好消息：恢复高考。我顿时激动起来，跃跃欲试。可转念又一想，结婚啦，又仅仅读完1年初中，哪家大学会录取我这样的学生？于是就放弃了报名参加高考的念头。与此同时，各类培训教育也陆续开展起来。1978年春，济南市总工会主办的职工大学最早开办了中文培训班，虽无学历，我仍义无反顾的坚持业余学习了1年多。当时我的想法很简单，有没有学历无关紧要，只要能学到东西就行。转眼到了1979年2月，中央广播电视大学英语专业开学，我经考试已被录取。但此时我面临重重压力。工作繁忙自不必说，压力最大的来自家庭。母亲直肠癌术后才半年，父亲食道癌住院已至晚期，弟弟自1972年外伤致高位截瘫后一直卧床，吃喝拉撒都需要人照顾，儿子出生不足6个月。这些现实问题摆在面前，怎么办？爱人鼓励我，千难万难也要坚持学下去。于是我咬着牙开始了电大英语学习。1年半学习结束，于1980年6月通过全国统一考试，我拿到了平生第一张大学英语单科结业证书。

虽是单科结业，我还是尝到了自学的甜头。学习的热情更加高涨。1981年春夏之交，山东师范大学夜大学开办，面向济南市招生。我报名应试，顺利录取为中文系夜大学生。那个年代，社会需要知识，国家需要人才，学习的氛围很是浓厚。夜大学1年的学费仅20元，这点钱连学校发的书本费都不够。夜大学自然是夜间上课。学制3年，每周5天，每晚3节课。

这期间除去推不掉的因公出差外，我做到了风雨无阻，下班后草草吃几口东西即骑上自行车往返近20公里按时上课。

这当中有两件事记忆犹新。第2学年开学后不久上现代汉语课。课前听家在山师的同学讲，主讲教师谭德姿家中下午失火，恐怕是来不了啦。谁想到，上课铃声一响，谭老师又像往常一样准时出现在讲台上，绘声绘色地讲起课来。课间休息，同学们围在谭老师身边表示慰问。谭老师下边的一席话让我记了一辈子。她说："'文革'10年浩劫毁了一代人。国家百废待兴最需要的就是人才。你们这个年纪，或上有老下有小，或正该花前月下卿卿我我。你们坚持晚上来上学，不就是为国家强大吗！老师家里遭了灾不算什么，国家富强了什么都有了。"老师一席话，感动得不少同学热泪盈眶。

1984年6月，3年夜大学的学习将要结束，最后几门功课面临考试。被病魔折磨了多年的老母亲也走到了生命的尽头。6月1日晚我在医院陪床。母亲清醒时就陪她唠嗑拉家常，她昏睡时我就抓紧看功课背题，准备次日晚上的《当代文学》终考。也许是回光返照吧，晚上显得还很有精神的老母亲，凌晨病情急转直下，虽经医护人员全力抢救，终究回天无力，她老人家早6时还是闭上眼睛与世长辞了！满怀悲恸，我通知了家人，报告了单位。在大家的帮助下，下午举行了老人家的遗体告别仪式，2点多钟就火化了。办完母亲的丧事，我一看时间还能赶上当天晚上的《当代文学》考试，错过了就要等到补考了。说走就走，我骑上自行车直奔学校。当我臂戴黑纱，踩着铃声走进考场时，监考老师和同学们都吃了一惊。因为此前我已请过假了。也许是老母亲在天之灵佑护，当天的《当代文学》考试我竟然考了全班最高分:100分，满分。

夜大学专科毕业在即，山东师范大学中文函授本科又要招考。我们夜大的十几位同学相约报考。结果，和来自全国的2600多位全日制大专生同台竞考，我们山师大夜大学的学生成绩最优异，录取率也最高。这既证明了夜大学的教育水平和质量，也使得山东师范大学夜大学名声在外。

有了前几年学习的基础，1984年7月~1987年6月的中文本科函授学习顺利通过。这期间值得一说的是我参加的自学考试。由于工作表现突出，我1979年底被提拔担任了《黄河报》总编辑。虽仅是名科级干部，但毕竟要带着十几人一起工作。进入20世纪80年代，学历越来越重要，提干、涨工资、评职称都要看学历。1984年我已取得第一张大专学历证书，学历对我已不那么重要了。但和我一起工作的伙伴们需要学习、需要学历呀！

于是，我就鼓励他们找学上，并自作主张：每门课大考前放假10天，回家准备功课。当时国家开始了自学考试，同事们纷纷报考应考。也许是自学考试太难的缘故，第一轮考试下来，我所在单位范围内几百人应考竟然无一人通过。对此结果我心有不服，跃跃欲试报名参加自学考试。另外，还有一种更强的力量推动着我。中文大专毕业，当记者做编辑专业知识可以应付了。可是当总编辑，马列主义基本理论也不可少啊！当时由山东大学主考的党政干部基础科开设有：哲学、政治经济学、法学概论、世界史和中国近代史等共11门课程。细细想来，这当中有不少课程的知识是我这个新闻工作者需要掌握的呀！于是我下定决心报名参加自学考试。

那个年代提倡“工业学大庆”流行着铁人王进喜的一句名言：“人没压力不革命，井没压力不喷油。”由此我联想到儿时顽皮的弟弟逢学习考试成绩不好，母亲打他时常说的一句话:“骡马都能打上道了，不信你就打不上道”。我觉得这些道理用在学习上挺实用的。经过多年学习我有这样的体会：考试就是学习加压的最好方式。抱着这样的心态，我开始了自学考试。为此，也召来了一些非议。包括我的一位初中同学：你都有学历了还凑什么热闹？当时年轻气盛，对这种言论我总爱反唇相讥：我学我的，你学你的；我有学历再学绝不占用工作时间，碍谁啥事了？！我确实说到做到了。参加自学考试过程中，除参考时间外，我没因为学习请过一天假。报社的伙伴们凡参考都可准假10天。那一年多时间里，要工作，要在寒暑假时间参加山师大中文函授课程学习，平时早起晚睡，节假日不休息，一切可以利用的业余时间全用在了学习上。这也多亏了爱人含辛茹苦，几乎承担了全部家务。解除了后顾之忧，使我全副精力投入到工作和学习上。

记得1985年11月的一个晚上，报社一位编辑因没评上职称心有不服，到家中找我诉苦。当时我正在冲刺应付第二天上午8点开考的中国近代史。心里那个急呀，巴不得他赶快离开我好备考。哪想到这伙计上了犟劲，一直磨叽到近午夜才离开。离参考只有7个多小时了，只好一夜不眠看书备考。一件军大衣，一杯热水伴随着我学习到清晨。凡临近考试，我基本是10几日每天仅睡2~3个小时，又加上这夜未眠，考场打盹怎么办？我不会抽烟，考场也不让抽烟。有了，单位刚分了桔子，我怕酸，这桔子又酸得够劲。于是，我顺手抓上两个桔子，考场上打瞌睡时我就吃瓣桔子。那个酸呀，使我头脑顿时清醒起来。考试结束，牙齿让桔子酸倒了，庆幸的是考试通过啦。就这样，我自1984年秋天参加自学考试，又经过来年春秋两次考试，整整一年时间，党政干部基础科11门课程全部一次考试合格。1985年底，我又拿到了第二张大专毕业证书，是山东大学颁发的。我也成了所在系统近千位参加自学考试的干部中，第一位自学考试成功的人。

1985年下半年，我根据组织要求，带人创办了面向全国发行的《中国重型汽车报》，并成为首任社长，由此走上了处级干部岗位。1987年上半年，省委党校举办了全省首期处级以上新闻干部培训班，我成为学员中的一员。在省委党校学习期间，听说了夏季要招考首届党政干部研究生的消息。通过积极努力，我争取到了报考名额。回到单位向党组书记报告却碰了钉子。他说，报纸创办不久，工作需要你。再说，考研英语你能过得了关吗？这位领导是“文革”前清华大学毕业的高材生，重视知识、重视人才。我反复向他申述，研究生报考条件其中一条就是不能超过35岁，我踩在线上再不考此生就没有机会了，并明确表示如考不上回到岗位上会更加努力地工作回报组织的关怀。这位领导最终被我说动了，在报名申请表上签上了“同意报考”4个字。至今，我仍然非常感激那位老领导的知遇之恩。

报考后紧接着就是备考。要考的科目有：马克思主义理论（包括哲学、政治经济学、科学社会主义、党史、共运史、时事政治），还有写作和外语。除外语外，我自觉其他科目都很有把握，毕竟基础在那儿摆着。外语虽经过中央电大一年半正规学习，但结业后已有七年多了，扔在一边一直未用也忘得差不多了。能不能通过考试心里真没有底。6月底，新闻干部培训班学习结束。我借着脸熟向学校培训部领导提出，学校马上放暑假了，我继续使用培训时使用的房间复习功课一个月，参加7月底举行的研究生入学考试。想不到学校领导竟然爽快地答应了。学校放暑假后，培训楼5层上20多间宿舍、4个大教室空空荡荡，就我一个人在夜以继日地复习英语备考。当时学校条件差，宿舍里仅有吊扇，楼的两侧是公用卫生间。济南七月流火，天热吊扇吹着也大汗淋漓。热急了，我就跑到卫生间，脱光衣服，一盆凉水从头顶浇下来。早中晚三餐全部在食堂，并顺便从水炉提壶热水上楼饮用。就这样连轴转了近1个月，满怀信心地走进了考场。两天紧张考试结束，自我感觉良好，高高兴兴地回到了近40天未回的家。又累又困，回家后就想睡觉，但屁股又痒又痛难以入眠。我让爱人一看，她大吃一惊，原来长时间坐硬板椅子，满屁股是捂得冒着脓头的热疖子。爱人心终疼地含着泪帮我一个个挤出脓头，涂上碘酒，我才得以入睡。

功夫不负有心人。当年 8 月中旬，我收到了省委党校的录取通知书，成位首届研究生班学员。在单位交代完工作，8 月 31 日我和来自全省各地的其他 49 位同学一起开始了两年的研究生学习。这是我唯一的一次全日制脱产学习，也是全班 50 名同学中唯一的非全日制大学的毕业生。

两年研究生学习时间过得真快。1989 年初毕业前夕，我的工作关系就如愿转到了经济日报社。成为这家有重大影响力媒体的记者，是我多年的心愿！

自 1978 年起开始学习，至此已经坚持了 11 年之久。我自己觉得也该告一段落了。时事难以预料。1989 年春夏之交那场政治风波使中美关系迅速变冷。这时民间外交开始活跃起来。美国夏威夷大学和中国科学院研究生院（当时也是中国科技大学研究生院），决定联合举办 MBA 研究生班。中方负责研究生课程，美方负责论文答辩和授 MBA 硕士学位。这个班仅在北京和山东两省市招 30 名学生。我这当记者的消息灵通，自然不会放过这种机会，又再次报名考试合格后取得了入学资格。这个班专业研究方向为发展战略。从 1991 年春开始学习，每年春秋分别集中学习 1 个月，直至 1993 年春学完了全部硕士研究生课程。这当中有：运筹学、西方经济学、世界经济史和管理学概论等。记得我的毕业论文题目是《论社会主义经济的周期性波动》。文章洋洋洒洒 5 万余字，绕来绕去就是想说明：按照马克思主义观点，资本主义有经济危机，社会主义同样也会有经济危机。不过当时思想解放还没到那个程度，我尚不敢直接说社会主义也会发生经济危机，只好用了 " 周期性波动 " 这个代名词。论文顺利通过了答辩，我也如愿拿到了中国科学院研究生院的毕业证书和美国夏威夷大学的 MBA 硕士学位证书。

爱人问我还学吗？我摇摇头，说："读了 15 年书啦，辛苦你了，不学啦！"到此，我的自学就结束了！

有句名言："知识就是力量。" 15 年坚持自学，我对这句话有了更深刻的理解。不能简单地说知识就是力量，历史上学贯中西而在实践中一事无成的书呆子大有人在。要想知识成为力量，刻苦学习是前提，靠悟性消化吸收，把知识变成自身的东西，才是知识变成力量的根本保证。记得 1984 年我山东师范大学夜大学中文系大专毕业时，与研究现代文学郭沫若专题颇有造诣的蒋心焕教授交流时，他问我:3年大专学习，你最大的收获是什么？我据实回答，我会看书了。一部厚厚的文学著作拿过来，我能在比较短的时间内把握住：写作背景、主题思想、中心内容和主要人物的性格特征了。蒋心焕教授欣慰地说，你学到真东西了，可以毕业了！

讲述这段往事，意在告诉后人：大专也好，本科也罢，仅仅是人生学习的基础。关键是要有认真的学习态度和科学的学习方法。这才是人一生不断自学，永远进步的钥匙！

中国经济传媒协会常务副会长

中国文化国际合作创新联盟常务副主席

2018年9月

于勇学历

中央广播电视大学英文单科 1979.2–1980.6 结业

山东师范大学中文系夜大学专科 1981.9–1984.6 毕业

山东师范大学中文系函授本科 1984.7–1987.6 毕业

山东大学党政干部基础科大专自学考试 1984.11–1985.11 毕业

山东省委党校党政干部研究生 1987.9–1989.7 毕业

中国科学院研究生院 1991.4–1993.5 发展战略专业研究生毕业

美国夏威夷大学 MBA 硕士

目　　录

前　言

1968年12月22日，《人民日报》在一篇有关报道知青工作的编者按语中传达了毛泽东主席的指示：“知识青年到农村去接受贫下中农的再教育，很有必要。”其时，就全国范围来看，知识青年上山下乡中央早有号召。1964年，中共中央、国务院颁发了《关于城镇青年参加农村社会主义建设的决定》草案，这是上山下乡工作的先期指导性文件。由此，知识青年下乡逐渐开始。1968年后，全国掀起了轰轰烈烈的知识青年上山下乡高潮。莒县第一次接收城市知识青年，是在1968年4月26日。

有关上山下乡运动的解释，有邓小平题写书名、中央党史研究室胡绳，为纪念建党七十周年而主编，1991年8月1日出版的《中国共产党的七十年》一书中说：“‘文化大革命’开始后，由于大学不招生，工厂不招工，商业和服务行业处于停滞状态，城市初、高中毕业生既不能升学，也无法分配工作”的形势下，毛主席发出号召，党中央国务院制定了学生毕业面向农村、面向边疆、面向工矿、面向基层的“四个面向”分配政策，知识青年上山下乡风起云涌。据记载，“几年内，全国上山下乡的知识青年人数前后共达1600多万人。”

莒县知青就是在这种背景下应运而生。顾名思义，莒县知青就是到莒县农村插队落户的城市知识青年，包括济南、青岛知识青年、全国其他城市的回乡知识青年、本县城镇到农村插队落户的知识青年和随迁知识青年。

莒县知识青年上山下乡工作大体分三个阶段：第一阶段1968年4月至1975年3月，是以济南知识青年为主的上山下乡阶段，在这一阶段中，1968年4月始，省城济南先后动员了946名知识青年来到莒县农村插队落户，被安排到县内9个区91个大队。知识青年插队落户后，由所在大队安排住房，集体食宿，与所在大队的社员一样，统一参加农业生产劳动；第二阶段，从1974年2月至1975年12月，是全国部分省市回乡知识青年为主阶段，这一阶段共接收来自北京市、辽宁省、浙江省、四川省、湖北省、福建省、山西省、贵州省、河南省、云南省等有关城市，以及省内济南市、临沂地区、青岛市、淄博市、沂源县和本县等有关单位回乡知识青年91人，安排到15个公社80个大队；第三阶段，从1975年3月至1981年4月25日，是以青岛知识青年和莒县知识青年为主的上山下乡插队落户阶段;1975年5月至12月，1976年1月、3月，青岛市分期分批动员了1350名知识青年来到莒县农村插队落户。这批下乡知青分别被安排到爱国、庄疃等17个公社的60个大队。

青岛市化工局根据中央21号文件精神，采取厂、队挂钩的方式，在县、公社、知青点分别派出带队干部，与知青所在大队一起抓好管理教育。莒县也采取了相应措施，凡接收下乡知青的生产大队，大队干部要和知青带队干部密切配合，做知识青年政治上的领路人、生产上的带头人、生活上的贴心人。1974年9月12日第一批莒县城镇知识青年上山下乡插队落户，此后至1978年10月，莒县每年动员安置城镇知识青年到农村插队落户。与全国知识青年上山下乡运动保持同步进行。

自1968年4月26日县内开始接收济南上山下乡知识青年，到1978年10月安置最后一批莒县知识青年上山下乡，全县累计接收安置知识青年3116人，其中济南知青946人，青岛知青1350人，莒县知青551人，以及其他城市回乡知青268人。另外，根据国家政策，有随父母下放到农村的子女，1980年办理了随迁知青手续，享受知识青年待遇，据现有资料统计有11人。

1968年随着济南、青岛等城市的知识青年到莒县插队落户，对那时的莒县人民来说，确实是一个新生事物。城市知识青年的到来，对于相对闭塞落后的莒县农村来说，引起了不小的轰动。知识青年到农村插队落户，在壮大农村生产劳动力的同时，也促进了农村手工业和副业生产的兴起与发展，也为莒县农村社员带来新的思想观念，推动了农村文化事业、农村精神文明的繁荣和进步。

知识青年插队落户后，和贫下中农打成一片，虚心向广大社员学习劳动、生活本领，同时依靠自己的双手，利用自己的所学知识，发挥自己的聪明才智，在农村的广阔天地里，辛勤耕耘，收获劳动果实，不但能够自食其力、自给自足，还以自己的劳动所得支援国家建设。难能可贵的是，广大知识青年能够自觉地开展科学种田，推广新品种、新技术，力所能及地推广农业机械化，推广电力在农村的应用，在当时贫穷落后的农村起到了良好的示范带动作用，为社会主义新农村建设和社会发展做出了不可磨灭的贡献。《中国共产党的七十年》一书中，对知识青年给予了很高的评价：“广大知识青年去到农村和边疆，经受了锻炼，为开发、振兴祖国的不发达地区做出了贡献。”

知识青年上山下乡，使一代青年经受了刻骨铭心的锻炼和考验，经过农村风风雨雨的洗礼，知识青年迅速成长和成熟起来。而上山下乡这段经历，也在知识青年人生历程中留下了终生难忘的一页，成为这一代知青们永不磨灭的记忆。知识青年从城市来到农村，经济状况、生活环境落差很大，他们没有气馁、没有消沉，不等不靠，而是面对现实，与贫下中农同甘共苦，积极参加农业生产劳动。他们的为人处事，他们的劳动积极性，他们的劳动成果，受到贫下中农的好评，也得到了各级党委和政府的肯定。他们有的入了团，有的入了党，有的担任了生产队、大队干部、农业技术员、政治宣传员，有的担任了公社干部，还有的当了民办教师、赤脚医生，他们中的佼佼者有的被评为活学活用毛泽东思想积极分子、农业学大寨积极分子、五好社员、优秀教师、青年积极分子、新长征突击手、先进工作者、知识青年先进个人等。不少优秀知识青年代表参加了县、地区、省的表彰会、代表会、经验交流会。1972 年 5 月，招贤公社大铺大队知识青年柴刚参加了临沂地区召开的学习毛泽东思想积极分子代表大会，并做了典型发言；1974 年 8 月 15 日，中楼区两山口知青董瑛出席了山东省知识青年上山下乡工作会议，并做了《永远和贫下中农在一起》的典型发言。1977 年 12 月 2 日，临沂地区召开上山下乡知识青年农业学大寨积极分子代表大会，莒县有王兴兆等 27 人受到大会表彰，有 11 个知青组获先进集体荣誉称号。

天南地北四方人，相遇莒县一家亲。为了做好知识青年上山下乡工作，莒县县委、县革委会（政府）给予了极大的重视和支持。县委认真做好上山下乡动员安置工作的经验得到了省委、地委的充分肯定，并在有关会议上作了介绍和推广。县知识青年上山下乡办公室作为知青工作的专门机构，全体工作人员积极工作，认真负责，尽职尽责地做好知青工作。尤其是在后期，县知青办认真贯彻执行“国家关心，负责到底”的工作方针，在有关部门的共同努力下，妥善解决了知识青年的各种遗留问题，给为期 10 年的莒县知识青年上山下乡工作划了一个圆满的句号。

尽管上山下乡运动使知识青年“在青春年华失去了在学校接受正规教育的机会”（《中国共产党的七十年》），他们远离了他们熟悉的城市，远离关心他们的亲人，离开了读书学习的学校，但是他们并没有沉沦，而是自强不息，有的坚持自学，刻苦攻关，招工后在平凡的岗位上取得了不平凡的业绩，有的发愤读书，考取了大中专院校，增补了国家人才断层，参与到国家现代化建设和改革开放的洪流中，成为社会发展、时代前进的中坚力量。尽管他们早已离开了农村，但知青经历已深深铭记在他们的内心，莒县也成了他们的第二故乡。当年与他们并肩作战的乡亲也成了他们的牵挂，很多知青一直保持着同所在村庄乡亲的联系，有的回城后继续为当年知青点做贡献。济南知青尹力、田园等帮助大崖头村筹资 278 万元修桥、建学校；青岛知青吴仕传帮助墩头乡建起文心酱菜厂；在两山口插队落户的 12 名济南知青返城不忘第二故乡，自发捐资 10 万元作为奖学助学基金，对两山口村升入大学的学生每人奖励 500 元至 1000 元，自 2008 年至 2017 年，他们共资助了 28 名升入大学的学生，计 20100 元，资助三个孤儿 14000 元。

知识青年上山下乡——这一特殊时期的特殊产物，“知识青年”——这一特定的历史名词，都已经永远定格在那个难忘的年代，“莒县知青”也永远定格在莒县历史当中。而且，作为艰苦奋斗、顽强拼搏、团结友爱、无私奉献的知青精神，将永远留在老知青记忆里，也将永远留在莒县人民的记忆里，激励着人们坚定信念，克服困难，不忘初心，牢记使命，创造美好的未来。

以下是关于本书的几点说明：

一、本书融史志及文学作品于一体，坚持“信实”原则，实事求是，力求客观真实地记录莒县二十世纪六七十年代知识青年上山下乡时的那段历史，再现当年知青在农村战天斗地、顽强拼搏，为莒县人民奉献青春年华的高尚品质。还原知识青年这一特殊群体那段特殊经历。

二、本书是坚持以人为本的写作原则，以人为中心展开叙述，写上山下乡知识青年的生产、生活、学习乃至思想状况，力求做到史料性和人文性的统一，思想性和感情性的融合。

三、本书以历史资料为主线，以走访知青点多角度采访和知识青年追溯回忆为辅，坚持突出重点兼顾其他的原则，对知识青年上山下乡这一特定时期的特定事件和人物如实记载，客观描述。

四、本书以时间先后为顺序，记述知识青年响应号召上山下乡来到莒县插队落户后的政治、生产活动等情况，记述知识青年离开农村返城的前因后果。力求真实地反映当时社会背景和知青历史全貌，使知青们重温“乡情浓郁、往事绵绵、刻骨铭心”的人生经历。

五、本书资料源于济南、青岛、临沂、莒县档案馆馆藏档案以及有关历史文献，和部分人知情人回忆口述等渠道。凡采用资料均经过认真鉴别考证，并注明出处。凡使用书面资料都说明来源，凡是知青提供资料，一般注明提供者姓名，以保证该书的严谨性。

第一章　上山下乡

第一节　时代背景

知识青年上山下乡是在20世纪六七十年代那个特殊历史条件下诞生的一件新生事物。

新中国成立后，随着政治经济的发展，教育逐渐普及。党中央就号召知识青年走与工农兵相结合的道路。根据现有档案资料，1957年6月19日，莒县共青团县委下发《关于贯彻全县第三次知识青年积极分子代表大会精神和欢迎应届毕业生参加农业生产的通知》，《通知》说，第三次知识青年代表大会在党委和有关部门的关心下开得很好，与会代表对升学、参加农业生产劳动有了较正确的认识，表示愿意在不能升学的情况下愉快地回到农业战线，在建设社会主义新农村中贡献力量，在农业上生根、开花、结果，做祖国第一代有文化的新式农民。通知针对回乡知识青年思想状况和工作中存在的问题，提出了具体的要求，要积极组织贯彻知识青年代表会议精神，讲党和政府对知识青年的关怀，讲知识青年参加农业生产大有可为，要求知识青年放下学生架子，积极劳动，好好学习，热心帮助别人，以自己的实际行动实现自己的价值。要积极组织知识青年坚持学习，学习农业生产知识和科学文化知识。各级党组织要注意培养安心农业生产的典型人物，树立旗帜，鼓励广大知识青年参加农业生产。

1962年6月30日，共青团莒县委员会向莒县县委提交了《关于做好回乡知识青年工作情况的报告》。报告说，全县共有农业知识青年115978人，其中回乡知识青年10502人，占农村青年总数的9%；高中毕业生93人，占知识青年总数的0.9%；初中毕业生1624人，占知识青年总数的15.4%；高小毕业生8785人，占知识青年总数的83.9%。已回乡知识青年在农业战线上发挥了重要作用，成为生产上的一支生力军，一支农村中的文化骨干，充实了农村领导骨干力量。报告针对回乡知识青年思想状况，提出了做好农村回乡知识青年教育和安置的具体思路。

1963 年 9 月 23 日，中共莒县县委青委向县委提交了《关于继续做好回乡知识青年教育和安置工作的报告》，1963 年 9 月 27 日中共莒县县委批转了这个报告，并下发了《中共莒县县委批转青委〈关于继续做好回乡知识青年教育和安置工作的报告〉的通知》，《通知》指出，我县已有 17000 名农村知识青年，这是一个很大的劳动队伍，是一大批知识型人才，是社会主义革命和建设的重要接班人，如何教育、如何带好这班“徒弟”，是农村组织干部，特别是老一辈革命老人义不容辞的任务，是我们应尽的责任。今后随着人民群众物质文化生活的改善和广大青年觉悟的提高，将有更多的知识青年到农村去，各级党组织和所有党员、干部，都应注意这个事情，经常加强青年的生活斗争和阶级斗争教育，使其懂得阶级和阶级斗争的道理，懂得生产斗争的科学道理，培养艰苦朴素、爱科学、爱劳动的思想作风，积极参加各项斗争的实践，学会生产斗争、阶级斗争的本领，更好地继续革命事业的建设。

根据现有资料，山东省城市下乡青年工作 1964 年就已开始，1964 年 7 月 30 日，山东省安总号（64）018 号文件对下乡、回乡人员安置工作的若干具体问题做了规定，凡是原籍在农村有自己房屋，或者虽无房屋，但有直系亲属可以腾、挤房屋的，均作为回乡处理；自己无房屋，直系亲属也不能腾、挤房屋的，和有组织的下乡插队人员，均作为插队处理。1964 年 12 月 12 日中共山东省委《批转省委城市知识青年上山下乡领导小组办公室关于动员城市知识青年、闲散劳动力下乡、回乡工作中几个问题的报告》，1967 年 1 月 12 日山东省革命委员会《关于上山下乡知识青年和其他下乡人员安置巩固工作的通知》，1967 年 4 月 8 日山东省革命委员会《关于上山下乡人员当前安置工作几个问题的通知》，1967 年 12 月 13 日山东省革委《关于安置高、初中毕业生上山下乡和劳动就业的通知》等文件，对城市知识青年上山下乡的经费开支、粮油供应、棉絮分配和生产生活等方面做了明确规定，要求各级党委政府要积极做好安置巩固工作，更好地发挥知识青年的重要作用。1967 年 12 月 24 日至 29 日，山东省革委召开了知识青年上山下乡工作会议，1968 年 12 月 22 日，毛主席发出“知识青年到农村去”的号召，山东省城市知识青年上山下乡工作进入了高潮。

1968年12月22日，《人民日报》在一篇报道的编者按语中传达了毛泽东主席关于："知识青年到农村去，接受贫下中农的再教育，很有必要。要说服城里干部和其他人，把自己初中、高中、大学毕业的子女，送到乡下去，来一个动员。各地农村的同志应当欢迎他们去"的指示，随即在全国掀起了轰轰烈烈的城市知识青年上山下乡运动高潮。但上山下乡并非始自1968年，它从20世纪50年代开始倡导，至60年代逐步展开。1964年中共中央、国务院发布了《关于动员和组织城市知识青年参加农村社会主义建设的决定》，这是上山下乡运动的一个纲领性文件。1965年中共中央办公厅为此发布了通知，从此，上山下乡列入党和国家工作的议事日程。1967年10月8日，中共中央、国务院、中央军委、中央文革小组《关于下乡上山的知识青年和其他人员必须坚持在农村抓革命促生产的紧急通知》，《通知》提出："知识青年和其他人员下乡上山，与工农群众相结合，参加三大革命运动，建设社会主义制度的新农村，是毛主席的伟大指示，必须坚持，不能动摇。"从20世纪50年代中期到70年代末，前后经历25年，全国知青总数达2000万人左右。1978年12月10日，全国知青上山下乡工作会议结束，《会议纪要》和《国务院关于知识青年上山下乡若干问题的试行规定》被中央批转，这次会议形成的文件，成为知识青年上山下乡的历史转折点，会议提出，还要坚持上山下乡，是为了条件成熟时不再上山下乡，要逐步缩小范围，有条件安置的城市不再动员上山下乡，尚需动员下乡的不再插队，要因地制宜举办知青场队，国家给予优惠政策；已在农村插队的知青，要逐步给予解决，其中老知青要限期解决，城镇要积极开辟新领域、新行业，扩大就业门路，到1981年底，国务院知识青年办公室并入国家劳动总局，各省市自治区也照此办理，至此，历时20余年的上山下乡运动宣告结束。

知识青年上山下乡，是特殊历史条件下为一代青年提供的一条特殊的成长道路。在这条道路上，有家庭亲情的远离，有读书求学的中断，有宝贵青春的荒芜，有人生理想的迷失，有生活信心的动摇，更有一代知识青年的坚韧不拔，团结互助，顽强地坚守和拼搏，他们在贫穷落后的农村，与贫下中农一起，创造了举世瞩目的业绩。是他们同当地人民一起，用自己的勤劳和智慧，发展了农业生产，稳定社会，繁荣了当地的文化，他们对人生艰辛的领悟，吃苦耐劳的品格，勤劳俭朴，自强不息，艰苦奋斗、团结友爱、无私奉献的精神成为那代知青的奋斗灵魂。所以，"知青"二字已不是单纯字面上的含义，而是那段特殊的经历赋予他们的一种特殊的印记，具有特殊的历史价值和深刻的思想内涵。

1968年,国务院制定了中学生毕业“四个面向”(面向农村、面向边疆、面向工矿、面向基层)分配政策。同年6月20日，莒县革命委员会根据国务院、省地委指示，下发了《关于做好城市知识青年下乡上山工作的意见》。《意见》指出，做好城市知识青年下乡上山工作，“毛泽东思想是做好下乡上山工作的指路明灯,掌握了毛泽东思想,就能高瞻远瞩,立足农村,放眼世界;掌握了毛泽东思想，就能挖掉‘私’字毒根，登上‘忠’字高峰;掌握了毛泽东思想，就能‘公’字领先，‘敢’字当头，全心全意为人民。要把相信群众，依靠群众，作为我们做好工作的保证，‘人民，只有人民，才是创造世界的历史动力。’‘群众是真正的英雄’,在安置下乡青年工作中，我们要依靠群众，宣传最高指示，贯彻方针政策，依靠群众解决安置工作中的思想问题和实际问题，依靠群众和青年一起活学活用毛主席著作，依靠群众对青年进行阶级教育，依靠群众培养青年的劳动观念。”《意见》对安置工作提出了具体的要求：①坚决贯彻执行“四个面向”的分配方针，面向农村、面向边疆、面向工矿、面向基层，让广大知识青年到农村去做一个普通农民，到工厂去当一个普通工人，走与工农相结合道路。②毕业生的安置去向，莒县主要是到农村插队，这是既定政策，长远方针，必须坚决贯彻执行。根据这些规定，对县内城镇中学中凡是家住农村的毕业生，一律动员回乡参加农业生产；家住国营农、林垦殖场的，一律回场参加劳动生产；家住农村的毕业生，由所在地公社革委会安排到当地生产队参加农业生产；家住城镇的毕业生，除根据国民经济发展和生产建设需要，报请县里批准，分期分批安排到农村去插队，当普通农民。城镇毕业生中凡在农村有直系亲属的，可以回到亲属所在地农村参加农业生产；原籍在农村而有其他亲属的，也可以回到原籍参加农业生产，有个别特殊情况(如残疾等)的，可暂不安置。

1969年5月3日，莒县革命委员会下发《关于加强城市知识青年上山下乡安置领导工作的通知》,《通知》指出，我县自去年接收安置城市知识青年以来，各公社、大队革委做了大量的思想政治工作，知识青年在各项活动中也起到了一定的骨干作用，他们与广大贫下中农一起活学活用毛主席著作，宣传毛泽东思想，抓革命，促生产，开展文娱宣传活动，取得了一定的成绩，但是个别小组中，由于领导不力，学习松懈，大队靠不上，思想抓不紧，出现了思想混乱，闹不团结，参与派性斗争和脱离群众的现象，对上山下乡工作造成不良影响，因此，凡接受知识青年安置任务的公社革命委员会，要根据毛主席一系列指示，认真总结前段工作经验，把知识青年上山下乡安置工作当作一项重大政治任务，列入议事日程，切实把这项工作抓起来，一定要有专人抓，公社革委要选定一名常委或委员分管，一名专职人员具体做知识青年的安置工作，要经常深入安置大队、生产队进行检查，发现问题及时做深入细致的思想工作，帮助大队搞好对知识青年的‘再教育’，落实毛主席的无产阶级革命路线。

1973 年，党中央、国务院对知识青年上山下乡工作高度关注，连续下发了中发 21 号、30 号和国发 101 号文件。省委、地委、县委都加强了对上山下乡知识青年工作的领导，并相继成立了知识青年上山下乡办公室，使知识青年上山下乡管理逐步走上了正常化轨道。为此，1973 年 7 月 3 日，莒县县委专门下发了《关于建立知识青年上山下乡工作领导小组的通知》，《通知》规定，为切实加强对知识青年上山下乡工作的领导，县委决定建立知识青年上山下乡工作领导小组，由张相坤、庞培广、石以现、张明智、赵廷岩、周景岩、崔荣花、张立业组成，张相坤任组长，孙克松、庞培广任副组长。

1974 年 8 月 28 日，莒县县委出台了《关于做好知识青年上山下乡动员安置工作的意见》，《意见》指出，几年来我县知识青年上山下乡工作，经过各级党委和广大干部群众积极努力，做出了显著成绩，自 1968 年以来，全县共接收安置下乡知识青年 1000 余人。回乡、下乡知识青年，在毛主席著作路线的指引下，在各级党组织和贫下中农的再教育下，认真学习马列的书和毛主席的书，积极投入三大革命运动实践，思想面貌发生了深刻的变化。1974 年地区分给莒县的任务是：接收青岛市 1300 人，本县动员安置 150 人，接收外地回乡知识青年 100 人。关于上山下乡的政策，文件指出：首先要把中央、省委有关知识青年上山下乡的政策规定，原原本本地交给群众，使之变成群众的自觉行动。让广大干部群众和知识青年明确动员的范围、知道谁应该下乡，谁可以不下乡等政策界限，对符合条件而不下乡的，根据省、地委指示，不准在国家机关、厂矿企事业等单位安排工作（包括临时性的工作），计划、劳动、公安、粮食等部门，要严格控制，共同把好“口子”，任何人、任何单位都要坚决按照政策规定办事，该留者留，该下者下。国营和集体厂矿、企事业单位的临时工，凡符合上山下乡条件的，都属动员下乡的范围，不准以任何理由、任何借口阻挠上山下乡运动，根据省委（1974）83号文件指示，对上山下乡的知识青年，县里要选派得力干部带队，一般每100名下乡青年配备两名干部，参加县、社领导班子，专管知识青年工作，带队干部的一切生活待遇，仍由原单位负责，带队干部实行定期轮换，并作为干部下放劳动的一种形式。

1975年3月25日，莒县县委下发了《关于批转县委知识青年上山下乡领导小组〈关于安置知识青年上山下乡工作的报告〉的通知》，要求把知识青年上山下乡列入各级党组织的议事日程，在省委组织大检查的基础上，指出差距，定出措施，努力工作，出色完成本县知识青年上山下乡和城市知识青年上山下乡安置工作，胜利完成党中央和毛主席交给我们的这一光荣任务。县委知识青年上山下乡领导小组的《报告》要求，要提高认识，加强领导，认真贯彻知识青年上山下乡的各项政策，遵照省委（1973）215号文件规定精神搞好经费开支，从1973年起，城镇知识青年回农村老家的，到农村集体插队和建立集体所有制场、队的，每人补助500元，到生产建设兵团和国营农、林、牧、渔场的，每人补助400元，主要由省、县、社、队统一掌握使用，不得挪作他用，主要用于建房、生活补助、购置农具、家具、炊具、学习资料、医疗费用、动员费用等。

1975年8月4日，省革委会对知识青年上山下乡规定作了一些修改，主要内容有：吃商品粮的应届高中毕业生，未升学的应届初中毕业生和中途退学的中学生，都应动员下乡；多子女而无子女参加工作的，可以留一个在身边，因病残留城的，不顶留城对象。

1976年6月，莒县县委知识青年上山下乡工作领导小组出台了《关于一九七六年知识青年上山下乡动员、安置工作宣传提纲》，要求反复学习毛主席关于“知识青年到农村去，接受贫下中农再教育，很有必要”的伟大号召，达到家喻户晓，人人明白，形成人人热爱农村，人人关心下乡青年，热情支持社会主义新生事物的革命新风尚，推动这一伟大革命的胜利发展。广大适龄青年，要认真学习毛主席关于青年运动的论述，不断提高觉悟，向知青的榜样邢燕子、侯隽、朱克家学习，积极上山下乡，以实际行动同旧的传统观念彻底决裂，坚守乡村，铁心务农，把自己锻炼成革命事业的接班人。农村广大干部和贫下中农，要遵照毛主席关于“各地农村同志应当欢迎他们去”的教导，从精神上和物质上做好接受知识青年的准备，把对知识青年的安置教育看作是培养革命事业接班人的实际行动，政治上教他们，劳动上帮他们，生活上管他们，一丝不苟，认真负责。城镇广大干部、职工和居民，要从巩固无产阶级专政、防止资本主义复辟的高度去认识知识青年上山下乡工作，积极送子女务农，鼓励他们扎根农村干革命，作限制资产阶级法权的模范；各行各业、各条战线都要积极支持，热情关心知识青年上山下乡工作，要继续以严肃认真的态度，选派一批思想觉悟较高，作风正派，能密切联系群众的干部带对，并支持他们做好带队工作。

1976 年 7 月，省、地革委会对知识青年上山下乡规定又作了补充修改，其主要内容有：对历届应下乡而未下乡知识青年和社会青年，一律列为动员对象，任何单位和部门不得在动员对象中招生、招工。1976 年 7 月 2 日，莒县县委《转发知识青年上山下乡工作领导小组〈关于动员知识青年上山下乡和做好安置教育工作的意见〉的通知》,《通知》指出，我县知识青年上山下乡工作，在毛主席革命路线指引下，在各级党委正确的领导下，取得了很大成绩，形势很好，县、社均建立了知识青年上山下乡工作领导小组，充实健全了办事机构，广大干部群众对知识青年上山下乡重大意义的认识有了很大提高，增强了阶级斗争、路线斗争和继续革命的觉悟。下乡知识青年的一些实际问题得到进一步解决，仅 1976 年，莒县就动员和接收安置下乡、回乡知识青年近千人，目前有千余名下乡知识青年战斗在农村三大革命斗争的第一线。但是工作中还存在不少问题，对中央（1973）30 号文件和省委（1973）215 号文件贯彻落实得不够好，如没有认真坚持“城镇中学毕业生的分配，以上山下乡为主”的原则，留城面偏大，干部职工退休子女顶替中也存在问题，对已下乡知识青年造成影响，有些社、队领导存有临时观点，对下乡知识青年的建房抓得不紧，给下乡知识青年扎根安家落户带来一些困难，针对这些问题，《意见》要求，要广泛深入地、大张旗鼓地开展宣传工作，大造上山下乡的舆论，把下乡光荣、务农光荣、扎根农村干革命的气氛搞得浓浓的。在宣传的基础上做好深入细致的思想动员工作。坚持知识青年上山下乡的正确方向，认真执行知识青年上山下乡的各项政策。把下乡知识青年动员好、教育好、安置好，把知青点办成农业学大寨的先进单位。

1979 年全国城市知识青年上山下乡工作结束，同年 7 月 11 日，山东省革命委员会劳动局、山东省革命委员会知青办发文，要求解决好 1972 年以前下乡知识青年问题。1979 年 10 月 21 日，莒县县委、莒县革命委员会出台了《关于一九七二年以前下乡老知青安排的请求报告》，提出了对老知青就地就近安排、量才使用和充分发挥他们作用的原则，确定了安置方案。

1980年4月19日，莒县革命委员会下发了《关于转发知青办、财税局〈关于闲置知青点财产清理情况的报告〉的通知》,《通知》指出，清理闲置知青点财产，省地均有明确指示，这项工作牵扯到国家与集体之间的关系，政策性较强，任务也比较艰巨，要求公社和有关知青点大队领导同志靠上抓,组织一定力量,集中一段时间,把这件事情办好。县革委知青办、财税局下发《关于闲置知青点财产清理情况的报告》，对闲置知青点财产清理提出了具体意见：全县有知青点85个，根据规定进行清理的有74个，均属于已拨款和未建房的知青点，有11个未拨款未建房不在清理范围；根据1978年底各知青点平均每人收入分配情况，要求按如下几种比例收款。①有23个知青点平均收入50至70元，可按10%收款；②有30个点收入70至100元，可按拨款数的15%收款；③有6个点收入100元以上，可按20%收款。④收入50元以下的有3个点，可免收。⑤另有两个点属于已拨款未建房的知青点（刘家菜园和北汶大队），应收回拨款数的35%。1975年接受青岛知青时安排桑园公社的大井峪大队、苑庄大队和招贤公社的北黄埠大队为接收单位，后知青未去，免收这几个单位所借的700元房屋维修费。

1984年5月30日，莒县税务局《转发地区财税局〈关于整顿待业知青办企业减免税问题的通知〉的通知》,《通知》规定，为安置城镇待业知青新办的集体企业和原有城镇街道（居）委办集体企业在当年内安置的待业知青必须超过企业职工总人数的60%（含60%）的才能享受免征所得税三年和对从事劳务、修理服务业务的收入免征工商税三年的照顾。

1984年12月30日，莒县税务局《转发省税务局〈关于安置待业知识青年的城镇集体企业定期减免营业税的通知〉的通知》，对安置待业知识青年新办的城镇集体企业，凡从事旅店、饮食、修理、修配、加工、浴池、理发、缝纫等服务性业务，以及从事装卸搬运、建筑安装、修缮等业务的，从经营之日起，免征营业税二年。经营上述业务的原有城镇集体企业，当年新安置待业知识青年超过企业职工人数60%（含60%）的，可免征营业税二年，如当年安置待业知识青年不足企业职工总人数60%的，应按规定征收营业税，纳税有困难的，可经批准给予定期减免营业税照顾。

1985年12月23日，莒县劳动局、莒县人事局下发了《关于转发（85）

鲁劳薪字第286号文件的通知》,《通知》指出，上山下乡插队落户知识青年的工龄计算问题，是在特定历史条件下遗留下来的，需要从实际出发，给予妥善解决。《通知》规定，下乡知识青年在农村插队参加劳动时间，要与招工后的工作时间合并连续计算工龄，他们参加工作的时间，从下乡插队之日起。下乡知识青年是指根据国家和我省有关规定，组织动员并办理了下乡知青手续的；原系城镇非农业户口，到我省各地插队或到原籍农村插队的知识青年；按我省有关文件规定，经县以上知青办审查批准，补办了下乡知识青年手续的；按国务院知青办和我省有关文件规定，办理从外省（市）来我省由甲地到乙地转迁手续，经县以上知青办批准的；知识青年下乡期间计算为工龄的时间，必须是在农村参加劳动时间，返城后等待分配工作的时间，在下乡期间擅自离开农村未参加劳动的时间，不得计算为工龄。

根据中央和省地的有关政策和县里的实际情况，1986年以后，县内未再出台有关上山下乡的规定。

第二节　下乡莒县

1968年，济南市分期先后动员了946名知识青年上山下乡来到莒县农村插队落户;1975年，青岛市动员了1350名知识青年来到莒县农村插队落户，期间还有全国9个省市90名回乡知识青年来到莒县农村插队落户。尤其需要一提的是：上山下乡知识青年中有一个特殊的群体——华侨学生。到1973年7月23日，全国上山下乡华侨学生近10000人，在农村的约有4500人，其中插队落户的约有1500人，到国有农场、生产建设兵团的约3000人。对这批华侨学生的处理，中央规定他们“来去自由”，凡有正当理由要求出国的，应予批准，凡留在国内的，可根据他们的具体情况，适当安排到工厂、企业、华侨农场或做其他工作。对他们的培养使用，以及申请入党、入团、参军、当民兵等，应同其他上山下乡的知识青年一视同仁，对他们中的积极分子，应当吸收到各级领导班子中去，有计划地加以培养，大胆使用。据中楼公社两山口知青董瑛、陵阳公社借庄知青徐遵海和招贤公社西黄埠知青李建勋回忆，济南市有多名印尼华侨知青插队到陵阳公社借庄大队，他们是汤国础（男）、黄雅虹（女）、黄华英（女），插队前均在济南九中读书。黄华英等姊妹三人一同来下乡到莒县的，二妹在城阳刘家菜园，三妹在刘官庄前云。洪鼎腾（男）插队到招贤区柳家庄，他是济南七中的学生，据孙毅回忆，他是和同学一起自愿下乡的，他思想比较单纯，工作较努力，穿衣打扮也很平民化，与孙毅一起招工回济南针钉厂，后来回印尼去了。城阳姚家岭知青张维说，有两位女华侨知青在八里庄子，峤山胡家村知青徐海玲证实，八里庄子知青是吴启妹（女）和张锦玉（女），都是印尼的。刘官庄前云知青阎伟说，黄华娥在城阳区刘家菜园。刘官庄前云知青阎伟和两山口知青董瑛回忆，刘官庄前云大队三位华侨知青是：杨秋萍（女），温锦莲（女），黄华心（女），她们来自济南九中。

知识青年队伍中还有中国近代思想家、政治家、教育家梁启超的外孙女章安秋，在阎庄公社朱家庄子大队插队，她同所有知识青年一起参加生产劳动，一起生活，一起学习讨论，在一次学习毛主席著作讨论会上，她发言说，四个多月知青生活就是一百多天的昼夜战斗，生产生活中也遇到不少问题，怎么办？从毛主席著作里找答案，从三大革命实践中找答案，在与贫下中农的并肩作战中找答案。

在济南市、青岛市大力动员城市知识青年到我县插队落户的同时，莒县各级党组织和革委会为动员安置知识青年上山下乡也做了大量艰苦细致的工作，花费了大量的精力、物力、财力，通过做好宣传动员工作，基本上做到了“三满意”（知识青年满意、家长满意、政府满意）。为做好“老三届”毕业生的安置工作，莒县各级各类中学多次举办毛泽东思想学习班；各区、各公社多次召开下乡知识青年座谈会，组织知识青年到先进大队访问，和贫下中农一起学习，一起生产劳动，使师生们深受教育。很多学校采取“走出去，请进来”的方法，请老红军、解放军战士讲革命传统，请老贫农忆苦思甜，请下乡、回乡知识青年代表回母校介绍农村广阔天地锻炼成长的体会，广泛宣传知识青年上山下乡的伟大意义，大力表彰知识青年积极报名上山下乡和家长积极“送子务农”的典型，使毛主席“知识青年到农村去”的号召家喻户晓，深入人心，营造一种“下

图 1–1　欢送知识青年上山下乡宣传车
（董瑛提供）

乡光荣”“务农光荣”的政治气氛。县委、县革委会为了把宣传动员工作落到实处，还采取“五包”措施，即系统包单位、单位包职工、职工包家属、家长包子女、学校包学生，大力宣传，广泛动员，形成浓厚的知识青年上山下乡氛围。

1973年，莒县革委会知青办对下乡知青的宣传动员工作实行干部、职工子女由其家长所在单位“包摸底、包动员、包评定、包厂社挂钩、包派带队干部”，负责完成整个动员和安置工作。

1974年，莒县计划动员安置本县150名知识青年下乡，为顺利完成这一任务，5月24日，县委专门召开委员会议，时任县委书记董观涛、副书记史儒贤、张相坤等领导参加了会议，商议有关政策。会议学习了中央（1974）17号文件，董观涛做了重要讲话，张相坤汇报了知识青年上山下乡工作的准备情况：知识青年上山下乡计划分两步走，先动员本县的，初步摸底有200多人；然后接收好青岛的。根据工作需要，县知识青年安置办公室需增添一名女同志。董观涛要求，本县知识青年上山下乡工作一定要搞好，开个好头。

1974年8月28日，县里出台了莒发（1974）22号文件，文件要求，要把知识青年上山下乡作为执行毛主席革命路线，支持社会主义新生事物的一件大事，列入党的工作的重要日程，做到思想上高度重视，安排上摆正位置，组织上充实健全办事机构，工作上落实措施，要有专人去抓，抓紧、抓细、抓具体。有下乡知识青年的公社，要有一名书记分管，并建立共青团、妇联等有关部门负责同志组成的3~5人领导小组，专抓知识青年上山下乡工作，定期交流情况，总结工作，深入检查了解对上山下乡知识青年方针、政策的贯彻执行情况。对违犯知识青年上山下乡政策的行为，要坚持原则，坚决斗争，凡是有上山下乡知识青年的大队，要建立由党支部成员、贫下中农、妇女、共青团、知识青年代表组成的再教育领导小组，把知识

图1-2　知识青年参加上山下乡培训（董瑛提供）

青年安置好、管理好、教育好。

1974年10月22日，县委又召开会议，董观涛、任树德、董芬田、李文润等领导出席会议，孙克松、刘清宴等列席会议。会上，孙克松汇报了临沂地区知识青年会议精神，介绍了本县知识青年上山下乡工作情况：还有52人未下乡，其中已报名的10余人。这50来人，办公室意见，一定要下，待下去后，再对个别情况进行研究。济南下乡知青在我县的尚有112人，其中已结婚的37人，安排社办厂子8人，当民办教师的11人，常在济南的11人，其他都在农业上。当前思想不稳定、不安心的还有30来人，企盼着征工。回乡的原来有78人，现又来了一部分，接近90人，全县知青314人。会议最后议定：通过召开各公社负责人会议、家长会议，宣传政策，讲明意义，并发动有关干部到单位进行动员。同时大造舆论，县安办要搞宣传栏，还要搞广播，让董瑛做介绍。然后召开领导小组会议和有动员任务的单位领导会议进行布置。对下乡的去向，安排两个单位，一是爱国大队，一是韩家菜园大队，具体行动时间是11月下旬，供应粮食标准，到明年夏粮分配。

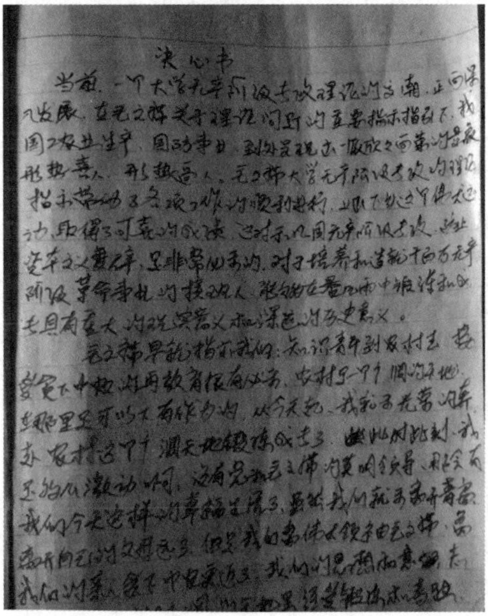
决心书

图1–3　青岛知青陈秀珍报名上山下乡决心书底稿（吴仕传提供）

1975年3月25日，莒县县委下发（1975）13号文件，明确了这一年的知识青年动员安置任务，本县150人，外地回乡100人，青岛市1300人。县里制定了分步推进的措施，第一季度做好安置青岛市知识青年的准备工作，第二季度迎接、安置，第三季度动员安置本县知识青年，第四季度巩固、扫尾。为了完成任务，县里要求各级党组织，必须将知识青年上山下乡工作作为执行毛主席革命路线的大事来抓，列入重要议事日程，凡有动员任务的社、队，必须健全有一名党组织副书记为主的，有贫协、妇女、团委（以后有知识青年带队干部）参加的知识青年上山下乡工作领导小组，切实做到分管书记亲手抓，分工干部靠上抓，业务部门全面抓，检查工作人人抓。有安置任务的大队，党支部对安置到本大队的知识青年必须做到政治上有人抓，生产上有人教，生活上有人管，切实当成培养革命事业接班人的大事来完成，要紧密团结带队干部，与他们协力工作，关心他们的生活，倾听他们的意见，共同做好工作。

1976年6月，县委知识青年上山下乡工作领导小组出台了《关于一九七六年知识青年上山下乡动员、安置宣传提纲》。《提纲》指出，当前，在知识青年上山下乡问题上，是坚持下乡，还是抵制下乡，鼓励知识青年扎根农村，还是千方百计地拔根，煽动知识青年回城，两条道路、两种思想的斗争十分尖锐，每一个共产党员、共青团员、工农群众、革命青年都应该旗帜鲜明，立场坚定，同来自各方面的干扰和破坏作不妥协的斗争。工农携手、城乡结合，共同把一九七六年知识青年上山下乡的动员、安置工作做好，把知识青年上山下乡这场伟大的社会主义革命进行到底。全面贯彻落实中央（1973）30号文件和省委（1973）215号文件规定的知识青年上山下乡的政策精神。知识青年上山下乡的动员对象，《提纲》规定，城镇中学毕业生的分配，以上山下乡为主，除根据中央、省委有关规定和国家计划直接升学、参军和不动员下乡的几种人之外，其余的都动员上山下乡，凡应下乡而没有下乡的毕业生和中途退学的学生，以及符合上山下乡条件的社会青年，不得安排工作，都要继续上山下乡。具体范围是：①应届高中毕业生；②未升学的应届初中毕业生；③历届高、初中毕业生（包括中途退学的学生）；④不属于国家和县（区）以上集体所有制单位中的正式职工，经审议符合上山下乡条件的；⑤矿山井下、野外勘探和海上作业等行业，按照国家计划招工，本单位当年安排不了的，也要动员上山下乡。不动员上山下乡的范围：①病残不能参加农业生产劳动的；②独生子女（只有一个儿子或一个女儿的）；③多子女身边只有一个子女的（即在本市、县范围内只有一个子女）；④中国籍的外国人子女（包括父亲或母亲一方是中国籍的外国人子女）；⑤归侨学生，原则上不动员他们上山下乡，确需下乡的可安排到条件较好的国有农场。暂缓动员下乡的：①不满17周岁的中学毕业生。②家庭确有特殊困难，需要本人照顾的。为了增加工作的透明度，文件规定，谁下乡、谁不下乡、谁暂缓下乡，要依靠群众，做深入细致的调查了解和思想政治工作，按照党的政策，经群众评议，由领导批准。

1976年7月2日，莒县县委下发（1976）23号文件，同意知识青年上山下乡工作领导小组关于动员知识青年上山下乡和做好安置教育工作的意见，要求把知识青年动员好、安置好、教育好、使用好，使之沿着毛主席指引的方向胜利前进，健康成长。本年本县应动员上山下乡知识青年约150人，还要接收安置青岛下乡和外地回乡的一部分知识青年，要求本年的中学毕业生毕业离校即下乡。要把上山下乡的政策原原本本地交给群众，充分发动群众，依靠群众，使群众明确政策界限，到底谁应该下乡，通过民主评议决定，采取“三榜”上墙（毕业生名单、应下乡名单、留城名单张榜上墙）的办法，充分发挥群众的监督作用。对历届应下乡而没有下乡的中学毕业生，包括中途退学的学生和符合条件的社会青年，要坚持把他们动员下去，任何单位和个人不得在他们中间招工、招生和征兵，计划、劳动、公安、粮食、民政等部门，都要严格进行控制，共同把关，保证上山下乡工作的顺利进行。动员安置下乡的知识青年，仍然坚持原挂钩单位不变，实行按系统、按单位编组，插到原下乡安置的知青点，不再扩充新点。每个知青点三十余人，对于不符合条件的知青点，暂不充实，先充实到符合条件的知青点去，把安置点固定下来，长期不变。要继续推广株洲厂社挂钩、集体安置下乡知识青年的经验，依靠工人阶级、贫下中农，充分调动城乡两个方面的积极性，把知识青年动员好、安置好、教育好，把知青点办成农业学大寨的先进单位。

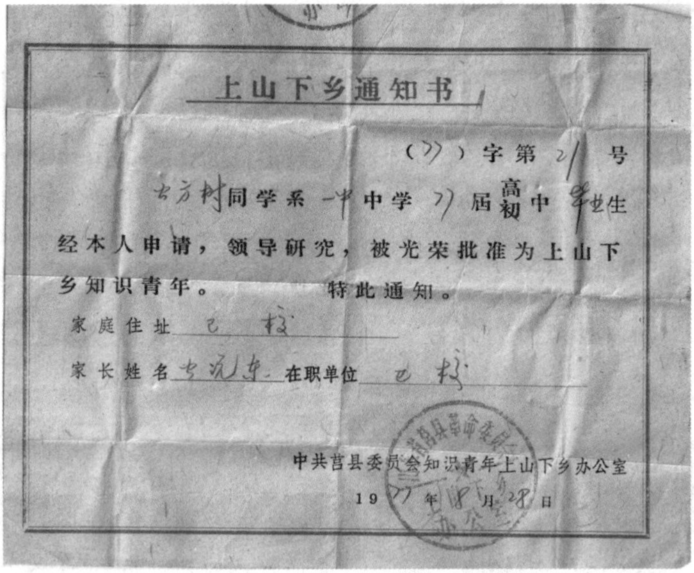
上山下乡通知书

（77）字第21号

公方树同学系一中中学77届高中毕业生

经本人申请，领导研究，被光荣批准为上山下乡知识青年。特此通知。

家庭住址

家长姓名　　　　在职单位

中共莒县委员会知识青年上山下乡办公室

1977年8月28日

图1-4　上山下乡通知书（公方树提供）

为了做好知识青年上山下乡工作，在安置动员工作期间，县革委会每年都对私招乱雇人员的单位和部门进行一次清理。对私自招用下乡、回城知识青年的单位和部门，做好清退工作。清退工作做到“四核对”（即核对留城和暂缓下乡通知书、核对劳动部门介绍信、核对户口粮油关系、核对工资表册）、“三个一样”（即领导干部子女和群众子女一样、本单位与外单位的人员一样、有技术和无技术人员一样），凡属清退对象一律动员下乡，劳动、财政、公安、知青办等部门密切配合，坚持原则，共同做好工作。

为了让广大知识青年高高兴兴地到农村去接受贫下中农的再教育，在广泛深入地做好宣传动员的基础上，县里和公社分层次召开一定规模的欢送会、欢迎会，给知识青年温暖、鞭策和鼓舞。据济南插队到刘家官庄区李家念头大队的李鸿回忆，他是济南第十六中学学生，1968 年 4 月下乡，他们是当时济南上山下乡的第一批知识青年，当时省革命委员会非常重视，下乡前集中培训了一个月，培训内容主要是当时的一些政治理论、方针政策。他们走时，省革命委员会召开大会欢送。济南市知青办主任周星夫随车跟到莒县，他是“文革”前的济南市委副书记，年龄已较大，与知青同坐一辆卡车，由于公路高洼不平，颠簸得非常厉害，一会儿就顶不住了，靠在李鸿背上睡着了。驾驶室内还坐了一位晕车的同学。因他们是到莒县的第一批知识青年，当时的县委还是很重视的，到县城后，全部入住县委招待所。第二天召开了欢迎大会，并在县城大菓街进行游行，沿途敲锣打鼓，气氛热烈，记得当时街面的墙壁上到处张贴着标语口号，例如，热烈欢送知识青年上山下乡；热烈欢迎济南知识青年；扎根农村干一辈子革命；身在田头，放眼全球；向贫下中农致敬，向贫下中农学习；下定决心，不怕牺牲，排除万难，去争取胜利，等等。

知青们是满怀豪情壮志踏上上山下乡的路程的。有知青回忆，他们是 1968 年 9 月 17 日，积极响应毛主席的号召，到农村去，到边疆去，到祖国最需要的地方去，怀揣一颗红心告别了亲人，告别了家乡，登上了开往广阔天地的大篷车，没想要去哪儿，只知道去农村，没想到多艰苦，只知道接受贫下中农再教育。他们满腔热血，眼含热泪，高高地挥舞着双手，嘴里高唱着《到农村去到边疆去》的时代之歌，离开了养育他们十几年的老城——济南。那时年轻稚嫩，头脑简单，一路欢歌笑语，极度兴奋，像出笼的小鸟儿，像脱缰的骏马，终于实现了自己的愿望，奔向了广阔天地！

据韩志平回忆，他临走时跟他妈说，他下乡他妹妹就不用下乡了，比自己在家里能帮母亲。母亲哭了，说他知道怎样当哥哥。走那天，父母让妹妹一直把他送上卡车。他把发给他在路上吃的东西都给了妹妹。那天，他们班有几位同学一直送他到莒县，其中就有张瑛，她接着参加了一个学习班，到了 1968 年 9 月 13 日，也到莒县插队了。

1968 年 12 月，第二批济南知青来到莒县插队落户，县里同样也召开了欢迎会，向广大知青介绍县情、乡情，欢迎和鼓励知识青年来莒县农村经受锻炼、接受再教育。会后，同样举行上街游行活动。

除了形式上的东西以外，莒县人还用自己的行动对知识青年的到来表示了真挚的欢迎。

图 1–5 青岛知青在下乡前欢送会后合影（王新华提供）

插队到莒县峤山区大辛庄大队的济南知青雷良勤回忆说，他们坐车来到峤山区驻地，没有看到县里干部所说敲锣打鼓、热烈欢迎的场面，只有街面上一幅幅“热烈欢迎济南市知识青年来峤山区插队落户”的大字标语。可当他们来到供销社大院内，吃完饭睡觉的时候，发现给他们的床都铺着干干净净的被褥，连铺带盖，有八九十床，当时整个社会物资匮乏，济南市的居民每人一年才有十六尺半的布票、四两棉花票，而且质量很差。这些被褥一定是从脱产干部家里拿出来的，而一个以丘陵为主、连个旅社都没有的最基层政府，能有几个脱产人员呢？他们真是费了心了，他们是用心在欢迎知识青年的到来。

据县知青办 1974 年 9 月 14 日统计，济南市动员学生来莒县下乡插队的学校有 34 所，它们是:济南二中、三中、五中、六中、七中、八中、九中、十中、十一中、十三中、十五中、十六中、十七中、二十中、二十一中、二十三中、二十四中、二十五中、二十六中、二十七中、二十八中、二十九中、三十一中、三十二中、三十三中、四十中、四十五中、四十六中、四十八中、四十九中、济南铁一中、铁二中、济南钢中、山师附中、山东实验中学等。

1975年，莒县上山下乡运动掀起高潮，8月份，县内有156名知识青年接到上山下乡通知书和上山下乡知识青年证，加入到了知识青年到农村插队的行列。1975年3月份，青岛市化工局的1350名知识青年接到了青岛市革命委员会颁发的上山下乡知识青年证，响应毛主席“知识青年到农村去”的伟大号召，到莒县插队落户，建设社会主义新农村。

图1-6 青岛欢送知识青年上山下乡场景（吴仕传提供）

这批青岛知识青年文化程度有小学、初中、高中，其家长大多是工厂工人，他们的所在单位，据1975年9月25日统计，共有69个，它们是：青岛氧气厂、青岛市化工局、青岛交通局汽车二队、青岛轻工业局、中国人民解放军九六四四部队化工厂、青岛城阳化工厂、青岛汽车大队、崂山县下王埠村学校、青岛化工研究所、中国人民解放军54831部队化工厂、青岛红卫橡胶厂、青岛市南五金加工厂、青岛火柴厂、青岛普集路小学、青岛红卫染织厂、青岛工具厂、青岛第二粮库、青岛东方红棉织厂、青岛农药厂、青岛化学纤维厂、青岛三轮车三社、青岛交通局运输社、青岛国棉一厂、青岛汽车保养厂、青岛房产四方修建厂、青岛交通局一大队、青岛四方运输队、青岛橡胶制品厂、青岛市北煤建合作运输队、青岛市南房办、青岛财政局台东分局、青岛磷肥厂、青岛四方制棉厂、青岛台东五金厂、青岛交通局、青岛交通局运输队、青岛沧口福利橡胶厂、崂山县商业局百货店、青岛制药厂、青岛国棉一厂、青岛钢厂、青岛纺织机械厂、青岛港务局、青岛商业局、铁路局青岛建筑段、青岛杭州路服务站、青岛钨钢厂、青岛橡胶机修厂、青岛南村服务站、青岛国棉八厂、青岛畜牧公司、青岛合成化纤厂、青岛自力加工厂、青岛橡胶九厂、市立医院、青岛海运局和山东省轻工业局、山东济宁国有农场、山东济南二钢、四川省三一二分厂、莱钢机修厂、山东莱芜城西曲家庄、济南山东塑料试验厂、山东化工学院、济南铁路局第三工程大队、山东广饶广北农场、淄博五一打石队、济宁市棉纺织厂、黑龙江省嫩北农场等单位。

当时送别的场面是很感人的，据青岛知青吴仕传回忆，1975 年 5 月 26 日，青岛市在汇泉广场，举行了盛大的欢送仪式。会后进行了游行，一万多名知青，在几百辆解放牌大卡车上，带着大红花背着黄书包，在市南区、市北区、四方区、沧口区的主要街道，沿着莱阳路、太平路、市政府、中山路、胶州路等，一直到大寨路的小水清沟附近（今重庆路）。有 20 多万群众，打鼓敲锣夹道欢送。吴仕传是青岛同泰橡胶厂第二批上山下乡知识青年，1967 年 7 月 2 日早上 6 点，他们在同泰橡胶厂门口集合。父老乡亲、兄弟姐妹、朋友同学都来送行，汽车 7 点出发，当时车上车下，哭声连成一片，女知青的哭声一直持续到胶州。

为了大造声势，热烈欢送知识青年上山下乡，县委、县革委会分别在人民会堂召开欢送、欢迎大会，会后举行游行活动，开宣传车，用高音喇叭播放宣传文件和口号，敲锣打鼓、鸣放鞭炮，热烈欢迎知识青年来莒县务农。

各有关公社，由公社党委、革委会组织，也都召开了欢迎、欢送大会。1975 年，夏庄公社领导在《热烈欢送我社知识青年上山下乡，走与工农相结合的道路》发言中指出：在毛主席的重要指示指引下，在大战七、八、九誓夺全年农业大丰收的大好形势下，我社首批知识青年积极响应伟大领袖毛主席“知识青年到农村去，接受贫下中农再教育”的伟大号召，积极报名，上山下乡，走与工农相结合的道路，与旧的传统观念决裂，迈出了可喜的一步，立志农村干革命，练就红心绘新图，为我社知识青年树立了榜样，希望你们在三大革命运动中积极向贫下中农学习，吃大苦，耐大劳，革命加拼命，干劲加钻劲，苦干加巧干，为建设社会主义贡献自己的力量。1975 年 8 月 28 日，城阳公社党委林焕珍同志《在欢送上山下乡知识青年大会上的发言》中表态说：毛主席把培养教育上山下乡知识青年的任务交给我们基层党组织和贫下中农，这是对我们的极大信任，我们决不辜负党和毛主席的期望，下决心做好安置工作。为了加强对这一工作的领导，城阳从公社到大队党支部，把这项工作列入议事日程，层层建立了领导小组，在住宿等方面都做出适当安置；广大贫下中农一致表示，对知识青年要做到政治上有人抓，生活上有人管，生产上有人教，把上山下乡知识青年安置好，管理教育好，让毛主席他老人家放心，让上山下乡知识青年的家长放心，让上山下乡知识青年在三大革命第一线上经风雨、见世面，在农村这个广阔天地里锻炼成长。希望广大上山下乡知识青年树立为人民吃苦最幸福，为革命务农最光荣的思想，到农村后，虚心接受贫下中农再教育，学习贫下中农在“农业学大寨”运动中战天斗地、改造大自然的冲天干劲，学习贫下中农自力更生、艰苦奋斗的创业精神，在广阔天地里勤学苦练，不怕苦，不怕累，不怕脏，磨一手老茧，滚一身泥巴，炼一颗红心，和贫下中农一起，为建设社会主义新农村做出贡献。

1976 年 8 月，县内在做好每年的中学生毕业安置宣传动员工作之后，由县委、县革委会主持召开同样形式的欢送大会，欢送知识青年上山下乡，所在公社也同样召开欢迎大会迎接知青到农村接受再教育。期间，各有关公社对本公社应届毕业生中的动员安置对象也进行了宣传动员工作，并以同样形式欢送他们下乡务农。据莒县知青丁永梅回忆，1977 年 8 月 31 日，刘家菜园知青组 11 人，由刘家菜园来拖拉机接他们，刚到村头就看到了敲锣打鼓的欢迎队伍，到了小组，院子里已经有大婶、大姐们在包饺子，使知青们一进村就感受到了村民们的热情和朴实。

1979 年起，县内不再动员青年学生上山下乡。

1980 年 5 月 1 日，山东省莒县革命委员会着手办理随迁知青手续，下乡时间从 1978 年计算。这部分知识青年是父母因各种原因下放到农村，子女也随父母下乡，随同父母一起参加农业生产劳动。这项工作于当年 7 月 24 日结束。

根据董瑛提供的“随迁知青通知书存根”，能够查到的随迁知青共有 10 人，他们是：庄疃公社田店子大队田文圃（男），陵阳公社杭头大队朱孝文（男）、朱孝荣（女），小店公社王家官庄大队王芳玲（女），刘官庄公社东营墩子踪燕（男），城阳公社大果街腾月影（女），刘官庄公社兰官庄大队俞再玉（女）、俞巧玉（女），庄疃公社后官庄大队张世秀（女）、张世全（男）。2016 年 12 月 22 日，走访中我们了解到，原碁山公社三庄大队有位随迁知青叫王京义，他父亲曾因是国民党兵，被打成历史反革命分子，1970年从青岛下放到莒县，子女随迁。后来王京义在当地结婚，没有返城，以修车为生。

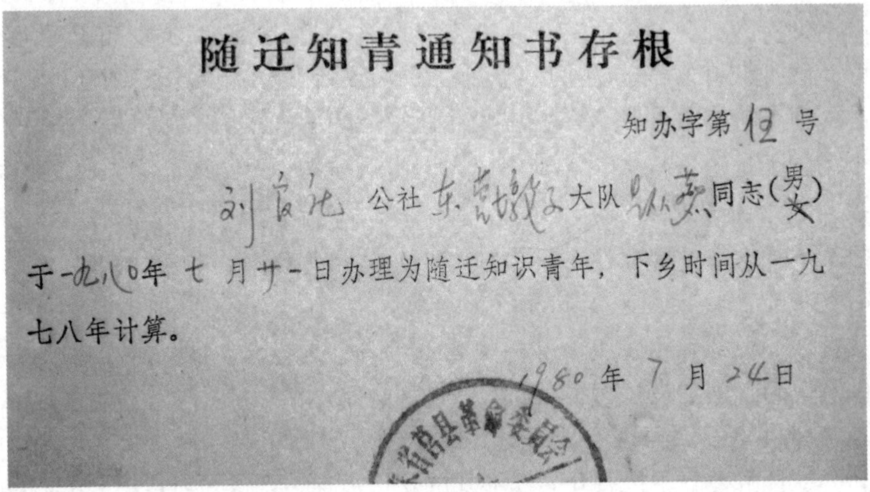

随迁知青通知书存根

知办字第 [illegible] 号

刘官庄 公社 [illegible] 大队 [illegible] 同志（男女）

于一九八〇年 七 月廿一日办理为随迁知识青年，下乡时间从一九七八年计算。

1980年 7 月 24日

图 1–7　随迁知青通知书存根

光阴似箭，世事沧海桑田。50年前，一代知识青年响应毛主席的号召，遵照党和国家的政策，离开朝夕相处的城市，离别父母和兄弟姐妹，来到了偏远陌生的莒县，扎根农村，和贫下中农同吃同住同劳动，不仅解决了自己的吃饭问题，还为农业生产的发展、为农村文化的繁荣、文明进步，做出了不可磨灭的贡献，在莒县发展史上留下了浓墨重彩的篇章。

50年过去了，当年的知青已由青春少年变成了白发老人，可永远不变的是知青的故乡情怀。知青们的情谊，团结友爱奋发向上的知青精神，永远定格在心中，历久弥新，成为那代知青人永远难忘的记忆。

第二章　接收安置

第一节　莒县时况

莒县位于中国山东省东南部，地处东经 118° 35′–119°06′，北纬 35° 19′–36° 02′。中华人民共和国成立初期，莒县先后隶属于滨海专署、沂水专属、临沂专署。1968 年 3 月隶属临沂地区革命委员会。全县总面积 1952.4 平方公里，下辖 16 个区、110 个人民公社，全县总人口是 78 万。

莒县地势北高南低，四周环山，中间丘陵、平原、洼地交接。属于暖温带季风区大陆性气候，四季分明。莒县地区由平原、准平原、丘陵、山区、中高山区组成，主要山峰东有桥子山，西有浮来山，南有老营顶，北有碁山。其中桥子山海拔 656.9 米，是全县最高峰。南部赵家盂堰村南海拔 84 米，是全县地势最低点。境内有大小河流 26 条，有大中小型水库 226 座，水资源充足。中型以上的水库有青峰岭水库、小仕阳水库、峤山水库，较大的河流有沭河、潍河、洛河、绣珍河等，水域面积 130.6 平方公里，占域地总面积的 6.7%。莒县土壤，因受成土母质、母岩、地形、河流、气候诸多因素影响，分布复杂，全县共有 5 大土类、12 个亚类、13 个土属、93 个土种。域内自然资源比较丰富，现已探明的矿产有 35 种，金属类有金、铜、铁等，特别是非金属矿产种类多、分布广。中部地区地势较低，沭河纵贯南北，土壤成土母质多为洪积冲积物，土层深厚，沿河两岸土壤质地适中；中西部部分地区土壤质地黏重，有的出现砂姜和砂姜层；四周山丘地区地势较高，成土母质多为岩石风化的残积、坡积物。

莒县是千年古县，历史悠久，早在商代就是姑幕国，周朝分封为莒子国，秦始设县，西汉时曾称郡，文帝二年设城阳国，隋朝改为州，后来为州为县几度变更，1913 年改州为县至今。虽然时代更替，区域调整，但 3000 多年来，不论时世如何变迁，莒地作为区域政治、经济、文化中心的地位始终未变，勤劳善良的莒人一直在这里生存繁衍，发展壮大，并以博大的胸怀接纳着域外人员，包容着外来文化。

莒县有着光荣的革命传统，是山东建立共产党组织最早的县份之一。1938年7月，中共莒县县委成立，领导全县人民与日寇进行了艰苦卓绝的斗争，最终赢得了抗日战争的胜利。解放战争时期，莒县人民本着“一切为了战争，一切为了胜利”的伟大崇高信念，以极大的牺牲精神，支援前线，支援战争，先后把6657名优秀儿女送往前线，有32万人次组成车子队、担架队、挑运队，紧随解放大军，完成了支前的光荣任务。在抗日战争、解放战争中全县共有2040名优秀儿女血洒疆场，为全国人民的解放事业做出了贡献。

新中国成立以后，莒县人民在中国共产党领导下，发扬艰苦创业的精神，战胜了种种自然灾害和经济困难，在社会主义建设中取得了前所未有的伟大业绩。但是，由于受地理位置等客观条件限制及主观因素的影响，全县国民经济的发展比较缓慢，工业体系比较脆弱，发展步伐及经济状况相对滞后。

1968年，莒县人均耕地面积1亩左右。1976年农业生产统计年报中，陵阳公社址坊管理区总人口7699人，总耕地面积7902亩，人均耕地面积1.03亩。济南知青李作田回忆说，当时两山口大队有山岭薄地900余亩，人口650人左右，人均不足1.4亩；李宁回忆说，他插队的峤山郑家石槽大队加上他们知青共300来人，全村耕地500余亩，人均耕地不足1.7亩；在县城周边大队，耕地就更少一些，刘荣起回忆说，他1968年到坝上的时候，人均耕地1亩多一点，有的生产队多一点，有的少一点，大概到了1975年，已经有生产队少于1亩的了。记得韩家菜园、刘家菜园人均已不到1亩地。到1980年，莒县农业人口人均耕地0.9亩。全县主产农作物为小麦、地瓜、玉米、水稻、高粱、谷子、黍子、穇子、大豆、豌豆、绿豆等。因为当时主要使用圈肥，土地肥料不足，加上管理跟不上，粮食产量不高。除了上缴公粮外，社员分到的口粮只能勉强维持温饱，很多社员家庭每年青黄不接的时候，忍饥挨饿是常有的事。

1949年，全县有以赤松、柞岚、小叶杨为主的片林10.6万亩，森林覆盖率为4.2%。1975年，全县有林地面积达432877亩，森林覆盖率17.6%。1982年，全县林地面积47.9万亩，森林覆盖率为19.3%。

莒县交通以公路为主，贯穿南北的206国道，县境段北起汀沟西北，经招贤、王家墩头，跨沭河，在莒城与016省道交叉，经刘家官庄、于夏庄马坡处入莒南县，全长57.95公里。1969年，为适应“备战、备荒、为人民”的形势需要，县境段开始以改造部分木桥为先导，逐步改善路基、路面，但由于苗蒋、马坡岭等路段坡度较大，畅通性仍然不佳，为此，1970年，由莒县、莒南、临沂公路部门投资8.5万元，对汀沟店至董家官庄段进行加高、加宽、铺筑石子工程，县境段1971年3月动工。1975年，潍徐路县境段加宽路基，铺筑碎石路面。1976年，潍徐路铺筑沥青路面，改造后的路面宽8.5米。1977年完工，达到国家三级公路标准。

莒县的行政区划，新中国成立后变动了14次。1951年1月，县辖各区按序数排列为一区（城阳）、二区（沭西）、三区（苗蒋）、四区（垛庄）、五区（寨里）、六区（中楼）、七区（九里）、八区（陵阳）、九区（大石头）、十区（石场）、十一区（桑园）、十二区（绪密）、十三区（招贤）、十四区（阎庄）。1958年3月，改城关镇及14个区为一镇25乡。同年9月，将镇、乡改为26处人民公社。1962年12月27日将18处人民公社改为城阳、刘家官庄、夏庄、小店、石井、中楼、龙山、陵阳、桑园、峤山、招贤、阎庄、安庄、东莞、碁山16个区，区下设小公社，全县共110个小公社。

1971年2月，16个区改为18个人民公社，110个小公社改称为管理区，又增6个管理区，共116个管理区。18个公社是：城阳公社、庄疃公社、刘家官庄公社、夏庄公社、小店公社、石井公社、中楼公社、龙山公社、陵阳公社、峤山公社，桑园公社、招贤公社、爱国公社，安庄公社，洛河公社、碁山公社，东莞公社，库山公社。

1975年12月，新划出果庄、大石头、天宝、店子集、寨里河5个公社。全县共有23个公社：城阳公社、庄疃公社、刘官庄公社、夏庄公社、桑园公社、石井公社、寨里河公社、中楼公社、龙山公社、陵阳公社、店子集公社、峤山公社、小店公社、招贤公社、爱国公社、洛河公社、天宝公社、碁山公社、东莞公社、大石头公社、果庄公社、库山公社、安庄公社。

1984年6月改公社为乡镇，新析出大官庄、金墩、孙由、柏崖、里庄、茅埠、龙王庙、王家墩头、二十里堡9个乡，全县辖4镇28个乡：城关镇、招贤镇、阎庄镇、夏庄镇、二十里乡、浮来山乡、刘家官庄乡、大官庄乡、金墩乡、小店乡、长岭乡、寨里河乡、中楼乡、孙由乡、龙山乡、柏崖乡、陵阳乡、店子乡、大石头乡、王家墩头乡、峤山乡、桑园乡、里庄乡、茅埠乡、碁山乡、库山乡、天宝乡、东莞乡、安庄乡、洛河乡、果庄乡、龙王庙乡。乡下设管理区，生产大队改为行政村。

表 2-1　1962—1984 年行政区划变更表

时间	行政单位	数量	名称	附注
1962.12—1971.1	区	16	城阳、刘家官庄、夏庄、小店、中楼、龙山、陵阳、桑园、峤山、招贤、阎庄、洛河、碁山、石井、东莞、安庄	区下设人民公社 110 个
1971.2—1975.11	人民公社	18	城阳、刘家官庄、夏庄、小店、中楼、龙山、陵阳、桑园、峤山、招贤、爱国、洛河、碁山、东莞、库山、石井、安庄、庄疃、库山	增设庄疃、库山 2 公社
1975.12—1984.6	人民公社	23	城阳、刘家官庄、夏庄、小店、寨里河、中楼、龙山、陵阳、桑园、峤山、招贤、爱国、洛河、天宝、碁山、东莞、石井、庄疃、大石头、果庄、库山、安庄、店子集	增设店子集、寨里河、大石头　、天宝、果庄 5 个公社
1984.6—1993.3	镇、乡	镇 4 乡 28	城阳、招贤、阎庄、夏庄、二十里堡、浮来山、刘家官庄、陵阳、店子集、峤山、王家墩头、大官庄、金墩、小店、长岭、寨里河、孙由、茅埠、碁山、天宝、安庄、洛河、果庄、中楼、龙山、柏崖、大石头、桑园、里庄、库山、东莞、龙王庙	乡镇下设置管理区，生产大队改为行政村

知识青年上山下乡期间，正值莒县第三、第四个五年计划时期，当时莒县经济发展迟缓。1966—1975 年，全县国民经济处于第三个五年计划、第四个五年计划时期，正值“文化大革命”期间，忽视经济规律，排斥市场调节，搞单一的计划经济，限制农村集市贸易，称之为“割资本主义尾巴”，以致国民经济发展缓慢。“五五”后期即党的十一届三中全会以后，国民经济执行“调整、改革、整顿、提高”的方针，农业实行了家庭联产承包责任制，工商业实行了承包制和租赁制，经济领域改革卓有成效，经济和社会发展呈现出欣欣向荣的景象。

表 2–2 莒县 1966—1980 年几个年份主要经济指标情况表

年份计划	工农业总产值	农业总产值	粮食总产	工业总产值
1966 ～ 1970 第三个五年计划		9411 万元	17.6 万吨	缺
1971 ～ 1975 第四个五年计划	10917.3 万元	9079 万元	23.84 万吨	1838.3 万元
1976 ～ 1980 第五个五年计划	21368 万元	12620 万元	36.74 万吨	8748 万元
1981 ～ 1985 第六个五年计划	33673 万元	17553 万元	41.44 万吨	16120 万元

当时的莒县农村，年人均收入和年人均口粮相对低下。一个壮劳力干满一天农活，只挣 10 分工，称为“一个工日”。“一个工日”的价值大约在几分钱至几毛钱之间，超过一块钱的极少。1976 年农村人民公社生产大队、生产队收益分配年报表显示，这一年陵阳刘家址坊大队平均工值 0.63 元。据济南知青李鸿回忆，当时每个大队都不一样，差别很大。如城阳的刘家菜园一个工值一块多钱，他所在的刘官庄公社黄家宅五毛多，差的还

表 2–3

历年全年集体粮食产、购、分配表

单位名称：刘家址坊

年度	粮田面积	单产	总产	国家征购		社员分配			种子	饲料	储备	专项扣留	社员自营		总口粮水平
				包购任务	实际完成	分配人口	数量	每人平均					产量	每人平均	
1961	820.	448.	367360.	55000.	55000.	656.	236160.	360.	35000.	41200.			10200.	15.5	375.
1962	820.	453.	371460.	62000.	62000.	743.	267480.	360.	35000.	69800.			10200.	13.7	373.
1963	820.	470.	385400.	68000.	68000.	751.	270360.	360.	35000.	12040.			10200.	13.5	373.
1964	820.	508.	416560.	68000.	68000.	776.	279360.	360.	35000.	34200.			10500.	13.5	373.
1965	820.	562.	461096.	69700.	69700.	800.	327595.	409.	42845.	10422.		10534.	10400.	13.	422.
1966	802.	670.	537891.	69700.	98033.	825.	344939.	415.5	33347.	23259.	33117.	5204.	10800.	13.	428.
1967	810.	702.	584627.6	69700.	109830.	853.	400649.	469.	27104.	28418.	18586.		11000.	13.	482.
1968	804	758	572062.	69700.	128006.5	888.	366480.	412	30398.	38297.5	8880.		11400.	12.8	424.
1969	753.	704.	528123.	69700.	86997.5	918.	391715.	426.	42989.	64235.			11500.	12.4	438.
1970	750.	499.	467942.	69700.	89238.	962.	320618.9	338.	35428.	19657.			11500.	12.	350.

有一毛多的。1968 年 4 月第一批抵达的知青共安置了 12 个大队，经济基础都可以，后来知青人多了，安置的村庄就差些了，但仍比一般村庄要好些。粮食的标准也有差别，有的大队执行一口半人的标准，他所在的黄家宅是有多少工分，分多少粮食。济南知青崔玉岭说，他所在的峤山公社庄家洪沟，一个工 0.2 元多一点。李粟在峤山大崖头大队插队时间较长，他说 1975 年前后，他所在生产队一个工最低 0.152 元，有时 0.23 元，最高 0.53 元。据赵振祥回忆，他所在招贤公社大河东大队第 15 生产队，1969 年每个工值 0.08 元，口粮享受社员的 1.5 倍，全年分到的麦子共 6 斤，这个大队最好的生产队一个工能值 0.6 元左右。济南知青于汉民说，他所在的知青点是招贤公社大铺大队，他第一年分了 40 多元钱，徒步到县城买了个凯歌牌收音机。济南知青孝国利说，他插队到韩家菜园，当年一个工值 0.2 元，好些的小队 0.4 元多。济南知青张厚回忆，他插队的庄疃公社钟家村大队一个工 0.32 元，工分的唯一用途就是分粮，不分钱，这个村的老支书补充说，哪有钱分呀？

青岛知识青年都是 1975 年下乡到莒县插队的，张维和郑光玉都在莒县陵阳公社西湖大队，张维所在生产队一个工 0.15 元，郑光玉所在生产队一个工 0.5 元。胡宝财插队到店子公社胡家村大队，他们村的一个工值是 0.57 元，知青一天干十几个小时的活才能挣到 0.4 元以上，好多知青干了一年连口粮都不够。朱家朱里村知青高玉兰说，他们村一个工值是 0.37 元，女的干一天 0.26 元，好多知青干了一年连口粮都不够，但是她口粮挣出来了，当时谁的工分最多谁能回来，我不仅回来，还多赚了 5 元钱。峤山前店子大队孙建峰说，他们村一个工才 0.2 元，没办法男知青推小

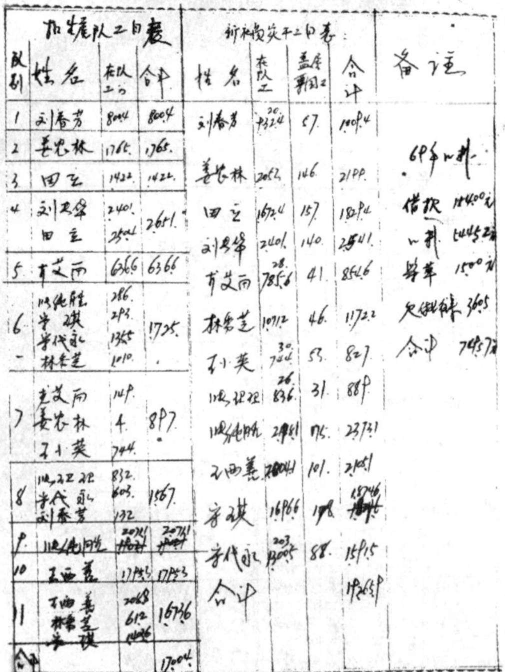

图 2-1　1975 年青岛下乡知青工分统计表

车运粪多拿工分，到年底分钱分了 84 元，这是大收入，拿回家后家长也很高兴，那个年代拿这点钱就很好了，当时全年分小麦才 7 斤。于红青插队到峤山公社大辛庄大队，这个大队一个工 0.2 元，他们下乡一年多，一分也没拿到手。

莒县当地知青陈淑胜，是 1974 年下乡到城阳邹家庄子，组长是张俊岭。这个村共有五个生产队，外加林业队、实验队、副业队，这三个专业队属于村大队直接领导，知青全部安排在大队林业队务工，但实际人员全都分到了各个生产小队，挣的工分按季分到所在小队，条件好的小队一个工五六角钱，年景好时七八角钱，条件差的三角伍或四角钱，整劳力一天挣 10 分，包括早上饭前挣工 2 分，如果早上不出工的话一天只挣 8 分。一个社员一年的口粮也就二百七八十斤，好时能够达到三百斤出头，因为每季粮食下来后得先交公粮，剩下的才按人口和工分（比例是人七劳三）往下分，一个麦季好的生产队一口人也就分 100 多斤麦子，不到 200 斤，秋季玉米收后再找补。粮食分配时先按人口分，然后再按工分分，多挣多分，少挣少分。一个整劳力一年除去口粮款，好的队能分六七十元，像大队副业队的拖拉机驾驶员等一年能分 100 多元。莒县知青穆德胜是 1976 年 8 月 7 日回乡的，任村团支部书记，管理区团总支书记。他所在的峤山东桥村一个工是两毛七八分钱。

当时农村经济薄弱，大队、生产队根本没有资金积累。年终分配很多生产队根本无钱可分，于是倒逼出一种特殊的做法叫“棍卡棍”，社员有挣工分多的，有挣工分少的，挣工分多的，生产队里应分给他们钱，挣工分少的应向生产队交钱，生产队没钱，社员也没钱交，于是他们想出了一个“聪明”的办法，把账转嫁到社员身上，让社员欠社员，就是让欠钱的社员把钱直接交给应分到钱的社员，村里就无事大吉了。

广大知识青年来到莒县就是面临着这样艰苦的生产、生活环境，既是对他们的考验，也是对他们的磨炼。刘官庄公社小河北大队知青组赵钟剑 1968 年 9 月下乡，11 月村里开始秋收分配，总共劳作满打满算两个月，况且城市孩子初到农村，不会农活；分配给知青的粮也只给 6 个月的，1969 年初连降大雪，他们艰难地度过了一个缺粮缺柴的冬天。青岛知青郑广玉说，1975 年冬，寒冬腊月天气寒冷，他们知青组同社员出伕修筑沭河，住在临时帐篷，顶风冒雪完成了任务。韩家菜园知青孝国利说，他们知青组基本上是缺粮户，分得粮食后要拿出一大部分换地瓜皮子，不然就不够吃，

1斤麦子可换4斤地瓜，玉米高粱只能换3斤。几个人推着手推车去百里外的三庄等地，要走几十里崎岖不平的山路，其艰难之状可想而知。济南知青崔玉岭说，他所在的峤山公社庄家洪沟大队，有一天他们没吃的了，等一队的地瓜分下来吃，结果赶上下雨天，一直到下午雨停了，分到地瓜才吃上饭。当时如果某个同学病了，他们就做病号饭，其实就是下面条，然后到供销社买点酱油，这就算是奢侈品了。

第二节 安置保障

1968年4月，莒县迎来第一批济南知识青年。1968年6月20日，莒县革命委员会为了做好对济南知青的安置管理，专门下发了莒革发（68）第26号文件，指导安置工作。全县以阎庄、城阳、招贤、陵阳、刘官庄、峤山、东莞七个区为安置点进行分配安置，具体分配如下：阎庄150人，城阳83人，招贤130人，陵阳90人，刘官庄101人，东莞80人，峤山80人。上述7个区，都是选择政治条件好、经济条件好的大队，每个大队安置8至11人。各知青点都成立了专门的班子，有专人负责这项工作，并提前做好了物资准备，备好了床铺（单人床），宿舍内张贴毛主席像和毛主席语录，建好了伙房，备好了锅灶等，并修建了男女厕所，备好了其他生产、生活等日常用品。知识青年每到一个公社、大队，都有专人靠上，热情地接待，到大队后召开不同形式的欢迎会，介绍各大队的情况，并请老贫农、老干部讲家史，村史，同时安排条件较好的贫下中农教会他们理家做饭，建立学习、劳动、生活等项制度，一开始就把各项工作纳入制度化、规范化。至1968年12月28日，全县共安置济南上山下乡知识青年946人。

表 2-4　1968 年济南知识青年登记表

下乡时间	安置区（公社）	安置大队	安置人数	安置大队	安置人数
1968 年	阎庄区	朱家庄子	12	长安口	9
		西陈家楼	11	刘家村	12
		肖家河	10	贾马官庄	10
		伦家当门	13	岔头	13
		宋家桥	12	姚家岭子	9
		桃园	11	东陈家楼	11
		爱国村	11	八里庄子	10
		周马庄	11		
1968 年	陵阳区	借庄	11	前西庄	11
		刘家址坊	9	于家店子	9
		姜庄	8	大埠地	11
		方家址坊	11	张家圩子	12
		西湖	9	西上庄	12
		杨家址坊	6		
1968 年	城阳区	戚家街	9	邹家庄子	12
		钟家村	8	后城子	12
		胡家街	8	韩家菜园	8
		邢家庄	12	刘家菜园	12
		坝上	9		
1968 年	刘官庄	前云	13	后竹园	10
		兰官庄	13	前于大队	13
		黄家宅	11	李念头	8
		马家岭	8	小河北	9
		前竹园	9	严家严町	8
		五花营	12	徐家庄子	8
		后云	8		

续表

下乡时间	安置区（公社）	安置大队	安置人数	安置大队	安置人数
1968 年	招贤区	柳家庄	9	梁家四山子	9
		程曲坊	11	东双庙	10
		马店子	12	大河东	10
		梁家春生	10	大铺	12
		大罗庄	12	前王家春生	11
		西黄埠	9	后仕阳	10
1968 年	峤山区	郑家石槽	9	徐家城子	9
		杜家沂水	9	康家村	9
		后店	10	大崖头	9
		胡家村	13	大辛庄	11
		庄洪沟	13	前集	7
1968 年	东莞区	东莞	10	大店子	8
		源河	12	田庄	8
		大沈刘庄	11	大福照	7
		孟家庄	10	西沈庄	9
1968 年	中楼区	孟家西楼	10	中楼	13
		两山口	12	鸡山沟	12
		板楼	10	刘家沟	10
		前由店	7	五楼山前	13
		孙由	14	黑涧	12
		大陈君子	12	前窖埠	10
		龙山瓦楼	12		
合计	8 个区	91 个大队 946 人			

（资料来自济南市档案馆）

城市知识青年到农村插队落户，各大队非常重视。1970 年 7 月，荆家村接到 10 名知识青年安置任务后，全体大队干部和广大贫下中农无不欢欣鼓舞，奔走相告。大队革委会先后 4 次召开贫下中农会议，学习有关文件精神，明确知识青年到农村安家落户的伟大意义，成立“三结合”再教育领导小组，进行广泛宣传，黑板报上工整地写上了标语“欢迎知识青年到俺村安家落户”，安排了文娱节目。他们努力做到政治上有人抓、生活上有人管，大队安排对两处住宅进行了粉刷，室内张贴了毛主席像和毛主席语录标语，住、吃、用都做了详细考虑，吃饭用的筷子，生产用的锨、镢、锄等农用工具准备得非常齐全。还安排专人教知识青年做饭烙煎饼，让他们感受到贫下中农的温暖。知识青年来到村里，他们送上的第一份礼物是毛主席著作，第一堂课是阶级斗争课，领着他们认门、认人，来村后吃的第一顿饭是忆苦饭，请贫下中农讲家史、村史，进行革命传统教育。生产生活纳入正规后，大队革委会定期举办毛泽东思想学习班、活学活用毛泽东思想讲用会，交流接受贫下中农再教育、改造世界观的经验，并推出典型，以点带面，提高知识青年投身三大革命斗争的积极性和自觉性。

1974 年，县里开始研究动员县内知识青年上山下乡问题，5 月 24 日，县委领导召开班子会议，学习中央、省和地区有关文件，县委副书记张相坤汇报说，先动员本县的，再接收青岛的。本县摸底有 200 多人。莒发（1974）22 号文件规定，这年动员安置本县知识青年 150 人，接收外地回乡知识青年 100 人。为了做好安置工作，文件要求，从党内到党外，从干部到群众，广泛进行思想发动，大造社会舆论，迅速掀起知识青年上山下乡的新高潮。要各方密切配合，做深入细致的动员工作。知识青年上山下乡，是一项非常细致的思想政治工作，各行各业、各部门要紧密配合，密切协作，教育战线要把上山下乡作为对学生进行思想政治教育的重要内容，认真抓好，特别要做好应届毕业生的动员和教育工作，机关、厂矿、企事业单位要把动员子女下乡当作搞好干部思想革命化的重要内容之一，切实抓好，对应下乡的知识青年，家长在哪个单位，应以哪个单位为主负责动员，其他部门协助做好工作，力求思想政治工作到户到人。通过深入细致的宣传动员工作，1974 年至 1975 年，县内组织了 156 名知识青年上山下乡。

根据临沂地区《关于在农、林、牧、渔安置四百名知识青年的通知》要求，全区从动员下乡的知识青年中拿出 400 名安置到农、林、牧、渔场，莒县分配了 20 人，其中，安置到农业（场）10 人，安置到林业（场）10 人。

知识青年上山下乡工作开展后，1968 年，莒县设立山东省莒县革命委员会城市知识青年下乡上山办公室，1970 年改为山东省莒县革命委员会下乡上山办公室，知识青年上山下乡安置管理工作走上了经常化、规范化的轨道。1974 年至 1978 年，县里连续下发动员本县知识青年上山下乡的文件，大力发动本县知识青年上山下乡，插队到农村，接受贫下中农再教育。

表 2–5　本县上山下乡知识青年登记表

1975 年 9 月 25 日

下乡时间	下乡公社	下乡大队	下乡人数	
1974—1975 年	爱国	爱国	7	
		刘家村	12	
	陵阳	刘家址坊	15	
		方家址坊	8	
		西上庄	4	
	城阳	邹家庄子	15	
		韩家菜园	11	
		西陈家楼	10	
		东陈家楼	16	
		东关一队	15	
		桃园	10	
		刘家菜园	12	
	庄疃	韩家村	5	
	小店	河南	6	
合计	5 个公社	14 个大队	156 人	

从 1974 年开始，县内连续接收外地回乡知识青年。1975 年 1 月 7 日，中共临沂地委知识青年上山下乡领导小组向地委提交的报告中指出，到 1974 年 12 月中旬止，全区已动员下乡知识青年达 2777 人，占应动员人数的 50.8%，莒县、费县、沂南、莒南和沂水 6 个县，已完成动员任务的 90% 以上。莒县在县委书记董观涛的带动下，在第一批下乡的 102 名知识青年中，科、局以上的干部子女就占 50%。

1975 年 3 月，莒县县委知识青年上山下乡领导小组向县委提交关于安置知识青年上山下乡工作的报告，县里动员本县知识青年 150 人，接收外地回乡知识青年 100 人。回乡知识青年来自全国各省市：北京市邮票厂、辽宁省抚顺西露天矿工务段、辽宁省本溪市新丰矿山机械厂、辽宁省驻哈尔滨 3026 部队、辽宁抚顺水利机械厂、浙江省普陀县人武部、浙江省宁波地区保卫组、浙江青田县委、四川省开寿川维四公司加工厂、四川省成都西南变电公司、重庆市、湖北省通城县粮食局、福建省商业局、福建龙岩地区革委、福建厦门杏林医院、山西介价空字二六六部队、贵州平圹县商业局、吉林省通化建筑公司、河南省密县粮食局等省市有关单位；省内的有：济南军区6079部队、济南市立四医院、临沂地区人武部、临沂地区农机局、临沂地区拖修厂、青岛纺织机械厂、济南历城仲宫公社、济南新华印刷厂、淄博制酸厂、临沂地区革委、青岛环卫处、临沂地区防空指挥部、沂源县委和本县等市地县有关单位。

表 2–6　回乡知识青年登记表

1975 年 9 月 25 日

回乡时间	回乡公社	回乡大队	人数
1974.12.14—1975.10.10	爱国	罗米庄、伦当门、小湖、长安坡、孙家山沟、朱汀、官保、爱国、何家楼、肖家河、河圈	12
1975 年	城阳	何家亭子、西大街	2
1974.9—1975.10.11	陵阳	西山河、松院、庄科、陵阳、杭头、大放鹤、张家围子	10
1974.9—1975.7	招贤	东黄埠、大铺、大河东、前王家春生、小罗庄、岳家春生	10
1974.9—1975.8	夏庄	后石屯、夏庄、张家抱虎、大苗蒋、南上庄、北上庄、韩家岭、孙家庄、蔡孟晏、南马坡	10
1974.2—1975.10	小店	坪子大队、官路、脉住墩、庞家垛庄、杨家崮西、河南、窝町、金墩、小店、杨家崮西、东辛河	12
1974.6—1974.9	峤山	大刘家沂水、后绪密、庙东头、大桥村、东沟头、朱庙、前集、北井	8
1968.11—1975.1	庄疃	钟家村、小湖、戚家村、刘西街、后官庄、泥沟子、后石尧	8
1969.8—1975.10	刘官庄	前于庄、黄花沟、白家湖、尹家店、黄家宅、中泉村、大砚疃	7
1974—1975.8	石井	寨里河、石井	2
1975.12	东莞	中发牛山	1

续表

回乡时间	回乡公社	回乡大队	人数
1975.8	中楼	大陈君子、后牛店	2
1975.9.26	桑园	范家团山	1
1968—1975.10.17	洛河	田官庄、后梭庄，双河村	3
1975.5.15—1975.9.8	龙山	范家庄、徐窝疃	2
合计	15 个公社	80 个大队	90 人

1975 年 5 月、6 月、7 月、8 月、9 月、10 月、11 月、12 月，1976 年 1 月、3 月，莒县先后共接收了青岛化工局的 1350 名上山下乡知识青年。为了安置好、教育好、使用好这批知识青年，县委下发（1975）3 号文件，要求各级要提高认识，加强领导，凡接收下乡知识青年的大队，大队干部要和带队干部密切配合，做知识青年政治上的领路人、生产上的带头人、生活上的贴心人。这批知识青年被安排到爱国、庄疃等 17 个公社的 60 个生产大队。

图 2–2　青岛驻莒县第三批知青带队干部先进工作者合影（董瑛提供）

据青岛知青吴仕传回忆，1975年7月2日，他跟知青们坐车来到莒县，被分在大崖头大队。晚上7点多钟，终于到了知青点。天黑了，屋里点起了小油灯。房间是三间屋，摆了五张床。床是四条腿，没有床头，床筢子就用苞米秸做的。他把带来的席子铺在床上，把被褥拿出来铺好，箱子放在床头的地上，就算安下家了。九点多钟，支书进来说走了一天路，怪累的，快吃饭吧。院子里的小桌子上，每桌摆了八碗菜，旁边还有几盖顶煮好了的大皮饺子。有位老乡说这是大队第一次摆这么大的宴席。当地请客顶级的菜是十大碗。

为了搞好知青管理工作，青岛化工局实行厂、队挂钩的方式，在县、公社知青点分别派出带队干部，与知青所在人民公社、大队一起抓好管理教育。许永明就是青岛橡胶制品厂一位带队干部，她说，青岛带队干部的人数根据各厂知青的多少来安排，他们厂有知青30多人，安排到一个公社两个大队，于是厂里派了2名带队干部，各自住在一个知青点。像同泰橡胶厂插队的峤山公社，由于知青多，安排了好几个知青点，当时带队干部就不能每个点都有，他们一共是三个带队干部，都住在公社。带队干部的主要任务就是协调各知青点和大队的关系、知青和村民的关系，管理好知青的生活，以及正确引导知青的思想变化，另外还根据各厂的能力支援公社办工厂。带队干部都受化工局总带队干部的领导，当时化工局总带队干部有3人，住在莒县知青办。莒县知青办是李玉兰担任主任。带队干部经常到县知青办开会，汇报各知青点的情况，并安排带队干部的任务。红卫橡胶厂带队干部王新华说，带队干部工作其实很辛苦的，她所在峤山公社第一批带队的4人全在公社住，因为橡胶厂知青很多，分配了好几个点，他们每天早上5点就骑着自行车去大队，同知青一起上早坡、挑水、浇地等，什么农活都干，晚上10点回来，每天披星戴月，把青春献给了莒县。

带队干部的口粮，根据省鲁发（1974）83号文件规定，每人每月45斤成品粮，差额由原单位补助。

1976年6月20日，中共临沂地委组织部发函要求，青岛驻莒县正带队王知录同志列席莒县县委常委有关会议。

表 2–7　1975 年青岛市化工局来我县下乡知识青年厂、社挂钩情况表

下乡单位	安置区（公社）	安置大队	安置人数
局机关、青岛氧气厂	爱国	宋家桥、朱家庄子、姚家岭子、八里庄子、周马庄	100
青岛橡胶制品厂	庄疃	前城子、坝上	100
青岛磷肥厂	刘官庄	黄家宅、前云、西李家楼	120
青岛农药厂	陵阳	借庄、西湖、何家疃、大宋家庄	40
青岛农药厂	龙山	范家庄、薄板台	50
青岛红卫橡胶厂	峤山	朱家朱里、薛家城子、前集、北井、大辛庄、大崖头、胡家村、前店、前绪密、郑家石槽、刘家沂水	120
青岛红卫橡胶厂	桑园	大井峪	50
青岛油漆厂	招贤	西双庙、大埔、大罗庄、小罗庄、东双庙	120
青岛橡胶机修厂、合成纤维厂	夏庄	马坡、北马坡、梁家苗蒋	100
青岛染料厂	小店	脉住墩、朱家沟、东心河、董庄、卢家孟晏、后严家崮西、前横山、吕东	100
青岛染料厂	中楼	板楼、后山前、孙由、刘家沟、韩家军子	100
青岛自力化工厂	石井	白土沟	40
青岛化工厂	碁山	碁山	80
青岛化工厂	安庄		50
青岛化工厂	洛河	魏家庄、西地、店子、洛河崖	50
青岛制药厂	东莞	东莞、朱留、庄家山、孟家庄、	80
青岛城阳化工厂	库山	源河、大福照	50
14 个	17 个	60 个	1350 人

1976—1978年，莒县继续动员本县知识青年上山下乡，并对下乡青年的生产、生活作了具体细致的安排，切实解决好知识青年的住房、口粮、医疗、生活、学习等问题，公布的知青点凡是尚未建房的，要在“三夏”和“三秋”之后建起来，保证年内所有知青点建房完成，配起套来，对房内的床铺、桌凳等用具和生产用具配备齐全，口粮按省粮食局和省知青办的联合通知办理，参加分配，保证全年吃到六百斤（粮油六斤），下乡知青的自留地，要同社员一样对待。同时发动下乡知青搞好“三种三养”，搞好生活管理，做到勤俭节约，细水长流。

1978年10月，全国知识青年上山下乡工作会议决定停止上山下乡运动，莒县也随之停止了上山下乡动员工作。根据上级要求，妥善安置知识青年回城和就业问题。青岛知青于1978年底全部集体返城。至1980年，到莒县农村插队落户的知识青年，按照国家有关政策，通过招工、招生、入伍、提干等形式，大多数返回城市。

对城市上山下乡知识青年的安置费用，莒革发（68）第26号文件规定，平均每人240元，动员城市留用20元，其余全部拨到插队地区，主要用用于建房和必要的生产生活用具的购置。未参加生产分配前每人每月9元，直到参加当地分配为止。

1969年12月24日，临沂地区革命委员会生产指挥部民政办公室、财贸办公室增拨莒县下乡上山安置经费50000元，要求本着节省的方针，专款专用，适当安排，不得挪用。

莒发（1975）13号文件规定，城镇知识青年回农村老家落户的和到农村集体插队的，每人补助500元，到生产建设兵团，国营农、牧、林、渔场的，每人补助400元，其中建房补助费230元，主要用于木材、砖瓦等基本材料，由生产队帮工，给每个下乡知识青年建房8到10平方米，归他们长期使用，任何人不得变卖或占用；生活补助费170元，由县统一掌握使用，主要用于购买吃、穿、用等生活必需品，下乡参加分配前，每人每月生活补助费9至11元，参加分配后一两年内仍有困难的，根据实际情况，给予适当补助；农具、炊具、家具补助费每人50元，一次拨给生产大队负责购买；学习材料费每人10元，由县统一掌握使用；医疗费每人10元，有合作医疗的大队，按标准分年度交大队医疗机构，无合作医疗的大队，医疗费由青年组集体掌握，不发给个人；动员费，跨地区安排的每人15元，本地安排的每人10元，主要用于旅运和宣传，外省来我省的回乡知识青年，由接受县按标准拨付安置经费；其他费用50元，由省统一掌握，用于下乡知识青年的特殊开支，下乡知识青年因招工、招生、征兵等离开社队的，原来给他们所建的房屋，应留给新下乡的知识青年使用，并相应抵顶有关经费，尚未用完的经费应抵做新下乡的知识青年的经费。

为了支持知识青年上山下乡这一社会主义新生事物，把知识青年集中的地方和单位办成农业学大寨的先进单位，1975年11月14日，山东省革命委员会决定对有下乡知识青年的社、队，在物资、资金等方面给予一定的支援，从1976年开始，省里拿出一定数量的拖拉机、柴油机、电动机等主要农业机械戴帽下达到县，由县根据具体情况，有先有后有多有少地分配到大队，力求两、三年内，逐步使所有有下乡知识青年的大队农用机械保有量不低于全县生产大队的平均水平。从1974年开始，对下乡知识青年（包括回乡青年），按每人每年供应化肥200斤，连续供应3年的办法计算，列入省分配计划，戴帽下达到县，由县分配到大队。不属于国家计划内的物资，由各地区和各级业务主管部门本着大力支援农业、积极发展公社企业和农副业生产、巩固集体经济的原则，积极主动地加以安排，帮助有下乡知识青年的社、队解决一些生产设备、原料供应、产品销售等方面的实际困难。

当时，临沂地区革命委员会、临沂地区革委知识青年上山下乡办公室对城市知青安置高度重视，在财力物力上给予了大力支持，按照省里的要求，结合地区实际，有计划地拨款，拨给木材、水泥等物资，支持知青点的建设。

表2-8　临沂地区革委知识青年上山下乡办公室拨付莒县知青点建设费用、物资指标统计表

时间	补助费、业务费（元）	钢材（吨）	水泥（吨）	木材（米^3）	化肥（吨）
1974.5.2	20000				
1974.9.16	50000				
1975.3.13				90	
1975.4.2		2.5			
1976.3.3			10		

续表

时间	补助费、业务费（元）	钢材（吨）	水泥（吨）	木材（米^3）	化肥（吨）
1976.4.21			15		
1976.6.15	8000				
1976.10.4	25000				
1977.4.27	5000				
1977.8.3	10000（增核）				
1977.10.13	20000（增核）				
1977.12.8	45400				
1978.1.26		2		20	26
1978.3.27	23000				
1978.4.1			10		
1978.4.5					20
1978.7.8			10		
1978.8.4	7000				
1978.9.18	36000				
1978.10.23			7		
1978.11.17	4000				
1979.3.2			6		
1979.3.12	4000				
1979.8.1	7000				

一些生活用品由知识青年上山下乡办公室发放到个人。下表是1977年临沂地委知识青年上山下乡办公室统计的下乡知识青年物资分发表：

姓名	性别	家长		安置	应领物资							个人签字
		单位	姓名	单位	毛著	毛巾	背包	草帽	其他票	布票	棉票	
徐广芹	女	气象局	徐宽	莒县爱国大队	1	1	1	1	1			吕振芝

表 2–9　莒县革命委员会上山下乡办公室 1969 年动员安置城镇人员下乡经费决算表

单位：人、元

下乡情况	人数	每人经费补助标准	按规定标准计算所需安置经费数	已实际开支安置经费数	说明
单身青年	988		224760	128553	
下乡：自行动员安置					
其中：城市		240			
县镇	4	235	940	940	
动员到本省外地安置					
其中：城市		20			
县镇		15			
动员到外省安置		40			
安置本省外地	946	220	218120	121913	
安置外省（市）		220			
回乡：动员到本省安置	38	150	5700	5700	
动员到外省安置		40			
安置本省外地					
安置外省（市）		130			
城镇居民：					
职工家属：					

表 2–10　莒县革命委员会上山下乡办公室 1970 年城镇人员上山下乡经费决算表

1971 年 4 月 28 日　　　　单位：人、元

下乡情况	人数	每人经费补助标准	按规定标准计算所需安置经费数	已实际开支安置经费数	说明
总计					
单身青年					
下乡：自行动员安置	2	250	500	259.99	

续表

下乡情况	人数	每人经费补助标准	按规定标准计算所需安置经费数	已实际开支安置经费数	说明
动员到本省外地安置		20			
动员到外省安置					
安置本省外地		230			
安置外省（市）		230			
动员到生产建设兵团					
其中：山东生产建设兵团		20			
内蒙古生产建设兵团					
回乡：动员到本省安置					
动员到外省安置					
安置本省外地					
安置外省（市）	9	230	2070	1310	
城镇居民：					
职工家属：					

1976 年 7 月 21 日，临沂地区要求各县上报 1973—1975 年城镇知识青年上山下乡经费决算，并进行核复，不足部分予以补发，下面是莒县上报 1973 年至 1975 年知青经费决算情况，并落实了补拨。

表 2-11　1973—1975 年知青经费决算表

单位：年、千元

县名	应拨经费				已拨经费				补拨	多拨	本次拨款
	合计	1973	1974	1975	合计	1974	1975	1976			
莒县	511		74	437	460	50	410		51		51

为了加强财务务物资管理，1977 年 11 月 18 日，根据山东省革委财政局和知青办的要求，临沂地革委知青办下发《关于在全区知青财务系统进行一次财经纪律大检查的意见》,《意见》指出，自 1974 年以来，全区由国家拨付经费达 800 万元。管好用好这笔经费，对知识青年上山下乡工作意义重大。检查范围主要是各县 1974 年以来下乡补助费和知青业务费的开支和使用情况，包括虚报、重报下乡人数和经费情况，贪污、挪用、侵占、

克扣下乡经费情况，超越规定范围，随意开支项目情况，铺张浪费、请客送礼等不正之风。全区成立五个检查小组，莒县、日照为第五组，组长是李玉兰,副组长是宋维昌。检查分自查、互查和总结三个阶段。在互查阶段，互查小组在划分的小组范围内逐县进行检查，互查内容包括：核对存现金，核对经费指标（1974 年至 1977 年拨入经费、实际支出，现存经费），审查开支单据，核实知青安置和迁出人数。这次检查，做到了实事求是，有一是一，有二是二，查摆问题，引以为戒，对情节严重的，要彻底追查，严肃处理，使知青财务工作更好地为上山下乡知识青年服务。

第三节　管理机构

随着知识青年上山下乡及稍后进行的干部下放工作，为了加强对这项工作的领导和管理，根据上级要求和工作需要，县革命委员会成立专门办公室，为县直副科级单位。凡有安置任务的各区、各社革命委员会，也安排专人负责此项工作。在县委、县革委会的重视和关心下，县知青办积极主动地做好各项工作，使莒县的知青工作取得了突出的成绩，多次受到地区和省里的表彰。

1968 年 3 月 5 日，山东省临沂地区革命委员会确定成立城市知识青年下乡上山办公室，莒县也成立了相应机构——山东省莒县革命委员会城市知识青年下乡上山办公室，1970 年 6 月 15 日，临沂地区知青办改为山东省临沂地区革命委员会上山下乡办公室，县知青办也随之改为山东省莒县革命委员会上山下乡办公室。

1968 年知青办公章

1978 年知青办公章

图 2-3

为切实加强对知识青年工作的领导，1973 年 7 月 3 日，莒县县委建立了知识青年上山下乡工作领导小组，张相坤任组长，孙克松、庞培广任副组长，成员有张相坤、孙克松、庞培广、石以现、张明智、赵廷岩、周景岩、崔荣花、张立业。

1974年8月23日，莒县县委调整加强了知识青年上山下乡领导小组，张相坤任组长，副组长三人：魏振柱、孙克松、高汶，成员由上年的9位增加到19位，他们是：张相坤、魏振柱、朱文瑞、张晋文、石以现、王进元、赵建壁、庞培广、刁桂臻、张明智、陈叔治、孟繁址、王学栋、杨维平、于恺、于道遵，孙克松、高汶、李洪海。

1974年8月28日，凡有城市上山下乡知识青年的公社，都有一名书记分管，并建立起了由共青团、妇联等有关部门负责同志参加的3至5人领导小组，凡有上山下乡知识青年的大队，也建立起了由党支部、贫下中农、妇女、共青团、知识青年代表组织的再教育领导小组，一级抓一级，层层抓落实，做好对知识青年的生产、生活和教育管理工作。

1974年4月11日，中共临沂地委下发《关于知识青年上山下乡工作机构和公安边防干警单列编制的通知》，确定临沂地区知识青年上山下乡工作机构单列编制56名，不占用行政编制，地区7名，临沂、郯城、莒县各5名。

1975年3月，青岛知识青年来到莒县，为了加强管理，青岛市为每个公社安排一名带队干部，负责对这个公社青岛知青的管理和教育，同时，莒县县委知识青年上山下乡领导小组要求，与带队干部和知青小组长协商，成立生活管理小组，选出小组长、会计和保管员，建立轮流做饭制度，管理好生活。

1976年6月15日，莒县城市知识青年下乡上山办公室《党员干部登记表》显示，知青办共有成员7人，其中干部6人，事业1人。知青办主任是高汶，成员有李玉兰、董克山、李德林、唐永武、宋维昌、董瑛，宋维昌任会计。

1976年7月2日，莒县县委发文要求，要提高认识，把知识青年上山下乡工作做得更好。根据省委要求，县以上各级知青办都要设党委，并由一名书记分管，同时吸收一名优秀的下乡知识青年参加领导班子，动员城镇要继续按省委规定选派带队干部，要有一定数量的领导骨干和女干部参加带队。驻地、县、社带队干部负责人要有一名参加党委领导，驻知青点带队干部，是党员的要参加大队党支部活动。

据1976年12月24日、1977年12月14日《党员干部登记表》统计，这两年县知青办人数仍为7人，人员未变，具体情况如下表：

表 2-12 党员干部登记表

姓名	性别	出生年月	学历	籍贯	入伍时间	入党时间	职务
高　汶	男	1923.9	高小	沂南县李家庄	1944.8	1949.4	主任
李玉兰	女	1929.8	初中	城阳公社土门首	1950.9	1947.7	副主任
董　瑛	女	1948.9	高中	临朐县九山庄	1970.11	1975.11	副主任
董克山	男	1942.11	初中	爱国公社董家山沟	1960.9	1964.3	办事员
李德林	男	1940.12	高中	城阳公社土门首	1961.9	1976.1	办事员
唐永武	男	1941.8	高中	峤山公社大辛庄	1962.7		办事员
宋维昌	男	1935.9	高中	招贤公社东黄埠	1951.9		会计

1980 年 4 月 18 日，莒县知青点撤并，当时有知青点 85 个，根据规定应撤并清理的有 74 个，撤并知青点的有关拨款和物资予以收回。1980 年 10 月，据《干部花名册》登记，莒县知青办工作人员因退休和调出减少为 4 人，其中李玉兰、董瑛为副主任，董克山为办事员，宋维昌任会计。

1981 年 4 月 25 日，根据形势发展的需要，山东省临沂地区行政公署研究决定，地区知青办合并于地区劳动局，对外仍保留知青办的名义，有关城镇行业青年的就业安置工作和上山下乡的遗留问题，统一由劳动局办理。这年莒县也根据上级要求做了调整，将县知青办并入县劳动局，知青工作遗留问题也一并移交县劳动局处理。至此，县知青办工作整体结束。

第四节 插队劳动

知识青年下乡插队以后，从城市到农村这一巨大的反差带给他们的是一个接一个的困难，一个接一个的考验，他们从掌握最起码的生活技能，到能够熟练使用农具，从吃家长饭、穿家长衣到生活基本自给或自给有余，成为知识青年人生旅程上的一个巨大转折点。

20 世纪 60 年代末，县内农村农业生产主要农作物是小麦、水稻、地瓜、玉米、高粱等粮食作物和大豆、花生、棉花等经济作物；主要农活有耕地、耙地、整畦、种地、锄地、割麦子、割稻子、刨地瓜、掰玉米、打麦子、打稻子、切地瓜、晒地瓜干、修渠修堰、深翻土地等；主要农具有镢、锨、犁、耙、镰刀、锄头、杈、筢、扫帚、打谷机、喷雾器等等。当时农业机械化水平还很低，青岛知青吴仕传回忆，当时农村的经济状况比他们想象的还要差，他来到峤山大崖头大队，全队仅有两台12马力的柴油机，一台用于磨面，一台用于浇水，社员家里仍然点煤油灯，仅有的农用电器就是手电筒，除耕田用耕牛外，其他农活全是人工承担，艰难繁重，劳动强度很大。

图 2-4　庄疃公社前城子下乡知青在玉米地锄草、地头小憩照片（王全梅提供）

从 1968 年 4 月开始，知识青年相继下乡插队，就同农村社员一道，过着日出而作、日落而息的生活，他们首先面临着过“劳动关”的考验，可知青们没有在困难面前退缩，而是知难而进，较快地适应了农村繁重的劳动和艰苦的生活，逐步做到了和社员群众一起同出勤、

图 2-5　丰收的喜悦（董瑛提供）

同劳动、同生活。

第一批知识青年插队到各生产队后，面临更加严峻的考验，有的手不能提、肩不能挑，有的农作物分辨不清，一切都要从头学起。他们边学边干，很快掌握了农活的技巧。可困难又来了，有的初到农村水土不服，出现身体不适的症状，可他们没有退缩，迎着困难，顽强地坚持了下来。

为了加强对知识青年的管理教育，县、社、队各有关部门坚持做细致的思想工作，使知青们能够安心在农村学习、劳动和工作，过好思想关、劳动关和生活关。根据县里的安排，倡议知识青年下乡后要在农村过好第一个革命化春节，也叫过“扎根年”，绝大多数知青都没有回家，有个别回城的春节期间也返回了农村，同贫下中农一起过春节。

很多知识青年在闯“三关”的过程中迈出了可喜的步伐，他们除了参加社队生产外，还勤俭持家，做到了烧柴、蔬菜自给自足，有的养了鸡，养了羊，养了狗，有的还养了猪，既满足了自己的生活需要，也减轻了集体的负担，支持了国家建设。有的知青点利用有限的资金扩大再生产，在自留地里精耕细作，把节约的粮食支援了缺粮的农民群众。刘官庄公社前于家庄大队知青韩志平回忆说，当时他们是先进小组，他们提出的“不向国家伸手，不向社队伸手，不向家庭伸手”的“三不伸手”口号，被县里宣传报道了。他们小组团结、安分，与大队、生产队和贫下中农关系处得很融洽，社员们也全心全意地帮助他们，生活过得比较舒心。小组的人非常低调，就像一个普通的社员，积极生产，安心生活。平时，他们没有什么豪言壮语，也没有表现出慷慨激昂的状态，能做的就是生产劳动、读书学习，掌握一些技能，帮助大队解决一些问题，还救济春荒时吃不上的学生家庭等，再就是同学之间、同学家庭之

图 2-6　爱国知青组魏洪琴（左一）和滕宝美（左二）在田间研究麦穗病虫害防治（林凡华提供）

间互相帮助，互相关心照顾，他们组就是一个和睦的大家庭。

经过几年的劳动锻炼，不论是济南知青、青岛知青、回乡知青，还是本县知青，都基本解决了过“关”问题，不少知青生活不仅能够自给，有的还达到自给有余。知青们坚持和社员劳动在一起，拜社员为师，都学会了犁田、耙田、播种、插秧等农活。当时一个壮劳力，一个工日是 10 分，也就是说一个壮劳力干一天活，最多能挣 10 分。青壮年女性为 8.5 分。刘官庄黄家宅知青插队后，刚开始由于农活不熟练，男知青干一天活都挣 8.5 分，他们戏称享受“妇女待遇”。一年以后，李鸿就挣到了 10 分，成为男生中第一个评上 10 分的人。他还学会了推独轮车，和青壮劳力一起搬粪运土，上山搬石头。他们还养起了猪，分工轮流给猪喂食。有的知青点的知青，还自制简易生产工具，帮农民理发，修理广播和收音机等，有的还学会了医疗护理技术，向当地社员讲解防病治病知识，给他们进行简单的治疗。有的知青干脆当起了民办教师，教育社员的孩子学习知识、学习文化、学习农业技术。刘官庄黄家宅知青利用学习到的电学知识，自己发电，为大队架起电杆，拉起了电线，使村里社员享受了城市的文明，成为全县第一个用上电的大队。

知识青年在生产队插队劳动，一方面给生产队带来了生产、管理、分配上的一些新的问题，另一方面对知青本人也带来劳动、生活等方面的困难。县知青办统计显示，3116 名知青分布在县内 18 个区（公社），194 个大队（村），他们多的有 10 人一队，少的有 1 人一队，2 人一队，3 人一队，这些分散插队的知青，白天除了要和社员一起干繁重的农活外，一日三餐都要自己动手，还要做家务，管理菜园，遇到农忙季节，晚上还要挑灯夜战，其艰难劳累状况可想而知。据两山口知青李作田回忆，夏天他们去地里锄地，天上没有一丝风，地上就是蒸烤的感觉，刚开始还能流汗，到最后汗水都流干了。回知青点还要做饭，干煎饼实在难以下咽，但是还要强行吃下，是当任务吃的，不然就难以生存。可知青们并没有在这些困难面前退缩，而是面对现实，顽强拼搏，在艰苦的环境中创造了不平凡的业绩。

县内从 1968 年开始接收安置城市下乡知识青年，先后有 946 名济南知识青年、1350 名青岛知识青年、有关省市（地区）回乡知识青年 90 人到莒县插队落户，还有 1974 年至 1978 年期间动员的本县知识青年，他们到农村后以分散形式插队到各个生产队。全县插队知识青年分布在县内 18 个区（公社），194 个大队（村），其中，安置济南知识青年的有 8 个区、

91个大队。据1975年统计，安置本县知识青年的有5个公社、14个大队，安置回乡知识青年的有15个公社、80个大队；插队知青以4至18人组成一个小组，最多不超过20人，实行集体吃住、集体劳动，有的大队根据需要，也安排知识青年分散劳动。

县里对上山下乡知识青年安置非常重视，根据山东省、临沂地区指示精神，莒县下发（68）第26号文件，要求“以自力更生为主，群众互助，社队扶持，国家关心，负责到底”的方针和勤俭的原则，妥善解决，做到少花钱，多办事，并把事情办好。按照规定，安置经费的开支标准范围：下乡知识青年，城市每人平均240元，动员城市留用20元，其余全部拨到插队地区使用，拨下去的经费，主要用于解决住房，其次用于必需的生产用具、生活用品的购置，和未参加生产队分配前的生活供应（每人每月7至9元）。根据各大队的实际情况，住房由接受任务的大队采取挤、借、让的办法解决，随后由群众互助，集体扶持，国家支援的办法建造新房或买旧房，归知识青年长期居住，房权归生产队所有。生活费（包括粮、柴、菜、油盐等）：单身青年每人每月9元，从他们参加当地分配开始，国家不再供应生活费。下乡知识青年的衣着补助，由动员城市在下乡前按国家规定标准拨付。关于粮油供应：知识青年下乡时，由动员城镇按定量发给当月和下月的口粮粮票，并在原定量的基础上，从走之日起每人每天补到一斤三两。下乡以后，同当地社员一起参加劳动和分配，如生产队分配已结束，由当地粮食部门从第三个月起按每人每月45斤原粮的标准，从农村统销粮中供应，直到参加分配口粮为止，如有的食量大，供应口粮不足，可由生产队酌情给以补助。食油供应：由动员城镇发给当季的油票，从下一季度开始，由所在粮食部门按每人每月四两标准供应，直到参加油料分配为止。煤油、煤炭供应：由供销单位予以适当照顾。疾病医疗：下乡人员的疾病医疗自理，患有重病，自理有困难的，由社队帮助解决或酌情予以社会救济。知识青年在农村生活，还应划给与当地社员同等数量的自留地。

1970年5月15日，根据山东省革命委员会生产指挥部关于疏散城市人员、下乡上山经费开支和物资供应问题的通知精神，对粮油供应标准做了明确规定：下乡插队（场）单身知识青年，从下乡之日起，按每人每天一斤三两，带足本月和下月的粮票，从第三个月起，插队由国家从农村统销中每人每月按四十五斤的原粮供应到参加分配（夏收前下乡的可以参加夏季分配），也可以参加当年秋季分配，丰收后下乡的可以参加秋季分配，也可以参加明年夏季分配，插场的按照农场、林场职工同工种粮食标准供应。下乡插队落户的城镇居民、职工家属和随全家下乡的知识青年从下乡之日起，16周岁（包括16岁）以上的，每人每天补助半斤，16周岁以下的，每人每天补助三两，带足本月和下月的粮票，从第三个月起，16周岁以上的，每人每月40斤原粮，16周岁以下的，每人每月30斤原粮，从农村统销中供应到参加分配为止。下乡人员的粮油，按农村统销供应的，每人每月四两供应到新油料分配为止。

1973年，山东省委规定，下乡知识青年建房所需要木材等物资，由省统一专项下达，建房木材本着就地取材的原则，当地确实解决不了的，每人按0.4立方米的标准计算，纳入国家计划，保证供应；水泥由地区自行平衡解决；生活用煤，由所在地区从市场用煤中保证供应；衣着困难补助，平均每人布票25市尺，棉絮2.5斤。知青场、队需要的农机，由所在地区统一分配。下乡知青的口粮，参加分配前，每人每月供应成品粮45斤，食用油半斤，下乡时带足本月和下月的粮、油票，从第三个月起，由当地粮食部门从统销中供应。参加分配后，正常出勤的，全年口粮不低于原粮600斤，食油6斤。在分配时达不到上述标准的，其差额由国家统销给予补助。已婚的下乡知识青年的口粮，正常参加劳动的，低于当地同等劳力平均口粮水平的，在分配时应予适当照顾。县社卫生部门，要积极帮助办好社队合作医疗，解决好下乡知识青年的疾病治疗问题，要给每个知青点培训一至两名赤脚医生和卫生员，重病、重伤的下乡知识青年，经县革委批准，持当地医院转诊证明，可到城市医院就医。无力缴纳医疗费的，应当和贫下中农一样，从社会救济中予以补助。要保证下乡知识青年每天有2个小时的学习时间，积极支持订阅《广阔天地》《山东青年》等报纸杂志，帮助知识青年学习和提高。

1974年10月12日，莒县革命委员会粮食局下发了《关于转发省革委粮食局、知识青年上山下乡办公室〈关于知识青年上山下乡口粮供应、分配的几个问题的通知〉的通知》，对上山下乡知识青年的口粮、粮油供应和口粮分配做了具体规定，知识青年参加生产队口粮分配前，由当地粮食部门按规定标准从农村统销粮中供应，粮食品种按非农业人员比例，供应到参加分配为止。参加生产队分配口粮的时间，第二、第三季度下乡参加明年夏季分配，今年第四季度和明年第一季度下乡的，参加第二年秋季分配。在参加口粮分配时，既要体现按劳分配的原则，又要给予必要的照顾。

正常出勤的，全年口粮不低于原粮600斤，粮油6斤（包括油料），余粮队、自给队都分配到上述标准，确有困难原生产队分配达不到上述标准的，其差额由当地粮食部门从农村统销粮油中给予补助，补助手续由青年小组、生产大队审查，公社批准，粮食部门发给“购粮证”，凭证供应，粮食品种，可酌情照顾。

青岛知青吴仕传是峤山公社大崖头大队知青点的生活管理员，他清楚地记得，刚下乡时上级给他们每人每月45斤粮票，11元钱，坚持了一年时间，并发了粮证。第二年用第一年的工分，分口粮吃。

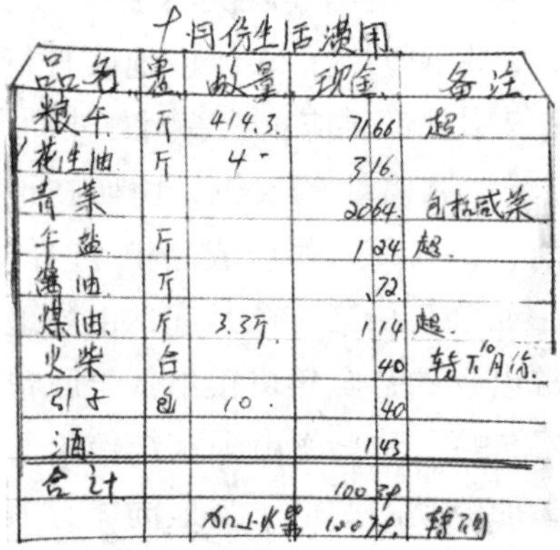

图2-7　大崖头青岛知青吴仕传生活费用记录

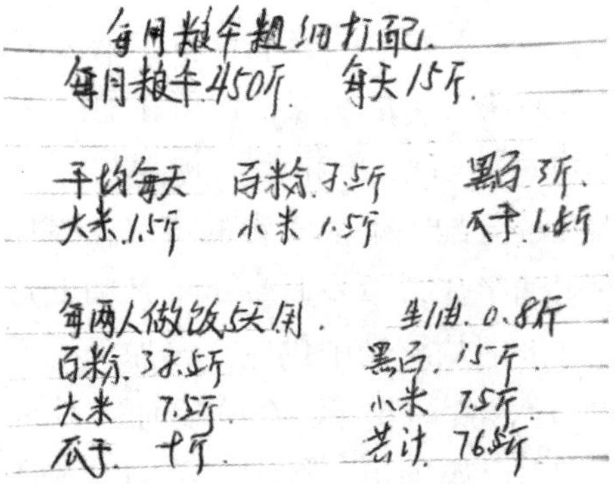

图2-8　大崖头青岛知青吴仕传生活记录

知识青年安置到生产队以后，所在生产队的贫下中农早已做好了接待工作，他们空出房子、打扫卫生、布置环境、送床板、送菜、送柴草、送炊具等用具，甚至连烧火时坐的小板凳也为知青们考虑到了。为了迎接知青们的到来，有的生产队社员们敲锣打鼓欢迎，有的跑几十里山路去迎接，争相挑行李。有些女知青行走山路不习惯，接站的姑娘、大嫂们怕她们摔跤，一边拿行李，一边嘱咐走路要小心，要把脚抬得高一些，使知青们一入队就体会到了贫下中农的热情。

知识青年插队落户以后，通过几年的劳动锻炼，他们不仅手能提，肩能挑，有的还学会了推小车子，拉排子车，有的学会了许多粗工细活，如拔秧、插秧、耘田、割禾、推土，甚至犁田、耙地等，不少知青还成了生产能手。知青们的辛勤劳动和锻炼成长，得到了贫下中农的肯定。知青们有文化、有知识，为了发挥他们的专长，公社、大队安排了一大批知青进了社办、队办林场、农场、实验队，以及队办、社办企业从事专业工作或管理工作。

知识青年来到农村，由于当时农村经济落后，他们生产生活条件是很艰苦的，据两山口知青回忆，他们来到两山口，正巧下了一场大雪，那是他们一生记忆中最大的一场雪，晚上躺在铺上，头上戴着帽子，脚底下蹬着盛满开水的食盐水瓶子，仍然睡不着觉，早晨起来一看，每个人的被子上都下了一层厚厚的霜雪，郑孔强的食盐水瓶子都被冻破了。在艰苦的劳动中，他们学会了使用手推车，曾长途跋涉几十里甚至上百里去莒南县大店公社买石磨，到日照去买食盐。于勇动情地说，有了两山口的艰苦生活和磨炼，以后的人生路上就没什么可怕的，没有什么克服不了的困难。

图 2-9　知青魏洪芹和社员研究农作物授粉情况，曾刊登在中国人民解放军画报上

城市知识青年插队后，每个大队一个小组，设立组长、副组长，负责小组的生产生活管理。无论是农业生产，还是日常生活，他们都要从头学起，尤其是生活上要自己管理自己，繁重的体力劳动之余，他们要学会自己做饭、烧水、做日常家务，有的小组选一两位有做饭技巧的人负责做饭，有的小组知青们轮流做饭。组内安排记账员负责日常生活的开支记录，安排采购员负责赶集购买日常生活用品。这些账目都记录清楚，公开透明，实际上一个小组就是一个大家庭，家庭成员团结互助，问寒问暖，相互体贴，相互关心，小组内洋溢着浓浓的亲情。

1975 年，青岛知识青年下乡来莒县，县里多次召开会议，下发文件，做好充分的准备工作。选择领导班子强、生产潜力较大、收入稳定（工值在五角以上）的大队作为知青点，大队成立一个由一名支部副书记为主，有贫协、妇女、青年团组织的领导小组，负责准备和接待工作，知青点房屋都有院墙、有大门，内部厨房、锅灶、厕所等功能俱全，生产生活工具锄、镰、锨、镢、床、桌、凳、锅、碗盆、瓢、缸和风箱准备齐全。知青下乡参加分配前，每人每月供应成品米45斤，食油半斤，插队后正常出勤的参加生产队口粮分配，全年口粮低于600斤、食油六斤（包括油料）的，其差额由国家统销给予补助。已婚下乡知青的口粮低于当地劳力平均水平的，在分配时应予以适当照顾。自留地、饲料地与当地社员同等待遇。下乡知青做到与当地社员同工同酬，男女同工同酬，分配兑现。

青岛知青下乡到我县，青岛市给每个公社都安排了带队干部，知青生产、生活中的问题，及时跟公社、县里沟通，管理更加规范，也更加人性化。据青岛知青回忆，青岛市在召开动员会时，提出了严格的要求，除了要求知青们遵循毛主席的教导，与贫下中农同呼吸、共命运以外，还重点强调了安全问题，要求“一个都不能少，也一个不能多”，就是安全第一，不能少了一个人，也不能出现怀孕生子的现象。这批知青来到莒县后，有的大队专门安排了一个壮年妇女为他们做饭，料理家务，使他们能够有更多的时间投入到农业生产劳动当中。

图 2-10　城阳公社桃园知青组胡庆华（站）、胡成美在知青院内仓库门前喂鸡（张建霞提供）

青岛自力化工厂驻莒县石井公社白土沟大队知青组在1976年6月14日的工作总结中说，他们来到这里，大队把最好的房屋倒出来，全部换上了玻璃门窗，又新盖了三间房作为伙房，划出了与当地社员同等的饲料地、菜园地，菜种钱全部给予报销，并找了一位贫农老大爷帮助管理，第一年因为地生，菜长得比较差，大队给他们送了100斤咸菜和一小缸面酱。还派了一位贫农老大娘教会他们烙煎饼，大队给他们买了鸡、买了猪。大队的帮助关心，使他们更加积极参加生产劳动，生活勤俭节约，多次向国家交售鸡蛋，一年来共节约粮食2000余斤，其中面粉700余斤，节约人民币200余元。

城阳公社8个知青点“一种三养”搞得比较好，每个点的蔬菜都自给有余，咸菜也吃不了。从1975年至1976年两年来，共养猪35头，卖给国家肥猪25头，养鸡120只，1976年上半年卖鲜蛋50余斤，支援了国家建设。大家自觉地争着吃粗粮，节约用粮，全社8个知青点节约生活费3000余元，光东陈家楼一个知青点就节约600余元，8个知青点共节约粮食10000余斤。

其实，由于城乡差距，农村的贫穷落后，知青来到莒县插队落户，生活是很苦的。两山口知青李作田回忆，他们每年除了在济南住一个月，其余时间在知青点辛苦劳作，每年分到1000多斤地瓜，20斤麦子，10多斤黄豆，决算后分10来元钱，刚刚填饱肚子。

据中楼刘家沟知青点于为民回忆，1974年严寒的冬天，一场大雪覆盖大地，他到孙由大队去赶集，由于大雪封路，赶集的人很少。他就抬腿来到知青点，破烂的栅栏门半开着，进到院子喊了一声没人答应，顺手推门进屋，见孙振奎盖着一床薄薄的被子蜷缩在床上，问他怎么了，他呻吟着说胃痛，问他吃药了吗？他说没药了。于为民要给他去拿药，他挣扎着在衣服里找钱，结果只找到了两毛钱，于为民给他买了药，回来后问他怎么吃饭，他指了指墙脚的锅，于为民掀开锅一看，锅里煮的是黑乎乎的地瓜干，他这是由于整年累月吃煮地瓜，导致胃酸过多，诱发胃痛。过了几天，孙振奎去知青点还钱，他说卖了百多斤地瓜干。于为民问他卖了地瓜干，过了年吃什么？孙振奎说，他们知青点只剩他一个人，他是家中老大，父亲去世，母亲有病，弟弟在家没有工作，他只有卖掉仅有的口粮换钱回家。

为了解决吃饭问题，知青小组对粮食精打细算，他们安排了生活管理员，负责账目，管理生活。峤山公社大崖头知青小组生活管理员吴仕传为做好生活管理工作，用了几天工余时间了解了当地的物价，记在本子上：

表2–13　当地物价表

品名	单位	价格	品名	单位	价格
生油	斤	0.79元	小米	斤	0.13元
面粉	斤	0.178元	黑面	斤	0.155元
大米	斤	0.165元	瓜干	斤	0.077元
食盐	斤	0.14元	酱油	斤	0.16元
煤油	斤	0.35元	小麦	斤	0.136元
煤炭	斤	0.0244元	猪肉	斤	0.78元

在第一年里，供应的粮食 50% 是粗粮（黑面，苞米面，瓜干），50% 是细粮（面粉），粮食要粗细搭配，做到计划用粮，吴仕传先把每月需用的粮食、煤炭、煤油、生油、火柴等生活必需品备齐，剩下的钱再来买菜，而这些采购计划,都必须通过知青组开会讨论通过。这个知青小组共 10 人，每月粮食 450 斤,平均每天 15 斤。平均每天面粉 7.5 斤,黑面 3 斤,大米 1.5 斤,小米 1.5 斤,瓜干 1.8 斤。每两人做饭 5 天,用生油 0.8 斤,面粉 37.5 斤，黑面 15 斤，大米 7.5 斤，小米 7.5 斤，瓜干 10 斤，合计 76.5 斤。为了做到精打细算，吴仕传每天都有记录，每月都有结算。

1975 年 9 月初，峤山公社分管知青工作的领导和青岛带队领导检查知青工作时，听完大崖头知青组的汇报后，对他们的计划用粮很满意，当场提出表扬，并向全公社知青推广。知青组的锅灶太矮，两个锅只用一个风箱，要坐在地上烧火，因为炉灶是烧柴草的。知青组烧煤，锅底离炉底太高。有时做不熟饭。当地每家有个小锅屋做饭，烟筒是从墙上打了一个洞，做饭时屋里院子里全是烟，很呛人。吴仕传利用做饭的时候，把炉灶进行了改造，砌了一个大锅台，有三个灶，一个烧煤蒸馒头和窝头，一个烧柴草。两个锅灶走烟的地方烧水,还买了个小锅做病号饭用。把墙上挖了烟道，通到房顶，房顶竖起了烟囱，烟从房顶冒走了，做饭屋里没有烟了，社员都来参观，大为赞赏。

第五节 管理教育

从 1968 年至 1978 年，全县共有 3116 名城市上山下乡知识青年，他们除我省济南、青岛、临沂地区和本县的以外，还有的来自北京、辽宁、浙江、四川、湖北、福建、贵州、河南等省市的 18 个单位。他们分散在 18 个公社，194 个大队。在做好知识青年的管理教育方面，县、公社、大队各级组织主要从教育知识青年过好“思想关、劳动关、生活关”方面进行管理。

思想教育方面，1968 年 6 月 21 日，莒革发（68）第 26 号文件对接受知识青年后的教育工作提出了要求，主要围绕“举旗、抓纲、串线、学军”四方面进行,“举旗”就是高举毛泽东思想伟大红旗,认真学习毛主席著作，用毛泽东思想武装知识青年头脑，统帅知识青年灵魂；抓纲就是抓阶级斗争的纲，通过斗私批修，克服各种非无产阶级思想，提高无产阶级觉悟，增强无产阶级感情;“串线”就是贯穿毛主席的无产阶级革命路线，坚定不移地依靠贫下中农，同贫下中农结合在一块；"学军"就是要学习解放军，遵守"三大纪律""八项注意"，全心全意为人民服务。同时，帮助知识青年树立劳动观念，传授生产经验，自力更生，艰苦奋斗，勤俭节约。

据济南知青赵钟建提供的日记，1968 年 11 月 11 日，莒县刘官庄区五花营公社五花营大队举办了新社员学习班，主要学习内容就是关于上山下乡知识青年再教育的问题。怎么进行再教育？贫下中农要当好知识青年的老师。再教育的重点是：学习《毛泽东选集》、"老三篇"、毛主席最新指示、《红旗》杂志和有关知识青年再教育的社论。会议强调，要打破头脑中的旧思想，批判好逸恶劳的世界观；要言行一致，批判学用不一；要加强纪律性，批判无政府主义；要树立革命劳动观念，下乡是为了向贫下中农学习，向大自然开战，为革命种田，不是为工分而干，更不是为了镀金。要放下架子，甘当贫下中农的小学生，不怕脏，不怕累，自力更生、艰苦奋斗，遵守劳动纪律，保证农活质量，把自己锻炼成社会主义新农村的新社员。

图 2–11　读书学习（孝国利提供）

1968 年 11 月 18 日，莒县革命委员会上山下乡安置办公室出台了《关于认真搞好对下乡知识青年再教育的意见》，《意见》指出，我县积极响应毛主席对知识分子"由工农兵给他们以再教育，使他们与工农相结合起来"的伟大号召，在全县 8 个区，选择了政治、经济条件好的 79 个大队，安置了来自济南的 740 名知识青年，他们绝大多数热情高涨，积极要求来莒县插队落户，因此，受到安置点大队贫下中农的热烈欢迎和无微不至的关怀。他们来农村后，首先和贫下中农一起活学活用毛主席著作，以"老三篇"中三个光辉形象和王杰、雷锋等英雄人物为榜样，在"用"字上狠下功夫，涌现出大批好人好事，有的舍己救人，有的帮贫下中农治病，有的帮烈军属、五保户干农活、料理家务，多数青年都成了毛泽东思想宣传员、辅导员、义务理发员、卫生员，有的成了记账员、技术员，不少知识青年被选拔出席了公社、区、县召开的学习毛泽东思想积极分子代表大会。广大贫下中农经常给他们讲村史、家史、革命斗争史，一起忆苦思甜，组织他们访贫问苦，参加各种会议，大大提高了他们的阶级觉悟。同时，大办各种类型的毛泽东思想学习班，使他们在思想上有很大提高。广大贫下中农还耐心地教会他们各种农活，帮助他们树立了不怕脏、不怕累、不怕苦的优良作风；进行了热爱祖国、热爱集体的教育，树立了共产主义人生观，加强了劳动纪律和安全教育，使他们奋发图强，艰苦奋斗，努力建设社会主义新农村。按照毛主席“要节约闹革命”的教导，各大队教会知识青年勤俭持家、节约用粮，学会了饲养家畜、家禽，种菜，积肥，贫下中农称赞他们“学会了过庄户日子”。《意见》要求，加强对知识青年再教育，要高举毛泽东思想伟大红旗，学习毛主席著作要理论联系实际，在“用”字上下功夫，以英雄人物、本单位和兄弟队的先进人物为榜样，积极进取；要大力开展“比、学、赶、帮、超，一帮一、一对红、全组红”等活动，与兄弟小组展开革命竞赛，做到学有榜样、赶有目标，使先进更先进，后进赶先进，人人争先进，组组全面红。各知青点还大力进行了革命传统教育，请老贫农、老红军、荣军、老干部经常讲村史、家史、革命斗争史，有计划地组织知青吃忆苦饭，走访贫下中农，树立扎根农村干革命的红心。要让知识青年参加大队毛泽东思想宣传队，担任生产队的毛泽东思想宣传员、辅导员、读报员，增强教育活动的积极性和主动性，密切他们与贫下中农的思想感情。在大力开展政治思想教育的同时，大抓活思想，根据毛主席“发扬成绩，纠正错误，以利再战”的教导，经常地定期地帮助知识青年总结工作，通过抓两头带中间，组织他们参加各种“讲用会”，开展“给家长一封红信”等活动，好人好事要及时表扬等方法，使知识青年积极向上。帮助知识青年建立朴实的劳动观念，明白自己为什么下乡，与贫下中农结合，是为把自己培养成有生产生活本领的人？还是下乡镀金？明白自己为什么种田？是为支援国家种田？还是为自己挣工分种田？要结合当前农田水利规划，对知识青年进行远景规划教育，进一步明确农村是一个广阔天地，从而树立战天斗地的雄心壮志，改造自然，为国家建设贡献力量。

县、社二级纷纷建立起革委会领导干部、贫下中农代表组成的领导小组，大队和生产队设立了以贫下中农为主体的再教育小组，做到思想上有人抓，劳动上有人带，生活上有人管。由再教育小组和贫下中农深入做好知识青年的帮助和教育工作，并由生产队专人负责对知识青年进行经常性的管理和教育，在生产生活上给予帮助。有的大队采取“一帮一、结对子”的方法，做到学习和生活劳动两不误，有的大队书记还把学习材料带到田间地头，在劳动的间隙里跟知识青年一起学习。有的社、队干部还注重用言传身教的方去影响、带动知识青年，使青年们看得见、听得懂、跟得上。通过集体生产劳动的磨炼，知识青年们的思想感情发生了根本变化，怕脏怕累的少了，拈轻怕重的少了，铺张浪费的少了，吃苦耐劳的多了，勇挑重担的多了，勤俭节约的多了。一些社队还注意依靠知识青年自己管理自己，在知青中选出负责人，定期组织活动，达到自己管理自己，自己教育自己的目的，以小组为单位建立学习、生活、劳动制度，加强纪律教育，既要注意保证农活质量，不迟到，不早退，爱护农作物，另外，还要注意安全，尤其要注意人身安全，做到安全、生产两不误。

再教育工作中，各级党委既务实，也务虚，组织知识青年在干中学，在学中干，教会他们学会各种农业技术，包括各种农作物种植、管理、收获、晒干、保存和各种肥料的使用技术，教他们学会各种农具的使用、修理和保养，帮他们学会各种农药的调配、使用和保存，学会各种牲畜的喂养、使用，根据季节变化，做好各种蔬菜的种植、管理和储藏。

对下乡知识青年进行生活理家教育，首要的问题是教育他们树立自力更生、艰苦奋斗、勤俭节约的思想，学习贫下中农的勤劳朴实的本色，帮助他们打谱，做到计划用粮，节约用粮，节约开支，教给他们各种饭菜、特别是农家便饭（包括糊粥、豆沫、煎饼）的做法，教给他们粮、菜、柴的储存方法，教育他们积肥（扫院、垫栏）、种菜、饲养家禽、缝补拆洗等各种家务劳动，教育他们积极投入房屋、床铺等家庭建设，教育他们学习莒南县历家泉青年小组高举毛泽东思想伟大红旗，突出无产阶级政治，发扬共产主义风格，实行共产主义式的生活管理制度，坚持集体化道路，使知识青年小组成为一个坚强的战斗集体。

1973 年，山东省出台《一九七三年到一九八〇年城镇知识青年上山下乡初步规划草案》，《草案》规定，知识青年上山下乡，要选派路线觉悟高，作风正派，能密切联系群众的干部带领，集体插队的，由动员城市按下乡知识青年的百分之二的比例选派干部，其中妇女干部不少于百分之二十。带队干部要参加县、社、队领导班子，在当地党委的统一领导下，具体抓下乡知识青年工作。带队干部的一切供给关系由原单位负责，口粮标准每人每月补助到四十五斤。下放时携带临时党、团组织关系，作为干部下乡劳动锻炼的一种形式，时间一至两年，定期轮换，形成制度。

图 2-12　陵阳区西湖村赴莒毛泽东思想宣传队全体合影

1970 年冬季以来，莒县由贫下中农推荐征工的近 500 人，应征入伍的 30 余人，参加教育事业的 50 余人。还有知识青年 286 人，分散在 9 个公社、88 个大队，人数少，居住分散，有的知识青年因没被征工感到悲观失望，背上了思想包袱，抬不起头来，有的甚至滞留城市长期不归。根据这些情况，县里及时调整管理教育方法，抓住用毛泽东思想教育人这个根本，组织知识青年活学活用毛主席著作，召开活学活用毛主席著作讲用会、座谈会，走访参观，向先进单位学习，向模范人物学习，向伟大的共产主义战士沈秀芹学习，同时做好知识青年的组织调整工作，安排好他们的生产、生活，根据知识青年的特长和实际情况，组织他们参加科学实验、合作医疗，当赤脚医生，当民办教师，根据知识青年爱好文艺的特点，组织他们参加社、队的毛泽东思想宣传队，自编自演大唱革命歌曲，充分发挥他们在三大革命运动、繁荣农村文艺生活中的作用。

从接受城市知识青年下乡上山开始，莒县就设立了知识青年上山下乡领导小组和知识青年上山下乡办公室，加强对知青的管理和教育。县委认真做好知青工作，同时也对各级党组织提出了具体要求：必须把办好知青点当作一件大事来抓，把知识青年工作自觉纳入党委的议事日程，加强领导，经常过问，经常检查，及时解决问题。每个公社都要调配一至二名国家干部带队，主要任务是出主意、当参谋，安排至少一名贫下中农代表负责生产和生活管理。带队干部每一至二年轮换一次。县委还规定，带队干部是党员干部的，列席所在公社党委会会议；不是党员干部的，列席公社管委会会议。要充分发挥团支部对青年的团结、帮助、教育作用，由团支部带领团员青年开展政治、理论、文化学习，开展业余文化娱乐活动，开展一切有益于身心健康的活动，丰富知识青年的生活。各知青点坚持“以粮为纲、全面发展”的方针，在搞好粮食生产的前提下，大力发展以种养为主的多种经营，因地制宜地兴办适合当地的手工业、加工业，解决资金来源，扩大再生产，解决了资金困难，增加了集体收入。

1975 年，青岛动员知识青年下乡到莒县插队落户。为了加强管理，青岛化工局采取厂、队挂钩的方式，在县、公社知青点安排带队干部，与莒县配合搞好对知识青年的管理和教育。

表 2–14　青岛市驻莒县知识青年上山下乡带队干部花名册

时间	姓名	年龄	学历	党团	带队职务	原单位职务（青岛市）
1975 年	林正春	54		党员	正带队	化工局核心组副组长
	王殿臣	45		党员	副带队	化工厂办公室主任
1976 年	王知录	50		党员	正带队	红卫橡胶厂党委副书记
	王书田	48		党员	副带队	化肥厂总务科科长
	由世忠	22		团员	工作人员	化工厂团委委员
1977 年	张英显	44	初中	党员	正带队	化工厂党委副书记
	刘元福	26	初中	党员	工作人员	磷肥厂武装部负责人
	孙胜利		高中	团员	工作人员	工人（代干）

表 2-15　青岛市驻公社知识青年上山下乡带队干部花名册

1975年4月29日

姓名	性别	年龄	党团	原工作单位（青岛市）	原职务	去何地任何职
门吉科	男	44	党员	红卫橡胶厂	支书	峤山公社副书记
相玉树	男	42	党员	红卫橡胶厂	车间主任	桑园公社副书记
王敏萍	男	50	党员	红卫橡胶厂	供销员	桑园公社知青工作
王新华	女	22	团员	红卫橡胶厂	财务	峤山公社知青工作
仇方军	男	31	党员	自力化工厂	干事	石井公社常委
徐勉善	男	39	党员	氧气厂	政办副主任	爱国公社常委
秦德屏	男	45		合成纤维厂	技术员	夏庄公社知青工作
韩金玉	男	42	党员	橡胶制品厂	革委副书记	庄疃公社副书记
周登阁	男	35	党员	磷肥厂	党委委员	刘官庄公社常委
张明大	男	29	党员	磷肥厂	团委委员	刘官庄知青工作
王福裕	男	31	党员	制药厂	副科长	东莞公社常委
栾泽生	男	33	党员	橡胶机修厂	干事	夏庄公社常委
耿保元	男	35		农药厂	供销员	陵阳公社知青工作
张金荣	男	35	党员	油化厂	干事	招贤公社知青工作
苏中玉	男	42	党员	油化厂	车间主任	招贤公社常委
王均德	男	39	党员	化工厂	副支书	洛河公社常委
江存宏	男	44	党员	化工厂	副科长	洛河公社常委
江以浩	男	43	党员	化工厂	连长	洛河公社常委
孙克全	男	39	党员	化工厂	副书记	洛河公社常委
郝凌深	男	35	党员	化工厂	科长	洛河公社副书记
史风池	男	45	党员	化工厂	副连长	洛河公社常委
张启匡	男	34	党员	农药厂	科长	陵阳公社常委
宋考浦	男	40	党员	农药厂	副主任	龙山公社常委

续表

姓名	性别	年龄	党团	原工作单位（青岛市）	原职务	去何地任何职
林正春	男	54	党员	化工局	副组长	莒县带队
路增业	男	46	党员	化工局	保卫组长	爱国公社常委
于子明	男	49	党员	红卫化工厂	革委副主任	莒县带队
王殿臣	男	45	党员	化工厂	办公室主任	莒县带队
任家风	男	43	党员	城阳化工厂	革委副书记	库山公社副书记
王庆茂	男	37	党员	化工厂	干事	碁山公社知青工作
张敦华	男	34	团员	化工厂	干事	碁山公社知青工作
张兆安	男	42	党员	染料厂	支书	莒县中楼常委
贾少华	女	24	党员	染料厂	干事	莒县中楼常委
徐仲优	男	23	党员	染料厂	干事	小店
薄有昌	男	36	党员	染料厂	车间负责人	小店常委
许永明	女	22	团员	橡胶制品厂	会计	庄疃公社

表 2-16　青岛市驻公社知识青年上山下乡带队干部花名册

1976 年 5 月 14 日

姓名	性别	年龄	党团	原工作单位（青岛市）	原职务	去何地任何职
安仲起	男	49	党员	红卫橡胶厂	车间主任	结合峤山公社队员
王奉璧	男	51	党员	化工局	科长	结合爱国公社
高美华	女	20		农药厂	工人	陵阳公社
苏照发	男	43	党员	油漆厂	工人	招贤公社队员
杜春荣	男	42	党员	红卫橡胶厂	支部书记	结合峤山公社
王忠礼	男	26	党员	红卫橡胶厂	车间主任	峤山公社
刘健	女	24	团员	红卫橡胶厂	工人	峤山公社
张始琨	男	43	党员	磷肥厂	副科长	刘官庄公社 结合公社党委
张振忠	男	23	团员	磷肥厂	干事	刘官庄公社队员

续表

姓名	性别	年龄	党团	原工作单位（青岛市）	原职务	去何地任何职
张曰玲	男	36	党员	农药厂	副科长	陵阳公社 结合公社党委
赵口传	男	42	党员	农药厂	工人	龙山公社
相寿延	男	45	党员	橡胶制品厂	支部副书记	庄疃公社 结合公社党委
相加荣	男	30	党员	橡胶制品厂	工人	庄疃公社队员
刘新昌	男	22	党员	橡胶机修厂	支部副书记	夏庄公社党委
张淑美	女	23	团员	合成纤维厂	工人	夏庄公社
毛海全	男	21	团员	自力化工厂	工人	石井公社
王连芳	男	46	党员	城阳化工厂	车间主任	爱国公社
芦秀文	男	42	党员	氧气厂	科长	爱国公社
刘永汉	男	54	党员	化工厂	支部书记	碁山公社 结合公社党委
崔焕章	男	22	团员	化工厂	工人	碁山公社队员
徐利华	女	22	团员	化工厂	工人	碁山公社队员
仲延进	男	43	党员	化工厂	支部书记	洛河公社 结合公社党委
李春熙	男	41	党员	化工厂	工人	洛河公社队员
任怀清	男	44	党员	染料厂	支部书记	中楼公社 结合公社党委
曹仁香	女	23	团员	染料厂	工人	中楼公社队员
姜理业	男	45	党员	染料厂	车间主任	小店公社 结合公社党委
庄素兰	女	22	团员	染料厂	团委干事	小店公社队员
孙士学	男	31	党员	制药厂	团委书记	东莞公社 结合公社党委
张运刚	男	34		制药厂	技术员	东莞公社队员
朱象金	男	44	党员	油漆厂	科长	招贤公社 结合公社党委
魏淑云	女	25	团员	油漆厂	工人	招贤公社队员

表 2-17 青岛市驻公社知识青年上山下乡带队干部花名册

1977 年 4 月 18 日

姓名	性别	学历	党团	原工作单位（青岛市）	原职务	去何地任何职
张英显	男	初中	党员	化工厂	党委副书记	莒县正带队
刘元福	男	初中	党员	磷肥厂	武装部负责人	联络员
孙胜利	男	高中	团员		工人（代干）	工作人员
陈学吾	男	高小	党员	城阳化工厂	行政科负责人	爱国公社
侯延江	男	初中	团员	染料厂	车间团支书	中楼公社
李宝森	女	初中	党员	染料厂	供销科团支书	小店公社
于宝通	男	初中	党员	染料厂	总务科副科长	中楼公社
杜占才	男	高小	党员	氧气厂	仪表修理工	城阳公社
王心明	男	初中	党员	3107 车间	生产班长	石井公社
焦玉仁	男	初小	党员	机械厂		刘官庄公社
董显贞	男	初中	党员	制药厂	副科长	东莞公社
丁面风	女	初中	团员	合成纤维厂	工人	夏庄公社
王尧山	男	初中	党员	农药厂	车间主任	陵阳公社
黄尧清	男	初中	党员	农药厂	支部副书记	龙山公社
李宣智	男	初中	党员	化工厂	支部副书记	碁山公社
丘国乔	男	初中	团员	化工厂	消防队	碁山公社
孙克欣	男	初中	党员	化工厂	宣传科副科长	洛河公社
李振喜	男	高小	党员	化工厂	民警队	洛河公社
相家荣	男	高小	党员	省建筑机械厂	安全科	庄疃公社
李松香	男	初中	党员	橡胶机修厂	知青办	夏庄公社
李毓民	男	中专		油化厂	工人（代干）	招贤公社
黄金义	男	高小	党员	油化厂	安全科副科长	招贤公社
吴维平	男	初中	党员	橡胶厂	车间团副书记	峤山公社

续表

姓名	性别	学历	党团	原工作单位（青岛市）	原职务	去何地任何职
裴敦平	男	大专	团员	红卫橡胶厂	技术员	峤山公社
刘建华	男	高中	党员	红卫橡胶厂		店子公社
焦志煌	男	大学	党员	化工局	设备科技术员	爱国公社

1975 年青岛知识青年来莒县下乡插队落户，3 月 23 日，莒县知识青年上山下乡领导小组发文要求，知识青年进村后，社队知识青年领导小组要与带队干部密切配合，首先帮助他们了解大队的政治情况、自然面貌和生产情况，带领他们访贫问苦，提高他们的思想觉悟。然后查明他们中的党、团人数，成立党团小组，建立学习制度，坚持学习，平均每天不低于二小时，要本着农忙时少学，农闲时多学，个人学习和集体研究讨论相结合的办法，学习马列的书、毛主席的书。同时，安排老农教会他们各项基本生产技术，教会他们种好自留地和菜园。

1975 年，青岛知青来到石井公社白土沟大队，大队党支部研究制定了管理教育措施，在生产生活上给予照顾和帮助，安排他们参加理论宣传队、文艺宣传队，当毛泽东思想文艺宣传员，有计划地学习时政理论，学习毛主席著作。一年来，他们出了 17 期黑板报，6 期大批判专栏，不少知识青年都坚持写日记，记录自己下乡后的心得体会，有的在日记中写道："贫下中农手是黑的，脚上有牛屎，但是他们

图 2-13　孙现明在城阳公社桃园知青组院内学毛选（马元锋提供）

图 2-14 1977 年青岛带队干部合影（董瑛提供）

的思想是最美的。吃好穿好不是福，为人民服务者才是最大的幸福。”有的写着：“我爱祖国的山，我爱祖国的水，我要在农村扎根一辈子。”一年来，他们共写心得体会 340 余篇。组长袁显芳亲自带领知青们访贫问苦，并多次参加公社召开的农业学大寨会议，做了典型发言。大队党支部批准两名知识青年光荣地加入了中国共产主义青年团。

城阳公社积极引导知识青年认真学习毛主席著作，背诵“老三篇”。1976 年《毛泽东选集》发行后，刘家村小组 11 人，每人制作了一个小煤油灯，专供晚上学习用。公社统一确定了学习时间，除保证每人每天两小时的自学外，每月集中学习三天，拿出半天交流学习体会，晚上召开学习生活会。全社 89 名知青中有 45 人通读了《毛泽东选集》一至五卷，共写读书笔记 8000 多篇。韩家菜园知青点 9 人全读完了《毛泽东选集》第五卷，有 4 人通读了一至五卷。胡善兰、李凤娟写了近 40000 字的读书笔记，并结合生活实际写了许多诗文，如胡善兰读了《为人民服务》后写道：“我们到这里不是为了别的，就是为了一个共同的目标，响应毛主席的号召，上山下乡接受贫下中农再教育，我们必须团结得像兄弟姐妹一样，在三大革命运动中锻炼成长，为党为人民做出新的更大的贡献，做雷锋式的好青年。”李凤娟在题为《抗旱》的诗歌中写道：“风梳头，汗洗脸，沙土迷漫睁不开眼，你越能刮，我越猛干，老天还有什么本事？拿出来看。”有的知青铁心务农，为建设新农村贡献力量，如东楼大队知青尤润生多次征工不走，表示在农村干一辈子。在大战红岭和抗旱双保及三夏生产中，知识青年起到了突击队的作用。

1976 年 7 月 1 日，莒县县委知识青年上山下乡领导小组发文强调，一定要把学习马列主义和毛泽东著作放在首位，要保证他们平均有每天两小时的学习时间，能看到报纸，能听到广播，每个知青小组都要有《红旗》《人民日报》《大众日报》《山东青年》《广阔天地》等报刊，同时发动机关、团体和部门，向下乡知青赠送书籍和学习文件，帮助知青小组和农村团支部一起建立图书室。宣传部门定期为知识青年提供学习材料，公社党委每年举办下乡知识青年理论学习班，县以上党校为下乡知识青年举办理论学习班。同时组织知识青年积极参加政治夜校，既当学生，也当先生。同时积极吸收具备条件的下乡知识青年入党、入团，逐步做到每个小组有党员，有团小组，要按照接班人的五项条件，把下乡知识青年的优秀分子选拔到各级领导岗位上来。每一个带队干部，都要严格要求自己，坚持与下乡青年同吃、同住、同劳动、同学习、同斗私批修，以自己的模范行动，影响和带动下乡知识青年，在农村的广阔天地里锻炼成长。

图 2-15　1979 年 6 月爱国公社爱国村麦收情景（左起尤建民、吕鸿宾、董瑛）

第六节　劳动分配

知识青年在生产队插队劳动期间，参加生产队的劳动分配。由于全县各公社、大队、生产队的基础条件和经济状况各不相同，因此各生产队社员分配情况也不相一致，总的来说相对低下。1976 年陵阳公社刘家址坊大队全年粮食分配方案报批表显示，这个大队一生产队平均每人分粮 400 斤，二生产队平均每人分粮 380 斤，三生产队平均每人分粮 424 斤，全队平均 405 斤。花生仁分配方案，全大队平均每人 5 斤。当时虽然各大队生产收益不等，分配情况不一，但大体在这个水平上下浮动。知识青年的收益分配也因所在知青点不同而分配也不尽相同。下乡初期，知青因劳动熟练程度较差及一时难以适应农村的劳动强度，因而生产队给的工分相对低一些。如刘官庄区黄家宅大队，当时一个工是 10 分，只有青壮年男性劳力一天才能挣到 10 分，青壮年女性只能挣 8.5 分，老弱病残还要低一些。当时知识青年插队到这里，生产队给男知青的工分是 8.5 分。插队到招贤区东双庙大队的济南女知青孙毅回忆说，当时她跟农村“识字班”一起干活，队里给的工分是 6.5 分，因为队里对他们高看一眼，评分时都是给高分，那一年她靠工分吃饭，年终分配到了 43 元多一点，靠挣工分分配的钱粮，基本上能够自给。

经过一段时间的锻炼，同时各级组织强调对知青实行同工同酬政策，因而对知青的评分标准有了提高，最高工分达到 10 分，最低不少于 6 分。一年下来，绝大多数知青能够自给自足。

知青分到粮食后，并不是独自占有，而是每一个知青点归到一起，统一打粮晒粮，统一储存，统一搭配食用，保证一年四季不断粮。有的知青还把分配的钱拿出来，购买日常生活用品，中楼区两山口知青董瑛当了民办教师，每月 1.5 元的小锅补贴，她都用于购买了煤油等日常生活用品，供小组内知青共同使用。

实际上，当时农村经济薄弱，由于各区各大队生产队的基础不同，其工值也各不相同。有的生产队一个工还不到一角钱，仅值几分钱，条件好的能值到六七角钱，其他一二角、三四角不等，很少有超过一元的。秋后分配，很多生产队是分不到钱的，只能分给社员口粮。只有少数条件好的生产队能分配钱。

济南知青孝国利说，当时他所在的韩家菜园大队，粮食有小麦、玉米和高粱，可分200多斤，不太够吃，要拿出一部分粮食换地瓜皮子。好在这个大队有经济作物，以及白菜、大蒜等，可以换些零钱用。济南知青李宁说，他在郑家石槽大队，他们村每个工日0.45元左右，因为村里有副业，所以算是比较好的村，每年分一口半人的口粮，600多斤，小麦、稻子占将近一半，其他是杂粮、地瓜、黄豆。如果好好地干活每年能分120元到130元。济南知青赵钟剑说，他在刘官庄公社小河北大队，当时社员的口粮人均600斤，小麦、玉米、大豆总共不过50斤，其余全是地瓜，当时地瓜和粮食的比例按1∶5；他们大队副业比较好，烧石灰、孵小鸡，一个工0.6元、0.7元左右，全年下来扣除粮食钱，全组剩下的钱够用了。知青全年干二百天活挣的工分足够吃的，因为知青是一个人养一个人，不像老百姓一人养一家人。

青岛知青带队干部许永明说，知青下乡第一年是吃国库粮的，每人一年600斤，每月给11元生活费，第二年参与生产队分配，有的小组能分到54元，有的还得上交生产队40多元，因为他们挣的工分多少不一样，她所在庄疃公社前城子大队是一个工0.2元。

莒县知青张俊岭是1974年下乡的，插队到城阳公社邹家庄子大队，任组长。他们大队有四个生产队，同学都分配到了各个生产队。生产小队的情况都不一样。他当时分在二队，属于还不错的生产队，工值是0.56元。最低的0.40元，高得是三队，工值接近八角钱。农民所分口粮大概在360斤左右，接近400斤。知青是一个半人的口粮，差不多在600左右。下乡期间他挣了3550个工分，临走的时候拿了80多块钱的余粮款。

峤山公社庄家洪沟知青卢鸣回忆说，其实刚打下来的新麦子，集市上才能卖二角五分，而地瓜干到集市可卖一角六七分钱，算算能换多少，主要是麦子好吃，吃的多，相比瓜干不好吃，也就吃得少了，生产队分地瓜五斤折合一斤口粮，分配价7分，麦子一斤算一斤，分配价一角三分六。按照这个折价，当时地瓜干和小麦的兑换价比是1∶1.5。而大崖头知青李粟回忆，当时一斤小麦换1.3斤地瓜干。庄家洪沟大队经济状况当时在峤山不算好，1970年以后，知青分一口半人的口粮，仍不足600斤的，再由粮所补到600斤，还有每人每月0.5斤花生油，30斤煤，用平价买。

那时也有基础好一些的大队，如碁山区车峰峪大队，经济发展比较好，他们村有青岛知青8人，分配到8个生产队，一个生产队1人，后来又集中起来，安排在实验队。秋后，队里除了分粮外，还能分到钱，因为这个大队一个工日六、七毛钱，一年下来，能分到七八十元钱，柴火是足量供应，食油大队里发，能保证知青的基本生活。城阳公社姚家岭大队知青张维说，他们村是县里的名村，有103户，504人，960亩地。亩产800多，一个工值一块多钱，1968年人均口粮500斤，卖了48万斤余粮。吃不愁，就是干活太累，推车子曾累得吐过血。城阳公社姚家岭大队知青点张维说，招贤大罗庄大队用十二马力的柴油机发电，是莒县唯一有电的村。他身体不行，挣工分少点，最多年底能分200多元钱，600斤毛粮。

第七节　读书学习

知识青年上山下乡插队落户期间，主要是向贫下中农学习农业生产劳动的技能和本领，同时加强政治学习，提高政治思想水平。济南知青张建华、陈薇薇合著知青回忆录《峥嵘岁月》中有一章是学习篇，其中篇目有《打场》《学锄地》《九二〇》《学打油》《纺棉花》《缝纫机》《学做鞋》《漂亮的鞋垫》《我家的针线笸》《我第一次登上讲台》《我当上了民办教师》等，从这些篇目看，当时知识青年在农村主要是学习农作物耕种、收获、储存，纺线做衣，烧火做饭等。

1973年，山东省委发文规定，要保证下乡知识青年每天有两小时的学习时间；1975年3月23日，莒县知识青年上山下乡领导小组发文要求，要建立学习制度，学习时间每天不得低于二小时，坚持自学和集体研究讨论相结合进行学习；1976年7月1日，莒县县委知识青年上山下乡领导小组发文要求抓好知识青年的学习，保证学习时间，安排好学习任务。当时学习的主要

图2-16　桃园知青组在学习（左起：马元锋、陈常平、带队老师曹建敏、孙现明）

内容是马列主义、毛泽东思想，要求知识青年读马列的书，读毛主席的书，学习《毛泽东选集》，背诵“老三篇”“老五篇”。同时，结合时政，要求知识青年多看报纸，多听广播，每个知青小组都要有《红旗》《人民日报》《大众日报》《山东青年》《广阔天地》等，帮助知识青年学习和提高。知识青年学习是认真的，“老三篇”“老五篇”都能背诵得滚瓜烂熟，有的能倒背如流。很多知识青年写了大量的读书笔记，结合政治学习，分析思想认识的改进和提高，找出经验和不足，确定下一步的努力方向。

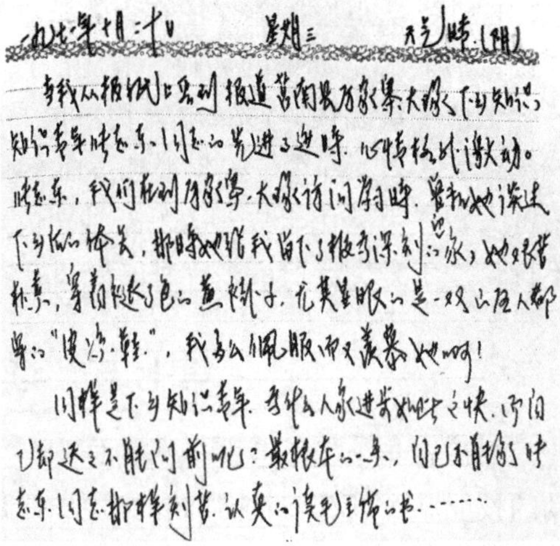
一九七一年十月二十日 星期三 天气 晴（阴）

今我从报纸上看到报道莒南县厉家寨大队下乡知识青年侯志东同志的先进事迹，心情格外激动。侯志东，我们在到厉家寨大队访问学习时，曾和她谈过下乡后的体会，那时她给我留下了很深刻的印象，她很朴素，穿着褪了色的兰褂子，尤其显眼的是一双山区人都穿的“爬山鞋”，我多么佩服而又羡慕她啊！

同样是下乡知识青年，为什么人家进步如此之快，而自己却还不能向前呢？最根本的一条，自己不能像侯志东同志那样刻苦认真的读毛主席的书……

图 2-17　董瑛日记

有的知识青年除了坚持集体学习外，还注意自学，有的坚持学习毛主席著作和有关的政治理论，有的带着上学时的课本，有计划地复习、学习，有的自学医药医疗知识，有的自学电工知识，有的自学音乐知识，有的自学乐器演奏，为社员进行表演，受到广大贫下中农的欢迎。刘官庄黄家宅知青点李鸿，坚持自修音乐，学习音乐史、乐理理论和著名作曲家及其作品介绍，从他的日记目录中可见他学习的计划性和系统性：1. 西方音乐概述；2. 古典主义和莫里哀；3. 德国启蒙运动和歌德；4. 浪漫主义和拜伦……因为他坚持学习，后考入莒县师范，毕业后在莒县一中当音乐老师，为莒县培养了一大批音乐人才，也向大学输送了第一批优秀音乐人才，填补了莒县音乐高考上的空白。

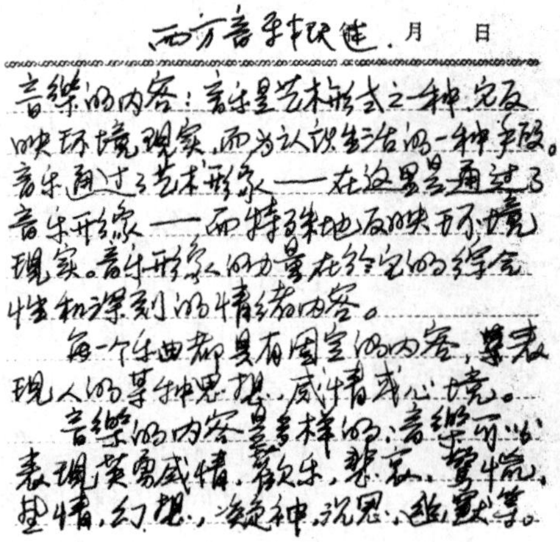
西方音乐概述. 月 日

音樂的内容：音乐是艺术形式之一种，它反映环境现实，而为认识生活的一种手段。音乐通过了艺术形象——在这里是通过了音乐形象——而特殊地反映环境现实。音乐形象的力量在于它的综合性和深刻的情绪内容。

每一个乐曲都具有固定的内容，要表现人的某种思想、感情或心境。

音樂的内容是多样的：音樂可以表现英勇感情、欢乐、悲哀、惊慌、热情、幻想、凝神、沉思、幽默等。

图 2-18　李鸿日记

有的知青还坚持写日记，把当时的工作、学习和生活记录下来，既提高了自己，也保留了可贵的历史资料。济南知青董瑛、郑孔强，青岛知青吴仕传，莒县籍知青公方树等，他们插队后尽管生产劳动艰苦，时间有限，但他们从没有间断用手中的笔记录下乡后的经历，包括生产、生活、学习、婚姻和个人思想状况，反映了成千上万知识青年来到农村的锻炼情况，也反映了一代知青的特殊人生经历和成长历程。

莒县知青公方树回忆，桃园知青组是十天一个学习日，有时带队老师领着学习，有时自己学习，有时集体学习，学习内容不固定，当时的报纸、毛主席著作都是学习的资料，学习日顺便吃一顿水饺，大队都给记工分。

辽宁省抚顺回乡知青郭炳炜回忆，坝上知青组也是定期组织大家学习，还有个活动室，里面有个用水泥砌的乒乓球案子，还有军棋，学习完了可以去打球、下棋。记得 1978 年初，正在开展“一批两打”运动，当时学习的内容就是读报纸上关于这方面的文章，然后大家模仿写批判稿，在大队召开的批斗会上发言，要求每个人都要发言。坝上受批斗的人叫刘某某，是个拉驴车的。据说他每天把驴车拉出去不干活，只把驴拴在电线杆上，就去参加帮派活动，所以受到批斗。

据济南知青刘荣起回忆，他们 1968 年 9 月 23 日来到坝上，当时正是秋收时节，大队把他们安排在实验队。因为活比较轻松，每天晚饭后，都由组长组织学习，主要学习《毛泽东选集》。他们宿舍里有个“宝书台”，有毛主席著作和马列的书，毛主席的易懂，马列的书就难懂了。因为他们在实验队，农活比较轻松，村里人称之为“少爷小姐队”。他们经过讨论认为：我们是来接受锻炼的，不是来享清福的，坚决要求下到生产队去。大队同意了他们的要求，把他们分到六个小队。可到了生产队，农活又多又重，晚上学习开始打盹，只能草草收场，最后变得越来越少了。

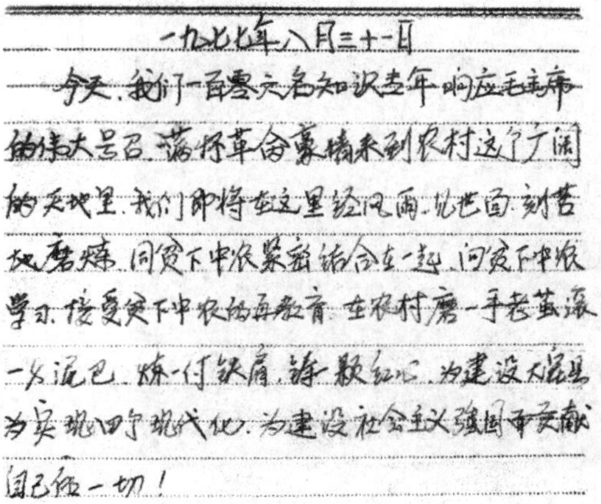
一九七七年八月三十一日
今天，我们一百零六名知识青年响应毛主席的伟大号召，满怀革命豪情来到农村这个广阔的天地里。我们即将在这里经风雨、见世面，刻苦地磨炼，同贫下中农紧密结合在一起，向贫下中农学习，接受贫下中农的再教育，在农村磨一手老茧，滚一身泥巴，炼一付铁肩，铸一颗红心，为建设大寨县，为实现四个现代化，为建设社会主义强国而贡献自己的一切！

图 2–19　公方树日记

莒县知青丁永梅回忆，她们小组也每月定期学习，学习《毛泽东选集》第五卷，学习当时的报纸杂志等。有一天他们正在学习，忽然一股浓烟从前院升起，前院是弹棉花的房子，跑出去一看棉房失火了，他们和村民纷纷拿盆拿桶参加了救火，眼看火就要冲上屋顶，两个男生爬上房顶扒开房顶上的草，传递上一桶桶的水扑灭了大火，挽救了整个大队院的财产，当两名同学下来的时候整个人成了黑的，女生吓得当时就哭了，村民们说，这些城里孩子好样的。

第八节　文体活动

知识青年来到农村，由于城乡差别，再加上交通闭塞、农活繁重，文化生活是相对贫乏的，能够供他们观看的主要是几部革命现代京剧样板戏《红灯记》《沙家浜》《智取威虎山》和战争片《南征北战》《永不消失的电波》《奇袭》等等。但是知识青年正处在身心旺盛的年龄，他们需要学习，需要活动，以增强体力，增长见识，舒缓压力，增进友谊。于是他们发挥自己的聪明才智，根据当时现有的条件，通过灵活多样的形式，开展了一些生动活泼的文体活动。据济南在峤山胡家村插队落户的张建华回忆，他们的文化生活主要有这么几种形式，一是拉二胡：他们从济南带来一把二胡、一把京胡。那时，连个收音机也没有，尤其是到了晚上，煤油灯光小得可怜，一盏煤油灯太暗了，啥也干不了，整晚无所事事。于是，晚上就成了拉二胡的最佳时间。二胡根本不需要灯光，闭上眼也能拉；二胡最能体现人的心情，别人一听，就知道今天你的心情是好是孬。比如，心情好时，就拉《步步高》《喜洋洋》《草原上的红卫兵见到了毛主席》等；心情不好时，就拉《松花江上》《三世仇》等。其实，大多数时间就是胡拉，想起什么乐曲就拉什么乐曲。另外，少不了也拉上几段样板戏，如《都有一颗红亮的心》《朝霞映在阳澄湖上》《甘洒热血写春秋》等。二胡，伴他们度过了一个个不眠之夜；二是打扑克：那时主要是打争上游、打老保等。有一次下了大雪，反正第二天不用出工，于是，他

图 2-20　峤山公社杜家沂水几位知青在娱乐

们四名男生一人搂着一盏用小药瓶自制的小煤油灯，打起了扑克。从晚上九点开始打，一直打到第二天上午九点，整整一个对时！天亮他们四人相视而笑：每人的鼻孔全是黑的，那是因为煤油灯的烟雾粘在了鼻孔上。三是下象棋：这主要是男生的活动，不仅知青自己下，还和社员一起下，既增进了感情，也切磋了技艺。四是唱歌尤其到了晚上，他们不自觉地就响起了大合唱，有时一气能唱一个多小时！那时，想起什么就唱什么，一人起头唱一句，大家马上就和上了！他们不仅在本村唱，还到附近的知青点唱，去的最多的是离胡家村三里路的郑家石槽村。那里的知青有一把秦琴，还有一本《外国民歌200首》，经常是一人弹琴大家唱。在那里，他们学会了《红河谷》《红梅花儿开》《小路》《莫斯科郊外的晚上》《喀秋莎》《三套车》《我们举杯》《春天里的花园花儿美丽》和朝鲜的《在泉边》等外国民歌。有时他们还同社员们一起排练文艺节目，主要是《颂歌献给毛主席》《北京的金山上》《一轮红日从韶山升起》《珊瑚颂》等革命歌曲、山东快书、样板戏唱段、大合唱和表演唱等，深受贫下中农的喜爱和欢迎。

城阳公社桃园知青组房德军回忆，他们在马元峰等同志的带领下每星期都要学习毛选和时事政治，开展批评与自我批评，有的知青代表城阳宣传队参加每年汇报演出，有的还代表村里参加知青农民运动会。几年下来，表现突出的光荣加入了共青团，加入了党组织。

青岛知青张维国回忆，他们当时曾组织过文艺汇演，基本以农业学大寨为主题，邹秀娟还因此选到县宣传队。

图 2-21　1978 年 8 月 29 日临沂地区上山下乡知识青年篮球运动会莒县代表队合影（耿春云提供）

邹家庄子知青张俊岭回忆，他们排练演出的《四个老汉学毛选》被县委宣传部选为优秀节目，由莒县广播站录音，在有线广播播出了一个礼拜。马建华在一中时就是个文艺骨干，好多节目都是他编剧导演的。

图 2-22　爱国大队知青组打靶归来（史文平提供）

城阳公社东关一街知青魏信才回忆说，那时的文体活动非常丰富，1976 年莒县全民运动会刺杀表演队成员主要由东关一街知青组、邹家庄子知青组及东关村民组成，他们的竞技水平受到观众的热烈欢迎和上级领导的好评。爱国大队也经常组织知识青年练习打靶，增强国防意识。

莒县知青房德军回忆，东关一街青岛知青参加县农民运动会，曾获得男子百米第一名的好成绩。

图 2-23　1969 年春天毛泽东思想文艺宣传队演出时合影

根据刘荣起、陈国泉、陈崇思、阎伟、张玮玮、韩黎明、李茂轩、王乐康、张家瑞回忆，李鸿记录整理。1968 年从 4 月份开始，山东省莒县开始接收济南市的上山下乡知识青年，全县最多时达到近1000人，年龄分布从十四五岁到二十岁左右，囊括了从初一到高三六个年级的中学生。这些知青中有许多文艺体育人才。当时知青的领导管理机关“县安办”抓住时机，建立了两个队伍，即莒县新社员毛泽东思想文艺宣传队和莒县知青篮球队。这两个队伍一经成立，就在全县产生了巨大的影响。时至今日，已经半个世纪过去了，当年的知青已迈入或即将迈入古稀之年，仍有当年的朋友在寻找这些曾活跃在莒县舞台上和篮球场上的知青，并且是多方打听寻找，一往情深、念念不忘。为什么会有人长时间的想念这些知青？为什么会有这么长远的影响？那就是当年的这两个队伍，给莒县这个封闭的县城展现了省会城市中学生文艺体育的水平，许多事情在县城内都是第一次。来接受贫下中农再教育的这些青少年，实际上给莒县文艺体育界带来了一种全新的理念和文化，强大的冲击力影响至今，也是对莒文化的重大贡献。

新社员毛泽东思想文艺宣传队成立于1969年4月初，参加莒县新社员毛泽东思想文艺宣传队全过程的共计20人，其中包括济南第十三中学青年外语教师梁富庚老师。在县安办领导下，经过民主选举，由城阳区坝上大队知青刘荣起任队长，刘官庄区黄家宅大队知青李鸿和阎庄区爱国大队知青周荃任副队长。乐队队员有小提琴：陈崇思、陈国泉（兼大革胡）；二胡：尚铁汉；竹笛：李鸿；笙：刘荣起；手风琴：梁富庚老师；单簧管：韩黎明；女高音：季林梅；男高音：阎伟、范博逊；舞蹈演员：周荃、陈胜民、张玮玮、张敬杰、段军、毕斯春、李媛、魏国瑞、赵欣、李亚田；曲艺演员：赵胜。组建一个星期后，首场演出在县委大礼堂举行，演出轰动了这个沂蒙山区的小县城，尤其是由陈胜民和魏国瑞分别扮演喜儿和杨白劳，季林梅和阎伟伴唱的芭蕾舞《白毛女》选场等节目更让莒县人耳目一新。当舞蹈演员陈胜民扮演的喜儿穿着芭蕾鞋伴随着优美的《北风吹》音乐用足尖出场时，全场掌声雷动，经久不息。第二天，县广播站邀请宣传队去机房录了音，县委宣传部派出摄影师拍了很多照片，一时间宣传队的演员成了莒县的大明星。首演之后，他们开始了在全县的巡回演出，凡是有知青的区都要演出，甚至一个区要演出若干场次。在巡回演出期间，他们接到县知青办的紧急通知，回县城参加庆“九大”的宣传演出。当时新社员毛泽东思想文艺宣传队在县工人俱乐部的露天舞台演出，县革委的宣传队是在县委大礼堂的室内演出。两处相距十分钟路程，两场演出同时开始，演出现场人山人海，掌声雷动，节目还是一再返场。在大礼堂的观众也都被吸引到这边来了。

知青篮球队的成立与济南第十一中到莒县下乡的知青有着密切的关系。济南第十一中是济南市的篮球传统体育项目学校，曾是济南市中学生篮球联赛多年的冠军队。学校中篮球运动开展得广泛深入，水平较高。济南十一中男子篮球队队员李茂轩下乡到刘官庄公社兰官庄大队，旁边就是莒县兰官庄煤矿，有球场。知青李茂轩和同学们常去打球，高水平的球技立即引起了煤矿球队的注意，曾给煤矿球队帮忙到县里打球。同样，在县城也立刻引起了莒县体育界的注意。信息很快就传到了县安办，县安办的负责人于道遵找到他，问能不能成立一支篮球队，当时县革委宣传组的负责人孟宪林也找过他，问成立知青篮球队的事。在这样的背景下，在全县知青中找了一部分篮球爱好者，成立了莒县知青男子篮球队，队员有济南十一中的李茂轩、王乐康、周铮；济南五中的仲大明；二中的王达；二十九中的赵军；十六中的范博逊、王肇杰等人，李茂轩任队长。成立的第一天就在县城连打四场球，分别对县直机关的几个强队，晚上最后一场对县联队（即县代表队）。知青篮球队的队员们来自不同的学校，原来互不认识，集合起来，配合生疏，没有训练上去就打。前一天还在村里从事繁重的体力劳动，吃地瓜面煎饼。这样一天打下来，体力消耗可想而知。李鸿当时在知青新社员宣传队工作，五中的仲大明突然找到宣传队说：一是累坏了，二是五犯下场人不够了，问宣传队中有没有会打球的知青，当时是刘荣起和陈国泉赶去顶上打了一场，可见比赛的激烈程度。知青篮球队全新的球风和过人的球技也让莒县体育界耳目一新，因而争相与知青球队过招。在这时输赢已经不重要，重要的是能同外来的球队打一场。当时的县联队据说是临沂地区的强队，在临沂地区曾打过好成绩。当天晚上，在县工人俱乐部灯光球场，知青篮球队对县联队的比赛打得火星四溅，仓促间成立的莒县知青篮球队一天四赛，震动了莒县体育界。在刘官庄公社竹园大队下乡的济南十一中知青周铮，是“文革”前济南十一中体育组重点培养的裁判，哨吹的相当有水平。知青篮球队在县城第一天亮相，打了四场球，周铮吹了四场比赛。那准确的判罚、灵敏的反应、潇洒的动作让县直机关的球迷耳目一新。而他对比赛的掌控能力，对有争议判罚的准确解释也使比赛双方的队员口服心服。后来周铮曾随县代表队去地区打比赛当裁判，在地区比赛的裁判中也是高水平者。后来县联队吸收了李茂轩和王乐康加入县联队，并随县代表队到莒南、沂水、蒙阴、临沂打巡回访问比赛，一路凯歌高奏，号称横扫沂蒙山。还代表莒县参加了临沂地区的比赛，在那届比赛中，莒县代表队打出了好成绩，比赛打到后来，临沂军分区代表队输球打人，闹了个不欢而散。1970年底的知青招工后，知青篮球队的队员大多回了济南，莒县知青篮球队随之就结束了历史使命。但在1970年底招工后，济南十一中女篮队员陵阳公社大埠堤大队知青张家瑞在莒县体育界开始发挥重要作用。当时成立的莒县女篮任命她为队长，后来又吸收了招贤公社东双庙知青王悦，参加了临沂地区的比赛。在比赛中张家瑞的球技，引起了临沂地区篮球界的注意，又被吸收到临沂地区女篮，还是任队长，并代表临沂地区参加了省比赛。几十年后，莒县体育界的老人们，还在回忆和寻找这位曾名扬沂蒙的泉城姑娘。当年随时代的大潮来到莒县的泉城儿女，在这片热土上，度过了难忘的岁月、繁重的农业劳动和艰苦的生活。年轻人，只要给他一片祥云，就能换来一场及时雨。哪怕是黎明前的那点朝露，也能让路边的小草欣欣向荣！曾经的莒县知青篮球队就是一例。

第九节　各级关怀

知青上山下乡，这一新生事物得到了全社会的广泛支持。从济南市、青岛市、临沂地区以及本县各级党委政府和社会各界、各阶层、各单位，都以支持知青上山下乡为己任，想知青之所想，急知青之所急，在财力、物力上尽量安排，倾斜分配。

1968年12月15日，莒县革命委员会下发《关于慰问上山下乡知识青年的通知》,《通知》说，到目前为止，济南已有900余名知识青年来我县安家落户，为了让他们更好地向贫下中农学习，接受贫下中农再教育，在三大革命运动中得到锻炼和考验，县委决定1969年1月10日左右对来莒县插队落户的知识青年进行慰问，并对各小组进行检查评比，检查评比内容包括：各知青点活学活用毛主席著作、与贫下中农相结合、接受贫下中农再教育的情况；精打细算、节约用粮、计划用钱、向贫下中农学习理家方法的情况；组与组、组内同学之间开展比、学、赶、帮、超的情况。通过检查，不断改进提高，为在春节后召开的知识青年活学活用毛主席著作积极分子代表大会打好基础。

计划经济时期的国内物资供应还相当紧张，济南市从计划内挤出一部分农机具，由临沂地区分配到莒县，再由县知青办分配到有关知青点。青岛市在做好正常物资供应工作之外，每年还从计划内挤出一部分物资专供上山下乡知青生产、生活所需。据不完全统计，他们供应的农机具有：手扶拖拉机、小拖斗、柴油机、打谷机、缝纫机等，还有治疗常见病的常用药等。据济南知青王万一回忆，下乡期间，他曾参加过县农科所组织的“九二〇”农药试验，并在大队里生产和实践过。

青岛化工局系统各厂为了帮助所挂钩的知青队发展生产，这些厂倾全力给予了从人力、物力、财力等各方面的支持和帮助，支援知青点所在大队化肥、农药、柴油、汽油、煤油等，有的帮大队引进了机床、电锯、木材加工设备，为大队办起了铁木业社，甚至还多方联系配件，组装了汽车，拓宽了大队的经济来源，增加了大队的经济收入。

从1974年起，县内每年在上山下乡动员安置期间，全县各机关、企事业单位及干部职工都用实际行动给予支持和关心，有钱出钱，有物出物，实物主要是生活用品和生产工具。1975年动员安置期间，县内各单位捐赠给下乡知青的物资有生产生活用品(具)946件，良种猪4头，活鱼苗4000尾，各类书刊417本（册），药品价值1000元。

1975年1月14日，山东省革命委员会发出通知，要求对知识青年上山下乡工作进行慰问，省革委成立知识青年上山下乡慰问检查总团，各地、市革委成立慰问检查分团，各县（市）革委成立慰问检查组，由主管知识青年上山下乡工作的负责同志担任团长或组长，慰问检查范围包括下乡知青的学习、教育、培养情况，住房、口粮、健康情况，总结经验，推动上山下乡工作进一步开展。

1975年11月19日，临沂地区革委知识青年上山下乡办公室下发《关于做好下乡知识青年冬季生活安排的通知》，要求为青年着想，做好下乡知识青年冬季生活安排。1975年11月30日，莒县县委下发了关于做好下乡知识青年冬季生活安排的通知，要求一定要抓紧、抓细、抓好。县知青办对此进行了具体的落实，对下乡知识青年的住房普遍进行了检查，不安全的房屋进行了调换，凡是透风的、漏雨的，都安排进行维修，新建房未安门窗和玻璃的，与有关部门联系，予以解决。解决好了床铺和铺草，坚决不让下乡知青睡地铺。搞好对知青的生活管理，对于国家供应和参加分配的口粮，要求知青管好用好，做到计划用粮，节约开支，反对铺张浪费；督促搞好养猪、养羊、养鸡，种好过冬菜，腌足腌好咸菜，保证不吃冷食，不喝凉水，烧草不足的，由煤建、供销部门提供帮助，保证下乡知青的生活用煤。个别下乡知青棉衣、被褥有困难的，由民政、商业等有关部门协助，从社会救济款和机动布票中予以解决。如经费确有困难的，从170元的生活费中给予适当补助，切实解决好下乡知青的冬季服装困难。同时加强在生产劳动中的安全教育，根据下乡知青的体力情况，因人制宜的分配劳动，不搞通宵战和力不能及的劳动，以防意外事故发生。要特别注意女知青的身体健康，在例假期间不要让她们下水和干重活。还要注意防火、防盗、防破坏，不要在室内随便烤火，生有煤炉的住房要注意通风，防止煤气中毒。

1975年以来，城阳公社党委接收青岛和莒县167名知青，公社党委领导对知青工作非常关心，党委副书记于立香经常到知青点问寒问暖，了解知青的学习、劳动、生活和思想状况。1976年6月，她带领七名常委对全社八个知青点进行了检查，在全社干部大会上，她指出：对知识青年不仅要关心他们的成长，而且要大胆培养使用，给他们学习锻炼的机会，像团支部、妇女、民兵、实验队、生产队、大队都可以配备知青当副职。同时还强调，要关心知青的身体健康，安排好作息时间，要劳逸结合，对于知青做饭、集体集会和学习所用时间，一定要记工。由于党委重视，各大队党支部对知青工作也很上心，如桃园大队党支部书记冯建秀，每天都要到知青组去看看。有时在外开几天会，回村后不回家，先到知青组看一看。她对每个知青的学习、生活都非常关心，对每个知青的思想情况也摸得很透，能严格要求，大胆使用。1975年发展了一名党员，其余8名知青都入了团，其中有2名成为建党对象，一个任民兵连长，一个任大队副业保管员，一个司机手，一个技术员。在知青带队干部中，也出现了一些以知青点为家、关心知青的好同志，如韩家菜园知青点带队干部董英民，不仅自己认真学习马列、毛主席著作，还积极引导知青扎根农村，为建设社会主义新农村贡献力量，而且在生活上也非常关心。知青们风箱坏了，他亲手弄来鸡毛，修好毛头，教知青发面蒸馒头，和知青一起种菜、管菜。知识青年刘文秀得了骨髓炎，他多次带她到本县和外地医院治疗。

除了物资、资金方面的支持以外，各级各部门还在学习生活、精神生活上关心知识青年。省革委专门编辑出版了《广阔天地》等报刊，报刊内容包括文化知识、科技知识及生产知识等方面，给知青以精神上的鼓励和支持。这些报刊赠送到县以后，分别转送给全县各知青点一套。1974年1月19日中央人民广播电台开办《对上山下乡知识青年广播》节目，1974

年4月6日山东省知青办为此专门下发通知，要求组织上山下乡知识青年收听这个节目，并积极组织提供有关稿件，反映上山下乡知识青年的要求、意见和建议。莒县县委、县革委坚持统筹兼顾的原则，尽量安排人、财、物用于知青的学习、劳动和生活。1968年7月，县革委会下文，号召全县各机关、学校、事业单位干部职工每两人捐献精装《毛泽东选集》一套，分赠给上山下乡知青和回乡知青。1974年，为了解决知青队的种子和生产资金问题，由粮食部门供给粮食指标，以购买种子；所需购买耕牛、种子、农具、肥料的资金，由银行给予贷款解决。

1978年以前，县内各单位的关心支持工作一直在继续，所捐赠物资价值无从统计。

第三章　成长之路

第一节　表彰奖励

知识青年上山下乡接受贫下中农再教育，在三大革命实践中锻炼意志，增长才干，接受时代的洗礼，涌现了许多先进集体和先进人物，一批批知识青年在农村第一线加入了党团组织，有的还被选拔任用，他们用自己的汗水谱写下了一曲感人肺腑的青春之歌。知识青年在农村广阔天地里经受了锻炼，茁壮成长。

1969 年 3 月 8 日，为了更好地推进知识青年上山下乡工作，迎接山东省“积代会”的召开，莒县召开了活学活用毛主席思想接受工农兵再教育经验交流大会，全县有城阳、东莞、小店、阎庄、刘官庄、陵阳、洛河、龙山、安庄、招贤、夏庄、碁山、峤山、石井、桑园、中楼等 16 区 137 位代表出席了会议，其中有城市上山下乡知识青年 16 人。这些城市上山下乡知识青年围绕“为什么到农村去”“到底怎样和贫下中农相结合”，“怎样改造自己的世界观”等问题进行了大会交流。

莒县中楼区自 1968 年 12 月中旬，12 名济南下乡知识青年来这里插队落户，至 1970 年，共接收知识青年 133 人。因有 9 人回原籍，有病和长期不回的 2 人，结婚的 3 人。现全区实有知识青年 119 人，其中男生 68 人，女生 51 人，分布在 12 个大队。两年来，他们在毛泽东思想的光辉指引下，活学活用毛主席著作，虚心接受贫下中农再教育，世界观有了很大的转变，阶级感情也有了深刻的变化，坚定了在农村扎根的信心和决心，许多青年在农村三大革命当中经受锻炼和考验，发挥了知识青年的优势，在艰苦的劳动中做出了喜人的成绩，得到了贫下中农的肯定和好评，涌现出许多模范人物和先进集体。特别是两山口大队知青点，就是当时的典型。这个大队共有知青 12 人，住房 11 间。已安排当教师的 2 人，学缝纫的 2 人，看山场的 2 人，林业队 1 人。他们政治思想先进，能够活学活用毛泽东思想，坚持每周开展学习和斗私批修；他们团结互助，生活上相互照顾，生产上相互帮助，是一个团结战斗的群众集体。全区表现好的知识青年有：前店子大队李建华，两山口大队董瑛、孟家西楼大队冯佩兰，刘家沟大队景静、王林，黑涧大队的金延芬等。

1968年4月1日，莒县革命委员会发文要求广泛深入地学习和活学活用毛泽东思想，用毛泽东思想武装头脑，破私立公，彻底改造世界观。1968年4月25日，莒县革命委员会要求，在农村组建毛泽东思想宣传队，帮助广大贫下中农学习、宣传、落实毛泽东思想、毛主席最新指示和中央有关文件，通过学习毛泽东思想，解决农村面临的问题。为全面贯彻落实毛主席的“五七”指示，1969年，莒县革委要求在全县机关、厂矿、学校、农村普遍建立毛泽东思想宣传站，促进当前各项工作的开展。1969年2月24日至3月13日，县革委举办大型毛泽东思想宣传班，边学、边议、边对照，用毛泽东思想武装每个学员的头脑。1970年4月，省革委召开了活学活用毛泽东思想积极分子代表大会，为了贯彻省“积代会”精神，检阅莒县广大革命群众活学活用毛泽东思想的新成就，交流经验，表彰先进。1970年6月29日，莒县召开首届活学活用毛泽东思想积极分子代表大会，会议出席代表1574人，知识青年代表37人，其中城阳区4人，刘官庄区5人，中楼区5人，陵阳区4人，龙山区1人，峤山区4人，招贤区5人，阎庄区6人，东莞区3人。会上，济南知识青年张嘉菱、李建华做了典型发言。张嘉菱以《广阔天地炼红心，细小银针为人民》介绍了她的事迹，她于1968年8月下乡到城阳区钟家村接受贫下中农再教育。从小在城市里长大，现在整天埋头在坡里，烈日当头晒，污泥脚下踩，汗水湿透衣，手上起血泡，她感到不适应，一天干活下来，腿疼腰酸，筋疲力尽，饭不想吃，觉睡不宁。经过一段时间，才适应了农村里的一切，和贫下中农一起挑粪割麦。春节期间，她不顾亲朋好友的劝阻，冒着大雪赶回钟家村，和贫下中农一起过了一个很有意义的“扎根年”。小组分工，她负责管“药箱子”，因为只懂得一星半点的医疗知识，只是给贫下中农涂涂擦擦，包包扎扎。因为农村缺医少药，她选择了“赤脚医生”道路，本着既省钱又方便的原则，决定学针灸。为了学习针灸术，她先是跟同学和母亲学，后又到六一五二部队医疗队学，县里举办学习班她参加，省里举办学习班她也参加，终于掌握了针灸医术，为农村老大娘治好了腰腿疼，为老大爷治好了胃疼，给小孩治好了腿脚病、脊椎炎，还治好了婴儿瘫。村里的接生婆年龄大了，她又主动接了班，去济南九〇医院学习了新法接生，勇敢地挑起了接生这个重担，几年来，她为贫下中农针灸治病达3000多人次，为社员解除了病痛，解决了困难，受到干部群众的一致好评。1970年11月3日，临沂地区革命委员会上山下乡办公室《关于前段工作情况和今后工作意见的报告》，表扬了张嘉菱的事迹。中楼区孟家西楼冯培兰代表知青组参加了这次会议。

图3–1　莒县首届积代会城关公社代表队合影留念（刘美红提供：前排右二）

济南知识青年李建华1968年12月由济南十一中学来到中楼区牛店公社前店子大队插队。来到这里，同其他知青一样，他也经受了手起泡、肩压肿的磨炼和考验，他除了和社员一起参加农业生产劳动外，还担任了学习毛主席著作辅导员、宣传员、通讯员和民兵连长、会计、记工员等工作，在平凡的岗位上做出了不平凡的业绩。他的体会是:“不论担任什么‘员’，不论干什么工作，都是人民的勤务员，都是贫下中农的小学生。”他先后多次参加区、县、地活学活用毛泽东思想讲用会、积代会、经验交流会。1969年国庆，经贫下中农推荐，光荣地参加了山东省庆祝中华人民共和国成立二十周年国庆观礼。

1972年上半年，临沂地区召开学习毛泽东思想社会主义积极分子代表大会。莒县与会代表由知识青年上山下乡办公室孙克松带队参加了会议，招贤公社大铺大队知青柴刚代表莒县知青在大会上发言，题目是《一颗红心扎根农村》，主要汇报了他们小组在农村贫下中农教育中怎样过三关，一是劳动关，二是思想关，三是生活关，每一关都列举了具体的事例，介绍了知青与贫下中农打成一片的苦与乐，获得与会人员的好评。会后记者采访说，你的发言十分精彩，为什么没有说你自己呢？柴刚回答说，俺只是广大知青中的一员，只有集体的事迹分享给大家才快乐，才真实。以后柴刚又参加了临沂行署的知识青年上山下乡工作座谈会，还外赴黄县、招远县农村参观学习。以后又参加了山东省社会主义积极分子代表会。中共临沂地委还下发了关于向柴刚等36名知青学习的文件，在全地区广播，向全地区推广。

1974年2月18日，柴刚、何乃君、徐兆等44名上山下乡知识青年向莒县县委递交决心书《彻底批判林彪诬蔑知识青年上山下乡的反动谬论，坚决地走与工农相结合的道路》，《决心书》说："我们四十四名同志，响应伟大领袖毛主席'知识青年到农村去'的伟大号召，从1968年以来，分别由济南、青岛、四川等地来到莒县，接受贫下中农再教育。我们这些从小在城市里长大的，确实既像温室里的幼苗，没有经过风吹雨打，又像井底的蛤蟆没见过多大的天。思想简单，作风浮漂，手不能提篮，肩不能挑担……下乡几年的时间，由于广大贫下中农的耐心教育、热情帮助，我们从思想感情上发生了很大的变化，'洋学生'变成了心红手巧的庄户孩子。现在，我们当中有的成了农业技术员，有的当了深受贫下中农欢迎的赤脚医生和民办教师，还有的光荣地加入了共青团和中国共产党，政治上已经逐渐成熟起来……实践证明，贫下中农是我们最好的老师，农村广阔的天地是我们的最好的课堂，三大革命运动是最需要我们的战场……我们要坚决响应毛主席、党中央的伟大战斗号召，坚定地走与工农相结合的道路，永远扎根农村，沿着毛主席的革命路线胜利前进。"1974年2月25日，中共临沂地委印发了这一《决心书》，并对这一革命行动表示坚决的支持，希望全区的广大共青团员、革命知识青年学习和发扬柴刚、何乃君、徐兆等同志的革命精神，坚定不移地走与工农相结合的道路，把政治思想领域的革命斗争进行到底。1974年3月26日至4月6日，临沂地区革命委员会政治部组织召开了全区知识青年上山下乡工作座谈会，出席会议的有地、县革委政治部分管知识青年上山下乡工作的同志，部分公社分管知识青年上山下乡工作的同志和下乡回乡知识青年代表共36人。会后，临沂地区革命委员会政治部形成了《知识青年上山下乡工作座谈会议纪要》，临沂地委批转了这个《纪要》，《纪要》中提到，莒县有44名下乡知识青年联名写了决心书，决心红在农村，专在农村，为建设社会主义新农村贡献自己的力量。

1974年8月15日，山东省知识青年上山下乡工作会议隆重召开，出席这次会议的有各地市委主管和专管这项工作的负责同志，济南部队军以上单位、生产建设兵团和北海舰队的负责同志，省直有关部门的负责同志，还有20个县、10个公社、8个大队的同志和下乡、回乡知识青年代表，共200余人。会上我县中楼区两山口知青董瑛作了《永远和贫下中农在一起》典型发言，向与会者介绍了自己的事迹。她是扎根农村的典型，1968年高中毕业，响应毛主席“知识青年到农村去”的号召，自愿报名上山下乡，当年12月27日来到莒县中楼区两山口大队插队落户。两山口地处山区，走路要爬山，干活靠双肩。刚来到这里，正赶上大队搞农田基本建设，董瑛和知青组的12名知青一起整修大寨田，刨土、填沟，一天下来，累得腰酸腿疼。她也曾经动摇过，参加农业劳动真是不容易啊。可慢慢地，看到广大贫下中农整天奋战田间，埋头苦干，任劳任怨，自己还有什么理由打退堂鼓呢？认识提高后，她决心大干一场，以贫下中农为榜样，吃大苦，拼命干，为建设社会主义新农村贡献力量。在与贫下中农共同战斗的日子里，她结识了当时的林业队长何永良。何永良是一个农民，只上过小学三年级，可他是一个热爱劳动、热爱集体的好社员。两人在艰苦的劳动生活中逐渐产生了感情。但要真正在农村安家，也是经过了激烈的思想斗争的。许多社员并不看好他（她）俩的事，认为何永良家庭不富裕，董瑛出身革命干部家庭，在山沟里待不长；同学朋友不赞成，说她一个城市的高中生嫁给一个农民，太可惜了，在山村里安家就没了前途；父母也不支持，想把董瑛调回济南，父亲来信劝她，并附了一首打油诗：枪林弹雨不怕难，30年革命到今天。只因为了女儿事，胜过子胥过昭关。道出了当时老人的复杂心情。董瑛给父母的回信中也附了一首打油诗：革命前辈千千万，流血牺牲换今天，为了保卫红江山，立志农村把家安。弟弟更是坚决反对，如果她跟姓何的结婚，就不让她再进家门，他也不会叫一声姐夫。外界的议论、同学的劝告、家庭的反对，使董瑛吃不下饭，睡不好觉，经过反复考虑，她还是坚持了自己的选择，在大队党支部、革委会和贫下中农的热心帮助下，1972年5月1日，她在农村结了婚安了家。随着时间的流逝，父母慢慢接受了她的选择，她爸爸说:“我们的关系，迟早要像大锅里煮冰——由凉变热。”她与父母的关系慢慢融洽起来。她的女儿出生，她爸爸给小外孙女起了个名字：爱农，意为爱农村、爱农业、爱农民；她的儿子出生，她爸爸又给小外孙起了名字：新兵，意为在全国掀起农业学大寨新高潮的形势下，农业战线上又增添了一名新兵。董瑛的事迹在《大众日报》1974年8月15日星期四第三版以总题《坚持知识青年上山下乡的正确方向》专版刊登，与她同时见报的还有“为人民当好赤脚医生”的昌邑县流河公社杨家桥大队下乡知青沈爱华、“扎根农村干革命的”临朐县鹿皋公社柳子大队下乡知青张以孝。会议结束后，董瑛参加了山东省巡回报告团，到全省各地进行演讲。

莒发（1974）22号文件，对上山下乡知识青年工作进行了总结，说多数下乡青年，从留恋城市到扎根农村，从怕苦怕累到热爱劳动，与贫下中农一起战天斗地，开展农业学大寨，在改造客观世界的同时，努力改造自己的主观世界。许多下乡青年，成为阶级斗争的闯将，生产斗争的能手，科学实验的尖兵，他们在宣传毛泽东思想、活跃农村文化，进行农业生产，破“四旧”立“四新”等方面都起到了积极的作用，为无产阶级革命事业

图3-2 1975年5月1日临沂地区青积会莒县代表团合影（董瑛提供）

培养了可靠的接班人。几年来，从我县的知识青年中征兵的有32人，上大、中专学校的有45人，招工调干的604人，其中包括教师70人，回返城市和迁到外地的232人。目前，我县集体插队的还有126人，分散的回乡青年知识年青78人，他们在农业生产战线上，做出了可喜的成绩，有的入了党，有的入了团，有的担任了大队、生产队的干部，还有的当了民办教师、赤脚医生、农业技术员等，出现了很多先进集体和先进个人。招贤公社大铺大队的柴刚，城阳公社刘家菜园大队的徐兆，中楼公社两山口大队的董瑛等，都受到了地区的表扬。

下乡知青新梅在农村安家遇到了阻力，董瑛写信给她，以自己在农村安家的亲身经历跟她交流，相互勉励。这封书信发表在1974年12月的《广阔天地》上。

1975年7月，临沂地区工会第一次代表大会召开，莒县中楼公社两山口大队下乡知识青年中学教师董瑛应邀参加了会议，并发言介绍了自己下乡的体会，受到与会代表的好评。会后，临沂地区县直组一位领导给董瑛赠诗一首《七律·赠董瑛同志》：

飒爽英姿战农村，
广阔天地炼红心。
传统观念何所惧？
志在五洲一片春！
爱农丹心化寒冰，
光辉航程党指引。
豪情化作千重浪，
激励万千同路人。

1975年2月，山东省革命委员会知识青年上山下乡办公室主办的《广阔天地》以《贫下中农的需要就是我的志愿》为题刊登了徐兆的事迹。徐兆1968年4月由济南下乡到莒县刘家菜园大队插队，他担任过大队的广播管理员，解决了贫下中农收听广播难的问题；做过赤脚医生，解决了社员看病难的问题；后来贫下中农推荐他当民办教师，他深入细致地做好学生的思想教育工作，紧密结合农村生产实际进行教学，土法制作教具十几种，参加了省里的“教学仪器展览会”，获得好评。课余时间，他还带领学生大搞勤工俭学，增强了学生的劳动观念，既支援了农业生产，又减轻了学生的家庭负担，受到学生家长和贫下中农的欢迎，他也三次被评为优秀教师，并出席了县教育战线积极分子代表大会。

1975 年，青岛自力化工厂 11 名知识青年下乡来到莒县石井公社白土沟大队插队，由一名老支部委员教他们剪枝、打药、种花生、种地瓜等农活。一年来，这批肩不能挑、手不能提、农作物分不清的知识青年，初步掌握了果树的栽培和管理技术，学会了一般农作物的种植，掌握了一般生产工具的使用，男青年还学会了推小车。刚开始，他们手磨起了泡，肩压肿了，艰苦的体力劳动，给了他们严峻的考验，有的说："花生香，苹果甜，吃着容易，来的难啊。" 有的青年产生了畏难情绪和想家的心理，有的暗地里计算下乡的时间，到处打听就业的消息，寻找就业的门路。支部成员发现后，及时找他们谈心，做他们的思想工作，与他们一起学习毛主席著作《愚公移山》等，县委和知青办的领导也多次到知青点问寒问暖，帮助教育，帮助解决生产生活中的实际困难。一年后，他们的思想稳定了，生活适应了，能够主动地和贫下中农一起参加生产劳动，过去他们厌恶大粪，现在已经不怕靠近大粪，经常肩扛手提一筐一担地运到地里，他们深有体会地说："世界上最臭的不是大粪，而是资产阶级思想。" 在这里他们学到了书本上学不到的东西，他们成了能干农活、能演唱的朝气蓬勃的青年。王以胜脏活重活抢着干，白天大田里干，晚上看山岭不下山，成了农业学大寨的典型，被评为农业学大寨一等奖，奖了一把铁铲。女知青徐紫薇被评为二等奖，在大会上受到口头表扬。女知青王英姿，在家是长女，当时有不少人劝她回去就业，她父亲也亲自到知青点征求她的意见，可她还是留下来了，她对学习抓得比较紧，坚持写日记，被选进大队报道组，成为理论学习的报道员。麦收期间，他们积极投身三夏大忙生产，公社的《三夏战报》表扬了他们的事迹。

1976 年 4 月 17 日，夏庄公社党委通讯组以《铁心务农干革命，志在农村创新生》为题，对青岛纤维厂到夏庄公社马坡大队集体插队落户的 13 名知识青年先进事迹进行了报道。这 13 名知青，分工包户照顾大队里的"五保户"、烈军属，不管是刮风下雨，还是农忙季节，每天都要到包联户走一走、看一看，帮助解决实际困难。知青来到这里，学会了使用农具干农活，学会了果树的修剪和管理。以前，他们听到大粪就想起脏、臭，见到大粪就捂鼻子，现在生产队里出圈粪时，男女知青都跳到猪圈里挖粪。他们说："要想多打粮，就得多积肥。没有大粪臭，哪来五谷香？" 他们打破了传统习惯，男女知青都背起了拾粪筐。推车子是重体力活，男女知青都抢着干，开始推空车子东倒西歪，不听使唤，现在，女知青也能推三四百斤沉的车子。

1975 年，知识青年和贫下中农奋战了一个冬天，劈岭建茶园 110 亩，磨出一手老茧，练就了一颗红心。他们学会了农活，也学会了料理家务，男女知青都学会了烙煎饼，做庄户菜，办庄户饭，过庄户日子。这些知识青年在繁重的农业生产之余，坚持理论学习，一天也没有间断。在他们的宿舍里，有批判栏、学习园地、黑板报，坚持定期出刊，每人都有读书笔记，坚持学习马列主义、毛泽东思想，写心得体会。知识青年栾淑美是大队妇代会的委员兼任大队妇女学习无产阶级专政理论的辅导员，饭前饭后，田间地头，她抽空就组织妇女学理论，教唱革命样板戏，自编自演文艺节目，在她的辅导下，一般老妇女都能背诵毛主席关于学习无产阶级专政理论的四段语录，自编自演文艺节目十多个。知识青年刚到大队里，大队党支部安排他们在实验队、林业队里劳动，现在有的成了大队的赤脚医生，有的做了大队的电工，有的当了大队的干部，但仍坚持参加集体生产劳动，原来有 3 名团员，后来又有 2 人加入了共青团，其余都写了入团申请书，有 3 名写了入党申请书。

1977 年 7 月 25 日，城阳公社党委在莒县知青大会的典型材料中，介绍了该公社的知青工作成绩。这个公社自 1975 年以来，共接收青岛和我县下乡知青 167 名，分布在 14 个大队。这些知青下乡后经过劳动锻炼，茁壮成长起来，有 64 人加入了共青团，其中有 2 人作为建党对象；有 3 人担任了民兵连长，3 人担任了大队保管员，3 人担任了生产队副队长，有 5 人担任了农业技术员、司机手等，成为农业学大寨运动中一支生力军。凡有知青的大队，连续几年粮食都过了千斤，东村大队去年粮食亩产 1616 斤，对国家贡献 135000 斤。在 1977 年低温、病虫害等多种自然灾害的情况下，东村大队夏粮亩产 750 斤，贡献给国家粮食 110000 斤。东村实验队知青鲁伟荣任副队长，他们今年种植的 7 亩小麦单产 1020 斤，总产 7140 斤，培植的“泰山一号”优良品种支持外地。在农业学大寨运动中，全社 8 个知青点有 5 个被评为先进组，有 47 人被评为先进知识青年，其中 8 人被评为标兵。许多知青成为雷锋式的好青年，东村大队女知青实验队副队长鲁伟荣，听到马庄大队失火，立即带领 4 名同学跑步赶去，等到把火扑灭后，贫下中农看到他们灰头土脸，衣服全湿透了，不少干群称赞他们是“雷锋式的好青年”。卢芹在干活的路上，遇到一位老大娘抱着孩子去医院治病，孩子哭着要水喝，卢芹买了糖给小孩吃，直到家长来知青组感谢，大家才知道这事。桃园知青组胡庆华同学，生活非常简朴，平日连双袜子都舍不得买，把攒下的五元钱送给了五保户解决困难。

莒发（1976）23号文件，总结了近几年知识青年上山下乡后所带来的变化，他们在各级党委组织和贫下中农的关怀教育下，进步很快，茁壮成长，他们当中有7人入了党，有153人入了团，有72人参加了社、队领导班子，有141人参加了理论宣传队伍，还有的当了理论学习辅导员、赤脚医生、民办教师、记工员、保管员、技术员、饲养员等，老的先进典型继续前进，新的先进典型不断涌现。他们扎根农村干革命，铁心务农创新业，是农业学大寨的一支生力军，正在成长为一代有社会主义觉悟有文化的劳动者。

1977年12月2日，临沂地区召开上山下乡知识青年农业学大寨积极分子代表大会，出席这次会议的代表共554人，其中知青先进个人代表356人，先进集体代表62人，大队带班人20人，带队干部代表25人，先进大队党支部代表8人，先进人民公社代表15个，动员单位15人，家长代表8人。莒县出席会议的先进个人是王兴兆、商莒宁、李金利、刘永舰、王维驹、郭占文，王均惠、尤润生、戚方明、刘汉成、胡庄华、王建华、杨克军、王秋芳、孙培欣、李宝玉、孙良玉、张翠萍、范瑞清、吉筱丽、陈增礼、徐胜利、赵国华、刘咏春、王俊孝、尹德祥、陈涛，共27人。先进集体有莒县城阳公社党委、莒县城阳公社桃园大队党支部、莒县洛河公社魏家庄大队党支部、莒县中楼公社五楼山前大队知青组、莒县陵阳公社方址坊大队知青组、莒县招贤公社小罗庄大队知青组、莒县爱国公社爱国大队知青组，莒县店子公社薛家城子大队知青组、莒县洛河公社魏家庄大队知青组、莒县商业局、莒县化肥厂共11个，另外还有县委主管负责人1人、县知青办主任1人、大队带班人2人、家长代表1人、带队干部2人、先进大队支部2个等参加了会议；会上，莒县城阳公社以《举旗抓纲学大寨，知青工作大步迈》为题，作了经验介绍，城阳公社桃园大队党支部书记冯建秀也以《迈大步学大寨，下功夫育新人》介绍了桃园知青点的工作经验。

城阳公社从1968年开始，接收安置济南、青岛和本县知青273人。除征兵、招工以外，还有132人在知青点。几年来，这些知青在各级党组织的亲切关怀和贫下中农的热情帮助下，不断成长，先后有5人加入了中国共产党，92人加入了共青团，15人担任了大队、生产队、青年、民兵干部，35人担任了社办教师、农业技术员、饲养员、司机手等。公社党委高度重视知识青年工作，成立知识青年教育领导小组，安排专人对知青加强教育和管理。同时，还注意发挥带队干部的作用。带队干部在工作中，坚持“四同”，做深入细致的思想工作，积极带领知识青年参加农业学大寨的运动，坚定了他们献身社会主义新农村建设事业的信心。东陈家楼大队知青组长尤润生，多次招工不走，带领全组同学把心紧紧贴在农业学大寨上，把劲足足地用在大干社会主义上。西陈家楼女知青王恩红挤时间学习针灸医疗技术，两年来利用业余时间为贫下中农治病 248 人次，治好关节炎病症 46 人，好转的 44 人，被贫下中农称为“雷锋式的好青年”。

图 3-3　1977 年 12 月 5 日临沂地区知青积代会莒县代表团全体代表合影留念

据 2016 年、2017 年提交的《莒县知青登记表》统计，济南知青陈宝娣所在的刘官庄公社前于家庄大队知青小组于 1969 年 4 月获山东省学习毛泽东思想先进集体，她获先进个人称号;1970 年 7 月，刘美红参加莒县首届学习毛主席著作积极分子代表大会；朱玉珠所在陵阳公社西上庄大队知青小组被评为临沂地区知识青年上山下乡先进单位；张亦兵参加了莒县贫下中农代表大会，后被评为优秀教师；青岛知青刘继敏被评为年终先进个人，孙中刚 1976 年参加莒县知青代表大会；莒县知青尹德祥 1977 年 12 月参加临沂地区先进知青代表会；汲春兰被评为县级青年积极分子；丁海娟两次被评为新长征突击手；李云波 1977 年秋被爱国公社党委授予农业学大寨标兵称号；王全梅 1978 年被评为县三八红旗手；耿春云 1977 年被评为县先进知识青年；王兴兆被评为临沂地区农业先进积极分子，参加过莒县知识青年工作经验交流会和临沂地区农业工作表彰会议；胡彦利1978年被评为“五好”社员；来永庆获得优秀“五好”社员奖；来永起获得优秀“五好”社员奖；来永娟获得优秀“五好”社员奖；来永欣获得优秀青年奖；孙振朋获得优秀共青团员、积极分子称号；孙凤英获得优秀共青团员、积极分子称号；董世奇多次被评为先进工作者，一次受到莒县革命委员会表彰；张俊岭1975年获得莒县上山下乡知识青年先进个人称号，所在小组城阳公社邹家庄子知青小组获得先进小组称号，曾参加莒县上山下乡知识青年表彰大会，代表知青小组作典型发言。桃园大队从1968年开始，先后共接收济南、本县知青4批，共40人。知青来大队后，冯建秀亲自靠上抓知青工作，有的青年不会农活，她就手把手地教，使他们很快掌握了各种农活技术。在生活上，她派人帮知青做饭，教他们计划用粮，节约开支，帮他们养猪、养鸡、养鹅，教他们种菜，增加了收入，节约粮食2100斤，现款650元。

第二节　入党入团

在知识青年上山下乡的整个过程中，各级党组织切实加强了对知青工作的领导,从政治上、思想上、组织上重视、关心和培养知识青年。在实践中，不断提高知识青年对党的认识，提高知识青年的思想觉悟，对他们的进步要求和工作积极性给予充分肯定，重视做好上山下乡知识青年的党团发展工作，培养新生骨干力量。

广大知识青年在劳动实践中经受锻炼，虚心接受贫下中农再教育，在改造客观世界的同时，努力改造主观世界，一批批知识青年政治上、思想上日益成熟,成为一代知识青年的先进分子,光荣地加入了党组织、团组织。

据1968年9月26日《知识青年上山下乡登记表》现存表格显示，招贤区济南知青126人中，有共青团员25人；峤山区济南知青7人，其中共青团员2人；陵阳区济南知青7人，其中共青团员2人。

据1974年9月14日《知识青年上山下乡登记表》现存表格显示，城阳公社有济南知青7人，其中共青团员3人；爱国公社有济南知青14人，其中共青团员2人；刘官庄公社有济南知青20人，其中共青团员1人；陵阳公社有济南知青18人,其中共青团员5人;峤山公社有济南知青12人，其中共青团员 2 人；招贤公社有济南知青 15 人，其中共青团员 2 人；中楼有济南知青 21 人，其中共青团员 1 人；库山公社有济南知青 2 人，其中共青团员 1 人。

据 1975 年 9 月 25 日《知识青年上山下乡登记表》现存表格显示，爱国公社有莒县知青 19 人，其中共青团员 8 人；陵阳有莒县知青 37 人，其中共青团员 17 人；城阳公社有莒县知青 89 人，其中共青团员 50 人；小店公社有莒县知青 6 人，其中共青团员 2 人。

据 1975 年 9 月 25 日《知识青年上山下乡登记表》现存表格显示，爱国公社有回乡知青 12 人，其中共青团员 2 人；陵阳公社有回乡知青 10 人，其中共青团员 1 人；招贤公社有回乡知青 8 人，其中共青团员 2 人；夏庄公社有回乡知青 10 人，其中共青团员 4 人；小店有回乡知青 2 人，其中中共党员 1 人，共青团员 4 人；峤山公社有回乡知青 8 人，其中共青团员 1 人；刘官庄有回乡知青 7 人，其中共青团员 4 人。

1977 年 12 月，莒县籍知青李云波在爱国公社爱国大队知青点上由全国劳动模范吕鸿宾和党支部副书记尤喜介绍，光荣加入中国共产党。1978 年 12 月，莒县籍知青王卫军在城阳公社刘家村大队被推荐参加了共青团县委第十三次代表大会，成为入党积极分子，接着被吸收为中共预备党员，1979 年按期转正。

据 1975 年 9 月 25 日《知识青年上山下乡登记表》，分布在全县 10 个公社的 486 名青岛知识青年中，有 41 名共青团员，具体分布如下表：

表 3-1　知识青年上山下乡登记表

单位：人

年度	公社	知青人数	共青团员人数
1975	爱国	78	8
1975	洛河	74	6
1975	峤山	110	11
1975	龙山	25	3
1975	陵阳	42	2
1975	庄疃	37	2
1975	东莞	42	3
1975	刘官庄	27	1

续表

年度	公社	知青人数	共青团员人数
1975	夏庄	35	5
1975	石井	16	
合计	10	486	41

据 1977 年 1 月的《知识青年花名册》统计，在册的 17 个公社 84 个大队中，有知识青年 762 人，其中荣获先进称号的有 176 人。具体分布如下：

表 3-2 知识青年上山下乡登记表

单位：人

年度	公社	知青人数	评为先进人次
1977	爱国	64	9
1977	城阳	33	20
1977	刘官庄	17	1
1977	洛河	57	1
1977	果庄	7	2
1977	碁山	90	15
1977	中楼	57	13
1977	寨里	16	5
1977	小店	82	10
1977	龙山	23	6
1977	陵阳	34	13
1977	店子	74	32
1977	招贤	70	3
1977	庄疃	17	9
1977	东莞	42	21
1977	峤山	79	34
1977	石井	10	3
合计	17	772	197

1976 年 4 月 17 日，莒县夏庄党委通讯组的报道材料中记载，青岛纤维厂下乡到夏庄公社马坡大队集体插队落户的 13 名知识青年，原有共青

团员3名，下乡后有2人因表现突出入团，有3人写了入党申请书，其他人都写了入团申请书。

从1975年以来，城阳公社共接收青岛知青和本县知青167人，至1977年7月，共有64人加入了共青团，还有2人成为建党对象。

据2017年提交的《莒县知青登记表》，青岛知青刘继敏在庄疃公社坝上大队插队落户期间加入了共青团；郑建强在庄疃公社前城子大队插队落户期间加入了共青团。

第三节　选拔任用

知识青年从城镇到农村，与当地社员同甘共苦，甘当贫下中农的小学生，虚心接受贫下中农的再教育，经过长期的艰苦磨炼，取得了贫下中农的信任，深受贫下中农的欢迎。

许多知识青年被选为公社、大队、生产队干部，更多的知青被安排担任了民办教师、赤脚医生、会计、出纳、保管员及理论辅导员、记账员、学习辅导员、通讯报道员等。知识青年成为农村社会主义建设事业中的一批新生力量，还有一批成绩突出者受到了地委、县委的提拔任用。

据1977年《知识青年花名册》统计，在册的87个知识青年小组，共有小组长、副组长、团小组长、会计、保管、生活管理员107人；另外他们有的还兼任了大队或公社的职务，如爱国公社周马庄大队知青小组鞠兰秋兼任大队团支部委员；爱国公社姚家岭大队知青小组杜丽华兼任公社团委委员；刘官庄黄家宅大队知青小组谢清河兼任大队团支部副书记，赵伟兼任管理区团委副书记；洛河公社魏家庄知青小组邱洪水兼任公社团委副书记，陈玉萍兼任公社妇联文书，李玉兰兼任大队妇女副主任，陈美霞兼任大队民兵报道员，王坚毅兼任大队团支部委员；洛河公社西地大队知青小组宋伯莉兼任大队妇女副主任，赵春风兼任大队团支部委员；洛河公社店子大队马锡成兼任大队团支部委员，郭淑华兼任大队妇女副主任；洛河公社洛河崖大队知青小组李芳兼任管理团总支委员；果庄公社后果庄大队知青小组王福友兼任公社团委委员、大队团支部副书记；洛河公社北汶大队知青小组王均惠兼任大队实验队委员，江翠萍兼任大队妇女副主任，王宗臣兼任大队实验队委员，田月兰兼任管理团总支委员、大队支部委员；碁山公社东海大队知青小组宫建敏兼任大队实验副队长；碁山公社三庄大队知青小组臧纪善兼任大队实验队副队长；碁山公社庞庄大队知青小组江万良兼任民兵排长，杜茂祥兼任民兵班长，杜明建兼任民兵副班长，范花贞兼任民兵副连长，姜玉华兼任民兵连文书；碁山公社夜珠泽大队知青小组赵可欣兼任大队团支部副书记，潘荣荷兼任大队团支部委员；碁山公社水由大队知青小组王金平兼任实验队副队长，王勤兼任团支部委员；碁山公社代家墩知青小组黄雪飞兼任实验队副队长，刘咏春兼任妇女主任、《大众日报》通讯员；碁山公社苑沟知青小组王永莉兼任小队会计；寨里公社前牛店知青小组匡立忠兼任公社团委委员；小店公社脉住墩大队知青小组王秋芬兼任公社团委委员；龙山公社薄板台知青小组尹杰兼任大队团支部副书记，许光荣兼任副队长；招贤公社西双庙大队朱继臣兼任公社团委委员；招贤公社大铺大队知青小组邹利兼任公社团委副书记；招贤小罗庄大队知青小组李新建兼任大队团支部委员，董保顺兼任大队宣传委员；庄疃公社坝上大队知青小组张立元兼任大队团支部副书记，曲玉良兼任团支部副书记；东莞公社庄家山大队知青小组吉筱丽兼任大队团支部委员；峤山公社前店大队知青小组应万效兼任大队团委党委；店子集公社郑家石槽知青小组王春梅兼任大队团支部委员；店子集公社薛家城子大队知青小组王天林、李巧去兼任大队团支部委员；店子集公社胡家村大队知青小组崔美年兼任公社团委委员、管理区团总支委员；夏庄公社中马坡大队知青小组陈学智兼任团支部副书记，孙培欣兼任公社团委党委，李维忠兼任实验队副队长；北马坡知青小组秦玲玲兼任团委委员；夏庄公社梁家苗蒋知青小组吴建国兼任大队团支部委员

值得注意的是，有的知青小组实行了全员管理，如龙山范家庄知青小组共 10 人，每人都有职务，他们设小组长、副组长、会计、文体员、记工员、宣传员、保管员、现金保管员、卫生员、生活员各一人，使人人有职责，增加了管理的科学性、透明度，提高了小组成员的主动性和自觉性。

第四节 关爱之心

当时的上山下乡知识青年，正处在成长的年龄阶段，需要大人的关心和呵护，但他们来到穷乡僻壤，举目无亲，其孤独艰难之状可想而知。但是人间总有真情在，他们来到知青点，受到了公社领导、大队干部的关心慰问，更受到大队社员、邻居的热情帮助和悉心照料。

济南知青孙毅回忆，她所在的招贤区东双庙大队共10名知青，其中三对有明确的恋爱关系，虽然大家相处很好，但也难免有些尴尬。县知青办领导于道遵了解到这个情况后，曾两次骑自行车到知青点问寒问暖。1970年10月份，知青点只剩孙毅一人留守，支部书记卢修当即让他女儿陪孙毅一起住在知青点，直到招工回济南。

峤山区大辛庄大队当时的书记是唐永本，他不光对本村的知青照顾得好，对其他村的知青也给予很大关心和照顾，外村的知青到大辛庄串门，他都问寒问暖，让人很感动，很多知青对他都有感情。招贤区大铺大队知青刘文柯在村里结婚，大队给盖了房子。济南知青叶建行回忆，经历过苦难的岁月，才懂得珍惜现在的生活。在莒县十多年，全家最感谢邻居二哥二嫂，如没有他们的无私帮助，生存将异常艰难。两个女儿都是他们看大的，后来一直保持着联系，每次回莒县看他们，两个女儿都买许多东西，送红包给老人，每次见面都是泪流满面。济南知青黄传新等下乡到招贤区西黄埠大队，与田大娘一家建立起非常好的关系，是田大娘用一颗慈母心包容了我们，她时常说:“你们年纪轻轻就离开父母，太不容易了。你们不要见外，我这儿就是你们的家。”清明节，田大娘捧上用荠菜煮过鸡蛋;端午节，送上自己亲手包的粽子；中秋节，又同她的儿女一样得到不同花样的月饼。大招工后近三年的日子，黄传新更成了田大娘家的一个成员，只有在田大娘身边，他才会感到充实、温暖。1973年秋天，黄传新被录取到县师范上学，粮食不够吃，田大娘知道后，默默地把烙好的煎饼，有时候是白面饼打成一个包，叫他背到学校。这些干粮代表着田大娘的一颗慈母之心。济南知青崔玉岭得到了庄家洪沟大队刘汉年一家人的无私帮助。每逢清明节，他家的大儿女就送来热乎乎的鸡蛋，使她有一种家的感觉。每当小队分粮食、分柴火，他家的儿子都先把她的运回家，再收拾自己家的。有一年，她和同组的知青于虹在麦场上摔麦穗，队里以摔出的麦秸多少计工分，她们回家吃午饭回来后，发现麦秸少了几捆，急得站在打麦场里掉眼泪，刘汉年过来问明了情况，把自己摔的麦秸拿来安慰她们，还说是别人拿错了。刘汉年一家善良无私的帮助，在崔玉岭心里留下了终生难忘的记忆。

济南知青贾秀玲在招贤马家店子大队插队落户两年多，1970年12月底，这个点大多数知青都接到了返城的通知，唯独没有贾秀玲和李宝琪。大队书记是一位经历过解放战争的转业军人，他见贾秀玲绝望地哭了起来，当时写信向县知青办高汶反映，说贾秀玲这几年的表现良好，符合返城条件。

第二天赵卫东和贾秀玲到县城把信交给高汶。高汶非常重视，他反复跟济南针钉厂的招工代表做工作，终于得到同意。如果没有村支书的关心，没有知青的帮助，没有县知青办高汶的大力推荐，当年她是很难顺利返城的。

据青岛知青吴仕传回忆：莒县冬天比青岛冷得多，我上身穿着大棉袄，腿上就穿了两条裤子，冻得直发抖。这些都叫张凤信家嫂子看在眼里，记在心里。一天，她叫我“吴来，看你腿上穿的单薄，快到我家暖和一下吧。我给你准备好了新的棉花，把你的两条裤子脱下来，我给你把两条裤子中间絮上棉花，很快就弄好。你和你哥在这吃个煎饼、豆沫子。”她给了我一个大袄，盖着腿，我激动得说不出话来。嫂子会做衣服，吃完饭没过多长时间，嫂子就把棉裤做好了，我穿上棉裤说了一声：“嫂子，我一辈子忘不了你。”后来每次到大崖头我都去看她。2015 年我去他家没有看到嫂子，哥告诉我说她走了。

青岛知青张维国回忆,陵阳公社西湖村知青到1976年底有70%的返城。大队书记说已推荐了他，可公布时却没有，他去问书记，书记不相信，去问厂里的带队干部,带队干部说确实没有,因他父亲是右派。当时他就哭了，书记非常生气，说一定要送他去当兵。他应征入伍的时候，妈妈到莒县送他，大队书记一直让他娘俩在自己家吃饭，书记家大嫂拿他们像亲人一样对待。后来才知道，他们那批兵全县只有两个知青，另一个就是夏庄的史敬留，他父亲当时是厂党委书记，而张维国只是一个右派的儿子。由此可见书记是费了多大劲才把他送去当兵的。到现在回忆起此事，张维国仍然满含深情地说：“我至今也无法忘记我的书记大哥李汉祥，他在我心中不单是一个党支部书记，也是我永远的好大哥。”

第五节　奋发图强

知识青年来到莒县农村，除了参加农业生产以外，他们还用所学知识、技术为贫下中农服务，为社队做贡献，有的还利用自己所在城市的有利条件帮助大队、生产队发展工业，壮大农村经济。当时农村缺医少药，有的知青就学起了医疗技术，学习了针灸，学会了接生，解决了社员看病难的问题，缓解了农村缺医少药的现状，受到贫下中农的欢迎和好评。有的刻苦钻研电力技术，利用十二马力的柴油机发电，把电灯接到了社员家中，解决了农村照明难的问题。有的帮助家家户户接上了有线广播，使社员们及时了解上级的政策，也活跃了农村的文化生活。有的帮大队办起了制药厂,研制农药。有的帮大队办起了铁木业厂,有的甚至帮大队购买汽车部件,组装了汽车。青岛知青利用便利条件，帮大队购买柴油、汽油、化肥等紧缺物资，帮助大队发展生产。

刘官庄黄家宅知青叶建行回忆，知青团队精神一直激励着他，他在莒县工作、生活了二十四年。在黄家宅创建了一个知青电工班，利用柴油机自己发电，后来有几个青岛知青也加入了进去，他们为黄家宅上百户人家安装了电灯，告别了煤油灯时代，在当时是莒县唯一能够自发电的大队，后来又成立了一个电影放映队，活跃了农村文化生活。叶建行以后调入涤纶厂，一直担任电气技术员和电工班长，团队精神发挥着无穷的力量。因为莒县涤纶厂主要生产设备全部是进口，在当时全国化纤行业是最好的，叶建行带领技术人员刻苦攻关，全部消化吸收了。由于他在莒县涤纶厂做出的突出贡献，年年被评为先进职工和技术标兵，参加县里的表彰大会，县委书记亲自给他戴大红花。

青岛知青吴仕传，1975 年到莒县峤山大崖头大队插队落户。当时，农村的经济状况超出了他来前的想象。全大队仅有两台 12 马力的柴油机，一台用于磨面磨糠，一台用于抽水浇地。社员们还是面朝黄土背朝天，起早贪黑，土里刨食。那时一斤猪肉 7 毛 8 分，社员一年到头，只有逢年过节才能吃上顿猪肉饺子。社员有句口头禅，“地瓜干儿是主粮，鸡腚门子是银行。”小学生买本子、铅笔、橡皮、家里用的油盐酱醋等，多数用鸡蛋来换。那时一斤鸡蛋 5 角 6 分钱，一个鸡蛋 4 分 6 厘，他亲眼看到，有一个小学生拿一个鸡蛋去小卖部换作业本，一个本子要 6 分钱，代销员把鸡蛋一称，说钱不够再回家要一分钱。说到这里，他竟抽泣了起来。来到这个大队，除了跟所有的知青们一起参加生产劳动外，吴仕传还带了一个工具箱，抽空就钻研各种农具、家用物件的维修。他有一个想法，尽量帮助社员解决一些困难。其实那时的社员家里，也没什么复杂的家用电器，比较普遍的就是有线广播，基本上家家都有，这是上级的要求，用于宣传毛泽东思想、党的路线方针政策等。但是经常出毛病，听着听着就没有声音了。哪家广播不说话了，他就主动上门帮助维修。事多的时候，别的知青在点上吃饭，他就背上工具箱到社员家里忙活去了。有少数社员家里有手电筒，因为电池更换不及时，流出的液体腐蚀了开关，不能用了，社员也拿来让他修。每拿到一个手电筒，他都细心清理开关，直到接通电源。

再就是那时社员吸烟用打火机，火机的燃料是汽油，有时也用煤油。引火用火石，用砂轮磨出火星，点燃油芯。当时的火石二分钱一块。火石用弹簧顶到砂轮上，摩擦出火。一天，一个老乡点烟的时候，打火石从火机里蹦出来。他满地找了一大会儿，终于找到了那块火石，还有近三分之一的

图 3–4　青岛知青吴仕传下乡时使用的修理工具

图 3–5　给村里修打火机用的火石，2 分钱一块，一个鸡蛋只能换两块（吴仕传提供）

样子，这块火石还值七八厘钱呢。他抱怨这个火机太浪费。吴仕传让他留给自己研究一下。原来火石与砂轮之间缝隙较大，往往火石还剩三分之一左右时就蹦出来了，白白浪费掉。他反复钻研后，拆下盛火石的细铁管，重新焊接，缩短铁管和砂轮间的距离，这样就延长了火石的使用寿命，能节约五六厘钱。

1975 年的冬天很冷，早晨 5 点，大队磨房的 2105 型柴油机坏了。他来到机房，看到门口磨煎饼糊子的社员排着长队。经检查是柴油机循环水泵的泵壳冻裂了。大队领导提出，把机子卸下来，推着到城里修。吴仕传提出用自己所带火烙铁进行焊接，忙活了两个多小时，终于把泵壳修理好了。两年来，他利用业余时间给贫下中农修理打火机、手电筒、修锁配钥匙、有线小喇叭儿、眼镜，给大队修理喷雾器、汽灯、水泵等农具，得到了大队领导和社员的肯定和好评。经常有社员叫他到家里吃饭，无非是新做的豆沫子，炒的豆腐条子，刚烙的煎饼，还有去河里网的小鱼等，这些都属于改善生活的饭。尤其把小鱼沾上一层白面放在锅里煎一煎，就是很高档的菜了。包饺子没有肉，没有油，用一点炒好的花生米赶一赶，放在馅子里，这饺子就很好啦。1977 年春天，他因知青点并点，到了绪密大队，他克服材料和技术的重重困难，在知青点院子里打了一眼压水井，这是峤山公社的第一口压水井，也是莒县的第一口压水井。1979 年大旱，村子里其他井都干涸了，全村社员都吃这口井的水。为此，有老乡还特地到青岛去感谢他。

两年后，临返城的时候，吴仕传的名单虽然报上去了，可是上级没有批准，去问原因，大队干部告诉他，这里的贫下中农需要他。因为此前他的事迹在莒县广播、报纸都做过报道。上级知道他的名字，不放他走，他只能服从上级安排，继续在这里和贫下中农并肩战斗。青岛的老母亲在家里盼着他回城，却盼来了青岛人民广播电台的宣传，他要扎根农村干革命。

1994年，正值改革开放的年代，莒县区划调整，大崖头村划归墩头乡管辖。乡里为了发展工业，增加经济收入，集资建莒县文心酱菜厂，起先请了一个日本老头，说是会做酱油，不过不是酿造，而是用头发丝制成酱油。因为头发和动物毛发能提炼出动物性蛋白液，也叫液态氨基酸钛氮，用这种物质可以做酱油。很多小加工厂就是用这种方法加工酱油，成本低廉。正规厂家生产酱油都是用豆类发酵而成，需要差不多6个月的时间。但有些小厂为了省事省力省钱，根本就没有发酵的工艺，甚至连锅炉都没有。加工酱油是往酱色里兑盐、兑水。酱油含氨基酸，正规厂家通过发酵生产出来的植物氨基酸对人的身体没有害处，但这些没有发酵工艺的小厂用动物毛发，这种氨基酸对人的身体是不宜的，国家也不允许用。事情的结果可想而知，项目报上去后没被批准。那个日本老头听说后，当晚拿着剩余资金逃走了。后来，大崖头村书记张伟知道吴仕传在青岛第二酿造厂，多次去青岛找他，请他帮忙。当时吴仕传是这个厂的车间主任，知道厂里的纪律，因为这牵扯到商业竞争和商业机密，也牵扯个人的政治生命，甚至可能要丢饭碗。但看到墩头乡乡长多次恳求，尤其想到自己曾在那里插队落户，帮他们脱贫，是他多年来的夙愿，于是他不再顾及个人得失，毅然来到墩头乡，看了他们的车间。当时车间极其简陋，就是一口大锅，周围有几口大瓮。他经过仔细测量计算，划了图纸，按规划科学建厂。厂子建好，吴仕传又联系青岛第二酿造厂，把更换下来的旧设备以废铁的价格弄了回来。设备安装好，吴仕传在厂里待了一段时间，帮着反复调试，后来又找一个小徒弟过来帮忙，终于酿造出了合格的酱油。剪彩那天，乡里盛情邀请吴仕传他来参加，考虑

图3-6　1975年5月23日青岛第二批知青来莒，我们四人到了四个不同的地方插队，这是临走之前合影留念。

到影响，他没有来。但最终这事还是被青岛第二酿造厂知道了，厂领导研究，要停止他的工作，开除他的公职，他反复跟领导说明，自己曾是那里的知青，知道农村的经济落后，农民生活的艰难，帮他们办企业，发家致富，是自己梦寐以求的事情，也从来没拿过他们一分钱。厂领导在反复强调厂里的纪律的同时，对他的心情表示理解，后来也没再提处罚的事。回忆这段往事，他说，现在想起来，虽然还有些后怕，但不后悔，因为他用自己的技术帮了乡亲，他的行动表明，他的心永远和大崖头村民在一起。

据青岛橡胶制品厂退休职工佟岩口述，许永明记录，一九七五年六月青岛市化工局下属单位青岛橡胶制品厂职工的子女响应毛主席的号召下乡分配到莒县庄疃公社。青岛橡胶制品厂除选派知青带队干部外，为支援农村的工业建设，又选派厂里技术比较强的设备专业人员佟岩、于洪青、孙浩正、陈鲁建等到庄疃公社社办工厂“庄疃铁木修配厂”帮助建橡胶厂，在当时铁木修配厂无技术、无设备、资金紧缺的情况下，将青岛橡胶制品厂的车床、刨床等设备无偿地送给了铁木修配厂。用土法和技术帮助铁木修配厂安装锅炉、管道等，建起了生产农用氨水胶囊的小工厂，解决农村

图 3–7　大崖头村利源大桥

施肥的问题。当时的生活很艰苦，他们吃煎饼不习惯，吃馒头要到县城去买，也很少吃到菜。有时他们累了，就用地瓜干去莒县酒厂换酒，咬着铁钉子

当菜肴喝酒，就是这样他们也感到其乐无穷。

知识青年回城后，眷恋第二故乡感情历久弥新，他们通过各种方式支持乡村建设。1999 年招贤公社梁家四山知青组自发捐款建村希望小学，他们还与村民一道捐款帮助村里贫困户和孤寡老人。据大崖头村委主职干部张伟回忆，2007 年，济南知青尹力、田元协调省交通厅、教育厅，广泛筹集资金，为大崖头村建了大桥和学校。大桥坐落于村东袁公河上，长 96 米，宽 7 米，桥墩 12 个，总投资 120 万元，由县交通局监督，城阳建筑公司施工，2007 年 12 月完工使用，大桥建好后，村里立了功德碑，谐音尹力、田元姓名，取名利源大桥。大崖头小学于 2008 年 3 月开工，城阳建筑公司施工，教育局委托墩头小学领导监督施工，建教室 3 栋 18 间，校长室 1 间，办公室 3 间，化验室 3 间，少年活动室 2 间，伙房、水房 2 间，传达室 2 间，器材室 2 间，总投资 158 万元，2008 年 9 月 1 号投入使用。

2008 年，济南知青于勇提议，两山口知青共同协商决定设立奖学助学基金，于勇慷慨解囊并拉来了莒县农村信用社的赞助，其他老知青也纷纷出资，共筹集资金 10 万元作为基金，用于资助两山口村考上大学的学子们，学生每人奖励 500 元至 1000 元，帮他们圆了大学梦，助他们成才。至 2017 年，他们共资助了 28 名升入大学的学生，计 20100 元，资助三个孤儿 14000 元。

第六节　城乡婚恋

知识青年在农村接受贫下中农教育，条件是艰苦的，生产是繁忙的，但艰苦的生活，并没有浇灭人间的真情，知识青年在劳动中相互关心，相互帮助，共同面对挑战，合力克服困难，结下了深厚的友谊。有的男女知青在劳动中，增进了了解，萌发了感情，这种感情慢慢升华为爱情，直至走上婚姻的殿堂，有的知青爱上了农民小伙子、农村“识字班”。据济南知青李鸿回忆，招贤公社东双庙大队成就了两对知青夫妇，大队还给他们盖了婚房。其中范博逊和杜桃是济南第十六中学的同学，范博逊下乡，杜桃也追随范博逊下了乡。当年范博逊英俊潇洒，歌唱得非常好，1966 年参加艺考，范博逊报考了中央音乐学院，专业考试已通过。但随之大学停招，没能圆他的大学梦。范博逊的父亲传闻曾任重庆中美合作所军医，在那时这就是特务。杜桃是工人家庭出身，她不顾当时“左倾”的血统论，随范博逊下乡，并嫁给了他。范向树和刘文莉，1968 年双双来到莒县陵阳公社方家址坊。1970年，大多数知青纷纷征工陆续回到了城市，刘文莉四次放弃了回城的机会，把名额让给了别人，范向树看在眼里，也默默地放弃了回城的机会，他俩在知青中成了典型，县知青办出面动员他们结婚安家落户，他们在征得双方父母的同意后，于1973年结了婚。1968年4月底，济南九名同学来到了刘官庄区黄家宅大队，后来又来了两位，组成一个11人的知青小组。1969年程桂芝第一个离开了黄家宅回了原籍。1970年底，5人招工回城。1971年，王吉明因病回了济南。1972年，谭新国被招工去了胜利油田。1973年，李鸿去了莒县师范上学。村里只剩下了叶建行和沈玉新，他们在苦难中相互关心、相互照顾，有了相依为命的依靠感，最终走到了一起，结为夫妻。他们的两个女儿都出生在黄家宅，是邻居二哥二嫂帮他们拉扯大了孩子。两山口知青刘波与路传玲在知青点相恋，返城后走进婚姻殿堂。

图 3-8　刘文柯的结婚照

济南知青赵铭颐和辽宁抚顺市回乡知青宋宜花先后招工到了莒县建筑公司，相同的经历使他们走到了一起，在热心人的帮助下，他们建立了家庭。两山口知青董瑛在农业生产劳动和学习交流中与青年农民何永良产生了感情，何永良只读到小学三年级，董瑛是高中毕业生，且家庭背景、经济状况悬殊也很大。董瑛顶着来自家庭和社会舆论的重重压力，毅然同何永良结了婚，被莒县知青办作为典型推介，在当时广为宣传。据于汉民回忆，招贤大铺知青刘文柯于1976年10月1日与相爱多年的本村姑娘崔荣菊（妇女主任）结婚，1987年4月携二女回到了济南；杨庆生1970年与本村姑娘于月花结婚。据阎伟回忆，刘官庄公社前云大队知青范令公与本村女社员杨某某相恋，短时间内就结了婚；刘官庄前云女知青胡世瑞与本村社员盛开田结了婚，后来胡世瑞就在莒县招了工，在莒县饮食服务公司上班，一直到退休。中楼两山口知青杨琦、王安洁患难见真情，他们是1968年12月27日来到中楼公社两山口插队落户的，1970年12月底双双被济南招工。1972年，杨琦着手写他们的《初恋》，他用饱蘸感情的细腻笔触记录与王安洁相知相爱直至喜结连理的全过程，反映了那个年代在艰苦的生活条件下，人间也有至纯至美的感情存在。

根据董瑛提供的1977年12月31日统计的《已婚知识青年统计表》，后经李鸿、董瑛核实补充，知识青年下乡期间及后来在莒县结婚的有80人，其中男31人，女49人。

表3–3 在莒县结婚知识青年统计表

姓名	性别	来自城市	下乡地点		备注
王建民	女	济南	城阳公社	西陈家楼大队	
卢之年	女	济南	城阳公社	刘家菜园大队	
徐　兆	男	济南	城阳公社	刘家菜园大队	
李建平	女	济南	城阳公社	刘家菜园大队	
刘德荣	女		城阳公社	邹家庄子大队	
刘　英	女	济南	城阳公社	韩家菜园大队	已故
张华刚	男	济南	城阳公社	八里庄子大队	
孙松龄	女	济南	爱国公社	姚家岭子	
董淑翠	女	山东安丘	爱国公社	爱国大队	
刘　萍	女	济南	爱国公社	爱国大队	
刘炜玲	女	济南	爱国公社	朱家庄子大队	
李文君	女	济南	爱国公社	朱家庄子大队	
陈祖德	男	济南	爱国公社	贾马管庄大队	
李建华	女	济南	爱国公社	肖家河大队	
郭占文	男	本县回乡	庄疃公社	泥沟子大队	
石光辉	女	济南	庄疃公社	胡家街大队	
于瑞贞	女	本县回乡	庄疃公社	刘西街大队	
张玉敏	女	济南回乡	庄疃公社	响波头汪大队	
李增顺	男	济南	庄疃公社	钟家村大队	
叶建行	男	济南	刘官庄公社	黄家宅大队	

续表

姓名	性别	来自城市	下乡地点		备注
沈玉新	女	济南	刘官庄公社	黄家宅大队	
靳彤光	女	济南	刘官庄公社	兰官庄大队	
刘茵芬	女	济南	刘官庄公社	西李家楼大队	
胡世瑞	女	济南	刘官庄公社	前云大队	
袁胜利	男	济南	刘官庄公社	兰官庄大队	
宋　慧	女	济南	刘官庄公社	马驹岭大队	
范向树	男	济南	陵阳公社	方家址坊大队	
刘文莉	女	济南	陵阳公社	方家址坊大队	
赵毅宏	男	济南	陵阳公社	西上庄大队	
张亦兵	女	济南	陵阳公社	借庄大队	
沈泽声	男	济南	陵阳公社	借庄大队	
刘志华	女	济南	陵阳公社	西上庄大队	
朱玉珠	女	济南	陵阳公社	西上庄大队	
徐遵海	男	济南	陵阳公社	借庄大队	
富经图	男	济南	陵阳公社	杨家址坊大队	
王文英	女	济南	店子公社	前西庄大队	
褚桂荣	女	济南	店子公社	前西庄大队	
马素君	女	济南	店子公社	姜庄大队	
李连英	女	济南	店子公社	姜庄大队	
张献文	男	济南	店子公社	张家围子大队	
陈希荣	女	济南	店子公社	徐家窝疃大队	
苏录印	女	济南	峤山公社	大辛庄大队	
任德山	男	济南	峤山公社	大辛庄大队	已故
毕宜奎	男	济南	峤山公社	大辛庄大队	
宋　芬	女	济南	峤山公社	前集大队	

续表

姓名	性别	来自城市	下乡地点		备注
陈崇思	男	济南	峤山公社	杜家沂水大队	
李　栗	男	济南	峤山公社	大崖头大队	
卢　鸣	男	济南	峤山公社	庄家洪沟大队	
方昭宾	男	济南	峤山公社	庄家洪沟大队	
付　江	男	济南	峤山公社	后店大队	
赵元芬	女		夏庄公社	北汀水大队	
丁芙蓉	女	本县回乡	夏庄公社	韩家岭大队	
王清山	男		小店公社	耿庄子大队	
董　瑛	女	济南	中楼公社	两山口大队	
袁月兰	女	济南	中楼公社	板楼大队	
张学东	女	济南	中楼公社	前姚埠大队	已故
赵美华	女	济南	中楼公社	板楼大队	
戚玫玫	女	济南	中楼公社	五楼山前大队	
王玉忠	男	济南	中楼公社	黑涧大队	
宋瑞卿	女	济南	龙山公社	前仲沟大队	
董永英	女	青岛回乡	龙山公社	前仲沟大队	
王西善	男	济南	龙山公社	瓦楼大队	
王苏芹	女		大石头公社	朱庙大队	
葛立珍	女	青岛回乡	桑园公社	小石古大队	
丁爱鸾	女	济南	东莞公社	大沈庄大队	
盛玉兰	女	济南	天宝公社	天宝大队	
岳崇英	女		安庄公社	官家林大队	
陈清江	女	本县回乡	果庄公社	前梭庄大队	
范博逊	男	济南	招贤公社	东双庙大队	
杜桃	女	济南	招贤公社	东双庙大队	

续表

姓名	性别	来自城市	下乡地点		备注
宫方仁	男	济南	招贤公社	东双庙大队	
王岳	女	济南	招贤公社	东双庙大队	
赵铭颐	男	济南	招贤公社	梁家春生大队	
李坚	男	济南	招贤公社	西黄埠大队	已故
赵大军	男	济南	招贤公社	王家春生大队	
段黎明	男	济南	招贤公社	程家曲坊大队	
赵明义	男	济南	招贤公社	王家春生大队	
宋宜花	女	辽宁抚顺	库山公社	宋家路西大队	
杨作仁	男	济南	东莞公社	东莞大队	已故
郑新华	女	济南	东莞公社	东莞大队	
牟善来	男	济南			
秦祖荣	男	济南	峤山		
合计：80人，其中，男31人，女49人					

第四章　返城之旅

第一节　征工招干

知识青年在经历了农村劳动锻炼后，根据有关政策规定和需要，被推荐到大专院校深造学习，被企事业单位招工参加工作，有的适龄知青响应党的号召，参军入伍、保家卫国，有的知青因投亲靠友等原因而转迁他乡，有的因身体、家庭问题而病退、困退返城，还有一些老知青在各级组织的关怀下由农村户口转为城镇户口，并安排了工作。知识青年相继离开了下乡务农所在的公社大队知青点，轰轰烈烈的上山下乡大潮终于风平浪静。

从1970年起，省、地、县劳动部门根据各地经济建设的需要和劳动用工的情况，开始在县内城乡招收新工人。招工对象中，城市下乡知识青年和回乡青年各占一定的比例，招工办法均采用大队、公社推荐，县劳动部门批准的程序进行。1971年5月20日，莒县革命委员会上山下乡办公室《关于进一步贯彻中央26号文件几点意见》的文件中说：自去冬以来，被贫下中农推荐征工的近500人，应征入伍的30余人，参加教育事业的50余人。还有知识青年286人，分散在9个公社88个大队，人数少、居住分散。针对这些新情况，社、队对他们及时做了调整安排，有的当了赤脚医生，有的安排到大队的林业队、实验队、副业队劳动，在生活上也做了适当安排，使他们能安心在农村接受贫下中农再教育。

据董瑛日记记述，莒县举办了以知识青年为骨干的教师培训班，她就参加了这次培训。1970年11月30日，培训班结束，有25人去了苍山，15人去了费县，莒县留了25人，其中就有济南知青10人。董瑛作为其中一员留在了莒县。

1972年1月6日，在县革委会召开的上山下乡知识青年工作会议上，对下乡知青招工事宜作了安排，明确今后在下乡知青中招工时，必须经过贫下中农和人民公社推荐，并与劳动部门密切配合进行，使招收新工人工作有利于巩固上山下乡的成果。

1974年8月28日，莒县县委《关于做好知识青年上山下乡安置工作的意见》指出，几年来，我县知识青年参军入伍的有32人，升入大、中学校的有45人，征工、招干的有534人，招进教师队伍的有70人，回城和迁到外地的有232人。

1975年1月3日，省革委知青办、劳动局分配给临沂地区上山下乡知识青年为胜利油田、济南铁路局和青岛航务二处招收140名新工人，临沂地区革命委员会计划委员会、临沂地区革委知识青年上山下乡办公室分配给莒县名额20人,其中胜利油田5人（含女的一人）,济南铁路局15人（含女的4人）。

据莒县档案馆所查资料，1975年3月20日，莒县知青点招工去济南铁路局辛大指挥部泰安临管所报到的知青有14人，他们是张家瑞、黄平、丁丽荣、仲海滨、傅伟、孟庆玉、郑孔强、潘月财、刘立志、邢鲁生、李敬华、陈力、魏力放、程蔼波。

据济南档案馆《济南知识青年登记表》显示，截至1972年底，在册的946人中，已有530人招工，其中，济南招工474人，莒县招工56人。

1975年5月29日，临沂地区革委会发出通知，确定县以上集体所有制单位招收1250名新职工，莒县分得名额90人，城市上山下乡知识青年是主要来源，知识青年年龄可放宽到28岁，女性比例不少于50%。

1975年10月17日，临沂地区为重点企业和部分新建扩建单位招收新职工，招收指标2131人，从批准留城的中学毕业生中招收365人，从1974年底以前上山下乡的知识青年中招收1145人，从临沂矿务局、沂南金矿和矿山三处招收本矿职工子女270人，从农业人口中招收350人。分配到莒县的招工指标中，下乡知青81人，其中拖拉机厂50人，水泥厂30人，地震局1人。

1975年12月9日，临沂地区革委根据省革委要求，在县以上集体所有制单位增加新职工350人，莒县分配到210个指标，其中工业50人、建筑业20人、商业20人、供销35人、卫生85人，区革委要求，要在本县范围内招收留城子女和1974年底以前上山下乡的知识青年。

1976年1月21日，县革委会下发《转发省革委会批转劳动局〈关于继续做好补充职工自然减员工作几点意见的报告〉的通知》，明确在做好补充职工自然减员工作中不得任意扩大退休范围，降低补员条件，徇私舞弊，弄虚作假，干扰知识青年上山下乡工作；吸收补充的子女，必须是符合按政策规定留城条件的子女；如果必须从上山下乡子女中抽回补充的，必须上山下乡经过二年以上劳动锻炼。同年 9 月 4 日，山东省劳动局下文，对在知青中招工的年龄限制作了规定，明确在招补自然减员职工时，上山下乡的知识青年年龄 25 岁左右，可放宽到 30 岁，婚否不限。

据莒县档案馆所存《知识青年花名册》显示，1977 年 1 月，在册的 767 名青岛知识青年中，有 322 人招了工，21 人因特困回城，9 人顶替回城。

1979 年 7 月 15 日上午，县委召开办公会议，史儒贤、刘福胜、尤锐、孟宪林、卢振林等领导出席会议，知青办副主任李玉兰列席会议，会议传达了临沂地区招工会议精神，招工范围是 1977 年下乡的，如资源不足可突破至 1978 年，招工条件是政治表现好、身体健康、年龄在 16 至 25 周岁的未婚知识青年。莒县的情况：1977 年下乡的有 105 人，1978 年下乡的有 43 人，留城的 28 人，老知青 108 人，公社动员下乡的 128 人，共 411 人。这次招工的指标是 154 人。地区要求，老知青现不征工，以后上面还有单项指标。外省的不顶本县指标，省内的就地安置，占本县指标。会议决定，召开有关公社分管知青工作的书记、大队干部和带队人员会议，进行宣传，研究制定方案，按政策实施。

1979 年 8 月 18 日，县革委会下发《批转县劳动局〈关于安置好待业人员意见〉的报告》，文中对待业安置工作原则作了规定：先安置城市上山下乡

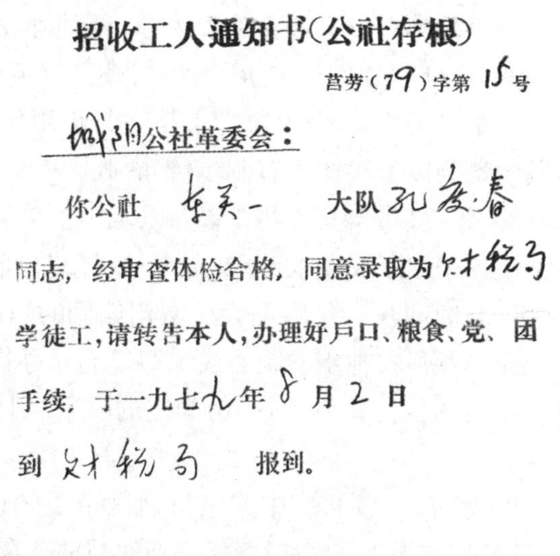

招收工人通知书(公社存根)

莒劳(79)字第15号

城阳公社革委会：

你公社 东关一 大队孔庆春

同志，经审查体检合格，同意录取为财税局

学徒工，请转告本人，办理好戶口、粮食、党、团

手续，于一九七九年8月2日

到财税局 报到。

莒县革命委员会劳动局

1979年8月1日

图 4-1　莒县劳动局招收工人通知书（孔庆春提供）

知识青年、回乡知识青年，后安置身体健康的社会闲散劳动力。县委还制订了做好知青工作的方案，方案对在知青中招收工人的条件和办法作了规定。招收对象：以招收1972年以前下乡的表现较好的知青为主，适当照顾1973年以后下乡（下乡年满2年以上的）、多子女下乡、无就业子女以及有特殊困难的人员；招工办法：采取系统与块块相结合，招工指标到公社，由县知青办决定推荐，最后由劳动部门批准招收。

1979年10月21日，莒县革委根据省、地委关于尽快妥善解决好老知青问题的指示，专门召开了会议，对安排1972年以前老知青进行了认真研究，并组织计委、劳动局、知青办对老知青逐人逐户作了调查核实，本着就近安排、量才使用和充分发挥他们作用的原则，分出不同情况，与有关部门协商，征得公社同意，确定了安排方案：共安排老知青58人，其中男19人，女39人，其中到国营企事业单位的13人（男3人，女10人），由社办教师转为公办教师的10人，在酒厂干亦工亦农转为正式工人的1人，去化肥厂当保育员的1人，去公社粮所的1人，到集体企事业单位的45人（男16人，女29人），去基层供销社35人，食品站5人，公社卫生院2人，建筑材料厂1人，县运输公司1人，农科所农工1人。女知青所属子女不满十五周岁，其户口、粮食关系随母转为非农人员的74人。

1979年11月13日，临沂地区行政公署劳动局、临沂地区行政公署知青办下发了《关于安置1972年前下乡知识青年的通知》，莒县追加指标58人，其中，县以上集体所有制单位45人，安置到全民所有制单位13人。

1980年，县劳动局、县知青办以及用工单位根据招收工人的条件要求，对招工工作采取了民主推荐、文化考核、择优录取相结合的办法进行。同时，对那些下乡时间长、年龄偏大、文化偏低的知识青年，采取了广开门路的办法，或安置到农林水系统，或组织他们兴办集体所有制形式的小企业等，使他们都能够自食其力，有一份固定的收入，以体现“国家关心，负责到底”的精神。

1980年8月23日，中共临沂地区革委知识青年上山下乡办公室对全区1972年以前下乡的知识青年进行了排查，符合安置条件的71人，莒县有2人，一律安置到县以上集体单位。

1984年，莒县劳动局、人事局转发省劳动局、人事局《关于解决原下乡知识青年插队期间工龄计算问题的通知》，通知规定，下乡知识青年在农村插队劳动的时间，可与招工后的工作合并计算连续工龄，也就是他们参加工作时间，从下乡插队之日开始。此后，县里没再出台关于城镇上山下乡知识青年的有关政策。

第二节　招考升学

1970 年春，遵照毛主席“大学还是要办的”，“要从有实践经验的工人农民中间选拔学生，到学校学习几年以后，又回到生产实践中去”的指示，部分大中专学校陆续恢复招生。根据省委有关招生工作的通知规定，招收学生采取推荐和选拔相结合的方法，由基层革委会推荐选拔，经县（市）革委会审查上报，最后由省革委会政治部教育组、招生工作组和专区革委会有关部门共同审定。所招收的学生主要是从工人、贫下中农、复员退伍军人和经过一定时间生产劳动锻炼、接受工人、贫下中农再教育表现较好的知识青年中选拔，招收学生的名额由省逐级分配到地区和县。

1971 年 1 月 2 日，县革委会政治部下发《关于省属大专院校 1971 年春季在我县招生问题的通知》，文件对招收的具体办法和要求作了规定，要求自愿报名，群众推荐，基层党组织、革委会逐级选拔、审查，最后由专区革委会政治部教育组和省招生工作组共同审定。招收条件，一是政治思想好；二是初中以上文化程度，年龄在 18—23 岁；三是具有二年以上实践的工人、贫下中农、复员退伍军人、青年干部和参加劳动锻炼二年以上的下乡和回乡知识青年。

1972 年 3 月 22 日，山东省革命委员会下发《关于中等专业学校招生问题的通知》，《通知》指出，遵照毛主席“中等专业和技工学校是我国普及科学技术、文化教育的一支重要力量，必须认真办好”的指示，从现有省、地、市中等专业学校的实际条件出发，决定 1972 年开始招生，全省计划招生 9960 人。招生对象：具有相当初中文化程度，经过一年以上劳动实践的农村知识青年、民办教师、赤脚医生、在职职工、生产建设兵团战士和城市上山下乡知识青年。学生口粮由国家供应，每人每月三十二斤；学生入学后的助学金每人每月 13.5 元；入学的路费，农村知识青年和上山下乡知识青年由招生学校发给。

1973 年 5 月 29 日山东省革命委员会下发《关于一九七三年大学、中专和技工学校招生问题的通知》，当年全省大学招生 6555 人，中等专业学校招生 19600 人，招生来源：高等学校从上山下乡、回乡知识青年、民办教师、赤脚医生、生产建设兵团战士中招收 3493 人。中等专业学校从上山下乡、回乡知识青年、民办教师、赤脚医生和生产建设兵团战士中招收 8520 人。

1975 年 7 月 25 日，山东省革命委员会下发《关于一九七五年高等学校、中等专业学校、技工学校招生工作的通知》，按照国家计划，全省高等学校招生 7476 人，中等专业学校招生 20550 人，技工学校招生 3540 人。根据国发（1975）60 号文件精神，决定农业院校全部实行“社来社去”“场来场去”。通知规定，中等专业学校主要招收有二年以上实践经验的青年职工，农村知识青年和上山下乡、回乡知识青年，且上山下乡知识青年人数不得少于 40%。技工学校可以招收经过一年劳动锻炼的青年徒工、上山下乡知识青年，也可以招收学校驻地城镇按规定留在身边的子女。

1976 年 1 月 17 日，省革委会下发《关于 1976 年招生工作的通知》，仍坚持“半工半读、勤工俭学”“社来社去”的办学方向，招收有实践经验的贫下中农、农村基层干部和经过劳动锻炼的回乡和下乡知识青年。选送学生坚持政治挂帅，德、智、体全面衡量，把政治表现、路线觉悟放在首位。采取自愿与保送相结合，即自愿报名，大队推荐，公社审批保送，学校复审录取，最后报县革委会备查。

1977 年起，全国各大专院校停止执行推荐保送的招生办法，实行统考择优升学。1977 年 10 月 12 日，国务院下发了《批转教育部〈关于 1977 年高等学校招生工作的意见〉的意见》，对全国各大中专学校的招生工作做出了新规定：从 1977 年起，为了保证招收新生的质量，在各级党委领导下，贯彻群众路线，根据德、智、体全面衡量，择优录取的原则，实行自愿报名，统一考试，地（市）初选，学校录取，省、市、自治区批准的办法进行。实行新的招生办法以后，招生的对象是工人、农民、上山下乡和回乡知识青年、复员退伍军人、干部和应届高中毕业生，年龄在 20 岁左右，不超过 25 岁，未婚的青年；对有实践经验或有所专长的，可以放宽到 30 岁，婚否不限。当年，县内参加全国招生统一考试的考生中，上山下乡知识青年考生占了绝大多数，其中“老三届”的知青考生也在这次统考中作了最后的冲刺。

恢复高考的第二年，知识青年掀起了复习迎考的热潮。为了给他们提供便利条件和复习功课的时间，1978 年 5 月 26 日，莒县县委知青办、莒县革委会教育局联合下发《关于组织报考高等学校知识青年复习文化课的通知》，要求各公社革委要十分重视这项工作，本着生产、复习两兼顾的原则，把报考知识青年的复习时间切实安排好，除每天早晚业余时间外，可安排考生半天劳动半天复习，或劳动一天学习一天，临考前可集中一段时间进行复习。为把报考知识青年复习组织好、辅导好，各公社可根据实际情况组织考生成立复习小组，订出复习计划，与附近中学挂钩，参加听课辅导。各中学积极配合这项工作，提供了复习场所，提供了有关书籍及复习材料，有的专门安排了辅导教师，对考生进行指导。

第三节　参军入伍

积极响应征兵号召，踊跃报名参军，保卫祖国，是每个适龄青年的应尽义务。在下乡知识青年的心目中，能够进入军营成为一名军人是他们梦寐以求的理想。

1970年1月22日，山东省临沂地区革命委员会、山东省临沂地区军分区下发《关于一九七〇年征兵工作的指示》，分配莒县的冬季征兵任务是2244人，其中普通兵1873人，特种兵371人。这次征兵主要在农村进行，下放农村、“五七”干校、建设兵团锻炼两年以上表现好的知识青年亦可征集。

1972年11月6日，中共莒县县委、莒县革命委员会、莒县人民武装部发出了《关于一九七二年冬季征兵工作指示》，这年冬季，中共临沂地委、临沂地革委、临沂军分区决定在莒县征集新兵2500名，县

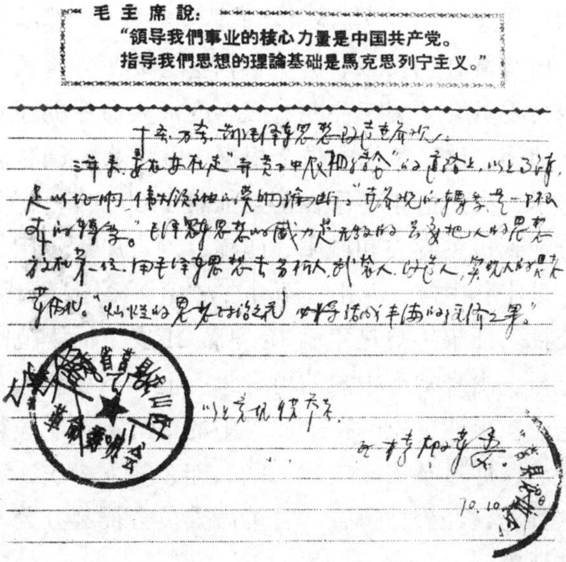
毛主席說：
“領导我們事业的核心力量是中国共产党。
指导我們思想的理論基础是馬克思列宁主义。”

图4–2　1970年10月27日龙山瓦楼大队知青姜农林政审材料

里把这些指标分解到县直和全县18个公社。征集年龄为1972年年满18岁至22岁。征兵范围包括农村适龄男青年，城市厂矿、事业单位的青年职工和中学应届毕业生，城市上山下乡知识青年经过两年劳动锻炼表现好的知识青年，通过所在单位或公社生产队的推荐，可在驻地报名应征。

图4-3　1978年2月28日方家址坊知识青年欢送入伍留念（王跟东提供）

1974年11月19日，中共莒县县委下发《关于贯彻中共临沂地委、地区革命委员会〈关于一九七四年度征兵命令的通知〉的通知》,《通知》指出，地委、地区革命委员会根据中共中央、国务院和省委、省革命委员会的指示，决定这年冬季在莒县征集1100名新兵（含女兵三名），县里把任务分配到机关党委和城阳、庄疃、刘官庄、陵阳、爱国、洛河、安庄、小店、夏庄、中楼、龙山、石井、峤山、桑园、招贤、库山、东莞、碁山18个公社。征集年龄是年满18岁至21岁。征集范围包括农村家庭劳动力比较充裕、出身贫下中农的男青年；上山下乡两年劳动锻炼的知识青年和厂矿企业、事业单位的正式职工中的适龄青年。应征青年应在本人户口所在地报名，通过基层党支部、民兵连、贫下中农、赤脚医生和知识青年小组评议推荐，经公社审查，县革命委员会征集办公室批准，并办好有关手续参加征集。

1975年12月19日，莒县县委、莒县革命委员会下发《关于一九七六年春季征兵工作的通知》，征兵任务为1050名，仍然分解到县直机关和18个公社，征集范围包括上山下乡经过两年劳动锻炼的知识青年。

1976年冬季，从莒县征集1300名新兵，男青年年龄为18至21岁，女青年为18至19岁。为了照顾上山下乡知识青年，征兵年龄男放宽到22岁，女放宽到20岁。

上山下乡知识青年报名应征入伍除同样必须经过严格的政审和身体检查以外，还要求必须是在农村劳动锻炼二年以上才能应征，1978年以后，这项规定被取消，放宽条件在知识青年中征兵。

据济南档案馆《济南知识青年登记表》显示，截止1972年底，在册的946人中，已有27人应征入伍。

据莒县档案馆所存《知识青年花名册》显示，1977年1月，在册的767名青岛知识青年中，有6人参军入伍。

第四节　辗转返城

1969年6月16日，县知青办下发《关于有严重疾病不能参加劳动而已上山下乡的知识青年返回城市的处理意见》。《意见》对知识青年因病返城作了规定，凡上山下乡的知识青年患有严重疾病、不能参加生产劳动的，可由其本人提出申请，经所在公社（场）及县知青办审核后，可以因病返回。

1973年7月13日，省革委知青办致函莒县知青办，对在上山下乡的知识青年困退回城作了规定。在知识青年上山下乡运动中，有部分家长的子女全部下乡了，有的家庭发生了一些困难，要求照顾一个子女回城，从有利于下乡知识青年的教育巩固出发，根据其家庭有无特殊困难的情况，区别对待。家庭没有特殊困难的，要服从革命的需要，让子女坚持在农村上山下乡。如果子女全部下乡在外地，父母患严重疾病，久治不愈，生活

图4-4　知青转迁（刘荣起提供）

不能自理，家庭经济又很困难，或者父母双亡，弟妹幼小，而无直系亲属照顾，非要下乡知青回来不可的，由其本人提出申请，经群众讨论，组织批准，可以照顾回城。

图 4-5　1976 年 11 月邹家庄子知青组部分同学欢送王建民、刘玉照返城合影

据莒县档案馆所存《知识青年花名册》显示，1977 年 1 月，在册的 767 名青岛知识青年中，有 21 人因特困回城，9 人顶替回城。

1979 年 10 月 13 日，经县委知青工作会议研究，对知识青年因病、困退回城作了新的规定。有些不能参加生产劳动的知识青年，由其本人提出申请，有医院证明，经公社（大队）同意和县里审查，可以批准病退返城。

1980 年 5 月 26 日，临沂地委《批转地委知青领导小组〈关于当前知青工作几个问题的请示报告〉》中，对病退回城问题作了规定：知青中确系病残的，在城镇有亲属依靠的，可办理病退回城；城镇无亲属依靠的，就地转为城镇户口，吃商品粮，安排他们从事力所能及的劳动，生活上有困难的，由民政部门按社会救济补助解决。根据上述各项规定，县知青办及有关部门本着负责的态度，认真办理有关手续，使这部分知识青年能够按政策规定返回到城镇。

在上山下乡的知识青年中，许多知青尤其是济南、青岛等城市的知青，他们是第一次离开父母亲人，远离城市来到偏远的莒县山区。他们中的大部分是刚从学校毕业甚至还没毕业就直接下放到农村，因此，他们在农村的生产、生活中遇到了许多意想不到的困难和实际问题，而知青的动员出发地与插队所在地也因路途遥远而联系困难，无法及时解决一些困难和问题，这也不便于知识青年的下乡锻炼和管理。为促进知识青年在农村的继续“再教育”，解决插队过程中出现的问题，推动上山下乡工作向前发展，有关部门对知青工作的有关问题作了一些新规定，允许部分知识青年回到原籍农村插队，或以投亲靠友的形式对原下放地进行适当调整。根据这一规定，县内部分知识青年以投亲靠友等形式联系好接收转迁地并提出申请，经过双方大队、公社同意迁出迁入，由双方所在地革委会知青办审核后并接转知青关系，从莒县迁出，转到外地外省农村继续插队劳动。

据济南档案馆《济南知识青年登记表》显示，截止 1972 年底，在册的 946 人中，有 78 人转迁回原籍继续插队劳动。

图 4–6　1978 年 12 月 13 日桃园知青分别留念（公方树提供）

1980 年 5 月 26 日，临沂地委《批转地委知青领导小组〈关于当前知青工作几个问题的请示报告〉》中明确指示，为贯彻全国和全省知青工作会议精神，适应新形势的要求，把知青工作做得更好，对 1972 年前老知青的安排问题作了规定：已安排在有固定工资收入的社、队、企事业等单位的老知青，应就地转为城镇户口，吃商品粮；对尚未作妥善安排的老知青（包括已婚的和未婚的老知青以及安排在无固定工资收入单位的老知青），均应转为城镇户口、吃商品粮，就地进行安排。同年 7 月 3 日，山东省委下发《转发省知青办党组〈关于当前知青工作几个问题的请示报告〉》，《报告》要求各级党委要本着“国家关心，负责到底”的精神，继续认真负责地做好知识青年的下乡工作，并对 1972 年以前下乡插队老知青的安置问题做了政策规定，凡是安排在社办企业和工交、财贸、文教、卫生、农林事业基层单位，从事有固定工资收入的城镇下乡老知青，连同他们的子女在内，应就地转为城镇户口，吃商品粮；对已婚插队老知青的安排，也要根据不同情况逐个落实；对那些热爱农村、有一定技术专长的下乡老知青，可就地转为城镇户口，吃商品粮，长期稳定在知青队（场）。在优先安排 1972 年前老知青的前提下，对 1973 年以后下乡的有困难的插队知青也要分期分批予以妥善安排。根据省委、地委文件精神，为妥善解决下放老知青的问题，经县委知青领导小组研究决定，对知青转城镇户口进行了政策规定：对无法安置就业的和愿意继续留在农村的 1972 年以前下乡的知青（包括已婚知青）及1973年以后分散插队知青全部转城镇户口，吃商品粮；知青子女也按照规定全部转城镇户口，吃商品粮。经过县知青办的周密工作和有关部门的共同努力，1981年上半年，这项工作基本结束，全县有70名仍在乡的老知青由农村户口转为城镇户口并转吃商品粮。

由于各种原因，还有一些外籍知识青年在莒县招了工，永远扎根在了莒县，在莒县工作了一辈子，直至在莒县退休，为莒县的经济社会发展奉献了一辈子，成了地地道道的莒县人。他们是济南集体上山下乡知青董瑛（莒县中楼小学）、卢鸣（莒县饮食服务公司）、李栗（莒县饮食服务公司）、王建民（莒县城阳医院）、孙松龄（莒县兽医站）、范向树（莒县陵阳中学）、刘文莉（莒县陵阳方址坊小学）、杨作仁（莒县兰官庄瓦厂）、赵大军（莒县印刷厂）、赵铭颐（莒县建筑公司）、孙振奎（莒县建筑公司）、王锡善（莒县建筑公司）、王玉忠（莒县建筑公司）、李洁（原名李莲英）（莒县姜庄小学）、马素君（莒县陵阳供销社）、王文英（莒县店子供销社）、褚桂荣（莒县店子供销社）、宋芬（莒县峤山供销社）、秦祖荣（莒县东莞中学）、陈崇思（莒县洛河卫生院）、方昭宾（莒县石井铁木业厂）、苏禄印（莒县峤山供销社）、毕宜奎（莒县农具厂）、富经图（莒县陶瓷厂）、沈泽声（莒县饮食服务公司）、徐遵海（莒县店子集卫生院）、张亦兵（莒县陵阳借庄小学）、朱玉珠（莒县五金厂）、宋慧（莒县商业局幼儿园）、袁胜利（莒县饮食服务公司）、靳彤光（莒县刘官庄中心小学）、杨正修（莒县建筑公司）、李检（莒县建筑公司）、任德山（莒县农具厂）、牟善来（莒县饮食服务公司）、赵美华（莒县饮食服务公司）、崔阿荔（莒县饮食服务公司）、张芝玲（莒县饮食服务公司）、胡世瑞（莒县饮食服务公司）、王连美（莒县服装厂）、刘瑛（莒县服装厂）、袁月兰（中楼板楼小学）、付江（农机厂）、沈兰文（莒县农机厂）、卢志年（莒县化肥厂）、郑新华（莒县印刷厂）、刘志华（莒县陵阳管庄交管站）、张玉敏（莒县浮来山供销社）、丁爱鸾（东莞供销社）、韩桂祥（莒县店子中学）、赵毅宏（莒县陵阳小学）、刘英（莒县城阳史家中心小学）、刘兆芬（莒县建筑公司）、刘少福（莒县轮胎翻新厂）、沈为农（莒县建筑公司）、李增顺（莒县陶瓷厂）、沈立雯、王莲美、付江（莒县陶瓷厂）等。

北京市回乡知青刘建华（莒县印刷厂）、上海市回乡知青孙树莲（莒县饮食服务公司）、辽宁省大连市回乡知青曹建云（莒县石井铸造厂）、辽宁省大连市回乡知青何乃光（莒县石井铸造厂）、辽宁省大连市回乡知青巩庆美（莒县陶瓷厂）、辽宁省抚顺市回乡知青郭炳兰（莒县商业局）、辽宁省抚顺市回乡知青张爱民（莒县建筑公司）、辽宁省抚顺市回乡知青宋宜花（莒县建筑公司）、辽宁省抚顺市回乡知青宋宜福（县食品公司）、四川省成都市回乡知青马瑞芹（莒县商业百货公司）、重庆市武隆县回乡知青曹际蓉（莒县机械厂）、重庆回乡知青李春华（桑园完小）、甘肃省白银市杜明香（莒县食品公司）、福建省回乡知青李宁（莒县饮食服务公司）、江苏省赣榆县回乡知青孙爱群（莒县人民银行）、济南市回乡知青李省（莒县丝毯厂）、青岛市回乡知青张举欣（莒县石井铸造厂）、青岛市葛瑞连（莒县陶瓷厂）、青岛回乡知青来永福（莒县饮食服务公司）、青岛回乡知青何永春（莒县皮革厂）、青岛市回乡知青杨全和（莒县印刷厂）、青岛市回乡知青童建华（莒县棉麻公司）、青岛市回乡知青葛立臻、青岛市回乡知青葛立军（莒县饮食服务公司）、潍坊市昌乐县回乡知青孙东周（莒县饮食服务公司）、潍坊市昌乐县孙东华（莒县供销合作社）、济宁市回乡知青单淑庆（莒县一中）、济南回乡知青宁春华（莒县饮食服务公司）、大连回乡知青巩庆国（莒县饮食服务公司）、辽宁省抚顺市回乡知青潘月永（莒县陶瓷厂）、大连市回乡知青宫庆美（莒县工艺美术厂）、辽宁省大连市回乡知青马秀莲（莒县饮食服务公司）、辽宁省大连回乡知青王景昌（莒县农具厂）、辽宁省大连回乡知青王竹录（莒县农具厂）、山东省文登知青唐丽雅（莒县造纸厂），等等。

莒县人民永远惦记着他们，莒县历史永远记着他们！

第五章　往事印记

（部分知青回忆文章）

我们刘家菜园知青组

商志晓

知青岁月，无论长短，都是难忘的经历；知青生活，无论离去多长时间，都是镌刻在生命里的记忆。当我们把人生的镜头拉回到那个年代，仍能感受到那时年少的单纯、执着与热情；当我们把走过的人生与知青岁月相联结，依然会产生对那一段时光深情的回望与眷恋。

（一）知青组“档案”记录

1975 年我们刘家菜园知青组，共 12 个人，7 男 5 女，同一天（1975 年 8 月 15 日）到村，同吃同住同劳动同生活 500 天，又同一天（1976 年 12 月 26 日）离开知青点，同乘一辆车到同一地点、同一单位（山东韩旺铁矿）参加几乎是同样的工作。虽然我们同在一个知青组只有一年半不到的时间，但因同在韩旺铁矿工作还有一年半多的时间，算起来有三年多共同相处的日子。而知青组大多数人在韩旺铁矿共事的时间，短则 5 年，长近 10 年，最后仍有 2 人坚守至今，已有 40 余年。这是我们刘家菜园知青组的一个特点，也是我们知青组的一个鲜明标记。

记得下乡插队的第一天，我们是从莒县各地先汇集到县城，再集体去往知青点的。我们要去的刘家菜园大队，属城阳公社，在县城正南不足两公里远的地方，应该算是经济条件比较好的村。记得大队里当时就有三四辆拖拉机，这是看一个村实力大小的重要指标，我们这些知青曾以此感到自豪。

大队的人去接我们，是用拖拉机把我们一起拉走的。我们住在大队部后院，大队部在村子最南端中间位置，分前后两个院子。前院比较大，有正房、东西两侧房，几辆拖拉机日常就停放在这个大院子里。前院正面中间有一间房宽的过道，由此就进入后院。后院相对小一点，正中间是个三间房大的房子，我们7个男知青住，东侧是个两间房大的房子，5个女知青住，西侧是个一间房，是我们知青点的厨房。

我们12个人，几乎都来自本县，是由本县知青办安置的吃国库粮的孩子。我和赵国华来自碁山公社，于丽萍来自招贤公社，陈维东、张树吉来自洛河公社，孙文菊、王厚军来自闫庄公社，于丽、朱丽荣来自竹园煤矿，严伟兴来自县电影院，林青来自县防疫站，只有徐家驷是从青岛回乡，加入到了我们知青组。我当年是16岁，算是最小的，其他都是十七八岁，只有徐家驷大一点，可能是20岁吧！我们到知青点不久，带队老师和大队支部就明确了我们各自的职责分工，使我们尽快进入到新的生活状态之中，能够自主组织劳动、学习及各项活动。我被指派担任了知青组长，于丽萍是副组长，陈维东、孙文菊是团小组长。每两人一组值班，负责做饭及生活后勤。开始是轮排，很快就固定下来了，1男1女组合，只有我与徐家驷两个男的一组。那时需要摊煎饼、蒸馒头，女生自然擅长些，男生主要是挑水、打扫卫生等，干一些粗活。也有遇到小节小庆时，大家围坐在一起包水饺吃。

最初三四个月，我们集体参加实验队的劳动，主要是干一些育苗、栽培、翻地等农活，接着又去果园采摘、装运苹果，包括整修果园土地等，那时我们采摘的苹果品种主要有金帅、红星、红玉等。有一次，我们几个男知青，各自推起一辆独轮车，每车装满四个苹果篓子，送往县果品收购站。虽然不到两公里的路，但还是感到有点吃力，硬是咬着牙完成了任务。大约过了半年时间左右，我们12个人就被分配到各个生产队去了，不再同时集体出工干同样的农活了。但到农闲冬季，还是有一些统一调配的活要一起去完成。比如，那年冬天，公社安排到县城老汽车站南公路两侧，清理水沟里的淤泥，要站在水里干活，天冷水凉，早出晚归，还是蛮辛苦的。

到年底了，要凭个人出工所得工分多少来分粮分红，我们都还能分到现金钱，这在当时就是很好的了。我那时得了一百多元钱，这是第一次凭自己的劳动得到的报酬，那个高兴劲，回家向父母炫耀，得到一番夸奖。父母给我留存着，说到时给我买一块手表。我们知青组分到的粮食也多了起来，小麦、玉米、大豆等，盛在大瓷缸里。我们全组一同离开知青点的时候，还有几缸粮食留在那儿了。有一大缸大豆，足有七八百斤，那时是够珍贵的东西了，平时还不舍得换豆腐吃，却白白地充公了。后来我们说起这事，还有的说，好可惜呀，怎么不让每个人带给家里分享呢！

大队的书记、分管知青工作的副书记、团支部书记以及实验队长、各小队队长等，以及众多乡亲们，对我们还是很关心的。劳动中给予具体指导、手把手地教做农活，生活上关怀体贴、帮助解决不少实际问题，同时对我们要求也很严格，常常与我们一起读书学习、交流思想。在我们之前，有一位从济南到村里插队的知青，叫徐兆，已在村里安家落户，是当时知青群体的先进代表，他经常与我们交流体会，给我们很多思想上、生活上的指导。而我们这些人，本就思想单纯，个个积极向上，处事本分自觉。大家秉持“广阔天地、大有作为”“扎根农村一辈子，接受贫下中农再教育”的信念，心无旁骛，真心实意，没有思想波动，没有不安心、不稳定。这一点，现在想想，还是很令人感慨的。

（二）知青组生活片段

知青生活是短暂的，却是很丰富的。要是细说起来，会有许多事项值得回味。我只是就眼下想起的一些片段，做一个粗略的整理，算是留下我们一些共同的记忆。

刘家菜园盛产大白菜，我们一到知青点，就看到了住处往南一大片正茁壮生长的白菜，绿油油的。没过多久，就到了垅蹊间苗的时候，要把间隔密集和旁出生长的白菜拔掉。集体的财产自然不能分给每户各家，未长起来的白菜也不能去卖掉，这些被拔掉的白菜就都送到我们知青点这儿了，堆成小山一样。我们是上顿吃白菜，下顿吃白菜，生着吃，熟着吃，炒着吃，煮着吃，炖着吃，上演了一次吃白菜大战。吃上没两天，大家没劲了，看着一堆白菜发愁。那可是过足了一次白菜大餐的瘾啊！

十几人凑在一起过日子，一开始遇到好多难题。尽管轮流值班做饭，但也会产生一些矛盾，比如，上一班交班时水缸里的水满不满，烙的煎饼、蒸的馒头剩的多不多，厨房和院子里的卫生收拾的好不好，都会影响到下一班。我这个当组长的，要把这些事尽量处理好，努力不让大家产生矛盾。可的确也没有经验和好办法，难免会有些磕磕碰碰。记得是插队后第一个中秋节，放了两天假，返回后当天的晚饭没人去做，大家没有晚饭吃，好像是因为什么事没有协调好，或者是轮到该做饭的闹了点小情绪。最后是怎么解决的，已记不清了。当时觉得这个小组长好难当啊！

我们知青组除了共同劳动和一起过日子外，还有一个共同的活动项目，就是去县城看电影。那时看电影是主要的文化娱乐，恰巧我们组严伟兴家住县电影院家属院，信息灵通，购票方便。一到要去看电影时，我们就早早吃完饭，提前半小时一起上路。当我们看到电影院小小的售票窗口前人们排着长队、挤破头一样购票的场景，我们这些手里早拿到票的人，心里的满足感和优越感油然而生。这是我们小组很得意的一件事情，多少年来为大家记忆犹新。

秋天的时候，有一项农活，是剥麻秆，就是将在池塘水浸泡一段时间后的麻秆，用手把它的皮揭下来，一缕缕一条条的，晒干了，再捻成麻绳，用来做麻袋。这活儿通常是在晚饭后夜间干，大家围坐在汽油灯下，每人弄上一两捆，说说笑笑的。这时候，往往也是集体学习时间，有一个人专门念报纸上的文章或上级要求学习的文件，就算是学习、干活两不误了。听起来很惬意一样，实际上可不是那么回事，因为虫娥飞舞、蚊子叮咬，每个人双手都不闲着，既要剥麻秆上的麻皮，又要驱赶蚊虫。这样的活儿好像不多，却也还被大家记得。此外，还有1976年夏季防地震、在院子里搭防震棚，组织排演节目、参加有关演出等活动，都在我们的脑海里留有印象。

那时候的知青，不仅自我要求高，各方面要求都高。县知青办、城阳公社、带队老师、大队支部对我们的学习、劳动、生活等，都有一些规定、规范和标准，还时不失地进行检查、抽查极评比等，还督促每个知青写日记、写学习心得、办好黑板报。尽管1975年已是“批林批孔”运动后期，我们还积极投身其中。有一段时间我主要是抄写报刊文章，以大字报的形式张贴在大队部的外围墙上。1976年毛泽东逝世那几天，我们一起去县人民会堂进行了吊唁。总起来说，大家思想态度都是端正的，思想觉悟也是高的，但因为消息不畅通，有些情况是迟一段时间才听说。限于从小在县域、公社上学长大，对外面的世界了解也不多，也就没有那么多好高骛远的追求与想望。我们的一个女知青说过，我最希望骑上一辆“凤凰”或“永久”牌自行车，在县城街上走一圈。那时已见到向一侧斜停的自行车，觉得好神气、好时髦啊！

我当知青小组长，与几个知青干部一起，管上下左右联系，安排协调

12个人的吃喝住行，自然有些力不从心，好在大家能够齐心协力，互相帮助，才克服了一些困难。比起临近几个村的知青组，我们算是非常稳定、各方面都还不错的。我也是在这个过程中得到了锻炼和成长。后来让我担任大队团支部副书记，第一次全体团员会议上，大队团支部书记让我当主持，我都不知道主持干什么，稀里糊涂地算是主持完了。我还担任了大队民兵连副连长，参加了城阳公社组织的一周时间的大队民兵连长培训班，第一次实弹射击，心里好忐忑，成绩不是多好。公社里召开的一些会议，常常也把知青组长带上受教育。县里新的电影院落成启用，搞了一个仪式，有工人、农民等各界代表发言，我是作为知青代表发的言。大队支部的领导曾提醒我写一个入党申请书，我也开始把入党作为一个重要追求，这对自己的确是一种激励。想起知青组的点点滴滴，还是蛮有意义的。

（三）“后知青组”的情况

在知青组的那段日子，大家都很安稳地劳动、生活。可能是因为时间还不够长久，好像都没有考虑到要离开的问题。可就在大家都还没有思想准备的时候，忽然有通知说，我们这一批知青要被招工。很快就有结果了，全部去新建的韩旺铁矿。不仅是莒县的知青，整个临沂地区的知青都被招录到那儿。不知不觉地，大家就随着这次招工，踏入了工厂，成为一名工人了。

我们小组被一窝端，都去了韩旺铁矿，其他知青组也有类似情况，但齐刷刷走人去一个地方，一个不少地去一个单位的，我们小组可能最为典型了。那是临近元旦的一天，天阴沉沉的，下着小雪，我们爬上大卡车，挤的人挨人，冻得浑身发抖，起码跑了五六个小时的路，赶到了位于沂水县与沂源县交界的地方。说是国家大力兴建的十大钢铁基地之一，大家还满怀期待的，结果到那儿跳下卡车，脚冻麻了都站不住了，环顾一看，光秃秃的黄土地，连间像样的房子都没有。我们要入住的宿舍，是用高粱秸搭起的棚子，外面薄薄的一层黄泥还湿湿的。棚子内的地面还不是干燥的，在一层薄薄的草上面，铺上一张苇席，就是要睡觉的床。晚上人挨人地躺下，每人也就是有70厘米宽，连翻个身都难。那天外面下小雪，里面也是雪花儿飘，风儿是嗖嗖地吹。待早晨被吆喝起来，从数排新搭建的简陋宿舍棚里，奔出被招来的上千名年少知青，纷纷跑去不远处的沂河，砸开冰层，盛出刺骨的河水刷 牙洗脸，场面好壮观、好豪迈啊！那一刻，好怀念知青点的温暖啊！

之所以要说说这一段，是因为我们知青组全部异地搬迁过来，开始了新的生活，构成了我们的“后知青组”时期。

经过一段时期的集体培训与学习教育，待过了当年的那个春节之后，我们这新一批矿山工人，就被分配为不同的工种和工作岗位，随即奔赴省内各冶金企业实习，同时也有一部分人留在矿区进行建设。已经说不准确我们组各自的去向了，大致是，于丽萍、赵国华被分配到总务科，严伟兴去了车队干维修，孙文菊、王厚军去了汽修厂，于丽、林青干了钳工、铣工，我去了地测科干地勘工，大部分去了采矿车间，有朱丽荣、陈维东、张树吉、徐家驷等人。因为外出实习先后不一、地点不同，大家各奔东西，见面相聚的时候就少多了。当时有去山东铝厂实习的，有去黑旺铁矿实习的，有去金陵铁矿实习的。我是去金陵铁矿实习，待了半年时间，天天到钻井平台劳动，风雨无阻，昼夜轮班。

知青组的人虽然也偶尔见见面，但难得凑齐，也就始终没有全体在一起的机会。本来在新环境下，大家对一个知青组的意识就开始淡薄了，而随着与农活不同的各工种的工作的展开，很快就都加入到了新的团队之中了。在这个“后知青组”时期，我们之间的联系、见面、交流是松散的、零星的。渐渐地，原来的知青组一家人，被新的团体和新的同事代替了，各自忙着各自的事，逐渐也就疏远了。最早离开韩旺铁矿的是林青，恢复高考后他于1978年考入东北的一所大学，之后就很少与大家联系了。我是1979年考入大学离开的。再后来，从1981年开始，陆续有人离开，有去青岛的，多数还是回到了莒县。一直坚守在韩旺铁矿直至退休了的，只有于丽萍、朱丽荣两个人。

知青组在后来的聚会，主要有两次。一是1985年下乡插队10周年之际，我们知青组在莒县聚到了一起，只有林青未到。大家热情高涨，一起回到了刘家菜园村，还去了浮来山，谈天说地，几乎玩了一个通宵。再后来，可能是2005年，我们下乡插队30年时，再次相聚是在韩旺铁矿，林青、徐家驷未到。这一次，大多离开韩旺铁矿几年十几年甚至更长时间，再次回去应是故地重游。当时大家都已经小50岁了，再度相见，彼此感慨颇多。

上山下乡第一夜

雷良勤

经过一天的颠簸，解放牌大卡车终于在一条南北街上停下来。路东边是一个不大的院子，门口挂着“山东莒县峤山区革命委员会”的牌子。我知道，目的地到了。

天已经黄昏，大街上很安静。除了墙上贴的“热烈欢迎济南市知识青年来峤山区插队落户”的大标语之处，再也看不到任何与我们这一车知青的到来有关的人和事了。不像当日早上老师和区干部们告诉我们的：莒县的领导和贫下中农正列队等候，敲锣打鼓欢迎你们。在那时，有重要的事，“敲锣打鼓”是很正常的。

在区机关小小的食堂里简单地吃了晚饭，一切都是正常的，像早晨太阳从东边升起，晚上从西边落下一样。

饭后，我们这一车人被领进供销社大院，进了一间平房，打扫得干干净净的水泥地面上，床上叠着苫货物的大席，席上铺着一床床花色不同的棉被，当地的一位干部告诉我们，今晚就在这里住宿，明天早上，各大队（村）会派人来接你们。他面带为难的神情，对大家说：“条件有限，大家将就一宿吧。”

坐了一天卡车，身上很脏，本该洗一洗再睡觉，在当时的年代，无论是国道、省道，都是沙子路，汽车相会时尘土飞扬，随着风跑得很远。七八个小时下来，同学们一个个灰头土脸，简直就是一尊尊泥塑像。偏偏那天晚上行李车停在县城，脸盆、毛巾、牙刷都在行李里面。虽然院里有一口用水车取水的井，但是没有工具，也无法洗刷，天色渐黑，没有电灯，大家只好带着满脸灰尘躺下来。第二天一早，灿烂的阳光照亮屋子，同学们起床了，我突然发现，我和同学们铺的盖的，居然是一床床干干净净的被褥。说句实在话，比我在家里盖的被子还新，还干净，一看就知道是刚刚拆洗过的。并且，几乎没有一床旧的，没有一床脏的。我略略数了一下，连铺的带盖的，大约有五十多床，再加上女生那边，恐怕有八九十床。我知道，这么好的被子，在当时的寻常百姓家里是绝对没有的——严重的三年自然灾害刚刚过去，生活必需品还极度短缺，在农村讲条件讲卫生那是奢侈的事。济南市的居民每人一年才有十六尺半的布票，四两棉花票，而且能买到的棉花不是白色的，而是棕花色、质量很差的棉花。当时我想到，这些被子一定是区机关、单位的干部职工的——在当时被称为“脱产干部”从家里拿出来的。峤山区以丘陵山地为主，偏远不发达，全区连个旅社都没有，能有几个脱产人员呢？想到这里，我的双眼模糊了。哦，为着这几十个素不相识、毫不相关的人，县上、区里领导们真是费心费力了。

我们来到峤山的第一个夜晚，享受的是革命老区的人民——峤山区的干部、群众质朴、高尚、无私的爱心。这些岂不比“敲锣打鼓”更显出他们的真诚心意吗？从此，这一床床花色不同却干干净净又软和又暖和的被子，永远定格在我的记忆中……

上山下乡的前前后后

张建华

1968 年 2 月，济南掀起了知识青年上山下乡的高潮，首先要去的地方是沂蒙山区的临沂、莒南、莒县、日照四个县。

位于正觉寺街的济南八中，也充满了上山下乡的浓厚的气息：西面大操场的北墙上，张贴着同学们书写的标语口号:“到农村去！”，学校的广播大喇叭中正播放歌曲“到农村去！到边疆去！到祖国最需要的地方去！到农村去！到边疆去！到祖国最需要的地方去……”我们来到大操场西南角的大礼堂，在主席台前的毛主席巨幅画像前，进行下乡前的庄严宣誓。

1968 年 9 月 17 日，一大早，妈妈给我炖好了我最爱吃的红烧肉。马上要离开家了，心情不好，我哪吃得下？多少吃了点饭，就赶到济南历下区革命委员会，参加了区里举行的简短的欢送仪式，然后，我们就上了解放牌的大卡车，二十多名知青站在同一卡车上，全校一共五六辆车。

因为我们下乡，当时的历下区革委组织了市民在泉城路举行欢送仪式。我们这一批到莒县的知青大约有 100 多人，父母、兄弟、姐妹、同学、亲朋好友都在泉城路南北站了满满的两大排。我们的卡车从欢送的人群中穿过，有的知青看到自己的父母，喊了起来，哭了起来，这时，车上车下哭声一片……当时,我们都在 17—19 岁,已经办理了户口转移手续,也就是说,从那天起，我已经没有济南的城市户口资格了，而成为一名地地道道的农民。除了大串连，从未离开过父母，而现在是真的永远地离开了父母，离开了兄弟姐妹，离开了我们的亲朋好友，离开了家乡，离开了济南，当时看到这么多的同学在哭，我的眼睛也湿润了，我努力克制自己，因为我是男生，不能流泪！我抬头看着天，不敢再看车下欢送我们的人群……当车从解放阁、青龙桥、解放路向东行时，欢送的人群早已消失，车上的哭声渐渐停了下来，车速也渐渐地加快。这时，车上竟然鸦雀无声，刚才的一幕幕仍在我们每一位知青的脑海中一遍遍重复着……不知过了多久，车上才开始有了说笑声。

我们经过解放路、青龙桥、泉城路、西门、趵突泉、黑虎泉西路、解放阁、青龙桥、解放路、工业南路、济钢、济青公路、益都、临朐、马站、高桥、沂水，终于来到莒县。

在莒县县城，大家稍作休息，车队分成两支：一支到阎庄区，我们这一支到峤山区（后来的峤山公社）。傍晚，我们终于来到峤山区驻地——牛庄。晚饭后，峤山区革委会举行了欢迎大会。会上给我们知青演了一场文艺节目，台下人山人海，当地社员来看的人真多！

第二天，也就是9月18日，我们知青点胡家村大队来了村的领导和几位社员，用独轮车把大家的行李推到了知青点。从牛庄到胡家村10里路，一路上还要过一条河——前集河，大约上午10点，我们来到胡家村，社员们在村头敲锣打鼓列队欢迎："咚咚呛！咚咚呛！咚咚呛！呛！呛！"村领导和我们握手，小伙和姑娘们抢着给我们拿东西，老汉们抽着旱烟袋锅，妇女抱着孩子，儿童们在我们的队伍中穿梭着……

我们住进了大队的一个大院里。大院的南面是院墙，墙外是大湾（社员们都叫汪），西南角是大队的磨坊，与磨坊紧挨着的西屋是油坊。北面自西向东依次为：女生宿舍2间，大队的粮食仓库3间，大院的大门和过道1间，男生宿舍2间，我们知青的厨房1间、棺材屋2间、牛棚3间、大队的农具仓库3间。大院的东面有一个小门，再无其他的建筑，在东门南面有一个露天的大茶炉，大队为社员烧开水用的，一分钱可灌两保温瓶开水。我们来后时间不长，因为很难买到煤，茶炉就倒闭了。

院子的中央拴着大队喂养的水牛、黄牛、驴，大家看到驴，马上想到电影《地雷战》中骑着毛驴来赵家庄偷地雷的日本鬼子渡边。董芒同学非要骑驴不可，这不，他终于骑上了这头小毛驴向我们走来，大家那个乐啊！

其实，男生宿舍原来也是牛棚，我们来了，村里临时把大队的黄牛、水牛从牛棚中牵出，拴在院子里，牛棚里面用石灰水刷了一遍。床是这样的：用坯垒了五道15厘米厚、1米多长的与墙面垂直的小墙，大约有半米高，上面铺上两层用麻绳扎好的高粱秸床箔子，再用一张席铺在上面，三分之二铺在平面上，三分之一靠墙折起来，就成了床帷子，这就是一张“床”了。每个床下的四个洞就可以放鞋、放脸盆等等。我们知青点 13 人，有 12 人住的是这种床。男生、女生的宿舍各放一盏煤油灯，我们男生宿舍的门很低，进门老碰头。后来大家习惯了，进门先弯腰低头，终于不碰头啦！我们男生的这两间，6 人的床挨床，特别挤，仅放了一张小桌。两间之间的“梁”是一根像手指粗的钢筋，房顶无片瓦，全是草的，墙上无一砖，全是土的。我的床是独一无二的，仅有两个床腿：在地下埋了两根木桩，用一根树干绑在两个木桩上，这就是床帮，在土墙上挖了一排七个孔，再把七根细的比较直的苹果树枝，一头插在墙里，一头用铁丝绑在床帮上，这就行了，上面也是铺上高粱秸箔子和席子。男女生宿舍各有一个窗户，全是木头框的，没有玻璃，得糊上窗户纸。

我们的厨房，队里给我们垒了一大一小两个锅台，大锅台有风箱，做饭时需要一人坐在小板凳上拉风箱、添柴，另一人炒菜。小锅台无风箱。东面紧挨着的两间棚，无门框，里面因放着两位社员的寿材，我们称之为“棺材屋”。这棺材屋就是我们知青放干柴的地方了。我们有时晚上需要烧点开水或做饭，女生害怕，只得喊男生进去抱柴火。

后来，县知青安置办公室拨下了我们的建房费用，大队在第二年春天给我们知青盖房了，就在大院东门外的空地上，给我们盖了七间房，男女各三间，在男女生宿舍中间还有厨房一间。大队按我们的要求，男女宿舍的门在最西面，中间和东面有两个窗户。新房盖得挺好，不仅进门不低头，还有两趟瓦呢！知青们告别了牛棚，住上了新房。

新房住了时间不长，大队就把我们的新房改成学校了。又过了一年，在村西面的大汪旁边，给我们盖了新房——男女生各三间北屋、两间西屋是厨房，西南角有猪圈，南面是厕所，有一圈院墙，院子很大……在知青的新房里，我们又开始了新的生活！

过沭河

张建华

莒县境内有一条河，名字叫沭河，弯弯曲曲，蜿蜒南流。大家看过电影《南征北战》吧，就像那种大沙河。汛季过后，水面虽宽但不深，挽挽裤腿就趟过去了。别看沭河它这么浅，它却从山东一直流向南方，从江苏省东拐直入黄海呢！

1968 年，我们济南十三名知青，就在莒县沭河东岸 3.5 公里的一个不大的小村庄插队。而县城在河西岸，来回趟过多少次沭河，真是记不起来了，但有一次过沭河，却给我留下了永远磨不掉的记忆……

1968 年的 12 月，冬天出奇的冷，大家准备回济南过年了，同学们虽然很穷，但也买了不少，这里的东西便宜，花生米 0.37 元 / 斤、苹果 0.18 元 / 斤。我们插队的村有一片苹果园，在大队部我曾看到一份地区林业局的文件，上面记录了我们村的苹果产量是亩产九千三百斤，在全临沂地区还是第一名呢！所以，特产苹果是一定要带回济南给爸爸妈妈品尝的。另外，还有芝麻、小黄米面等等，每人大概有四五十斤的东西。

记得大队派给我们做饭的一位姓杨的大爷，给我们每人用秫秸（高粱秆）编了一个提篮，苹果就放在里面。

回济南需到县城乘长途客车到益都倒火车。到县城去，沭河就是必经之路。

村里好心的社员给我们选了好日子："待要走，三六九。"三六九，是指阴历的日子。

回家那天，天特别的冷，沭河全部封冻了，在冰的下面，河水还在流淌。那时根本没有桥，我们平时就像电影《南征北战》中的解放军战士一样，挽挽裤腿就趟过去了。可现在，天冷得很，我们知青点 13 位知青中，女生 7 人，全部踏着河上的冰顺利过了河。女生们在河对岸焦急地等待我们男生的到来。

怎么男生落后了？原来事情是这样的：村里派来了两位年轻小伙，用两辆独轮车送我们，大家的行李全在这两辆独轮车上了，河边有 200 多米的河沙地，很难走的，前拉后推，好不容易走到了河上，两位社员小伙说："这么重的车，肯定冰承受不了，脱鞋吧！"于是大家光脚走在冰河上，呵，好凉啊！

走了没几步，独轮车就把冰压破了，下到河底（冬天河水少，最深的地方也就有 40cm 左右），我们六位男生，分在两辆独轮车上：一人前面拉，两人两边抬，帮着两位年轻的社员，把车抬上冰层。哗，又压塌了，然后是再抬、再压塌……就这样，八个人的脚全被冰划破了，寒冷的冰水，刺骨的冷，但我们终于征服了冰封的沭河，踏上了回家的路程。

那时，归心似箭，虽然脚受了伤，但心情真好，一路上大家还唱着京剧样板戏呢！

后来，大家都笑自己：当时大家是“知识青年”，那“知识”哪儿去了？我们是学过初中物理的，压强的概念是学过的，怎么全忘了？几百斤重的独轮车，与冰河接触的就轮胎一点，压强特别大，当然把冰河压塌了！当时过河时，单人是能从冰河上走过去，我们应该把行李从独轮车上卸下来，拖过去，不就不用趟冰河了？当时，大家真是太傻了，多吃了这么多苦！

一晃三十多年过去了，2004 年暑假，我和我的夫人回到我插队的知青点旧地重游，再过沭河，嘿！沭河上架起了大桥，公路修得又宽又平，这回过沭河，今非昔比，独轮车换成我们的私家轿车，哈哈，感觉真好！

“咱们曾手挽手，迎着风雨走，磨难练就铁臂膀，苦乐自风流。”——题记。摘自原创知青歌曲《知青相聚歌》

我与独轮车

张建华

从城里刚来到乡下，一切都是那么新鲜。第一天下地，大家对独轮车产生了浓厚的兴趣，劳动休息时，就用社员的独轮车练练手。呵，看起来很简单，结果我们知青谁也不行，一推就倒，乐得社员们直笑我们。其实，推独轮车就是掌握一个平衡的问题。时间长了，大家知道了应如何掌握车的平衡，再推车时就不易歪倒了。不到一个月，我们不管男生还是女生都学会了推车。推车是农村的一项重要的劳动基本技能，学会了还真的很方便。

图 5-1　知青张建华单手推独轮车

推独轮车最难的我干过三回：一是到公社驻地为大队的磨坊买柴油。来回二十里路，还得趟一条小河，而且是小路，崎岖不平，两只大油桶放在两边，油呢，又装得不满。一上坡就后沉；一下坡就前沉。嘿，重心在不断地改变，没有过硬的车技是根本干不了的。二是秋天种麦子时往地里送粪。地是刚耕好的，特别软，推一车粪大约400斤，前面一位识字班用绳拉，我就推车在后面使劲拱，车重而地软，每前进一步都需用吃奶的力气，不然根本走不动。三是到公社驻地买煤。一车煤，400多斤，直接装在两个粪篓里，要求特高：来回20里，不能歪倒、不可散落。路况特差，羊肠小路，上坡下坡，还得蹚河，其艰难之状可想而知。

我们知青点还有两位壮汉，他们是金民和大先，这两位知青车技特棒，跟大队的小车队到临沂运煤，一个单趟就是180里！有一次我们知青回济南过年，乘汽车到益都再换乘火车。我们大家带的东西多，从汽车站到火车站三里多路呢！正好在益都汽车站，有许多农民用独轮车揽活，我们就打听运送的价格，那时一般一辆独轮车从汽车站送到火车站是五毛钱。为了省钱，我们给他们说，给你三毛钱，我们自己推！农民说你们行吗？不相信我们的车技。后来，我们真的找了一辆独轮车，把行李自己推到火车站，省了两毛钱，哈哈！2004年5月，我参加济南润华汽车俱乐部组织的潍坊安丘市青云山自驾游活动，在青云山的民俗村，正好有独轮车，我又过了一次独轮车瘾：单手推独轮车，大步流星，嘿！真过瘾！离开农村30多年了，车技竟然不减当年！我的妻子薇薇在一旁拍下了这张单手推车照片，大家看看我的车技还行吧！

此文登在我的博客上后，金民在博客上给我留言，等三月回胡家村时，要和我比赛单手推独轮车的车技呢！金民是大队的独轮车队的，到那时我肯定要甘拜下风喽！

打　场

张建华

插队几年，我们学会了许多农活，而在场院打场，是技术含量较多的一项，也是值得回忆的一段美好的日子。

打场的每一道工序，不下决心是学不会的，有的需要体力，有的需要技术，有的兼而有之。我们村的社员们，对我们知青在传授技术上是热情的，毫无保留的。在社员们的热情帮助和指导下，我们胜任了打场工作，成了熟练的打场能手。

麦收在即，第一道工序开始了，那就是压场。在场院的位置，先泼上水，湿润一下久旱的地皮，再撒上些麦糠，用碌碡来压场。通常是两人拉一个碌碡。我经常与一位姓郭的社员一起拉碌碡，每次他总是要我在里面，他走外圈（外圈要多走不少的路呢），看得出，村里的社员们对我们知青是多么的照顾。就是这样压场，也得压个八、九遍才行呢！

打场，是比较紧张的，我们村是用铡刀把一捆捆的麦子的麦穗铡下，再用驴拉着碌碡压这些麦穗，经过几遍的碾压，麦粒从麦穗上脱落了。我们用木杈把麦秸挑起，麦糠、麦粒就留下了。晒场、翻场都是比较容易的。这里有两样技术活，我们知青开始是干不了的。我们插队几年，在社员们的帮助下，我们最终也学会了，这就是垛垛和扬场。

垛垛，就是把打完场的麦秸用木杈挑起，一下一下地拾满一大杈，也得有一二十来斤重吧，然后摆到麦场的边上，先摆一个大的圆形，就是垛底，这第一层是好干的。垛第二层，对我们知青来说就难了，麦秸很滑，老垛不住，我们把一杈麦秸放上去，它很快就滑下来了，而社员们的木杈则特别听话，他们把麦秸放在哪，就在哪扎根，一点都不向下滑，真是奇怪！后来，社员们告诉我们要领：用木杈一定要叉满叉结实麦秸，往麦秸垛上压时，一定要压住前面一杈的麦秸一部分，这样就不容易滑下来了。我们试了多次，慢慢学到了要领。这不，我们和社员们一起，一杈压一杈，转了一圈，就是一层。一层又一层，麦秸垛在长高。现在，垛齐人高了！垛越高，越不好垛，因为我们知青就会一个架势，高了就放不上去了。于是，社员们让我们打下手，我们把麦秸运到垛前，由社员们再向上垛。原来，社员们是把一杈麦秸高高举过头顶，把杈一翻，反扣在垛上。原来如此！我们知青只会正手，也来试一下，一翻手，嘿！麦秸全滑下来，撒了一头一身……看来，垛垛这活真不容易！垛慢慢上了尖，就好像一个圆柱上面再加一个圆锥，真好看！然后用木杈杈起一大卷褶子（当地方言，就是用稻草把麦秆编起来的一种盖在草垛上面的遮雨的草帘），慢慢地一圈一圈覆盖在垛顶，最后用草绳在垛顶拦几道，草绳的下端捆上石头，就算完成了一个垛垛的任务。经过几年的练习，我们男知青全部学会了垛垛的技术。

扬场，是场院打场的另一技术活。打场之后，剩下的麦糠、麦粒，需要将它们分离。首先要把麦糠、麦粒都堆在一起，然后用木锨扬。其原理是根据麦糠、麦粒的自重不同，借助风力，将麦糠、麦粒分开。一般说，如果是东南风，就得向东南方向扬，让风把麦糠刮到下风处。这可是一个既需要力气又需要技术的农活。这一场的麦子，少说也得一万五六千斤，这一木锨也得三四斤，要用力向上风头扬，还要把麦糠、麦粒均匀地扬开，以便根据自身的重力和风力的作用将二者分开。看起来很简单，但我们上去只扬了一下，就被叫停——技术差远了！我们是扬不高，一出锨是一大团，根本分不开麦糠和麦粒！再仔细看社员的操作，木锨扬出时，略往回收锨，同时锨把向外转，麦糠、麦粒抛或扬出去后，是“一”字形的弧线，

就像一道彩虹，麦粒是非常均匀的，落点也非常好。扬了几十下，就够累的了，社员们还会“换架”，就是右撇子换左撇子，左右开弓，甚是厉害！我们知青全是一个架势，那是不行的。这不，社员们有时也故意让我们知青上来学学，一次不行两次、两次不行三次……就这样，我们渐渐地学会了扬场，而且也会左右开弓了！

一天，天气真好，毒毒的太阳，正是晒麦子的好时光。我们正在场院屋子内休息，突然，刮起北风，一社员说：“不好，六月北风当时雨！快！”当我冲出场院屋子，万里无云，可一看正北方，地平线上有一点黑，社员们动作特别迅速，用各种工具堆麦子、垛麦秸垛……最重要的是粮食，当大家把麦子存好时，风已经大了，大家不顾劳累，抓紧进行场上的其他工作，当最后一个麦秸垛刚垛好，倾盆大雨迎面扑来，好险呀！假如再晚干20分钟，损失就大了！“六月北风当时雨”这句农谚，对我的触动非常深刻，勤劳的社员们凭着这些经验，才使大队的财产免受损失。

一次，大热的天，麦子全晒好了，大家把麦子堆好，准备交公粮，我用一只长长的铁簸箕往麻袋中装麦子，这一簸箕大约有二三十斤，我在这么炎热的太阳底下，一气装了十几麻袋，大约有六千斤吧。装完，我特别难受，头也特别晕。社员们马上把当赤脚医生的知青刘伟找来。他一看，说我是中暑了。这不，队里赶紧安排我休息……

我们村的麦场在村西，粮食晒好后要入库了。当地是用一种叫作“口袋”的袋子装粮食。这种“口袋”比麻袋细，直径也就是有40厘米，但比麻袋长，足有一米五六，我记得装黄豆能装130来斤呢！装好粮食后，口也不捆，就用手抓好，一人帮忙给“发”起来，右手握着口袋口，左手抓着口袋尾。这不，这长长的口袋就像扁担一样压在肩上了！大队的仓库就在我们知青住的大院里，从麦场到仓库得有150米，社员们扛上粮食一溜小跑，进仓库先往磅秤上一站，然后走到装粮食的囤前，手一松，粮食就入囤了！拿着空口袋再称一下体重，大队会计马上就记录下了入库的粮食数量。往囤

里倒粮食，这可是技术：不能倒得太快，否则另一半粮食在肩上失去平衡就滚到地上，应该一边慢慢往里倒，一边不停地用肩膀向前颠，使整口袋粮食的重心始终在肩上，这样慢慢地，一口袋粮食就全倒进去了。一开始，我们知青也要干，社员们不许，说搞不好就会伤着腰，不让我们干。后来，经不住我们的一再要求，就让我们干了，不过，每次口袋都不装满，这样也可节省些力气。渐渐地我们掌握了要领，口袋也慢慢地装满了。最后，这技术力气缺一不可的扛粮食，我们也学会了。

我爱打场工作，比起下地好多了，一是能学技术，二是离家近，三是有场院屋子可休息，四是看着满场的粮食，内心有一种抑制不住的喜悦。这不，每年的打场工作一开始，我就报名到场上工作了。这么多年过去了，回忆起当年打场的日子，感到那么亲切，又那么回味无穷……

养　猪

张建华

我们下乡后，社员们告诉我们，学习农民过日子，必须养猪，比如剩菜、剩饭、刷锅水啦，直接喂猪，可以节约，不造成浪费……于是，在我们知青组长孙强的主持下，在村团支书厉大哥的帮助下，我们决定买猪喂养。那天，是农历的某月初三，正好是我们公社驻地牛庄大集，孙强、金民和厉大哥一起，去赶集买猪。

猪买了，牛庄离我们村十里路，你猜，怎么弄来呢？是赶回来的，前面是金民，刚跟社员学的，嘴里不住地喊着“白儿，白儿喽喽喽喽——”据说，这是当地唤猪的一种叫法，前面有人叫，后面厉大哥和孙强用根腊条，不停地点击猪屁股的两边。就这样，前唤后赶，花了两个半小时，终于把猪赶回家啦！

我们买的小猪崽，是白色的，白中透红，身上有几块黑色斑点，大概有30多斤吧！因为小，特别可爱，大家因为有了小猪，可高兴啦！我们知青就住在大队的大院里，正好有一处闲置的猪圈，这不，我们的小猪崽有了新家了！那时大家是轮流做饭。孙强规定，谁做饭谁喂猪。村里给我们送来了一口大缸（当地的社员叫“瓮”），让我们作“泔水瓮”，什么淘米水啦，剩菜剩饭啦，刷锅水啦……统统倒在泔水瓮中。当然，泔水瓮也得放饲料，主要是地瓜秧。在当地，秋天收地瓜时，地瓜秧取来切成碎段，大约1厘米长，立即晒干，就是猪饲料。秋天，正是三秋大忙之时，我们干一天活，已经很累了，村里分地瓜秧，我们收工后，赶紧去取回来。从社员家借来小铡刀，是铁制品，左手捋好一把地瓜秧，放在小铡刀的小圆筒中，右手持小铡刀把儿不停地由上到下切，左手不停地往里续，切完的地瓜秧，找块干净的地方，均匀撒开，晒好的地瓜秧，再用扫帚扫起，装麻袋里运回存放。

我们的泔水瓮，就是用这些脏水，把干地瓜秧浸泡好，喂猪时，从泔水瓮中取出一盆猪食，再掺上麸糠等搅拌均匀，倒在猪圈的猪食槽中就行了。

泔水瓮还有一个特殊用途，就是把生锈的铁锨插在泔水瓮中，第二天取出，嘿！铁锈全没了，铁锨特别干净啦！

环境卫生对猪的成长至关重要。因此猪圈要经常打扫。我们用独轮车推来干土，几天的时间，小猪崽就拉屎得不像样子了。这时，用铁锨向猪圈中洒上些土，这叫作垫栏。猪圈的粪攒多了，就需要用铁锨一锨一锨地挖出来。这活，一般一个月干一次，又臭，又脏，又黏，又重，举起一铁锨猪粪需要高过头顶，才能抛到猪圈的围墙外面。当然，这活我们男生全包啦！

猪，一天天在长大，春节也一天天临近，大家需要回济南过春节，这猪，就得处理了。元旦后的一天，村里来了杀猪的，我们的猪，挺大的了，捆起来，放到磅秆秤上一称，哈哈，一百九十八斤！杀猪人的报酬是要猪头和内脏，我们仅仅把猪大油留下，挂在我们男生宿舍的梁上，炒菜时，拿菜刀切下一块，化化油，香喷喷的，炒的菜好香！猪肉嘛，我们仅仅留了一点，包了一顿水饺，其余的全卖掉了——卖的猪肉钱，我们春节后要再买小猪崽，要买油、盐、酱、醋，要买煤油，买煤（我们13位知青，每月国家供应我们390斤煤），买猪饲料，买菜，买咸菜等等，要买的东西真多，真得节省着花……

春节后回到村里，第一个赶集的日子，我们的首要任务就是买猪崽，这又是一个循环。

通过养猪，我们学到了贫下中农的许多优点：学到了吃苦耐劳的品质，学到了艰苦朴素的精神，学到了勤俭持家的生活作风，学到了节约光荣、杜绝浪费的优良传统。这些在我们以后的工作、生活中，起到了很好的作用，这就是知青精神，青春无悔！

做饭趣事

张建华

下乡插队后，我们知青点轮流做饭成了习惯，做饭也有值得回忆的趣事。

下乡第十天，我们男生天不亮就起床了，烙了一些油饼，出发到县城西面的浮来山看银杏树。临行，我们怕留给女生的面粉太少，于是一位同学出了一个馊主意：把面盆中的面倒出来，在面盆中扣了一个大碗，再把面倒进去。

嘿！面真不少！

图 5–2　知青做饭图

回来后，女生们可不愿意了。三十多年过去了，同学聚会，女生还提此事，哈哈！

一次，组长说今天改善生活，包韭菜水饺！大家伙别提多高兴了，这毕竟是离开济南后第一次吃水饺啊！

韭菜摘好洗好，男生金民自告奋勇，由他准备馅。金民真不简单，把韭菜放到菜板上，用两把菜刀剁了起来……那次的韭菜水饺，韭菜长短不一。后来才知道，韭菜都是切，哪有剁的？你就别管，我们知青点就吃过剁韭菜的水饺！

一次，该我做饭，不知怎的，柴加多了，饭糊了，人多嘴杂，大家收工回来肯定意见不少。不过，我有办法。13 位知青，吃了糊饭，竟然没有一位提意见的。想知道我的绝招吗？等大家收工回来，我就大声宣布：“谁嫌饭糊了，可以不吃！”

农活这么累，大家早饿了，那时比不上现在，你不吃，根本没饭店可进！于是，大家狼吞虎咽，如风卷残云一般，顷刻吃了个精光。

以后，无论谁做糊了饭，都先声明：“谁嫌饭糊了，可以不吃！”饭做糊了是常有的事，但这句话成了我们知青点的经典。

1973年，我们知青点就剩下我和余玲两人了。一天，我喊起来:“余玲，今天该你做饭，都九点了，怎么还不做？”

余玲打了一个手势:“嘘！”

什么意思？我不理解，我正要询问，余玲用手指着鸡棚，小声说:“进去了！”

我一看，可不，我们仅有的一只母鸡正趴在里面呢！

哈哈，她原来是等待这一枚鸡蛋的到来做早餐呢！

那天早上的鸡蛋汤真好！

知青精神

张建华

当年老三届的知青上山下乡，锻炼了自己的意志，培养了艰苦奋斗的精神。比起他们的晚辈，更多一些对人生艰辛的领悟，更多一些吃苦耐劳的品格。这些与插队时所吃的苦是分不开的。也正是吃过这么多的苦，才知今日的甜，才更珍惜今日的好时光，才有了吃苦耐劳、勤俭节约、不畏困难、艰苦奋斗的精神，这就是知青精神，好多的知青后来成就了事业，为祖国的建设做出了杰出的贡献，就是知青精神的发扬光大。

先回忆一下我们当知青时吃过的苦吧！六月的割麦，是我们最吃苦的农活之一。烈日暴晒，腰酸背痛，麦芒如针，中间休息时，拿一捆麦子垫在腰下躺在地上观天，就这一会儿舒服！那时，早上天一亮就不吃不喝下地干活，等到日头有两杆子高了（大约9点多）才回家吃早饭，晚上日落而归，就像任毅在《南京知青之歌》中写的“跟着太阳出，伴着月亮归！”割麦虽然苦，但时间短，一般我们村用一周时间就完成了。

秋收才是大忙呢！1969年的秋天，收了玉米、大豆等，要把地耕一遍，准备种麦子。当时，我们村600余亩地，仅有不到十头水牛，牲口少，时间紧，任务重。俗话说:“白露早，寒露迟，秋分种麦最适宜。”白天，我们知青和社员们一起忙秋收，干了一天活，已经是腰酸背疼，多想歇一下啊！可是，农忙不等人哪！村里要求我们知青和部分年轻的社员加班夜战，一道去人拉犁，耕地去！那天晚上，大队把汽灯点上，有一个年龄小的小伙在前面照明，我们一般是十五六人拉一张犁。拉犁，可有学问，我们不懂，认为拴上绳子挎在肩上拉就是了，有的社员一拴上绳子就马上站到犁的左前方了，我们知青就站到了右前方。开始还行，等转了几圈之后，看出门道来了，原来，站在左前方的脚底下是实心的土地，而我们站在右前方的永远是刚刚犁起来的松软的土壤，这样拉犁，要多费更多的力气！后来休息了。大队的领导还是公平的，再干的时候，要求左右交换，嘿！在左边拉犁感觉还真好！那天，大约干到近11点才收工，回来脱下衣服一看，肩膀又红又肿，皮肤都让绳子磨破了！这是我们干过的较重的农活之一。虽然很累，很苦，我们男女知青在人拉犁的工作中，却没有一人打退堂鼓，全都坚持下来了。为适时的秋种，和社员们一起，做出了自己的贡献。人工拉犁的工作，我们就干过一年，因为自1970年开始，公社的拖拉机站购买了洛阳产的“东方红”牌履带式拖拉机，各村的地可租用拖拉机站的拖拉机来耕地了。

繁重的家务活也锻炼了知青，为知青精神增辉。说起家务活，大家一定想到的是收拾屋子、洗衣、做饭之类吧。其实，我们当年的知青家务活太多、太杂，一时半会还真说不完，我拣主要的说一下吧！

先说自留地，我们知青点有13位知青，自留地两块：一块大的，一亩一分，是种庄稼的；另一块小的，二分地，是我们的菜园。我们除干队里的活，收工后，组长随时下通知去干什么活。比如，到自留地除草、夹篱笆、到菜园浇水，菜园中的芸豆该架架子了，种的白菜该捆上草绳了。浇水累人，有时菜园两三天一浇，特别麻烦，当时水渠有水还可引水到地头，没水时要到几十米远的井边，用一根十几米长的井绳把一桶水提上来，然后用扁担挑到自留地，很是辛苦。

麦收后，队里分麦秸了，得赶紧到场院去运回来。中午饭后马上就得干家务——拣麦穗，队里分的麦秸中有“漏网”的麦穗，拣出来，又多一点口粮不是？拣得晚了，里面的麦穗就要发霉了，时间紧啊！那些天，我们全体知青的业余时间都在干这个，也是特别紧张的。

小雪起白菜。到了小雪，大队的菜园要分大白菜了，首先要利用业余时间（其实就是收工之后）去把白菜运回来。事先要挖白菜窖子，我们还有自留地菜园的白菜，记得那年的白菜窖子足有一米七八深，十来个平方大呢！我们用业余时间，挖了四五天才完成。地瓜丰收了。队里分地瓜了，收工后，大家忙开了！把我们分到的地瓜运到一块空地（就是刚刨了地瓜的地，有点距离就行，主要是与别人的隔开），地瓜根本不洗，带着泥土就地切成了地瓜干，有切的，有摆的。天气好时，有三四天就晒干了，然后一片一片再收集起来，运回我们的家。这就是我们的主要口粮！遇到雨可就惨了，得马上抢收回来，晾不好，就发霉变黑了。当然，地瓜也留一部分，吃新鲜的地瓜，那就得挖地瓜窖，那年我们挖的地瓜窖，足有两米多深！可存一千多斤地瓜呢！地瓜窖比起白菜窖难挖多了，一是深，二是窄，一次只能一人下去干，所以，时间用的也多。

收地瓜时，也同时收了地瓜秧。地瓜秧也分到各户，我们收工后，需要运回地瓜秧，马上切成不到一厘米长的碎末，找块干净的地撒上，晒干，这可是冬天的猪饲料啊！

下午收工了，没准哪快地刚收了啥庄稼，马上又得去领分给我们的玉米秸、高粱秆什么的。记得一年，队里种了一种新品种的高粱，是矮秆的，死沉死沉的，我们大家是一捆捆扛回来的，水分太多，老晒不干，特别难烧。秋天是收获的季节，除了收、种，也是分柴（作物的秸秆）的时刻。那时，队里的工作忙，可一收工，几乎天天都有要领的东西：粮食、柴等等，看看我们的家务活，是够繁重的吧！

我们自己还养了猪、鸡、鸭、鹅、狗、猫。光说猪吧，得喂，得推来干土垫猪圈，到时候得把猪粪挖出。当然，这是我们男生的家务活啦！

我们喂的小鸡，到冬至开始产蛋了，我们知青点当赤脚医生的刘伟，他拿回一个盛宝塔糖（是一种给儿童吃的一种驱蛔虫的药，圆锥形，甜的）的盒子，能装七八斤鸡蛋呢！那时，我们喂了十几只鸡，没几天，鸡蛋就装满了盒子。那时，大家没口福啊，哪舍得吃？立即拿到村的小卖部去，换回了我们更需要的盐、煤油、火柴……

农活繁重，分得粮食不够吃的，怎么办？大家一致同意，用我们的麦子换地瓜干吃！于是，知青金民和大先自告奋勇，用两辆独轮车，推着我们的麦子，到三十五里外的龙山公社驻地，赶当地的“九里坡大集”，用我们的新麦子换回了山里的陈地瓜干！那时，一斤麦子仅换回一斤三两地瓜干！山路难行，这家务活真难，早上去的，下四五点钟才回来……

那时的晚上，我们大家经常聚在一起，一边聊天，一边干家务活——扒玉米，就是把玉米棒的玉米粒一粒粒扒下，准备到磨坊磨成玉米面吃。这活其实也不难，用螺丝刀把玉米棒先起下来一两行，剩下的就是用另一根玉米棒锉这根玉米粒就行了，这是比较好干的家务活！

我们知青，县里的安置办公室特批给我们一点煤，好像每人每月30斤，这390斤煤，需要到公社驻地的供销社去买回（得花钱买，一般人是买不出来的，这是我们的计划，我们节省的鸡蛋款有一部分也用在这里了)。到公社买煤，是我们男生的家务活，用独轮车去推，技术要过硬，不能歪了撒了，中间还要蹚过一条河，来回二十里路，这活少，一月才一次！

做饭的准备工作，也是一个繁重的家务活，比如，有时需要推磨，推碾，很累，一会儿就转晕了，马上换人再推。记得有一些地瓜干被雨淋过，发黑、发霉了，我们用鞋刷子一片片地刷，然后用一大盆水泡，泡出的黑水倒掉，上碾碾碎，就用水煮着当稀饭喝……知青吃过的苦，真是太多了，应了那句老话，人没有吃不了的苦，但有享不了的福。真是的，当年我们知青上山下乡到农村插队，吃过很多的苦，但是大家全挺过来了，现在说的知青精神，就是这样一点一点地炼成的，我们付出了很多，但也收获了很多。后来，大家离开了农村，但知青精神伴我们走向新的工作岗位，我们工作出色、生活节俭、不怕困难、勇于拼搏，在新的岗位上，为祖国的建设做出了新的贡献。尽管现在不少老三届知青已经退休，但知青的精神仍然陪伴着他们，陪伴着老知青们走向未来的道路！

青春无悔！知青精神永存！

我的农民兄弟

张建华

我有一位农民好友，他叫润发，比我大三四岁，个子有一米七，是我下乡插队所在的胡家村大队当年的团支部书记、实验队长，也是当时村里有文化、有才干的青年。我插队五年，他和我一起下地劳动，一起工作，一起学习，同甘苦，共患难，建立了深厚的友谊。

我们插队后不久，大队决定让润发兄负责我们知青的工作，我们学习、工作、劳动等等各方面的问题，都是找他来解决。我们下乡的第二年春天，在知青点大院里，润发兄领我们开出一片地，大约有50平方米吧，买来茄子、辣椒苗，教我们种菜。那年，我们种的茄子、辣椒大丰收，比社员家的自留地的菜长得还好呢！

润发兄很有科学的头脑，在村里是最先进的农民。后来，他担任了实验队的队长，我和几位知青也成了实验队的队员。我记得好像当时种了一种低杆分蘖多的麦子，他带领我们播种、施肥、管理、灌溉、收割，直至打场，收获的麦子晒干后一过秤，嘿！亩产800斤！这在当时是很高的产量了。润发兄在村里的实验队干出了成绩，也为他自己日后的发展打下了基础。

我在实验队工作时，润发兄和我一起试验制作“九二〇”农药，我们经过共同的劳动、工作，加深了友谊。

1971 年的中秋节，我们到距我们村 10 里路的另一知青点玩，顺便就在那里过起了中秋节。两村的知青聚在一起，拉不完的家乡话，大家忙着做饭、喝酒、吃饭、聊天、赏月，特别开心，早把回村忘得一干二净，等我们回到我们村时，已经晚上 11 点多了。那时，县安置办公室早已拨款给我们知青盖了新房，我们知青的家安在村西面的湾边上，离社员们的房子较远，孤零零的一个大院子。我们一进知青院，就看到女生宿舍门前蹲着一人，近了一看，原来是润发兄！润发兄披着一件棉袄，蹲在门口，给我们看门来了！他不在家过中秋节，却考虑我们知青财物的安全，直到等我们回来！大家深受感动。他不仅是我的农民好友，也是我们全体知青的好友！

润发兄的亲戚从天津给他捎来一台缝纫机，晚上，润发兄叫我知青伙伴董芢一起到他家，我俩看着说明，把缝纫机安装好了，润发兄很高兴。后来，邻村的一位社员买了缝纫机，润发兄还介绍我去给人家安装呢。

1971 年，我们知青点第二次招工，董芢被博山电厂录用了。临行时，润发兄送给董芢一个日记本。那天润发兄打开第一页，一会儿的工夫，写出了留言：

赠董芢

二人初遇如旧友，
不觉相处已三秋。
你为革命西北去，
我为人民小村守。
二人隔千山，
两心紧相连。
有机相逢日，
别后畅一谈！

看润发兄的文采多棒！我真的很佩服，就抄了下来，留作纪念。

润发兄的人品极好，他孝敬父母，夫妻恩爱，在村里是出了名的。那时，他的爷爷和他住在一起，对老人照顾得特别好，老人家是全村最长寿的，九十多岁了，还能给我们讲抗战时期的故事……

润发兄教会了我们好多的农活，如锄地、打棉花叉、打药、使用水牛耕地、耙地、耪地，种菜等，大队分给我们的一亩三分自留地，全是润发兄帮我们规划，更是手把手地教我们种庄稼、蔬菜等。我们在自留地种过萝卜、白菜、芸豆、菠菜、辣椒、茄子等，他还教我们如何理财，我们喂了猪，养了鸡、鸭、狗、猫，润发兄时时刻刻都帮助我们。

1973 年，我被县师范学校录取，润发兄也送我一个日记本，当面一会儿题了字：

赠建华

相处五春秋，
朝暮共忧愁。
今日前程奔，
欢笑两分手。
职业虽不足，
思不下同群。
刻苦多努力，
分担工农忧。

我走了，离开我插队 5 年的胡家村走了，润发一直把我送到十里外的张家围子。一路上，我们聊了昨天、今天和明天，畅想了美好的未来，我们虽然分开了，但友谊永存！

我离开胡家村后，润发兄由于在实验队的工作出色，被选拔进了公社的种子站，成了一名脱产的农业科技人员。现在，他虽已经退休，可他仍在当地的镇上开了一个种子公司，继续为农民的科技种田服务。

我上了两年师范，又在当地的二中工作了八年，我和我的知青伙伴也多次回村找润发兄玩。1983 年，我调动工作，离开了我洒下过汗水、奋斗了 15 个年头的沂蒙山区，离开了我的农民朋友、我的同学、我的同事、我的学生，离开了润发兄，这一别就是 20 年！

2003 年暑假，我和我的妻子开车回到了胡家村，从我 1973 年上师范算起，我离开胡家村已整整 30 年！终于又见到了润发兄！真是“有机相逢日，别后畅一谈”！

今年，我们知青聚会，大家听了我的回村的感受，一致同意抽时间回知青点看看，看看我们的老朋友润发兄，看看我们工作过的地方，看看 30

年来农村的新变化。2006年的3月25日，正好是周末，我们四名当年一起插队知青来到了胡家村，到润发兄家中作客，润发兄特别高兴，我们互相交谈这些年的工作、学习情况，谈论着村里的变化，村里的村民知道我们来了，都到润发兄家来看望我们。

我的中考和高考

张建华

1966年，我初中将要毕业，面临中考，副科的毕业考试已经考完，主科（语文、几何、俄语）考试定在周五、周六。那时，为了准备考试，一大早就起来，到黑虎泉边、琵琶桥畔，读俄语、背概念、复习功课……周二，离毕业主科的考试仅有几天时间了，学校领导宣布停课，搞“文化大革命”。这不，我的中考梦就彻底破灭了。初中，上了5年多，连初中的毕业证都没发（不光我们学校，所有老三届都没有发）。一直到1968年，我到沂蒙山区下乡插队，成了一名下乡知青。

下乡后，我在知青点挣了5年工分。到1973年，终于有了好消息，我们知青可以参加高考啦！大家奔走相告，兴奋不已，这是自1966年以来的第一次高考的机会啊！我还回了一趟济南，找我的初中课本，找同学借复习资料……因为我是初中毕业生，高中一天没上，高中的内容复习是一大难点，我从村里的高中生处借来了高中课本，开始了高考复习，也开始了我的高考梦。

白天，我们下地干活，全凭晚上复习。我在院子里安了一张小桌，点上煤油灯（那时，我们村没有电），穿上雨靴（蚊子太多，蚊子最爱咬脚脖子，穿上雨靴就不怕蚊子咬啦），开始了紧张的高考复习；记得有一天，我一直复习到天亮……我终于顺利地参加了高考，尽管当时还没出来分数，成绩我自己还是满意的。我报了两个志愿：山东医学院、山东工学院，可是到了7月19日，《辽宁日报》以《一份发人深省的答卷》为题，刊登了张铁生的信，编者按说:“张铁生的理化这门课的考试，似乎交了白卷，然而对整个大学招生的路线问题，却交了一份颇有见解、发人深省的答卷。”8月20日，《人民日报》又转载了张铁生的信，又另加编者按语“这封信提出了教育战线上两条路线、两种思想斗争的一个重要问题，确实发人深思。”由于张铁生这位“白卷英雄”的出现，我的高考梦也像肥皂泡一样破灭了——政策变了，高考的成绩不算了，改成从工、农、兵中推荐（不考试）大学生（就是后来的工农兵大学生）。张铁生交了白卷，照样上了大学——辽宁铁岭农学院，而我，只好在村里继续种地，继续修理地球，当农民，挣工分。

后来，终于有了补录的机会，我被补录到莒县师范，走上了教育战线。

这就是我的中考和高考——那么遥远的梦……

1978 年，我参加了曲阜师范学院高师函授化学专业的考试，以 94 分（全县第一）的优异成绩，考上了曲师函授，又经过 5 年半的学习，取得了本科毕业证书。到了 1997 年，我儿子高考考上了中央工艺美术学院，毕业时为清华大学美术学院……

我的梦，遥远的梦，遥远的大学梦，终于在我的下一代实现了！

初为人师

张建华

1975 年 7 月，经过在莒县下乡插队五年、莒县师范学校二年学习，我终于毕业走上了教育工作的岗位。初为人师，一切是那样的新鲜，那样的鼓舞人心，同时又是那样的艰辛，那样的难忘。

毕业后，我被分配到莒县最北面的东莞公社大沈庄小学任音乐教师。那时，莒县城到东莞一百八十里路，山路崎岖，不通汽车。我带着行李从莒县县城乘长途客车到诸城县城，再换乘诸城县城到孟疃公社的客车。

孟疃和东莞搭界，东莞派人用一辆独轮车接我，独轮车把我的行李推到东莞，我跟着走到东莞，走了十多里的山路哪。

在东莞公社驻地，等来了大沈庄的民办教师，也是推着独轮车来接我。

从东莞再到大沈庄，还有十五里山路。大沈庄在东莞公社的西北边界，同时也是莒县的边界。

这大沈庄，是东莞公社中最大的村，有两千多口人。大沈庄的西北是文山，西南是武山。我上山玩过，山上有一大溜石墙，约 1 米高。据民办教师给我说，听老辈讲，这是太平天国时太平军垒的。

在南北朝时，大沈庄诞生了后来著名的《文心雕龙》的作者刘勰。刘勰（约 465 ~ 520），字彦和，生活于南北朝的齐梁时期，中国历史上著名的文学理论家。《梁书 · 刘勰传》说他是“东莞莒人”，他曾官县令、步兵校尉、东宫通事舍人，颇有清名。据说，晚年在山东莒县浮来山创建了定林寺。刘勰虽任多个官职，但其名不以官显，却以文彰，一部《文心雕龙》奠定了他在中国文学史上和文学批评史上不可或缺的地位。大沈庄全村的人中全姓刘，没有一人姓沈。没想到，我的第一个教师岗位竟然与古代著名的文人有缘。

大沈庄小学大门很普通，像民宅一样。学校里面挺大的，学校大门的东面是一间南屋，这是公办教师的宿舍。宿舍中有一台在当时相当不错的收音机，这是学校给配的。我和一位姓赵的近四十岁的老师，同住在这里。全校就我们两人是公办教师，其余十多人全是民办教师。

在我的宿舍对面是厨房，很像当时我下乡插队时的厨房，也有大锅、风箱等。民办教师们给我们准备了一大堆劈好的柴，全是好木头，特别好烧，我下乡插队时从未能烧到这么好的柴。哪来的这么好的柴？我问民办教师，他们的回答让我大吃一惊！原来，我烧的是棺材板——那年头兴平坟头种地，大沈庄平坟刨出的棺材板全部拿到小学，给公办老师当柴烧！

校园里有许多柿子树，橙红的柿子挂满了枝头。我刚来，民办教师们就给我摘了好多柿子，放到大锅里，加水，烧热，这些柿子在热水中浸泡一夜，第二天全软了，好吃，不涩，很过瘾的。

学校的小操场旁，有一大片菜地，菜的品种很多，芹菜、菠菜、萝卜、茄子、辣椒等，学校的院墙一圈全种的扁豆，这些全是民办老师种的，解决了我们公办教师的吃菜问题。当然，这些菜，民办老师也经常往家带。

我每天早上需要到离学校百米远的井提水，再用扁担挑回来，这和我们下乡插队十分的相似。

村里有大队办的一个饭店，里面做的大锅饼很好吃，特别便宜，一斤粮票的大饼仅收一斤粮店面粉的钱。

后来才知道，这是大沈庄自己的政策，这个价格卖的大饼仅卖给三个人：管理区书记（相当现在的乡长）、赵老师和我。

原来，这大沈庄远离县城，交通不便，条件艰苦，没人愿到这里任教，尽管这是全公社最大的村，公办老师少得可怜，村里为留住公办教师制定的优惠政策。

我来大沈庄前，找人打听大沈庄如何，人家告诉我，你从村东走到村西，没有一步踩不着石头。后来，我真的走了一遍，果真如此，找块脚印大的泥土，硬是没找到。

学校有一大房子，全校十多个教师同在这里办公。我的办公桌在西南角，办公桌旁边放着一架很新的风琴。这风琴，来到大沈庄好长时间了，一直在这里冬眠，没人会弹。

我在师范上学时，学习风琴比较认真，在同学中算是弹得好的。就因为我会点风琴，就把我分配到这全县最远的大沈庄当音乐教师了。全校一至五年级的音乐课，全是我的。那时没有六年级，小学就五年。学校特别穷，没有备课本，我用自己的一个红色塑料皮的日记本，当了我的备课本。没有课本，没有教学参考书，更没有图书馆。

上课时，民办老师帮我把风琴抬到教室，四五年级的孩子们，抢着来抬风琴。我没教学生乐理知识，仅仅教了孩子几首歌。有了风琴，开了音乐课，孩子们可高兴了，上课效果特别好。

一次，村里开大会，学校的师生也参加，把风琴抬到会场。四五年级的孩子们站好队，随着风琴的前奏，孩子们把刚刚学会的《红星歌》献给了自己的亲人，听——“红星闪闪，放光彩，红星灿灿暖心怀，红星是咱工农的心，党的教导传万代，红星是咱工农的心，党的教导传万代！”嘹亮的歌声，受到家长们的热烈欢迎。终于，歌声从校园响起，歌声从大沈庄响起，歌声从东莞响起，歌声从莒县的边界响起，我为我的学生们感到骄傲和自豪！

在大沈庄小学，我拿到了第一个月的工资——25.50 元。后来根据国家政策，下乡上学均算工龄，但没有工资。我下乡插队五年，上师范学校二年，这是我工作七年后拿到的第一次工资，虽然很少，但我知足了。大沈庄还有像我一样的济南知青，没有工作，还在吃工分哪！

学校的条件十分艰苦，没有桌凳，教室中就是用石头当桌腿，石板当桌面，孩子们自己带小板凳来上学。上级教育部门要各学校自力更生，自己动手，制作纸浆课桌凳。这通知一下，制作纸浆课桌凳所必需的水胶（一种像粉皮样的长方形黄色片状物，放在水中熬制，是木匠当时用的胶水）莒县全卖光了。学校派我到济南出差，为学校买水胶。

我为走近路，徒步爬上了文山顶，山的那边就是沂水县了。下了山，离得最近的车站是沂水县的杨庄公社，坐上车，到沂水县城，换乘沂水到益都的汽车，到益都再换乘到济南的火车。就这样，我圆满完成学校交给我的任务。

一天，接到通知，第二天早上 5 点全公社的脱产干部开大会。赵老师头天回家了，我一人早早起床，手持一个手电筒，深一脚浅一脚地往东莞走。这十五里的山路，远些，在大沈庄和东莞之间有一座山，山上有一条羊肠小道，上山走到山顶，再下山，这条路近些，我就走的这条路。就这样，5点前我来到了东莞公社驻地的会场。

原来，公社领导想在全公社推广地瓜沟套种小麦的事，农民不愿意种，所以，调全公社的脱产干部开会，分工到各村，监督套种小麦的工作。

我仍然在大沈庄，一同来了好多干部，其中有东莞中学教语文的王老师，章丘人。大沈庄的套种小麦工作打响了，我们到田间地头监督，你看，把地瓜秧一翻，耩子下了地瓜沟，沟沟全有新土痕迹，这是耩子耩的小麦，任务总算完成了。

可是，过了一段时间，没长出小麦，扒开地瓜沟的土查看，根本没有小麦种！这是咋回事？当时大沈庄小学的学校领导是一位民办教师刘某某，他告诉我，社员们把你们全糊弄了，那天耩小麦时，耩子里有麦种不差，可是耩子插入地皮下的那段漏麦种的管全用泥巴堵死了。光看到拉着耩子满地里跑，全做的无用功！看来，农民不愿意做的事，强求也不好，应该给农民讲清道理，说明套种的益处，这脱产干部监督套种小麦的事，有点失策。

学校放秋假了，县教育局召开全县公办教师大会，我仍然走的翻过文山到杨庄，再到沂水的路。然后，从沂水到莒县城。

会上，莒县师范的老师说，已经给我们的校长现任教育局长反映了，招贤中学现在仅有一名化学教师，暑假开学这么长时间了，现在尚有两个初三班、三个高中一年级班，化学课还没开呢，急需调入一位化学教师，于是推荐了我，建议我回大沈庄时绕道去招贤中学看看。

散会后，我来到莒县城北四十里的招贤中学，这招贤当时是除县城外最大的地方，学校原来叫二中，交通方便，公路通高密、潍坊、益都、临沂。我来到理化组，我的师范同学指着靠窗的一个办公桌告诉我，你来了就坐在这里。果不其然，秋假后开学时，我来到这里教化学，在这个座位上一坐就是八年。

回到大沈庄，我接到一个调令，让我到临沂师范学校进修半年，还是音乐专业。正准备去临沂，调令被收回，同时又来了一个调令，到莒县招贤中学教化学。

就这样，我走上了一辈子教化学的道路。在大沈庄教音乐，暑假分配去，秋假就调走，中间开会、出差等等，真正教音乐，我算了一下，教了二十多天的音乐课。这段短暂的经历，是我的初为人师的经历，因为时间太短，我的档案中没有一个地方提及，所有的表全是师范毕业教化学。

大沈庄的初为人师，虽然短暂，但给我留下很多美好的记忆，现在想想，也是很开心的。

梦中惊魂

韩少君

我们知青点在招贤马家店子大队，被安排在村庄南侧，北边有条小河，与村子大小差不多的池塘相连接，上游就是莒县青峰岭水库，西面就是有名的沭河，脚下是厚厚的沙土地，没想到这松软的土地竟会为此次梦中惊魂埋下了伏笔。

1970 年夏天，忙碌了几个月终于可以歇伏了。割麦子、除草、种水稻插秧，已经把我们累的筋疲力尽，趁农闲之际，同学们都回家探亲看望父母了，只有我留守知青点看家。天气炎热正处雨季，几天的暴雨，已经沟满河平，菜园的蔬菜都浸在水里，就是在岭坡的地瓜地，也已被雨水浸泡到饱和状态，脚踩下去立刻就陷了就进去。因此，当时最要紧的就是抓紧挖沟排水，减少洪涝造成的减产损失。

暴雨前天气格外闷热，蚊子显得格外多，待在蚊帐里，很难入睡。不知何时，电闪雷鸣，暴雨倾盆，室内也凉快了些。睡梦中，总觉得不对劲，凉席不断地往下滑，感觉脚好像抬了起来，头有些空得慌，身子不由自主往上挪了挪，很快又滑了下来，反复几次，头感觉越来低。睡梦中，本能地用双手抓住床帮，睡到天刚蒙蒙亮，感觉脚高头低向一边倾斜，这才大吃一惊，往床下一看，顿时吓出了一身冷汗。原来靠墙边有个圆形的深坑，整个床陷进去了一大半，大约有一米多深。这时，不顾一切跑到村里，砸开村支书老朱的门。支书一听说这事，立刻冒雨来到知青宿舍，先到周边看看地基是否有下沉的现象，又顺着河边查看是否有管涌先兆，看到室内陷的坑，确认只是一个无主坟。他才告诉我，这个院子是村里搞副业的用房，地面就平了平，简单地打了打夯。知青来了，就住进去了，这几天大雨，上游水库开闸放水泄洪，村里的池塘也满满的。虽然，这条河直接通向沭河，水位基本和路一样平，这个院子又是沙土地，无法排水，雨水直接进入地下，这几方面的因素造成有坑穴的位置塌陷，好歹地基没有事，房子安然无恙，我们就放心了，安慰了几句。这时来了许多关心知青的好心村民，找来几块大石头把坑填好才回家吃早饭，使我受惊害怕的心得到了深深的宽慰。

时光流转，四五十年飘然而逝，当年，响应毛主席“知识青年到农村去，接受贫下中农再教育，很有必要”的号召，去莒县、去老区，参加劳动锻炼，至今令人难以忘怀。通过肩挑提水、育苗插秧、间苗锄地、耕田耙地等繁重的体力劳动和推磨碾米、摊烙煎饼、点卤水做豆腐等生活磨炼，提高了自身的生存能力和对艰苦生活的耐受力，在回城这些年来，遇到的新问题、新挫折，就能够从容以对，没什么克服不了的困难。

时光荏苒，我们已进入古稀之年，现在回想起来，人的一生需要感恩的人和事太多太多：首先感谢父母对我们养育之恩，感谢老师给予我们知识和做人标准，感谢朋友曾给予过我们的帮助和支持，更要感谢老区人民在那么艰难的岁月中给予了我们报答不尽的关心和爱护……

咀嚼百味人生

韩少君

岁月如歌，转瞬间几十年的光阴倏然而逝。在物质生活日益丰富的今天，让我愈加怀念上山下乡的日子，尤其难忘那个贫苦年月里苦中作乐捉野味打牙祭的小故事。

我是下乡到招贤区马家店子大队，那时下乡已经一年多了，剃了光头要大干一场的雄心壮志，随着时间的沉淀，慢慢地冷了下来。我们每天日出而耕，日落而息，与乡亲们一样，拿着铁锨，扛着锄头，面朝黄土背朝天，机械地干着各种农活。也开始为没有目标的疲累而牢骚满腹，会为几个工分斤斤计较，也为三百六十斤的口粮标准而奋斗。

当时在“人七劳三”的集体分配原则下，形成无劳力有余粮，有劳力吃不饱的怪现象。好在各生产队根据多年的生产经验，尽量多种地瓜，不仅高产，还不用交公粮，而且三斤地瓜算一斤粮，可以充饥。虽然一年到头吃地瓜干，也不至于挨饿。

每天唱罢红歌请示后，吃着地瓜干，忍受反胃吐酸水的日子，也一天天地过得愉快。特别三夏忙完的一段日子，就可以歇晌睡懒觉。睡醒后，画饼充饥地琢磨要改善生活，什么红烧肉、炖鲜鱼……说的是口水直流，唾沫直咽，并遭到宿舍知青的强烈抗议，说是肚中馋虫已把胃搅得都疼了。

当年正是十七八岁的年龄，也是长身体需要补充营养的黄金阶段，应该吃些鱼呀、肉啊的营养食品，没有！除了地瓜干、咸菜什么也没有。去买？囊中羞涩，想要改善伙食，只好自己挖空心思想办法了。“捉野味打牙祭”成为脑海中挥之不去的“作案”动机。

我们这个村东面是个岭，西面靠沭河，北面水浇地一年两季种水稻和小麦。南面是沭河多年泛滥冲积出的沙土地，有百余米宽几里长的树林和各种棘条。

在原生态的自然环境中，稻田有着大量的青蛙，而且树林中雨后的知了猴特别多。村里的人们对吃知了猴情有独钟，但对吃青蛙不感兴趣。我们曾捉过几次青蛙，并未发现稻田里青蛙数量减少，为此便“心安理得”起来，为了肚中馋虫，豁出去了。

捉青蛙，要选择大雨过后的时节，那时候收获最大。一开始没有经验，用手去抓，成功率极低，虽然蹑手蹑脚，弓腰猫背，但青蛙警觉度极高，还没靠近，便逃之夭夭，一晚上也没有捉到几只。雨后的水田畦埂极滑，多次摔倒，满身都是泥巴。从女知青那里借的手电筒电池也很快耗尽，吃不到田鸡肉，难免遭到大家的奚落和白眼球大于黑眼球的待遇。

经过多次总结发现，每次青蛙逃走，都是在距离我们不到一米的地方，听到响声才跳进稻田里。要捉住青蛙，就要快。于是，我做了一根白蜡杆顶端钉上鞋底做拍子的工具，和于济涛一起趁着蒙蒙细雨，穿着蓑衣来到稻田。这个拍子十分顺手，没等青蛙反应过来就已被拍在水岸，屡试极爽，收获颇多。捉青蛙，一看肚皮发白，准是大个的。再就是估算大概距离，眼疾手快，得手后迅速收入囊中。

就这样，一直捉到下半夜，我们抬着战利品满载而归。回到宿舍后，再忍受着蚊虫的叮咬，在油灯下一个一个地扒皮去内脏。青蛙的腥味儿引来更多的蚊虫和跳蚤，直叮得我们满身疙瘩。全部完活也过大半夜了，第二天中午来顿辣子炒青蛙的美餐，多带劲儿啊。看着大伙儿狼吞虎咽的样子，心情格外舒坦。吃在嘴里，乐在心中。在不知肉味的年月里，我吃炒田鸡，从没吐过骨头。就着鲜美味道，嚼着骨头的余香，心里乐开了花。

再说树林摸知了猴。傍晚，村里小王来到知青点，按商量的方案，我、于济涛和小王，每人准备了一根合手的木棍，一只手电筒和盛知了猴的书包。离开知青点，向南几分钟就进入树林，沿着一条羊肠小道边走边用木棍敲打树干，就听到四处噗噗啦啦知了猴落地的声音，利用晚霞的余光，就捡到不少。

村里人舍不得用手电，天一擦黑便回家了。整个树林，只有我们三人，见树就打，见知了就捉，不知不觉书包快装满了，手电的光线也暗下来。大家都在兴头上，谁也没有回家的意思。就这样，深一脚浅一脚，利用手电的微光继续打啊、捡啊、摸啊……突然，我们三人同时听到四周低矮的树枝唰唰作响，当时认为是和我们一样捡知了猴的人。随后，小王大声喊道：谁呀？我们都直起身子向四周张望，手电下意识地关了，顿时一片黑暗，四处仍有树枝唰唰作响。猛然间，我们发现前面有一闪一闪的蓝光，时隐时现，伴随树枝响动，着实瘆人，顿时就觉得头皮发麻，头发都有竖起来了的感觉。“狼！”我们倒吸了一口凉气，身心更加紧张。“这里有两个亮点。”于济涛说。话音未落，小王低声说：“转到这里了。”从我这个方向也看到这亮点，有些浅蓝色，挺亮，还不停地晃动。

这时，我们都没再说什么，下意识已经形成一个三角形，背靠背把手中的木棍都举起来，慢慢转动。这对光亮围着我们不停转动。如果是狼，传说是怕光的。这时该死的手电一点亮光也没有了。随即我们三人同时大喊，并挥动手中的木棍敲打树木和地面。敲打喊叫了一会儿，四周安静下来，树枝乔木也静下来了，连无名小虫也静下来了，静得有些吓人，这对浅蓝色亮光也不见了。

我们心里越害怕，越着急，就越找不到路。由于长时间抬头看树，低头捡知了猴，不知何时迷失方向。小王仗着是本地人，在前面带路。走了一会儿是树林，调个方向再走几步还是树林，这时我们有些恐惧了，是碰到鬼打墙了？还好，小王倒是镇定了许多，他朝天看了一下，按我们走过的路程和时间估算一下，说：“应该快出树林了，不管朝哪个方向走，都能出树林。最好走到上坡的地方，这是河东沿，如果感觉是下坡，就是往河道里走。只要走出树林，顺河也能回家。”

按照小王的说法，我们在漆黑的树林一直往前走。走着走着，感觉是上坡，过了一个又一个沟坎，总算到了东河沿，走出树林来了。往后看，整个树林显得更加阴森，天虽然阴得很厚，东面岭的轮廓也时隐时现，我们这才松了口气。擦去额头上的冷汗，继续走了一会儿，终于见到路了，心情也随即豁然开朗起来。

时间真快，上山下乡当知青的日子近50年了。随着时间的流逝和社会不断变化，人们的物质生活日益提高，大鱼大肉，生猛海鲜已不再是普通百姓艳羡的“饕餮大餐”，而是成为人们三天两头开荤的“家常便饭”。然而，我更怀念那段岁月，怀念喷香的田鸡肉，怀念酥脆的知了猴，怀念带有土腥气的刺猬，怀念营养丰富的马蜂蛹……

在那段苦中寻乐的岁月里，我们咀嚼的不仅是难得野味的鲜香，还有酸甜苦辣的人生百味。

雪中送炭

韩少君

1968年的深冬，没完没了地下着大雪，覆盖了沂蒙大地，沭河两畔。雪是冬天的使者，雪是洁白的象征，它以独有的身姿栖身大地，把人间装点得“银装素裹，分外妖娆”，那些冬日里的寒冷和孤独此刻也被这冰天雪地的“美景”所融化。

在那个精神文化和物质生活相对缺乏的年代，没有钟表，没有广播，没有时间概念,随贫下中农每天享受着“日出而作、日落而息”的田园生活。乡村的冬日显得更加迷茫、孤独和无聊，尤其是在这个大雪封门的日子里。为了打发那些无聊的光阴，我决定去看望下乡在东莞源河大库山的好邻居、好伙伴。

背上地瓜干煎饼和咸菜前往探望好友途中，几经打听，到东莞源河需过招贤，偏西北步入茅埠岭。蜿蜒的乡级公路，覆盖着厚厚的雪，路面被偶尔过往的车辆碾压成高低不平的车辙，行走非常困难。路上没有车辆，没有行人，只有脚下发出咯吱咯吱的声响。

雪景很美，远处的陡坡面划着几个大小不均的白圈，这些都是长期以来人为迷惑野兽的杰作。岭上有狼，心中不免有几分胆怯。漫山遍野，白雪皑皑，如果真的遇到饥饿难耐的野狼怎么得了？狼现身背后，双爪伏肩，待人回头，喉咙被袭，这些令人毛骨悚然的镜头不时在脑海出现，心中也更加不安，步伐不由自主地加快。此时，多么希望有人路过，做个伴，心里或许会踏实些。

不知何时，在我翻过的岭上出现两个人影，他们推着一辆小推车，比比画画地不知在说些什么。不大工夫，身后就传来吱吱扭扭小推车的响声，由于处在下坡，小推车很快就从我身边冲过去。这是一个身材矮小，看上去有些单薄的中年人，我们相视一笑，点了一下头算是礼貌地打了个招呼。大约有十几分钟，又到岭下，推车人坐在车把上休息，看样子要攒点力气冲上这个岭。推车两边筐子和布袋装了满满的炭，足足有600多斤。虽是寒冬，这人已是满脸大汗，气喘吁吁。我对他说:“我帮帮你。”便顺手拿起套子绳，俩人一推一拉就拱上岭峰。

往前看，岭连着岭，峰挨着峰，四处没有人家。我随口问了一句:“快到了吧。”推车人含蓄地笑笑:“快了，快了。”又要上坡了，我抓起车把，他客套地让了让，在前面拉套，好不容易又上了一道岭。在沟底休息时，这个人告诉我:这茅埠岭蜿蜒40多里，咱们才刚刚起步，出了岭就到源河。经过这么一折腾，早已饥肠辘辘，我赶忙拿出煎饼让他吃，他说，你先垫垫饥，到源河才有饭店。就这样我推他拉，他推我拉，一路走来，村庄确实很少，路上也没有遇到一个人。

冬季天很短，太阳偏西才到源河。到了饭店，店主对这位中年男人非常客气，看上去还有几分崇拜，只见他们耳语几句，很快就端上猪头肉和锅饼。我们边吃边聊，才知道这位老兄姓王，是招贤食品站的会计。当时，煤炭是紧缺物质，没有计划根本搞不到，老家有老人和孩子，冬天靠这些炭做饭取暖。他说，出招贤是朋友送上的茅埠岭，路上如果遇不到你，恐怕后半夜才能到家。他非常热情地表示，有什么事情可以到食品站找他，并拿出布票、粮票和一包糖块表示感谢，虽然这些在当时是紧俏物质，但我都婉言拒绝了。出门在外，谁还没有个难处？吃饱饭后，王会计告诉我，离大库山还有五六里路，再朝东北方向走就可以。分手后，天全部黑下来我才找到知青点。

这件事情,很快就忘却了。1969年春节前,村支书为了让知青过好春节,村里给知青每人补助2元,好买点肉包饺子过年。一年了,几乎没有吃过肉,偶尔只能靠点野味打打牙祭。就如何过好年，我们还正儿八经地开会商量，每个人再凑上点，研究一下年三十的菜谱。经常到知青点来玩的旁听者便插嘴说:“你们要认识食品站的人就好了，可以买些猪下货既便宜又实惠。”说者无心，听者有意，我这才把雪中送炭的经历告诉大家。听完后，大家都觉得去食品站找人办理这件事有戏。可是，我心里犯嘀咕，一年过去了，这位老兄还能认识我吗？

第二天正逢招贤集，我和卫东按照商量的程序，到食品站去找王会计。再见他时,那时熟悉的身影有些模糊,可能是他接触的人太多,与他打招呼,只抬起头看了我们一眼，就低头打算盘记账，弄得我很尴尬。十几岁的小青年，哪会遇事不惊？拿在手中的香烟，不知如何处理。我只好硬着头皮说了一句，还记得我吧？王会计顿时恍然大悟，立刻起身，热情地倒上开水招待我们。聊了一会，我便把过节用猪下货的想法告诉他，没想到王会计立马做了安排，让我们过几天来取货。

从那以后，我几乎没有再去找过他。1970 年底，知青返城集中到招贤，王会计找到我，手里拿着刚炸好的油条，塞到我手中，说了一些祝福的话，自此以后，我们便再没有联系过。

时过境迁，这段往事成为久久不能忘却的一段记忆。在那种特定的环境下，两位素不相识的陌生人能够相互帮助，不能不说是党和国家培养的结果，更是一种核心价值观正能量的传递。

知青上山下乡是特定时代的产物，是中国发展史不可或缺的重要事件。知青的一段经历，一片情怀，一丝酸楚，一缕幸福，都是一种难忘的回忆。斗转星移，岁月如歌，感谢年少时那段短暂的缘分，是它悄然化为一份感恩的力量，一直伴随着我，并将延续下去，永远。

下乡插曲

赵钟建

（一）下乡第一天

那是 1968 年 9 月初的一天，因为一些历史的原因，三天的时间完成了上山下乡从动议到动身的全部过程。

听说我要下乡，母亲回来了，当时父亲关在“牛棚”不能回家，母亲被拉到北京去罢官去了。母亲说:“你要下乡，他们让我回来帮你收拾一下，年纪轻轻的，哎……也好，躲开这是非之地。只是你一人出门在外，可要想好了，你要在那里干一辈子，要记住可不能走歪路，记住你的身份，你和别人不一样，要少说话，你那脾气真让人不放心。”母亲一边收拾着行李一边唠叨着，“不管到何时都记住你是谁的儿子，你是吃共产党奶长大的，到何时也不能忘本。”我小声地答道:“知道了。”她又说:“要夹着尾巴做人，要机灵点，要学会保护自己。”就这样我们娘俩过了一夜。

记得 9 月 5 日的清晨，来到集合地点，已聚集了不少同行的同学，大都在和父母互相道别。我们几个同行者眼睛相互对视着，没有往日在一起时的欢笑，只有沉默，我们的父母都没来。

一会儿就来了几辆车，我们上了一辆当时济南最为豪华的二路公交车，简单的行李放到跟随的一辆解放牌汽车上，同时有人宣布了几条纪律：记得其中有一条是中途休息时未经允许不得随便下车，下车时原地休息不得随便走动，不得随便打听事情。宣布完纪律每人发了两个面包。

这时才发现跟随我们出发的解放牌汽车是两辆一前一后，每辆车上都有一帮头带柳条帽、身穿蓝色工作服、手持一头红一头白的大棒子的青年整齐地排列在车上，车头插着标有“文攻武卫”标志的小红旗……

六点整车队出发了，我无心看窗外的风景，心里一直想着昨晚母亲的话，心头一酸，眼泪在眼眶里打着转儿，别了，亲爱的父母！别了我的……

（二）一九六九年的大雪

在20世纪的六十年代，冬季的大雪作为生长在北方的人来说，应该是比较平常的。城市中大人们没因道路积雪而阻断为生计忙碌着的脚步；孩儿们却因一场大雪的降临兴奋不已，堆雪人、打雪仗、滑雪比高低，玩得不亦乐乎。可一九六九年初（农历戊申年冬月）在莒县遇到的那场大雪是我一生中难以磨灭的记忆。

记得来到莒县后不久，就给我们传达了县里的指示：知识青年必须在知青点过“扎根年”，不得回济南过年。于是冬闲后我们小组就商量在新年时一部分人回济南，一是到各家转转，说明情况，让家人安心；二是置办点年货，新年过后回济南的就陆续返回到小河北。

不想一场大雪的来临伴随的不是我们想象的欢乐，而是一场难忘记忆的开始。一夜的风雪，风像狼在嚎叫，屋外大雪屋内小雪整整下了一夜。

清晨打开屋门，院子里半人深的积雪，几个人费了好大的劲才把院门打开。没粮了，我们四个男生只好推起独轮车，带上刚从济南各家凑得的几十斤粮票到兰官庄粮站去换点粮食。一出村，傻眼了，白茫茫一片，分不清哪是沟壑哪是路，于是我们仅凭着记忆在山间深一脚浅一脚前行，不知有几次连人带车掉到路边的沟里，四个人用了大半天的时间总算来到了粮站，个个好不狼狈。记得粮站里只有一人值班，无粮可换！哎，失望的情绪可想而知，只有空手而归……

没有粮食只有地瓜和地瓜干，仅剩的一点柴草也被融化的积雪打湿了。

无法，十印大锅里煮的切碎的地瓜和地瓜干，上面蒸的是地瓜，菜就是咸菜疙瘩和炒的地瓜条；烧的是地瓜秧，一顿饭要用大半天才能做好，而且满屋是烟。

这“扎根年”是无论如何也不能在这里过了，于是我们做了一个大胆的决定：回济南！由于大雪封山，回济南的路也是崎岖的，而且私自回济，不按规定在莒县过扎根年要承担的后果也是蛮严重的。春节过后，县知青办来了一位姓厉的副主任处理此事，那是后话了。

（三）一枝“三八大盖”枪

来到莒县小河北后，我们这些新社员都编入了民兵队伍，有的还成了基干民兵班的一员。我是排除在外的，看到他们拿枪的神气劲儿，我随口讲了一句:“有什么了不起，看那破枪，我还不稀罕呢。”谁知一句随口而出的话，却招来了一场麻烦，看我这臭脾气，怎么又忘了母亲的叮嘱？本来就定为“被管制的黑五类子女”，俗话说，不听老人言，吃亏在眼前。

这不，被民兵连长叫到大队部，当着全体队干部劈头盖脸就是一顿：“什么破枪？你看看这是从日本鬼子手里缴获来的。”他举着一只老掉牙的三八大盖，叫喊着。“毛主席说，枪杆子里面出政权，你这是反对毛主席。你要注意你的身份，和贫下中农作对没有好下场。”一场批判就在满屋是烟的大队部里展开了。好在那时虽然年纪轻轻，但批判会是经历了很多，随你们说什么我一言不发就站在那儿。最后大队长讲话了:“天不早了，大家也说的不少了，念你年纪小，又是新社员，要好好改造世界观，接受贫下中农再教育，你们这些城里来的孩子呀，不知天高地厚，要好好改造，回去吧。”

这是我在农村插队时的一段插曲。

插队杂记

刘荣起

（一）学习

我们知青组于1968年9月23日到达庄疃区坝上大队，9名同学来自同一所学校——济南铁路第二中学。此时正值秋收时节，生产大队的领导可能考虑我们初来乍到，干活吃不消，把我们统统安排在实验队。实验队的农活比较轻松，于是，每天晚饭后，都由组长组织学习，主要是学习《毛泽东选集》，比如《青年运动的方向》等文章。村里在我们的宿舍做了一个“宝书台”，上面放了不少《毛泽东选集》，通过学习，大家下乡的决心似乎更坚定了。联系实际的时候，大家议论，村里的人都说实验队地少人多，干活轻松，被社员们称为“少爷小姐队”，我们是来干革命的，要经受锻炼，不能在实验队享清福。于是，向大队提出下到生产小队的要求，态度十分坚决。大队答应了我们的要求，把我们九人分到了六个生产队。

现在回想起来，我们在实验队干活没有几天时间。在这几天里，晚上学习坚持住了。到了生产小队，随着社员一起干活，便有些吃不消了，学习开始打盹，组长只能草草收场。不知道从什么时候开始，晚上的学习便逐渐少了。同这件事并存的还有早请示、晚汇报，吃饭睡觉三件事。我们在做饭的时候，无论是早饭还是午饭晚饭，总有很多社员站在门口看，一边看一边叽叽喳喳地议论。我觉得他们没见识，怪可笑的。做的时间长了，倒觉得自己很可笑了。于是，也许是干了半天活劳累饥饿的原因，先是“语录歌”不唱了。随后语录不背了。再往后，敬祝……后面的字变成唔噜呼噜一串谁也听不清字的声音了。到了一九六九年四月份，供应的半年粮到期了，断粮了。我们找大队四处借粮，于是知道了饿肚子的滋味，认识到吃饱饭才是更加现实的。大概从这个时候开始，学习毛选、早请示、晚汇报、做饭四件事终止了。

（二）扒粪

“汗水播撒大地，坚韧挂在脸上，苦难中不言退缩，贫困中舒展刚强”。

——题记，摘自原创知青歌曲《我的第二故乡》

我和马玉兰在第二生产队，这是个不错的生产小队。在派性斗争还很严重的村庄，这个小队几乎不存在这个问题。这队姓氏较杂，姓刘的有几家，使我心理上有了归属感。这个小队比较富，工值高。年底结算时，每个工值八毛七分钱，当时官河口附近的一个村庄每个工值才五分钱！小队长很照顾我，带着我和一帮识字班（未婚女社员）一起干活。这帮识字班齐刷刷地都是二十岁左右，一个个健美俊俏，很能干，也很泼辣。每到干活休息的时候，非叫我唱歌不可，且不依不饶。我的嗓音不好，从来不唱歌，被她们逼得勉强唱几首，最后搜肠刮肚地也没得唱了，可她们一点同情心也没有，步步紧逼，这使得我很无奈，我必须要逃离这个队伍。

我打听到，队里有个扒粪的活，可以远离识字班。这是一个什么活呢？有人告诉我：就是两个人轮流跟着种麦子的耩子，把圈肥放到耩子里，这两个人须每人小肚子前挂着一个筐，手里拿着一个碗，一个人跟着耩子一碗一碗地往里溜粪，另一个人跑到前面的粪堆，以极快的速度用胳膊和手把圈肥一下子搂到筐子里，然后一溜小跑到耩子前，接替后边溜粪的人。两个人要接上趟，不能让粪肥断溜，如此循环往复。

他们还告诉我，这是个大半劳力干的活，年幼的干不了，整劳力不屑干。还告诉我，这个活又脏又累，怕是你干不了。我觉得如果我一直在农村的话，该是个整劳力了，这大半个劳力能干的活，我如何干不了？脏点累点倒是不怕，只要能离开这帮识字班。小队长冯立增听了我的要求，只留下四个字“你干不了”，便扬长而去。第二天晚饭后，他来到我的住处，问我：你真想去扒粪？我说是。他说，那活太脏，也累，你的个子高，更费力气。我还是要求去。他说，要不你先干干看，不行就说声，我换人，你再回来。

第二天，我找了个筐头子，拎了个黑碗，穿上一件补丁最多的衣服，来到地头上。这个活四个人一组：一个孩子牵牛，两个人扒粪，一个人扶耩子。扶耩子是个技术活。种下的小麦密度的大小，出苗匀不匀，全在他的掌控之中。扶耩子的人叫荆培坤，地里的活样样精通，当时是大队革委会委员，曾在煤矿当工人，六十年代初，不堪忍受饥饿之苦，跑了回来，也算是见过世面的人。

摆脱了那些识字班，感觉蛮好。有时候扒出鲜粪，弄了一手一胳膊，用个土拉坷擦擦，也就罢了。干到粪底盘的时候，就费点劲了，要把那些圈肥连同土拉坷一起划拉到筐里。要是遇到下雨，可就惨了。那本就松软的土地，一脚踩下去，鞋都拔不出来，干脆光脚走。粪堆被雨淋了以后，本来松散的圈肥粘在一起成了大疙瘩，往耩子里溜的时候要把大疙瘩破成小疙瘩，弄得身上全是粪。我的那件有补丁的衣服，后来被磨得开了花。那年秋收秋种后，这件实在没法再补的衣服彻底离开了我。有一天午后，下了一场阵雨，雨一停，队长就催着下地了。太阳偏西了，队长不收工，太阳落山了，队长还不收工。我饿得直不起腰来，也不敢说话。队长的爹，人称“四老汉子”，见他的儿子还不收工，气得把筐头子往地上一扔，大喊，我不干了！扭头就走。队长冯立增立定不动，朝他爹喊道：你走吧，今天下午你白干，不给你记工分！这一招厉害，四老汉子又无奈地走了回来，拾起筐头子，继续扒粪。秋收秋种大忙季节，一刻值千金啊。庄稼人种地也有争分夺秒的时候。

队长见到我问：还行吧？我说没问题。年底评分，因为我干了扒粪的活，评为 8.5 分。而那些能干的识字班，最多评 7.8 分。我逃避了唱歌，还多挣了工分，心中暗自庆幸。更重要的是，我通过扒粪，得到了社员们称赞，改变了社员们对知青的看法。扒粪这个活，以后不大见了。人们用铁锨把一堆堆的圈肥扬到地里取代了扒粪。但是，肥料的效力可能不如扒粪了。有了扒粪这个经历，以后不管干什么农活，我都没有畏惧过。

（三）大队宣传队

“村边的小河弯又长，当年我来到你的身旁。满腔热血献给了你，你又给了山川、大地和海洋。”——题记摘自原创知青歌曲《啊，那条小河》

地里种上了麦子，粮食入了仓——庄稼人的农闲期到了。我们经过了下乡后一个多月的秋收秋种的洗礼，终于可以松口气了。大队成立了毛泽东思想文艺宣传队，我们知青全员参与，编、导、排、练，倒也忙得不可开交。每到晚上，队部大院里点上油灯，跳的跳，唱的唱，吹的吹，拉的拉，那些老太太、大嫂们带着蹦蹦跳跳的孩子们到处转悠，吵吵嚷嚷的，很是热闹。村里的演员们动作很土气，我们就一遍一遍地给她们做示范，甚至手把手教，实在不行，就把她们的“土气”用到节目里，倒也收到不错的效果。乐手们更不用说，基本上听不出奏的是什么，我就从弓法，指法更正他们（其实也没用）。好在乐队有张世生的笛子，我的笙，基本能压住他们的“怪音”。社员们不认识笙，管它叫“秫秸攒”，形象地把笙上的竹管说成是秫秸秆。我们从中感悟到：城乡的确有差别，尤其是文化生活。自然而然的，无论是演员还是乐队，都是以我们知青为主了。排练的节目，多数是根据时政自己编排的。大队革委会的领导没出面，不知道为什么现场那么红火。这使得大队革委会的对立面的那一派很生气。他们带过话来：我们也有宣传队，你们知青也要参加。这使得我们这些刚刚踏入社会的，还没有脱了学生气的同学们很为难。派性斗争，我们是知道的，也是参与过的。如今下了乡，本想摆脱了它，不成想它又找上门来。恰好，县知青办的主任高汶来了。大冬天的，很冷。他进了屋，脱了鞋，上了床，拉起一床被子给自己盖上：有什么问题？说说。我们把两派的情况说了，问他怎么办。他说：跟着革委会走，别听那家子的。这就使我们心里有了底。

图 5-3　1970 年坝上毛泽东思想宣传队合影（刘荣起提供）

可天有不测风云，一天晚饭后，我照例去大队部排节目，被一位青年堵在路上（必须说明，这个青年后来与我的关系很不错）。他用手指着我：你的家庭是个什么你以为我们不知道？你的爷爷是地主！你到了坝上庄，就得老老实实地听贫下中农的！天啊！这，他们是怎么知道的？我一下子懵了。我悲愤，我无语！我从小与爷爷奶奶生活在老家蓟县农村，我的小伙伴们整天冲着我喊“大草包、大地主”的开玩笑，后来，我被视为“黑五类”“黑七类”，我声辩我的父亲是工程师，不是地主。他们说：往上查三代！他们把“最后通牒”的传单往我身上扔，其中有一条：“黑五类”子女不许佩戴毛主席像章。我被激怒了。我认为这极大的侮辱了我的人格和尊严。我指着胸前的像章，怒视着他们道：看谁敢给我摘下来！我受尽了这人间的不平，本想躲到这个角落，不被人发现和注意，过个平平常常的生活，了此一生算了。没想到……在这里，我看到了村里对地、富、反、坏、右的批斗会，老子不能去了，儿子去顶替。他们站成一排，一个个立正姿势，低下头，挨个地被指指划划。每看到这个场景，我就迅速转身走人。我想，如果在我的老家蓟县，我的爷爷奶奶不能参加批斗会了，岂不要由我这个唯一在身边的孙子顶替上去？越想越后怕。本来上山下乡，是想寻求一个平等的身份，可如今，连这点希望也破灭了，我们被要求扎根农村干革命，这往后的日子……我怕了，彻底怕了。我在半屈半就的情况下，老老实实地去了他们的宣传队。这是一间类似于教室大小的房子。领军人物是个莒县一中宣传队回乡的女学生。她们见我去了，使出了浑身解数跳给我看，无非是当时流行的忠字舞一类的东西。看完了，我满口称赞叫好，连连表示：这样好的节目我不会，更编排不出来……然后，仓皇逃离。

我被打击得太狠了！排练节目的积极性严重受挫。恰好，我的知青同学告诉我，有一个大汉奸头子，是他们这一派的灵魂人物。我问他，此人什么成分？他说：贫农。我问：为什么是汉奸？他说：在大官庄领人给鬼子修过炮楼。“大队认定是汉奸？”“认定的。”“好！这就足够了！”我暗自高兴。行动开始了。我先找了一个葫芦，在葫芦上画上人的五官。在葫芦下边挂上白纸条，写上他的名字。我很快编了一段词，找了四个演员（都是社员，不让知青参与），每人手里拿一根小棍，每念一句他的名字，就照着葫芦敲一下：×××，你个狗汉奸！“啪！”敲一下葫芦，数落由我编出来的“罪状”。节目的排练在秘密中进行。我告诉他们：要保密，天机不可泄露！背不过词不要紧，上台念也行。这个节目上演的时候，看节目的人笑破了肚子。我长长出了一口恶气。我要让你们看看，我，是男子汉，不是吃素的！反正我没有退路了，我也给你们点颜色看看！

转眼到了大年初一，我们在村里过“扎根年”，我的同学领我去这个人的家里。我说，他是个汉奸，我不去。他说，他可也是个贫下中农啊。这是个五六十岁的庄户人，憨厚朴实，面带微笑。已经有人在这里喝上了（每到过年，有脸面的人家都设“流水席”），见我们来了，立即让老伴拿出酒盅，倒上酒，再上两个菜。我那个时候不会喝酒，也没有拿他的举动当回事。

在之后的二十年里，我多次回村，也多次想给他当面赔礼道歉，都没成。虚荣心阻碍了我，阻碍了我们一代人。哎！那个年代哟……

（四）关于“扎根”的故事与思考

“那里留下我青春的脚印，那是我人生开启的地方——题记摘自原创知青歌曲《我的第二故乡》”。

这件事发生得很突然，有点措手不及。来得快，走得也快。

卜祥田回老家了。他要去照顾自己的爷爷奶奶。这是一九六九年正月十六，这一天是浮来山山会。我一早把他送到汽车上。从车站回来，一路上，心里不是个滋味。哎！刚刚彼此之间有了一些了解，本想携手一起生活下去。不料世事难测，才四个多月，他就走了。我们从此身处两地。他将陪伴在爷爷奶奶身旁，他将为吃饭拼命挣工分，他将娶一个媳妇，共同照顾老人……我呢，继续在坝上，广阔天地练红心，接受贫下中农再教育……心里空落落的。

在我居住的小屋里，有几个社员在聊天，看到我回来了，放下一句：小卜走了，可把刘荣起给闪了一下。大概看我的脸色难看，知趣地离开了。我的思绪杂乱无章，于是蒙上被子，想睡上一觉。朦胧中，听到一个声音在唤我，我睁眼一看，是个比较熟悉的“识字班”，此人比较活泼，她经常随着一群识字班，在晚饭后到我们居住的地方，经女知青的“点化”，把我叫出来，要我唱歌。我不唱，她们就起哄。她们虽然常来，却从来不进我们男生的屋内。我见她站在我床前，赶紧起身要她坐下。她不坐，说要嫁给我。这太突然了！我顿时不知所措。随后说了什么，不记得了。只记得我急忙跨出房门，向柳青河边走去。

柳青河，沭河的支流。它由北向南，与沭河交汇，继续向南流去。莒县北高南低，柳青河流到此处，河面便开阔起来。夏天雨水丰沛的时候，河水上涨，因而两岸的堤坝修得很高。我下乡的村子就在大堤的东边。可能是人们都去赶山会去了，堤坝上空无一人。河岸上一排排的杨树高大整齐，风儿吹过，那满地的落叶被刮得沙沙作响。堤坝上的衰草无力地扭动着身体，随风摆动。空荡荡的河床，空荡荡的堤岸，空荡荡的田野。我找个地方坐了下来，向前望去，那河里仅剩的一点流水被凝固了，在阳光的照射下，薄薄的冰层放出一线炫目的寒光。我想理一下头绪，考虑一下扎根的问题，满脑袋糨糊。一会儿想起年前办的学习班，要求扎根农村干革命，今年春节又在村里过了“扎根年”；一会儿又想起被人堵在路上，揭穿我的家庭出身；一会儿又想起在那个贫农“老汉奸”家里喝酒……脑子里像过蒙太奇。其实，“扎根农村”的概念在我的心里已经有了分量。在年前参加学习班之前，县里下了通知，要求每个小组出节目。我们的小组长张玉珍文笔很好，我说，你写词，我谱曲。她写了两首词给我，一首是《广阔天地练红心》，一首是《下定决心，扎根农村》。学习班是围绕“扎根农村”展开的，学习文件、展开讨论、交流心得、学习先进……在学习班的联欢会上，我们唱响了这两首歌。时间过去不到两个月，就要真的扎根农村？你甘心过一辈子这样的生活吗？我忽然想起，就在昨天晚上——正月十五，人们都出来赏月，有一个中年人拉住我，说：年幼的，今后有什么打算？知识青年来农村，扎根农村，不糙（错）嘛，找个对象吧。这个人是她的哥哥！听说她有好几个哥哥，在村里比较强势。问题是：她怎么找的是我？我怎么会和她一起过日子？我们互相并不了解呀，这也太滑稽可笑了吧！我不想再往下想了。怎么办？谈？还是不谈？一个声音告诉我：不谈，坚决不谈！至于在村里结不结婚、扎不扎根，几年后再说。十年河东，十年河西，怎知世事会如何变化？这个声音强烈地震撼着我，心里顿时开朗了。这时候，我们组的四个女同学来了。她们顺着水边，走着，说笑着，就像没有看见我一样。但，那种欢乐的情绪好像在有意地感染我。难道她们知道了这件事？看着她们，我突然为我的决定高兴了起来，设想一下，如果结婚了，就要离开我们的知青组。在这个知青的家庭里，我们共同生活了四个多月了，我们朝夕相处，彼此之间已经把劳苦和欢笑、命运和希望捆绑在一起。我们有共同的成长环境，共同的学习经历，共同的话题，共同的回忆……如果我结婚了，离开了这个温暖的家，眼前的一切都将不复存在。我必须坚定自己的信念，必须和同学们在一起！即便“扎根”，我也要等到他们扎根后最后一个再扎根。这样漫无边际地想着，直到听她们喊道：吃饭了，吃饭了！我的内心变得暖暖的。

说来也怪，从这天之后这位“识字班”再也没有找我。一天早饭前，我站在我们的住房前，叹了一口气。这是什么房子啊！门口高一米五，进出大弯腰还要小心碰头。屋顶的秫秸笆黑得发亮，一间小屋里按了三个单人床，剩下的空间只够调屁股的。扎根？在这里扎根？真好玩！我想着。给我们摊煎饼的大姐见我叹气，打趣地说：想媳子（妻子）了吧。我说：就我？把人家娶到这个小黑屋里？“那也有人跟。”“嗯，那她一定是个嘲巴（傻子）。”

两年后，我被留在莒县工作。她嫁到大街（那时候莒县城只有一条东西大街）的南边，我的工作单位在大街的北边，两两相对。我还没谈对象，她已经是一个孩子的母亲。有时候她去我的单位挑水，见面聊两句，还是很亲热的。她挑水一拽一拽的样子，很好看的。

（五）我们的“共产主义小组”

“我们用稚嫩的臂膀，肩负起不灭的希望。我们用沸腾的热血，浇铸着永久辉煌。”——题记摘自原创知青歌曲《我的第二故乡》。

下乡之初，学习莒南县知青的经验，实行共产主义分配原则。其实，所谓“共产主义分配原则”，就是把大家的工分收益放到一起，根据集体的需要开支。在那个物质极其匮乏的年代，“按需分配”是不可能的。但是，它带给我们的益处是不言而喻的。

在我们共同生活两年多的日子里，我们的日常生活物品比如牙膏、肥皂、信封、邮票等，都由集体购买，吃饭嘛，更是不分家了。不过，也搞点恶作剧。

张世生身强体壮，饭量大，也想来点好吃的。有一次包水饺，包了两个大个的，里边的馅放的是满满的麦麸子。自然，这两个大馅水饺到了张世生的碗里，包水饺的女生偷偷看着他，一点吃惊和尴尬之后，只见世生把麸皮小心的与面皮剥离，麸皮放到饭桌上，面皮吃到了肚子里。看了女生几眼，歪着嘴笑笑。从那以后，再也没有这种恶作剧发生了。

图5-4　尚铁汉、陈国泉、陈崇思、刘荣起1973年4月在临沂汇演时合影（陈崇思提供）

我们这个小组基础较好：大家来自同一所学校，同是铁路职工子弟，有的同学之间的友谊可以追溯到上一辈。如今，经济上不分离，共同的生活，共同的历练，把我们结合成一个团结友爱的集体。

为了多挣工分，我们决定，女同学轮流在家做饭，男同学出工挣工分；为了多挣工分，张世生、褚志民到水库上出伕子；为了多挣工分，刚满十六岁的于海军架起了车把……

也有浪漫的日子，想到招贤看看本校下乡的同学了，借上自行车，男生带女生，骑上就走。

遇到有同学家长来探望，大家像过节一样。家长和大家一起拆被褥，洗衣服，其乐融融。

一九六九年春天，县知青办组建了新社员毛泽东思想文艺宣传队，吃、住、排练都在县革委大院里。一天一大早，我还蒙头大睡，听到有人叫，赶忙起来，只见我们小组的四位女生站在面前。一位手里提着个包袱，另一位手里也提着一个包袱。打开一看，一个包袱里是煎饼，另一个包袱里是一盆豆沫子,还冒热气（我们坝上庄离县城四里地）。她们说是进城赶集，顺便给捎点吃的。我把她们送出大门口。等我回来，煎饼豆沫子已被队友们一扫而光，即便这样，我的心里像那盆豆沫子一样，热乎乎的。

县知青办给了每人几尺人造棉的指标，生活委员杨琦买了来，给每个人做了一件短袖衬衣。那人造棉的衬衣穿在身上轻飘飘的，惬意得很呢。不进城，不回济南是舍不得穿的。

一九七〇底，四位女生给我们四位男生每人做了一双鞋子。那鞋底密密的针脚，厚厚的鞋面，无不浸透着她们的心血。我的脚大，自然下的功夫也大,想问问我的这双鞋子是谁给做的,没好意思问。穿在脚上,正合适！当着女同学的面，美滋滋地在地上走几步，高兴地要跳起来。女同学一旁看了，掩口而笑。

多年后，小组同学聚会，鼓起勇气问女同学:“我的那双鞋是谁做的”？遭到迎头痛斥:“你管谁做的干嘛！”

鞋子分到了每个人的手里，八个人分到了六个地方。其中于海军当上了铁道兵，去了大西北，很快把鞋子穿坏了。开始，没舍得扔。队伍要搬迁了,不得不扔了。他找到一个空置的库房,踮着脚把鞋放到高高的窗台上，心里念叨着：只要房子不倒，我的这双鞋就在。为什么让它永在？不是一句话两句话能够说清楚的。

知青生活回忆

李　鸿

2013年9月22日，我参加了第三届中国（济南）知青文化节，勾起了对往事的许多回忆。国庆期间又找机会回了一趟当年插队当知青的村庄——山东省莒县刘官庄乡黄家宅村。

我于1968年4月来到这里，1973年8月离开，在这个村里生活了五年，当了五年村民。在村委会办公室见到现在村里的领导时，我张嘴就是咱们村如何，一切还都是那么自然。

虽然村庄的面貌发生了巨大的变化，变得让我完全认不出来了，但在那一时刻，我感到我好像还是黄家宅的“社员”。当然，现在应该称为“村民”了。

1968年4月底，我们9名知青来到这里，他们分别是熊家源、李鸿、杜建群、曲秀琴（以上来自济南第十六中学）、王积民、渠玉珠（以上来自济南第三十一中学）、程桂芝（济南铁路局第二中学）、叶建行（济南第六中学）、谢爱东（济南第二工读学校）。后来又来了谭新国（济南第十六中学）、沈玉新（济南三十二中）。共十一名知青组成了山东省莒县刘官庄公社黄家宅大队知青小组，大家选举熊家源任组长，叶建行任会计。我们就这样开始了知青生涯。

图5-5　十一位知青与黄家宅大队党支部书记于志选合影　摄于1969年冬

（一）家西大屋，鲁西大牛

黄家宅大队是个大村，当时全大队共分七个小队和一个实验队。

记忆中，全村好像是有一千五百多人，大队党支部书记兼革命委员会主任是于志选，这个大队是一个先进单位，农村的各项工作在全乡镇都名列前茅，在全县有一定影响。一个工值五角多钱，这在当时已经是比较富裕的村庄了。也就是说，一个青壮年男人干满一个月，一天也不休息，可以创造人民币十五元的价值。

我们知青的户口分别编入七个小队，但在开始时全部安排到实验队参加生产劳动。到了实验队后，逐渐了解到，实验队的主要任务是培育良种，不仅满足本村的需要，还为县农科所承担了一些科研任务。实验队的队长李加祥曾多次随县农科所的科研人员去海南进行良种的繁育，是个看过外面世界的年轻人。另外，实验队还养着一头鲁西大种牛和七八头约克夏种猪。

实验队的仓库是全村唯一的一所砖瓦到顶的大房子，在村庄西头。而那头鲁西大种牛，是周围十里八乡唯一的。所以，我们黄家宅的社员把他们并称“家西大屋、鲁西大牛”，是我们黄家宅的骄傲。

不过，确实也是实至名归，这两项在周围十里八乡是独一份。当年在盖家西大屋时，本村会盖房子的人没有盖过这么高大的房屋，不敢承担这个任务，是请了县建筑公司的把头来，才完成了我们村的这一重大工程。

家西大屋建成之时，轰动了周围的村庄，纷纷前来参观，周围各村的社员仰望高大宏伟大屋，惊叹不已地说:“这是到了城里了吗？”羡慕之情油然而生。

多年后，村里的老人回忆建房时的情景，还在说:“那县里来的把头‘奇卡促’（莒县方言，很厉害之义），在大梁上来回走，像一阵风！”

第一眼见到鲁西大牛的感觉我至今记忆犹新，那就是“震撼”两个字——高大健硕，威风凛凛，像一堵墙立在你面前，铜铃般大小的两只牛眼阴沉沉地盯着你看，随着牛头的不断转动，粗壮尖锐的两只牛角，在你眼前晃、晃、晃！让人立马产生敬畏感，畏惧感！

鲁西大牛的主要任务就是牲畜的繁殖，为周围村庄的母牛配种。每当有人牵着到了发情期的母牛到来时，在场院上干活的大闺女小媳妇就捂着眼尖叫着跑开了。于是，男人们兴致勃勃地围了上去。

牵着母牛来的人，把母牛拴在一根柱子上，并紧紧抓住缰绳做好准备。而拴在牛圈里的鲁西大牛早就嗅到了发情母牛的气息，发出低沉可怕的怒吼，牛嘴里白沫子随粗气向外喷溅。巨大的牛体不断地撞击牛圈的栏门，发出响亮的咣当、咣当的声音，四只牛蹄子在反复地刨打着地面。

这时，如果你在现场，你就会感到一股巨大的雄性气息笼罩了周围的一切！

老饲养员打开牛圈的栏门，迅速闪到一旁，鲁西大牛一声长鸣，就像一阵狂风卷过实验队的场院，直奔那母牛而去。到了母牛的身后，牛头和两只前蹄高高抬起，爬到母牛的身上。

但让我感到惊异的是，体型如此巨大的牛的交配过程却是很短促，不到一分钟就完成了。

于是，牵牛来的人赶紧掏出香烟，递给老饲养员，点上火，一再要求再来一次，以保证母牛能成功受孕。

猪的交配过程与牛差不多，不过那头约克夏种猪体重达 400 多斤，而来配种的母猪一般都很瘦小，经常见到母猪被种猪压得趴倒在地，于是围观的男人们就开始猥亵地哈哈大笑，并夹杂着一些下流的评论。

而在观看家畜交配的过程中，我们这些男知青实际上受到了最初的性启蒙。

（二）享受妇女待遇

人民公社时期的基本制度是三级所有，队为基础。分配的基本原则是多劳多得，人七劳三，即按人头分配占 70%，多劳多得部分占 30%。这是经“大跃进”、大饥荒后，经 1962 年“七千人大会”总结出的经验教训。

为体现多劳多得，具体到人，就是要评工分。按每个人的劳动能力，在小队内集体评定。青壮年男性最高工分是每天 10 分工，青壮年女性则为 8.5 分，其他依次递减。

我们这些男知青第一次评工分都评了一个 8.5 分，当时被称为享受妇女待遇。

今天回过去想一想，这 8.5 分评得是太高了，带有照顾知青的成分——因为我们这些在城市长大的孩子，对农业生产是一窍不通，什么也不会干。

按国家规定，知青在下乡的头半年每人每月还发给 9 元钱、45 斤口粮，作为基本生活保障，再加上挣的工分，我们知青小组第一年的收入还是不错的。

到秋天，我们分到的小麦装了满满两大瓮，地瓜干一大囤，玉米四柱子，柴火三四垛，还有其他五谷杂粮，现金几百元。社员们来看了后，说我们分了半个生产队。

我们一开始每天留两人在家做饭，收拾内务，后来熟练了，就改为每天留一人，其他人则去参加生产劳动。

我们十一个人的身体条件是不一样的，有几位同学身体较单薄，所以，在后来评工分时，情况就各有不同了。

让我一直感到自豪的是，我是我们六个男生中第一个评10分工的人，并且是在一年后就评上了10分工，成了整劳力。因为一年后的我，已经能干几乎所有的农活了，只是一些技术性强的农活还不能干。最重的活，就是推独轮车，我已经与其他青壮年劳力没有什么区别了。

这时的我，已经超越了妇女待遇，成了爷们了。

但是，我多次要求施牛耕地，均被生产队长拒绝，并且拒绝得毫不留情，就一句话，“你不治啊！”（莒县方言：你不行。）

在农村的各项农活中，当时被认为最重的活，就是推独轮车，地里、场院里、家里，所有的运输任务均由它完成。

其中重中之重的活有两样，一是地里匀粪，二是上山推石头。

每年春秋两季，播种前，要把土地耕一遍，耙一遍，地就变得非常松软。这时，要预先施底肥，就是把已经运到地头的粪肥，在地里等距离的分成若干份。一车粪肥大约有四百斤，靠一人之力，在松软的地里推到预定地点，推车人要使出全身的力气，脸红脖子粗，青筋暴突，才能完成。

而这一过程中，最重的又是推头趟车。因为后面的人沿着已经压硬的头趟车辙，就省力多了。所以，干推粪活的窍门就是如何避免走头趟车辙。如果你推了头趟车辙，出了力，还要惹来其他人的嘲笑和戏弄。

二是上山推石头，黄家宅地处平原，不产石头，盖房子、修水渠用的石料要到五里路外的山上采石场运回来。

独轮车没有刹车装置，为了从山上放下来，就自己用绳子和木棍在独轮车上装一个刹车装置，刹车的控制机构就放在两个大拇指上。上山推石头，一般一车要装六百斤以上，不能用绳子捆绑，只靠装车时石头自身挤压在一起。

我第一次上山推石头，不会装车，只装了约四百斤就装不下了，又装得有些后沉，看看下山路的坡度几乎有45度，胆战心惊，居然连车把都抬不起来，被我们一队的队长秦德河看见，叫了另外一位社员过来，他背对我，双手托住车架子，另一位社员在我身后托住车把，喊一声“起！”巨大的压力使我一下子跪在石头塘子里。

队长见我如此无用，开口就骂，怒喝一声：“起来！再来！”

巨大的羞辱感笼罩了我，我红头涨脸，两眼喷火，恨不得一口吃了队长秦德河。

但在他的鞭策下，第二次我很轻松地抬起车把，放下山来。下山一路风驰电掣，晕晕乎乎地就到了山下。

停车后，才感觉到两个大拇指钻心得疼痛，抬手一看，两个大拇指几乎勒断。

回头一看，队长秦德河正笑嘻嘻地站在我身后，说了一句让我记一辈子的话：“前三后三，车花子上天！”（山东临沂地区有“三花子”之说，即叫花子、窑花子、车花子）

（三）上辈子当官，下辈子砸砖

从小在城市长大的知青，刚来到农村时，一切都感到新奇，这么多的未知事物，几乎每天都有新发现。

我们到达黄家宅的第二天，大队里安排人带我们去赶集。

这个集市离我们村五里路，名曰“公婆山”，是附近的一个大集。

到了集上，不外是熙熙攘攘的人流，各种各样的农副产品。除一些的叫花子外，让我们看得目瞪口呆的是两个人。第一人，是个壮汉，身高约一米八，肌肉发达，光膀子，剃一秃瓢，一手拿板砖，另一手拿把切菜刀，晃着膀子在集上挨个摊子乱转。每到一个摊位，就恶狠狠地要钱。遇到强硬的人不给钱，就手举板砖，另一手把刀放在头上，威胁摊主：“给不给，不给就砸了啊！”我亲眼见一位摊主就是不给，那人无奈，只好砸了下去，鲜血流出来，滴到摊主的货上，那摊主才极不情愿地掏了钱。另一位是残疾人，大概是烫伤，左臂一大片明晃晃的大伤疤，左臂和左腋粘连在一起，非常可怕。他露出左边的伤疤，手拿一副竹板，口中说着数来宝：“呱唧唧呱、呱唧唧呱，你这个青年可真中，不是团员是民兵！来它一棵葱！”于是，顺手在摊位上就拿走了一把葱。摊主无可奈何地摇摇头，苦笑一下，只好随他去了。

过年回家，对父母说起农村的见闻，当我说到这两人的事时，父亲脱口而出一句话：“上辈子当官，下辈子砸砖！”

在实验队里有一位年轻人，和我们知青关系非常好，整天粘在一起。我们到他家去玩，见到堂屋墙上挂满了各种奖状：“五好民兵”“五好社员”“优秀团员”等等，不一而足。我们都感到非常钦佩，于是，对他说了很多表示佩服的话，但他冷峻地回答说:“这是个汽磅啊！”（莒县方言:自行车打气筒。）我为大队部墙壁上写大标语，一天写了十个字，他评价为一个字值一分工。他人长得丑了一点，络腮胡，又黑了一点，不识字，文盲。所以，媳妇的问题不好解决。有时在公路边干活，他的眼睛在随时注视着路上来往的行人，特别是当有大姑娘和小媳妇路过时，两眼更是看得直勾勾的，然后长叹一声:“唉其、唉其、罢！罢！罢！咱光看人家，人家不看咱啊！”（唉其:黄家宅方言，感叹词）当时，我们知青在背后议论，这人思想这么落后,怎么当的“五好社员”“五好民兵”,还“优秀团员”呢，真不配。

直至自己也到了不惑之年时，才慢慢地悟到，他是多么的可爱！是真性情！

（四）猴子猪和包饺子给它吃

我们知青小组从第二年春天开始，喂了两只猪，准备喂上一年，到过年卖出去，做下一年的各项花销。

大队部院里不能喂，在附近找了一个地方，为我们垒了猪圈。

小猪仔买来后，全体知青都去看，看它们憨头憨脑的样子，大家都很高兴，每天轮值做饭的人，就多了一项工作，即做猪食。

大家上坡回来，首先去猪圈看望它们，还经常进猪圈去逗一逗。结果，三逗两逗，猪圈的墙壁给踏出一条沟，这两个家伙见人从这条沟里进出，它们于是也从这儿跳出去遛弯找东西吃。

我们没经验，喂得又不好，这两头猪精瘦精瘦的，由于经常翻墙外出，个个身手不凡，一不小心，就被它们成功脱逃，到处随地大小便不说，就怕拱了庄稼地，吃了自留地的菜，被人找上门来。

那年，在黄家宅，只要是看见在一起走的两头猪，呆头呆脑，到处乱拱，错不了就是这两个家伙又跳出来了，人称知识青年的“猴子猪”。

喂了一年，总算长到了二百多斤，于是准备卖出去，事先请教社员如何处理，听到了一个让我至今记忆犹新的卖猪经。即送猪上路的这一天，临行前，要让它吃个够，并且猪食的质量要逐渐提高，引诱猪不停地吃。基本原理是，猪肉比猪食贵，吃进去的是猪食，但上称时就是肉了。我们如法炮制，为这两头猪制定了食谱：第一顿全部是糠，第二顿糠加地瓜秧，第三顿糠、地瓜秧、豆饼，第四顿地瓜秧和豆饼，第五顿豆饼加水。社员还交代，如你高兴，给它们炒上两个菜，包顿饺子吃也行。结果，这两个可怜的家伙撑得都快走不动了，但出于天性，见了美食还是大快朵颐，吧唧吧唧地吃个不停，标准的吃货。

最后，邻居来帮忙刹车，独轮车两边各一头，用绳子一拢，刚吃进去的东西从猪嘴和猪肛门里流了出来，两头挣。邻居连呼:“可惜了！可惜了！”

（五）最后一片地瓜干与茫茫风雪夜

1970年底知青大招工后，剩下的知青日子开始难过，受欺凌的事在许多知青点都发生过，我们黄家宅知青小组也不例外。

记忆中是1971年的麦收，那时我们剩下的五人还住在大队部院内。王吉明因身体不好，回济南了，只剩下李鸿、谭新国、叶建行、沈玉新四人。因分到的麦子要晒干收藏，我们在大队部院内扫出了一块空地，把麦子晒了出去。但我们正在吃午饭时，听到外面有人在吵吵嚷嚷。出去一看，大队书记于志选的老婆把我们的麦子扫到了一边，晒上她的麦子。我们气不过，与她争论，这个婆娘嘴里还不干不净地骂骂咧咧，因是大队书记老婆，自然有人帮闲，三四个男人也围了上来帮腔。于是，从口角发展到推推搡搡。如此明目张胆地欺负人，把我们彻底激怒了，三个男子汉冲回屋里拿起铁锨又冲了出来，横刀立马站在那儿，维护我们的权益。早有人去报告了大队书记于志选，他来到现场，见我们一副要拼命的样子，也只好罢休。

我们原以为这事至此结束，但没有想到的是这个书记居然恶人先告状，到县知青办奏了我们一本，说我们手拿铁锨行凶打人。县知青办主任高汶来处理此事，但让这个书记没有想到的是，县知青办的高主任是位很正派的老干部，当他经调查搞清真相后，批评了大队书记于志选。但他也对我们说，你们离乡背井在这里参加生产劳动和生活，一定要与大队里处理好关系。我们这几个知青每当想起这件事，都对高主任心存感激。而这件事，反过来促成了大队里为我们剩下的知青盖了新房子。原来，凡是有知青安置任务的大队，县知青办都有为知青建房的专项资金拨付。原先没盖，是因为他们认为这些知青待不长，等知青走了，这笔钱就成了大队里的了。现在，他们看到剩下的这几个人招工的希望不大，还不受欺负，放在大队部院内看着都不顺眼，这才为我们盖了新房。

1973年3月，中共中央决定恢复邓小平的组织生活和副总理职务，因

1972年福建知青家长李庆霖给毛主席写的信引起了重视，并寄给了300元。6月，国务院在北京召开了全国知青工作会议，对于知青工作中存在的一些问题，提出了解决办法。1973年8月，李鸿去莒县师范上学，黄家宅知青点只剩下了叶建行和沈玉新。他们两人在苦难中走到了一起，结为夫妻。

多年后，我问他们夫妻俩是怎么过的时，他们对苦难的记忆却固化在了一个风雪之夜，并且是多次对我说起这件事。那是他们的大女儿出生后不久，在一个暴风雪的日子里，孩子发烧，小夫妻俩急得团团转。这时，竹园知青小组的周铮因避风雪走了进来，周铮是一位很有才华的知青，当时正在自学中医。他搭过手一看，就说要快些服药治疗，但是当他看到夫妻俩人为难的目光时，周铮不再问了，告诉他们夫妻，在家里等着，他去县城找药。转身就消失在茫茫风雪之中。

当周铮回来时，已经是半夜了，周铮从怀中掏出了十个小药丸子，给孩子喂下。到了下半夜，孩子不再哭闹，烧退下去了。

这时，才知道，周铮去县城，找了他的师傅莒县名医庄郁亭老先生，师徒俩人共同组方，手工合成了这十个小药丸子。

（六）莒县知青珍闻

济南上山下乡知青到莒县最多时曾达一千多人，分布在全县。因是在“文革”中，所以什么事都有可能发生。现在仅就记忆中的一些逸闻琐事记述如下：

子女最多的知青，有四个孩子，是位男知青，下乡的第二年就与村里的一位姑娘成了亲，连生四个孩子。后来，县知青办为男知青安排工作时，夫妻离婚。离婚的原因是：离婚男知青能分到两个孩子，这两个孩子就能随父亲转为非农业户口。

莒县刘官庄公社李家念头大队知青小组，在1970年大招工后，只剩下女知青欧阳健萍一人，形影相吊，孤苦伶仃。大队里对她还不错，安排她担任了村里的民办教师，她哥哥是山东的知名画家欧阳秉森，书法也很好，为她一个女孩孤身坚守异乡农村而写了八个字，是苍劲有力的魏碑体：“坚持数年，必有好处！”化腐朽为神奇，见者闻者无不为之感叹不已。

走上仕途的莒县知青，当属女知青董瑛，下乡的第三年，她嫁给同村的林业队队长何永良，并且为这件婚事与父母有多次书信往还，态度坚定。当年媒体曾广泛报道。后来，她曾任县知青办副主任，最后在县人大常委会法制工作委员会主任位子上退下来。

差点嫁给农民的华侨姑娘。1965年印度尼西亚疯狂排华，在印尼的华人遭受了惨重的生命财产损失。为此，很多在印尼的华侨，纷纷把子女送回国内读书。当时，全国各大城市均接收了这样一些华侨中学生。到莒县插队的华侨知青大概有近十人，其中有三姐妹，都是漂亮姑娘。其中的一位爱上了同村的一位社员，要去登记结婚，到了公社民政助理那儿。那位民政助理一看是知青，并且是华侨知青，不敢做主，电话请示县知青办。当然的被否决了。这位华侨姑娘，到县知青办去问为什么？知青办的领导和工作人员，苦口婆心地对她反复做工作，总算是暂时拦住了这件事。

1970年，国家对这批华侨学生做出决定，允许他们回原侨居国。于是，他们一下子全部走光。

而这位痴情的华侨知青姑娘，到了国外还是与莒县的这位农村小伙子书信往还不断，还经常寄钱来帮助他。

据说，后来有一位领导找小伙子谈话，向他指出，给你寄的什么钱，你明白吗？她在资本主义国家，谁知道在干什么？这个钱很有可能是特务活动经费！吓得那小伙子从此与她切断了书信联系。

进入莒县最好的学校莒县一中教书的知青有三位，分别是音乐教师李鸿、物理教师黄传新、化学教师徐桐。

莒县教育界此前从未有学生考入高等艺术院校，李鸿在莒县一中和莒县师范任音乐教师期间，结束了这一历史。所教学生分别考入山东师大艺术系、山东艺术学院、曲师艺术系，并有一位学生参加上海音乐学院专业考试，已经过了三试，最后因文化课差而落榜。

济南知青撑起了莒县文艺界的半边天，县委宣传队和后来的莒县京剧团的乐队，主要由济南知青组成，长笛刘荣起，小提琴陈崇思、尚铁汉，手风琴兼单簧管殷晓林，大提琴路士伟，美工魏国瑞（电视剧《今夜有暴风雪》和八十年代山东电视台《水浒》的美工），舞蹈编导张静洁。另外，曾在莒县县委宣传队工作过的济南知青还有竹笛李鸿，大提琴陈国泉，演员阎伟、周筌。

目前还留在莒县的知青据不完全统计还有二十人左右。他们已经融入这一片热土中去了，在这块土地上成家立业，生儿育女。他们是济南人还是莒县人？外人看不明白，怕是自己也时时有些恍惚不定。

青山不改绿水长流，当年在莒县生活过的知青们，四十多年过去了。

你们心中还能想起这片土地吗?

(七)忧伤的林间小道

黄家宅大队为知青盖的房子选在了村庄的最南边。再往前只剩下了一户人家，西边邻居是社员于士芬夫妻。二排房子，共八间，围起墙来，前排房子掏出门洞，就成了一个小农家院。

这就是黄家宅知青小组最后剩下的几个人的家！最东边一间北屋女知青沈玉新住了进去。三位男知青住在三间堂屋内，前排是伙房和仓库。

出了院子，南边是一片树林，一直连到村前小河的河堤上。

顺着河堤，就能走到去县城的公路上。而穿过树林走向河堤的林间小道则几乎成了我们知青专用小道。因我们的房屋位于村庄的最南边，前边只剩下一户人家。所以，平时很少有人来到这里。

我们到小河边洗衣服，打水，都要穿过这条小道。其他小组的知青知道我们有了新居，纷纷前来探望，也是穿过这条路走进我们的院子。

来到我们新居的其他小组的知青，几乎是异口同声地对这条小道赞叹不已。而1973年8月我就是穿过这条小道离开了黄家宅大队，去莒县师范上学。为什么都说它好，因为它是一条忧伤的林间小道。

春天来临时，这条小道首先醒了过来，小草嫩绿的尖芽刚刚钻出地面，迎春花嫩黄色的花朵就在路边竞相开放了，那一串串的花蕊真让人高兴，带给我们知青新的希望，风不再是刺骨的冷了，人也活泛起来，心中有一种说不清的东西在跃跃欲试地往外冒。

可北方的春天都一个样，就是你刚刚才感受到她的美丽时，春天却在一夜之间消失了。“春归何处，寂寞无行路。”春天就像前面小河在清晨时飘过的一层薄雾一样，当阳光普照时，它却消于无形之中。在这里带给知青的只有无限的伤感，既伤感春天消失于无形之中，更伤感自己的青春少年之时，就这样一天天地消磨而去。

浓荫匝地的夏天里，茂盛的青草几乎覆盖了这条小道，当我们穿过它时，要趟着草走，树林中闷热的气候带给我们的是烦躁，知了不停地单调地鸣叫，燕子低低地掠过小道，似乎告诉我们下午将要有一场大雨。而大雨过后,这条小道被洗得唯有绿,除了绿还是绿。绿的让人不想再看它一眼。

苍凉是秋天的情绪，黄叶在这条小道上积了厚厚的一层，并且还不断地有落叶来再叠上一层。就像我们的心情一样，对知青生活前景的忧虑是

“才下眉头，又上心头”。乍暖乍寒时最难入睡。秋风吹秋雨掠过屋顶，窗纸簌簌作响，像是有人在自言自语。当皑皑白雪覆盖这条小道时，光秃秃的树枝伸向天空，像是在向上苍探寻，问他为何人生多艰？而白雪把一切都简化了，统一了，只剩下了白色，白得耀眼，耀得你分不清天空还是大地，分不清过去和未来！分不清一切！

有一次，周围村庄的知青在我们的新居内聚会，有人朗诵了普希金的《致西伯利亚的囚徒》，我用竹笛演奏了冯子存的《喜相逢》，相同的遭遇，共同的命运，使大家都很伤感。

最后，前于家庄知青女高音季林梅唱起了比肖普的《我的家》，忧伤的旋律借助于委婉的女高音飞出了我们的小院，穿过忧伤的林间小道，飘向空中，飘向家乡泉城：

纵然游遍美丽的宫殿，享尽富贵荣华。
但是无论我在哪里，都怀恋我的家。
好像天上降临的声音，向我亲切召唤。
我走遍海角天涯，总想念我的家。
当我漫游在荒野上，凝望天边的月亮。
好像看见我的母亲把爱儿思念。
她正站在茅屋门前，也望着月亮。
那家门前的香花，我再也看不见。
离开家乡的流浪人，一切都不会动我的心。
只要让我能回到我简陋的家园。
那些听我召唤的小鸟，快飞回我跟前。
让我重温平静的生活，比一切都香甜。

很伤感，大家眼里都亮晶晶的，四十多年过去了，这歌声好像还在这条林间小道上飘荡。四十多年过去了，我发现这条忧伤的林间小道仍然横亘在我心中。

一锅鸡汤

李　鸿

前些日子与人偶然谈起当年上山下乡当知青的事，事后一想，居然已是四十多年前的事情了。

当年的大部分往事已经花非花、雾非雾，朦朦胧胧的一团。但其中的一件小事却至今念念不忘，甚至一些细节都记得非常清楚，那就是一锅鸡汤。

大概是下乡的第三年冬天，当来自西伯利亚的寒风呼啸而至的时候，山东沂蒙山区地里的最后一片棉花柴也拔光了，年终决算也已结束，各知青点的知青们都忙着赶集买花生米等土特产，准备回家与父母团聚过年。

我与两个同学商量好，准备第二天一起回家。因过年要有一个多月不在村里，所以养的鸡、狗等要安排好。我们三个人决定把一条狗和三只鸡全部杀掉，饱餐一顿，留下鸡汤第二天早晨下面条，吃了好上路。

临到动手，通人性的狗可能悟到了什么，那可怜的目光和令人心碎的哀鸣使我们三个男子汉顿生妇人之仁，下不了手，最终牵了狗送给邻居。

一斤地瓜干酒和三只鸡下了肚，五脏六腑处于一片温馨之中，长期吃地瓜干的肠胃补充了大量的营养，恰似大旱之年天降甘霖。

酒足饭饱后，三个人躺在坑上神侃神聊了一通，并对明天早晨的鸡汤面条的做法讨论了一番，最一致的意见是不炝锅，直接用鸡汤下面条，保持原汁原味。

后来，我们在昏黄摇曳的煤油灯下都睡了过去。

那时买不起表，早晨按沂蒙山的习惯听鸡叫第几遍计时，这是我们下乡后学会的计时方法，每天下半夜的三遍鸡叫都能听得到。

因我们村离县城汽车站有近二十里的路，所以鸡叫第二遍就要起床，以便及早赶车。面条已经擀好，鸡汤放在一个盆里。鸡叫二遍时，三人起床收拾行装，生火做饭。昨晚醉意朦胧中忘了吹灯，一灯煤油全部烧光。没办法，只好就着灶内的火光准备了。我去打水刷锅，灶内的火光把我的身影投在墙上，映成巨大的晃动的黑斑，有点类似恐怖电影的场景。

在朦胧的睡意中我端起鸡汤盆，顺手就向院中泼了出去。当鸡汤冲出盆沿的一刹那，我忽然意识到自己犯了一个极大的错误。同时，我的两位同学也发现了我干的蠢事，三个人不约而同地大喊一声:“鸡汤！”

四十多年后我已过了知天命的年龄，却仍然不知何谓天命，只知道成功了继续努力，失败了从头再来，从不后悔和懊丧。

唯独四十多年前在山东沂蒙山区那个寒冷的早晨，我失手泼出去的那盆鸡汤，是我终身都为之后悔和感到懊丧的一件事情。

五井矿区运煤

张坤俊

我下乡到了东莞大店子，第二个冬天。沂蒙山区缺少燃料，很多村子和农户年年都在冬季农闲的时候，组织小车队去附近矿区买煤，我们村里也是如此。我们村里当时副业很好，有砖瓦厂、石灰窑、油坊、小修理厂，各处用煤很多，所以经常需要买煤。尤其是冬季农闲的时候，组织较多的小车出去买煤。这年初冬村里又要组织小车队出去，目标是五井矿区，离我们村有七八百里，我当时已经是村里的壮劳力了，就报名参加了。

去的路上是空车子，一边是干粮，一边是被子，所以走得很快。走出村子二十来里就上了当时所谓国防公路。路是沙子的,还比较平,较宽较直。走起来基本上看不出拐弯。走着走着就有点掉向，看着村庄的北屋，慢慢地变了方向，很有意思。去年冬天才下乡来时，根本没有桥，一年后才建起了桥。路过冶源水库，那高高的大坝，雄伟的建筑，很是漂亮。到了饭时就吃干粮，喝点水，晚上找个小旅馆睡一觉。这样四天就到了目的地——五井矿区。矿区里卖煤的很多,不长时间我们都装好了自己的车子,往回返。

一个小推车，四麻袋煤，大概有八九百斤重。刚走起来没觉着什么，远路无轻载，走的时间一长，就觉着重了。我当时没有经验，穿着棉袄、棉裤，不一会就被汗水湿透了。赶紧把棉袄脱了披在肩上，这样好一点。晚上睡觉的时候，就一床被子，棉袄湿了，很冷，怎么办呢？农民告诉我一个办法，叫神仙烤火，就是脱光了衣裳到屋外冻一下身子，再回来钻进被窝睡。我试了一下还真管用。就这样走了两天，基本就适应了。第二天下午竟下起了大雪，早晨起来一看，路上的雪很厚了，这也没办法走吧。一上公路那才叫好，公路上的雪叫汽车一压，路上和镜子一样，汽车都挂上了防滑链。我们只能小心翼翼地走，随时都会摔倒，那才真叫考验。

这天来到了一个叫关顶的地方，那是这条公路最大的上坡，坡又长又陡又滑。我们到的时候已经有汽车掉到路边的沟里了。来的时候大家都发誓要自己拱上来,谁也不许帮套,今天可是没办法了。四五个人弄一个小车，一步一步地往上盘。下坡那才叫痛快，双手紧握小车把，两个大拇指紧紧拉住两个粘脚（小推车的刹车装置），一步三滑，紧走慢出溜，不长时间就到了沟底。有好几个车子歪倒了，还好没有伤着人。

再往后公路还是起起伏伏，不过坡度没有关顶大了。几天后地上的雪越来越少了，不是很滑了。时间一长，越走越轻快，我们几个年轻的有时就赛起跑来。走走歇歇，就这样我们一气走了十几天。在离我们村子二三十里的地方和来迎接我们的村民相遇了。由他们接过车子，我们一气走了回去。

我从家里出来的时候，大家给我准备了一包袱地瓜面煎饼，一包袱白面葱花油饼，一大包疙瘩咸菜。一路上我先吃的地瓜面煎饼和疙瘩咸菜，没吃油饼，结果到家油饼还剩下很多，大家都说我，你怎么这么傻？怎么不先吃油饼呢？我说我倒没想这个事情。

在庄科大队演出

张坤俊

下乡第一年春节要在农村过扎根年，我们都没回家。正月里村里有演出队，排练了一些小节目和现代京戏《沙家浜》和《智取威虎山》，我们知青组知青都参加了，而且担任了主力角色。除了在自己村里演了几场外，还到周围方圆几十里的其他村演出。到哪个村就在哪个村住宿吃饭，那时的一般村子都组织不起演出队，春节里都到有演出队的村里请来演出。一般村都和我们村有亲戚关系，都很欢迎我们。

这天我们来到了离我们村三十里左右的庄科村，庄科村在我们村东南方向，已经是我们邻县了，从公路上下来，大约有二十来里地，都是弯弯曲曲高高低低的山路，只能走独轮车。到庄科村需翻一座山。庄科村是一个大村，有几百户人家。村的历史看来也很长，有较宽的一条街道，街道两旁很多青砖青瓦的房子，门洞也大，一看就有年岁。村里的原支书是我们演出队里一个女的什么亲戚，我记不清了。他们村里也没有演出队，我们去了很受欢迎。当天晚上就演了一些小节目和现代京戏《智取威虎山》。雪亮的两盏汽灯，一个大概有一百平方米的土舞台。舞台后面还有一块大幕布，分成了一个小后台，条件还可以，看的观众很多，周围的村子的人来的不少，很热闹，叫好声不断。

第二天我们没走，听说晚上有别的村的演出队来演出，我们想和他们一起演出。早饭后我就和几个伙伴在村里转转，发现他们村的房子很有意思，墙都是用薄的石头干垒起来的。顶仍然和别的村一样是麦秸的。有知道的说他们村出这样的石头叫薄板，咱们上村外的山上看看。到了采石现场一看，真是很有意思，石头一片一片的。有厚的二三十厘米。有薄的一二厘米。而且很平像刮好的木板一样。很多村庄的农民都上他们村里来买这种石头，家里盖房子时，薄的当房檐，厚一点的当门前的屺脚石，很方便很漂亮。

下午别的村的演出队来了，一商量他们也演出《智取威虎山》，我们就演了几个没演的小节目，然后他们演《智取威虎山》，一演就让我们笑了。他们所有的唱段都是用的那段“苏三离了洪洞”西皮流水曲，根本没用现代京戏唱段，杨子荣、少剑波、小常宝等正面人物演得像小丑，土匪们倒挺像。虽然我们几个知青笑得肚子疼，村里的几个老人却说他们演的是京戏，才是真正的京戏，有京戏味。

开凿山石

张坤俊

1968 年 12 月下乡到沂蒙山区，那年的冬天很冷，经常下大雪，地上的雪被北风一刮，一溜一溜的，厚的地方齐腰深。北风刮起来像吹口哨，非常刺耳。

知青们都在家里没事，学习做饭吃，和来玩的贫下中农啦啦呱。我也没事就上庄西的地里转着玩，看看环境。听到西山上有动静挺好奇，便顺着小道走上去，到跟前一看，生产队里的石头队在打石头。我想这真是一个锻炼的好活，便和石头队长说我参加石头队打石头吧，队长说：“小张，可不行，你刚来这活可干不了。”“我就当玩，小心慢慢地干。”队长也就答应了。我仔细一看，其实就是打大炮眼，一人扶钢钎，一人打大锤。我就开始扶钢钎，扶了一天，觉着还是打大锤有劲，能锻炼。就想打大锤，一开始先拿大锤在旁边试一试觉着差不多，就想打钢钎。我打了几锤还真不行，首先是打不准，不是打空了就是打擦了，扶钢钎的人很害怕，一怕打着手，二怕打着胳膊，或打着身上其他地方。那大锤一下去可不是闹着玩的，谁也不敢给我扶钢钎，这可怎么办呢？这时有一个老农过来说：“小张，你打吧，我给你扶，你小心点就是了，放开心打。”我从心里十分感激他，十分小心而又从容地打起了大锤。我虽年龄不大，那年只有十六岁，但十分聪明，没过几天我就打熟了。我们两个组成了一对，他有五六十岁了，我知道他姓邵，身板也不是很壮。他十分好脾气，很仔细耐心地告诉我打炮眼的经验，打锤的经验，怎样又准又狠又省力气。但我发现他话不多，也很少和其他贫下中农交流。

我本身就想锻炼自己，对打锤很感兴趣，别人都是两个人一组，你打一番我打一番，你扶一番我扶一番，互相交换借以休息。我自从打大锤熟了以后，都是自己打，基本不让那个老农打，有时我们两个为了抢大锤经常嚷嚷，但最终都是我打。几天后我知道，在山上打石头是有工分的，而且都是一天十分。这样他一天就很轻快了。直到有一天一位贫下中农开玩笑地说："老邵，叫你上山来劳动改造，你倒好，轻轻快快还不少挣工分。"我一打听，原来他是我们村的一个地主，村革委叫他在石头队里劳动改造来着。但是我也没觉着怎么样，也看不出他和其他贫下中农有什么区别，就这样我们两个一组一直干了一个冬天。

我学会了打大锤，又稳又狠。打炮眼，打得又圆又直。起石头，拿长钢钎把爆破后的石头撬下来。破石头的大锤有二三十斤重，用力把大石头破成小一些的。整石头，拿手锤和小錾子，把成块的石头整出五个面来。安炸药，把成管的炸药放入炮眼，把导火索和雷管接好，放入炮眼。封灰药，把芦苇和灰药缠成导火索，把灰药和导火索放入炮眼，用黄土封口，使劲封防止打枪，这活非常危险，一旦将导火索弄断就要重新掏炮眼，那更危险，闹不好就会炸着人。一冬天我们都是这样干的，我的胳膊、手累得肿了起来，五指并不拢，至今五指短粗，伸不直，都是那时练的。血泡连着血泡，慢慢变成了茧子，晚上回家用热水一洗手痛得钻心。

我站在村西岭上，手扶大铁锤，眼望白茫茫的起伏不平的大地，浮想联翩，人的一生应当这样度过："当回忆往事的时候，他不至于因为虚度年华而痛悔，也不至于因为过去的碌碌无为而羞愧；在临死的时候，他能够说：'我的整个生命和全部精力，都已经献给世界上最壮丽的事业——为人类的解放事业而斗争。'"

换化肥

田　元

下乡插队的第二年，也就是一九六九年夏天，我所在的第三生产队要去日照三庄换化肥，用旱田化肥换水田化肥，我们村分配的旱田化肥过磷酸钙多，而用的水田化肥尿素少，不够用，日照三庄是山区，没有水田，可是尿素调拨的数量多，过磷酸钙不够用，经过有关人员联系决定，双方调换化肥，标准为用五百斤过磷酸钙来换取二百斤尿素，我们村是稻改区，水田多，急需将尿素换回，麦收很快结束，麦茬稻也面临施肥，生产会上张相芬队长安排我们随队出行，我愉快地接受了任务回知青点做准备。

第二天一早我们一行二十多人，每人一辆独轮车，带着小队补助的麦子来到峤山区政府所在地，在化肥仓库内装满过磷酸钙，每车五百斤，用补助的麦子换了十个大馒头，备好咸菜，军用水壶装满水，以备路上用。车队出发了，踏着乡间小路，过店子集、陵阳、龙山，进入日照与莒县交界处，路边一个村子叫管庄，车队停下休息，吃饭、喝水、补充体力，途中有过一次短暂停歇，这是第二次休息，马上进入山区，听同去的村民介绍前面有两个岭比较陡，很难走，叫什么“东滚身”“西滚身”，推着重车如果上不去，就有可能连人带车翻到山沟里去，我暗自发笑，是不是他们吓唬我，心想你们能上去，我也能上去。

忽然路边一个院子里传来熟悉的济南话，觉得是知青，忙提上水壶前去敲门，开门后经交谈，得知他们是济南五中的下乡知青，好像是一九六九年七月到管庄的，我和他们攀谈了一会儿，他们热情地给我灌满水壶，给了我两个玉米饼子，以备路上用。

我在学生时期就养成了锻炼身体的好习惯，一年四季练举重，双杠、哑铃、拉力器每项都有成套标准，每天必须完成。登山、游泳也很喜欢。插队后锻炼用的器械也带了一部分，年轻人就要有年轻人的朝气，不管干什么工作都要认真做好，下乡后晚上仍然坚持锻炼，做到既有力量还要形体健美。队伍又出发了，两个比较陡的岭也顺利过来了。确实很陡，一般人是很难推着这么重的车爬上来的，由于思想上有充分的准备，所以实际攀爬时就没有费太大力气。爬上大岭后将车停稳，下岭帮其他村民将车推上去，平时的体育锻炼确实打了好基础，在下乡的各项工作中始终保持强壮的体魄，所以推车爬岭这种活也不在话下。

目的地到达后，很顺利地做了化肥交换，受到三庄下乡知青的热情接待，其中就有我们学校的而且还是同级的同学，在校就相当熟悉，不知道他们一九六八年七月便来到三庄，同学们给我下了面条（爆锅手擀面），并给我准备了返程路上吃的葱花大油饼，我真的感谢他们，因为他们的生活也很艰苦的，不是天天吃面，主要口粮是地瓜干，他们是见老同学来了，在校时甚至男女生都不说话，但在几百里外的农村相见，亲得不得了，这就是同学情，这就是知青情。

离别的时候，眼睛里流着泪，送出很远很远，我的心里也是一阵酸楚："别忘了给同学们问好。"多么纯朴的同学情啊，这是永远也忘不了的。

回来的路上轻快多了，一是下坡，二是车载重量少了一半还多，所以速度也就快了不少，村民们带领我们尽量走小路，比走公路近了不少。沿途我们说笑声不断，有人哼起了地方小曲，我也随即吹起了口哨，穿行在乡间的树林里、山坡上、村庄内、小河旁。

回到大崖头村时天已经黑了，小组同学们都已吃过饭，组长文素慧告诉我："锅里给你留着饭，你快吃了吧。"

饭后我把在日照三庄见到同学们的事告诉了他们，并转告同学们的问候，大家都很高兴。

知青生活是丰富多彩的，下乡已近50年，我们已近古稀之年，我们的故事多，每一人都有很多故事，每一人都有自身的经历，每人的经历都是丰富多彩的，愿我们丰富多彩的经历和夕阳红绽放出更加绚丽的光芒。

修水库

田　元

一九七〇年七月份，夏收夏种已结束，我在大崖头村插队已近二年。农田的耕、种、锄、割，使用牲口耕地、耙地，都已基本掌握了。要说最棒的就是推小车，经过近两年的锻炼我能运用自如，推土、推粪、推沙、推庄稼，最过瘾的就是上山搬石头，既锻炼人的胆量，又锻炼人的力量。为了体现自己的能力，我是专挑重活、累活干，千把斤的车子玩得很轻松。

下午生产队开会，每队一名壮劳力去莒县招贤仕阳水库出伕子，就是修水库，全县组织约计四百多人。工作内容是开山放炮、运石头砌水渠、清理泄洪沟等。我踊跃报名，队长告诉以大队为一作业队，大队委派带队负责人，交代所需物品，第一带够五天的饭，也就是七十五个煎饼，每天十五个，一顿五个，第四天下午带队人员或大队安排送饭，仍然一送五天的饭；第二带着、铺盖、咸菜、饭盒、缸子、毛巾和换洗的衣服，带有本队的手推车，因为主要是从山上往下放石头，所以车上的粪篓不用带。

第二天队伍来到招贤公社仕阳村，接待人员安排我们一行八人分住在两个农民家里，我们四人住在农民家的伙房里，房子比较宽敞，地上铺着厚厚的苫子,上面铺着大席。晚上休息铺着褥子,盖上被子很快就进入梦乡，早晨起来，先把被褥叠整齐，洗漱完毕吃早饭，饭后上山，修水库必须先开山放炮。这些就地取材往返运输的问题，指挥部考虑得还是挺周到的。

我们的房东大嫂三十多岁，中等个头，腰间围着个围裙，头带蓝白粗布盖头，逢人便笑，她主要给我们做饭，一日三餐，早餐稀饭咸菜和自带的煎饼，中餐炒菜，咸菜和煎饼，晚餐炒菜、咸菜和粥。房东大哥有时在水库捕到小鱼，我们还能喝到鲜美的鱼汤呢。房东大嫂对我们四人的伙食搞得还真不错，我们挺感激他们。

饭后上山开山，中午回来饭菜早已备好，饭后还能休息一个多小时，下午出工晚，天太热，在工地上要天黑以后才能回来吃饭，回来后饭菜早已放在桌子上，筷子摆得整整齐齐，房东大嫂热情地招呼:洗手吃饭了……

上山打炮是个技术活，抡大锤的和掌钎子的要绝对配合好，才能既安全又进度快。我才二十岁，体格又棒，力气活当然是我的。抡大锤砸钢钎，钢钎要随着大锤的起落有节奏地转动，不然的话，打眼的深度不符合要求，进度慢，炸药放不到一定深度，炸裂的石头厚度不到，砌水渠不符合要求，这些都要力量和技巧来完成。上午十点半每个作业组就已打几十炮眼，由专业人员逐个检查深度并做标记，后有技术人员灌装炸药并做标记，安装引线，十一点半，通知所有人员快速撤离起爆点，吹几遍哨子，核实确实无人后，起爆人员开始起爆，顿时山崩地裂，飞沙走石，烟雾弥漫。专业起爆人员从爆破声中还能分辨出是否有哑炮，并在烟雾消失后一段时间迅速排出或重新起爆，便于午饭后施工人员上山清运石头。午饭后上山只推手推车和撬棍，将炸裂的石头用撬棍撬出石窝，装在车上运到清挖的水渠旁，便于砌筑水渠的师傅施工，一般情况，放石头下山重量都不轻，一定要讲究效率，我一般每车重量一千斤以上。放石头的路是不好走的，基本上没路，只能用双手紧握车把，用腰部和双臂来调整方向和掌握平衡。

砌水渠石头准备充足后，我们转入河道的清淤工程，这是为新建水渠配套的分流工程，这个工程相比开山放炮轻松多了，但我一个人每天能清挖二十多立方米的淤泥沙，在当时这个工地上完成量也是最高的。

参加该水库工程的作业组有近一百个，他们分别安排居住在十几个自然村内，石头的来源也分别来自十几个山头。

工程就要结束啦，房东大哥大嫂给我们改善生活，指挥部也向接受工队的各村村民给予表扬和相应的物质奖励，我们临走时也表示了对房东大哥大嫂的感谢之情。

每当回忆起这些往事，觉得好像就是前几天的事情一样，知青的生活是比较艰苦的，但是艰苦的生活往往是最能锻炼人的，人的高尚的意志品质就是在艰苦的环境中锻炼出来的。

知青生活中的自力更生

卢　鸣

（一）换瓜干

我是济南十七中学的学生，1968 年 9 月来莒县下乡插队落户，这一来就扎下了根，在这里工作生活了一辈子。

当时我们一共来了 25 个人，其中峤山区庄家洪沟大队 13 人，大崖头 9 人，前集 3 人。我们庄家洪沟的知青没有参加当年的秋粮分配，吃大队实验队的粮食，麦收前给吃光了，麦季一人分了六七斤小麦，吃不到早秋。知青组长高翠萍召开了小组会，决定向贫下中农学习，卖了麦子换地瓜干。四个男生数我体力最棒，责无旁贷，大队领导让我跟三个社员外出换瓜干，必须保证我的安全，并替我买好，因为知青不会在市场上讲价，也分不清质量好坏。

中午一行四人从洪沟大队出发，天气晴朗，顶着炎炎烈日，推着车子走了六七十里路，傍晚到了莒县南边的小店，暮色降临，在省道的过水桥上露天宿营，平整的桥面铺上蓑衣，仰望着星光闪烁的夜空，听着桥下潺潺的流水，安然入睡，现在看来还蛮有诗意的。天蒙蒙亮，又上路了。小店离莒南县的大店不到二十里路，上集前就赶到了。上午社员让我看守四辆车子，他们去了解行情，到中午散集，也没有买成。嫌贵，说向东有个涝波村，那里价格低些，其实一斤瓜干也就便宜几厘钱，于是乎又徒步半天近四十里路，太阳落山后到达涝波，在打麦场上安营扎寨。天不作美，半夜下起了雨，我用塑料薄膜从头到脚把自己蒙起来，只要雨下不大，雨水冲不走我，我继续睡，其实也没处避雨，听天由命吧，真是“薄膜底下成一统，管他下雨与刮风”，总算雨很快就停了，侥幸躲过了一劫。

第二天午后，终于买好了瓜干，踏上了返程，途经莒县中楼，快天黑时到了寨里河。两天多来，社员们带的煎饼和咸菜都吃光了，只剩下同学们给我带的一书包麦子，已是饥肠辘辘，社员拿麦子去供销社饭店换大饼，很失望地回来了，说人家要下班了，门头已经没饭可卖了，还有六七十里路呢，空着肚子能行吗？我抱着一线希望，又进了饭店，恳求售货员照顾照顾，她打量了我一下，问我是知青吗？我说是知青，因为怕口粮不够吃的，卖了麦子到一百多里外买地瓜干，又问我诸如多大了、现在怎么生活和参加生产劳动等一些琐事，说你还不大呀，这年龄就远离家乡父母独立生活，真不容易。我那年十七周岁多点，现在来看还是未成年人，我骄傲地告诉她，我是大的，我们小组还有比我小一岁半属小龙的呢。也不知她出于好奇、赞许、同情或是怜悯，认真地听我的讲解，现在回忆起来，还像是打翻了五味瓶，酸甜苦辣咸一味俱全。但那时只盼她快给我换大饼吧，她稍一犹豫，让我等一下，就从门头后门进去了，我心中暗喜：有戏！不一会儿就拿出一个热气腾腾的大饼，我从心里感激她！以后参加工作，在饮食服务公司，才知道售货员必须费点周折，通过保管员过称才能提货，这是饭店的制度，当时已经下班了。我们吃饱了，又有劲了，半夜到了莒县城里，在县城中心的老槐树旁休息了一会儿，还有近三十路呢，后半夜总是断断续续地下雨，雨来了就把车子撑起来，蒙上薄膜，蹲在车子下边避雨，雨停了再走。离家还有七八里路时，蹲在车子下边睡着了，一小觉醒来，困神怎么也赶不走了，推着车子似睡非睡，像是醉汉深一脚浅一脚，东倒西歪，好不容易坚持到我们村后边，一步也不想推了，放下车子，一溜烟跑回知青点，大声喊着，我回来了！同学们都从睡梦中起来，做饭的同学煮了四大碗面条，虽然困得睁不开眼了，仍迷迷糊糊地把它一扫而光，这时天还不亮，快睡觉吧！一觉醒来，透过窗棂，望外面天还不亮，其实我已睡了十六七个小时，天又黑了，起来吃了点饭，接着又睡了十多个小时，总算睡够了，这是有生以来第一次连续睡了二十六七个小时，也是第一次徒步跋涉了二百四十多里路，其中一半路程还推着载有三百多斤瓜干的独轮车，虽算不上受益匪浅，但总让人终生难忘。

（二）“投机倒把”那几年

1970 年大征工后，峤山庄家洪沟知青小组由 4 男 9 女变成了 2 男 4 女，社员背后称我们为：没有教育好的知青。繁重的体力劳动和贫穷的生活，随着岁月的流逝和年龄的增长，使我们逐渐成熟起来，穷则思变，开动脑筋，走自力更生的路，改变知青小组一穷二白的面貌。

那时国家也较前期重视知青的安置工作了，对知青制定了一些优惠政策。如知青的口粮标准为平均口粮的1.5倍，每人每月半斤食用油，30斤燃煤，可用平价购买，我们没钱，就先从供应的煤入手，当时平价煤每百斤1.6元，市场行情可达5至8元。我们小组的供应本上还是1968年的十三人，也不知谁弄错的，将错就错，韩信用兵，多多益善，别说十三人，就给弄成三十人也没意见，这样每月卖煤390斤，可获利润10至20元，就有了买油买菜的钱，生活有所改善。以后把我们的经验告诉峤山的其他知青，打消了怕犯错误的顾虑，大家一致决定牛庄集时一块去处理各自的煤炭指标。没有车子，那时我当小队会计，让队长逢集那天把队里仅有的6辆车子给我用一天，几个村的知青组成一个卖煤小分队，去牛庄供销社买出来，一路浩浩荡荡直奔小崖头油坊，这次收获颇丰，1.6元买的卖了8元，纯利润高达百分之八十。此类行为玩不好还真弄个投机倒把分子当当。

我们村是峤山知青点条件最差的，五个小队平均口粮300至350斤，按口半计算仍不足600斤，上报时尽量少说点，反正也不落实，睁一眼闭一眼，我们是多弄点是点，别低于300斤就行，因为政策不允许低于300斤，公社批给去粮所买平价粮的指标，多数为瓜干，不给小麦，逢集时买出来反手就卖，平价瓜干7分7厘，与集市价格悬殊不到一角，以后嫌费事，直接在粮所门口大声小吆喝卖发票，让他自己去粮所过称，这是我们的第二笔收入，可惜一年只有一次。大本事没有，小道道还是可以想点的，昭宾同学发现隔壁小卖部的代销员要把社员换饼干的小麦去粮所换成粮票，才能再去副食店买回饼干，充分发挥知青的优势，知青回济探亲每人每次可用瓜干换30斤粮票，便去分管知青的团委书记那里领，我们再去找公社文书开具证明信，上粮所用瓜干换回粮票，再去小卖部把粮票给他，换回平价小麦，隔三岔五地就倒替着回济南，团委书记人很好，他可能也不好意思去找文书了，我们回家的次数是多了点，便拉开抽屉拿出共青团峤山区委的公章，说试试我这个中不中用，不行再来，没想到团委的公章也管用，以后诸如此类事项就用团委的大印了，省事。我们也最大限度地把瓜干换成小麦了。以后又把刚下乡十三个人的自留地都种了小麦和玉米，种菜不好管理，庄里的小孩净给祸害，收成最好的那年小麦、玉米各收400多斤，年单产800多斤，不但过了黄河500斤，而且提前跨过了长江800斤。大队书记对知青很好，虽穷，但也力所能及，每逢农忙季节，社员不分男女一律不准白天干自留地的活，唯我知青例外，知青一个不落都在自留地里忙碌。经过一番努力，洪沟知青小组从峤山最穷一跃成为峤山最富的知青点。

这段经历有苦有甜，虽然从下乡到征工历时9年，丧失了读书的大好时光，我们小组十人初一，三人初二，名为知青，其实也就个高小水平，但造就了这代人不畏艰难，自强自励的顽强意志。

（三）一个小纸盒

下乡四十九年后的仲夏，洪沟知青小组的同学第四次在日照聚会。八个已是奔七的同一个知青小组的同学欢聚一堂，回忆着那儿年知青生活的艰辛和趣事，仍是七嘴八舌，仍是漫无边际。忽然，有同学提起了我们的小纸盒。不错，那个小纸盒，那个我们的小纸盒！

女生宿舍的桌子上放着一个小纸盒，原本是包装的什么早已经不知道了，只是知道它是我们这个集体的小金库。

1972年随着知青政策的落实，我们的生活也迎来了转机。直觉告诉我们，改善我们生活的时机到了！我们知青小组留下来的两男两女自然而然地分了工：男生体力好，胆大，能折腾，承担了自留地里的沉活，以及利用知青政策而进行的“投机”活动。男子汉嘛，理应有所担当。女生则负责管理生活开支，米面油盐菜一切生活用品，她们说了算。男生每完成一次交易，都把所得收入一分不落地放到小纸盒里。小纸盒里的现金顺其自然地增多或减少，没有账目和记录，大家相互信任，谁也不拿纸盒里的钱用作个人开支。不再轮流做饭了，那会耽误挣工分的。散工后一块忙活，烧火的烧火，和面的和面，或擀面条，或蒸馒头，或烀地瓜，忙个不亦乐乎。四人围坐在一张小桌上吃饭，倒也其乐融融。

男生不大讲究个人卫生，女生主动把男生脏兮兮的被子拆洗干净再重新做好，真有点一家人过日子的感觉。

小纸盒里的钱在增多。有的时候，我望着纸盒，会产生许些想法：它承载了我们的企盼？我们的希望？甚或是我们生活的一切？

一天女生给男生说，我们每人做条裤子吧。我诧异地问：“哪有钱做呀？”她们告诉我，小纸盒里的钱留下日常开支用度，做四条裤子足够了。好事呀！赞成！

由女生办理，每人做了一条浅灰色的裤子。须知，这是下乡后我添置的唯一一件衣服。

一年后，一个女生上学去了。每次知青分配去上学或征工，都会给留下的人心里或多或少的隐痛。空气似乎凝固了，没有了以往的说笑。离开的知青压制着心中的喜悦，生怕让留下的人不好受。没有合适的语言，找不到安慰的话语。共同劳动生活了五年的伙伴，在默默地收拾行装的时候表达出：我们就要分别了。留下的人为将要踏上人生新旅途的同学祝福。反正走一个是一个，这是命运的安排，自己说了也不算。

“把小纸盒里的钱分了吧。”走的同学坚决不同意。一起去转口粮办理户口迁移手续，把转口粮所得的现金如数交给走的知青，让她买张车票去上学，剩下的，补贴以后的生活。用小车推上行李，步行三十里路送她到县城车站，依依作别，然后空落落地返回。

小纸盒仍旧放在原处，三人又度过了既漫长又短暂的一年。另一个女生也去上学了。一如前边所述，我们的情感被重新演练了一遍。人走了，又是一切照旧。不同的是，这个小组只剩下我们两个男生了。没有人给我们拆洗被子了，没有人给我们做新衣了……

小纸盒里的钱全部留给了我们最后的两个男生。

当送走最后一个女生的时候，一次次的失落已习以为常了。

小纸盒继续发挥着它的作用，伴随我们两人消磨着时光。

直到1975年9月底，我们两人一同分配了工作，结束了七年的知青生活。小纸盒寿终正寝，完成了它的历史性的使命。它最终被我们遗弃在知青宿舍里。

四十九年过去了，它在我们心里留下了挥之不去的记忆：一个记述着知青同甘共苦、纯洁友谊的记忆，一个极具知青特色的记忆。

啊，那个小小的纸盒啊……

我给大队卖小鸡

徐遵海

1971年，我们大队为增加村里的经济收入，建立了暖房。暖房就在我们知青大院。开业那天，全村沸腾了。许多社员兴高采烈、争先恐后地拥进了知青大院。村长在这里宣布借庄暖房正式开业，而且将优选信得过的社员出村卖小鸡。

一天，大队领导找我谈话，动员我出去卖小鸡。当时由于羞涩，自己从没干过这行，一时未能应下。可村长不死心，反复做我工作，最后我只能硬着头皮，抱着试试的态度勉强答应下来。但心中还是忐忑不安，不知自己能否胜任这项工作。

上任头一天，村里给我们出去卖小鸡的社员配备了自行车、木笼子、小米等用具装备。第二天，小鸡孵化出来，社员们都来看热闹，那么多毛茸茸、金灿灿、活蹦乱跳的小家伙们，叽叽喳喳，到处乱跑，非常活泼可爱！当时，我一看就喜欢上这些小家伙啦！我心想将与它们有缘，要相互陪伴一个阶段了。然后我将小鸡们小心翼翼地装进了鸡笼，骑着自行车走村串乡，翻山越岭，风餐露宿，风里来雨里去，饥一顿饱一顿，别提有多辛苦啦！开始不好意思喊，但不喊又没人买，因我平时都不爱说话，更别提吆喝着卖小鸡了。怎么办呢？思来想去，不喊卖不动啊！而且有言在先，五天出一批小鸡，你这批卖不出去，下一批又接上更不好卖了。所以一批小鸡必须五天卖完。最后还是豁出去了，我咬咬牙，狠狠心，张开口，红着脸，吆喝起来，第一声声音不大，自己都没底气，接着我鼓起勇气，吆喝了第二声、第三声……渐渐地吆喝顺了嘴，声音也响亮了，也就不再难为情啦！卖小鸡啦！卖小鸡啦！卖小鸡啦！我一声比一声高，一声比一声响亮。终于引来了许多大妈、大婶，大爷们前来围观，问价，砍价，挑来选去。第二天我就卖出了两百多只，初试牛刀，颇有收获。这就让我鼓起了信心和勇气。这其中有交现钱的，也有记账秋后还钱的。就这样我不停地吆喝，不停地骑车跑着，两天下来嗓子喊哑了，嘴上起了皮，骑车硌得屁股生疼，坐都不敢坐了。这其中的酸甜苦辣，只有自己知道。但为了尽快卖出去，我还是咬牙坚持着，拼命地吆喝着，不断骑车跑着。最后一天，剩下几十只，降价处理了。终于完成了第一个五天计划，然后第二个、第三个，一直卖完这一春季孵化出来的小鸡。

卖小鸡这个活，可不是一般人能干的。记得有一次赶上下雨，被淋在了野外，好不容易找个避雨的地方躲了进去，我想这老天下个没完就坏了，人遭罪没有什么，可小鸡卖不出去怎么办？正在我心急火燎的时候，雨渐渐地停下来，我立即推车上路，可下过雨的农村小路泥泞不堪，很难走，几次车轮陷在泥洼里推不出来，我使上浑身解数，蛮拖硬拉，弄得满头满脸是泥，泥水汗水混合在一起，真是狼狈透了。我从小在家里哪吃过这种苦？受过这种累啊？心里越想越委屈，幸好过来几个乡亲，帮我脱离了困

图 5-6 1974 年临上学前和借庄大队社员合影（后排左二为徐遵海）

境。就这样，也是走走停停，因车轮上一会儿就挂满了泥巴、杂草，需要用手一点点撕拽下来。

在卖小鸡的过程中，我也总结出不少经验，比方说，要想卖得快、价格高，就不能怕吃苦受累，我去过很多地方，沂水、蒙阴、新泰、益都、高密、日照等地方，每天走二百里路那是家常便饭，碰上刮风下雨，也是常有的事。虽然苦点累点，但总算没白忙，只要卖完，心里就十分轻松，就有成就感！三个月过去了，任务总算圆满完成，也给村里一个交代。

秋后，我还要到各个赊账点收款，这收账活可比卖小鸡轻松多了，骑着空车，就当自驾旅游啦。沿途看风景，倒也乐在其中，偶尔也有不顺心的事，就是碰上赖账不给钱的主，还真是无计可施。只好认倒霉，但这只是极个别的。我走到哪里，就住在哪里，如客栈、乡村医生、济南知青点、青岛知青点等都是留宿的地方。现在想起来，心里一直感激他们对我的无私帮助！有志者事竟成，收款 20 多天，终于把账收齐了。一颗悬着的心终于落了地，总算完成了任务，没有辜负大队和社员们对我的信任。

这次卖小鸡，使我受益匪浅，它不但锻炼了身体，也磨炼了意志。我认为一个人要想实现自我价值，不论干什么，只要你认真对待，不怕吃苦，不怕受累，持之以恒，总会做出成绩，有所回报。这也为我今后多年工作打下了坚实基础，无论在工作中遇到什么困难，我都会情不自禁地想起卖小鸡的历练，以它当个模板，再困难的问题也能迎刃而解！

艰苦的磨炼

欧家元

光阴似箭，一晃整整 42 年过去了。

1974年6月，18岁的我高中毕业，还未来得及设计自己的人生，广播里就传来了莒县县委、莒县革命委员会、莒县上山下乡办公室播发的一系列关于组织第一批知识青年上山下乡的动员号召，以及莒县人民武装部等十几名同学，响应号召向全县发出的倡议书，倡议凡符合上山下乡条件的有志青年踊跃报名到农村的广阔天地里，接受贫下中农的再教育，滚一身泥巴，磨一手老茧，是可以大有作为的。

图5-7　欧家元到北农场下乡（董世奇提供）

在学校里的时候，就了解过一些这方面的政策，看过不少关于全国各地老知青的先进事迹和长篇小说，对知识青年上山下乡的革命运动有一种无限的向往和追求，因为自己是吃“国库粮”的，符合上山下乡条件。所以当听到县里的宣传动员时，一下子拨动了我的心弦，找到父母没有商量的余地，随便捎了点被褥和洗刷用具，到县里参加了莒县第一批知识青年上山下乡学习班。学习班上，系统学习了中央省地县各级的指示精神，以及济南、青岛来莒县插队老知青的亲身经历和感人事迹，更加坚定了自己上山下乡的决心和信心，一定到三大革命的最前沿，去经风雨，见世面，更好地锻炼和考验。十多天后，我们一百多名男女青年，分别编入十几个知青小组，经过轰轰烈烈的欢送仪式后，奔赴了各自的知青点，开始了一段难忘的人生经历。

我们十一人，六男五女，插队去了城阳镇邹家庄子大队。大队干部和贫下中农的热情忠厚、直爽朴实一下子拉近了我们之间的距离。

我们吃住都在一个院子里，互相关心，互相体贴，一同上工，一同收工，一同交流各自的理想和体会，一切烦恼、一切艰苦，早已烟消云散。

我们成立了团小组，制定了生活制度，尤其是生活标准，坚决不搞特殊化，不脱离群众；制定了劳动制度，同贫下中农打成一片，同甘苦，共患难;建立了好人好事记录簿，主动帮助村里的老、弱、病、残和独身老人，蔚然成风。我们小组经常集体学习，交流心得，写汇报总结，搞丰富多彩的娱乐活动，吹笛子，拉二胡，打锣鼓，唱“劳动之歌”。下乡两个月后，我根据当前形势,结合本小组的实际,写了一篇“下乡有感”,送到县广播站，第二天就广播了，在全县引起了一时的轰动。

半年后的一天，我突然接到通知，带好一切食宿用品，到县上山下乡办公室报到，去了才知道，县里组织了二十名知青，分别安排到县农场和县园艺场去插场。我们一行十人，七男三女，被安排到县农场，由我担任知青组长，又开始另一种全新的生活。去的时候，正是寒冬季节，农场里还在搞田间管理和收割芦苇等。我们这帮知青凭着一腔热血，立即投入到各项工作中去，割芦苇有时还要到没膝的冰冻里，脚上腿上都划出了一道道血口子，其艰苦可想而知，但我们每个人心里，却是甜甜的。

二年后我们从知青转为了农场工人，五年后，我考入了莒县县委党校青年干部培训班，后考入中央党校政治系大专班，接着考入山东省委党校涉外经济管理本科班。期间参加“南茶北引”新产品开发、研制、生产栽培工作，主持两项研究课题，分获日照市科技进步二、三等奖，产品分获中国农业博览会金奖、银奖等奖项，2002 年被评为山东省科技先进工作者标兵，成为“南茶北引”第二次腾飞的主要带头人之一。

每当回顾上山下乡的岁月,看着保存四十多年“下乡留念”的珍贵照片，我的心情总是不能平静，最宝贵的黄金年华，竟然与上山下乡联系在了一起。是的，正是那段难忘的人生经历，艰苦的磨炼，造就了我们吃苦耐劳、勇往直前的坚强性格，这是生命中的宝贵财富，永不丢弃。

大寨与爱国村的交融

李云波

大寨村以毛主席“农业学大寨”的号召闻名全国乃至全世界；爱国村以响应毛主席号召，成立沂蒙第一个农业生产合作社成为农业战线上的模范。大寨村出过全国劳动模范陈永贵后来成为党和国家的领导人；爱国村也出过全国劳动模范吕鸿宾受到毛主席、周总理等党和国家领导人多次接见和表彰。两位劳模也曾在一起交流经验和相互学习。这些都是人所共知的，我有一个大家不知道的秘密。这就是我从大寨村的土地上背回一包黄土撒在了爱国村的大地上，实现了两个模范村土地实际意义上的交融。

那是难忘的知青年代，我们都很年轻。1976 年 8 月，刚刚高中毕业，我们响应号召，背上背包乘上卡车，从县城到农村上山下乡，来到了著名的模范村莒县爱国公社爱国大队（后为爱国村）。我们一行十几个同学受到了爱国大队干部群众的热情欢迎，大队党支部书记、全国劳动模范吕鸿宾为我们介绍了情况、提出了要求，大队干部为我们安排了食宿。这样我们就安营扎寨了。

那年我才 18 岁，刚从学校门出来，只有一腔热情没有其他。怎么办呢？就是边干边学。扑下身子从头学起，和农民群众一样摸爬滚打。很快得到了广大干部群众的认可，我先后担任知青组长、大队保管、民兵连文书、团支部委员等职务。这些是信任也是责任，我不分昼夜把自己的事情做好。1977 年初秋，在农业学大寨高潮中，爱国公社召开全公社学大寨大会。会上，爱国知青组被评为先进知青组，我被授予“农业学大寨标兵”称号。公社党委书记董家德在大会上作了点名表扬。

1977 年 8 月的一天，接到县知青办通知由我代表全县下乡知青，参加参观团去大寨参观。同时，兼任县委常委、公社党委副书记的老模范吕鸿宾也和我谈了话，大意是这次临沂地委组织参观团赴大寨参观学习，成员主要是公社党委书记，为推动上山下乡运动挑选个别知青代表参加，我这次去既代表全县知青又代表爱国公社，要好好学习回来后将大寨精神传达贯彻好。这样我肩负希望，于第二天到莒县县委招待所报到。报到后才知道，这次我县参加参观学习的是一批德高望重的领导干部，县委副书记任树德带队，成员有招贤党委书记李成恕、碁山党委书记李光庆、大石头党委书记田文远、洛河党委书记赵洪福等各公社书记，因书记有事由副书记代替的如城阳党委副书记刘彦芝、桑园党委副书记柴孝荣、中楼党委副书记庞尊广、陵阳党委副书记刘波等，一共二十多人。有一位身份与我有些近似的回乡知青老郭（名字记不清了），他是莒县第一位县委书记郭有邻的大儿子，当时已经是三十多岁两个孩子的父亲，十几年前从济南回老家庄疃公社泥沟子大队落户，这次他以回乡知青代表身份参加。当日在县委招待所集中后住宿，次日乘大客车赴临沂集合，开始了我们 17 天旅行。

第一天的旅行特简单，我们到临沂地委第三招待所集中后，宣布了编组和纪律。由地委副书记（名字记不清了）为参观团团长，各县为一个队，县委领导为领队。午饭后，我们集体换乘大客车去济南。当时路况非常差，

图 5-8　1978 年 2 月 22 日爱国大队知青组合影

赶到济南火车站天黑了。按照安排我们从济南站坐火车到山西阳泉站，换乘大客车去昔阳县城。由于时间仓促来不及吃晚饭直奔火车站。

那时交通条件差，旅行是个苦差事。火车站上人山人海，拥挤不堪。我们晚上 9 点多上火车，上去后发现没有座位，连找个站的地方都困难。原来打算到火车上买点饭吃作为晚餐，由于太拥挤没有移动的空间，别说买吃的连找点水喝都是不可能的，我们只有选择忍。一夜一天没有吃饭喝水、没有休息，次日晚八、九点赶到山西阳泉火车站。本来考虑下火车后，首先要喝水吃饭，但昔阳县赶来接站的大客车由于火车晚点，已等候多时了，而且到昔阳还要几个小时。没有办法，我们继续忍。由于公路路况差，乘大客车一路颠簸到达昔阳县委招待所已是 11 点多了。那时和现在不同，过了吃饭时间，没有卖饭的。招待所伙房熄火下班，大街上没有饭店，就连商店也下班关门了，我们带着全国通用粮票和现金望洋兴叹。幸亏一个解放军同志敲开一家商店的门，我们听说后赶过去，每人买了一包饼干。我想为老领导们代买几包，但人家限购每人只卖一包，那些 50 多岁的老书记也是自己挤进去买了一包。问题又来了，锅炉早已熄火没有热水喝。我当时只有十几岁喝冷水没有问题，老同志不敢喝怕闹肚子，只有敲开先来的同志房门，从暖壶里倒一缸子热水。就这样我们完成了去昔阳的旅程。我在这里说不是诉苦，是说我们国家通过几十年发展发生了翻天覆地的变化。现在旅游成为乐趣，那时没有事谁出门？我们这个团是地委组织的由各地领导干部参加的团队，一般人会怎样？后来知道每天都有几万人来大寨参观，昔阳县的接待压力可想而知。

接着我们就进入参观学习阶段。大寨是山西省晋中市昔阳县的一个小山村，地处昔阳县城东南部5公里左右，全村有200多户人家，500多口人，海拔为1000多米。属太行山土石山区，由于长期风蚀水切，地域形成了七沟八梁一面坡的形貌。这里穷山恶水，自然环境恶劣，群众生活十分艰苦，后进行治山治水，在七沟八梁一面坡上开辟层层梯田，并通过引水浇地改变了靠天吃饭的状况。得到了毛泽东主席的肯定和表扬，并于1964年发出了“农业学大寨”的号召，从而成为全国农业战线上的一面旗帜。

我们到大寨时，看到参观的人川流不息。参观所采取的方式是先由村干部对每个参观团进行介绍，然后各参观团自行在坡里村里参观。当时陈永贵、郭凤莲在北京开会，由在家的村干部贾承让、梁便良、宋立英等分别介绍。没有会场、没有座位，轮到我们临沂参观团时，在村中一棵大柳树下几百人围在大寨几位村干部旁边，听了他们的讲解。此后，我们先坡里后村里进行了参观。参观中我感到震撼的有两点：一是改天换地的精神。我们去的时候是初秋，层层梯田一片绿油油丰收在望，土层深厚松软被称作海绵田。大寨人将一个穷山恶水的山村治理上这个样子，的确值得赞叹。二是农田管理的精巧。那时还是集体大呼噜的时候，但大寨农田里几乎看不到干活的人群，人们分散在不同的地方，干着分工的事情。这叫小段分工精细管理。我们的一些老公社书记深有感触，表示必须推行这种生产模式。这些也许是后来大包干的思想基础。我们参观讨论研究大寨，几天后分别又参观了大寨公社其他的大队，大寨公社只有十几个大队，大部分我们都走到了。在我们即将结束参观时，陈永贵、郭凤莲同志开会返回，在县招待所见了一面。十几天后我们踏上了返回的路程，这次由于有思想准备，路上没有遇到很大困难。

返回后我与回乡知青老郭首先去县知青办报到，知青办李玉兰主任给我们的任务是写出参观学习的汇报材料，发往各知青点。还给我们找了专门房间，让我们暂时不要回去。这样我们安下心来集中2至3天时间，整理出汇报材料交上才返回。到知青点，同学们围着我问这问那，我一边回答一边将在昔阳集市买的一些小玩意给他们。但有一样没有让他们知道，那就是我从大寨背回来的一包黄土，之所以不说是因为怕别人不理解我的心情。晚上我将这包黄土默默地洒到知青组房后的土地上，实现了两个模范村进一步交融的心愿。次日，向老模范吕鸿宾做了汇报。

一天早上还没有吃早饭，爱国公社秘书朱云泉骑自行车到知青组找我，让我立即跟他走，随即坐他自行车后架上去了党委大院。路上他才告诉我，八点召开党委会，让我首先汇报参观学习的情况。我告诉他没有准备，原来写的稿子也没有带，他说时间来不及了，赶快到食堂吃点饭到会场去。于是我便按时到了会场，那时党委设常委，党委委员加上列席人员几十个人坐满会议室。经过主持人介绍后，我便站在主席台边上即席汇报。好歹写过汇报材料，侃侃谈了一个多小时。记得除了谈到过程外，我主要谈了大寨艰苦奋斗的精神和精细化管理的经验。大家静静听完，给予了充分肯定。至此大寨之旅结束。

可惜的是，由于当时条件所限，我们没有任何摄影器材，在大寨期间，没有留下一张照片。1998 年冬天，在大寨受到冷落时，我又找机会去了一次。这时已没有当时的辉煌，模样有些残旧了。据报道现在大寨已实现新腾飞和新转变，但以后没有再去过。

知青生活

张　平

1975 年 5 月我与青岛一批风华正茂的知识青年一样，离开了自己的父母，离开了自己的兄弟姐妹，离开了红瓦绿树的青岛，乘坐由青岛橡胶制品厂派出的汽车，历时 5 个多小时，来到了我们的目的地——山东莒县坝上大队，开始了知识青年上山下乡的生活。

回忆起下乡生活的种种艰辛与乐事，虽已忘记发生在何日，但细节却清楚地留在了自己的脑海里，留在了那个季节。

记得那是我们抵达坝上的第一次大的生产劳动就是割麦子。

割麦当日，我们知青一大早就手提镰刀高高兴兴走上割麦之路，一路欢歌笑语、兴高采烈。可是，到了麦田却傻了眼，瞅着一望无际的麦子，却不知如何下手。当时，我的眼泪“唰”地一下子就流了下来。心里非常委屈，从小在城市长大，哪里见过这种场面啊？还是社员热情，一步步教我们，怎样拿镰刀，怎么握麦子，怎样割，怎样放，怎样捆，慢慢地，我学会了割麦子，完成了下乡后的第一次繁重劳动。

当时 1975 年下乡插队政策是厂社挂钩，也就是说，下乡知青是自己父母所在单位与知青所在公社挂钩，所以我跟随青岛橡胶制品厂分配到了坝上大队。

为了改变一穷二白的农村面貌，青岛橡胶制品厂提供了很大的帮助。为我们知青盖上了崭新的大瓦房、第一个通了电，打起了机井，为大队送去了氨水胶囊，便于氨水的运输。

知青时代已经一去不复返了，上山下乡运动已经远去，但是一代知青的经历，已永远印在我们脑海中，成为我的终生的记忆。

学拉二胡的那段日子

黄传新

1968 年 5 月，下乡插队有一个月时间了，大队支委会要求以我们知青点为核心，组建“毛泽东思想文艺宣传队”。

知青点一共 9 个人，一开始就有 6 个人（4 个女生、2 个男生）报名进了宣传队，闪下我和另外一个男生，还有一位老大姐。

我当时是比较自卑的，因为在中学期间，那几位男女同学都参加过文艺宣传活动，她们大都会唱样板戏，会跳“忠字舞”。而我既不会唱样板戏，更不会跳忠字舞，因为个头比较矮小，胆子也小，往往在大庭广众面前一说话就紧张，平时出头露面的事情很少做。所以，很少有人会想到安排我表演什么节目。

这一次不行了，大队里的干部，有些表现欲很强的社员，知青点已经加入到宣传队的同学，特别是几个要好的哥们，都反复做我的工作，希望我参加进去。

看来推是推不掉了，我开始考虑我能做点什么的问题：唱歌、唱戏？不行；朗诵、快书？也不行；跳舞？更不行。这些都要站在台上表演才行呀，而当时的我就怕上台。

思前想后，我发现宣传队成员中会乐器的人很少，虽然我从小也没有正儿八经的学过什么乐器，可是我还是挺喜欢乐器的，从小在家里就到处搜罗着口琴、笛子、二胡什么的胡吹乱拉一通。好，有了，我下决心学拉二胡，这不就一举两得了吗？一方面是自己喜欢做的事情，一方面拉二胡是在台下为唱者舞者伴奏，一般可以不用上台的。

我的愿望得到了大家的赞同，于是弄了一把二胡，又从别人手里借了几本很不完整的学拉二胡的资料。指法、调弦、调弓，反正我认为应该把握的内容就照本宣科地练了起来。没有师傅指点的学习和练习，是缺少章法的，虽然从书上也能知道一点相关的要求，并且对照着练习，但肯定是很不规范的，况且由于条件的限制，我根本就没有听过真正的二胡名曲。所以，直到现在也只能说会简单的拉几下，却始终没能真正登堂入室。

两个月下来，真的有些进步了，自己听着，别人评价，拉出的声音比较顺耳了，而不是一开始“踩鸡脖子”的动静了。与此同时，我还和几个哥们学会了几嗓子样板戏唱腔“临行喝妈一碗酒”云云，于是乎好像有些底气了。

第一次参加比较正式的伴奏，是去县城为大队选出的参加全县文艺调演的节目——《逛新城》伴奏，结果闹出了笑话。当时，我和另一位拉二胡的社员一起演奏，表演者正在台上表演，我也很投入地拉二胡。

忽然，过来一个陌生人，朝我伸出两个手指直晃，我看了他一眼，不明白什么意思，就没有搭理他。没想到他突然闯到我的面前，拉起我的手臂就走，一直走到后台才停下来，冲着我喊：“二音了，二音了。”

我还是不解地望着他，他看我不懂，只好悻悻地说：“你拉的和人家不是一个音儿。”我才恍然大悟，哦，当时我还不会调弦。所以，事前没有和别人对对弦，拉的肯定不是一个调儿了。

挫折是一位好老师，从此我决心在调弦调音上下功夫，不出一个月就和别人的琴声和谐了。

当时，宣传队演出的节目最多的是样板戏选段，《红灯记》《智取威虎山》《沙家浜》《白毛女》《红色娘子军》《海港》等唱段，诸如“都有一颗红亮的心”“浑身是胆雄赳赳”“只盼着深山出太阳”“我们是工农子弟兵”“朝霞映在阳澄湖上”“智斗”“北风那个吹”“盼东方出红日”“军民团结一家亲”“大吊车真厉害”……几乎就成为“流行歌曲”了。

演唱需要伴奏，可是刚刚学会拉二胡的我还不会这些，别说伴奏，就是清唱自己也唱不了几口。大队里，知青点的哥们，还有我自己，只好张罗着找到各种样板戏的主旋律歌本，拿来现学现卖。这时候我才了解到京剧唱腔是讲究声腔板式的，什么二黄原板、西皮流水云云，需要二胡分别调成 5–2 弦或者 6–3 弦等。

就是这样，我一是听，听别人唱，听广播（反正有线广播里一天到晚经常在播样板戏）；二是看，看样板戏曲谱，看有些老的京剧曲谱（社员家里收藏的）；三请教，遇到会唱两句的，不论是谁我都尽可能找机会聊上几句；四是练，除了上工，有空闲时间就反复地拉琴操练；五实战，知青点上一位女同学唱《红灯记》中铁梅的唱腔特别好，队里开会以前，宣传队演练过程中，大家常常会欢迎她来上几段，这时候，我就跟着拉二胡伴奏。时间长了，从模仿到独立演奏，声调竟然越来越好听了。

一年下来，我的拉二胡水平渐渐得到了大家的认可，随之成了宣传队里不可缺少的一名二胡伴奏员。有了学拉二胡的基础，后来我还接触拉板胡、弹月琴、弹柳琴等，虽然样样都不精通，但还是可以做到有板有眼的。

记得上师范以后，学校成立文艺宣传队，由我操琴拉板胡，还是第一操琴手，演奏主旋律呢！

测报地震

黄传新

近日发生的海地地震，再一次勾起了我测报地震的一段记忆。

1976 年 7 月 28 日凌晨，睡梦中的我忽然被一阵呼叫声惊醒了："地震了！"盛夏时节，宿舍门是敞开的，我在懵懂中一个箭步就飞出了屋外。

我定下神来，在住校同事和学生的簇拥下，打开了学校地震测报室的屋门。我用手电筒扫视了一下室内的各种仪器，土"地电测量仪"、土"地震水准仪"仍然静静地看不出什么变化，倒立在地上的啤酒瓶子也没有倒下，但是，用条形磁铁制成的土"地震地磁观测仪"，却表现不凡，悬空吊起的条形磁铁正在大幅度地左右摆动不止。

虽然我并没有感受到地震发生时的震动，然而，条形磁铁的摆动不止，形象地显示出数分钟前发生地震的事实。

到底哪里发生了地震？谁也不知道。当时，我所在的莒县四中属于山东临沂地区，我们所处的地理位置正好处于郯庐地震带上。而这条地质断裂带，长期以来，就被国家地震局列为地震危险重点监视区。

据说，著名地质学家李四光去世前念念不忘的就是郯庐地震带，他曾经预测，一旦发生地震，其毁灭性可能是非常大的。

当时，面对严峻的防震形势，学校根据上级要求，安排我（时任高中物理教师）负责组建了学校的地震测报小组，在教师宿舍的一排平房最西头一间房里，仅在此前半个月土法上马建设起所谓的"地震测报点"，组织学生一天三次前来记录测量数据，并及时描绘在图像纸上，暂且留作参考资料，没想到还真的发生地震了！

我想到自己的职责，立刻向校长做了汇报，校长同意拨打学校里唯一的一部手摇电话，向县地震办公室汇报情况，可是由于电话忙碌，始终打不进去。

直到早晨5点钟左右，电话终于打通了。我汇报了本地的情况后，县里接电话的人告诉我们，是北边距离不太远的地方发生了地震，还询问了我们有关测报记录的情况。我如实说明，我们画出的地电、地磁图像真的出现了大幅度的波动。由此换来的是一声叱责："你们为什么不及时汇报？"

老天爷！刚刚"赶鸭子上架"的一个区区地震测报点，自己况且茫然无知，谈何汇报？

我的脑子真的有些懵了。哦，我懵懵懂懂地了解，这些记录数据可能对测报地震，或许真的有点用处。

土办法还真的"测报"了一次地震。28日天亮以后，因为正好放暑假期间，我离开学校登上了回济南的汽车，颠簸了近一天，到了济南才知道是河北唐山发生了大地震。因为当时信息手段落后，震中地区的具体情况，人们也不了解。但是，凭直觉和济南感受到的程度，知道这次地震肯定造成了极大的灾害。

后来，唐山大地震造成的灾难给我以极大的震撼。我意识到测报地震的责任是多么的重要。尽管我们只是一所普通中学的地震测报点，手里只有极其简单的测报手段，但是看看自己记录的有限的数据，还是能看出一点道道的，虽然现在看来是幼稚可笑的。

一开始，我们的测报手段包括三项，土地电、土地磁、土地倾仪。之所以都带有一个"土"字，是因为所有这些设备，都是由手头一些物理实验仪器设备改制而成的。土地电——用学校仅有的微电流计接上两个电极，把电极深埋在距离数十米远的两个地方，观测记录显示的微电流；土地磁——将条形磁铁用细棉线吊起来，罩上一个玻璃罩；土地倾仪——竖起一个3米左右高的铁三角支架，竖直悬起一个重锤，与地面上一点对应，等等。凭着好奇心和认真态度，我们组织的几个学生坚持每天三次（早中晚），前来观测记录数据，一笔一笔记在本子上，然后在图像纸上描点连线，就成了我们的测报依据。

默默无闻的几个月里，我们记录和描绘了一定量的数据和图线。我们几位理科老师对照当时有限的参考资料，常常在一起分析这些资料。当时的县地震办公室也鼓励我们大胆分析问题，甚至鼓励我们试着测报地震。

无知者无畏，我根据自己的分析，真的向县里提供了一份测报意见，其中提出了可能发生地震的时间、方位、距离等。尽管有数据作支撑，因为知道地震测报是一项世界难题，也就不太在意结果了。

没想到，现在记不清又过了多长时间，一个月抑或两个月，县里给我打电话了，说是在我省西南方向成武县境内发生了 5.1 级地震，竟然和我们测报的时间、方位、距离等数据有些贴近，还表扬我们的测报工作做得认真，有成效。

1977 年夏天，县地震办公室派出两位同志来到我校，要帮助我们建立一个全新的测报点。理由是，我们是认真的，学校的地理位置又恰恰处在地质断裂带附近。他们带来了当时比较先进的地电、地磁等测量仪器，要求学校盖起了专门的监测房。他们专门勘测地形，挖下数米深埋设电极，帮助我们把仪器安装起来。由于这些仪器设置了一系列的光电放大装置，使得测量数据更加精细了。抚摸着全新的设备，老师和学生干得更带劲了。

算起来，这应该是我在莒县期间建立起的第二个地震测报点。

我的田大娘

黄传新

清明节到了，我同田大娘的孩子一起，手上会同样捧上用两个荠菜煮过的鸡蛋；端午节一大早，走进田大娘家，一小盆儿热腾腾的粽子就端上了小饭桌：“来，快吃呀！”田大娘招呼我和她的三个儿女一起吃粽子；中秋节时，田大娘和她的大女儿亲自动手和面，做馅儿，用模子扣出一个一个不同花样的月饼，又在铁锅里烙熟，然后分发到她的儿女们手中，我会得到同样多的一份。

一年又一年……

每每想起近四十年前那一个个温馨的时刻，总令我心怀感恩，更令我感到十分惭愧。

田大娘是我当年下乡插队村里的一位劳动妇女，高高的个子，不管什么时候，脸上总是挂着笑容。虽然平时她不到地里做农活，可是在家里烧火做饭，碾米磨面，养猪喂鸡，料理家务，还是忙得团团转。

田大娘家在第一生产队，我插队在第四生产队，开始并没有交往。同知青小组的一位女同学插队在一队，跟田大娘的大女儿非常要好，而这位女同学的男朋友和我也非常要好，一来二去大家就熟悉了起来。

1970年底，随着第一批知青大招工，知青点一下子走了五名同学，我要好的这一双情侣也在其中。

下乡两年多时间，我们几个知青跟田大娘家建立起非常好的关系。当然，关键是田大娘的一颗慈母心包容了我们。她时常说："你们年纪轻轻就离开父母，太不容易了，你们不要见外，这儿就是你们的家"。

于是，放工以后，下雨天下雪天不出工的日子，我们常常就很自然地来到田大娘家里唠唠家常，既排解了想家的念头，更得到了一份母爱。

特别是大招工后近三年的日子，我更成了田大娘家的一个成员，只有在田大娘身边，我的身心才会感到充实、温暖。

1973年秋天，我被录取到县师范上学，总算吃上了"国库粮"。每逢星期日（周六下午就不上课了）或是节日等短暂假期，我都会回到村里看望田大娘，因为她在我最无助的时候，救助过我的心灵，她比亲娘还亲。回到家，她老人家常常坐在鏊子前面烙煎饼的时候，我也会在她跟前儿蹲上半天，和她老人家总是有说不完的话。

上学以后吃上了"国库粮"，我们的粮食供应标准是每月三十斤，平均一天一斤，这对于当时的年轻人来说，显然是不够的，每个月我们自己都要到集市上买点粮食换成饭票，聊补缺粮之需，为此要花掉当月绝大部分生活补贴。

田大娘知道这种情况后，并没有说什么，而是在我离开她家的时候，默默地把烙好的煎饼，有时候是白面饼（那时候可是稀缺资源哟）打成一个包，叫我背到学校去享用。我感激不尽，这些干粮代表的是一颗慈母心呀！亲娘待自己的亲生孩子也不过如此吧。

上学的两年时间里，我背过多少次田大娘为我备好的干粮，已经记不清了，即便当时和直到现在，我还是找不到恰当的语言和方法，借以表达我的感恩之情。

时光如烟，已经淡去，但是人与人之间心灵的温暖却永远是不会降温的。我永远把曾经插过队的地方当作自己的第二故乡，那里有养育过我的山山水水，那里有一起同甘共苦过的善良朴实的人们，更重要的是，那里有我永远的亲人——我的田大娘。

1974，一段返校的经历

黄传新

1973年10月，我接到迟到的一份入学通知书，离开了插队五年的知青点，到莒县师范学校（当时学校校址在山东省莒县陵阳公社的接家岭，距县城二十里）上学。

（一）中途遇阻

1974年8月中旬，暑假即将结束，我和三位济南知青同学：建华、楼森、徐同一起结伴返校。

因为连日大雨，恐怕路上不好走，我们决定提前一天返校。

为了保险起见，我们到济南火车站特意买的是到莒县的火车汽车联运票。

当时回莒县可以经过三条路线：一条是由济南乘火车先到益都（现在叫青州），然后转长途汽车到达莒县县城；另一条是由济南乘火车先到潍坊，然后转长途汽车到达莒县县城；还有一条是由济南乘火车先到高密，然后转汽车到达莒县县城。当时，前两条路线已经不再售票，据称因为大雨冲坏了公路，长途汽车无法开通，只有第三条路线的车票还在发售——乘火车到高密，然后转长途汽车。我们欣慰地想，既然售联运票，总算可以按时返回学校了。徐同的哥哥也是知青，他们兄弟俩下乡同在莒县城南的刘家菜园村知青点。徐同的哥哥已经结婚，他还有一个任务，就是带他两岁的小侄女芳芳回家。就这样，我们四个同学和一位知青的后代一起上了路。经过6个多小时的奔波（当时火车的车速不高），天已经大亮，火车顺利到达高密火车站。我们又来到高密长途汽车站，坐上了南下的汽车。

然而，汽车开行了不到两个小时，就驶进了诸城汽车站，不再往前开了，车站告知乘客前面的吕标公社地界，由于连降大雨，加上水库溢洪放水，地处下游的公路桥被冲断了，小汽车能绕行，大型车辆是过不去的。谁也没有想到，我们五个人就这样被甩在了诸城汽车站。

不巧的是，这时楼森发起烧来，徐同的小侄女儿也因为想爸爸妈妈，时不时地发出哼哼唧唧的哭闹声。怎么办呢？大家心急火燎地咨询通车时间，也得不到确切的答复，谁也说不上公路啥时候才能通车。我和建华把楼森、徐同和孩子安排在候车室的椅子上先休息，我们俩毫无目的地到车站候车室外转转，看有什么办法没有。

刚转到候车室门外，建华忽然喊了起来："传新！快看！"

"什么？"我疑惑地问道。

"地排车啊！"建华兴奋地朝前一指。

"有三四辆呢！你想……"我听得一头雾水。

"快看，这一辆！"建华高兴地指着说："看到了吗？车把旁边有两个红字！"

"诸师！"我一下来了劲儿："诸城师范！"

"对！"建华高兴答应着。

"我们先到诸城师范住下？"我跟建华商量。

"好！我们在这里等车的主人！"建华胸有成竹地说。

大约过了一刻钟的样子，车主人来了，我们赶忙亮出"莒县师范"的学生证给他看：

"公路不通，我们回不了学校了，想到贵校住下，您看，行不？"

"没问题！"拉车的是一位诸城师范的老师，他是来汽车站送人的。这位老师特爽快："快把行李放到车上！"

于是，我们五个人来到了诸城师范学校，直接找到学校领导，学校领导很热情地把楼森、徐同和小芳芳安排在一间男生宿舍（诸城师范比我们莒县师范报到时间晚三天），还安排他们吃饭就到教工食堂。

没想到事情安排得如此顺利，面对诸城师范的领导和老师，我们高兴地直说"谢谢"。

暂时得以安顿下来，我们几个人凑在一起商量，带小孩的徐同、有病的楼森，都无法长距离奔走，就暂时住在诸城师范，我们所有人带的行李全放下，我和建华只背上一个挎包，一身轻装，相伴步行走回学校，然后再想办法回来接他们三个人。

（二）路在脚下

时至上午 11 时许，我和建华来到诸城县城的一家小饭店，好好地吃了一顿，吃饱喝足，又花钱买了一只 5L 的白色塑料桶，在饭店里满满地灌了一桶开水（当然是要花钱的哦），一人脖子上搭上一条毛巾，我还随身带上心爱的收音机，一步跨出饭店，奔上了通往莒县方向的公路，这时正好中午 12 点。

那个年代，诸城到莒县的公路全是沙土路，还没铺沥青呢。我们俩的着装是上面圆领衫（那时还没 T 恤衫的叫法），下面短裤。

正午时光，阳光直晒头顶，只好用湿毛巾盖住头皮，大步走在 206 国道的公路上。

开始，我们嘴里哼着《战地新歌》，边走边唱。终于要回学校啦！心情真好！我们蛮有信心，不怕迷路——因为路边的路标清楚地指示着里程。

走到吕标公社驻地附近，我们亲眼所见，一座公路桥被洪水冲断了，洪水已经退去，从桥头一侧开辟了一条临时的泥巴路通过河滩，急下直上，大车的确难过，吉普车、小型拖拉机等不时从这里经过。我们从桥下临时的泥巴路上走过时，看到吕标供销社正在晾晒他们的商品——日记本、大演草本等学习用具和烟、酒、毛巾等日用品，都是被水淹过的，在公路一侧长长地摆了一片。

好在我还戴了一块手表，是我母亲给我的 40 年代的物件。

建华走累了，问我:“走了多长时间了？”

“又走了 1 小时！”我把头上的毛巾取下，擦了一把汗。

看着路标上的里程，我们估算出前行的速度——每小时十华里。

下午，快走到诸城的枳沟公社附近时，我想起了一则报纸的报道，于是对建华说:“枳沟供销社的饭店很有名，服务态度好，《大众日报》还介绍过枳沟饭店的事迹呢！”

“那好，反正太阳要落山了，我们干脆到枳沟饭店吃晚饭吧！”建华高兴地说。

“好！”一说快吃饭了，我们俩更加快了脚步。

当时的枳沟饭店真的不错，饭菜虽然简单，但很可口，重要的是环境干净，食物也卫生，服务人员的服务态度好。

临行，服务员还把我们的塑料桶灌满了开水，我们道过“谢谢”后又上路了。

不觉间，我们已经走过了近 5 个小时，太阳已经落山了，天不再那么热，微风吹来，立时感觉真凉快！我们两人商量，趁天凉快抓紧赶路，能走多远就走多远，不睡觉了，反正也看不到旅馆。

于是，我们俩在公路上展开了“急行军”。天地间黑漆漆的，只有几点星光在天上闪烁，虽然路上除了我们两个人，再也没有人的踪影，但是我们并不感到害怕，只是不再啦呱哼歌，只听见脚下的砂子唰唰唰的声响。走得累了，就坐在路边，休息几分钟，喝点水，继续往前赶路。

每走到岔路口，我们俩都要趴到路标前，努力辨清路标上的字："要是有个手电筒，那该多好！”我边走边想。

那年月，路上的汽车很少，路况不好，又是夜间，很少有汽车（哪怕是拖拉机、自行车也好）从身边经过，真想拦个机动车坐坐！唉！手扶拖拉机也行呀。

我们走着走着，忽然发现前方有亮光，一时间，我们两个人就好像被注射了一针强心剂，到有灯的地方休息！

于是，强拖着沉重的腿，我们坚持着一步又一步向前迈进，迈进……有亮光的地方终于到了，原来这是地处五莲县管帅地界的一座大桥建筑工地，十几盏电灯，把整个工地照得通明一片的。

我们注意到路边的一个小棚前亮着灯，还坐着一位大叔，原来，他在值夜班看工地。我抬起手腕看了一下手表，正好是午夜12点。

夜半临工地，有人就有情。我们在这里休息了足有半个钟头，吃了点随身带着的饼干，和大叔聊了聊家常，当然跟他好好打听了一些附近的路况等。

建华的凉鞋经常进沙子，这时发现把他的脚大拇指边磨了一个大泡，并且磨破了，看着他痛苦的样子，我也不好受。

临走的时候，我跟大叔商量，能否把他的手电筒卖给我们？

令人啼笑皆非的是，大叔只同意卖他的手电筒，但电池不卖给我们——因为那年头电池是一宗很难买到的商品。

想起我的收音机里面还有一节干电池可以凑合用，我就付了2元钱，买下了这个旧手电筒。

告别大叔，我们俩又上了路。

（三）带病突击

为了节约电池，我们采取间断式照明的方法，打开手电筒照一下地面，又赶紧关上它。走上一段路，再打开照一下，再关闭走一段。

就这样断断续续，也不知过了多长时间。建华真的累了："又走了多长时间了？”建华估计走了有十里路，得过去1个小时了。

“5分钟！”我看了一下手表，轻轻地回答他。

“啊……”建华惊讶地发出一声无奈的叫声。我们继续往前走，两个人都不言不语，默默前进……

“又得有 1 小时了吧？”建华又发问了。

“还是 5 分钟！”

“唉！我真走不动了！”这时，建华悻悻地说。

好在我走得还蛮有劲的。我忽然意识到了什么，于是把手放到建华的额前：“建华，你发烧了！”

“是嘛！我说怎么一点力气也没有了！”建华叹起气来：“唉！”

“休息一下吧！”我建议。

坐在路边，休息了好一阵，建华说是感觉好些了，我们继续上路。

“到于里了！”我故意大声说，意在激发建华的动力。

“好！”建华似乎顿时来了力气。因为我们都知道，过了五莲县的于里公社，就进入到我们莒县招贤公社的地界了。

这时，天渐渐亮了起来，当太阳出来的时候，我们已经到达招贤公社驻地了。

招贤是我插队的地方，我们的知青点就在招贤东南方向三里许的西黄埠村。招贤是一个大村镇，当时有四个生产大队。距离公路东面不远，可以看到一所学校，那是原莒县二中。

1973 年夏天，我们参加当时的升学考试时，组织查体、招生考试都是在这所学校进行的。（应该是一个缘分，1975 年我们师范毕业后，建华历经辗转被分配到这所学校，并在此地工作了八年，直到 1983 年才离开，这是后话了）

“嘟—嘟—嘟—嘟—嘟……”突然，一阵拖拉机的轰鸣声在我们身后响了起来，晨曦中一辆拖拉机拉着拖斗车缓缓地开了过来。

机会来了！我赶紧向拖拉机手频频招手，发出要求搭车的信号。司机竟然不睬不理我们。好嘛，那我们就不客气了。我一招手，我俩就从侧面转到了拖拉机的后面，反正拖拉机开得并不快，我俩手攀脚蹬立刻爬了上去，司机好像并不知道我们爬上去了，还是一副不理不睬的样子。

好景不长，开了没有几里路，这辆拖拉机忽然一转弯，离开公路向右侧的一条小路开去了。

哎，我俩不由地叫了起来，顾不得拖拉机还在行驶中，就一先一后跳了下来。好在拖拉机开得速度不快，我们倒也没有摔倒，只是踉跄了几步就在地面上站稳了。

“嘟—嘟—嘟—嘟—嘟……”又听到了一阵拖拉机的机器声响。我回头望去，又是一辆带着拖斗车的拖拉机驶了过来。我俩又是一阵摆手示意，这位司机师傅真好，缓缓地停下车来让我们攀上了拖斗车。

一问才知道，他是要到莒县县城拉货的。太好了，我俩无比惊喜——到了莒县县城，再往东走二十里就是陵阳公社驻地，我们的莒县师范学校，就坐落在公社驻地东北方向大约1000米的接家岭山坡上。目的地就在眼前，胜利已经在向我们招手了！

我们四目相视，哦，不对，应该是八目相视——我俩都是近视眼，都戴着一副眼镜，开心地笑着、闹着……

天渐渐大亮了，一轮太阳已经从不远处的树林后面缓缓升了起来。拖拉机沿着公路一直向南开行，来到了沭河岸边——宽阔的水面横亘在我们面前，尽管还可以看到对岸杨家店子的路边饭店，欲到达莒县县城，必须横跨过沭河。

沭河是鲁南地区一条仅次于沂河的第二大河，它独立南流到江苏，再东流至黄海。沭河的河床很宽，平日里河水流量并不大，数百米宽阔的河床上遍布沙滩，河水只是从低处分成多个径流悄无声息地缓缓流淌过去。但是，到了雨季就不行了，往往遇到大雨就会暴发洪水。

我们到达的沭河这一处岸边，通向对岸只有一座过水桥。水小时，水可以从桥下流过；水大时，就会从桥面上流过。

拖拉机停下了，糟糕！因为连日的暴雨，河水超乎寻常的大，河面足足有近五百米宽，一眼望过去堪比济南洛口的黄河水面了。浑黄的河水咆哮着从过水桥上流过去，发出轰轰的声响，很是骇人。只见河中间的桥面上停着两辆被水冲歪了车身的吉普车，一定是开车者冒险将车开上了桥，但由于水流又急又深，停在了距河南岸不太远的水中——熄火了。

人们在岸上议论纷纷，估计河水漫过桥面将近1米，这两部车前进不得，也后退不得。看到这样情景，河两边停着的许多人面面相觑，生怕被洪水卷走，谁也不敢再贸然将车开上桥了。

暂时是走不了啦，建华将带在身上的一盒香烟，是在济南买到的上海产“光荣牌”香烟（那时候买香烟是要定量用票的），送给了拖拉机司机师傅，借以表示我们的谢意——多亏他带上我们，让我们少步行了二十多里路。

（四）以逸待劳

离开拖拉机师傅，我和建华又一次来到河边，望着奔腾咆哮的河水，心想：这河水什么时候才能退下去呢？

“怎么办？”建华没了主意。

“睡觉！”我往距离河水仅仅四五米处的一处沙滩上躺了下去。

“对！先睡一觉再说！”建华也是又累又困，也立马倒在了沙滩上。

很快，我俩就进入了梦乡……

不知道过了多长时间，一觉醒来，河水仍然没见减少。我看了看手表，已经是上午 11 点多了。

后来回想起当时的情景，假如水位再继续升高，不会也就把我们带走了吧？虽然我们躺在沙滩上睡得旁若无人，实际上河边等待过河的人还是很多的，随身带的物品让人偷了，又咋办？

当时，真的顾不得这么多了。

建华插队在峤山公社，就在我们当时所处位置的附近了。所以，建华比较熟悉这一带的地貌。他跟我分析道，如果过了这座沭河上的杨店子桥，南行到莒县县城后，再向东南走二十里，就可以到达陵阳公社驻地了。

但是，由莒县县城到陵阳公社的公路上也有一座横跨在沭河上的大桥，是当时莒县唯一一座横跨沭河的大桥。

这就是说，我们选择的路线是在此处向南跨过沭河，在彼处向东再一次跨过沭河，才能到达目的地。

建华凭着对地形的了解跟我说，如果我们从当时所在的杨店子桥河北面直接向东走，就不用跨过沭河了。但是，需要由西向东趟过一条南北走向的沭河的支流——袁公河。河边有一个村，叫作汉河，是袁公河和另一条从峤山水库出来的小河的交汇处。袁公河是一条小河，平时河水不深，可以直接趟过去。过了河就是建华插队五年的峤山公社了。

建华说：“这地方我们知青走过。”于是，我俩挽起裤腿趟进了小河里。袁公河虽然是一条小河，但因为连日的暴雨，河水比平时也涨了很多，多数地方都漫过了我俩的膝盖，最深处几乎淹没了我俩的大腿。好在河面不太宽，没有太费力，我们也就趟了过去。

来到岸上，我们决定经过汉河村，再到庄家洪沟村知青点去。

据建华说那里还有两位济南的知青，建华跟他们也熟悉，找他们吃点饭，还可以休息一下。

没想到，到了庄家洪沟，不巧他俩人都赶集去了，知青点只有一个铁将军把门，把我们挡在了门外。

经过整整一夜和一上午的奔波，身上带的食物也吃光了，我俩又饥又饿。建华又提出，这地方距离他曾经插队的知青点只有七里路，就到他插过队的胡家村吃饭吧。

好汉难挨肚子饥，我想也只有这样了。到了胡家村，建华找到了他的农民好友润发兄家。真巧，润发兄在家。这个时候已经是过午1点多了，润发兄家嫂子赶紧给我们俩做饭，润发兄还给我们烫了一壶酒。自午夜在管帅大桥的建筑工地吃了点儿饼干，我俩还没见点食物呢。面对着一桌子好吃的，虽然不外乎炒鸡蛋、炸花生米、煎饼、豆沫子等，我俩异常满足，一阵狼吞虎咽，直到吃得肚皮鼓鼓的。

告别润发兄家的嫂子，润发兄又把我们送出了村子。出村南行，离学校还有不到二十里路了。

下午4点多，我们俩终于回到了莒县师范学校，同学们和老师们听说我们两个人回来了，大家都聚了过来，亲切的问候和关切的话语令我俩真的非常感动。

这时候，距离我们昨天出发已经过去了近28个小时。奇迹原来是随时可以发生的——我和建华徒步接近两个白天、一个黑夜的时间，可谓是跋山涉水，一口气走过了一百八十多里路程！

这时候，我们听到说有另外两名济南知青同学，比我们早一天徒步赶回了学校，他们也是从诸城一路走过来的。

（五）连续作战

然而，我的任务还没有完成，建华已经累得一点也走不动了，我自我感觉还可以坚持，学校领导听取了我关于徐同、楼森两位同学滞留在诸城师范的情况后，当即决定让我即刻到徐同哥哥插队的刘家菜园村，告知他的哥哥一起想办法尽快接他们回来。

傍晚时分，我坐上了学校开往莒县县城的一辆汽车。车子经过莒县县城东的沭河大桥时，我看到桥栏杆上还缠绕着不少被洪水冲过来的树枝、草根等。司机说，前天沭河的洪水漫过了这里的桥面，一度阻断了东西两岸的交通。

我想，多亏我们没有选择这条回学校的路线。赶到徐同哥哥家的时候，天色已经快要全黑了。徐同的嫂子听说孩子也滞留在路上，急得哭了起来。

徐同的哥哥很果断，当即从他们村找到了一辆带拖斗的12马力小型拖拉机，和我一起随同驾驶员开着拖拉机“嘟嘟嘟嘟”就上路了。

令人欣慰的是，大半天过去，杨家店子过水桥面上已经没有水了，河水虽然还很大，但是从桥面下缓缓流过的。

夜色中，公路两边黑漆漆的，只有公路路面映出淡淡的一丝灰色。

其实，之所以必须当晚就赶着去诸城接徐同他们，除了着急以外，还有一个原因，就是这辆拖拉机没有挂牌儿，大白天上路很可能会因为违章被查住。

不可思议的是，上路后我们才知道，这台拖拉机的两盏车灯竟然全都不亮，有几次甚至差一点压到躺在路边的纳凉人。还是我的手电筒发挥了一点作用。

午夜时分，拖拉机终于开进了诸城师范学校的校园，听到敲门声，徐同和小芳芳、楼森赶紧坐了起来，简单收拾了一下，坐到了拖拉机后面的拖斗上。我跟学校的值班人打过招呼后，拖拉机就沿着原路一直奔上了通往莒县的公路。

夏天天亮得早，大约凌晨4点左右，路面就可以看得清楚了，拖拉机也开得比来时开的速度快了许多。

太阳露出笑脸的时候，我们终于回到了徐同哥哥家，徐同的嫂子见到孩子，紧紧地搂在了怀里。

在徐同哥哥家吃过早饭，我和徐同、楼森三人还是乘坐这辆拖拉机回到了学校。

在学校的开学典礼上，校长对我们济南知青同学勇于克服困难按时返校的事迹，给予了充分的肯定。

回想起来，我们这一代经历过知青生活的人，五年的插队时间不算长也不算短，我们经受了重重磨难，我们学会了勤劳、节俭，面对困难也不会气馁，总要想办法加以解决。每每聊起知青生活，我们都会感叹，这段生活真的令我们获得了一大笔受益终生的精神财富。

敢问路在何方，路在脚下！

需要补充的是：当时，就在我们五个人辗转于百里路程的前后，另外几位济南知青同学，或结伴，或单独行动，分别从青州、沂水一线，或从高密、桑园一线，或乘车或步行，历经几乎相似的周折与困难，按时赶回到学校。他们分别是：李鸿、南杰、刘伟华、韩桂祥、秦祖荣——这是四十多年前一群青年人的一段真实经历。

第一眼压水井

吴仕传

1977 年的春天，天气比较旱。我们在大崖头村的知青点已并到前绪密大队。我们吃水的那口井水位经常很低，负责做饭的往往早上起来比较晚，挑回的水就比较浑。水缸经常见底，刷牙洗脸都成了问题。组里经常为挑水打叽叽。

在这种情况下，我想在知青组院子里打一口压水井，压水井在青岛的家附近有一个，德国人建的一个压水井，为节约自来水，我们经常到这个压水井洗衣服。

我把这个想法向大队支书和带队干部提出来，得到了他们的大力支持。凭我的想象简单勾画了设计图纸，并要求裴师傅向青岛的厂子申请解决一根铁管子。直径约五十毫米，长五米左右。厂子同意了申请，并回信下次来车时给捎来。

这期间，我还找了大崖头大队的张凤信大哥。他认识的人比较多。他领我找了一些当地有打井经验的师傅了解一些打井的地质情况。说起用水管子插到地里打水井，他们还是第一次听说。师傅说，地底下有水道，水道上面还有一层石盖子。水井打到盖子以下，才能泉水。如果水井打不到水河里是不出水的。我还和裴师傅研究，水管子插到石盖以下要多长，要多少进水的孔，孔要多大，大了进沙子，小了不进水等等。

五月的一天,厂里来车了,把钢管捎来了。村支书给了我们几天假打井。我拿着设计图和管子到公社铁木业社加工压水井头、杠杆儿、法兰、活塞等，铁木业社的活比较多，底部进水口五毫米的眼共 120 个是我个人钻的，还锻打了一个井底尖头。两三天的时间总算加工好了，家里裴师傅领着人刨地挖坑，一米乘三米的坑，两三天才挖了一米多深。第四天挖到两米，开始下管子。几个人抱起管子，往下使劲一撞，再举起来再往下撞，这样的动作重复了一上午，井管下了不到半米。地下的土层太硬，我们又往坑里挑水，把地泡软，架起打井的架子，用锤打，一下午打了不到三十厘米。

施工现场围了不少人在看，说什么的都有。这就叫打井吗？就这么个管子打下去就能出水？等等。赶集回来的安延召(音)大哥看见我打锤的样子说，打锤不是这个打法。这样打，几天也打不下去。来，我给打几锤你们看看。他上了井架拿起大锤，一锤打在管子上，就下一两厘米，嗓子里发出嗨的声音。做完示范，他告诉我找一下支书，安排几个打锤的人。支书来看了现场，马上同意。一天多的时间，井管终于打下去了五米多深。我赶快按上井头，挑水的，灌引水的，压水的，忙活了半天，就是不出水。这时风凉话又出来了，我看不治吧，寻思出个法来就能打井？等等。知青们也都泄了气。裴师傅说再想想办法，可能哪个地方还是没想到。

天刚亮，我就跑到村里的水井边，测量一下满水的时候，水位离地面有多高，到社员们打完水后再去看看水面离地面有多高。

开始割麦子，打麦子，种庄稼，打井的工作暂时告一段落。麦子晒好了，庄稼也种上了，又开始研究井的事情了。

知青打井不出水的新闻，村里村外也都传出去了。管子打进地里，就是不出水，真是愁死人了。

晚上，我们三个人又去找张凤信大哥，他有点文化，十里八乡的人都认识，他还找了个明白人，我告诉他前绪密大队的井水，满水时液面离地面三米半左右，低水位时接近四米多，我们管子都下去五米多了不见水。他告诉我地下石盖子打开，水是往上泉的。我们一起研究了半天，结论是深度不够，还没有打到地下的水区里，最后决定再加上两米半铁管子。回知青组后，我告诉裴师傅研究的结果，决定再加管子。我画了井头法兰的图纸，又到了公社铁木业社，找到领导说明情况，领导领着我，把厂子找遍了，好不容易找到了1根2.3米长的铁管。又到了加工车间交代给师傅们，找铁板做法兰，钻眼，烧焊，配螺丝，两天多的时间终于加工好了。交完钱，马不停蹄地往回赶。

下午，打锤的师傅又来啦。把加工好的管子接上，再往下打，打下有一米左右的时候，管子就下得很慢了，我想这可能就是遇上石盖子了吧。天也黑了，大家都休息了。第二天接着打，大约又下去四五十厘米。再打锤的时候一锤就能下去两三厘米。又是一上午的时间，管道终于打到底了。吃完饭装上井头，不断地加着引水。快压！快压！出水啦！出水啦！大家都高兴地叫了起来。

我却掉下了眼泪，这泪水包含着什么，只有我心里最清楚。出来的水

图 5-9　当时的压水井

是黄泥汤子。张风信大哥告诉我们，这叫洗井，继续压，得压个一天两天的。半天过后，水渐渐地清了。水井成功啦。也不用为吃水的事打叽叽了，闲话自然也没了，附近的邻居也都到我们这里挑水了。

井有水了，庄稼也种上了，院子里的菜也都出苗了。每天早上我把厕所的粪便都埋在菜苗的旁边。芸豆、黄瓜、西红柿都支上了架子每天压水浇地，到了结果实的时候，芸豆、黄瓜摘不完，邻居也帮我们吃。

后来我回青岛上班的第一件事，在厂里给张风信大哥做了一个井头，是上夜班偷着干的（那时叫干私活，抓住就麻烦大了），买了铁管，给张伟也买了铁管，并找车给捎回去。

在 1979 年秋冬的一天下午，我在厂里上班，传达室的师傅来找我，说门口有个老乡来找你。我到厂门口一看，是前绪密大队支书安伯山。他看见我说的第一句话就是：吴来，我这次来是代表全村的贫下中农来感谢你的。我笑着问，谢什么？村支书说：你们走了这两年，特别是今年，村里三个井都干得没有水了。全村都吃你打的那个井的水，特意来谢谢你，吃水不忘打井人嘛！来时村里也没有什么东西，我磨了点新大米给你捎来，别嫌弃。晚上我请他吃了饭，拉了半天。他说这两年村里都学着打你那样的井，就是铁管不好弄。地里农活忙完了，我想在青岛玩几天。临走时我也给他把厂里倒下来还能用的铁管子，用废铁的价，买了 150 多斤，带回去打井。

我们在知青院子里，打的这口压水井，当时在峤山公社是第一口，可能在莒县也是第一口吧。

担当工程预算重任

王莉姝

莒县是我成长的第二故乡，那里有我人生难忘的许多回忆和我的成长历程。在中楼插队期间大队会计陈多祥让我帮大队算账，哈，还让刻我的图章呢！大队看我表现不错，就分配我到中楼公社小学教书，我就当上了一名社办教师。让我最开心的是第一次领到2元工资补贴。一段亲身经历，难忘的回忆，至今让我回味无穷。在农村，我的黑色凉鞋底子破了个洞，然后我就找了一块白色的塑料粘在我的黑色鞋底上了，每天穿着去中楼小学给学生上课，在课堂上孩子们把东方红用他们的方言总是念成（heng）的音调，特有意思。下课了我急急忙忙回知青点儿，后面侯老师大声追喊我，王老师……王老师你脚下踩了一块地瓜干，当我抬起脚给她一看，我们都乐得直不起腰来。不知如今侯老师是否健在，是否还能记起这段经历，更不知我教过的学生是否还记得我这个小老师。我记得在校教的五年级舞蹈班学生，在我参加工作后她们还到单位看过我。从农村分配到建筑公司单位工作，是我人生又一步台阶。在公司我担任过生产技术股股长，1986年4月1日我有幸当选莒县政协委员，出席了中国人民政治协商会议第二届莒县委员会第三次会议。1987年1月1日我光荣地加入中国共产党，成为一名真正的共产党员。我在莒县工作期间，我从事统计、工程预算工作。从莒县招待所楼开始，造纸厂车间、酒厂酒精塔、东方红旅社、百货大楼、电影院等等都有我的工作业绩。莒县发电厂3000千瓦发电机组工程，是在济南省电力设计院设计的，县委派了两名工程师，我从参加济南省电力设计院设计开始，一直到编制工程预算、结算完成。在莒县尤其是涤纶厂的建设项目，当时是山东省重点工程，县领导十分重视。天津来的工程师根本不相信县级能有能力完成这么大的工程预算指导施工，要派外地预算工程师来。在会议上，我表态保证完成任务，因为县里从未接过如此复杂的大工程，对我的表态领导都没底儿，单位领导吓坏了，批评我胆子太大。当我圆满地完成涤纶厂车间工程预算，经天津工程师审评之后送给我四句话：字体工整、计算精准、造价合理、人才可嘉。我就得到了县、建委领导的表扬。县里让我审核外地施工的钢结构大棚预算造价，我直接审减工程造价15万元，为县里节省了资金，得到了县里的奖励。总之，我在莒县生活、成长的点点滴滴不能一一呈现，但所有的人和事都早已深深地印在我的脑海之中，挥之不去了。

互助知青组

峤山公社大崖头大队知青小组

转眼即将五十年，我们从一个青涩无知的少年进入到如今的老年。回首往事，最难忘的日子就是下乡的那段时光。几年的时间，在人生的历史长河中只是瞬间，但那段时光的记忆却是永恒。

1968 年 9 月 17 日，我们唱着《到农村去到边疆去》的革命歌曲，怀着一颗红心，告别了亲人，告别了家乡，登上了开往广阔天地的大篷车，满腔热血，满怀豪情，满眼热泪，挥舞着双手，离开了养育我们十几年的老城济南。那时，我们没想要去的地方会有多苦多累，只知道是接受贫下中农再教育。

我们来到了农村，蓝天、白云、绿地、田间小路呈现在我们面前，一望无际的田野，麦苗刚刚露出地面，煞是好看。稻子刚收割完，场院里，社员们正忙着打稻子。水牛悠闲地在场院边摇摆着尾巴。通往村子唯一的一条路，坑坑洼洼，人狗一起走，若有鸡鸭飞过，便扬起一溜尘土，如遇雨雪天气就可想而知了。全村一律土墙草屋，家家土炕，小小的木棱窗子都糊着白纸，阻挡着外界的风、沙、寒、热，院子里都有粮囤，储备着一年的口粮，实际上大部分都是地瓜干儿，这是主粮。

大队领导把我们带进家，七间北屋，西边两间是女生宿舍，中间的两间是厨房，东边三间是男生宿舍，院子很大，院南是我们的猪圈，粮囤也都在这个大院子里。为我们做饭的杜大爷已经准备好饭，是煎饼和豆沫子了。同学们简单地收拾了行李后，就吃了大崖头的第一顿饭。从此，我们开始在这里生活、学习、成长，开始了像农民一样日出而作日落而息面朝黄土背朝天的生活。几天后，我们就被分配到各小队，一队：徐万丰；二队：李莲娜、姬文英；三队：田元；四队：刘玉启；五队：李栗；六队：张锐；七队：文素慧；八队：尹力。就这样，我们到各自的小队报到，跟社员一起下地干活。农活不会干，社员就手把手地教，我们就认真虚心地学，一切都在学中干，干中学。锄地将秧苗锄掉，打水将水桶掉到井里，这类事情经常发生，但我们不服输，不但学会了所有的农活，学会了烙煎饼，做豆沫子，做豆腐，还学会了做放饺子用的盖顶，学会了做饭帚，做扫帚，学会了编条筐等。总之所有的生活家什，我们都能够自给自足。春天我们买了小鸡仔，秋后鸡就开始下蛋了。我们是不舍得吃的，大部分用来换盐、换煤油等。大队分给我们一块菜园地，小菜园位于村子北头，离村不远，我们在省农科院买了些蔬菜种子，清明前就整好地，撒好肥，清明已过就播下了种子，每天收工的号令一响，我们就不约而同地来到小菜园，松土、施肥、浇水。菜园里种着粑豆、茄子，黄瓜、豆角等。到了冬天便是萝卜、大白菜的收获季节。我们还自己腌了一大缸疙瘩咸菜，当然也是我们自己种的。一般情况下，是不用买菜的。回忆起来在莒县的生活，还是蛮有意思的。当然，男生们更辛苦，一个个都学会推独轮车，会使用牲口耕地。因为学会推独轮车，就能下地推粪、推土、推庄稼、上山推石头，使用牲口耕地就是整劳力，每天评十分工，否则只能评八分工，就和识字班一样，面子上很不好看。因此就积极锻炼，努力学习，很快就掌握了基本要领，大部分男同学都成了推独轮车的高手，逢有出伕子，远途运输时大家都积极参加。再说使用牲口耕地，村里主要是水牛，个头大，力气大，将水牛的那套行头戴好，挥舞着鞭子，口中念念有词，“啷啷，唠唠……”水牛拉着犁慢慢地往前走，那幅画面至今还在脑海里浮现。休息的时候，我们就与社员聊天，识字班拿出针线活，纳鞋底儿，绣鞋帮，缝鞋垫儿，或给意中人绣荷（烟）包。

图 5-10　知青在耕地（吴仕传提供）

总之，男同学是比较辛苦的，他们跟社员一起出伕子，修水库，推着独轮车推化肥等。我们也像村民一样，为了维持生活，男同学用独轮车推着稻子走几百里山路到日照去换地瓜干儿。李莲娜最头疼挑水，开始经常将水桶掉到井里，慢慢地就掌握了技巧，挑起水来轻飘飘的一路小跑。张锐不会做饭，不会生火，总是点不着柴火。有一次，田元放工回家，听到张锐的咳嗽声，到厨房一看，她的头发刘海都烧焦了，原来是柴火点不着，她也学着其他人的样子吹口气，没想到炉膛内反出一股风，火苗扑上了她的额头，把刘海烧了。于是田圆上前帮忙点上火，帮她把饭做好。开始不论是庄稼地里还是家庭生活中，我们闹出不少笑话。我们组都是济南十七中的同学，下乡期间生活在一起，一个锅里摸勺子，生活得很愉快，从未出现过大的摩擦和矛盾。

男生除了干农活还坚持锻炼身体，他们在宿舍里自制双杠，在屋梁上自制吊环，田元还带去了哑铃，锻炼起来那是一套一套的。他们还组织大辛庄知青李廷泉、徐家城子的郝祥，与爱国公社知青代表队打对抗赛。农闲时我们也经常搞些文艺节目，晚饭后，全村的人都来到我们的大院子，田元和刘玉启拉二胡，尹力吹笛子，李栗吹口琴，徐万丰的秦琴，女生就跟着演唱，李莲娜唱“红灯记”中的李奶奶，姬文英跟着跳舞，文素慧和社员张凤栋表演“老两口学毛选”，我们自娱自乐，整个大院被一盏汽灯照着，欢声笑语，此起彼伏，这时都忘记了一天的疲惫，忘记了想家。

只有不断学习才能不断进步，我们利用每天晚饭后一小时的时间，围坐在小饭桌前由各组汇报一天的劳动情况，交流一天中遇到的问题和处理方法，相互沟通，相互学习，取长补短，避免矛盾升级。之后再商量第二天的伙食安排。因为我们这个家庭和村民家不一样，全是年轻人，是吃饭的年龄，更是长身体的年龄，伙食安排不好就直接影响到身体状况和劳动的积极性，所以我们对做饭有一定的要求，不求吃好，但求吃饱，这是原则，无论是谁，若有身体不适，头疼脑热的，一碗热面条，一个荷包蛋，吃上病就好，真是奇怪。

过年了，我们自己发了一大盆面，蒸了各种造型的大饽饽，炸了好多熟地瓜和面的甜食，看着自己的手艺，那是比吃着还高兴啊！过端午节，我们也在门框上插上松枝和艾条，意为避邪。春天和社员一起拔稻苗，插稻秧，夏天一起收麦子，秋天一起割稻子，刨地瓜。男同学把我们所分到的地瓜推到河东，女同学就开始切地瓜，晒在河滩上。不小心擦破了手，用手一按，接着干，几个人至今手上还有那时的伤疤。冬天到了，大雪纷飞，下了一夜的大雪，把我们的房门都堵住了。雪花从被社员撕破的窗纸的大洞处飘进屋里，天气太冷，整个人都缩在被窝里。雪花落在睡在窗下人的被子上，厚厚的一层，却浑然不知。门口的雪有二尺厚，看着这白色的世界，同学们那个高兴啊！大声唱着“北国风光，千里冰封，万里雪飘……”写到这里，想起了下乡几个月后，我们四个女同学步行三十里去县城照了一张照片，回来的路上刮起了大风，睁不开眼，看不见路，行走困难，最终迷了路。天已放黑，为了壮胆，女生开始大声地唱，后来却就成了哭……最后男同学不放心迎着找过来，唉，真是令人难忘！

下乡期间全组同学团结协作，积极学习，努力与社员搞好关系，社员对我们的评价很高，无论是生活学习还是劳动，大家都在为集体着想，从不计较个人的得失，因此被县知青办评为先进集体，学习毛主席著作先进集体等多项荣誉。

回城后，大家仍不忘故乡的养育之恩，尹力和田元经多方努力为大崖头村建起了学校和大桥，解决了孩子跑几里、十几里地上学的困难，结束了大崖头村祖祖辈辈春夏秋冬蹚水过河的历史。退休后的文素慧不忘回报社会，奉献余热，经常跟随社员团体参加公益慈善活动和对困难地区学生的募捐活动等，为国家尽微薄之力。当然我们做得还很不够，我们不忘故乡情，滴水之恩，当涌泉相报，为家乡的建设，我们责无旁贷！

半个世纪过去了，我们走过了青春，走过了岁月，走过了千辛万苦，尝尽了酸甜苦辣，但是我们尊重自己的选择，我们无怨无悔！人生不可事事如意，我们献出的是青春，得到的是爱，是关怀，是尊重。那时尽管有痛苦，有烦恼，也有快乐，这是我们一生中最宝贵的财富。下乡的历练，使我们在今后工作中有了资本，让我们学会再难也要坚持，再差也要自信，再多也要节省，再冷也要热情。如今已是暮年的我们，对在我们这一代人身上发生的一切都淡然处之，用良好的心态过好今后的生活，让我们的晚霞如朝阳般绚丽多彩！

难忘的回家旅程

佟裕元

明年是我下乡五十周年的日子，我在莒县待了六年，艰难的岁月，磨炼了我的意志，丰富了我的阅历，品尝了百味人生、我逐渐成熟了。现在我们聚在一起，重温那段历史，写出自己难忘的经历。我不顾自己文识浅陋，颇费时间、精力，写就此文，呈现给我亲密的知青同学们，请你们斧正。

少时冲龄未弱冠，只身随潮赴莒县。
热血谱出青春曲，百味人生深体验。
劳动生活思想关，脱胎换骨浴涅槃。
寒风吹断知青梦，招工留乡履新艰。

我是 1968 年上山下乡插队落户到招贤区程家曲坊的，1971 年是我知青生涯中最难忘的一年，1970 年底的大招工，我留了下来，经历了终生难忘的磨炼。头顶的“知青”桂冠失彩，知青组解散，剩下的同学分散在各自的生产队。早出晚归，劳作田间。孱弱的身体，承担着超常的苦累。每天十几个小时的劳动，精疲力竭，咬牙强撑着到夜晚。难过莫于自己生火做饭，半干的柴草，常烧得满屋浓烟，边拉风箱，边贴锅贴，手忙脚乱，难做成熟饭。吃着地瓜、玉米混合面夹生的饼子，喝着烧锅水，凑合着一顿顿饭，往往还没吃饱，上工钟响，赶紧丢下饭碗，推起小车往村前赶。最令我们痛苦和心寒的是家庭出身另类，常引起乡亲们的议论和一些人的白眼，还有某些村干部的责难。我只能处处低眉垂首，默默忍耐。秋天，四处蚊虫，跳蚤肆虐，叮咬得我奇痒难耐，脏手抓的全身鲜血淋漓，溃疡糜烂，十分狼藉不堪。尤其是两腿布满脓疮，血迹斑斑，钻心地疼痛，伴随着低烧，苦不堪言。我要请假回家治疗，却因农忙未能成行。

一天刚收早工，我们知青小组的段历明同学匆匆找到我，叫我到县知青办去要求分配工作和解决当前的困难。我向身边的社员交代，给我请假和帮我保管小推车，又到宿舍换了一件上衣，带上仅有的一点钱和粮票，急急忙忙赶到了县知青办。不大的办公室里挤满了十多个知青，正在焦急地高声要求安排招工和解决生活上的困难，我们也参与了呼喊。突然县知青办主任站了起来，大声说:“你们要干什么？招工安置要政审，你们是什么家庭出身，父母有什么问题，自己不清楚吗？还跑来胡闹！好好劳动，安心生产，认真接受贫下中农的再教育，是你们唯一的出路！”这番颇具时代特色的疾言厉语，使我们语塞气馁，后来在县知青办工作人员的劝说下，知青们纷纷离去。我和小段因路远，已无回招贤的客车，要了一张免费住宿证明，离开了县委大院。信步来到县电影院，发现正在轮番播放朝鲜反特故事片《看不见的战线》，我俩连续看了多场，直到停止放映，才恋恋不舍地回到招待所。躺在大通铺上，久久不能入睡。想到招工无希望，难脱困境，心内不平潮涌，决心暂不回村，搭乘或强拦去济南的货车回家。

第二天一早，我俩赶到长途汽车站，溜进站，发现了两辆挂济南牌照装满货物的卡车正在起动。我们向司机师傅递了香烟，确认他们到济南，抑制着狂喜向他们提出搭车，尽管我们一再哀求，他仍坚决拒绝。我们不顾一切爬上一辆车顶，任凭司机呼喊就不下车。站内工作人员赶来，从车上强拽下我们俩人，把我们推出车站。我们悻悻地北行至车站不远处，躲在大树后。一会儿货车果然来到，我俩冲到车前，在刺耳的刹车声中，迫使货车停车，我俩飞快跑到车后抓住车厢板往车顶爬去。车板上一个突出的螺钉穿破了我的膝盖，我全然不顾溢出的血迹和钻心的疼痛，趴在车顶高高的货物上，紧紧抓住捆绳，随着飞驶的货车，庆幸着成功和回家的喜悦。

正当我们沉浸在欣喜的浮想中时，疾驶的汽车突然减速右拐开往沂水方向，我们惊呆了。汽车逐渐开进沂水县城，街道上纵横交错的高压电线几乎贴着我们的头顶。我俩急忙脱下上衣，叠成数层，仰面托起下垂的电线。这时汽车驶进了沂水车站，司机下车关闭引擎，走进车站办公室，带着几名工作人员走上车顶，把我俩硬拉下车，推到站长面前。站长厉声训斥我们："你们的行为违反了中央、省、市革命委员会制定的交通安全规定，影响很坏，应交公安局严惩。"站内人员也纷纷指责。我俩毫不畏惧，大声争辩。他们一齐用力把我俩推出车站，关上大门。

我们无奈，只得回村。带的钱少买不起车票，只好徒步走回莒县。回去的路真远啊！我俩走了二个多小时后，又累、又饿、又渴，几乎拖不动沉重的双腿了。这时想到"天下知青是一家"，能不能找个附近的知青点，吃顿饱饭，歇歇脚。经多方打听，得知前方三四里路的一个村里还留有两名知青。于是在老乡带领下，我俩迈进了那个村的知青院。屋内迎出一位姑娘，清秀的面容上挂着惊奇的笑容，在得知我们的来意后，热情地把我们领进堂屋，转身去锅屋做饭。过了一会儿，那位男知青下坡回来，饱经风霜的脸上满是笑容，握手寒暄后，就去为我们准备饭菜。一会儿工夫，丰盛的饭菜摆满了小桌。一盘韭菜炒鸡蛋，一盘辣椒炒扁豆，一盘葱烧豆腐，一大碗粉皮炖芸豆，一只条编笸箩里堆满了热腾腾的玉米面饼子，散发着浓郁的香气，四只茶杯里倒满了地瓜干烧酒。我们环坐在桌旁，边吃喝边谈着有趣的乡土故事和知青中的奇闻，十分开心。太阳西斜后，他们两人送我们到公路边，递给我们几个饼子和两个熟鸡蛋。知青间的情谊感动地我们眼睛都湿润了。

分手后，我们踏上返回莒县的路程，经长途跋涉终于在夜间走进了莒县县城，拦了一辆拖拉机，一路颠簸到了招贤。我想没有先请假就私自去了县城，想到队长的冷嘲热讽，心中不免难过。还是要回家，我写了一封给队里会计的信，说明了我要回家的理由和支取存在他那儿的二十元钱。由小段拿着信回村取钱，我在汽车站等着。

小段回到招贤车站时，天已蒙蒙亮，只拿来了十元钱，我俩买了两张汽车票，上午 11 点多到了潍坊。到济南的车票钱不够了，就买到益都，上了回济南的 302 次列车。一路提心吊胆地坐到了临淄，被列车员查到，在金鸡岭被赶下火车，在站内受了一番教育后轰出车站。我们顺铁路回走了一段，趁人不备，溜进了货场，爬上一辆准备向西行的货车，找到一节装了半车矿石的车厢，静静地躲在角落里，耐心地等待。随着一声声咣当咣当的轰响，列车终于开动了，带着我们俩的希望驶向前方。天渐渐黑了，满天星斗在眨着眼睛，像在为我们送行。突然，列车改变了方向，熟悉的北斗七星也变了形状。我俩惊恐地站了起来，充满不祥的预感。轰鸣的火车驶过“五公里”“南定”“大昆仑”等站，在一个货场停下来。我们俩赶紧下车，又爬上一辆反向的货车，回到张店，结果被巡检员发现，再一次被轰出车站。夜深了，我俩赶到火车站，买了二张站台票，登上了去沈阳的列车。挤在车门口的人群中，天亮前顺利到达黄台车站。下车后顺着站台往前一直走，绕出黄台站。在站外和小段分手，各自回家。

当终于走到家门口时，望着熟悉的大门，心中翻滚，激动得热泪盈眶，恨不能一步走进家门，但这时天已亮，熙熙攘攘、来来往往的人群涌出宿舍大门。

我看着自己身上的脏衣服，头上苇编的斗笠，脚下的莒县草鞋垫子，被矿石染成棕色的胳膊和双腿，实在无颜面对熟人，只好躲在大院西边的小树林里，偷窥着离去的人群，直到没了行人，才顺着墙根，快步走到我家楼前，三二步登上三楼，敲开家门，不顾妈妈的惊奇和喜悦，先把头脸胳膊腿仔细洗干净。一头扎到床上，回味着一路上的艰难和坎坷多变，百感交集，久久不能平静。

莒地大秋雨

佟裕元

1974年，是我下乡的第六年，也是我当村小学民办教师的第三年，元旦刚过，拖了四年之久的父亲“历史问题”终于解决，我们全家过了一个暖意融融的春节。上元节后，我依依不舍地告别了家人，返回了莒县招贤公社程家曲坊。

回村后，我立即登上讲台，开始了我辛勤舌耕的工作。春天来了，河汪开冻，草木返青，乡亲们开始了紧张的春耕春种，新翻的土地播下良种，浇了返青水的麦苗，冒出了嫩芽，插满了秧苗的稻田，丛丛翠綠。不久，新播下的玉米、大豆、棉花等破土生苗，家家的小菜园也绿油油一片，岭地、沙滩田新秧上了地瓜苗，万物葱茏，春情盎然。

但天公却不作美，整个冬天薄雪盖地，入春后极少下雨，墒情干旱；小麦、春苗需水灌溉，乡亲们千方百计挖渠引水、打井、甚至挑水浇田，早出晚归，深夜再去自己菜园，几乎忙到天明。

“春雨贵如油”雨仍罕见，旱情在蔓延，尽管乡亲们竭力劳作到夏收，小麦还是减产二成，稻田水竭苗枯，春玉米、大豆、棉花也急需润水，连耐旱的春地瓜秧在烈日曝晒下也叶片打蔫。农作物急需水，夏种刻不容缓，可是青峰岭水库放水的水量逐日减少、时间也越短；旱情如火呀！乡亲们更苦更难了。春种作物锄了一遍又一遍，深耕的麦茬田里，从遥远的河边挑水浇沟，播下秋作物种子，秧秋地瓜苗……我们老师也常带着各年级学生，调课参加抗旱。旱情来了，所有的看天民谚一概不灵，常常满天乌云，打雷电闪，小雨湿地皮，又成晴天，乡亲们心急如焚，却也无力回天。

“久旱常有大雨见”。果不其然，到了阳历八月中下旬，天连续下了几场像样的中到大雨，解除了旱情，田里的庄稼吸足了雨水，又得到了追肥，可着劲地生长起来，一片生机再现。到了九月初，三两天一场阵雨，河渠暴涨，塘汪水满，但天未晴开，雨仍下个不停，乡亲们的心又悬了起来。

一天上午，天格外湿热，烦人的蚊虫扑面，刚吃过午饭，北边天空飞来一群群个大白腹的“海燕子”，啾啾惊叫着南去，厚厚的黑云慢慢飘了过来，天空顿时黑暗，长长的闪电划裂着天幕，骇人的霹雳在长空滚动、炸响。人们奔跑着，忙着拾掇、搬移、遮盖着怕雨淋的生产队场屋和自家的粮囤、柴草等其他杂物，猪吼、鸡鸣、鸭叫、狗吠和人喊交织一起，显得格外紧张和惊恐。我和我组段历明住在小学办公室里（也是我的宿舍，小段与我做伴），呆站在门前，手足无措地看着、听着。

大雨在下午四五点钟挟着冷风来了！满天豌豆粒大的雨点砸得地面爆响，漫无边际的雨幕连接着天地茫茫，耳边齐刷刷的哗哗雨声像万马奔腾，院子里开始积满了雨水并向屋里漫涌，我和历明搬来了面板、课桌和碎砖块，不顾雨水洗面，堵在教室和办公室门前，挡住了水流；雨越下越急，风起雨倾，顺着窗户进到屋里，我俩又急用塑料布挡住教室和我屋窗棂，后又点起油灯，在昏黄的灯光下，每人吃了几个地瓜、玉米面煎饼，喝着缸里凉水，算作晚饭，躺在土坑上，在夜幕下，听着急雨声，心绪难宁。

天刚蒙蒙亮，一声声凄厉的喊声冲破疾雨，大队书记在呼唤着干部、民兵、社员们集合抢险。村民们从四面八方冒雨趟着急流扛着铁锨等来到村中，我和小段披着蓑衣，趟着没腿达胸的深水，也赶来了，涌动的深水冲了我几个趔趄，书记冲我俩厉声喊道：赶快回去！保护好学校和你们自己的粮食、物品，待命！我们只好回来，把被褥、衣服鞋袜等裹在一起，装进化肥袋里，用绳牢牢捆在房梁上，用砖块把粮囤垫高，把盛干粮的篮子吊在梁上，又去教室检查了门窗。

天大亮了，雨渐渐小了老师和学生们陆续来到学校，稍事修整后，就纷纷议论起这场大雨和各生产队及自家损失，牛棚掀顶，场屋仓库漏雨，饲料、柴草垛倒在泥水里，粮食囤也多被浸泡，田里积有深水，庄稼多歪倒在水中。灾情牵动着所有村民的心，乡亲们处理完队里的场院、仓库，一部分引排村内积水，大部分奔向田间、堤坝，抢救水中的庄稼和查看沭河水情、河（堤）坝安全。

雨终于停了，超大雨水下了整整十四个小时，昏暗的天空积满厚厚云层，刺目的闪电、惊人的雷声仍不断继续，人们紧揪的心仍丝毫未松，到了下午，又传来青峰岭水库开闸，特大洪峰正往这边运行，大队做了紧急安排，部分干部带领全村老小，撤到贾岭（离村五里的东南方高岭村），其他干部和基干民兵全部到村北村西七八里长的大堤上巡查和准备应对险情。

惊心动魄的全村大迁移开始了！贫管会主任命令我们带领低年级的学生去贾岭小学，边上课边照料孩子们，我们点燃了汽灯，孩子们背着课本和煎饼等，带着方凳，汇入了浩浩荡荡的迁徙人群，迁徙在黑夜继续进行，上千的人群逶迤行进在长长的小路上。一盏盏马灯，摇曳着微光，引领着前进的方向，人们扶老携幼，肩挑背负着行装，趟着积水在村干部的带领下，缓慢有序地走向贾岭，邻村的车家曲坊父老乡亲也跟随着行进。

我们到了贾岭小学，贾老师热情地把大家带进教室，砖砌水泥做成的课桌个个铺了稻草，地面在稻草层上还铺了多床棉单或褥子，孩子们被有序安排休息，我们把汽灯调暗放在教室，随贾老师到校办公室，边喝茶水，边聊天。夜深了，送走贾老师，我和季老师、历明同学轮流去看那熟睡的孩子们，村里、村外到处是点点灯光，那是在此野宿的众多乡亲们。

第二天清晨，贾老师烧了一盆玉米糊，我们吃着自带的煎饼，喝着糊粥，身子和心里都满是暖意。孩子们整齐地坐在院里，听我在露天给他们上了一节又一节课。傍晚，回村的季老师返回了贾岭，洪峰顺利地通过、整个村庄安然无恙、村里的水排出大半等好消息让我们欢呼，我们谢过贾岭的老师，随着乡亲们络绎返回村中。

村里恢复了往日的情形，乡亲们开始在田地里挖沟排水，扶起那倒伏的庄稼并培土固定，两台柴油机日夜轰鸣地抽着积水，乡亲们还动手用瓢、脸盘一下下往沟渠泼水，争分夺秒地抢救农作物和自家菜园里的黄瓜、柿子、芸豆。我们继续上课，孩子们努力学习。

中午，我和历明随着成群的村民奔向村西大堤去观洪，长长的堤上坐满了人，都聚精会神地看着满溢出拦河坝一米多的洪水浩浩荡荡流向南方。我和小段坐在大堤豁口，一条沿拦河坝到西岭的道路被洪水整个淹没，一百七八十米长的拦河坝没在水里看不见踪影，极宽阔的水面平缓的流动，水里飘浮着七八棵一搂半粗的大树，显得那么遥远、渺小，不断撞击对面的堤岸前行，浩瀚的洪水一望无际，毫无阻挡地前行，令人惊叹大自然的那骇人威力。

几天后，青峰岭水库关闸，洪水退了，残留在堤下柳树行和芦苇丛里的处处水洼，很多大鱼在翻腾，村民不顾树枝苇丛划脸扎脚，纷纷涉险捉鱼，几百名村民都拖着十几斤、几十斤大鱼满载回家，连八九岁的男孩都用绳子拖着二十多斤的大鱼归来，让我和小段既吃惊又羡慕，我们俩也赤脚去堤下，终因受不了苇根扎脚的剧痛而作罢……

后来，又下了两场阵雨，因道路泥泞，去招贤之路多达半月不通，我的入学通知书到了十月九日才送到手中，我十一日到济，十二日去校报到，还挨了批评……离开莒县四十多年，我时常思念那可爱的村庄，那清澈奔流的河水，长满柳树的长堤，那熟悉可爱的乡亲们，那浓酽亲密的乡情，那惊心动魄的大雨，想起村民们热爱家乡、保护集体和自己财产的英勇！

下乡在北农场

董世奇

1974 年 12 月 25 日，我下乡到莒县北农场，因为该农场在县城北面莒县阎庄镇大长安坡村，全称莒县良种场。建国初期成立，当时称之山东莒县示范繁殖农场，占地面积 450 亩，干部职工 245 人，拥有大中小型农业机械 9 台。1981 年 7 月 18 日调入莒县农业银行工作，农场下乡锻炼整整八个年头。八年来，我主要从事种地，开拖拉机，没有做出什么惊天动地的大事，只是做了许多平凡的工作，丰富了人生经历，磨炼了思想意志，品尝了人生的酸甜苦辣，八年时间是漫长的，我仅记录几个片段，和我们有共同经历的同人们分享。

（一）去往农场

1974年12月25日，在县人民会堂开完欢送知青下乡会后，北农场事先来了一辆28型拖拉机接我们。我们一行10人：欧家元、董世奇、尹德江、王建明、徐德明、赵金山、朱兰进7名男生，孙永芬、徐凤云、于海涛3名女生，组长欧家元，坐在拖拉机的后斗子里，经过半小时到达北农场，距县城9公里。

入住农场后，我们7名男生共同住在一间大屋子里，这里的房子全部是50年代的旧房，虽不漏雨，但已破旧。白天下地干活，晚上学习毛主席著作“老三篇”。以及党报党刊，那时还没有结束文化大革命，政治学习非常多，学习完了还要写心得体会。支部书记兼场长是张建元，副主任是李升法，他分管青年工作。场里学习宣传抓得很紧，墙上有四块黑板，由知青负责编写内容进行宣传，每月至少二期，好人好事，先进事迹，思想动态，缺点批评，还要选登一些中央的重要文件等等。我所编写的“快板书”《太阳照在北农场》，由于内容朴实、思想性强，受到县农业局领导的多次表扬。

（二）在毛泽东逝世的日子里

1976年，我县的地震形势非常严峻，家家户户住进防震棚。北农场还是县里的一个预报预测点，每天向县里地震局上报一次观测情况，原因是农场养了许多马、牛，以及上千头猪，地震前这些动物有反映，还建立了地磁监测，在办公室前面也搭建了集体住防震棚。9月9日上午10时左右，大多数工人都下地干活去了，我因有事暂时回到场办公室，这时突然间小傅的男友（在临沂工作来农场看望小傅）从防震棚子里惊慌失措地跑了出来，边跑边喊:“毛主席逝世了！收音机里听到的！”大家听到后都吓呆了，简直不敢相信自己的耳朵。人们围在收音机边，一遍又一遍地听着关于毛主席逝世的消息报道，许多人边听边哭，毛主席逝世了，我们中国怎么办啊？中国向何处走？是不是又回到旧社会，重受二茬罪，人们担心着、议论着、思索着，很快在办公室设了祭奠毛主席的灵堂。过了约20天，在北京天安门广场举行了隆重的追悼大会，没有电视机看直播，只能从广播里听，在哀乐的阵阵声中，人们哭成一片。

（三）跟着老乡学种田

在计划经济时期，北农场是一个繁殖示范农场，既培育繁殖小麦、水稻、玉米等农作物良种，也繁殖生猪良种，是全临沂地区最大的示范基地，生猪繁殖由县兽医站技术员指导，叫沂蒙黑猪，肉质嫩，口感香，产肉率高，在全省推广，现在养猪场养殖的黑猪就有那时的特点，紧前脸，罩耳朵，体长，后躯丰满，是优良品种。农场拥有450亩土地，基本上实现了半机械化，全部是人工管理，比喻说，插水稻全部是手工，稻板田放入水整好后，站在30厘米的泥水里弯腰曲背一撮一撮地把育好的稻苗插入水中。中年人干不了，因为他们个子高，弯腰吃力大，大部分女青年是能手，左手拿苗，右手分苗，一墩水稻大约三四株苗为宜，插稻时用右手食指把握深度约2厘米深，过深返青慢，过浅容易浮出，扎根不好，插秧能手每人每天一亩田。我们经验、技术、体力都不行，每天插半亩就腰酸腿痛，累个半死，由于长时间两腿浸泡在水和泥中，脚和腿都泡囊了，发出一股酸臭味。在农场不只是种地，还饲养着近千头生猪，担负着沂蒙黑猪良种繁育，喂养全都靠粉碎植物秸秆，主要粉碎瓜干、玉米、地瓜秧、花生秧，粉碎加工设备就安在一个棚子里，非常简陋，完全没有防护措施，工作一天全身上下就像滚了一层面粉的汤圆一样。

（四）小麦收获季节

春天来到了，气温逐渐回升，小麦返青，慢慢地长高拔节了，这个时候由于湿度和温度适合细菌繁殖，是病虫害的高发期，需要连续几次喷洒农药，没有口罩和手套等防护措施，全部用手接触农药，搅拌后的六六六装入背负式喷粉器进行喷洒，几天下来，双手全部起水泡，现在想来很害怕。到了六月开始收割小麦，头一晚上场长组织工人开动员大会，要求抢收抢种，每人准备两张镰刀，轮流使用。早上五点起床后不见了欧家元，原来他是半夜十二点就下地割麦子了，等我们赶到时他已割了足足三个畦子了。人人争先进，个个当模范，每人每天割小麦一亩有余，有的累得不能坐着吃饭，只能躺在床上吃。

（五）秋收秋种

20世纪70年代，农业机械化程度很低，农场相邻十多个村子没有拖拉机。农场是一个示范基地，有大中小型拖拉机5台，知青中5人学会了驾驶拖拉机，当时我主要驾驶东方红—75型拖拉机，一天耕地耙地100余亩。俗话说，三春不如一秋忙，耕地耙地昼夜加班，歇人不歇马，白天干活光线好，视野开阔，晚上田间一片漆黑，耕地要求到边到沿，不留死角，难度很大，全凭经验，晚间轮流休息，没有钟表计时，老农教我们“晴天看时脉（音），阴天听鸡叫”，“时脉”就是天东北方向一个最亮的星，升起一竿子高大约是晚上10点左右，每上升一竿子增加2个小时，全凭经验。再就是鸡叫头遍大约是凌晨一至二点，每2个小时叫一遍，鸡叫三遍应该是黎明了。

（六）冬天的忙碌

一年春夏秋冬四季轮回，很快就到冬天，北农场的冬天很忙碌，拉沙压在麦田里。北农场是盐碱地，土壤板结，要想增产必须改造土壤，去沭河拉沙压在麦田里，大小拖拉机全部出去。早上吃完饭，八点就要发动拖拉机，拖拉机起动靠手摇，寒冬腊月零下15度，需要用火烧拖拉机底盘，否则不可能把拖拉机发动起来，用一捆玉米秸烧20分钟左右就可以了。到长安坡村北面沭河里拉沙，每天几十车，有时候拖拉机走到一半就熄火了，原因是当时柴油机燃油是0号，经过北风一吹，燃油凝固了，需要找到柴火再烧开，这样的事经常发生。

生产粉皮也是在冬天，先把地瓜洗净，铲碎后磨成糊状，再上箩挤压，过虑去渣，形成淀粉，粉渣喂猪，淀粉做粉皮。踹淀粉最吃力，需要双脚站在大缸上，手握踹把，左右摇晃，经过反复挤压，铜锅里放入适量的淀粉汁，在煮沸的大锅里旋转一下，经热水一烫就熟了，然后扒下来放在一张用高粱秸做成的箔子上，经过晒干就成了粉皮。

（七）去黑龙江学大型联合收割技术

由于工作出色，刻苦钻研农业机械。1977年4月县农业局委派我和刘生太去黑龙江省依兰县（原八级部所在地）农垦机械厂学习大型联合收割机操作、维修和使用。联合收割机当时在我县还是个空白，我县收小麦季节一般在6月，我们四月份就出发了，我带队从高密火车站坐上火车经过50多个小时的行驶到达依兰县。4月份我们已是春暖花开的季节，可是在黑龙江依然是冰天雪地，零下20多度，黑龙江上的冰有一米厚，上面能行驶马车，北风一吹，寒风刺骨。这个农业机械厂前身是生产军用产品的工厂，后来军转农了，学习就是在车间跟着工人师傅学安装，没有现成的书本，晚上回到宿舍整理笔记，把白天所学到的听到的东西整理出来，我们虽然没有老师讲课，没有书本，便默默地下决心，要把这项技术学到手，回去后担当起来，决不辜负领导的期望。

图5-11　到北农场下乡的部分知青合影（董世奇提供）

两个月学习很快结束了，没有多久，联合收割机就发过来了，是拖拉式，割幅二米，投入使用时县农业局领导、场领导以及附近村庄的群众好几百人前去观看，场面很是热闹，每天收获小麦一百余亩。每当机器轰鸣，金黄色的小麦从机舱里哗哗流出来时，社员们欢呼雀跃，我那股高兴劲就甭提了。

（八）光荣加入共青团组织

由于工作出色，思想进步，各方面突出，于1977年6月经徐凤云介绍加入了共青团组织，同年八月份转为农场正式职工，定为农业工2级。

回顾从1974年下乡到1981年调入莒县农业银行工作，整整八个年头，这八年是我人生最重大的历练。从一个刚刚懂事的青年学生，成长为国家有用人才，使我深深地懂得越是在逆境困难时期，越是应鼓起勇气，不能被困难压倒，磨炼了意志，练就了艰苦朴素、吃苦耐劳、坚韧不拔的优良品质，使我受益终生！

知青纪事

王雪琴

我是第一批莒县当地下乡知青。莒县一中毕业后，1974 年 9 月下乡在刘家址坊，期间，先后任村团支部书记、公社团委副书记，并于 1975 年 11 月 10 日入党，参加过公社、县团代会，公社、县组织的知青座谈会，县党员学习培训班和党员大会等，至 1976 年 11 月返城。下乡的岁月像条河，它汇成了我心中的歌，一首蹉跎岁月里汗水和泪水凝成的歌，一首知青生活中磨难和守望的友情歌。外表柔弱的我，其实内心是坚强的，下乡也的确是自己人生中一次重要的历练。

（一）是知青，就得能吃苦

1974 年 9 月 12 日，刘家址坊的村民们敲锣打鼓，把我们迎到了村里。那时的我，是热血青年，信心满满的，决心“磨一手老茧，练一颗红心”，“广阔天地大有作为”，一定要干出点名堂来。

可到了农村，理想与现实有很大的差距。与我同来的 12 名知青，全部都安排到了林业队。

村里有五个林业队的果园，每年要给果树施肥，全是力气活，需要挖一米多深一米宽的沟放肥料，每人分一段，不肯示弱的我，不一会轮得胳膊就肿了，手也磨起了泡，别人休息的时候，也不敢休息，生怕干不完落了后，一天下来，累得是腰酸背疼。

春秋天还好，到了冬天天冷，小西屋透风撒气的，手脚冰凉，一夜都暖和不过来。早上脸盆里的水都结冰了，手脚也慢慢地起了冻疮。

我们知青组是一个和谐融洽的大家庭，组长董晓峰是一个非常优秀的带头人，劳动、学习、生活，样样安排得井井有条，我很喜欢这种环境和氛围，喜欢知青组的每一个人。不光是农活，还有挑水、做饭、烙煎饼、种菜、喂猪等家务活，都从头学起，我不打怵，不怕辛苦，学得很快。

还是讲件记忆犹新的事吧！那天，因为秋收大忙了些日子，知青组放假两天，可以回家，但需要留守，我自告奋勇留下来，本来可以很轻松惬意地度过，刚喂完猪，就接到了生产队里的通知，分玉米棒子啦！找了地排车，忙了半天，让村里的姐妹们帮忙拉了回来。

刚进门，瓢泼大雨接踵而至，瞬间路上水流成河。我摸了一把汗水，很庆幸，突然想起地里还有新掰下的玉米，立刻找了辆推车，冲进雨里，沙土路已经被急雨冲得凹凸不平，跌跌撞撞到了地头，顺眼望去，除了没有砍倒的玉米秸，地里全是水，玉米飘着一片，已经有许多社员在抢粮运粮啦！我顾不得多想，进到地里捞玉米。几次掉到水沟里，呛了水，被人拉起来，接着干；独轮推车倒了，扶起来，再推……

图 5-12　春华秋实

看到社员们齐心协力、奋不顾身的情景，我不禁赞叹刘家址坊的村民了不起，爱社如家，真是我们永远学习的榜样！

还真有特别软弱的时候，记得有一次去割芦苇，我恰好是生理特殊期，天气闷热，沟水蒸腾，时间一长，身体渐渐地支撑不了啦，突然头晕目眩，一下跌坐在水里，手割了个大口子，腿也划破了，我忍痛没有吱声，咬牙坚持下来。收工了，我拖着沉重的步子，慢慢地走到村南的水汪里，和衣冲洗着浑身的泥水浊气，这时天下起了大雨。看着被水浸泡发白的伤口，摸着阵阵疼痛的小腹，突然委屈悲伤起来，合着雨声大声地哭起来……之后，还真发了几天烧，幸好没人知道我的狼狈，庆幸没落下病根儿！

（二）是知青，就要像个知青样

是知青，就要像个知青样，
明月照村庄哎，满村灯火亮。
歌声阵阵起，一片新气象。
哎嗨哟，一片新气象。
贫下中农上夜校，

政治夜校亮堂堂。

毛主席的光辉照村庄，

政治夜校办在咱们心坎上……

作为知识青年，我给自己制定了努力的目标：发挥自己的特长，除了干好分内的劳动农活外，业余时间，干一些力所能及的事。

白天干了一天的活，已经很累了。晚饭后，还要去办政治夜校、扫盲班儿，参加毛泽东思想宣传队，练节目编动作，忙得不亦乐乎。还有出黑板报，做思想工作、宣传工作，时间一长，身体就慢慢吃不消啦。

我在实验队长何现廷大哥的面前哭过，向贫协主任诉过苦，也曾抱怨过，但我永远记得公社组织部长说的那句话：当你连床都上不去了，那才叫累！这句话鼓励着、鞭策着我，成为我坚持下去的动力。

我全身心地投入到农村这火热的生活中，“与天斗，与地斗，其乐无穷”，这是那时的口号，那个年代是大修水利建设，以治河为重点，兼顾农田水利，达到标本兼治。

记得一次挖沟修坝会战，是在大官河桥南。每天早上，天还黑漆漆的就起床，走十几里路，到会战地点，再干两个多小时，太阳才冉冉升起。河沟要挖两人多深，挖土时铁锨需要甩着干，干着干着，慢慢地摸着窍门：铁锨蘸水，锨把握紧，轮开双臂，甩时用力。沾上水可以让铁锨的泥轻易脱落，握紧减少摩擦不易起泡，轮开双臂，借用力学扔得远。但是劳动强度确实太大，每天干上十几个小时，还是真累得够呛啊，给大家盛上饭菜，唱上一段，开怀一笑，也就赶跑了疲劳。

（三）做颗螺丝钉，还是闪光的

“跟党走，听党的话，党叫干啥就干啥。”“做个螺丝钉，把你拧在哪里，就要在哪里闪闪发光。”——父母的谆谆教导，已经在灵魂深处扎根。

下乡一年后的一天，刘英村长找我谈话，知青开始回城。让我留下，主要接下一批知青，我毫不犹豫地答应了，因为那时的我已经成长为一名共产党员，是村里的团支部书记，没有任何条件，坚决服从。

陆续地，同甘苦共患难的兄弟姐妹们走了，给我留下了好几囤粮食、两头大肥猪和菜园，一个锅里摸勺子的家人情意，是让人永不会忘记的。

默默地，把菜园、猪圈整理好，房间打扫干净，堂屋冬暖夏凉留给新知青住吧，我仍然住在东院的小西屋，还有陪伴我的“虎子”（狗狗）。

渐渐的，我接了第二批，又接了第三批，呵呵，真的当上了老大姐。

那是一个激情燃烧的岁月，那是一个战天斗地的年代。

我是村里的团支部书记，又是公社团委副书记，所以参加组织的集体会战、青年突击队的活动非常多。记得一次，在店子集村“挑灯大夜战”，场面很壮观，四面八方的人们赶来参加，无私奉献，真有一种敢教日月换新天的气概！活动结束时，已经是深夜两点多，各村的团支部书记都往自己的村里去了，走着走着，只剩下我一个人啦。两边是庄稼地，风吹得沙啦啦作响，挺吓人的，总觉得身后有人跟着你，回头看什么都没有，虽说那时胆大，治安比较好，可总是十八九岁的年轻姑娘啊！

（四）写给同组的你我他

人生就是这样，快乐着、烦恼着、牵挂着、思念着，走一段路，再回首，却也是生动的、美丽的。

穿过时光的隧道，走进岁月的长河。忘不了，村长刘英、党支部书记何香廷、贫协主任何德三、带队干部翟瑞胜，这些尊敬的带头人那赞许、慈祥、疼爱的目光；也记得，曾经的团支部书记、林业队长、生产队长、实验队长、民兵连长、青年突击手，这铮铮铁骨的硬汉，还有那英姿飒爽的女将，你们是知青们学习的榜样！我更忘不了：那激情燃烧的岁月，那热火朝天的生活，那战天斗地的场面，那誓言掷地的铿锵。

听！从田间地头、果园菜地、林间小道、政治夜校、毛泽东思想宣传队传来的欢歌笑语，怎么还在我耳边回响？

闻！四溢扑鼻、沁人心肺的果香、麦香、饭菜香，怎么还是那么诱人、令人发馋、久久难忘？

瞧！咱们的东院西院、草房土墙、油灯蚊帐、大锅风箱、板凳饭桌、咸菜煎饼、“虎子”、肥猪，对，还有主角——我们的帅小伙和俏姑娘。为什么总是历历在目，直在我的眼前晃？

其实大家的心情和感受跟我一样，因为这是大家的杰作，共同的努力才组成了这一道道亮丽的风景线，谱写了这一曲曲动人的交响乐章。

别梦依稀四十余载。当年的青春少年、昔日的豆蔻少女，而今已是头发斑白、满脸沟壑，但在艰苦环境中磨炼出的意志和品格仍然存在，知青精神依然闪烁！

回首望去，曾经走过的风风雨雨，伴随着我们的有欢乐和泪水，有喜悦也有颓废，有成功和失意，有苦涩更有陶醉。但是我今天想起的只是美好的记忆和幸福的回味。

说到这里，我很想问一声，同组的你，当年情窦初开的梦，今天是否还在心头萦回；我只想说一句，曾经年轻的我，非常希望在大家的心里青春永驻，依然美丽。

年年开启新的希望，岁岁承载新的梦想，梦随心动，心随梦想。我期待知青欢聚一堂的日子，期盼着这美好时刻的到来。

往　事

张晓辉

我和司丽萍当时16岁，是东陈楼知青组的“小不点”，所以每到割稻子、打麦子干重活的季节我俩总被安排在家做饭，穿上围裙刷锅做饭、做猪食。那是当时最舒服的活，那些稍大我们一点的，要去干重活。一次一个麦收季节的傍晚，几个干了一天重活累坏的家伙，实在累了，就瘫在院门口麦秸堆里“叫苦喊累”，可他们的手却在拣拾着里面剩余的麦穗……

一次我和高婉华值班做饭，我只会烧火，她只会烙玉米饼子。这天我俩决定给大家露一手，烙煎饼。那伙房里我把半干的玉米皮烧的是狼烟四起，她把鏊子砸得是当当直响。那煎饼烙得是补丁加窟窿，别提了。带队的梁家菊老师（她也刚大学毕业，20多岁）实在看不下去了，便撸起袖子亲自上阵了。三个人忙了鏊子顾不了火，顾着火了鏊子又烧大了。那室内云烟缭绕如同仙境，一会儿三人便被烟呛得眼泪一把鼻涕一把的，梁老师不停地抓起玉米皮擦鼻子。那顿饭做完，我们三人个人都成了大花脸。

当时我和张安平参加城阳公社宣传队，我创作一个相声《锻炼》，是我们首演的，据说传了一段时间。那里面的故事是我的亲身经历。一日，我和一老农赶着牛在场上打豆子，牛突然拉屎，我吓得丢下牛鞭跑开了，老农则赶紧抓起一把豆秸去接牛拉的屎，并小心翼翼地把牛屎捧出了场外。那老农个不高，说话很粗，眼角常挂着眼屎。原来我老是“哎哎”地叫他，自从他用手接牛粪以后，我就叫他“大爷”了。

招工回城

郭　勤

1970年底的最后几天，是我一生难以忘怀的几天。短短的三四天时间，改变着在莒县招贤公社西黄埠大队插队的9个知青的命运。

“济南来莒县招上山下乡的知青回城”的消息迅速在村中传开。同时也知道了只有五人被招工回城，另外四人未被录用。这突如其来的巨变，使我们一时间茫然无措。对能回城的队友来说，无疑是件天大的好事，可对未被招工的队友的心灵，可谓是人生中一次沉重的打击。两种心情交织在一起，搅得我们的心情十分沉重、十分纠结。一瞬间，往日活跃的知青院里，顿时变得一片沉默寂静。大家说话、行动异常小心，生怕给未被招工的队友沉重的心理再造成创伤。

当初，我们九人分别来自济南的五所中学，1968年3月，在当年的济南市第二期上山下乡学习班相遇相识。经过一个月的学习接触，我们自愿组成了一个知青小组，于4月26日来到西黄埠大队插队落户。那时我们中间最大的22岁，最小的还不满17岁。

20世纪60年代的中国，城乡差别还是很大的。九个朝气蓬勃的青年人的到来，给地处偏远的小乡村带来了城市的信息，带来了青春的朝气。村里的乡亲对我们关爱备至，不论老幼青壮年还是“识字班”，工余饭后有事无事的总爱到知青院里串门，和我们知青拉呱，很快知青院就成了村里人们活动交流的一个中心场所。

当时农村的文化生活是非常贫乏，在村“革委会”领导的支持下，以知青为主，组成了西黄埠大队“毛泽东思想文艺宣传队”。工余饭后，文艺演出丰富了社员们的文化生活，为乡亲们带来了欢乐。文艺宣传队还多次到外村巡演，选拔参加县城的文艺汇演，由知青担任的样板戏唱段、表演唱、三句半，还有《白毛女》整剧的演出等等，为西黄埠村争得了不少风光和荣誉。

直到今天回忆起来，当时离别的心情仍然是非常沉重和纠结的。毕竟我们九人当初是怀着一腔热情共同而来的。在西黄埠知青点，我们同喝一口井的水，同吃一口锅煮的饭，一起推碾推磨烙煎饼，在同一块土地上历经风霜雪雨，共同度过了近三年的蹉跎岁月。插队生活，其中有酸也有甜，有苦也有乐。现在我们被招工的队友要走了，看到走不了的几个队友那委屈、不平、无奈、失望的眼神，我们要走的几个队友的心里也是五味杂陈，无以言表。

说实话，回城的诱惑实在太大了，我们没有勇气说留下来，陪伴他们“扎根农村”。我们只能在心里默默地祝愿他们，能尽快有下一次机会，幸运会降到他们头上。

临行前的一天晚上，村里我的好朋友子若来邀我和建勋，到他家吃饭为我们饯行。“唉。”这时刻我们哪有心情啊！然而盛情难却,我俩只好前往，那晚吃的什么饭，说的什么话，现在全部都还记得。

只记得那晚天很黑，是他用手电筒照着亮，把我们送回知青院的。知青院内静悄悄、黑漆漆的。只有北屋西边的窗前点着一盏昏暗的小油灯。大概是听到院里的动静，大施（施正宜，我们知青组年龄最大学历最高的女队友）从屋里出来对我俩说:“琳琳（韩琳琳，组里各方面表现都很突出的女队友）从下午出去，到现在还没回来呢。”“村里正四处寻找她呢。”天这么黑，这么晚，她能到哪里去了呢？唉，真叫人担心。韩琳琳在劳动、宣传、群众关系各方面做得都很好，曾被村里推荐做乡村小学教员，但上报政审时，却因社会关系问题被退了回来，这次招工她又未被录取，可想而知，对她的心灵打击是多么的大啊！

黑暗中，李坚（组里一位能干又能吃的一名男队友）坐在后院的矮墙上大声唱歌。唱的什么听不清楚，但那飘荡在寒风中悲切的声调，如诉如泣，在寂静的夜晚让人听着十分心酸。我们想走上前去劝慰他几句，可是

图 5-13　址坊管理区青年代表会留影

说什么呢？这个时候说什么都是苍白无力的。“唉。”就让他唱吧，或许只有这样唱出来，才能让他宣泄掉心中的委屈和不平，才能忘掉眼前的一切，心里或许能好受一些。

那次招工，如果我们九人一同回济南与家人团聚，我想我们会都高兴。西黄埠的乡亲也会为我们高兴；如果因人数限制，一时不能全走，那就由村里评议，推荐谁走谁留，我想我们或许也能接受。可是那个年代是“以阶级斗争为纲”的，动辄以家庭出身、社会关系来画线，并以此决定人们的人生轨迹和生活命运啊！虽然也说什么“有成分论，不唯成分论，重在政治表现”，但大多数情况下只是口号而已，一到决定人生命运的时候，也就不作数了。

后来听说，济南到莒县的招工人员到了县里，只是按他们带来的人事档案履历表选人的，根本未与知青本人劳动的村庄接洽沟通。听说县里、村里的领导都多次推荐那些平时劳动表现较好的知青，尽力为他们争取招工的机会，但因为“唯成分论”都无济于事。为此，当地的知青管理者与济南的招工人员关系闹得很僵，致使招工工作一拖再拖，直到 1970 年 12 月 31 日，一年的最后一天我们才离开莒县。

在农村三年的蹉跎岁月，我们与当地的乡亲们结下了深厚的情谊，临走的那天，村里不少乡亲天还没有亮，就摸黑赶到招贤的公社驻地为我们送行。

临行时，我们面对乡亲们深深地鞠过一躬，感谢西黄埠的父老乡亲对我们的关怀。

时隔五十年，遥对远方的西黄埠的父老乡亲，我还要深深地鞠上一躬——三年的艰苦磨炼、亲情滋养，我终身受益，终生难忘。

——毋忘在莒，无怨无悔。

那段时光

文素慧

我是 1968 年 9 月 17 日离开济南十七中，离开养育我十七年的老城济南，离开了我的父母和亲人，来到了我的第二故乡——莒县峤山区大崖头大队，转眼已过 50 年。我们从一个青涩懵懂的少年到如今的老年，酸甜苦辣，悲欢离合，在我们这代人身上体现得淋漓尽致。

下乡的历练使我们在以后的工作中有了资本，比如坚强忍耐，比如吃苦努力，比如积极向上。上山下乡，是我们生命中闪烁着光芒的一段历史，她影响着我们返城后的工作、学习、生活和家庭。工作中严格要求自己，不图名不图利，不怕苦不怕累，积极主动；家庭中敬老爱幼，凡事谦让，做到家和万事兴，在家庭里起了主导作用。在我的人生中，我一直秉持这样的信条：

再难也要坚持，
再差也要自信，
再多也要节省，
再冷也要热情。

下乡两年，时间不长，但在我人生的长河中起到了不可估量的作用。如：人要正，家要和，穷要志，心要善，情要真。想到那两年，我就非常激动，我很珍惜。我们赶上那个年代，可以说前无古人，后无来者。

走过了青春，走过了岁月，我们已进入暮年。退休后的生活更是丰富多彩。如经常跟随社会团体参加一些公益活动。2014 年 5 月份跟随东方红生物制剂保健品参加了《航天手拉手，共圆中国梦》活动，到东平县州城孙岗小学捐助贫困学生。2016 年 5 月份跟随常涌金融集团参加了《青岛在行动公益服务中心》留守儿童及贫困生助学款发放活动。近几年也到贫困地区的敬老院去送过米，送过面，送过棉衣。总之，人已退休，但心还在关注社会，为社会出一点微薄之力，献自己的一份爱心。虽是夕阳，我想更美！

（一）像农民一样

农村确实是广阔天地，一望无际的田野。蓝天，白云，绿地，田间小路。通往村子唯一的一条路，坑坑洼洼人狗一起走，若有鸡鸭飞过便扬起一溜尘土。如遇雨雪天，那就可想而知了。全村一律的干打垒土墙。草屋顶，家家土炕，小小的木棱窗子上都糊着白纸，阻挡着外界的风、沙、寒、热。院子里有粮囤，储备着一年的口粮，实际上大部分都是地瓜干，是主粮。为我们办饭的杜大爷已经准备好饭，当然就是煎饼豆沫子了。同学们简单地收拾了下行李后，就吃了到大崖头的第一顿饭。这里便是我们今后生活学习的地方，我们开始在这里成长。开始了像农民一样过日出而作、日落而息、面朝黄土背朝天的生活。

刚开始我们闹出不少笑话，比如莲娜挑水桶掉在井里，张锐做饭，因

图 5-14　大崖头知青组合影　文素慧

点不着柴火把刘海烧了，我们锄地时将秧苗锄掉等等。但我们不服输，不但学会了所有的农活，学会了烙煎饼，做豆沫子，做豆腐，还学会了做放饺子用的盖顶，学会了扎饭帚、扎筲帚，学会了编条框等，总之所有的生活家什，我们都能够自给自足。春天我们买了小鸡仔，秋后鸡就开始下蛋了。我们是舍不得吃的，大部分用来换盐，换煤油等。大队分给我们一块菜园地，小菜园位于村子北头，离村子不远，我们在省农科院买了一些蔬菜种子。清明前整好地洒好肥，清明一过就播下了种子。菜园里种着芸豆、茄子、黄瓜、豆角、辣椒等。冬天便是萝卜、大白菜的收获季节，我们还自己腌了一大缸咸菜疙瘩，当然也是我们自己种的。一般情况下，我们不用买菜。回忆起来，在莒县的生活，还是蛮有意义的。

（二）小菜园

我们的小菜园位于村子的北头，离村子不远。男同学刘玉启在省农科院买了些蔬菜种子，清明前就把地整理好，将沤好的肥料均匀洒好，清明过后就播下了种子。

每天听到收工的号令，同学们就不约而同地来到小菜园，看看种子发芽了吗？长大了吗？结果了吗？已是农历六月，各种蔬菜长势喜人。我们在菜园里松土，施肥，浇水，嘴里哼着唱着，看着这生机勃勃的菜园，心里那个高兴劲儿真是无法形容！下乡前，谁知道蔬菜是这样长出来的！芸豆一撮就有四五根，豆角长到一二尺长，紫色的茄子摇摇欲坠，绿色的辣椒油亮发光。更神奇的是，昨天黄瓜秧上开着的小黄花，今天竟被一指粗、一寸长的瓜扭顶着！看着这累累硕果，比吃着还高兴！这些宝贝儿好像赛着长，一天一个样。看着，想着，它们竟然是我们培育出来的！连架子上的藤蔓和叶子都被风吹着向我们频频点头！几个人不由分说，各自摘下黄瓜、茄子用手一搓便吃了起来！这情，这景，这画面，时常展现在我眼前，令人难忘。我在地里转了一圈，摘了不少菜，为明天的伙食做好准备。

太阳西下，天已擦黑，我们欢快地离开，小菜园也安静下来。

（三）烙煎饼

煎饼，是莒县人的主食。我们便入乡随俗。

我们这个家不是普通的家庭，是由五男四女、年龄在十六到十八岁左右的年轻人组成的。是干活的年龄，也是吃饭的年龄，更是长身体的年龄。所以，吃饭就是头等大事儿。

每天天刚亮同学们就跟当地社员一起下地干活了。在家做饭的更是忙得不亦乐乎。十印大锅加满水，下了米，烧着柴火，拉着风箱开始熬粥。开锅后闷着，余火继续熬，这样既省时又省柴。最繁忙是烙煎饼。先用三块砖头将鏊子支好，再把柴火抱进锅屋，然后把盛满煎饼糊子的灰色大瓦盆挪到鏊子旁边。点起柴火，鏊子烧热后右手用一块沾过油、巴掌大的、不到一指厚的方布垫儿在鏊子上擦一遍，左手不停地往鏊子下续着柴火。火要均匀，鏊子不热挂不住糊子，火太大煎饼就煳了。为了学这门技术不知流了多少泪和汗，终于修成正果。两手握起比自己拳头大很多的面团放到鏊子边，沿鏊子边逆时针、从外往里、一圈一圈地滚，滚到中心后两手握住剩余的面团拿下放回大盆。右手用小木板刮平，左手不停地翻着、续着柴火。然后用专用的小铁铲将煎饼四周戗起，两手捏住戗起的小边往上一提，哇！一张圆圆的、完整的、厚薄均匀的、香喷喷的热煎饼就烙好了！那成就感就甭提了！就这样一遍遍地重复着这些动作，一张张地往上摞着煎饼，等到同学们收工回来就有半尺多厚了！这煎饼的香味儿漂出好远好远，直到现在！

（四）自娱自乐

农闲时，我们也经常搞些文艺活动。我们的院子很大。晚饭后，一盏大号汽灯挂在男生宿舍的门口，照得我们的大院通明。全村男女老少来到这里，有的抱着孩子，有的牵着老人。小媳妇、识字班手里带着针线活儿，如纳鞋底，缝鞋垫等。就是借助这里的灯光吧，一举两得。他们都自己带着小板凳，带着花生米瓜子儿什么的零食，坐在那里等着看演出。随着乐器响起，节目开始了。田元和刘玉启拉着二胡，尹力吹着笛子，李栗的口琴，徐万峰的琴。时而独奏，时而合奏；时而优美动听，时而慷慨激昂。悠扬的曲子在村子的上空回荡，一直飘向远方。女生就和社员们一起又唱又跳。那时唱的也就是《毛主席的光辉》《北京的金山上》和毛主席诗词等之类的红歌。代表曲目有李莲娜《红灯记》中李奶奶的唱段。化妆成李奶奶的样子，那一腔一调，一招一式，就是专业水平。唱了一段又一段，都下不了台了！文素慧和社员张凤栋一起演唱《老两口学毛选》，上衣穿着从村里大娘那儿借来的大襟褂子，头发梳成老太太的样子，就是在头后挽个鬏子，那是有声有色，认认真真毫不含糊。社员杜善堂演唱《红灯记》里李玉和的唱段《穷人的孩子早当家》，他穿着田元的大衣，提着一盏不亮的破油灯当道具，戴着一顶不知从哪弄来的蓝色大盖帽，还真像那么回事。观众的掌声不断，欢笑声此起彼伏。我们都沉浸在这欢乐之中。也只有在这个时候，我们才忘记了一天的疲劳，忘记了想家。

（五）下雪了

冬天到了，地里的活儿都忙完了，我们组的同学准备第二天到县城去逛一逛。头一天天气还很晴朗，我们借了自行车，打算男同学骑车带着女同学一起进城。没想到老天爷竟无声无息地下雪了。下了一夜的大雪，把我们的房门都堵住了。雪花从被社员撕破窗纸的大洞处飘进屋内。天气太冷，整个人都缩在被子里。雪花落在睡在窗下姬文英的被子上，厚厚的一层，却浑然不觉。门口的雪有二尺厚，风门上的纸也全是大洞，我们女生宿舍没有木门，所以雪花飘进屋。屋里自行车的轮子被雪埋了一半。门都出不去，门里门外都被雪卡住。尽管这样，看着这白色世界，同学们那个兴奋啊！脸盆里的水已结成冰，抓把雪擦擦脸，大声喊着，大声叫着，大声地唱着："北国风光，千里冰封，万里雪飘，望长城内外惟余莽莽，大河上下，顿失滔滔。山舞银蛇，原驰蜡象，欲与天公试比高。须晴日，看红装素裹，分外妖娆……数风流人物，还看今朝。"一遍遍地重复着，数风流人物，还看今朝，十分感慨。男同学过来帮我们把屋里屋外打扫得干干净净，那怪笑的眼神，像看四个傻子（我们组四个女生）。哈哈，真有意思，这样的天，县城也没去成。

知青生涯

房玲燕

我下乡来到了山东省莒县招贤公社程家曲坊大队，刚到农村第一个月，由一位女社员给我们做饭，以后是我们自己做饭。没有菜吃，大队长领着我们去社员家要咸菜。我们自己学推磨、烙煎饼、做饭，大家非常团结和乐观。我们知青小组是一个团结、乐观、向上的集体。

有一天，我突然发高烧，村卫生员在给一个社员看病，忙到很晚才回来，看到我病得不轻，决定去公社医院，我们村离公社医院有15里路。李莉、佟裕元、卫生员，还有卫生员的母亲等人，找来车，拉上我就去了招贤公社医院。佟裕元拉着车，一路上大家一句话也不说，只听到呼呼的喘气声，还有刷刷的脚步声，远处还有狗叫声。我睁开眼睛看到四周一片漆黑，微风吹得树叶哗哗作响，只有天上的星星眨着眼睛，看着急匆匆的这一行人。到了医院，佟裕元累得满头大汗，他们也没休息，直到第二天下午，烧退了他们才放了心带我回村。几十年了，这件往事时时在我心里，经常想起同学、卫生员母子深情。

1969年刚过完年，我和李修华一起从济南回莒县。那年莒县下了一场大雪，平地积雪到膝盖那么深。县城到程家曲坊有四十五里路。没有车，我们带着行李走回去非常困难，就找到了同学刘荣起下乡的村上。刘荣起和卜祥田两人二话没说，找来独轮车把行李放上，决定送我们回去。一路上只听到我们踩着雪咯吱咯吱的脚步声，一步一滑，迎着东北风急匆匆地走着，四周望去，白雪皑皑，连只鸟都不见。麻雀也不知藏到哪儿去了，只有我们四人脸冻得通红，嘴里呼出的热气化做阵阵白雾。走呀走呀，鞋都湿透了，脚也冻麻木了，失去了知觉。直到过了一条小河，快到程家曲坊村时，我们才感到浑身热了，脚也不觉冷了，到了家，大门是透风的。我们累得没有力气。是刘荣起和面做的面条，用玉米秆在大铁锅里煮的。大家热乎乎地吃完面条，没有休息，因为还有四十五里雪路等着他们，太阳快下山了，他们两人急匆匆地消失在茫茫雪地里。

这是什么精神？是在逆境中坚定向前的精神，是在困境中助人为乐的精神，是不怕困难勇往直前的精神，是为祖国繁荣富强顽强拼搏无私奉献的知青精神。

从知青到教师

杨炳娴口述　张翼鹏整理

去农村插队当知青，当年满怀豪情壮志，整天劳作于田间地头，真的没想过自己今后会成为一名人民教师，也许这就是命运吧。1970年初，我被莒县教育局招工到莒县一中进行教师培训，由此开启了我的教师生涯。经过8个月的临沂师范学院的代培，我们一共80名知青被分到了三个地方当老师，分别是费县，苍山和莒县。我被安排到安庄公社，大马峪村联中教初中化学，由此开启了我的教师生涯。

那时候的大马峪联中，坐落在小山村中，村庄外丘陵连着丘陵，交通通讯很不方便，有过之前的插队经历，对于这里的乡村生活倒是一点也不陌生，只是整个联中，就我一个公办教师，没有了知青组里弟弟妹妹的陪伴，确实感到孤独寂寞，那时候已经有知青可以返城了，对于身在山区教学的我来说，心里更是多了一份思乡之情。但这就是命运的安排吧，既来之则安之，虽然这里的教学条件不比济南，但是孩子们的求知欲望是一样的，他们更渴望通过学习改变自己的命运，去看一看外面的世界。我就安下心来在这里教学。在莒县的执教生涯一直持续了四年,从1970年的9月，一直到1974年我回到济南。四年的教师生活在我的生命中留下了深刻的印象，这四年中有和学生们的欢声笑语，也有独自一人的孤独惆怅。回首往昔，有几件事让我到现在铭记在心，终生难忘。

那是1972年的腊月二十二，农村的冬天比城市更冷一些，那时候的生活条件差,教学任务重,我的体质本来也不好,本来马上就要回家过年了,没想到我却感冒了，持续高烧将近40度，已经烧得昏迷了，学校的老师找来村里的赤脚医生，大夫看我病得这么严重，建议马上送到安庄的卫生所治疗。那时候交通不方便，也没有好走的路，都是丘陵，高低不平，天又冷，地面又刚下过雪，泥泞不堪，村里找了八个青壮年的小伙子，四人一组，用两根木棍搭上一床被子做了个简易的担架，轮流把我抬到了安庄的卫生所，在我以前交过的学生周霞（她已经考到了安庄高中就读）陪伴下，我打了三天吊瓶，总算转危为安。为了感谢这八名老乡，学校想尽办法请老乡们吃了一顿大米干饭。那时候的人就是这样的淳朴，虽然老乡们平时不善言辞，但是人都很实在，这也影响了我今后的价值观，做人就要本分实在，我也更加用心、用情地投入到教学中，我所能做的对老乡最好的报答就是尽我所能去教育好他们的孩子，让他们有出息，过上更好的生活。在这段经历中，我和学生，乡亲们的感情愈加深厚，虽然那时候我还没结婚,但是看到学生们就像自己的孩子一样。我记得那是1973年的腊月，下午快放学的时候下起了大雪，有个叫徐战宝的学生穿得很单薄，冻得瑟瑟发抖，我想这孩子一路赶回家得多冷啊，就把自己的棉袄给了他，让他穿着回了家。事情虽小，但是那时候的师生感情真的就像家长和孩子一般，听说这个学生最后也当了老师，我十分欣慰。那时候我单身，晚上没事，只要有空，就去村里组织的识字班教老乡们认字，也算是尽我所能帮帮乡亲们吧。

不知不觉在莒县待了四年，虽然在这里的教学时光很开心，但是想到家中年迈的父母无人照顾，我还是希望回到济南，盼望着，盼望着，终于到了1974年，经过努力，我回到了济南。那时候回城工作太不容易了，济南市正在搞备战备荒，想在市区当老师几乎不可能，我就在离家30公里的历城东郊中学当了一名高中化学老师，虽然离家太远，但总算回到了济南。东郊中学位于一个叫滩头坝子的地方，那时候也是一个乡村，周边环境和大马峪联中也差不了多少，一出学校的门，周边都是麦子地。由于家远，学校安排了宿舍，一开始我过了几天比较安稳的生活，白天教学，晚上在宿舍备课休息，到了周末回家看看双亲，日子倒也安稳。但是没过多久，父亲突发脑血管病，需要有人陪床照顾，我就开始了天天往返60公里，白天上课，晚上陪床的生活。用一个词形容这段生活，就是折腾，太折腾了，即使四十年后的今天，开车每天往返60公里上班，这对于体力、精力都是一个极大的挑战。但那个时候，为了自己的父亲，什么也顾不得了。为了每天都能回家照顾父亲，我天天往返于学校和家之间，光路上的时间单程就需要2个多小时。那时候的交通和现在没法比啊，从学校出来就是麦地，哪有什么公交车，我就借了学校的一辆28大金鹿自行车，先骑行十几公里到了现在的王舍人庄，把车子放在当时的历城县王舍人镇教育组，然后坐8路车到解放桥，再转乘2路车到省中医，然后步行回家到广智院。有时候为了节省时间，天气好的时候，我就直接骑自行车从家里赶到学校，那时候车少，一路狂奔，还要一个半小时。大冬天的，骑到学校里面的衣服被汗水浸湿透了，现在都不敢相信自己是怎么做到的，这也许就是亲情的力量吧。后来我的一个妹妹王金梅看我实在太不容易了，就给我想了个办法，那时候她在塑料试验厂的班车上做乘务员，塑料试验厂每天从三合街发车，我于是就搭乘他们厂的班车，到了地方还有五六里路，那就得下车步行走了，不过这已经比骑自行车，倒公交车好多了。不过遇到大雨天，也挺不容易，剩下的五六里路得提着鞋踩在泥泞的道路上，两边就是玉米地，冬天上班早，天还没亮，走在泥泞的小道上，还真有些害怕。

后来父亲的脑血管病一直反复，多次入院，需要更多的陪伴和照顾，我上班这么折腾在体力和精力上也实在无法坚持。那时候一没人脉，二没钱财，想调动工作，离着老人近一点，谈何容易？但是想到病床上的父亲，我也只能试一试。当时正好赶上全国上下农业学大寨，历城县教育局的领导们下班之后会在位于洪楼的历城县委学习，打听到这个消息，我就和我的高中同学袁训佩一起踏上了漫长的工作调动之路。

每天下班之后，只要家里没事，吃过饭我就和袁训佩一起骑着车子来到历城县委，一开始谁都不认识啊，连大门都进不去，软磨硬泡，终于进了历城县委的大楼。打听到教育局学习的地方，开始找领导反映情况，讲自己的困难，哪怕是小学，只要离着父母，离着家近就行。调动哪有这么容易？去了好多次，也见了好几位领导，都知道了我的情况，但是总说有机会，看情况，找了大半年也没个消息。但是我不能放弃，因为我的身后有躺在病床上的父亲，没有人脉和关系，我所能做的就是坚持，后来几乎是天天去，天天找，也许是我的坚持和孝心感动了上天，将近两年的时间，整个教育局上上下下几乎都知道了我的情况，最后教育局的领导终于同意，费尽千辛万苦，一纸调令，我来到了济南明湖中学（原历城八中），老天开眼，总算离着父母近一些了。从 1974 年到 1976 年，这两年的时间，经历了每天往返 60 公里上下班，经历了提着鞋，大雨中在泥泞的道路上奔跑，经历了白天上课，晚上陪床伺候老人，经历了每天一下班去教育局蹲点找领导反映情况，每当回首往事，我都感慨自己当年的坚强，人不逼到份上，你都不知道自己有多大的能量。感谢老同学袁训佩的陪伴，感谢这段经历，她让我更加坚强，更加坚韧，也让我更加珍惜这来之不易的工作。

来到明湖中学，生活算是安定下来，让我有时间陪陪老人，照顾病重的父亲，1978 年父亲去世，在老人的最后一年，总算是尽到了自己的一份孝心。之后的时间充裕了，但我注定是个不安分的人，我总觉着要抓紧一切时间充实自己。“文革”十年，我错过了最好的学习时光，自从当了老师，我深感知识的不足，毕竟我只是个 1966 年毕业的高中生，从 1970 年到

1977年，这将近十年的时间，一直都是在折腾，哪有时间充实自己？现在有时间了，我马上开始行动起来，1982年，我利用工作之余的休息时间，报名上了教育学院的电大，充实自己的专业知识，到了第二年，教育学院专科开始招生，我毕竟只进行了一年的系统性学习，而且还是利用课余时间，抱着试试的心态，参加了专科的招生考试，没想到一举中第，也算是圆了我的一个学历的梦想，被“文革”耽误的这批本该考大学的人对此应该感触颇深。尴尬的是专科要求脱产学习，我在学校还上着课，不可能置学校工作于不顾去上学，为了兼顾工作和学业，我和校领导商量，第一年半脱产学习，每周四全天和周六的下午在学校上课，当时教着高六二（高中第六届二班）的化学，其余时间到教育学院学习。同时那时候山师大的夜大班也开始招生，为了拓宽自己的知识，更快速地提升自己的专业水平，我也报考了山师大的夜大班，这段时间是我过的最充实、最踏实的一段时间，虽然累，但是很快乐，有什么能比学习更快乐的事情呢？那时候能忙到什么地步呢？教育学院的专科学习第一年一边上班一边上课，第二年全脱产。山师大的夜大学习班坚持了4年，每周一、三、五、六、七晚上上课，后来翻看当时自己记录的笔记，满满的一大箱子，各类笔记、训练册总计三四十斤，

图 5-15　杨炳娴参加人防演讲

图 5-16　杨炳娴教学生学习烹饪技术

将近百本。功夫不负有心人，虽然由于历史原因错过了高考，但是我还是拿到了专科证书。学历本身代表不了什么，但是在这四年的学习中，我收获了知识，这也为我在今后的教学道路上打下了坚实的基础。

虽然一直在不断地学习，占用了很大的精力和时间，但是工作中我一直没有放松对自己的要求，所带的班级在教育和教学上一直在学校名列前茅，运动会上，我们是总分第一名，中考中，我们班也是全校升入高中人数最多的班级。我热爱我的工作,我也热爱我的学生,之前的经历那么坎坷，工作中累一点又算得了什么呢，教育本来就是一个良心活，我只不过做了我该做的罢了。

也许是造化弄人，由于当时下乡时条件太艰苦，营养不良，导致眼疾没有及时治疗，随着年龄的增长，愈发严重，到了 1990 年左右，我的眼睛基本失明。学校安排我任教人防学科。虽然不是主课，虽然那时的我已经四十多岁了，虽然已经不能清晰地看清这个世界，看清课本上的字，但是只要在教学岗位上，只要我站在这个讲台，我就要对学生负责，我要对得起人民教师这个称号。人防学科是一门比较枯燥的学科，和平时期学生们对此也感觉不实用，离真正应用比较遥远，重要性也远不如中考分数学科，所以从学校到学生都对这门课不太重视，又因为这是那几年新兴学科，大家也都没有什么经验，所以一般老师对于人防教学也是按部就班，敷衍了事。但是我觉着既然开了这门课程，就有它的意义所在，我想尽办法让这门原本枯燥，不受学校和学生重视的学科变得有趣，学生喜欢。教授人防的第一年，我组织学生参加了全区的人防知识竞赛，经过半学期的努力，自己设计出题，模拟演练，最终代表学校参赛的三名学生获得两个一等奖，一个二等奖，17 所中学中总分排名第一的好成绩，使学校在人防教育中在全区脱颖而出，一战成名。得到教育局的肯定，我备受鼓舞，把这次经验推广到以后的教学中，成功地举办了学校的人防知识竞赛，为了能让学生记住枯燥的人防知识，我组织学生把人防要领编成了快板、四句半等多种形式，让学生朗朗上口，便于记忆。还组织了多种多样的文艺汇演，丰富了教学形式。纸上得来终觉浅，绝知此事要躬行。学生们虽然记住了，但是人防知识的最终目的是应用，我就请来人防办的教员到学校进行专业指导，带领学生自制防毒面具，真正拉警报进行战地救护演练，亲身感受，从实践中学习防护知识。自此人防教育逐渐地受到了学生、学校的重视，人防知识竞赛也每年一次地搞起来了。

图 5-17　杨炳贤所获荣誉证书

后来又兼任了劳动技术的教学，这也是一门本不受重视的学科，但同样对于学生的生活能力有很大的帮助，我带领学生学习编织，利用废旧物品进行手工创作，举行烹饪比赛，真正地让所学的知识应用到生活中，让原本不受重视的学科有了不一样的精彩。

回首我的教师生涯，从教 33 年来，一丝不苟，也获得了学生、家长、同事和教育局的认可，连续多年获得学校先进工作者。回顾 33 年的教学生涯，十年高中化学，十年初中化学，十三年劳动技术、人防教学，每一学科我都认真备课，仔细钻研，有付出就会有收获，获得了从学校到省各个级别的奖励，1998 年获得山东省三防教育先进个人，算是对自己辛勤付出的一个回报吧。

回首往昔，时光荏苒，岁月如梭，我的教师生涯是从知青下乡时开始的，正是那段岁月的磨砺才造就了我坚韧不拔的性格和做事认真负责的态度，一路走来，着实不易，颇为坎坷，但是我不后悔这命运的选择，我真实地感受到——当老师，能使我的人生充实，精神愉悦，使我感到高尚。因为教师是太阳底下最光辉的职业，托起的是明天的希望。我深知，教师的价值要从学生身上体现出来，一个教师如果得不到学生的认可，有多少荣誉都是虚假的。每当我看到自己与学生们一同成长，就有一种成就感。

是的，作为教师，甘为人梯，吃也清淡，穿也素雅，面对大千世界，心怀淡泊，像春蚕，像蜡烛，在平凡的工作岗位上，用青春和生命谱写无怨无悔的人生。虽然平凡，我的脊梁却支撑着祖国的未来；虽然清贫，我的双手却托举着明天的太阳。

难忘的知青经历，

难忘的教师生涯，

难忘的激情燃烧的岁月！

岁月如歌，细诉流年

杨炳娴口述　张翼鹏整理

广阔天地，有多少悲喜，有多少梦想，永远地留在了那个逝去的年代。重温那些悲喜，那些梦想，我们有欢欣，也有泪水，有收获，也有遗憾……虽然在历史的长河中，那个年代已成为过去，随着岁月的流逝和我们相距越来越远，但这种扯不断的情结还在千丝万缕地缠绕着我们，并且越来越近，如同一坛老酒越酿越浓，终于从封不住的盖子里飘溢而出。现采撷几段当年的往事，回首自己的足迹，追寻青春的印记。

（一）上山下乡怀壮志　战天斗地绘新图

如果说这辈子有哪些日子对于我来说记得最清楚，那么除了父母的生日，就要数我下乡的那一天了，1968 年 9 月 17 日。一个影响了我一生，改变了我人生道路的日子。那时的我二十岁出头，满脑子里都是红色的革命思想，怀着战天斗地的豪情，我踏上了下乡插队的征程。

首先介绍一下我们组的组员我（杨炳娴），孔济生，赵新，刘敏，马世瑾，商永吉，马东敏，单淑琴，王玉佩，王青，魏新民，董爱莲等。由于我年龄最大，担任组长。组里的兄弟姐妹们年龄相差不小，最小的魏新民当时才 15 岁，现在回想起来，就像看着自己的弟弟妹妹一样。

真正到了农村，我们这些济南生、济南长的孩子还真的有些不适应。红色激情退去之后，你必须面对生活的各种现实问题，比如最简单的衣食住行，穿还好说，吃住成了我们首先要面对的问题。国家虽然给了我们每个人补助，但是房子不是一天就能盖起来的，所以我们先住到了老乡家里，到了第二年，才从大队里领出国家给我们盖房子分配的物料，自己动手，修建起来自己的家园。

让我印象深刻的就是在伦当门插队度过的第一个春节，根据国家的政策，响应政府的号召，下乡的第一个春节我们要在插队的农村过“扎根年”。

这对于我们组很多还是孩子的人来说，是第一次远离父母度过春节，虽然没有了往年一家人团聚的氛围，但是我们这些知青聚在一起，怀着战天斗地的憧憬，这样的一个春节，也是过的别有一番滋味。这样的环境，也使得我们组的组员们更加珍惜彼此，抱团取暖，成了一生的朋友。

（二）铭记历史缅怀英烈　崇尚英雄争做先锋

下乡的生活，苦也累，但是在全国上下一片红的感召下，我们知青生活初期的每一天都感觉充满干劲，甚至自己的革命情怀澎湃到无处安放，于是我们思考着如何向党，向人民表忠心，表决心。最终我们商讨决定，找一个合适的时间回济南，去英雄山扫墓，以表决心。

1969 年的 9 月份，我带领我们组组员，回到了济南，一下火车，我们就马不停蹄地赶到了英雄山烈士陵园。在纪念碑下，我们整装肃穆，庄严宣誓：安心扎根农村，忠心为人民服务。用革命烈士的精神激励自己，无论阳光还是风雨，无论鲜花还是荆棘，我们都会坚定的响应领袖的号召，虚心地向贫下中农学习，接受再教育。现在回想起来当时的情景，还记忆犹新，那时的我们多么的单纯，在那个年代背景下，这是再平常不过的事情，也正是这种革命的豪情和干劲，使得我们在乡下的劳作中，总是处处争先，生怕落后。当年我们麦收的时候，大家都是半夜收麦，社员都是半夜一点半左右起床下地，我们就提前半小时，半夜一点就起床，赶在社员之前,生怕落在他们后面。麦芒扎在身上钻心的疼,我们只好穿上长裤长褂，还要把袖口和裤口都扎紧，烈日炎炎，全副武装的我们几分钟的时间便汗流浃背。即使这样，我们也不敢有丝毫的松懈，生怕落后。小组里有的知青年龄太小，身体单薄，干活也没有经验，经常落在最后。我们几个年龄大的知青就抓紧把自己的活干完，回过头来一块帮着干。那时候的我们真的就像一家人一样。

扫完墓，采购了面板，擀面杖，漏斗之类的生活用品之后，我们就返回了知青点。有了厨具，单调的饮食中又增添了面条，包子，虽然那时候不能像现在一样天天白面，但是现在回想起来，地瓜面的面条和包子也别有一番风味。那时候做饭也是搭伙轮流做饭，我和商永吉，方永香，董爱莲一组，分工明确，有的负责洗，有的负责炒，虽然条件不行，没有什么东西可做，但是我们还是想尽办法变着花样做饭，也算是一种农忙之外的乐趣吧。

有首歌叫作《少年壮志不言愁》，用它来形容我们当时的情景真是最好不过了。除了正常的出工，到了地瓜收获的季节，我们下工之后，马马虎虎的吃完了晚饭，就背着地瓜来到了河边，在沙河地上忙活了起来。有负责洗地瓜的，有负责给地瓜切块的，还有负责晾晒的，大家分工明确，月光之下，大地为席天作幕，我们在河边唱着，跳着，似乎忘记了白日在田间的劳累。还记得我们住的地方附近有片苹果园。果子丰收的时候农民忙不过来，我们只要有空就去帮着摘苹果，那时候真是单纯，人也实在，

图 5–18　1970 年 9 月 22 日杨炳娴参加莒县首届文艺会演合影

连着忙活了将近 2 个月，帮完忙连个苹果都不好意思吃，最后自己掏钱买了苹果寄回家中。我们还帮扶了一个五保户老太太，下了工之后，大家轮流帮着挑水，烧火做饭，就当自己的亲人一样。老太太实在不容易，我们当时做了一个决定，用本来给我们盖房子的木材分出一部分给老人做了寿材，也算了却了老人一桩心事。那时候大家都不容易，有个叫齐玉香的社员，穷的算是家徒四壁，大冬天的连个被子都没有，我就把从济南带来的毛毯给她御寒过冬。那时候，真的是不分你我，大家都差不多的条件，贫富差

距也不大，相互帮扶吧。有时候村子里为了丰富文化生活，会号召有文艺特长的知青去表演节目，当时我们队里的王青还有另外几名知青，就算是台柱子了，每次活动都积极参加。我们一生中最美好的时光留在了田间地头，沭河两岸。

（三）深更半夜救老农　革命热血暖寒冬

农村的冬天似乎来得更早一些，呼啸的北风也更加冷冽。1969 年的 11 月中旬，大概半夜将近十二点的样子，我们都已经睡下了，忽然有人敲门，原来是一位老社员拉肚子，发烧，由于年事已高，看起来病得不轻。那时候的医疗水平太差了，别说医院，一个村里连个卫生室都没有，看病要去几公里之外的村子里找赤脚医生。来敲门的社员很紧张，深更半夜，没有办法了才来求助于我们，我们也很着急，虽然有最基本的医疗常识，但是巧妇难为无米之炊，缺医少药的我们也没有办法。可是也不能等着任由病人的病情发展，更何况老人年龄偏大，我们也都担心会出现什么意外。我和知青王秀英决定要去几公里之外的村子去请赤脚医生，看看有什么办法。说走就走，我们马上穿好衣服出门，正巧那天不光寒风凛冽，还下起了雪，我和王青两个二十岁出头的小姑娘，走在没有路灯的雪地上，心里非常的害怕。我们只能借着月光，相互搀扶着赶路，那晚的路线到现在我都记得很清楚。从伦当门出发，沿着乡间小路走到岔头，然后沿着大坝一路走到了罗门庄，单程大约 3 公里。因为着急，好走的地方我们就小跑，不好走的地方我们就慢慢摸着走，耳边除了呼啸的北风，还不时夹杂着狗叫声，当时真是又冷、又急、又害怕。但是想到还在病床上等着我们回去的社员老农，我们也顾不上这些了，那么冷的天，等到了罗门庄，我们竟然出汗了。我们到了罗门庄，找到了赤脚医生朱大夫，天这么冷，大晚上的，朱大夫也没有什么好办法，给了我们 3 支 25% 的葡萄糖，还有针管，嘱咐我们先回去给老人输上液，先别虚脱了，然后观察一段时间，要是没有好转，等着天亮了再去镇上的医院看看。我们拿着药和针，赶紧赶了回来，在煤油灯下，我仔细的寻找老人的血管，给针管消完毒后，小心翼翼地给老人进行了静脉注射，很庆幸，一次成功，更让我们欣喜的是，半小时后，老人病情有了好转，脸上也有了血色。到了第二天早上，老人的家属高兴地给我们汇报老人病情大有好转，我们心里悬着的一块石头终于落地了。

现在回想起这件事来，既高兴，又有些后怕，高兴于自己能够尽自己的微薄之力帮助社员，又后怕当时如果不对症，或者注射时出现什么意外，真的是没法预料。总之，能为贫下中农服务，我们这些知青吃苦受累，无怨无悔！

（四）苦中作乐，忙里偷闲

当革命的激情逐渐地退去，终日在田间地头修理地球的我们，慢慢地感到了孤独和疲惫。许多时候，命运给了我们黑暗的际遇，但并没有剥夺我们追求光明的权利；命运给了我们坎坷的遭遇，但并没有剥夺我们快乐的心境。

图 5-19　杨炳娴和知青进莒县城合影

1969 年的五月份，正是草长莺飞，春暖花开的时节，利用难得的周末休息的时间，我们组全体 13 名成员，决定去县城逛一逛，这也是下乡以来，第一次去县城看一看。从伦当门村，途径阎庄公社，再到县城，大约将近 20 公里，虽然路途遥远，但是兴奋的我们，全然没把这点路途当回事。那时候没有什么交通工具，只能步行，为了能在县城多玩一会，我们深夜两点多就出发了，还推着两辆独轮车，准备好好采购一番。一路上，伴着璀璨的星光，轻拂的微风，鸟鸣和狗吠，庄稼地的气息，我们一路欢歌笑语，边走边唱边跳，像一群撒了欢儿的孩子。是啊，本该是在校园里读书，无忧无虑的年龄，却要在这田间地头终日靠自己挣工分吃饭，谁不奢望着能够出去放松一下呢。

天亮了，我们也到了县城，虽然不比济南的繁华，相比插队的村庄，已然是天堂。走了半夜，肚子也饿了，我们随便找了个地方就着咸菜喝了碗稀饭，就高高兴兴地开始了我们的县城之旅。一路上走走逛逛停停，这里看看，那里瞅瞅，我们就像没进过城里的孩子一样。虽然我们都来自济南，济南也远比这县城繁华，但是离家大半年，终日劳作于田间地头，忽见这县城的高楼大厦，竟然生出几分陌生感，也不由得更加思念自己的家乡。身在异乡为异客，身在县城，却仿佛看到了济南的影子。

一路上我们看到的景色，逛过的商店，真恨不得都拍成照片带回去，因为再一次来县城放风，还不知道要什么时候。每日的劳作之余，每当回忆起游览县城的点点滴滴，还不由得会发出会心的微笑。到了中午，肯定是要大吃一顿的，既然来了，就要犒劳自己一下，我们狠下心，去了一家小馆子搓了一顿。说是下馆子，那时候哪有钱啊，还是稀饭，咸菜，只不过多了几个炒菜，吃上了馒头，但是我们还是吃的心满意足，菜一点都没剩，用现在的话说，绝对的光盘行动。

吃饱喝足，继续逛啊，既然来了，就不能空着手回去，更何况我们还推着车子来得呢，下午的任务就是采购了，白糖，食盐，这些个生活必备品是少不了的，满满的两大车白菜是我们这次县城之旅最大的成就，买好了豆腐香菜，在回去的路上，我们仿佛闻到了白菜炖豆腐的香气。

逛着逛着，天就逐渐黑了，虽然不舍，但是还是要回去，下午四五点钟，我们恋恋不舍地离开了县城，到了傍晚，回到了村里，这一天虽然走了将近四十公里的路，现在想想开车都觉着很远，但是我们都沉浸在欢乐当中，一点都不觉得累，这次县城之旅，也成了我们整个知青生活中美好的回忆。

再次集体去县城，就到了 1969 年的 10 月份，那次是因为我表现出色，被推荐去县城查体，也算是一种奖励吧。后来才知道，这次查体是为了 1969 年年底莒县招工准备的，这是后话了。虽然是我自己查体，但是知青组的兄弟姐妹们也是由衷地为我感到高兴，所以大家也借此机会，陪着我又一次来到了县城。这次去县城，我不光查了体，我们大家一起还去照相馆照了相，这也是我们为数不多的合影。照片我一直留存到现在，虽然泛黄，但却是那段岁月最好的留念和见证。

因为总是在田间忙碌，所以能够抽空去村子外面的世界逛一逛就显得弥足珍贵。除了这两次去县城给我们留下了深刻的记忆，我们还抽空去了一趟浮来山游玩，这可是莒县非常有名的景点，我记得印象最为深刻的要数里面的“大八搂”和“小八搂”了，“大八搂”和“小八搂”是指的两颗树龄百年的银杏树，“大八搂”需要八个成年人合围才能把树抱在一起，“小八搂”顾名思义就是需要八个小孩合围才能把树抱在一起。离着小八搂不远的地方，还有个巨型的石头做的棋盘，也挺有意思。回想当年我们几个人手拉着手围着银杏树唱啊，跳啊，仿佛那段阳光灿烂的日子又浮现在眼前。

（五）青山莫道桑榆老，桃李芬芳暖夕阳

1970年初，我被莒县教育局招工到莒县一中进行教师培训，由此开启了我的教师生涯。经过8个月的临沂师范学院的代培，我们一共80名知青被分到了三个地方当老师，分别是费县，苍山和莒县。我被安排到安庄公社的大马峪村联中教初中化学。在短短的8个月的培训中，我结识了一生的朋友，董瑛和陈世英，陈世英被分到城阳公社教数学，董瑛被分到两山口也教数学。陈世英因病已去世多年，我和董瑛还一直保持着联系。

从1970年9月到1974年，我一直在莒县任教，后来回到济南，我朝思暮想的家。先去了历城县东郊中学，又费尽周折调到了济南明湖中学，最后在明湖中学退休。更为艰辛的是由于当时下乡时条件太艰苦，营养不良，导致眼疾没有及时治疗，随着年龄的增长，愈发严重，基本失明。但是正是由于知青岁月的那段历练，在工作中我认真负责，全身心的投入到了教学工作中，即使工作的最后几年，已经几乎看不见了，但是从教33年来，一丝不苟，也获得了学生、家长、同事和教育局的认可，连续多年获得学校先进工作者。回顾33年的教学生涯，十年高中化学，十年初中化学，十三年劳动技术、三防教学，每一学科我都认真备课，仔细钻研，有付出就会有收获，获得了从学校到省各个级别的奖励，1998年获得山东省三防教育先进个人，算是对自己辛勤付出的一个回报吧。

最让我欣慰的是看到我教过的学生成才，人到晚年还有这么多的学生想着我，记着我，我也知足了。

（六）后记

知青作为一个时代的产物已经离我们渐渐远去，可是知青岁月却无法从那个年代人的记忆中抹去。四十年在历史的长河中不过沧海一粟，而对于人生来说，却足以让少年变白头。当年艰苦岁月，锻炼了知青们的意志，也培养了我们和村民的感情。知青们都经历了凤凰涅槃，重生的经历是难以消磨的伤痕，但当凤凰真正涅槃的时候，那飘落的羽毛也是美丽的。尽管许多现在感觉的快乐而在当时并非快乐的事情，经过岁月的洗涤，过滤掉的是不愉快、不开心，留下的，记住的则都是快乐和美好的回味。

我们当年闯过“红海”，在由红宝书，红旗构成的历史舞台上留下过

现在看来没有意义的呐喊，我们走过“绿海”，在广阔的田野中挥洒过汗水。我们冲锋在改革开放的最前线，我们累，却从不止歇；我们苦，却从不逃避。我们凭着一腔沸腾的血，直面人生，直面纷繁复杂的社会。我们并不是去刻意追求非凡，只是想象太阳那样默默地燃烧发热；只是想让自己的一生在与理想的无限的接近中变得无限充实丰盈。

中国自古有“蚌病成珠”的说法，牡蛎的痛苦凝成了珍珠，我们多舛的命运造就了我们这一代人坚强的性格，不屈的毅力和无限的精神活力。我们是奋斗的一代，是自强的一代。

忆插队

忆惜当年少年郎，
豪情壮志心飞扬。
荒坡寒舍栖身苦，
地瓜高粱充饥肠。
花好随风香尽去，
弹指已是两鬓霜。
抚肩长叹思往事，
亦悲亦喜梦中藏。

下乡平常事

殷晓林

（一）踏上征途别泉城

9月17日一早，三个弟弟一个妹妹簇拥着我走进青龙桥附近的历下区委大院，院内已是人头攒动，熙熙攘攘。有几辆八吨黄河大卡车，还有一辆日本进口的崭新的五十铃。我们七中8个同学和一中的1位、二中的1位，六男四女共10人，爬上了汽车后马槽。

数辆大卡车鱼贯驶出区委大院，送别的人群依依不舍，尾随伴行。市区车快不起来，许多人跟在后面跑，哭喊声四起：“三哥，保重！”“大妹——给家里写信！”“儿啊 ……”再后来，只剩下骑自行车的能跟得上了。我大弟弟晓强也在其中，蹬得像赛车似的，跟了有七、八里路，我不时向他招手。

出了市区，汽车加了油门，一下就把骑车的人甩在了身后，转眼不见了踪影。路两边的大树和房屋飞速退去，济南离我们越来越远。

当时，我们都做了在农村扎根干一辈子的准备。再见，济南。永别了，城市。

车队驶进了沂蒙山区，青山翠岭，苍涧幽水。土公路时起时伏，一刹车，车后会卷起一阵黄沙尘，车上的人个个灰头土脸。路旁的村庄一闪而过，不是土屋，就是石墙。原野里，梯田上，三三两两干农活的人，男着粗布裤褂，女穿大红大绿。抡镢拉锄，施肥除草，还有推独轮小车的。时有十二马力小拖拉机“突突突突”在地里转悠。人们农作的画面不时映入眼帘。今后，我们也要来干这些活。

我们的征途刚刚开始。我们真要在这样的村庄里扎下根来过一辈子了？老人家挥手这样号召，大家都笃信无疑。可风云变幻，世事沧海桑田。两年后的1970年底，全国大招工，大多数知青得以回城务工。

我因会拉点儿手风琴，反而在莒县多待了八年，1978年以373分全县第一的成绩考入山东师范学院外语系英语专业。

一部分与莒县农民结了婚的知青，则失去了招工回城的机会。后来他们有的只好绝情离婚，辗转回城，落得妻离子散，天各一方；还有一部分人因父母的问题没定性，政审过不了关而滞留，错过大好时机，后经百般磨难，甚至数年努力，才得以返城。

不过，真有一些知青在莒县扎下根来，过了一辈子，为新农村建设做出了贡献。

我向扎根在莒县的知青们致敬：你们辛苦了，请多保重！

（二）安家莒县肖家河

1968年9月17日，济南历下区上山下乡的知青，分乘几辆卡车，由时任区团委书记王沛俊带队，早上出发，跑了近七个小时，600里路，下午到达莒县县城。

同日由历下区来到莒县的济南知青，有一部分去了峤山公社大崖头、庄家洪沟的知青是十七中的，胡家村八中居多，郑家石槽是山师附中和二十四中的，西陈楼也是山师附中的。

我们直奔城北二十多里处的阎庄区。阎庄区当时叫爱国公社，有一位大名鼎鼎的老农民、一至六届全国人大代表、受过毛主席接见的全国农业劳动模范——吕鸿宾。

爱国公社门前树林里聚集了很多人。有当地的有关领导，有各知青点来接知青的大队干部，还有不少看热闹的社员。简单的欢迎仪式后，各知青点的来人把各自的人领回。济南三十三中的同学去了姚家岭和宋家桥，钢中和二中的去了岔头，伦家当门由二中和别的学校的知青组成。

我们10人四女六男，有8人来自济南七中，程庆柱、杨英菊、董宝玲、李建华是初二的，杨一华、康明、张凤鸣是初三的，我高三。莫之民是一中高三的，家住山大。因杨一华和我家都是山大的，我们仨是在幼儿园里穿开裆裤的发小，他愿和我们在一个小组。二中初一刚过十五岁的王家祥，误打误撞来了肖家河。杨英菊、董宝玲、李建华和王家祥是识字班——女生。

肖家河带队的是大队书记徐凤仙，名字里有个“凤”，却是个男爷们，二十七八岁，中等个头，一脸书生气，黑黑瘦瘦的长脸庞上忽闪着一对特有精神的大眼睛，说起话来总是先眯起眼来笑，满面和善。他带领的多名青年男女社员一拥而上，抢过我们手中行李背包，放在几辆独轮车上，用粗粗的绳子刹紧，直奔肖家河而去。不久前刚来庄里参观过，这次大家一见如故，有说有笑。

一个轮子的小车运东西不弱咱们在济南常用的地排车，让人甚是好奇。几个男知青摩拳擦掌，嚷着要试一试。男知青程庆柱、康明，我们当中的壮汉，挥手上前，让两个推车的社员停下来，要自己推。在社员的点拨下，他俩各自站到车前，蹬住双腿，挺直腰板，双手掐把，上身前倾，肩套车袢，摆好了架势，挪开了脚步。

看起来容易做起来难啊。个小体瘦的社员都能轻松推行的独轮车，他俩咋推起来总是东倒西歪，走不了直线。不过身大力不亏，程庆柱、康明硬撑着，在大路上勉强行进，很快就大汗淋漓。无奈等上了乡间田埂小径，路窄坡滑，曲曲折折，上上下下，俩人凭蛮力也玩不转转了，“扑通、扑通”，程庆柱的小车翻到了地里，康明也跟着歪了车。

他俩是我们十人中先吃螃蟹者，很快就驾驭了独轮小车。他们曾经和社员一起连续六七天来回跑近七百里路，揣着煎饼带着水，冬天去博山换煤，一车能推四百斤。当然，那是后话。

由阎庄出来向西南六七里路，就到了肖家河。村里从大队部腾出一个独院，男女生各两大间。院里有锅屋、男女厕所和猪圈，还有一盘石磨。这就是我们的家，我们到家了。

来了不少乡亲：挂着鼻涕的小儿童，挎着篮子的老妇女，低头纳鞋底的小媳妇，蹲着抽卷烟的男爷们，拄着棍子的老大爷。鸡呀狗儿的，也不时钻到院子里来串场跑龙套。满院子欢声笑语，嘻嘻哈哈，好不热闹。

最热情最忙碌的就是村里的男青年和识字班了。我们年纪相仿，心灵相通，敞开心扉，无话不啦，一下子就成了兄弟姐妹。他们帮我们卸下行李，收拾床铺挂蚊帐，又帮我们生火开灶，烧水沏茶洗征尘。早上别离济南时的凄凉悲切，此时一扫而空。到底是热血青年，我们都憧憬着在农村里有一个美好的未来。

我分到了三队，队长的儿子叫贾维民，中等个儿，脸白眼大，年龄和我差不多，带我去挑水。社员用的扁担两头都装有下垂的铁链，各带一个铁质挂钩，好挂住筲鼻，叫钩担。筲，就是水桶。来到井边，他用钩担一头钩住水筲鼻子，竖到井里，手腕一抖，转眼就提上一筲水来。

我接过钩担，照葫芦画瓢，抓着钩担摇来晃去，水筲漂在水面上，就是装不满水。猛一使劲，水筲倒是进水了，筲鼻却脱了钩，眼睁睁沉入井底，一串水泡，扶扶摇摇升上水面，气我呢。好在井不算深，贾维民找了个长杆把筲钩了上来。我来回挑了几担，摸到了窍门，也不打怵了，只是肩膀头生疼。

乌金西坠，百鸟归林。大缸水满，诸事停妥。饭时到了。有人专门为我们办饭。堂屋里两个矮腿桌拼起来摆在屋当门，四周摆了十个杌札子和小木凳。

六男四女十个兄弟姐妹围拢一圈，各自坐定。大队书记徐凤仙致辞。他说："很荣幸济南的十位知识青年来到了肖家河，你们一定能为咱农村带来新的文化，新的知识。我们一定要高举毛泽东思想伟大旗帜，使肖家河大队革命、生产双丰收。"他眯着眼扫了我们一圈，又笑着说，"大家跑了一天路，一定害饿了。不多说了，明日后晌，大队张罗个欢迎会，你们也鼓捣几个节目。"然后走到屋门口，回过身来，"不占固（打搅）你们了，开饭！"我们起身报以热烈的掌声。

院子东头的锅屋里烟雾弥漫，呛得人进不去。灶膛里柴草燃起熊熊火苗，噼啪作响。一个四五十岁的汉子，光着脊梁，系着白色围裙，汗流浃背，掌勺炒菜。一个识字班蹲在灶口前，一手握住风箱推拉杆把柄，拉出推进，一手向灶膛里添柴续草，脸庞映得通红。

几个青年和识字班，跑里跑外，走马灯似的上菜端饭。煮南瓜，炸河虾，烧茄子，拌黄瓜，红辣椒炒卷心菜，西红柿配黄鸡蛋，豆沫子，咸萝卜干，一盘大葱和蒜瓣，还有窝头和煎饼，大盆盛着地瓜稀饭，肥肉膘子烧泥豆，越吃咋地越觉馋。

跑了一天的路，热闹了一个下午，我们个个肚里叽里咕噜。桌上虽是农家菜肴，此时不差于满汉全席。每个人的眼睛都比平日里大出了一大圈，忙不迭地挽袖摸筷子，全都是饿虎扑食的架势。什么叫秋风扫落叶？我们就演给你看看。

大家呼啦一下围到桌前，没人言语，稀里哗啦一阵，对“秋风扫落叶”做了形体诠释。眨眼儿的功夫，桌上已盘底朝天，我们个个肚皮滚圆。上菜的小青年们眼都直了，“看是都饿死了。”几个大识字班往簸箩里拾掇着碗筷，也抿着嘴哧哧地笑。

我们有的说，饭菜真好吃。有的说，光顾着大快朵颐，狼吞虎咽，竟忘记品尝菜肴滋味了。不过众口一致地称赞，有三道饭菜让人回味无穷：最好吃的是肥肉膘子烧泥豆。大块的肥肉真解犒，那泥豆——也叫老来少，无丝细嫩，吃了一口还想再来一口，在济南没尝过；第二要数地瓜稀饭，地瓜甜甜的，大米香香的，添了一碗又一碗，撑死俺了；再就是那水稻糊子刮的煎饼，刚烙出来又香又脆，像点心。美中不足，因为是用带皮的稻子粒推的糊子——拉嗓子。

屋里黑了下来。社员们陆续离去。坐在炕沿和我们拉呱的贾维民起身道别，“不早了，快歇歇吧。”四个女生去了东面两间大屋。

那天是农历七月十五。秋天的夜晚十分凉爽。灰色的薄云似轻纱在空中滑过，闪烁的星星和一叶弯弯的月牙，时隐时现。微风轻拂树叶，发出细碎的沙沙声：“叽叽叽叽……”草丛中秋虫的鸣声此起彼伏。屋里蚊虫真不少，可着劲地咬人。没有电灯，从城里初来乍到，手电真不能缺，必须人手一个。

桌上有盏煤油灯，个头如酒瓶子。大概由三个部分组成：下部形似细腰大肚的玻璃葫芦，装煤油；中部为灯头装置，一侧有个调灯芯长短的旋钮，控制亮度；上部是个玻璃灯罩，防风且美观。

用火柴点着了灯芯，把光拧到最大，火光摇曳跳跃着，伴有黑烟，有点儿呛人。屋里浑浑噩噩，人影在墙壁上晃动。大家收拾好床铺，钻进蚊帐。程庆柱最后一个熄了灯，也躺下了。

漆黑一片，很快有人发出了鼾声。折腾了一天，真的来到农村了。我躺在床上，迷迷糊糊：一切还算是适应。只是那所谓的厕所，就一个蹲坑，没有冲水设备，粪便都滑下堆在后边，难闻又难看，苍蝇围着飞，蛆虫满地爬……瘆人。

（三）农村艰苦心舒畅

迷迷糊糊，觉着窗户有亮，院子里有动静。坐起身来，见房门已开，一缕晨曦斜透室内，程庆柱在扫屋当门。光线里，扬起的坲土（尘土）似轻烟弥漫。

陆续起来，各自端着脸盆牙缸，来到院子，到水缸边舀上水，站在窗户跟前刷牙洗脸。完了，水顺手泼到院子里。

四位女同学早已起来干活了。办饭的社员也在锅屋里忙活，掌勺的社员姓贾，我们就喊他“老贾头”。

“你早来了？”我们跟他打招呼。

“嗯呢。天将乌露明儿（刚亮），俺就到了。”老贾头顿混了顿混（停顿了一会儿），“夜来后晌（昨天晚上）那饭可口波？”

“好吃，好吃。”知青们忙不迭地回答。

老贾头听了，丢下手里的活儿，走出锅屋。他摸了摸胡楂子，拿出裤腰上别着的一杆烟袋，杆子上系着一个装烟叶的小口袋。然后蹲下，用杆子一头铮亮的铜烟袋锅子探到包里，挖出一些烟叶沫子，咬住光滑似玉般的烟嘴子，划根火柴点上，还用大拇指按了按，大吸了一口，鼻子里飘出两缕青烟。他又轻轻地将烟缓缓吹散，一脸得意洋洋。

李建华和王家祥正在转圈学推磨。磨盘上摆着盆，里面有泡好的玉米和稻粒，磨旁还有一个筲盛着清水。一个识字班拿着勺子跟在她俩后面，不时挖些玉米和稻粒倒在磨眼里，再续些水进去。建华和小王肩并肩使劲拥着磨棍，逆时针一圈又一圈，冒了汗。

磨盘转动着，糊子从上下两个磨盘中间一圈缝隙里缓慢坠下，沿着磨沟赶到盆里。这糊子摊煎饼就中了。用这种掺有稻粒推的面糊糊摊煎饼，只有稻区才有，稻糠也下了肚，不浪费，只是口感粗粗拉拉。

我把建华和小王替下来，也要试试。不中，十几圈就头昏脑胀了。还是挑水去吧。

杨英菊，在学校里天天梳两个朝天的大把子，像公鸡翘起的头和尾巴，整天嘻嘻哈哈，就有了“大洋鸡”的美名；董宝玲小名毛毛，安安稳稳的姑娘，昵称“毛子”。大洋鸡和毛子正跟着徐玉梅——三队一个奇俊奇俊的大识字班，在锅屋里学摊煎饼。莒县摊煎饼与日照有别。莒县摊煎饼的面糊糊可以是玉米，麦子，大米，稻子，豆子，地瓜等五谷杂粮；日照主要是地瓜面。莒县是摊煎饼，用刮子刮，也叫爬。摊好的煎饼较厚较湿；日照叫滚煎饼，双手抱着地瓜面团，在鏊子上滚，摊出的煎饼非常薄，口感好，也很干，叠好包好能存放一个月。

玉梅先把稻草续到煎饼鏊子底下，点火烧热，倒一些糊子在鏊子上，再用刮子沿鏊子转着爬（刮），把糊子摊薄，铺满鏊子，厚了不好吃，太薄破窟窿，要火候合适。她还教大洋鸡和毛子柴火也不能太急，不然就糊了。鏊子上的糊子熟了，她两手捏住煎饼一边，轻轻一揭，一张大大的圆圆的黄黄的香香的煎饼，就成了。煎饼一张张摞在盖垫上，再叠成整整齐齐的长方形，包好收起来，可吃上好几天。纯技术活，不易鼓捣，烟熏火燎，辛苦营生。

大洋鸡和毛子不畏艰苦，不怵困难，虚心学习，反复实践，很快烙得一手好煎饼。玉梅给了她俩如此的评语：“俺完了。教会了徒弟，饿死了师傅。”

院子一头的阳光地里，一只大麻雀好像在叨小麻雀。我，身高一米七八，赚了个“大个子”；莫之民，黑红黑红的脸，壮年纪显老相，看着像三十，自然是“老莫”了。老莫和我悄没声地站在一僻儿，直瞅着大麻雀和小麻雀究竟是在干什么，蹲在旁边的老贾头立起身子言语了：“老家臣子（麻雀）给小家臣子递食呢。”

大家坐定用早餐了，一摞叠得整整齐齐黄灿灿香喷喷刚刚烙出来的煎饼，一大盆满满当当滚烫的地瓜粘粥，一小盘香菜青椒丝拌酱咸菜疙瘩头，一小盘萝卜皮子，还有大葱和蒜瓣。

正吃着，老贾头跨了进来。我们邀他入座，“俺不害饥困。”我们又请他坐炕上，他顺手抄了个杌扎子，“俺喜欢坐马扎。”我们给他说，“有根编绳断了。”他瞅了瞅，“稀松（没事儿），等俺拿绳来扎古扎古（修理修理），就好使了。”

他坐在交叉子上，倚着门框，手里拿着那烟袋杆子，吧嗒吧嗒抽起来。光线把他的影子投在当门地上。

“念叨家了吧。”“啊？”我们没明白。

“想家了吗？”“不想。”我们边吃边答。新鲜劲儿还没过呢，一点儿不想家。

“那感子好。”

“村里有门市部，洋火（火柴）、洋油（煤油）、毛巾、胰子（肥皂）都全货。”他交代：“谁的裤子褂子毁了，给俺，叫家里办饭的用砸衣机给砸砸。”

他低下头，把脚一歪，拿烟袋锅子在草鞋垫子底上磕打磕打，又换上一锅烟沫子，点上。

他朝着门外，边吐烟边絮叨，“小王，才十五的个“识字班”，就离家出远门，恁（nēn）老的放心？”

“俺寻思不中。”自问自答。

“庄稼活，使失（累死）人。岭西那个庄里有个小识字班，头俩月下来的，天天使得固拥不动了（累得不行了）。情显情显（光哭），屯子（嗓子）都哑了。出门在外不易啊。”

我们沉默无语。他又抬头扫了一眼屋里黑乎乎的墙面，“这屋有年头了。”

忽然，他压低了声音，朝我们探过身子，神神秘秘地叨叨：“大队里正瞅么着给你们另起新屋呢。”

我们心里囊呼呼的（很温暖）。

几天过去了，一切渐归平淡。大家挑水洗衣，推磨掐碾，做饭烧火，刷锅洗碗。吃喝拉撒生活起居，已无须别人指点，都能独立自理了。

摊煎饼，女生都学会了。一华时不时也要插一手，烙得也有模样。

张师傅闲不住，嘴里哼着京戏，好拾掇这拾掇那：铁锨、扫帚、筐头靠墙角，水筲、钩担、盆罐依水缸。他还天天用石灰粉或土垃面，薄薄地覆盖在厕所的粪堆上，让人顿觉生活上了档次。

康明推来几车石茬子（碎石块），在天井里由院子大门到屋门铺了一条碎石路，以防雨天路滑泥泞。他还善画会写，点里的、队上的黑板报，由着他涂抹书描，施展拳脚。

吃饭期间，大家也好七嘴八舌，交流议论。小程大嘴啃了一口煎饼，美美地咀嚼着，一伸脖子咽下去，说，“肖家河的大队干部都上过学，有文化，年轻耿直，思想开放，愿意接受新生事物，能正确执行上级下达的知识青年安置政策，对我们的生活也安排周到，无微不至。”

建华捧着滚烫的地瓜粥，边转着碗吁着气喝（hā），边说，“咱大队不算富也不穷，三四毛一个工分很可以了，年底社员能分到钱，有干劲。大队里有钱有粮食，饿不着咱。”

大洋鸡撼着一个长颈的小葫芦瓢，从一个大盆里给小王的碗里添了一勺地瓜粥，说:“咱们自己一定要团结互助，咱们十个人来到肖家河，同住一个点，就是一家人，要搞好团结，不闹分裂。只有这样，才不会有人来欺负咱，也不敢来欺负咱。”

“自古以来，凡事要成功，都少不了天时、地利、人和。”老莫一手掐着煎饼，一手拿着咸菜疙瘩，开腔了，“大家说的，正是咱们在肖家河扎根干革命所要具备的三个条件：天时、地利、人和。”

一华问:“怎么讲？”顺手又摸起一块煎饼，大口啃着。

“你看，大队干部正确执行知青安置政策，这是‘天时’；肖家河不穷，这是‘地利’；”老莫接着说，“咱们十个人抱成团，就是‘人和’。”

众人点头附和，起身收拾碗筷。毛子和小王拎着饭帚端着饭盆，去井边刷锅洗碗去了。

有了“天时、地利、人和”，我们肖家河十位知青，直到1970年年底大招工，始终是团结包容，互敬互助。神若兄妹，情同手足。家长放心，领导清心，社员安心，本人舒心。

你一句我一语言谈之中，一“小”二“大”的“领导班子”也产生了：组长，“小”程；副组长，“大”洋鸡和“大”个子。

别看小程只是初二的学生，却少年老成，他吃苦耐劳，大度包容，在学校里就是班长，现在只好“屈尊”组长。

大洋鸡——杨英菊，和小程、毛子同班，也是人小志向大，整天乐呵呵。她爱助人，有朝气，样样能干，再说，“领导班子”也不能没有女干部啊。

大个子，也就是我，和老莫都是66年高三，虽内向寡言，可“腹中有墨水”，和老莫、一华还是“山大帮”呢。我这个中学六年、从不知大小干部滋味的平头庶民，“荣升”副组长，当上了七品芝麻“副”官，过把瘾啦。

大家还一致决定，将如下两条诉求，报告大队书记徐凤仙：

一，我们已能自理自立，请大队不必再派帮助办饭的老乡了；

二，尽快下地学干农活，接受贫下中农的再教育。

那个年月，老人家讲的是:“以阶级斗争为纲，纲举目张。”社会上奉行“龙生龙，凤生凤，老鼠的儿子会打洞”的血统论。学校里的学生最为疯狂，叫嚣“老子英雄儿好汉，老子反动儿混蛋。”他们衣食无忧，到处造反武斗，要把世界砸个稀巴烂。工厂里工人阶级当家做主人，唯成分论盛行。归到黑几类的人稍有不慎，就会遭到批斗、关押，被罚干脏活干累活。我，一个右派子女，幼时与小朋友发生争斗，有的家长就会大呼小叫："你个老右派崽子，还想翻天不成？"上了中学，每个学期开始，我都会递上入团申请书，可怜却都是泥牛入海无消息。

不过，比起大字报铺天盖地、红卫兵横行霸道之时，这些真也算不上什么。七中的语文老师黄兼芬，先生是山大中文系著名教授萧涤非，儿子萧光乾比我高一级；数学老师戴歇珠，先生是山大外文系主任张健教授，儿子张立人比我矮一级，66年高二。二位老师都曾传道授业解惑于我，赐吾恩泽。

彼时黄、戴均被打倒批斗，盛夏三伏之天，骄阳烈日之下，二位老师被剃成黑白阴阳头，脖子上勒着一根细铁丝，两端拴着沉重的砖头，中间还挂着一个牌子，上书"我是牛鬼蛇神"，蹲在操场上拔草，大汗淋漓，浑身湿透。一伙低年级的红卫兵，围在四周，向恩师头上吐唾沫，往恩师身上扬泥土，张牙舞爪，辱骂不止。二位恩师神志恍惚，不敢抬头，两手拼命拔草。目睹恩师蒙难，弟子无力相助。凄惨情景，难忘永生。

"文革"时期，住在济南城市里，我总是谨小慎微，夹着尾巴，避免暴露出身，招来横祸。来到莒县乡村间，无人问我出身，未遭另眼相待。社员只看你本人是否有出息。我尽可大大方方行事，堂堂正正做人。与社员在一起，我寻回了做人的尊严。

古人云:"谁知盘中餐，粒粒皆辛苦。"此时，吾却不以为然也；此地，农作再苦亦不为苦乎。

正是：乡下生活很艰苦，样样农活太辛苦。扎根农村苦无数，我的心中不觉苦。

（四）农村磨炼生存志

秋阳高照，天气晴爽。棉垅雪白，稻田金黄。

我们正吃着午饭，大队书记徐凤仙笑嘻嘻地跨进门来。他瞅了瞅桌上："烧茄子，豆（dēng）沫子，疙瘩咸菜。"嘴里念叨着，"嗯，煎饼——还有饽饽。"

那时都是集体经济制度，集体生产、按劳分配，各小队集体下地干活，每日记工分，秋后按工分分粮分钱（如果有钱分的话，有时还要倒找队里）。

计划经济时代，种什么庄稼由队里说了算。村里岭地多种地瓜，玉米，平原植水稻，以保证完成交公粮的任务和村里社员口粮的需要。能种粮食的土地年年用减法，人头却是年年用加法，眼见着前村后庄就要连成片了。

当时小麦产量低，用来种麦子的地受到限制，社员分到的麦子极少，整天吃的都是地瓜面、棒子面等粗粮。尽管种水稻，吃大米饭的时候也不多，一是不习惯，觉着不撑时候不顶饭；二是舍不得，一斤大米可以换两斤三两地瓜干。就是自己吃，也多是把稻子掺着玉米囫囵磨成糊糊摊煎饼了。社员只是在走亲戚、逢年过节时才蒸饽饽，吃饽饽如品点心。

我们把徐凤仙让到炕沿上。

“怎么着？有意见了。”他半开玩笑半认真地说，“饭吃得不迂阔（舒服），要撵人走？”

“不是那个意思。”我们赶紧解释，“老贾头、玉梅做的奇好吃呢。”

徐凤仙蜷起左腿把脚放在炕沿上，右手抓住左手腕，胳膊成环状，套搁在左膝上，竖着耳朵听。

“我们不是来养尊处优的。”小程说，“我们是响应伟大领袖毛主席的号召，来接受贫下中农再教育的。”

“那中。”徐凤仙问，“准备什么时候自己做？”

“明天就开始。”小程答道。

“那，什么时候上坡（下地）干活？”他又问。

“也是明天。”小程又答道。

徐凤仙站起身来说，“很好，就这么定了。明日（yì）自己做饭，明日就去试验队干活。”

“农活无轻担，农活使剎（累死）人。你们要有充分的思想准备啊。”徐凤仙边向外走边说，“我先去试验队吱应一声（打个招呼）。”

第二天天将乌露明儿，凤鸣和建华留在家里办饭，我们八人，排成一串，小程先锋，我断后，走在了田间的小路上。

月牙儿依然留在西边天际，东方已泛出鱼肚白，脚踏着沾满露水的小草，裤脚都湿透了。

转眼间，朝霞涂满了碧空，小鸟儿们在林间歌唱，田里空地上，几只黑白花的野跳（喜鹊），昂首挺胸，绅士般踱来踱去，寻觅食物。

试验队的地在庄东南，东面靠着柳青河，叫南园，也称南林子。种的有果树和一些农作物。不小的一块儿地里，雪白一片，种了棉花。

地边有几间旧土屋，放置锨镢锄耙、筐箩口袋等干农活的工具。屋里还有犁和拥车子。有一间屋里还有炕和破旧的八仙桌，在这里我们见到了“南林大爷”，他将教授我们干农活。南林大爷姓许，中等个儿，微胖，一条腿有点儿跛。他属“三高”社员：岁数高，辈分高，农活技术高。

“今天咱拾棉花。”南林大爷说，“每人拿个大布袋或筐头子，摘了棉花放在里面。满了，就送到地头场院，倒在席子上晾晒。”

“小菜一碟。”我们都这么认为。

大伙儿来到地头散开，把布袋的一个提袢套在脖子上挂在胸前，或者拎着个筐头，两趟棉株之间站一个人，管着收这两趟棉株上的棉花。

小程说:“咱看看谁拾得多收得快。”

大伙儿立马瞪起眼来，专挑那棉铃开得好的，雪白的，手忙脚乱地把棉花扯了下来，丢到布袋或筐头里。不一会儿，小王居然跑在了前头。

还没摘到头，就听南林大爷喊，“回来，回来，回来！”

我们回到了地头。

“瞅瞅你们拾的，光捡那好的。”南林大爷面露不悦，“棉株上的僵瓣棉，地里的落地棉都落下（丢掉）了。”

“那样的也要啊？”小王说。

“不要能行啊！”南林大爷没好气。

大家不敢吱声了。

“中（好）了，怪我没交代，不怪你们。”南林大爷语气缓和了许多，“这拾棉花要讲究两个‘三’：株净、壳净、地净，‘三净’；分摘、分晒、分存，‘三分’。”

“僵瓣棉、落地棉都要拾回来，分类存放，这样辛辛苦苦种出来的棉花才能‘颗粒归仓’；做到分摘、分晒、分存，销售时才能看（卖）个好价，获得最大收益。”

南林大爷给我们上了一课。

轻快活摘棉花一点儿也不轻快，倒是不需很大的气力，但时间长了，脖颈酸楚腰腿疼，裤子让棉株的枝叶拉起了毛，手被棉铃壳扎出血印子，眼睛还累得焦干焦干。

饭时到了，大约八点来钟，回点吃早饭。

村里汪中塘畔，院前道边，鹅唱扁嘴（鸭子）嘎嘎，嘈杂喧闹；公鸡母鸡喔喔喔，咯咯咯，结伙成帮。

忽见一红毛黑尾大公鸡，羽翼油光锃亮，威风凛凛，哆哆嗦嗦踱着舞步，围着一只母鸡打转转，一眨眼踩到了母鸡背上。母鸡也无逃遁的意思，微张翅膀，俯身贴地，似很享受。

这可急坏了小王:“叫你欺负人！”她三步并作两步，上前就撵。大公鸡竖着冠子红着面孔，悻悻跑开，一脸不情愿的样子。几个过路的识字班耳视（看见）了，偷喜。徐力推着个空拥车子正巧瞅见，张开大嘴直哈哈，“小王，你狗拿耗子——多管闲事啦。”

“我管么闲事来？”小王不解。

徐力依然呵呵说道:“狗吊央仔鸡伏群，你坏了人家好事呢。”

我们男生一听就懂得，那是狗儿猫儿男欢女乐，乡村间司空见惯。只是在城市里，就成了难得一睹的风流韵事了。

“鸡伏群，干么？“小王还真是年幼。

“就是拉对象呀。”徐力说着，推着拥车子走远了。

“鸡伏群？拉对象？”小王就是顿混不过来。

大洋鸡和毛子看样是明白了,赶忙拉着小王走,“悄没声的（别吱声啦),回去说给你。”

（五）悲欢离合古难全

稀沥哗啦，哗啦淅沥，一夜中雨。秋风劲扫落叶飘，气温骤降十五度。清晨推门,凉气逼人,遍体泛起鸡皮疙瘩。赶紧回身翻出一件长袖褂子套上。

1968 年 10 月 6 日，中秋节。10 月 1 日刚过了国庆节，双节连着过。当时“文革”大破四旧的余威犹在，春节都要废掉，更不用说中秋。况且秋收水稻的大忙季节已弓张弦紧，双节期间，并无甚喜庆活动。

不过中秋到底是仅次于春节的民间重要节日，社员们月饼还是要备的，在外能回家的也要尽量回家与父母吃顿团圆饭。

农村集市上，月饼都是散装卖，分为酥皮和提浆两种，有红糖馅、白糖馅、冰糖馅、枣泥馅、豆沙馅、玫瑰馅、五仁馅等。酥皮月饼由一层层薄面皮叠起，擀制烤干而成，非常酥软；提浆月饼是用和好的面包住馅子捏成团，再用模子刻出来烤制，比较硬，上面印有各种图案或文字。卖时通常 8 个月饼分成四摞,下垫一方红纸,用纸包装成一包,再用纸绳子拴好,提溜着走。

在村里门市部凭一斤粮票，可购四块月饼。我选了两块酥皮月饼——

冰糖馅的、枣泥馅的和两块提浆月饼——豆沙馅的、五仁馅的。提浆月饼上有用模子刻出来的玉兔捣药和嫦娥奔月的图案，酥皮月饼外包纸上印有红字“合家团圆”。

道是“每逢佳节倍思亲”,可我们才离家半月,并无凄凉悲伤之感。晚饭，我们兄弟姐妹十人围聚一桌，各自在交叉子上坐定，吃顿团圆饭。割肉太费钱，就免了。秋收季节，瓜果梨枣，再加上月饼，吃头不少。只烧了一大盆茄子，再来一大盘蒜拌黄瓜。

大伙儿把各自准备的食物呈献了出来。小程对付了一水壶地瓜干烧酒，张师傅拿出了老乡给的一大把长果仁（花生米）和几个梨，大洋鸡（绰号）摆上了家里寄来的四个月饼。小王家也寄来了糖和俩月饼，康明从哪儿捣鼓来七八个苹果，一华拿出几个熟玉米棒子，毛子抱来社员给的一个大圆盘子葵花头和一个石榴。建华也拿出老乡送的炒长果和两个锅贴。我把刚买的那四个月饼和老贾头拿来的十几枚大红枣也摆了出来。老莫家托人捎来一缸子红烧肉，路上耽误，味已不新鲜了。但回了一下锅，摆上桌来自然还得放在中央,依旧是一道大菜主菜。吃不饱还有煎饼。台面上五颜六色，满满当当，也是很丰盛的一大桌了。

说好了不论男生女生都喝地瓜干烧酒。大伙儿推杯换盏，谈笑风生。家里老父老母一定会牵挂着身处异乡的儿女，我们也各自举杯遥祝家中老人身体健康。响应毛主席号召,来到广阔天地,自然就不能在父母膝下尽孝。古人苏轼的《水调歌头》，已将此情此景唱绝:“人有悲欢离合，月有阴晴圆缺，此事古难全。但愿人长久，千里共婵娟。”

来到乡下，许多困难要面对，许多变化要适应，许多生活要打理，许多农活要学习，可“少年不识愁滋味”。

大伙儿有吃有喝，热热闹闹。酒过三巡，一华等好几位脸上已是红扑扑的。

小程说,吃了这顿团圆饭,咱们就得分家了。当然不是分开过,而是说，在南林试验队的锻炼结束了，下一步就分到各个生产小队当社员了，随各小队出工干活，在各小队记工分粮食。

大洋鸡说，虽然是分到各个小队里了，咱们还是每天留两个人做饭，到点回来吃饭。各小队分到的粮食棉花什么的，依然交回组里，集体使用。

分到一队的是杨一华、王家祥、康明，分到二队的是毛子、小程，分到三队的是大个子、李建华，分到四队的是大洋鸡、张师傅、老莫。

散了席不多会儿，一华嚷着身上奇痒无比，难以忍受。掀开衣服，只见起了满身红点。他抓耳挠腮，烦躁不安，在身上狠命地抠，皮肤上到处是被抠的一道道血印子。人都说，痛不欲生，眼下说一华是“痒”不欲生，亦不为过。

怎么办？岭西马顾屯村有赤脚医生，赶紧到那里去看看。外面雨停了。看不见月亮。老莫、小程带上手电陪一华去了马顾屯。马顾屯的赤脚医生详细询问了病情，仔细检查了一华身上起的红斑，说这应该是一种过敏，可能跟饮酒有关。他开了一些药，因情况比较严重，还给一华挂了吊瓶。之后症状得到缓解。当晚回到肖家河。

老贾头听说了过来看看一华，他说点着豆秸用烟熏，兴许管用，痒得厉害时，可以试试。待一华又嚷嚷痒得不行时，我们就来到锅屋里。在门口地上点燃豆秸，顿时屋内烟雾呛人。一华脱去衣服，靠前熏烤。他虽然满身冒汗，却口口声声“舒服，舒服，真舒服。”这一招还就是灵。

后来一华又喝过一次酒，“痒”病再发，犯了就是“痒”不欲生。大伙儿赶紧点豆秸，生烟火，烟到“痒”除。一华从此“忍断杯中物”，“不复触杜康”。

（六）融入小队当社员

昼夜收打黄金稻

秋高气爽，蓝天白云。漫野的稻田金光灿灿，籽粒饱满的稻穗随微风摇曳，令人心醉。济南人辛弃疾有《西江月》词云：明月别枝惊鹊，清风半夜鸣蝉。稻花香里说丰年，听取蛙声一片。今年的水稻丰收在望，也预示着每年劳动强度最大的农活已箭在弦上。

我和李建华现在是肖家河大队第三小队的社员了。小队长就是我好友贾维民的爹，曾帮我们办饭的老贾头，徐玉梅，也都是三队的社员。

贾队长看上去四十五六的年纪，方正脸盘，眼不是很大，鹰钩鼻子，两腮略有胡须，说话很和气：“大个子，在队里干活，每天要记工。男壮劳力，每天十分，挣一个工；妇女八分，挣0.8个工。你呢，虽是男劳力，但许多农活还没干过，先给你算八分；建华呢，识字班，七分。什么时候你能顶壮劳力了，就给你十分。建华能干了，也给八分。”

“奥啦（明白了）。”我也学当地人说话的口气，答应着。可心里觉着很瓦古（委屈）——人家五天挣 5 个工，我五天才挣 4 个工。我也二十不小了，还把我与女流为伍。

“明日（y ì ）天不明就得上坡（下地）收稻子。”贾队长叮嘱，“到时叫维民去噶伙（叫）你们。”

一早，摸着黑就起了床，和建华来到院门口，贾维民已经等在那里了。稍稍缺了点儿边的月亮，斜挂在西边天际，又大又清晰，仿佛能窥见嫦娥“桂下婆娑舒广袖，寒宫起舞弄清影”。

小风一吹，冷得打战战。到了地边，天将乌露明儿，已到了三十几人。贾队长给我和建华一人一把镰刀，说：“刀我已磨好了，锋快，注意别割破手。”他教我们，“抓住一把水稻后要对准水稻根部一扎左右的部位下镰，割倒的水稻要顺着方向放置平整，水稻还带点青的，就在地里晾上一天。”

我们在田边列阵排好，目测好自己的收割区域，弯腰开镰，一般是成“矩形”整列收割。我一刀一刀割下去，一排排水稻放倒在身后。动作越来越熟练，速度越来越快，可是腰也越来越疼。我直起腰来一看，自己落在了后头，而且是最后头。建华也在我前面紧追着那些年幼的（男青年），最前面，一挂都是识字班和老妇女（中年妇女）。她们也不歇息歇息？她们就不害腰疼？

我咬紧牙关忍着疼，竭力猛追。无奈你快人更快，就是赶不上。一个早上，我都稳居倒数第一。

日头高了，回家吃早饭。贾队长高声呼喊着，“天气预报近日（y ì ）有雨，大伙里要抓紧抢收。回来带着晌午饭，咱要一气割（g ā ）到天黑。”

晌午头的阳光变得热辣辣的，秋日天也很炎热，却是收稻子的好天气。社员们弯腰弓背，个个汗如雨下。真是“‘割稻’日当午，汗滴禾下土。”

刷刷刷刷，金黄色的稻子一片片倒下，整齐地摆成一趟一趟。跑在最前面的第一梯队依然是识字班和老妇女；第二梯队主要是青壮年；第三方阵都是些老弱病残了，我也夹杂其中，继续断后。一面拼命追赶，一面盼着队长能喊“歇歇啦”。

前面快到地头了，身后都变成敞亮空旷的田地，铺着一排排割倒的稻子。

“兔子，兔子！”突然有人大声喊叫。地里干活的人都瞬间直起了腰，兴奋了起来。我也直起身子寻着喊声张望，只见一个灰褐色的影子，从藏身的稻子里钻出，在田地里一窜一窜，没命地飞奔，直冲我来，眨眼到了跟前。哈，是一只大野兔。我抡起镰刀，劈头砸去，那兔子一个急转身，奔二队的稻田夺命而去。

二队、一队的地里早已人声鼎沸，社员们都放下手中的活络，各自拿着家伙，围成天罗地网："兔子，兔子！"杀声震天。

倒霉的兔子又从二队那边反身折回，从我眼皮子底下窜过，直奔四队的地里。徐力抄起一根扁担，横枪立马，候个正着，待兔子窜到跟前，横枪一扫，"砰"的一声，那兔子飞了起了，又重重地落在了地上。徐力上前，探身抓住兔子的一条后腿，提将起来："哈哈，不轻快呢。"回头看见我，高声嚷嚷，"大个子，晚上家来喝（hā）酒。"

从上午到天黑，除了晌午头在地边吃饭时短暂的停顿，割了整整一天稻子。我手上磨起了血泡，腰也直不起来了，还落了个倒数第一。真服气了。

每天给我记 8 分工，也不觉委屈了。倒是很替妇女们抱不平，割稻子的快手都是识字班和老妇女，她们只能记 8 分。那些男的壮劳力很多人割稻子比不过她们，却个个记 10 分。

割下来的水稻晾干后，捆成小捆，用拥车子运到场院上，集中堆放。这既方便脱粒，如遇风雨，又可用塑料薄膜覆盖。

场院已扫得干干净净，弄得平平整整，再用石磙碾上一遍，就像那镜面一样。晚上就要打稻子。打稻子既给农民带来了丰收的喜悦，又意味着农民要付出无比的艰辛。南宋范成大有诗：新筑场泥镜面平，家家打稻趁霜晴。笑歌声里轻雷动，一夜连枷响到明。

吃了晚上饭接着打稻子，几盏汽灯把场院照得雪亮。有个滚筒式脱粒机，是用许多几米长的木条，固定在两端的轮子上，成滚筒状，上面布满粗铁条弯成的狼牙，由村里一台好像是匈牙利进口的老掉牙的笨重无比的柴油机，通过传动带带动，使滚筒飞快地旋转，可以供几个人同时操作打稻子。这类打稻机，撑顶（顶多）也只能算半机械化。别看那台柴油机老掉了牙，却是个宝贝，四个小队都稀罕它，排队轮流着恭请它去。

打稻子时，建华和几个识字班专门负责递稻捆，我和三个社员站在滚筒式脱粒机前，我把稻捆有穗子的一头往飞转的滚筒上一放，立马感觉到一股巨大的力量向前拖拉稻捆，稻粒就被打得飞了出去，所以捆得捆越小，稻粒就脱得越干净。老贾头他们专门管着收敛脱下的稻粒，晾干装袋。还有几台人力打稻机，要用脚蹬着转动，大家轮换着上去蹬。

柴油机突突突突，脱粒机轰轰轰轰，夜空月明星稀，场上热火朝天。

打稻机脱粒时粉尘飞扬，我们都得戴上口罩和防护眼镜，还要用围巾或者褂子包住头。稻谷跟子弹一样乱飞，打在脸上生疼。粉尘若钻到衣服里，会浑身刺挠难忍，尤其是脖子和脸上。都说“一寸光阴一寸金”，秋收时间比金贵。一季辛劳的成果就在这几天兑现，所以时常昼夜不停，通宵达旦。

我们三队割稻子大约需六七天的时间。几天后，手掌磨出老茧来，便不觉得痛了。白天割稻子，夜晚打稻子，连轴转。这期间真是人困马乏，精疲力竭，腰酸背痛，腿直手麻，把人累死了。“‘方’知盘中餐，粒粒皆辛苦”啊！

汉字的“家”字，是一个房檐下有一个“豕”，表示有了房子还得有猪，才能算是一个家。

说到猪，城里人的第一反应就是胖、懒、馋、脏。西游记孙悟空嘴里“吃糠的夯货”——二师兄猪八戒，又给人忠、憨、傻、色的感觉。

在20世纪60年代后期的农村，猪可是农民的一大宝。

当时生产落后，生活贫困，农村的餐桌上一年到头，尤其是冬春两季，难见青菜，有咸菜吃，就算很不孬，更不要想到能吃上肉了。老百姓常年都见不到油花子闻不到肉腥味。

在莒县农村，吃不起牛肉羊肉，猪肉也是要到春节过年才到集市上割上一刀。那时都要养大肥猪，吃大肥肉才解犒，光瘦肉没人要。不比时下的人处心积虑地弄瘦肉型的猪，还喂猪吃什么瘦肉精。

猪浑身是宝——红烧五花肉、爆猪肚、馏猪肝、炒腰花、九转大肠、炖猪蹄、香辣猪头肉、凉拌猪耳朵、猪皮冻、骨头汤，哪样美味不令人食欲大开垂涎三尺？灾荒年连猪尾巴都出口到苏联老大哥那里顶债去了。

猪不光浑身是宝，还是农民的定期大存单，都说“鸡腚眼子是银行”，一点儿也不假。那时农民手里哪有票子啊？老妇女手里要是有个三毛、两毛，就跟现在攥着二三十块钱的感觉差不多。一个大鸡蛋卖七分八分，油、盐、酱、醋就都有着落了。出栏一头百八十斤的猪，那可是就有十好几张拾元的大票子到了你手里啦！一个壮劳力一年也不敢想能分得这么多钱啊！

养猪还有一项重要的收益，就是猪栏里的粪可记作工分，工分到你手里就是票子。生产队在年终就是凭你累积的工分，扣除已分给你的粮食棉花等实物，计算出每户的分红。工分有余的可分到钱，工分不够的要倒找钱。

“靠田吃不饱，再凭养猪找。”“囤里有余粮，圈里有银行。”要有钱花，就得养猪。我们也明白这个道理。“洋公猪、土母猪，育肥要养杂交猪。”按理养猪要买优良早熟品种，这样的品种增重快、省饲料，好卖钱。杂交猪更好，利用杂种优势易喂养肥猪。这些道理我们还没搞懂，深秋时节，村里就给我们买了一头小克朗猪仔，29斤重，壳郎猪就是小公猪，骨架不小，皮毛幽黑，能吃能喝，看样子不糙。

老贾头说，“要猪长得快，就得去势，就是摘掉猪的蛋蛋（睾丸）。这猪再大了，就不好摘了，明日（yì）我叫岭西岳官庄摘猪的来。摘了的猪老实不闹腾，能吃食，会长肉。”

第二天，岳官庄摘猪的就来了。那人五大三粗，五十多岁的汉子，络腮胡子，满脸杀气，就像个屠夫。他用左膝盖将小猪顶在地上，右脚踩住小猪的两条后腿，从后面拽住阴囊，一边一刀各切开一道小口子，分别把两个睾丸掏了出来，消毒后把皮再缝起来。过了几天，刀口就长好了。

老贾头还要我们给猪打打虫，这样猪容易长肉。我们常用2%的敌百虫再加2%的来苏掺在水里喷洒猪的全身，还买了一些驱虫药拌在猪食里给猪打体内的虫子。

其实我们并不太喜欢豆沫子，每顿饭剩下的都倒给小猪吃了，还有些剩饭什么的，对小猪来说都是些精饲料。

一华喂猪特别上心，一天要喂它个三四次。猪也喜欢吃稠食，不愿喝稀汤子。一华天天用手将稻糠攥到煮熟的地瓜里，搅拌均匀，再烧熟了喂猪。他一边“唠唠唠唠”地唤着，一边将一盆煮好的热猪食倒进石槽，小猪欢快地跑过来，长长的嘴“吧嗒吧嗒”地吃着。这时，一华就把二胡摸出来，坐到猪栏旁的磨盘上，6363（乐谱）地对弦，一曲《在北京的金山上》悠扬飘逸，余音绕梁。《参考消息》有报道，法国农场给奶牛听轻音乐，产奶量明显提高。俺们的猪宝宝能吃能喝，还有音乐欣赏，天天都把石槽添得底朝天，个头也日渐身高体长、肩宽臀圆，长得越来越有约克夏猪的身影，只不过是黑色，明摆着就是个大肥猪的好苗子。我们时不时地再上点儿豆饼花生饼，小猪时时刻刻都在认真努力地天天长肉。

莫之民家境殷实，经常在家里的资助下，搞些小发明小实验。现在他又动了鼓捣酒曲发酵饲料的念头。所谓酒曲发酵饲料，就是把各种青、粗饲料经过某些有益微生物的发酵，使其变成一种容易消化的饲料，适口性好，猪爱吃。

我们不缺稻糠，就是猪不怎么爱吃，正好就用稻糠发酵来做成猪爱吃的饲料。

老莫把一定数量的稻糠、水和酒曲搅拌均匀，不能太干，也不能太湿，装入缸内，再用旧麻袋盖上进行发酵。他设法把温度控制在45℃左右。经过一天多时间的自然发酵，饲料就变得酸、甜、软、熟、香，并略带酒香味，且营养丰富，猪可爱吃了。用这个方法，还可以利用豆秸子、秫秸子和地瓜秧发酵成饲料。我们给小猪喂酒曲发酵饲料，小猪几乎没长过什么病，既活泼又健康。

俗话说:“粗料细调喂得热，小猪爱吃易长膘。”

小猪很听一华招呼，一华一喊“唠唠唠唠”，就会跑了过来。小猪“吧嗒吧嗒”吃食的时候，一华常给它挠痒痒。一华走到哪里，它就跟到哪里，一华甚至带它去岭上地里去吃草晒太阳。

“冬避北风夏避阳，一天一夜斤半长。”我们把猪栏拾掇得干干净净舒舒服服。夏天搭上遮阳棚，保持圈栏通风，天气炎热时还给猪身上洒水，让它晒不着，热不着。冬季想办法让猪能多晒太阳，在猪栏里给它弄块暖和干燥的地方，并为猪栏遮风保温，不能让猪冻着。猪开始长架子长肉了，就注意保持猪栏光线暗淡，好让猪能安心睡懒觉。

隔上一段日子，就要给猪栏出粪，那可是又脏又臭又累人的活。我下到了猪栏底下，双脚几乎就踩在猪粪汤里，用锨把连汤带水的猪粪先倒到一个台上，小程在台上用锨再抛到猪栏外，康明装车运走。三个人出完粪，浑身上下溅得都是污物。

辛苦自不必说，可是我们的小猪也在尽力地回报我们，半年就窜到了一百七八十斤。

冬天、春天比较难熬。天气寒冷，气温变化大，饲料来源少，操办猪食很不易。不过我们还是千方百计地渡过了难关。

第二年夏天和秋天，食物饲料供应充足，我们家的大黑猪就像吹气球似的，日渐膨大，社员们都奔走相告，快去知青点瞅瞅吧，人家喂那猪，就是头大象啊!

在我们的精心饲养下，十一个月，不到一年的时间，喂出了一头让社员都瞅着眼馋的大肥猪。一华用手拃量过，从尾巴根到头顶，足足有七拃，大黑猪体长一米又五十，全村独一头。

忙完秋收，我们依依不舍地将大黑猪送走了。那天早饭后，一华前面引着，大个子、程庆柱、杨英菊在后面赶着，我们和大黑猪上了去闫庄的路。

真是“不比不知道，一比只想笑。”到了收猪站，各村社员送来的猪，白的，黑的，花的，大点儿的，小点儿的，已有几十头，可咱那猪往那里一杵，就是鹤立鸡群，引得众人围观，都在夸肖家河知青喂出这么一头大肥猪。

人家的猪，200多斤就是肥猪。排到我们，一过磅，328斤！买来时29斤，长了300斤呐！当时收猪好像是一斤8毛多，卖了二百好几十块钱，崭新的拾元一张的大票子数了一大摞。这还不算，队里因猪粪又给了200多个工，又合着一百来块啊。

第一次养猪，就喂出个大肥猪，应该有必然的原因，就是我们喂得上心，喂得细心，喂得精心，还有我们的爱心。

1968年基本上风调雨顺，可以算是一个丰收年。水稻丰收，棉花收成也不错。忙过了大秋，各队会计都要算清社员各自挣得的工分，好分粮分棉。

我们知青点也热闹起来：头日（yì）一队的王家祥和康明推回了稻子，第二天四队的张师傅和老莫又运回来地瓜；上午我和建华从三队分了豆子，下午二队的毛子和小程又弄回来了玉米棒子。那一段日子，各队交替着分发粮棉和各种农作物，我们也兴高采烈，忙活得不亦乐乎。虽然我们各在四个小队，分到的东西都是放在一起的。分来的稻子入了囤，可以合着玉米、地瓜磨糊糊摊煎饼吃，也可以磨米吃，还可以换地瓜干。玉米棒子先要挂起来晾晒干，再囤起来，随时可以搓下玉米粒，或摊煎饼，或磨成面。地瓜要到岭上找块敞亮地，切成地瓜皮子（地瓜干），晾晒成干。

豆子可是好东西，通常都是收起来舍不得随便用，弄出几粒做豆沫子，就是好菜。我常外出参加地区和县宣传队的活动。有次回村，组里做了萝卜丝豆沫子接风。豆子稍放多了点，汤泛白色，勤俭持家的大洋鸡有点心疼了，嚷嚷着：“哎呀，娘啊！这是放了多少豆子，像是喝豆浆了。”话虽这么说，意在犒劳我呢，也犒劳了大伙儿。

要是弄点儿豆子换些豆腐，这在冬春季没有青菜又买不起肉吃的日子里，就是大大地改善生活了。

黄豆还有一个大用处，就是到油坊里换豆油。那时农家平日里吃的都是棉籽油，比较便宜。不过我们对棉籽油的口味很不习惯，还听说用小型动力螺旋榨油机榨的油，一般都是带绒、带壳冷榨的。这种未经提炼的粗制棉籽油含有棉酚等几种有毒物质，如果吃了生棉籽油，可能引起中毒。常吃棉籽油会损害肾脏，还会影响生殖功能。我们很想换豆油吃，少吃棉籽油。可是，五六斤豆子才能换一斤油，又着实让人舍不得。为了大黑猪有豆饼吃，我们有时也换点儿。

我们也分到了一些白菜、萝卜。五十年前，冬春两季饭桌上的盘子里就指着白菜、萝卜了，就是在大城市里也不例外。那时没有菜农，没有蔬菜大棚，也不可能从南方用飞机调运青菜。当时是既没有生产技术也没有经济能力，冬季像现在这样供给五花八门品种多样的蔬菜，家家户户包括城里人都是要储存大白菜过冬的。

要想让白菜既不受冻又不失水分，挖地窖储藏是最好的办法。社员管地窖叫“菜窨（yín）子”。我们在院子里按照老贾头的指点，朝南方向挖菜窨子。小程、老莫、张师傅，还有我，轮流下坑挖土，别说，张师傅干啥活都带个老把式样。一华、康明，还有大洋鸡、毛子、建华和小王，一大家子，全员出动，不是倒土，就是绑秫秸，七手八脚，好不热闹。不到半日挖了一个长方形的坑，大约一人深，一米半宽，三四米长。在坑上面横着隔一段距离放一根结实的木棍，铺上厚厚的一层玉米秫秸，再压上土。窨坑一头留了可让一个人自由上下的洞口。

我们把白菜下到窨子里，尽量排放在一侧，便于人通过。过一段时间，就把白菜上下倒一回，让白菜能透气。老贾头还教我们在菜窨子里放了一桶水，利用水的物理特性调节温度——窨内温度低了，水结冰时，会放出热量，提高温度；窨内温度高了，冰融化时，会吸收热量，降低温度。有地方空着，萝卜、土豆、地瓜都可以放进来。老贾头要我们入窑出来后把洞口封严。他还要我们经常给地窖通通风，防止白菜“呼吸”产生的大量二氧化碳造成下到窨子里的人窒息昏厥。

分到了棉花，我们就想做一身粗布衣裳。要想把棉花变成粗布，先要纺棉线。那时村里中年以上的妇女有不少人会纺线织布，使用的纺线车和织布机都是木质的很简陋的老式机械。她们先把地里收来的棉花用轧花机把棉籽轧掉成皮棉，再把皮棉拿到弹棉花机上弹成一卷一卷松散的棉花。这样的棉花既可以用来纺线，也可以用来套棉被絮棉袄做棉裤。

纺棉线是很费时的活。妇女们面对纺车，盘腿而坐。纺棉线前，先要把棉花摊成一小薄片片，用半尺长的细棒把棉片卷成棉花捻子。纺线时她们左手拿着棉花捻子缠到锭子上抽线，手臂一伸一缩；右手轻握纺车把手，逆时针方向转动三四圈，再倒转几圈，依次正反两方向转动纺车轮子，两只手的动作配合默契。从棉花捻子上抽出的线再缠到锭子上。纺出来的棉线可在染坊里染成各种颜色，用来缝衣服，缝被子，做鞋，还可以用来捆绑东西。妇女们织布前，还要把纺出的棉线浆一浆，晒半干时，再蹬一蹬线。哐当，唰啦；哐当，唰啦。织布的妇女熟练地操作着木质手工织布机。经过搓棉条、纺线、耙线、倒线等十几道工序，纵横的棉线就变成了一匹又一匹的粗布。老粗布一般织成白色,叫白布。还可以根据需要染成青、蓝、紫等各种颜色。织布前，将经线和纬线分别染成所需要的颜色，经过合理搭配，还可织成条纹布和方格布。除了床上铺的、身上穿的，也可织成粗糙厚实的口袋布，专门做成腰细体长的粮食口袋和包各种物品的包袱。

纺线织布明摆着是极其不易的技术活。但说干就干。“少年上山多面手，姑娘下乡半边天。”煎饼咱会摊了，庄稼咱能种了，拥车子咱也推得了。革命小将不信邪，天不怕，地不怕，啥都能干，啥都会干。纺线织布还能难倒咱?

其乎不然，这纺线织布还真是把俺们难倒了。大洋鸡和毛子她们不知从哪儿借来了纺车，当院铺上秫秸席子，盘腿坐定。她们左手拿着棉花捻子抽线，手臂一伸一缩；右手轻摇纺车，车轮正转反转。“秋阳沐浴下，纺车吱扭歌。农庄知青院，劳作姿婆娑。”没用多少工夫，还真就纺出棉线来了，喜悦之情，自不必说。可把棉线拿到会织布的行家那里，当头吃了一记闷棍。人家说棉线纺得太松没劲，若织成布会不平整也不结实。再想想在织布机上织布工序烦琐，梭机来往令人眼花缭乱，咱自己也没有织布机。老式木质织布机比纺车笨重十倍不止，不可能轻易借来送往。我们静心细思，着实力不从心。只得浅尝辄止，知难而退，打消了自己纺线织布的念想了。

这事儿队里知道了。大队长克祥跟书记徐凤仙商量说:“知青自己纺不了线织不了布，叫他们把棉花交给会织布的户里，给他们每人做一身粗布衣服吧，工时记到大队里。”凤仙也有这个意思，俩人一拍即合。

二队有个农户会裁衣服，我们都去那里量了肩宽、胸围、腰围、裤长什么的，过了约么两三个星期，衣服做好啦。男生都是制服式的深蓝褂子和深蓝裤子。女生也是深蓝色的制服裤子，上身却是浅蓝色在一侧开襟的褂子。土布的布纹较粗，厚实，穿在身上挺暖和。穿上这身新衣服，男生女生都很精神，很开心：这粗布衣裳是我们通过自己的劳动获得的果实，穿在身上更彰显我们和农民社员融为一体。

五十年前，城里人缝衣套被，兴的是白棉布、斜纹布、劳动布、咔叽布、人造棉、的确良、凡立丁等。但所需布、棉都是凭票供应，非常紧缺。农村里，也就是年幼的和识字班会想方设法弄些洋布来做件衣服。老人小孩还有一般的社员，都是穿粗布。“新三年，旧三年，缝缝补补又三年。”就是这样，很多人还是穿不上囫囵衣服。

到了数九隆冬，地冻天寒，小孩子穿的棉衣都是油渍麻花的。就说小学生吧，脚（jūe）丫子（脚）穿的是粗布袜子和布鞋，甚至没袜子穿，缅腰的棉裤，用根绳子拦腰系住。对襟或右侧开襟的棉袄，基本上都是黑色，脏兮兮的，不少棉衣洗得发白，补丁摞补丁，甚至破几个洞，露出棉絮。他们还喜欢弄个破旧的干部帽扣在头上。

那时农村社员基本不穿内衣，都是空心穿棉袄棉裤，干活时被汗水渗透，又凉又硬。有的人就用一根布条甚至是草绳扎在腰间，使棉袄贴身些，下面多是穿二条单裤，冻得鼻涕直流。

条件好点儿的，都穿一种夹裤，类似薄棉裤，没有裤裆，只有两只裤腿到腰，套在单裤外面，既保暖又方便干活。

很多人都没有棉鞋，也没有袜子，就是光脚穿一双解放鞋。

老妈妈和老头子的棉袄棉裤怕都是穿了一辈子了。满村衣衫褴褛者，比比皆是。山里的人就更穷了，全家只有一床破棉被，甚至只有一条旧棉裤，只有出门的人才能穿。

后来，老粗布在工业机织布的冲击下渐渐淡出历史舞台。近年，城里人也开始稀罕老粗布了。随着消费观念的转变，人们日益崇尚自然、绿色、环保的产品，会纺线织布的人又重操旧业，让几乎要失传的粗布家纺重焕生机。

农村的生活确实艰苦，可当年城市里的生活也不咋的：粗茶淡饭，能吃饱就不错；穿衣着装，同样是“新三年，旧三年，缝缝补补又三年。”姐姐穿了给妹妹，老子的衣服儿当宝。五十年前城里人家家都有补丁衣服，那补丁都是“货真价实”的真补丁。不像当下，少男少女们锃新的衣服上也打上“山寨补丁”，甚至把好好的牛仔裤挖得千疮百孔，挂着毛边，招摇过市，标榜新潮。退回五十年，岂不是要被人数落为败家子？

我的高考

殷晓林

1968年9月，我下乡到莒县阎庄肖家河大队务农，愣愣想不到十年后的1978年又能参加高考，并考入了山东师范学院外文系。

20世纪70年代中期,大学招收工农兵学员,由单位推荐,不需通过考试。1977年8月4日早晨，邓小平在人民大会堂主持召开了科学和教育工作座谈会，他果断决策——恢复中断了10年的高考。

1977年9月，在全国高等学校招生工作会议上，中国教育部决定恢复全国高等院校招生考试。大会文件《关于1977年高等学校招生工作的意见》规定:凡是工人、农民、上山下乡和回城知识青年、复员军人和应届毕业生，符合条件均可报考。考生要具备高中毕业或与之相当的文化水平。招生办法是自愿报名，统一考试。

1977年的高考我没时间准备，决定参加1978年的高考，那年我30岁，在莒县京剧团工作。当年参加高考的动力并没想到要改变自己的命运，只是想解决夫妻两地生活的困境。我老伴常华也是知青，插队在莒县陵阳大埠地大队，1973年考入莒县师范学校，1975年分配到肥城高余通用机械厂小学。1977年我们有了儿子，但两地相距800余里，她一个人带着孩子上班，十分辛苦，我想帮忙，却鞭长莫及。想要调动工作，可她的单位属国营体制，莒县京剧团属大集体，门不当户不对。没办法只好联系调往肥城建筑公司、焦化厂、运输公司、水泥杆预制厂等集体单位，工种差我也不在乎，可即使调动成功，通用机械厂离肥城县城还有40余里路程，也不能彻底解决分居难题。就在苦思冥想不得出路时，忽觉和风拂煦，艳阳高照，竟然有了做梦也未曾想到的参加高考的机会。

真想参加高考了,才知道学业已荒废。我是66届高三毕业生,68年下乡，70年进入莒县京剧团乐队，弹指一挥，十年流逝，就没有认真读书学习过。物理和化学是拿不起来了，理科不能考；数学也不强，好在文科只把数学算参考分，那就考文科了。考哪一门呢？我以为农村的学生当时几乎都没有学过外语,而我初中学的是俄语,高中学了三年英语,英语就是我的强项,就报考英语了。但是十年不读书，26个英语字母都快记不全了。手边也没有课本复习，赶快跑回济南，到七中找到恩师杨宝莲，凑齐了中学英语课本，又买到了山师印售的两三毛钱薄薄一册的地理、历史和政治的复习提纲，回到莒县。京剧团经常推着小车或坐拖拉机跑几十里路到农村各大队演出，演出间隔期间，我抓紧复习备考，挑灯夜战，甚至通宵达旦。百分之九十以上的时间都用来攻英语了，语文一点儿没看，政治只看了复习提纲，很多问题一知半解。地理和历史不怎么担心，我平时特爱看参考消息，那时的参考消息上有很多一般报刊不做报道的丰富信息，在史地考试时让我获益匪浅。

1978年的高考开始了，考场在县一中，时间是7月20日至22日。第一天上午7点半到9点半考政治，下午2点半到4点半考历史，次日考数学和地理，最后一天考语文和外语。农村来的考生非常辛苦，他们要赶数十里甚至上百里路奔赴考场，背着煎饼，带着咸菜，住在一中的学生宿舍里，没有蚊帐，没有电扇，夏夜蚊叮虫咬，炎热难耐。

除了英语，其他科目的考场都是俩人一桌，每个教室都有60余考生，人头攒动，塞满一屋。作弊不就容易了？很难！因为大多数人都不会解答现在看来是十分简单的考题。

报英语的考生好像不到三十个人。就一个考场，自然是单人单桌。面对考题，我使出浑身解数，连猜带蒙，尽力解答。

三天的高考，转眼过去了。在返回的路上，恰巧与莒县招生办的林建松老师同行。他问我考得怎么样，我自我感觉良好，心想，文科数学不算分，语、英、史、地、政五门，哪门也该有80分，但不要说得太满，就照每门70分算，便随口答道，350分吧。林老师听了立马站住，瞪大眼睛，很认真地跟我说，不要估计过高，不要太自信。那时，我并不知道77年高考有考生570万，共录取了27.3万人，录取比例为29∶1，各省市重点文科院校的录取分数为350分左右。

大约两个星期后，接到了去沂水县参加英语口试的通知，好像莒县有三两个人一起去的吧，省里派老师来主持口试。

8月下旬来了高考成绩，英语73分，语文73分，地理89分，历史80分，政治58分。总分373分，后来得知，1978年山东大学文科录取线是350分。托人打听的消息也来了，我已被山东师范学院外语系英语专业录取，我弟弟也被山东工业学院录取。我发电报把喜讯报知正在北京讲学的父亲时，邮局的话务员很赞叹地说，一家考上了两个！1978年报考人数为610万，最后录取40.3万，录取比例约为15∶1。

我的高考成绩全县第一，当时在县城里很是风光。全体考生的成绩都张贴在县城大菓街老槐树底北面的宣传窗里，县城里的有线广播每天反复播报。从张贴的成绩单可以看到文化大革命对教育的毁灭性破坏：应届考生的成绩没有上300分的，各科成绩最高不过60分，还很稀罕;20分、30分的比比皆是。所以说，当时两人一桌考试也做不了弊，因为没有会做的。

高兴之余，也有遗憾。山师的录取通知书到手时，我报的是本科，居然变成了专科。我并不知道外语专业对考生的年龄和婚姻状况有特别要求。山师要求25岁以下并且未婚，我78年30周岁，已婚有子，结果26岁以上的学生都被分到78级4班，也叫“老头班”，上两年专科。有点儿后悔没报山东大学中文系，中文专业对考生没有年龄和婚姻状况的特别要求，何况家父就在中文系带研究生。后来在八十年代末又读了三年山师夜大，拿到大学本科学历。

1978年9月，在莒县整整生活工作了十年后，离开了那悠悠的沭河水，告别了那郁郁的浮来山。大学毕业后，回到母校济南七中教英语，三尺讲台，传经授业，直至2008年退休。

1977年恢复高考是一个难得的机会，它重新告诉人们，可以通过个人努力改变自己的命运。因为在此之前通行的原则是唯成分论，红五类、黑五类，个人的前途不掌握在自己手里，而是取决于你的父母、你的家庭背景。一个“不良”的家庭出身，就要注定你一生坎坷的命运。恢复高考，用“分数论”打破了“成分论”，“分数”，在当年成了被很多人推崇的标杆。因为它至少给大家一个相对公平的起点。虽然当年高考还需要政审，但很多“黑五类”仍然参加了考试并被录取，当然他们付出了更多的努力。

母亲的刺绣手绢

陈崇思

1968年，城市中聚集了大批的“老三届”高初中毕业生无法分配工作，国家处于困难之中，于是全国掀起了城市知识青年上山下乡运动。当时我们这些正在上初中的学生也不例外，同样也投入到这场运动之中。我担心父母会不同意，就先斩后奏了，背着父母自己把户口转了出来，报名参加了上山下乡运动。当我壮着胆把户口转出的证明拿给母亲看后，她老人家什么话也没说，只是回过身去暗自掉下了眼泪，之后就把已经亲手绣好的这个手绢递到我的手上，上面绣着“听毛主席的话”几个大字。

图 5-20 母亲的制绣手绢

因为我的父亲母亲都身为国家干部，母亲又是人民教师，当时的大政方针她是很清楚的，谁家父母不希望自己的孩子留在身边有一个好的工作啊？但她知道：这是国家的方针政策，小家要服从国家。于是没过几天，我们就随着市里的欢送人群离开了生我养我的家乡到农村去了。那时济南市开过知识青年到农村去的欢送誓师大会，会后每人发了《毛泽东选集》四卷，还有一床蚊帐，我们胸前戴着一朵大红花，踏上了赶赴农村的客车。

知青生活点滴

孙　毅

我是 1968 年 9 月 23 日下乡到莒县招贤区东双庙大队的。当天傍晚，我们坐的公共汽车在东双庙和西双庙之间小路上停了下来。下车后，东双庙大队好多社员敲锣打鼓迎接我们，很是热闹。向村那边望去，全是一色的泥巴房子，心想:这么穷啊！再一看，男青年都围着长围巾，感觉挺搞笑。

下乡后才知道，我们这个知青点的 10 名知青（5 男 5 女），其中有三对是明确的恋爱关系，虽然大家相处都很好，我也难免感到尴尬、无奈和孤独。

我记不清当时县知青办主任于道遵是怎么知道的这个情况，只记得于主任曾几次骑自行车到我们知青点找大队干部了解情况和关心我，让我感到很温暖。（县城到我村往返一次约 80 里）。1969 年初，我到县里开知识青年学习毛主席著作积极分子代表大会，才知道于主任是济南文化系统下放的干部。

1970 年底，我返城分配到工厂。有一天，知青同事打电话催我回厂，说于道遵主任到厂里看知青了。我请同事转告于主任等我。但没有十万火急往厂里赶，以至错过了和于主任的见面，当时挺自责。随着时间的推移和年龄的增长，这种自责慢慢变成了对于主任的思念和愧疚，也慢慢理解了于主任为什么对我们知青那么关心。那是一名好干部对本职工作负责的

图 5-21 招贤区相家管庄公社东双庙大队孙毅和部分知青合影（前排左一为孙毅）（后排中为大队分管知青委员卢宝彦）

使然，是父亲对子女的深爱和关心。

大约 2000 年冬，我终于有机会出差去莒县，当天晚上，我迫不及待打听于道遵主任的消息，得知于主任患老年痴呆症已去世，我又难过更后悔，一晚上没睡好觉。第二天，我到莒县公安局找到了政委（于道遵的儿子），表达了我对于主任的感激思念之情，递到于政委手中一百元钱，让于政委代我烧烧……每当想起于道遵主任，我心中都会隐隐作痛。

在我的记忆里，于道遵主任，1.68 米左右的个子，方脸、大眼，慈祥中有几份威严。于道遵主任经常浮现在我眼前的情景，就是他向前弓腰，推着一辆大轮自行车行走在泥道上的身影。

大队领导在落实知青政策方面做得挺好。党支部有一位委员专门负责知青工作，经常征求知青意见，改善知青生活，并有专人保管知青口粮，同工同酬。农闲时知青和村里小伙、“识字班”组成宣传队，活跃农村文化生活，大队都记工分。村里对我的照顾，有几件事记忆犹新。（一）下乡后，大队根据知青的实际情况，把知青分到各小队（共十个小队）。因为我最小，又是女生，把我单独分到最好的九小队。（二）手把手教农活，不歧视知青。我虽然严格要求自己，干农活向“识字班”看齐，但初期体力和技巧达不到“看齐”的标准。“评分”时，队里总往高分定。我和一般大的“识字班”评 6.5 分，比我大三四岁的“识字班”评 7 分。我记得靠工分吃饭后，我挣了近 50 元钱。（三）关心我的生活。1970 年下半年，陆续有了少量知青招工名额。当时我们知青点，有成家的，有招工的，有先回济南的，显得我更孤独。有一天和“识字班”们收工回庄的路上，迎面走来几个小伙和“识字班”，双方“识字班”哈哈大笑，笑得对面一小伙很不好意思。擦肩而过后，我们小队“识字班”问我，你认识那个“皮笊篱”吧？我一脸茫然，问谁是“皮笊篱”？“皮笊篱”是啥意思？“识字班”告诉我，刚才那个害羞的小伙外号“皮笊篱”，是“笊篱”不漏水，会过日子。她们告诉我，最近大队研究了知青工作，考虑我可能不能返城，便帮我物色了“皮笊篱”。我当然不同意（从未考虑找对象），但心里顿时有一股暖流。1970 年 10 月份，知青点只剩我一人留守。支部书记卢修当即让他女儿陪我住在知青点，直到我招工回济南。

东双庙的人质朴，我终生难忘。经常想起的是，村里的大婶大娘和“识字班”耐心教我纳鞋底、绣鞋垫、做鞋、做小孩衣裤等，使我这个笨女生，也自我感觉“心灵手巧”了。难忘的是冬天晚饭后大家都到小队牛棚开会学习。我会和“识字班”一起，坐在铺满草的地上抄着双手，将背靠在趴着的水牛身上取暖。闻着满牛棚里的那股味和大烟叶子味，也不觉得呛。有一次，支部书记卢修作春耕动员报告，有一句话，他说得特别精彩：毛主席教导我们，干什么事情都不能半途而飞（废），你辛辛苦苦养的鸭子，半道上跑了，飞了，你不是白养了吗？当时我就觉得不识字的支书特聪明，特智慧。

……

2002 年左右，我们知青点的 4 人回到东双庙，原来的村已经拆了，村子挪到了公路边。知青的房子也不存在了，我们在知青房的废墟旁站了许久……知青打水的水井还在，我干活的路边地还在……一切历历在目，感慨万分。

老支书卢修身体虚弱得很，分管知青的支部委员卢宝彦早已去世……心中有一缕凄凉。

我的 16 岁到 18 岁，是在莒县度过的，莒县的山水浇灌了我，莒县的人民培育了我，莒县人民的朴实、韧劲，是我工作的动力。上山下乡，在我人生道路上不仅是历练，对我的人生观、价值观、世界观的形成，也起到了很大作用，我珍惜这段经历。

初恋

杨　琦

（一）新的生活

来到一个陌生的环境，而且要在这里开始新的生活，这对于刚踏上社会的青年人来说，既对新生活充满了热情，又对新环境感到新鲜好奇。在这种心情的支配下，促使他们迫切地需要了解一切熟悉一切。

因为白天的奔波和活动，他们来到两山口村的第一个夜晚睡得还是踏实的。尽管都睡得很晚，早饭之前还是匆忙地起来了。他们都笑看着对方的黑鼻孔，那是在煤油灯下写信吸入的烟蛾子太多造成的。他们匆匆洗了把脸，先把昨晚写好的信送到供销社，希望它们尽快地飞到亲人身边，让牵挂的亲人早些得到他们的信息。杨琦想到亲人们盼信看信的心情，他在信中写道：

奶奶、爸爸、妈妈：

你们好。

昨天下午已经到达中楼区峪子公社两山口大队。这村的南面有两座土山，村庄就在两山之前故名两山口。这个村四面环山，它就在山坳里。村的东面南北都有小道与外界联系着。不过路都很窄，两个轮的车是进不来的。全村一百多户六百多口人，九百多亩地。主要农作物是地瓜、花生等，山上还有果树。这儿的贫下中农待我们很热情，安排得很周到。当然我们对一切还是不熟悉不习惯的，信就是晚上在小小的煤油灯下写的。以后还会遇到各种各样的困难，但是我们有信心克服它。明天我们将去登山俯瞰我们公社的全貌，明确我们村的远景规划，进一步增强建设新农村的信心。同学们都很高兴……

早上，大队革委为他们准备了地瓜秧忆苦饭，半甜半咸的，还没觉得难吃。饭后在革委主任何永登的带领下，他们兴高采烈地向西良山出发了。

何永登是个中年人，在村里文化程度数他高，还带着点农村知识分子的风度。同学们很自然地和他亲近起来，后来都叫他大叔。大家打量着周边的一切，问这问那边说边笑，顺着流经村里的沙河一会就到了村南的西良山下。从下往上看，茂密的松林遮挡了视线，隐约可见山头，山显得很高，也看不见通往山顶的路。但好奇爱动的青年们放弃了休息，跟着何永登扶着一颗颗马尾松，沿着看山人踩出来的小路，踏着乱石、松针，穿过松林，向山上爬去。小伙子们走得快，不一会就把姑娘们甩后面了。她们也顾不上说笑了，一个劲地赶，还不到半山腰，就气喘吁吁满头是汗了。何永登不得不叫小伙们等她们一会儿，这样速度就慢了下来，话又多了起来。

这时，男同学已经爬上了一个陡坡。杨琦不小心突然滑了一跤，他敏捷地迅速收步，没等摔倒就站稳了脚。他回头看了看跟上来的女同学，王安洁紧跟在他的后面，她用力迈开步子眼看就要上了陡坡，杨琦怕她跌跤说：

“来，拉你一把。”“不用，我行。”姑娘刚说完我行，突然打了个软腿，身体失去重心向后滑去。就在这当儿，杨琦迅速抓住了她扬起来的手拉住了她。王安洁又拉着后面的女同学陆续爬上了陡坡。看着抽回来的手，王安洁嗔怒着说:“你真有劲，把人家的手都抓红啦。”

杨琦一看，她的手红的红、白的白，就不经意地半开玩笑地说:“你太娇，手太嫩啦！”“什么，你也说我娇，你说你说，人家的手都让你抓红啦，就是娇啊，我娇就不下来了，也不来爬山了。你才娇呐。”王安洁不无认真地说着气话。

杨琦受了这些抢白，心里却毫无怨言，笑着心想，真是个心直口快的姑娘。她的身体是弱一点，可爬了半天山，出了一身汗，也不叫累，还说说笑笑地增加了欢快的气氛，怎么能说娇呐？可不知为什么，他对王安洁的看法中，很大一部分占了个“娇”字。他抱歉地朝她一笑，看着身后的女同学都上来了就说:“你们真不赖，爬这么高的山也不说累。再加把油吧，我们已经看到山顶，胜利在望啦！”真的，山顶不远了，同学们又鼓起了劲。王安洁这会儿，却跑到了杨琦前头，好像让别人看她娇不娇，用尽全身力量向山顶爬去。

上了山顶，同学们边喘着粗气边四面环顾着，又被大自然的美景所陶醉了。

站在西良山上远眺群山屹立，峰峦起伏，那缭绕的云烟遮不尽层层峰峦。东南方的马亓山，在群峰中巍然矗立，陡山水库在群山的怀抱中，就像一块清净的明镜，把美丽多娇的大好河山映衬其中。东良山和他们遥相呼应，稠密的松林，整齐的梯田，山下的村庄缕缕炊烟。听何永登说，从村庄往北越过北山，一条道通往石井，在那儿坐上车就能回济南了。他们看着北方，心想着亲人，家离我们太远啦。从村庄向西北隐约一条小道，弯弯曲曲地通往西山。西山有村里的果园，种着几百棵苹果树、梨树和其他果木。借此，何永登给他们讲起了村里的远景规划：北大沟如何改造成大寨田，西山要开垦山地种植果树，村庄要陆续迁上东岭，建成新村等等。何永登的一席话给同学们很大的鼓舞，同学们开始喜欢两山口了，建设两山口的信心也更大了。

知识青年来到两山口，大队革委照顾他们，给他们安排了适当的农活，劳动、学习、休息都考虑得很周到。大队还委派了两个“识字班”专门给他们办饭。吃过饭后，他们就和社员一道跑操、出工。下午收工后，出去串门访贫问苦，每周都休息一天。新的生活让他们觉得新鲜又有意义。

时间过得真快，转眼一个多月过去了。两山口的知识青年在艰苦的环境中，努力锻炼自己的行动得到区里的认可，成了全区各知识青年小组学习的榜样。区委决定，春节前在两山口办一次知识青年观摩交流学习班，进一步坚定知识青年扎根农村干革命的信心。

快过小年了，早已下过了几场雪，天寒地冻的。

全区知识青年来到两山口的日子，正赶上大雪封门的天气。周围成了白色的世界。雪把山沟都填平了，分不出路和沟，有一小组的一个知识青年陷进沟里胳膊都骨折了。全区知识青年的到来，忙坏了两山口的贫下中农和知识青年。村里从来没见过这么多人一起来到村里，拾掇屋的、烧水办饭的个个脸上都挂着笑容。特别是董瑛、杨琦他们更是高兴。在济南他们也不相识，今天他们一同下乡，见了面真的像亲人一样。有的知识青年手脚冻伤了，他们找来老农民给他们治疗；有的房屋漏雪，他们和社员一块帮着堵漏洞。一有空他们就相互交流下乡一个半月来的体会和收获，共同的经历把他们紧紧地联系在一起。

杨琦来到东崖头上的小学校，孟家西楼和鸡山沟村的知识青年正在屋里吃饭。在两山口，再冷的天农家的门是不关的，大都有个半门子，挡一挡风沙雨雪，冬天取暖主要是靠烧火做饭的暖炕。杨琦看到飞舞的雪花被风刮着从门缝和窗户里直往屋里涌，不时有雪花落到同学们正吃饭的碗里。看到这里，杨琦立即回到宿舍打好糨糊，拿了几张报纸，叫上正在门口的王安洁去给他们糊窗户。

冷空气把路上的雪冻成了一层冰，山村的路也是高低不平，别说上坡，走平路也得小心滑倒。一路上，杨琦拉着王安洁，从河西沿一直走到村东头,有几次险些滑倒。王安洁一边走一边嘟囔着这鬼天气,拉着杨琦的胳膊,好不容易来到小学校教室前的上沿坡。他们拉着手一块向上走，踩着用锨铲的脚窝，一步一步地眼看就要上去了，王安洁脚下一滑，拽着杨琦向后滑去。只因两人相互拉着,还没等摔倒,杨琦扒住了墙基上一块突出的石头,他们才站住了脚。“哈哈，差点儿一块坐了滑梯。”王安洁笑着说。杨琦说:“还笑呐，不是我你早四爪朝天啦。”他们更谨慎地爬上坡，同学们把他俩迎到屋里。

通过一段时间的接触，除本班的五个同学外，杨琦对其他的战友也有了更多的了解。虽然，在学校时也认识，却没有机会来往。如今他们同吃同住同劳动，像一个大家庭的兄弟姐妹一样，成了一个战斗的小集体。相互关心、爱护和帮助，使他们之间更加熟悉了，不知从哪一天开始也都直呼其名了。杨琦原以为安洁是个娇小姐，一个多月来这个“娇”的印象已逐渐消失了，换来的却是渐渐喜欢上这个姑娘的活泼、热情、直爽的性格了。在学校里，王安洁是班里的文艺骨干，杨琦也曾看过她演的文艺节目。那时，杨琦还是少先队的大队长，有时到她二班去不时听到她和同学们的笑声。记得有一次，杨琦正好进楼，王安洁刚从走廊里出来，一个台阶上，一个台阶下，他们四目相对。虽然只是短暂的一瞬，却给杨琦留下和别的同学不一样的感觉。那时，谁能想到如今成了一大家人了呐。这些少男少女们正是情窦初开的年华，共同的生活使他们的感情迅速起了变化。当他们自身感觉不到变化的时候，他们在一块是高兴的无忧无虑的也是无所顾忌的。有一次，杨琦和安洁无意识地一块爬上了小东岭，完全暴露在村庄的面前，有的同学看到了他俩，指点着不知说什么。杨琦这才感到不妙。安洁也好像察觉到杨琦不自然的神色，脸色绯红赶跑了天真无邪的笑容。

在他们之前，刘波和路传玲就好上了，成了同学们茶余饭后的美谈。路传玲高高的个头，一条大辫子超过了腰际，老乡们一时记不住她的名字，都叫她“大辫子”。刘波出身于干部家庭，肤色白皙，衣着出众，不管在学校还是在乡村，到哪儿都挺出彩的。两个人在学校一个班，下乡以来自然亲近些，时间不长两人就“粘”在了一块，成了公开的秘密。

同爬小东岭后，杨琦和安洁表面上疏远了。杨琦行动上虽想让同学们排除那些想法，但日常生活和似梦非梦中，脑海里总有安洁的影子。安洁在身边和别的同学就是不一样，一个念头在杨琦心里翻腾着：

“我真的喜欢她吗？就是喜欢她，能像别人想的那样吗？”

（二）雪夜萌情

皑皑的白雪掩盖着大地的春情，青松却显得更加郁郁葱葱。

今年的雪又多又大。春节之前接连下了几场雪。杨琦他们早上起来，门都开不开了。门外的雪和半门子一样高。直到外面的人把雪除去，他们才推开半门子走出屋来。院内的雪没过了膝盖。让阳光一照，白光刺得他们眼睛疼。呼吸了一口新鲜空气，浑身清爽。他们爬上高崖头，眼前呈现一派壮丽的北国风光。天地一色全是白茫茫一片，只有马尾松在雪的映衬下，挺拔俊秀，分外妖娆。

杨琦要陪着刘波在春节前赶回济南，因为日前济南的同学给刘波发来一封电报：母亲病重速回。不能和同学们在两山口一道过第一个扎根年，他感到有些遗憾。

杨琦是1952年4月出生的，比安洁大三个月，一米七五的个头，男孩子当中少有的白面孔，身子骨不算壮实但也不弱，显得文质彬彬的。

自从安洁在杨琦的心里泛起了神秘的浪花，这个浪花越泛越大，时时激荡着他那颗火热躁动的心。安洁的纯洁天真、直爽活泼以及丰满的体姿，还有对杨琦和同学们真诚的关心和倾心的相助牢牢地抓住了杨琦的心。像冬天里的一把火，对杨琦的吸引力是那么强，使他不得不靠近她，也无力躲避她，他在日记里这样赞美地写着：

纯洁如皓月

正直比青竹

热情似火焰

活泼赛顽童

"我们的友谊怎样进一步发展呐？她想的能和我想的一样吗？姑娘是理解我的！"回顾一个半月来的接触，杨琦这样想，也充满了信心。

北风刺骨，姑娘娇嫩的手伸进冰冷的水中为杨琦洗衣服，访贫问苦他们总愿意一块去，劳动完后又总愿意在一起欢唱说笑，疲劳和想家的感觉也抛到了脑后。尽管只有一个多月，他们之间却十分默契，就像多年的同学或是要好的朋友。为了防止冻裂手脚，安洁送给杨琦一盒防冻脂，他把这看成友谊的象征，看作是姑娘的心。安洁也高兴地收下杨琦从大店买回来的毛主席像。她不想想，我为什么送给她而不送给别的同学呢？她能那样天真吗？杨琦把他们之间的交流和往来在脑子里过了一遍，被爱情燃烧的心像浇了油一样，越来越旺了。

爱，是什么力量也阻止不了的。

1969年2月13日的夜晚。夜深了，村庄睡熟了，连狗叫的声音都听不到。山村的夜来得早也特别黑。万籁俱寂，只有北风吼着吹起高处的雪花填平低矮的沟壑。

在这寂静的夜晚，同学们早已做上了见到亲人的梦，时而呓语，时而裹紧盖在身上的棉被和大衣。此时，却有两颗激荡不已的心正在接近着，冲撞着。

"我要先走了，你有什么话要说吗？"杨琦坐在安洁的身边，因为是在

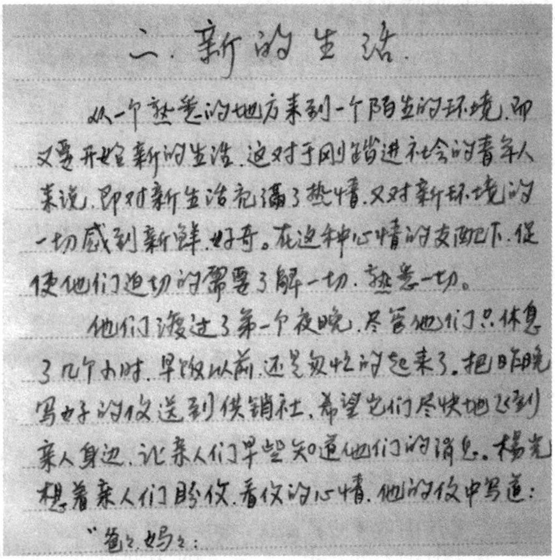

二.新的生活.

从一个熟悉的地方来到一个陌生的环境.即又要开始新的生活.这对于刚踏进社会的青年人来说.即对新生活充满了热情.又对新环境的一切感到新鲜.好奇。在这种心情的支配下.促使他们迫切的需要了解一切.熟悉一切。

他们渡过了第一个夜晚.尽管他们只休息了几个小时.早饭以前.还是匆忙的起来了。把昨晚写好的信送到供销社.希望它们尽快地飞到亲人身边.让亲人们早些知道他们的消息。杨光想着亲人们盼信.看信的心情.他的信中写道:

"爸爸妈妈:

图 5-22　杨琦《初恋》日记

女生宿舍，他不得不压低声音。

“没有，哦，不过路上雪下得这么大，你要多加小心啊！”安洁有点紧张，但一想到风雪之夜他俩要走出大山，她充满关切地说。

一股暖流涌进杨琦的心间，早已想好的话顿时到了嗓子眼。这时安洁看了他一眼，看到杨琦多情逼人的目光，她不由自主地羞涩地低下了头。杨琦到了嘴边的话又咽了回去。

两人心里都在想……

沉默伴着黑夜的寂静，听得见几个女生睡熟的呼吸声。

杨琦的心似波涛翻涌，一浪高过一浪，看着身边可爱的姑娘，他多想把她搂在怀里亲亲她啊。想到这里，脸上热乎乎的，幸亏黑暗遮住了他那涨红的脸。

安洁也感到了杨琦身上脸上散发的热，但她依然坐着不动，任激动的心随意翻卷。

继续沉默。时间一分一秒地过去了。杨琦想终不能这样坐到启程吧，那就会失去良机，他的手心直出汗，再次鼓起了勇气：

“王安洁，你觉得刘波和路传玲这样好吗？”

“挺好的呀，有什么不好的呵。”

“我们的关系能比同学关系更进一步发展嘛？”这是他请教刘波后想好的一句话，已憋了好几天，好歹地说出了口，终于松了一口气。

姑娘低着头，用手捂着脸。

“你说啊！”杨琦用期待的眼神看着她。

安洁把脸埋在两只小手里，一句话也不说，像什么话也没听见，可心里像有只小兔蹦蹦跳跳的。她在想什么呐？可能在想杨琦这个人到底怎样吧，也可能想从学校到农村一幕幕的事情像电影一样在脑子里闪过，也可能在想别的或是什么也没想。

“你快说呀？”杨琦焦急地等待着她确切的回音。

面对着同龄人的杨琦，差不多同样的爱好，有着共同的理想，又走在同一条路上，她怎么会拒绝呐？她心里想：“我的心早已经向你靠拢啦，傻小子还问呐。”正好杨琦又问她，她只好放下手来，舒心地笑着，朝着杨琦犟了犟鼻子，快速地说了声：“还用说吗？”

安洁发自内心的一笑和短短的一句话，让杨琦心花怒放。他激情地抓起姑娘又胖又小的手，一种幸福感流遍全身。他感到姑娘的手也在微微颤动，想往回抽，立刻把她的手放在他激烈跳动着的胸口上，又低下头亲吻着她的手。这手他也曾拉过，可从没像今天这样感到如此细腻和柔软，他的舌尖能清晰地感到姑娘手背上的几个小窝。要是不怕惊动屋内睡觉的同学，他真的会去亲她去拥抱她的。

时间飞快地流逝，半夜时分他们依然相互依偎着坐在床边。在这幸福的时刻，语言显得那么贫乏。夜那么静，他们都听得见对方的呼吸。外面，寒风凛冽，越刮越猛。他们没有一点寒冷的感觉，也没有丝毫的倦意。一想到在这种时刻就要分手，杨琦把姑娘的手握得更紧了。

两点正，同学们都起来了。女同学做饭，男同学帮着杨琦和刘波整理行装，齐呼啦地忙活了一阵。

吃过饭，他俩和送他们的两个男生还有两个社员准备出发了。安洁看着就要离开她的杨琦，恋恋不舍和不放心的感觉油然而生。但她一接触到杨琦的目光，脸色又是一阵绯红。尽管他俩一夜未眠，但依然精神抖擞。杨琦穿着厚厚的下乡前仿做的军大衣，胳膊动作不那么灵活，口罩带老系不好。安洁伸出手来，说：“你别动。”顾不得别的同学在不在身边，帮他系好了口罩带。杨琦火辣辣的眼光感激地看着她，安洁赶紧转过了身去。

顶着星星，他们出村了引起了一阵狗叫。

杨琦和安洁在道别。尽管分手只有几天，但此刻好像有说不完的话。当安洁不得不催促杨琦上路时，他们深情的目光相互融合，不知传递着多少不舍多少留恋多少关心多少期待啊。在这即将分手的刹那，杨琦又想到了要是能抱抱她亲亲她多好啊。可他紧紧地握了安洁的手一下，说了声“济南见”，转身迈开了步伐。

安洁眼里含着泪花，目送着杨琦雪地上渐渐远去的身影。当同伴们叫她一块回屋的时候，她赶紧擦了擦已经湿润的眼睛。

微弱的月光加上白雪的反射，天地间还不那么黑。杨琦他们顶着刺骨的寒风，踏着松软的积雪，怀揣着回家的信念，摸索着只能走独轮车的山路艰难地上了北山坡。杨琦回首望了望隐约可见的山村，心里想我心爱的人就在那里，也可能在想我吧。想到这里，他和同学们加快了步伐，连滚带爬地出了山。数不清跌了多少跤，有多少次陷进沟里，天亮前他们终于赶到了石井。

因道路积雪难行，石井不通车。吃过饭，送他们的人就要回去了。杨琦找了一张纸，迅速地写了几行字，并折成一个纸条，放进了安洁让他带的手电筒里，托李作田带给王安洁。

杨琦和刘波义无反顾地朝莒县县城走去。石井离县城有 30 多里路，好天还不难，但在这冰天雪地北风呼啸的日子，每一步都是艰难的。风刮着结冰的雪花像刀子一样，刮着他俩不得不转过身去倒着走。眼望着前后道路和周围的田野，白茫茫的一片，看不见一个人影，偶尔有一辆汽车从他们身边驶过。遇到这样的天气还要走五十多里路，对他俩来说都是第一次。但他俩心思是一样的，都有心爱的姑娘鼓舞着他们，家里的亲人期盼着他们，他们朝着远方的目标一步一步坚持着。

临近中午，李作田他们回到了两山口。王安洁正在村口迎他们。恰巧，王安洁的手电筒和李作田的手电筒是一模一样的，作田要逗逗王安洁。

他拿出两个手电筒说:“王安洁，这两个手电筒，有一个是杨琦给你的，里头还有东西。不过你只能拿一个，要是拿错了，可就不给你啦。”王安洁好像知道手电筒的秘密，她看了看，毫不犹豫地拿了一个打开堵头，真倒出来一个纸条。李作田不由得说:“哎呀，还真是心有灵犀来。”王安洁迫不及待地打开了纸条。

（三）同甘共苦

他们没在家里过十五,二月下旬回到了两山口。

知识青年来到农村，暂时分不下粮食，国家照顾六个月的国库粮。他们每个月的粮食都由男同学和大队里派的社员去区里领取推回两山口。

二十多里的山路，崎岖不平，上崖下坡，起初他们走路都得多加小心，何况推着独轮车，还满载着粮食，那是难上加难啦。但是，经过几次锻炼，他们都能随意支使小车，推上一二百斤也没问题了。

他们差不多每天都参加劳动，收工回来就吃饭。头几个月的生活，由

图 5-23　1977 年 10 月，青岛旅行结婚

于有大队派的两个“识字班”帮着做饭，伙食搞得还不错。但是，总不能老是让人家帮着做啊，自己也要学习独立生活的本领。在大队的主持下，他们采取了轮流做饭制，两人一组，一组三天。杨琦和于勇一个组。他们都是第一次远离父母，别说是缝缝补补，就是厨房的活大多都没做过。杨琦和于勇在家也都没做过饭。轮到他们值日了，前几顿饭虽说做得不好，同学们都凑合着吃了，也没说什么，可他俩心里有数。最后一顿，他俩本想让同学们吃个满意的饭，做的白菜疙瘩头汤。一个个面团子像小老鼠一样，长的长、团的团，做好了又撒了些胡椒面。杨琦知道安洁不吃辣，还特意给她盛出来一碗。可等同学们一吃，这个说辣，那个说咸，有的同学还咬出了干面粉，同学们好气又好笑，这个一言那个一语开始数落起他俩来。

安洁和李瑞昌一组。每当安洁做饭时，杨琦收工回来总愿意去厨房帮忙。帮着她拉风箱，安洁不让，他就在一旁帮着往炉灶里填松枝，直到做好饭。吃饭时，他俩坐在一个箱子旁，面对着面。吃肉菜时，杨琦还常把自己碗里的瘦肉夹到安洁碗里。此时，他们的关系在同学们中间也已经不是秘密了。

从济南回来后，大队里给他们买了半个猪头，竟有二十五斤之多。几个男同学拾掇好了，炖了一大盆猪头肉，连猪口条也炖了出来，准备过两天炒着吃。可过了一天少了点，又过了一天又少了些。几个男同学看着越来越少，再不吃就捞不着啦，干脆来了个一锅端，把口条全吃了。男的嘴馋，女同学也不例外。几个女同学不吃肥肉，把连带的肥肉扯下来又放回盆里，同学们也没人在乎。他们吃饭前，还得学习毛主席语录，村里的社员和孩子们就在门外看着他们。在日常生活里，大活累活大家还是一块干，男同学都抢着干重活，女同学则帮着他们洗衣服，十几个少男少女真的像兄弟姐妹一样。

星星还眨着眼睛，大地还没苏醒，在寂静的山村却有人开始了辛勤的劳动。

“唉，杨琦，你们睡死了吗？还不赶快起床。杨琦，杨琦，懒猪。”高嗓门的安洁喊着他们，不过，最后两个字她放低了声音。男生宿舍里一点动静也没有。姑娘不由得去敲打他们的门。一阵“咚咚”声把他们惊醒了，他们明白该起来转圈了——推磨。这是让他们头疼的事，谁也不愿推。起初，一推起来觉得还挺好玩，可新鲜劲一过，天旋地转，有的同学都吐了。经过一段时间的磨炼，也就适应了。他们懒洋洋地起了床，到了河西沿何兆梅家的石磨旁。姑娘们早已等着他们了，他们一个人一根磨棍，插进磨眼里就转起圈来。

推磨是作煎饼的第一道工序。两山口的主食就是煎饼，大都是地瓜面的。先把干地瓜干在水里泡上一夜，再切成小块，然后用石磨磨成糊状，用双手抱着一团糊糊在烧热的鏊子上滚动，等鏊子上沾满一层糊糊，用手再把它揭下来，一张煎饼就做成了。刚下鏊子的煎饼可好吃了，地瓜干经过浸泡已经没有了甜味，咬在嘴里只有粮食的香味。特别是在包裹上小豆沫，那真是一道农家美味。小豆沫就是把黄豆磨碎了，加上切碎的小白菜或是萝卜缨子一块炒煮，菜多汤少，真是味道鲜美营养丰富。几个月下来，十二个知识青年都气色红润胖乎乎的。

杨琦还在朦胧中，推着磨盘机械地转着圈。黎明前，周围黑乎乎的，村民们还在睡梦中。眼前只有一盏提灯发出昏黄的灯光，看着一边推磨一边加料的安洁，他想到了我们以后就这样在这儿过一辈子吗？他不敢再往下想了。

西山林业队。一只黄狗昂着头，趴在一块大石头上，密切地注视着从长长的弯曲的小路上走上来的人。起初这些人对它来说是陌生的，看到他们向山上走来，就狂叫不止，做着要扑上来的架势。安洁从小怕狗，这一叫一扑，把她吓得直往别人后面跑。有时候，狗也跟着她跑，她边跑边喊，杨琦不得不帮她把狗赶开，引得同学和社员们一阵笑声。

今天给果树施肥。林业队队长何永良领着女同学来到果树下刨坑，何永明带着男同学运肥。果树林是不规则的梯田式的，上崖下坡的都有三四十度。运肥的要好几个人推一辆小车，走着他们自己开的山路，有时得连拉加抬，才能把肥料运到树下。

队长何永良是个二十多岁的青年，在他和几个社员的管理下，棵棵果树枝繁叶茂，花团锦簇。由于都是年轻人，不几天他们就熟了。后来也不知从何时开始，董瑛和何永良接触多起来，有时何永良的母亲，一个很慈祥的老太太还到宿舍里请董瑛去他家里吃饭。同学们都不相信董瑛会和何永良谈恋爱。董瑛不论在学校还是在所有知青里头，都是出类拔萃的人物，可以说要文化有文化，要长相有长相，要能力有能力，父亲当时还是济南市天桥区的区长。像董瑛这样文化程度高的青年，在边远农村是少有的，峪子公社早盯上了，时间不长，董瑛就去峪子中学教学了。但是，她和何永良还是啦得挺热乎的。同学们百思不得其解。

干了一会，个个满头大汗的。他们在半山腰朝阳的果树下休息。蓝蓝的天空，不时有几朵白云浮动，层层的梯田里，有社员在辛勤的劳作。春夏之交的田野上一派勃勃生机。姑娘们有说有笑的，安洁清脆的话声不时传进杨琦的耳中。她说话有声有色，还带着表情，很能吸引听众，和社员们啦到兴头上，时常引起阵阵笑声。

杨琦听到安洁爽朗的笑声，心里也高兴，可似乎还有些醋意。姑娘的清纯活泼，心底的畅快明亮，让很多人都愿意接近她。可他觉得安洁对外人太热情，放得太开，欠稳重。他把姑娘的一切都看作是他自己的，仅有他才应该得到的。正是由于杨琦这种爱的自私和狭隘的思想，压抑了姑娘的性格，在以后交往中也出现了不和谐的音符。在学校时，安洁和孔强的姐姐郑孔英是好朋友。下乡前郑孔英托付安洁要照顾好她的弟弟。安洁对孔强的关心和帮助，杨琦见了也是感到不舒服，还给她脸子看呐。这时他怀着不满的心情，毫无表情地看着安洁，却迎来了安洁舒心快乐的一笑，顿时他心里也甜滋滋的。可是他还是要制止姑娘的“过分”，守着那么多人不能明说，接着一个话巴，他旁敲侧击起来：“怎么这么个糊味啊，是谁家的粥糊了吧，这糊粥（胡诌）味还挺浓的呐。”杨琦煞有介事地说。不论在哪里，安洁也比较注意杨琦的言行。她知道他话里有话，奥，这是在说我呐。她狠狠地瞪了杨琦一眼，脸上又有了红晕。杨琦毫无掩饰地笑起来。

劳动的舒畅，生活中的乐趣，在这美丽的大自然中，更增加了他们欢快的心情。

（四）两地相思

夏末的一天，安洁要回家了，去探望她正在生病的奶奶。安洁是在奶奶爷爷身边长大的，爷爷奶奶对这个长孙女视如掌上明珠，比她大八九岁的小姑小叔对她也是疼爱有加。安洁在爷爷奶奶家生活了近十年，和爷爷奶奶一家建立了深厚的感情。杨琦他们把安洁送到中楼，在中楼知青宿舍住了一夜，第二天早上，杨琦帮着安洁搭上了一辆去诸城的卡车。从车一开动，杨琦就开始了担心，担心安洁车上和途中再碰上坏人，所以他急切得盼着安洁的来信。安洁知道杨琦心里挂念着她，到家后的当天晚上就写了信。四天后，杨琦终于知道安洁已平安到家。

午饭后，杨琦就回到了宿舍。他要趁中午的时间赶快给安洁写回信。他们相爱以来这是第二次分别，虽然时间还不长，但那种相思还是与日俱增，他在信中写道。

洁：

您好。知您安全到家，我悬着的心终于放下了。你走以后，我的心像有十五个吊桶七上八下的，忐忑难安。我真后悔，让你自己在外担风险，这样的事情就允许它这一次吧。洁，您知道我是多么想念你吗？前两天一回到宿舍我就想给你写信，还划拉了一首小诗，别见笑啊：

月亮送走了西山的红霞
三天过去，为啥还没有妹的信息
今天才知道什么叫度日如年
天天盼啊，盼您的信儿早到身边
吃饭时想起妹，餐桌边却少了一人
干活时想起你，果园里却听不到你的笑声
洗衣时想起你，可现在我得自己洗
离开了你啊，饭不香，睡不安，只梦里和你相见
今天是星期天
为啥过得这样慢
太阳啊，你快落下去
月亮啊，你快升起来
我盼明天啊，我盼邮递员
我盼的是……妹妹的平安

说说我最近的情况吧。十四日下午，我去赶筵宾集卖梨。走到大店住了一夜，十几个人都睡在大通铺上，脚臭味、汗味、呼噜声什么也顾不上了。因为累了，睡得还挺香甜呢。第二天又走了二十里路，才到莒南县筵宾区。中午卖完，就往回赶，去时没觉得累，回来路上就是不愿抬腿，脚上像有块铅。可我一想到家里有信等着我看，脚步也迈得更快了。回到家，陈芙蓉告诉我，信在刘波那儿。看完了信，我的心总算踏实了……

洁，告诉你，地瓜已经开始刨了，爱吃地瓜的姑娘捞不着吃鲜地瓜啦。

不过千万别着急，地瓜有的是。你也别担心挣的工分少，先把病人伺候好再说。你一趟来回就是十五元钱,如果回来回去的,挣的工分还不够路费呢。你说对吧?

我的身体很健康，放心吧。

祝你全家身体健康，精神愉快!

永远爱您的琦

9月16日中午

转眼间，他们分别已半个多月了，又是一天的中午，听到那熟悉的自行车铃声，杨琦赶紧迎了出去。还是那位一身绿色邮政服装的邮递员，当他接过信件时，他一眼就看到了安洁又写给他的信，天蓝色信封的左下角，有一对美丽的金鱼，熟悉的字体一下映入他的眼帘。他请邮递员等了一会，用邮递员的笔在他写好的信背面写了几个字“信已收到”。看着邮递员把他的信放进包里，说了声“谢谢啦”，就回了宿舍，迫不及待地打开了封口。

杨琦如饥似渴地看完了全文，心里甜甜的，脸上也洋溢着舒心的笑容，他又把第一张放在上面仔细地看起来。

这次分别，不到一个月的时间，安洁给杨琦写了六封信，可有一封信不知是邮递员弄丢了还是别人拿去了，给他们之间也造成了小小的误会。

不过，这次分别让他们切实感到都已经离不开对方了。

(五)井中捞笔

天高云淡，秋风吹得人清爽透凉。

劳动是幸福的，只有亲身体验体力劳动的人，才能感到劳动结束后的轻松和舒畅。收工了，杨琦唱着小曲，迈着轻捷的步伐来到村口。

安洁在沙河旁边的井边站着。杨琦看到安洁在打水，立即走上井台，挑起水桶就走。出乎杨琦的意料，安洁也没阻拦也没笑脸，跟着他后面回到了沙河东沿的厨房。

杨琦看出她有点不高兴，就问她怎么了，她说:“倒霉，钢笔掉井里啦。”

“怎么钢笔还掉井里去了呐?”他知道那是安洁心爱的一支钢笔，绿色的笔杆，银色的笔帽，写字流利、笔画均匀，又好使又好看。

安洁懊丧地说:“摆水的时候，腰往下一弯，就见一个银色的东西掉进去了，我才想起钢笔在口袋里，一摸，已经没有了。”

“走，下水摸去。”杨琦想也没想，说着就要走。

“啊，你别说傻话了，天冷不说，人家那是吃水的井啊，你可不能下去。”杨琦听得出话语里还是对他的关心更多一些。

“谁说的吃水的井就不能下人啊？”杨琦心意已定，虽然太阳已经下山，一早一晚确实有了些凉意。

“那就明天中午捞吧，中午还暖和些。”安洁看是阻拦不住就退了一步说。

“好吧，你快去弄饭吧，我回宿舍一会就回来。”

杨琦看着她进了厨房，转身就来到了井边。他迅速地脱下衣服，只穿一条三角裤头，就顺着井壁下了井。井水是挺凉，但不深，只没过了他的腰。他身上起了一层鸡皮疙瘩，但他还是往身上头上泼了些井水，就蹲进水里中摸了起来，水面上只露着一个头。

安洁看到井边围了几个半大孩子，就知道杨琦下了井。她也没放下手中的小盆，赶快跑到了井口。听孩子们说：“王安洁来了。”杨琦向上看了看，安洁一脸担忧。他笑着说：“挺舒服的，和洗凉水澡差不多，下来试试啊，旱鸭子。”孩子们都知道他俩好。孩子头何斗平时见了安洁就爱和她说笑，听杨琦这一说，他们也来劲了：“王安洁，下去！王安洁，下去！”弄得个安洁是哭笑不得，不过眼里已含着泪花。

“你往这边摸摸，就在你身子底下，摸不着就上来吧。”

“你先回去吧，我这就上去。”

“你不上来我不走。”

身体的热量渐渐让凉水吸收了，腿也感觉有点麻木。他想，钢笔不一定直着落下去，又转了转身子仔细摸起来。井底尽是石头，杨琦一个缝一个缝地摸，手都有些不听使唤了。忽然，四个手指摸到一个发滑的长东西，对，就是它。杨琦顿时也不觉得冷啦，他抬起头来冲着安洁一笑，这一笑把安洁紧锁的心笑开了。“摸着了吗？”话音刚落，杨琦就从水里站了起来，手里举着的正是她的钢笔。

安洁接过杨琦手中的钢笔，含在眼里的泪水已流了出来，看杨琦还在水里愣神，心疼而亲昵地说：“快上来啊，傻瓜。”何斗那孩子很机灵，见空就钻，又领着孩子们叫起来：“傻瓜，傻瓜！”安洁听孩子们一叫，拿起盆装着要打他们，脸上破涕而笑。

杨琦利落地爬上井口，身上的水顺着脚淌了一大片，安洁马上给他披上上衣，说：“快换衣服去吧。”杨琦这才觉得有点冷。他接过衣服，提着鞋，光着脚跑回了厨房。

安洁的眼里还转着晶莹的泪花,心里燃烧着爱的激情。她禁不住默念着:钢笔啊钢笔,我心爱的钢笔,你不仅为我们写下爱的美丽誓言,写下温馨甜蜜的书信,记录着我们爱的发展史,描绘着我们今后的美好蓝图,今天又以你的新生续写我们新的诗篇。你是我们爱的结晶和纽带,把我们系得更紧了。

吃过晚饭,他俩一块收拾了碗筷。陈芙蓉回家了,这几天,杨琦是无拘无束,真的像过日子的小两口。杨琦把煤油灯芯拨大了些,屋里顿时亮堂了许多。安洁今晚格外的温柔,她老实地坐在杨琦腿上,任杨琦搂抱着亲吻着。

"我教你唱苏联歌曲吧。"安洁说,她想让有些动情的杨琦降降温。

"你先唱唱,好听我就跟你学。"

六十年代中期,苏联援建中国的专家来到济南国棉三厂,安洁和专家的女儿娜达莎是同学,也成了形影不离的好朋友,专家回国后她们还有联系呐。那段日子,安洁跟娜达莎的母亲学了不少苏联歌曲。

"我给你唱《灯光》吧。"她清了清嗓子就轻声唱起来:

"有位年轻的姑娘,送战士去打仗。他们黑夜里告别,在那台阶旁。透过淡淡的薄雾,青年看见在那姑娘的窗前,还闪亮着灯光。"

杨琦情不自禁地跟她学唱起来,他们悦耳的和声冲出了茅屋,飘荡在山村的上空。

前云村的婚恋

阎　伟

1968年4月26日,作为"文革"时期莒县第一批济南上山下乡知识青年,来自四个学校的5男7女共12名高、初中学生,插队到了莒县刘官庄区于家庄公社前云大队。前云——莒县当地人习惯称"云儿里",是刘官庄区东端、沭河西岸的一个大庄,平坦、秀丽,收成挺好,但那时农家的生活,仍是很穷。

12名知青,女生组长是季世琪;男生组长阎伟。1968年11月中旬,我被暂调刘官庄区革委会宣传部门搞"阶级教育展览",后又暂调到区"毛泽东思想文艺宣传队"当演员,一直到了转过年来,紧临春节,宣传队结束,我回到了前云，才知道我已不是知青组男生组长了，组长易人了，换成了范令公。其中原委，不明就里。

范令公是济南铁中高一学生，新泰人氏，其父在万德磁窑小火车站工作，因而范得以在济南铁中就学。

当年前云组的知青，都在 16 至 18 岁之间，唯有范令公年龄大。或是在新泰老家，或是随父工作地，上学晚了一些，1968 年时，令公已经在二十一、二岁之间。令公个子不高，约有 1.63 米左右，长得老相，刚一见他时，就已显出秃顶，几道抬头纹嵌在前额，高眉骨，深眼窝，灰黄眸子，塌颧骨，尖鼻子，两条纵理纹勾着嘴唇两角，稀疏的胡茬，耳轮很薄，双耳耸挺着，显得人很警觉。令公走路低头，寡于言笑，颇有心机。他卷得一手好旱烟，我们几个男知青初学抽旱烟时，很羡慕嫉妒并崇敬他。令公抽烟很凶，然而，看他猛吸一口时，似乎感觉很香，颇享受的样子。

令公有把劲，或是在新泰农村老家干过点儿农活，一下地，抓锄摸锨，手脚麻利，动作地道，没几天，独轮车也“把式”上了，比我们这些男女娃娃强出不是一点儿半点儿！再看看他抽烟的动作和姿势，更是不在一个档次的羡慕与崇敬！——人家就是比咱们在广阔天地经受的锻炼多——急有啥用哩。

或是从家乡新泰带出来的简朴，令公一到前云，从头到脚，就是一色儿的农家装束。盘扣褂，挽着袖子，还总是披在肩上；两条裤腿高低不一地卷起，露着如大藕瓜般的结实的小腿肚子；一双旧布鞋，到前云不久，除了冬天穿，一年三季，趿拉着一双莒县的“草鞋垫子”。令公是干农活的行家里手，还比较刻意地随着社员们的腔调学说莒县话，虽然半生半熟，然而社员们，尤其是上了岁数的，对令公愈加亲切，拿着不见外。因莒县当地“令”字的发音，如遇吐字稍浊重一点儿的，便与“老”字发音相近，令公人显老成，话语持重，村里人们先是以“老范”称之，后来，不知发自哪位社员之口，或是更含尊敬之意吧，呼之为“范老公”，一直叫到了他离开前云。当时，“范老公”的称谓很快传到了我们知青组。不久，有喜欢谑闹的赵姓男知青，一天晚上吃完了饭，突然叫道：“大宋朝有个杨老令公，现在咱为啥不能出个范老令公呀？”大伙一阵哄笑后，一两天后，“范老令公”的称谓就传开了。

“范老公”“范老令公”传叫起来后，令公每每听到这样称呼他，便露出几丝笑意，颇享受的样子。

前云村树木繁茂，多有株干粗大、树荫如盖的楸树、槐树和高高的杨树。村里的妇救会、识字班常聚在大树下，纳鞋底，唠闲话。

记得约在知青下到前云后的半年左右，这些来自省城的小青年们，渐渐引起了大树下的女人们的兴趣。尤其是几个男知青，干完活经常结伴在村里转转，去挑两担水，或去沭河边上耍耍。每经过那些大树下，媳妇、老妪们便一个个打量，嘁嘁喳喳，比比画画，姑娘们就扭脸儿捂着鼻子“哧哧”地笑。又过了一段时间，就传出来某某妇救会给某知青介绍某识字班，某某识字班对某知青有了意思。在前云的近三年中，我因被调参加区、县“毛泽东思想文艺宣传队”，有一半儿的时间离开了大队，与村民们不是很熟识。所以，后来就有妇救会里的话传到我耳朵里：那个姓阎的小白脸子，是县上的人，早晚在咱云儿里住不下，别打他的谱。因而，我在前云，从没有这样的好事找上我。

然而，当时令公很寂寞，或是寡语少欢，不愿与人尤其是妇人们言谈交接，抑或是貌相、个头略显遗憾，记得在我们下到前云后，相当一段时间里，从未有关于令公如何的言传。晚上，知青们或和村民们说话拉呱，或到结成朋友的村民家里玩儿，或是参加大队宣传队的排练活动，有的忙活第二天组里的杂事，有的还翻本书看看。唯有令公，很少出男知青住屋的门，在狭窄的小屋里，孤坐在他的床沿上，油灯暗得几乎什么也看不见，只有令公抽一口烟时，那燃着的火头的一点亮光，映照出令公灰黄的眸子，出神地注视着什么，像是呆呆地在想着什么……

有道是，缘分不到，静如止水；缘分一到，顿起波澜。约在1969年秋天，令人感到有些突然，一位前云的识字班，朝令公抛过来绣球。

12名知青一到前云，先全部安排到了大队实验队集体参加劳动。约近一年后，便分到了各个生产小队。前云村共有10个小队，有两个小队分到两个知青。前云知青开始了单个随生产小队的劳动生活。令公分到了第三生产小队。令公干活好，到哪里都不含糊，据说，三队队长很有栽培重用令公的意思。然而，过了不长时间，传开的消息，不是令公得到重用，而是队长的女儿盛某某和令公相爱啦！

盛某某，前云大队第三小队队长的女儿，在前云称得上是“中层干部”的令爱，个头在令公之上，挺脱利索，大手大脚，里外的活都拿得起来，性格也豁朗，只是面容长得硬一点，有几分男相。

和令公“相好”之后，盛某某有时也到知青点来。令公比我们都年长，又是组长，我们自然对她尊之以礼，她也不客气，对我们高声地说话，语气之间，已不是外人，大有已登“嫂子”之位的意思了。那时的令公，脸上的表情，放松多了，不总是在琢磨事儿的模样，头也不总是低着，灰黄的眸子闪出亮色，下工回到组里，有时还听见他嘴里断续地哼着小调，似是山东梆子之类。每当我们和他调侃地说起“嫂子”，令公不说话，抽着烟，记得那时，令公竟然换了一支长杆儿的旱烟袋，烟杆上还吊着烟荷包！他脸颊泛起一点红晕，嘴角浮着笑意，头还微微地晃动了几下——颇享受的样子。

世上的事，真有好多的说不清，解不明。令公的恋情在前云公开了几个月之后，有一天，他没有回组里来，后一连几天，还没见人。组里的女知青说，肯定是上盛某某那里去了。在这些事上，女性的感觉比男人精准。有话传出来了，果然令公住到了盛某某家！一天黄昏，我去挑水，遇见了令公，打了招呼，四目相对，令公眼光闪烁了一下，表情便有些不好意思，双唇嚅动了几下，但没说什么，手里提着一张锨。那时我总还是年轻，不知该问该说什么：“你那床褥子，还晒在外边，我给你收进屋里了，放到你床上了。”——驴唇不对马嘴，这叫什么话！

令公终于没和组里人说一声，也没说组长还当不当，就此离开了我们知青组。有一天，几个男知青收工，回屋一看，令公彻底搬走了，他的卧榻——那张半板子半秫秸的床——光溜溜地弃在原来的地方。

令公还到组里来。虽然知青都属于每个生产小队的公社社员，口粮、杂物等都在小队里分配，但有点专属知青的什么东西，或必须以知青组为单位分配的什么东西，因为令公还是知青组的人，大队里似乎也还是这么看。令公每过个半月二十天，就到他以前住的地方来一趟，看看有没有分的东西。不管分了什么，无论多少，我们——此前令公的知青弟妹们，都默默地给他分出来，堆在一个固定的地方。如此两三回，令公记牢了地方，再来时，也不说话，收拾了就走，其时的气氛，便有几分尴尬。

还记得，我当时在场，眼见到组里几个知青与令公发生过一次冲突。四五十年前的莒县乡村，煤炭很金贵。一到秋后，前云村就派出十几名壮汉，推起独轮车，封上大号的白蜡条筐，一趟往返临沂四五天，风餐露宿，给村里运回点儿少有炭块儿的煤沫子，分到各户里，也就是一筐头子，以备过年时烧锅底。那年，知青组也分到了一点儿煤，按人头，记得分到了大约不到三筐头子。一个白天，几个兄弟用斗子车把煤推来，在我们居处的院子里找了个雨水淋不到的地方，又不知从哪里弄了些烂砖头块子，和泥垒个小围子，把金贵的煤沫子伺候起来。我在院子里站着傻看着他们干活（组里的兄弟姐妹知道我在村里待不住，不定哪一天就开拔“上县里”去了，所以，脏乱点儿的活，从来不大喊我）。说也巧，我站在院里，不经意间一扭头，看见令公从大门外走了进来，打了声招呼，见令公往煤堆那里张望，他没作声，转身走了。

小围子垒好了，要干一干，再把煤撮进去。快冬天了，也没什么雨下，不用遮盖，一小堆煤，就在院子里。

快入冬了，黄昏时分，天色已见黑。我们正围着桌子吃晚饭，一个靠门坐的女知青说：范令公来了。我们都站了起来，有的还端着碗。就见令公手拿着一把铁锨，肩挎着一只很大很深的筐头子，没和我们说话，径直向那堆煤沫子走过去。放下筐头子，令公就动了锨，把煤往他的大筐头子里铲，眼看着，就满了筐，那堆煤沫子，下去了一半儿。

“你铲那么多煤干么？”一个女知青忍不住了，大声冲着令公问。

令公不搭腔，低头看着筐子里的煤，拄着锨。

“是想孝敬老丈人去吧！”一个一直和令公不大对眼的男知青揶揄道。

令公抬起头，盯着他，掐起腰来。

“不能拿！一共分这么点儿炭，你凭么拿呀！”又有人说，冲着令公，上前了几步。

“有我的……”令公反唇道，但说话底气不足。

“你拿就拿你那份，不行咱这就分开 11 份。”（此前，有一位男知青已通过他母亲的关系，迁回了济南）说完，就招呼我们拿锨、拿簸箕，把煤沫子分份。我和另外几个正犹豫踟蹰，就见令公双手提起满满冒尖儿的筐子，一斜肩膀，很利落地背起来，一手提锨，拔腿欲走。几个知青见此，也不顾去拿家什了，上去揪住令公，嚷着说些难听的话，齐呼啦地把一满筐煤沫子从令公肩背上扯拉下来，煤沫子扑撒了一地。

大家僵持着。

令公不说话！像楔进地里的桩子，双腿岔开，两拳攥了起来，嘴角紧绷着，额头的青筋，鼓暴起来，尤其令公的眼睛，灰黄的眸子，从深眼窝里窜出两股怒火，在即将消逝的黄昏的暗色中，像夜里巡睃猎物的豹子的眼瞳。

多少年后，我一忆起当年那一刻的令公，心里还掠过几分悚然。

正在这时，有人疾步来到对峙的知青们中间，原来是刘大夫。刘大夫是刘官庄区医务所的医生，胶东人，某医学专科学校毕业，据传是因为“出身不好”，分到了远离家乡的莒县刘官庄区，等于是插到了最底下。已经在这里工作有些年头了，两鬓已见飞白。刘大夫在刘官庄区某村找了个媳妇，一连给他生了仨丫头。然而，让人不解的是，他没把家安在刘官庄，却在前云落了户，大队给他一家安排的房子，也不宽绰，就在我们知青居处的前头，紧挨着。刘大夫脸面白皙，身材颀长，为人和善。蹬着一辆破旧的大国防自行车，每遇上我们，即下车子说几句话。刘大夫家的一扇后窗户，就向着知青居处的院子。刘大夫的那个老婆，心眼儿不大正当，脾气还挺大，我们经常听见她冲刘大夫大吵大叫，打骂孩子，摔门就走。村里有传，她和前云的大队会计——一个龟背缩脖的比刘大夫大不少的人还有一腿。

刘大夫看病看得好，待人和气，顾家，但看到他一个人待着的时候，总是脸色忧郁。

看来是刘大夫从他家的后窗听到了争执和吵嚷，沉不住气了，赶紧从他家绕过来劝解。知青们一向尊敬刘大夫，虽辩白了一番，也就不再争执了。令公气呼呼地倒下了筐子里的煤，抓起锨，朝着首先向他“发难”的女知青横了两眼，嘴里含混不清地嘟哝着什么，吐了口唾沫，走了，低着轻易不抬起来的头。

几天后，大家气儿消了，组里的几个骨干合计了一下，给令公分出了一份煤沫子。据说，是盛某某的弟弟——以后令公的小舅子，来提溜走了那点儿金贵的煤沫子。

后来，令公和三小队队长的女儿盛某某结婚了，没有告知知青们。令公带着媳妇，回新泰老家办的喜事，成了大礼。

岳父家并没有依规矩让令公盖房，结婚回村后，就住在了盛家。

再后来，大约在知青招工的前几个月，有位大队干部来到知青组，把我们招呼到一起，沉吟了一刻，搓了几下手，说道：“老范……嘿，领着媳子……回他老家了。”

大家你看看我，我看看你，没有说话。

“……临走时，上我家里说了声，也没说给你们道个别。走那天，他丈人叫上大队里几个人喝了个酒。他走了以后，总觉着不大是个事儿，这不过来和你们说声，好歹也是一起从济南到了咱云儿里的。”

悄然地，令公带着前云村的媳妇，回老家了，究竟是为了什么，令公决然地离开前云回了新泰，没有说得上的。记得令公离走之前的不少日子，都没见到过他。

日子还是这样过着，没有谁再说起令公。

又有三个知青，先后回了老家。上调、被招工、不符合招工条件留在了前云……风流云散，各奔前程！

再也没有人提起。甚至想起令公！然而，在后来漫长的岁月里，不知为什么，我倒是蓦地忽然想起令公，眼前浮现令公那干农活的、地道麻利的身影。带着前云的媳妇回了老家，后来是一直务农呢？还是参加了什么工作？按说，令公也是个知青身份啊！后来在新泰那边会不会有个安排工作的机会？令公有几个孩子？都挺大的了吧，不知都怎么样？一阵胡想八猜……

一直工作在济南的三个前云的知青，一男两女，有时聚聚，见见面说说话——提及令公——踪迹无觅，杳无音讯。

记得是在去年春天，一个极其偶然的场合，极其偶然地碰到一个人，便打听令公，这人顿诨了顿诨，说："范令公……先几年就死了……"

心中的第二故乡

崔玉岭

我于1951年11月出生。济南十七中学学生，1968年9月响应国家号召，自愿报名到莒县峤山公社庄家洪沟插队，当时我们小组共有13人，最小的才15岁，最大的可能是18岁。我是1973年底回济南，1975年7月分配到天桥区百货公司工作。

我在莒县共呆了五个年头。五年来，我经历了劳动、思想、身体各方面的锻炼，有许许多多的感受，对我今后的人生起到了重要作用。

那段岁月苦中带着甜，甜中又有酸，是我们这一代人终生最难以忘怀的。当年，我们那个年龄，说知青，倒不如说是群心灵单纯、思想幼稚的孩子，社员第一次见到我们，不由得感叹："不是知识青年吗？这不是一群孩子嘛？"

一开始劳动，就和社员一起光着脚丫子，提着水桶浇地，虽然比不上社员的力气大，我们可不偷懒，拼足了力气干。有一次干活挑水，干了一天下来，挑水的肩膀头出血了，和背心粘在了一起，背心硬生生地揭下来，有一小片血迹，但是那时并没有感觉有多么苦，因为我们来的时候是有思想准备的，是抱着吃苦的态度来的。再一次是收麦子，我的双手一共起了22个水泡，有的泡从手指的正面起到了手指的背面，社员看到以后，很心疼我们，但是，我也并没有感觉有多苦。还有拉小车运粪，我和于虹同学在一个小队，我们总是在小车队伍的前面，恐怕落后跟不上队。记得还有一次挑水浇地，一连挑了几天，最后真是有点吃不消了，又怕落在别人后面，我低着头看着前面人的脚后跟，一点都不敢落下，一旦落远了，就跟不上队了。也正是有了这些劳动的经历，才真真正正地体会到劳动人民的辛苦，粒粒粮食都是汗水换来的，所以在我回城探家时，当我看到街上有一拉地排车的，他们一步一弯腰，尤其是上坡时，头上的汗水往下流，在那一刻，我的内心对他们有了第一次的感受，在这之前，是丝毫没有那种体会的，我觉得劳动让我们懂得了珍惜，懂得了同情付出苦力的人。

知青生活的几年中，劳动的工分是不能够完全养活自己的，每个同学每月要交2元钱的生活费。在我下乡的第二年父亲就去世了，家庭生活很拮据，衣服都是母亲为我买、给我做的，我内心也是很过意不去，自己已经劳动了，还要母亲操心，于是自己买了裁剪衣服的书，慢慢学会了做衣服，以至在以后多年的生活中，一家六口人的衣服都由我来做，艰苦的生活锻炼了对生活的自理能力。

有得到的，也有失去的，我觉得最大的损失和遗憾莫过于在我们这一代知青身上学习文化的缺失，在我参加工作后，感到知识是那么的贫乏。工作后干了几年营业员，因工作需要，通过单位考试，转为会计，没有学过会计专业知识，只有通过单位组织的会计培训班来边学边用。

一年麦收后，因口粮不够吃，同学们用新分的麦子去换地瓜干吃，以补缺口，这件事自然而然地落在了卢鸣同学的身上，因为卢鸣是我们小组成员当中最能干、最能吃苦的。卢鸣与同村社员凌晨就出发，去的地方是江苏省的黑林。按原来的预计，说那天晚上能赶回来，记得到了深夜两点钟，还不见人影，几个同学到村子的公路边去等候。同学们的心情非常焦急，不知在路上会是怎样的状况，都各自在心里猜测着，议论着，大家一致表示，以后不管怎么不够吃，也绝不做这种事了。当第二天看到卢鸣推着小车到院子里的时候，同学们的心才算放了下来。路上的艰辛和劳累想是只有他自己最清楚了，至今我还清清楚楚地记着那两篓被虫子咬了的地瓜干。卢鸣勤劳俭朴，善于帮助别人。记得每次有同学回济都由他负责送到县城坐车。虽然事情过了四十多年，我还是对卢鸣的付出表示由衷的敬佩和感谢。

除此以外，我难以忘怀的，是一家社员的无私帮助。这家社员的男主人叫刘汉年，是我们小队的保管员，是一位淳朴善良、忠厚老实的庄稼人，他及他的家人，在生活和劳动中，给予我无私的帮助。每逢清明节，他家的大女儿，早上拿着热乎乎的鸡蛋，在知青的大门口喊我和于虹的名字，这时热乎乎的鸡蛋拿到手里，心里也感到热乎乎的。

每当小队分粮食，尤其是分各种柴火，他家的儿子，年龄比我们还小，都是先给我把我的运回知青点，然后再收拾自己家的。很深刻的一次，是分得豆叶，天已黑了，而且离庄子比较远，他挑着分给我们的豆叶，往知青点送，我的内心充满了感激，但更多的是一种亏欠，在自己无能为力的情况下，让别人这样的帮助自己，内心真是一种折磨，这个场景在我的脑子里，永远都忘不掉。

还有一事值得我提起，一年麦收，我和于虹同学在麦场上摔麦穗，以摔完麦粒的麦秸多少计工分，当我俩人中午回去吃饭，回来时，发现麦秸少了几捆，顿时，俩人站在一边抹眼泪。记得刘汉年走过来，问是怎么回事，过了一会儿，他抱着好几捆麦秸走过来，说是别人拿错了，还给我们。

图 5-24　2013 年崔玉岭一家三口看望大娘

过了几十年后，我方知道事情的真相，是社员拿走了我们的麦秸，他见状，把自己家的麦秸拿过来，给我们补上，来安慰我们。他们一家人对我的帮助，始终是让我仰望和敬佩的。这种感情在我退休后越发浓烈，也越发想他们。在 2013 年，我同家人一起去看望老人家，男主人已经去世了，女主人已是 80 岁的老人了，见到她，我再也控制不住自己的情绪，抱着老人哭了好长时间。她对我说，见到我们她很欢气，很欢气，很欢气！我之所以对他们有如此深厚的感情，因为我确信，他们在当时的环境下，不知知青以后会回城或参加工作，看不到未来是个什么光景，这是他们让我尊敬非常重要的一点，一颗善良的心，无私的帮助，不图任何回报的高尚品格，理应是我学习和尊重的。

岁月如梭，一晃已是六十多岁的人了，我经历了不同的人生阶段，当数在莒县的五年印象最为深刻，也正是有了那段劳动的经历，对莒县产生一种特殊的感情，也时常关注莒县的变化，记得有一年听广播里讲，莒县通火车了，我兴奋了好一阵子。

这一代知青将人生最美好的时光和汗水留在莒县这块土地上，莒县也成了我们心中的第二故乡。最后衷心祝福生活在这里的人们能够将家乡建设得更好，乘国家改革开放带来的优惠政策，生活越来越美好，日子越过越红火！

知青点上同学情

崔玉岭

1968 年 9 月 17 日，我们济南十七中的 13 名同学来到峤山公社庄家洪沟插队落户。9 女 4 男 13 人被安置在一排一砌厦的屋子。两间大屋和两间小屋，大屋住 4 人，小屋住 2 人。最后一间屋子是属于我们仨人的小屋：于虹、杨新华和我。空间有限只能放两张床，我和杨新华睡在一张床上，我们仨人是同班同学，都是十六七岁。

杨新华父母双亲因病去世了，有一个出了嫁的姐姐，还有未成年的弟弟。经济条件是相当困难的，我主动拿出自己的被褥放在床上，我俩共用一套被褥。用的肥皂牙膏等生活小用品，都是于虹和我购买，尽量不让杨新华花钱。看到缺什么便偷偷地跑出去买。我们仨人在一起住了两年多，没有因为一句话一件事闹过别扭，都是互相谦让互相帮助。

于虹的父母都是知识分子，于叔叔和于婶婶对人非常好，和蔼可亲。在临来莒县时，于叔叔特意吩咐于虹陪杨新华到济南百货大楼为她买了一身衣服和一支钢笔。

洪沟是公社里比较贫困的一个大队，知青劳动一年下来，不能保障我们生活的全部费用，零花钱、添衣服、路费等还是靠家里来补贴，日子就这么一天天地过着。

过了两年，那是秋天，杨新华从外面拿回做的新布鞋等，悄悄地把它收好。那是识字班姐妹帮她做的。没过多久，她离开了洪沟，去了另一处农村，她嫁人了。在城市里像这个年龄的女孩子，还不到谈婚论嫁的时候，走出校门到农村生活，短短的时间，小小的年纪就这样为人妻、为人母了。婚姻是人生大事，女孩子嫁给她心上人是一件很美好的事。但是，我在杨新华表情和言语中没有读到她的喜悦和美好，或许是因为家庭的困境和对前途的茫然，或是姐姐身上不能承受的重担，家中那年幼的弟弟，她嫁给了姐姐的小叔子，在河北省的一处农村。从此也就没有了音信。

以后的好多年间，会常常地想起她。前几年去了几处公安部门和她原来所在地办事处，因各种原因没查到她的信息。

今年的 9 月 17 日，那个难忘的日子莒县知青欢聚在一起，同学们沉浸在久别重逢的喜悦中，相互拥抱，脸上洋溢着难以言表的兴奋。让我又一次想起那个同班同舍同为知青的杨新华。不知她身在何处，人在何方。9 月 17 日是我们共同的日子。我心里默默地想，回忆四十多年前我们共同相处的日子。

另一位同学于虹是 70 年招工时回到济南的。她眼睛近视没能去工厂，而是去了煤炭公司。于虹平时少言寡语，却喜欢看书，不喜欢随波逐流，对事物有着自己的思考。农闲时我回济南探家，有一次去单位找她玩，走进大门看见一个身穿整齐工作服的，就走近她问："老师，你知道于虹在哪儿吗？"她抬头看我，没说话，露出白白的牙齿咯咯地笑着。

临回莒县了，于虹送我一个小闹钟，圆形的浅蓝色的外壳，上面有两个小铃铛。洪沟没有钟表，都是看日头算时间。每当看到小闹钟的时候，就仿佛看到了她。也许是于虹觉得小屋只剩下我一个人了，由小闹钟陪着我不会那么寂寞。1973 年我返城了带回那块小闹钟，出嫁后留在了娘家，可惜我没有把它保存好。回到济南我俩会隔一段时间见见面，把自己的故事讲给对方听。有一次约好在泉城公园见面，我在十字路口等她，马路对面的她迈着轻轻的步子，慢慢地向这边走来。最近她身体不太好，知青几次聚会她没能参加。

知青是一个特殊群体，经历了艰苦岁月的磨炼，造就了能吃苦耐劳的精神，也因着那个特殊的环境让同学之间结下了纯真而永恒的友谊。

一次特殊的使命

许永明

岁月如梭，光阴似箭。时间真的很快，四十多年前的这段特殊的使命，仿佛就在眼前，它是我这一生当中最难忘的经历，给了我一生最宝贵的财富。

当毛主席提出“知识青年到农村去,接受贫下中农的再教育,很有必要”的指示后，青岛市各企事业单位，相继成立了知青办公室，负责动员本单位职工家中的符合条件的子女随父母单位上山下乡，同时选拔比较优秀的企事业干部随知青一道到农村去，同吃同住同劳动。带队干部的主要任务是负责知青在农村的各项管理，协调知青点和大队的知青工作，使知青在广阔的农村得到真正的锻炼，同时还要做好扶贫工作，有条件的单位，可

图 5-25　青岛橡胶制品厂知青、庄疃公社坝上大队知青，1976 年 6 月 24 日，于青岛万年青照相馆。

以帮助所在公社和大队开展工业或副业生产。1975 年 6 月，当年青岛市化工局下属 17 个单位有 1300 多名知青下放到莒县 15 个公社的各生产大队。同时，莒县县委也成立了专门机构，同青岛市化工局总带队干部一起把知青上山下乡工作落实到实处，使知青工作达到了县里有人抓，点上有人管，家长放心，知青安心的局面。

那一年年仅 23 岁从一名知青，有幸成了青岛市知青带队干部。带领青岛橡胶制品厂职工子女到莒县庄疃公社前城子大队，为期一年。当时我的家庭比较困难，我是家中的老大，父亲身体不好，经常住院，需要照顾，但是想到这是组织给我的一次锻炼和考验的机会，我义无反顾地同意了，我下决心要和知青们一起，接受再教育。

1975 年 6 月 5 日，青岛橡胶制品厂派了大卡车一行十几人路上颠簸了 6、7 个小时才到了莒县前城子大队。一下车就受到了大队书记和广大社员的热烈欢迎，还派了村里的妇女，识字班给我们包的饺子吃，村里的社员围着我们问这问那，看什么都感到稀奇，当时我们厂领导坐的小轿车，也被围得水泄不通，可想而知当时莒县落后的情况。

前城子大队书记吕洪民对知青工作十分重视，各项工作都是亲自抓。刚到村时，知青的房子还没盖好，知青没有集体宿舍，管理不方便，吕书记就暂时把知青分在各个有条件的社员家中，随社员吃住。为了能让知青尽快住上新房，书记从各生产队挑选强壮劳力在不到一个月的时间就盖好了，知青很快就搬到新房子住了。可是，新的问题又出现了，我们知青组最大的 19 岁，最小的还不到 16 岁，他们刚踏出学校门，在家没干过家务，大多数基本不会做饭，更别提做庄户饭，特别摊煎饼，以前也没吃过煎饼，更没见过怎样做，我就找到吕书记说明情况，书记立马派一名村里很会做饭，又干净利落的大婶，负责给我们做饭，一直给做了两个多月，期间教会了我们磨糊子、摊煎饼。知青的吃住算是安顿好了，但是对于初到农村的知青们，还会时时面临一些新的问题需要解决，村支书看在眼里疼在心里，为能及时解决知青的困难，专门给我们知青点派了一位年纪大，经验足，又很热心肠的吕大爷（现在已去世），每天跟着我们知青，帮助我们实时解决困难，教我们怎样干农活；为解决我们的吃菜问题，大爷教我们怎样种菜园，给我们菜种子，帮我们浇菜园子。虽然社员们都说他就爱叨叨，可他是我们知青的主心骨，关心着我们每一个人，把知青当作自己的孩子一样，想我们所想、急我们所急；每天早上起来头一件事就是到知青点看看，只要看到需要办的事情，不用说，立刻就去办；割麦子的天特别热就让我们多休息，多喝水，冬天冷，就嘱咐每个人多穿衣服;知青有病了，他第一个到场问这问那，直到完全康复。最难忘的一次，我们组里的程桂娥发烧很厉害，大家都很着急，不知所措，大爷知道后什么都没说，扭头就走，不一会就推着绑在一起的两个独轮车来到知青点，说:“快把小程抬上车,村里的大车都出去了,就凑合用这个车吧,赶快去县医院,治病要紧”。和几个男知青推着自制的“大车”,一路小跑送到了县医院,由于治疗及时，小程很快就病愈了。至今知青还记忆犹新，大家都说，吕大爷真好，我们下乡的日子幸亏有他的陪伴。

知青下乡的第一课就是割麦子，麦收的季节大家和社员一样，天不亮就起床，要割两个多小时，才能回来吃早饭，吃完早饭接着再干，晚上天快黑了才收工，这对十几岁的孩子的确是一个严峻的考验。干了不几天都累得直不起腰来，有的女知青累得哭了，还有的想家掉眼泪。看到这样的场景，作为带队干部我深感责任重大，怎样能帮助他们渡过这一关呢？除了和吕大爷协商，让各生产队长在劳动中能够照顾他们多休息一会外，还要安慰他们，鼓励他们多向社员学习，用巧劲割麦子，让他们体会农民劳动的辛苦，粮食的来之不易；决定承担起知青点上的“家务”劳动，留在家里给他们挑水、做饭、洗衣服、缝洗被褥、整理内务等；还时不时地改善生活，变着花样做好吃的，放工后回到家能及时吃到“可口的饭菜”，然后好好休息，不用再干那些家务事了。我成了他们的“大家长”，他们也把我当作依靠，有什么心里话和有什么不痛快的事情，都能和我交流了，我也把他们当作自己的亲兄弟姐妹了。

记得有一次，天刚刚蒙蒙亮，起床后，去井边给知青洗被褥，还没洗完，突然感觉眼前一片漆黑，什么也看不见了，晕倒在井边，被帮忙做饭的大婶发现了，把我扶起来，让我躺到她的床上，给我冲上一碗热腾腾的红糖水让我喝了下去，过了一会，我才慢慢好了起来，大婶心疼地说:“你不能这么干,你要多注意休息,你看你年龄也不大,可就像那些知青的家长，给他们干的太多了。”我说:“我就是他们的家长，我们单位的职工，把他们的孩子交给了我，我就要当好这个家长，我就要尽我最大的努力关心，爱护家庭的每一个成员，让他们的父母放心。”一年来，我已经融到知青这个大家庭了，我和他们结下了深厚的友谊，四十多年间，我们从未间断过联系。

前城子大队距县城3里路，县知青办的领导经常到我们村里检查工作，特别是化工局的知青带队领导，直接到村里找到我了解知青的情况，检查指导知青工作，指示我要做好知青工作，特别是知青恋爱问题，要防止未婚早育，还强调指出，一定避免知青遇到坎坷想不通自杀等情况的出现。当时县领导概括一句话就是要求带队干部所带的知青“一个不能多，一个也不能少”。由于我想知青之所想，做知青之所做，我们组没有出现任何问题，得到了县知青办领导的好评。下乡3个月就光荣地加入了中国共产党。

1976年6月完成一年带队任务回到青岛后，知青组的知青也于1977年底前后相继回城参加工作了；我们仍然想念在莒县共同生活的那段时光。2005年6月，在下乡30周年的时刻，我们一行10人重返第二故乡——莒县前城子大队，看看我们的大队、看看我们的社员；前城子大队变了，大部分社员住上了新房，社员们的生活有了翻天覆地的改变，真是高兴！当天吕洪民书记热情款待我们，组织我们游览了浮来山。第二天又在县城招待了我们，酒店里拉上了“热烈欢迎知青下乡30周年回访”的大红幅，特地邀请了当年莒县知青办的李玉兰主任，《莒州报社》的记者给我们做了报道。这次的回访使我们每个人的心情久久不能平静，我们犹见回到了久别的亲人一样，感受到家的温暖。2015年下乡40周年的日子，我们一行10人又回到了故乡，仍然是怀着激动的心情，这次回去，前城子大队已经没有土地了，社员们全部住上了高楼，过上了幸福的生活，我们的老书纪虽然年纪大了，但仍然热情招待了我们；我们都表示说，今后我们一定要常回家看看！

回顾40多年前的这段经历，终生难忘。收获了不怕苦、不怕累、任劳任怨、吃苦耐劳的精神，收获了对待工作认真负责的态度。今天的我能从一名出纳员成长为外资企业的财务总监，与知青带队干部的这段生活磨炼，有着至关重要的作用，受益匪浅。莒县是我的第二故乡，莒县是我的启蒙老师，我爱你——莒县！

在那些难忘的日子里

许永明

我是1975年6月由青岛橡胶制品厂委派知青带队干部随知青到莒县庄疃公社前城子大队的，与知青同吃同住，同劳动一年。这一年我和知青一样受到了难以忘记的磨炼，得以终生受益。

首先我代表知青感谢莒县档案局能弥补这段上山下乡的历史。但由于我们知青下乡时年龄小，下乡时间短（不到两年都已经回城就业），文化水平低，时隔时间长，现在我们都到了六十几岁的人了，所以回忆和详写这段时间的事情有一些难度。今天，部分人能够坐在一起，共同回忆那些日子，根据他们口述，由我代笔整理简单编写。以下是庄疃公社前城子大队的知青们的回忆：

图5-26　青岛橡胶制品厂知青、莒县庄疃公社、坝上大队、知青宿舍门口合影

陈英说：记忆最深的是下乡的第一天下地割麦子，当时根本就不会割，第一下就割着手了，割得很深的口子，流了很多血。到现在手上还留有一个疤。

另外陈英还记得，就是我们的生活费花光了，没钱买菜，好几天没吃荤菜了，大家都吃不饱。这事被大队书记吕洪民知道了，立即安排给我们做饭的大婶烙煎饼、磨豆子，又送了很多菜，帮助我们渡过难关，使我们很感动。

孙中刚说：下乡时，村里的人都对我们知青很好。我们知青有什么困难，只要说出来，他们都会帮助我们。为此，大队书记吕洪民还专门派一个吕大爷（村里有名的热心人）天天和知青在一起，他最了解知青，他把知青的事当作自己的事，可以说每个知青都得到过他的帮助。记得有一次，我们组的程桂娥病了，额头很烫，当时也没有体温表，看着就很厉害的样子，大家都十分着急，怎么办？这时，吕大爷来了，见到此状，扭头就走了。不一会，吕大爷推来一个由两个独轮小车绑在一起的车子，进门就说：快！快！大队的大车干活去了，只能用这个车，赶快把小程抬到车中间，赶快去县医院。就这样，我们用这辆自制的大车几个人一起推去了县医院。

到医院小程已经发烧 40 度了，幸亏及时送到县医院，得到了及时的治疗。这件事我记得很深刻，当时全都被吕大爷感动了。

另外，我要说，当时村里给我们知青分了两块菜地，让我们自己种菜吃，当时都没有会种的，是吕大爷给我们菜种子，教我们什么时间应该种什么菜，什么菜应该怎样种。当时我除了白天到地里干活挣工分（当时女的一天挣 6 分，男的一天挣 8 分），经常利用晚上浇我们知青的菜地，虽然累些，但我学会了种白菜、萝卜和韭菜等。

还有一件有意义的事情，就是我们知青集体参加救火。事情经过是这样的，大约在 1976 年的八九月份吧，我们组孙中刚、程桂娥、刘世香、张克弟、李丽等一起去县城买东西，快到县城时，看到距离县城不远处烟雾滚滚，怎么回事？大家疑惑间，不知谁大叫，不好啦，造纸厂起火了！大家听说后，就急忙往造纸厂跑。来到现场，大家不顾一切，和当地的人一起，拿起水桶、脸盆等器皿参加了救火队伍。过了一会县里的救火车也来了，经过不到一小时，火势终于扑灭了。这时大家你看看我，我看看你，都笑了，太狼狈了，全身都湿了，每人都成了一个大花脸。回去后，大队还表扬了我们。

有一件事，苏之堂印象最深。他当时年纪小，有一次，他和孙忠刚去县城，走在路上，突然下起了倾盆大雨，很快全身就被雨水浇透了，这时不知怎么，他双腿跪下不能动了，一步也不能走了，是孙中刚背起了他，冒着大雨，一直背回村里，又叫来了曾帮我们做饭的大婶，大婶看后，立即回家给熬了些中药让他喝下去，也怪，喝了药后，他的腿就好了，至今再也没有犯过。苏之堂说：这件事至今不忘，我非常感谢孙忠刚，非常感谢大婶，是他们救了我。

刘世香回忆说，在下乡的日子里，我们除了学会割麦子、割稻子等农活，还学会了更多的东西，比如，我们知道了在农村到处都是宝，废物也可以利用。当时大队给知青盖起了新瓦房，教知青挖沼气池子，挖大粪，这是在城里见不到的事情，别说还要自己亲自干呢，可别瞧不起这个活，也有小窍门，当然我们劳动学会了怎样又省力又轻快地干这些活了。下乡的后期，大队搞起了副业，我被调去副业组，在那里，我又学会了用玉米皮编包等副业劳动。

莒县——青岛知青第二故乡

胡月英

1975年5月，我们青岛橡胶制品厂职工的儿女们，响应毛主席“到农村去，到最艰苦的地方去，接受贫下中农的再教育，很有必要”的伟大号召，单位的领导韩金玉亲自带队，厂里派了大解放专车，把我们一行13人（9男4女）送到了我们盼望已久的广阔天地——莒县庄疃公社坝上大队。

图5–27　1975年青岛橡胶制品厂知青下乡到莒县庄疃公社坝上大队

我们知青还没有进村，就听到村里传来锣鼓声，还有识字班们载歌载舞夹道欢迎我们。他们一直把我们迎接到了大队部。当时的场面让我终生都难忘记。

接下来，大队孙书记为我们准备了可口的饭菜，并和我们一起共进晚餐，当时我们的心情是无比激动。我们的食宿就安置在大队部里，当时大院里还住着一位五保户大娘，她对我们知青非常关心，经常问寒问暖，有时做好吃的还叫我们过去吃。我们从青岛带回来的特产，也主动给大娘送去。有大娘的关心和照顾，使我们这些刚踏出家门的知青，就像又回到了家一样，思念亲人的感觉也随之减轻了很多。

当时莒县还是一个贫穷落后的地方，我们知青的到来，给他们带来了城市新的生活方式和理念。我们很快和村里的农民青年、识字班打成一片。白天和他们一起下地播种，晚上去夜校教他们识字。当时我们知青13人被大队先安排在实验田，由大队贫协刘主任（我们都亲切地叫他刘大爷）专人带着我们去试验田劳动。半年后，我们13人被分配到大队的各个小队参加劳动，他们手把手地教我们插秧、割麦子、摘玉米、采摘棉花等农活。

在莒县的日子里，我们知青学到了在城市学不到的春耕夏播、秋种抢收。从刚到农村时误把麦子当韭菜，一切农活都不会干，到后来的我们能和村里的社员一样参加农业劳动，晚上我还利用业余时间到学校教识字班认字学文化。到年终评工分时，我们每一个知青都得到自己的劳动收获。虽然当时换算成钱不是很多，但它可是我们的劳动所得，当我们领到工钱的时候，大家都很高兴。

总之，我们知青在各级领导和贫下中农的培养教育下健康成长，思想觉悟和生产本领有了很大的提高，为我们以后返城参加工作奠定了基础，我们知青要感谢我们的第二故乡莒县对我们的培养和教育。

用针灸技术反哺社员

张嘉菱

我是1968年8月28日下乡到莒县城阳区钟家村的知青。我们小组共有八位知青。我在下乡的第二年10月，曾经历了一次危险的事故。是钟家村淳朴善良的社员帮助了我，让我永世难忘。

当时正值我轮班做饭，中午把饭做好后，我见大家还都没回来，就去挑水，计划把水缸挑满，让同学们回来时洗漱用。到了水井边上，一是挑水心切，二是水井边上湿滑，我一下掉进了井里，水井很深，水又凉。我沉到了井底，心中非常害怕，于是开始默念“下定决心，不怕牺牲”。两手扒水，两脚踩水，终于把头露出了水面。我开始大声呼喊，但当时正值中午，外面没人，喊了很久，有一位张大爷走了过来，见我在井里，他急忙用打水的钩担伸下来，让我抓往一头，用了很大力气才把我拉上来。下面水凉，我又惊又怕，浑身哆嗦，抖成一团。张大爷让我快回去换衣服。他又给我熬了一碗姜糖水，让我趁热喝下，发发

图5-28　张嘉菱为社员针灸治病（蔡宝芬提供）

汗，避免受凉生病，我才慢慢地缓过来。快五十年了，我常常想起张大爷救我出井的事，我将把他铭记在心中。

当知青时，看到农村的贫下中农缺医少药，看病有困难，很想帮助他们解除病痛。于是，我就买了医学书籍，开始利用业余时间学习针灸。每天收工回来，晚饭后，别人都休息了，我的学习才开始。在油灯下读书，背针灸穴位,背经络走向。在自己身上找穴位,尝试针灸的切身感受。后来，我们小组的赵军同学主动当起了我的病人，有许多穴位都在他身上一遍遍地下针，一遍遍地尝试后，才得以真正的了解和掌握。

每次探亲回家，我很少出去玩，经常到九〇医院和市立四院针灸科去学习，交上一定的费用，虚心向有经验的医生学习。这样针灸、针灸注射、针灸埋线等针灸技术我很快都掌握了。我的针灸医术有了很大的提高，这就使我的治疗有了底气。

我在济南买好了针灸针，做好了酒精棉球，回到农村，就开始了给病人进行治疗。起初，先给我所在的生产队的社员治疗，谁有了头疼、脑热、腰痛、腿痛时我就用学到的针灸术为他们下针、行针。没想到我治疗的效果还真不错,有的病人针灸了一两次就好了。这样社员们口口相传,同村的、外村的，甚至离我们村十几里路的人都找上门来。我就这样当上了不脱产的赤脚医生。每天清晨，早起推磨，饭后下地干活，中午收工后还没到家，病人已在院子里等着了。我放下锄头等工具，洗手先给病人针灸治疗。完成后再吃饭。晚饭后整理病人的病历，继续读书学习医疗技术。经常搞到很晚才入睡。虽然很累，但能为社员们解除病痛，我心中很高兴，生活得很充实。

我们村离县城有八里路，村里有一位接生婆，那时年龄有六十多岁了，小脚。她接生用的是农村的土法接生。我看在眼里，记在心里。我利用回济南探亲的时间和机会，除了学习针灸，又想方没法联系到交通医院妇产科去学习接生。一般产妇经常在晚间分娩，我就住在病房里，只要有产妇临产，我就上台帮忙。在这里我学会了听胎心、摸胎位、助产和接生。医生们看到我认真学习，已经能独立操作了，有时忙不过来，就给我排上班接生，这样，我又学会了接生。

村里有一社员临产，先叫了村里的那位接生婆，结果生了二个小时，还没生下来，又把我叫了去。我到现场后，给产妇进行检查，发现产妇大汗淋漓、呼吸急促，胎儿有一支胳肢露在外面，足横位。我立即决定，马上送县医院，否则大人和孩子都有危险。当时已经是下半夜二点了，我先布置他们家人组织担架，又先行去县医院通知医生做好抢救的准备工作。夜间八里路，我忘记了害怕，忘记了疲劳，只想着要快点抢救大人和孩子的生命。由于我提前通知医生，县医院提前做好了准备，终于使母婴转危为安，顺利分娩。后来村里的社员们纷纷议论说："多亏了张嘉菱决定马上送医院，否则就耽误了，要出大事了！"后来，我在村里用自备的产包和医疗器械为社员接生了三个婴儿，其中有两个是我给起的名字。

2015年我回到我插队当知青的村庄钟家村，我接生的孩子都来看我，说我把他们带到人间，还给他们起了名字。亲热得不得了。

由于我当了赤脚医生，为社员们服务，得到了广大社员的称赞和好评，1970年我出席了全县的先进知青表彰大会，并做了大会发言。

明年就是上山下乡五十周年了，每一位知青朋友都难忘那一段经历，让我们共同去怀念那一方曾养育过我们的热土，让我们共同去感恩那些容纳了我们的父老乡亲。

一顿难忘的地瓜夹子

郭炳炜

地瓜夹子，就是用地瓜面包的大包子。生长在当地的人也许不陌生，可是对于我们这些从异地回乡的人来讲却是一道稀罕的饭食。

应该是1979年春天，田间休息时，大家坐在一起闲聊，从福建回来的牟海芹问我吃过地瓜夹子没有，我说没有，不知道啥味。她说她也没吃过，听说挺好吃的。这话让在一旁忙着做针线的于春香大姐听到了，她笑着说："这两个小馋了，等有空包给你们吃。"我们只当她说着玩。

第二天早上，春香姐没有上坡干活，直至吃了午饭才来，大家都问她是不是相亲了，她说："没有，走姥姥家了。"她的姥姥家是二十里铺。

记不得又过了多少日子，天下着雨，无事可做的我们都聚在小组里玩。快吃午饭的时候，春香姐来了，把我和小牟叫了出去，让我俩到她家吃地瓜夹子。我俩非常高兴。

来到她家锅屋，春香姐掀开大锅盖，一锅地瓜夹子正腾腾地冒着热气。她把地瓜夹子拾到簸箩里，我俩就迫不及待地大吃起来。地瓜面是微甜的，白菜馅软软的烂烂的，带着点咸味，嚼在嘴里艮艮硬硬的，简直无法形容的好吃。看到我俩的吃相，春香姐忍不住地说:“慢点吃，别烫着。”直吃到再也咽不下去了，我俩才住了嘴。

这时，才想起问春香姐，哪里弄来的地瓜面?因为我们知道坝上村地处柳青河东岸，水源充足，地里种的庄稼主要是小麦、玉米和水稻，从不种地瓜，所以社员家里没有地瓜干，也就没有地瓜面了。春香姐说:“上姥姥家要的。”

原来那天上午春香姐没有出工，是专门为我俩去要地瓜面了，要知道那时的社员都是靠挣工分吃饭的，没有谁舍得无故耽误工夫的，而春香姐为了我俩这顿地瓜夹子，不光是徒步走了四十里多路，还少挣了大半天的工分。

工作后，也曾找人弄来地瓜面，调上肉馅包着吃，也很好吃，但终不及春香家地瓜夹子味好，我想这不是我的厨艺不佳，而是缺了那份情谊的缘故。

知青组的温暖

刘俊祥

我从济南25中下乡插队到莒县中楼公社中楼大队，我们知青组一共十三人，6男7女。

当时报名下乡去莒县是因为听说来了一位女知青干部，她姓崔，在天桥区委做报告，说莒县生活很好，大米喂猪。其实她说的是大米为主，都听成了大米喂“猪”。大家报名去了莒县一看，整个山区除了石头蛋就是地瓜蛋，记得王莉妹在发言时说:“在城市想象的农村很美好，就像电影里看到的，清澈的河流，依依的垂柳。谁想到反差如此巨大，就像苍蝇掉到瓶子里，前途光明无出路。”在乡下的生活全部是地瓜干维系，一年分不到几十斤麦子，我们又不会烙煎饼，大多是地瓜干加点黄豆煮着吃，非常艰苦。记得只要王莉妹从济南回来，大家都在村口迎接，其实不是为了迎接她，大伙都知道，她每次回莒县都会带回两大瓶肉酱等好吃的东西，大家会一拥而上，一抢而光。许多同学受不了苦，想办法转迁了，1970年4月，马吉才回了老家嘉祥县，9月份毕斯春回了老家莱芜，11月份张秀环找了张庄对象离开了知青组。

知青在一起时间不长，就被分配到了各小队，我和刘世山分配到一小队，当时正好小车队缺人看我体格好，就被分到小车队推小车，刘世山因个子矮小，美其名曰照顾知青就让他挨家挨户挖粪坑大粪。在队里包小车是小车队集体行动，作为十七岁的我这活可不轻快。记得有一次去兰官庄煤矿运煤炭，早上天不亮就出发，随身带几张煎饼，小推车装上460多斤煤，往返160华里，一天一个来回，到了东园岭我就走不动了，心中默念毛主席语录:“下定决心，不怕牺牲，排除万难，去争取胜利。”精神变力量，终于把煤炭运了回来。回来后，我不吃不喝整整躺了三天才缓过来。刘世山为了好好接受贫下中农再教育，不怕大粪臭，一直坚持到大招工离开农村。

蹉跎岁月，艰苦的乡下生活，使得王莉姝的腿一摁一个窝，大伙开玩笑说，把你抬到集上表演，一个窝挣一分钱。冬天手上全是冻疮，肿得老高。我们男生说，一见王莉姝的手，就像见到二块面包，直流口水。

那时我们的艰苦生活，回家根本不敢告诉父母，怕他们为我们担心。现在想想那时我们这些十六七岁的孩子，承受了多少苦难。回到家还得守着父母强颜欢笑，告知父母我们在农村很好，请他们放心，记得王莉姝得了疟疾发烧39度5，同学都害怕地围着她，手足无措。病好之后，回家时对父母说我们知青组有个同学得了疟疾，把大伙都吓坏了。她母亲感到事情不对，一再追问，才得知是自己女儿病了一场。

我们十六七岁就远离家乡，到条件艰苦的沂蒙山区插队落户当农民，知青们满腔热血，战斗在广阔天地，与贫下中农打成一片，急贫下中农之所急。1969年春，有一位名叫徐红欣的孕妇，在莒县南甲子山医院住院待产，突然产后大出血，情况紧急，急需输血。我们知青听说后，二话没说，马上冒雨赶到医院，争相献血。经化验，最后留下了我和李新民给孕妇输了血，使产妇转危为安。

李新民在1970年底大招工前入伍参了军，复员后回济南在天桥区工商局工作。大招工中我们知青小组的丁白新、崔志美、李瑞华、林光、任红卫分配到济南国棉一厂工作。刘世山、朱传明分配到山东工学院附属工厂工作。最后只剩下我和王莉姝。1971年9月，我分配到莒县运输公司工作，王莉姝分配到莒县建筑公司工作，共同的经历深化了我们之间的感情，最终我们走到了一起，组成家庭。1988年6月，我们全家四口人调回济南，叶落归根。

往事众多，历历在目，偶一回首，难以忘怀!

一封电报

周　清

万富川，前于家庄大队知青小组组长，他高高的个子，大大的眼睛，走起路来有些摇摇摆摆。我们小组的脏活、累活都是他干。庄里的社员们都很喜欢他。1970年底招工到山东工学院工作，已病故离我们而去了。

丁永正，前于家庄大队知青，他是个非常聪明的人，人缘很好，做事踏实、好学、灵巧。那时他就在学习缝纫技术。话不多，但会很细致的帮助别人。1970年底被莒县教育局招收参加教师培训班，后分配到费县教书，后来，在铁路中学退休。

上山下乡马上就五十周年了，在莒县度过的往事，有很多已经模模糊糊记不清了，但他们俩的名字我永记心中，我们三人在那个寒冷的夜晚，走过的那一段漫漫长路，我是永远也不会忘记！

那是在1969年初冬的一天，收工回来，去刘官庄区邮电所看有没有自己的信件。那时盼望看到家中的来信是每一位知青最迫切的心情。但在这天我收到的家中打来的电报是“母亲病危速归”，看完电报，我脑子一片空白，愣了一会，眼泪涮的一下就流了下来。拿着电报找组长万富川和大队里负责知青的领导请假，准备第二天回家。

吃过午饭，万富川去县城给我买车票，下午回来时他见了我一脸犹豫的样子，我问他怎么回事，他说:“莒县到沂水正在修路，一周内不通车，没有买到车票。”焦急、委屈，一股脑儿涌上心头，一向爱哭的我除了哭外一无所措，不知应该怎么办才好。

沉默了好长一段时间后，万富川说:“我们走吧，走到沂水去坐车。”我当时根本没有考虑就说:“行，我们走吧。”这时丁永正说:“我和你们一起去，回来时小川还有个伴。”就这样，三人说好一起走，当时已经是下午了，大家还都没吃饭，没有时间没有心情也没什么可吃的东西。我到社员家里要了一点煎饼，万富川到生产队借了一辆独轮车，一是为了放行李，二是累了可以轮流坐上休息一会。就这样我们简单地准备了一下就出发了。

路上会遇到什么困难，根本都没想。从我们前于家庄到县城有十几里路，从莒县县城到沂水有七十多里路，加起来有八十多里路。万富川今天已经去县城买车票来回走了近三十里路了，把我送到沂水再回来，他今天就要走近二百里路！这些想都没想。但是，当我们走出前于家庄的那一刻，冒着初冬的寒冷，在漆黑的夜里迈上公路时，才感受到了什么是可怕！什么是寒冷！什么是路无尽头！

我清楚地记得，那时距离冬至还有半个月，是一年中白天最短的日子。我们出发时天还不是太黑。去莒县县城的路也熟悉，所以在开始时，我们三人还说说话。但过了莒县县城向北走，就不同了。我们从未走过这条路，天也完全黑了下来。渐渐地我们三人都不说话了。寒风吹过路边干枯的树枝发出尖锐、单调、刺耳的声音，远处传来隐隐的狗叫声。我们三人沙沙的脚步声听起来轰轰响，害怕的心紧缩起来，就这样胆战心惊地走在这漆黑的夜里。

不知道走了多长时间，也不知道走了多少路，更不知道走到哪里。我们三人渐渐地走不动了，饿得也不行了。在一段上坡路的地方，我们决定休息一下。三个人每人吃了一点煎饼，没有咸菜，也没有水，只有刺骨的寒风吹过我们的身躯。这时看到东方的天边已经没那么黑了，一轮残月发出淡淡的寒光。这应该到了下半夜了。不能坐的时间太久，因天气太冷，再坐一会儿，我们可能起不来了。这时总算是见到了一丝亮光，隐隐约约能看到公路的样子。心情开始好起来。在经历漫长难熬的跋涉后，终于看到远处有了稀疏的灯光，我们意识到沂水快到了。

沂水汽车站就在公路边，万富川和丁永正去买车票，我坐在公路边的一堆沙子上等待，到他们两人回来，我已睡着了。

六点三十分，我登上了去益都的汽车，看着车窗外两位满身疲惫的知青同学，我的心紧缩了起来，当我们挥手告别时，我的泪水涌了出来，他们还有八十里路要走，还没有吃饭……

转瞬间近五十年过去了，但这份友谊、这份真情，始终放在我心中。我喜欢月亮，那静谧的月光能让我去从容地怀念往事，能让我在心底诉说对知青老友的思念，谢谢你们，万富川、丁永正，我的两位知青老友！

买配件

于汉民

1969 年麦收时，我负责看机器，在场里给各小队打麦子，不分黑白连轴转。一天正午机器抛锚了，大家都很着急，支书说："汉民，你快去保管那里拿钱，去城里买件，快去快回。”我立马行动，一个社员用自行车把我送到招贤汽车站，正巧有过路车，我便进城了。到了城，我急忙跑到东关农机门市，我把所需配件清单一列，售货员便逐一点货开票，油咀、柱塞无货。我便苦苦哀求，好话说尽，售货员看我可怜，走进仓库拿了个小盒说，就一套了。我高兴得很，激动地说：“一套就行，谢谢你啦！”打包付款后我急忙向车站奔去。可到了车站，北去没车了，这时已是下午 4 点多了。肚子也饿了，中午晚饭凑一顿，饭后提着配件住进了东风旅社。稍事休息，我清点票款后发现，油咀和柱塞没有发票也没付钱。我想给他送钱，一看表，快要下班了。于是就到旅社登记室，打电话联系了那位给我帮助的售货员。虽然只有十几块钱，对于一个二十几块钱工资的售货员来说也是很大的负担。第二天一大早，她带来发票，我们结清，她反倒感谢我，并给我买了早饭送我上车。此后每当我进城买配件，这位售货员大姐都给予照顾。

有了自己的家

于汉民

1975 年招工之后，招贤大铺知青就剩我一个人了。该成个家了，可找媳妇难啊！那个年月，一看出身二看年龄。在当地人看来，1970 年招工走了的都是好货，留下来的一文不值啊！咱的出身还用打听？到了 1975 年拔点才被招工还有什么可说的？年龄，再不结婚就奔老汉去了。多亏了朱玉珠、毕宜奎两个好心人给找了个不嫌弃咱的对象，还是咱知青弟兄能帮忙。

结婚得有房子。当时，工作单位还没有福利分房一说，住房得自己解决。老天爷，这房子咱哪里有能力自己解决？

莒县好人多。省劳模王纪相直接找到魏家村的党支书，对他说应该优先给知识青年划宅基地。村里立即给了宅基地。

弟兄们听说我有宅基地了，纷纷来帮忙。贾马官庄的书记开着他的拖拉机来了，运砖、拉土，忙得不亦乐乎。给他钱也不要，他的饭都是自己带来。知青弟兄陈祖德、王景彬、张小林、张鹏、汪寿琪用独轮车推土，用手和泥托坯。下乡的大队送来了盖房子用的木材，在建筑公司工作的知青兄弟王锡善派来了技工。就这样，有领导关心，有乡亲们帮助，有咱们知青弟兄们一起给托着、撑着、顶着，三间平房盖起来了。末了，知青弟兄赵铭颐又带领几名工人泥了墙皮。新房有了，媳妇有了，家终于有了。

事情过去了这么多年，我已经是奔70的人了。每次想起当年找媳妇盖房子的事，就仿佛那些情景还在眼前。那些好人，那些知青弟兄们帮我的点点滴滴都让我记忆犹新。忘不了啊，弟兄们！

莒县人真好

方昭宾

我是1968年9月17日从历下区委（当时叫红卫区）出发离开家的，我家就在区委附近的七家村，我在车上看到老娘在下边眼含着泪向我挥手告别，车上车下哭成一片。我父亲新中国成立之前在辅仁、北大毕业后，应王祝晨之邀赴济南一中任教语文，先后曾任国家文字改革委员、全国中学语文教材编委、济南市教育局语文教研室主任，是全市唯一一个在中学任教的享受教授级待遇的老师，只因在整风补课时说了一句“外行不宜领导内行”的话，被打成右派。

父亲出事后停发了工资，我们弟兄六人仅靠母亲工资维持生活，艰难之状可想而知，于是辞掉了保姆，一切生活全靠我们自己，大哥和二哥辍学当了学徒工，家务由三哥和我放学后负责，两个弟弟还不懂事。无法忍受学校的政治压力，也为了能为家中减轻经济负担，于是就报名下乡了。可到了农村以后反而更给老娘增加了操心，在农村七年最好的一年每个工日才二毛钱，到过年回济南时还得向家里要路费，那时回济南汽车票是六块七毛钱，一个年轻小伙子辛苦干一年竟养活不了自己，要知道我一年挣四千多工分啊。第二年我三哥也从济南下乡到沂水，三哥于七一年招工回济南。到七二年两个弟弟也下乡到齐河，一家四个下乡的，把老娘的心都操碎了。可怜我的老娘了，就是这样一直到我们都工作后，回家时她老人家待我们回家进门要的东西一是车票，二是单位发的奖状，其他她都不在乎。老娘查车票和奖状是怕我们犯错误，看我们的工作表现。在七九年胡耀邦给右派平反时，我父亲的问题才得以落实平反。

下乡半年后我们小组十三人被分到五个生产队，我和郑德良、陆望平分在二队。经过半年在实验队的锻炼，已是一个非常熟练的独轮车驾驶员了。我在队里长年推小车，在农闲时就到户里出粪坑，反正脏活累活我都干，因为一挣工分多，二是听老娘的话，咱出身不好就好好干吧，就这样干到七一年招工，社员们都说我和卢鸣一定能招上，可名单下来后我俩都榜上无名。说实话我俩当时也没当回事，仍和以前一样劳作，可社员们对我们更关心照顾了，社员们家里来了客人和朋友时，必须把我叫去陪客，为的是让我们吃点好饭，我喝酒就是从那时开始的，一发而不可收，直到现在喝酒还可以。以后大队照顾我上大队苹果园，直到七五年招工，那时我俩和社员团结得真是情同父子兄弟。

难忘同学情

于维达

我是 1968 年 9 月从济南十七中到峤山庄家洪沟插队落户的。记得那是 1970 年 6 月底，突然收到爸爸的来信，说上海《文汇报》有社论《我们也有两只手，不在城市吃闲饭》。妈妈的单位动员临时工下放农村。妈妈干了 11 年临时工，一直没有转正。爸征求我的意见，是继续留在知青点还是随妈妈到商河农村去。我经过仔细分析，并同张玉清同学商量，觉得还是跟老人在一起好。于是我把要走的事跟大家说了。说实在的，当时是很矛盾的，一边是多年的挚友张玉清，还有我们朝夕相处的同学们，一边是日夜想念的父母，真的是很难抉择。但考虑到母亲要带着弟弟下乡，姐姐在济南华山下乡，我在莒县，爸爸在潍坊，一家人分开在 4 个地方，为了让爸爸妈妈少操一份心，决定跟妈妈去商河，当时也想帮家里减轻点负担。

办完手续后，卢鸣问我："你想什么时候走？"我说："过几天再说，我想把你们 4 个男生的被褥拆洗了，做好以后再走。"卢鸣说："这还真有点老同学的滋味。"我和张玉清把他们 4 人的被褥做好后，我也该去了。

分别的那天晚上，同学们聚在高翠萍她们那个屋里啦到很晚，早上三四点就起床了。用一个地排车装上我那简单的行李，卢鸣、王芃、方照宾三个人光着脚丫，轮流推着车子，女生跟在我身边，一直送我去县城。到了县城，不知谁的建议，在县城还拍张合影留念。只可惜没有崔玉玲和于虹，她们在家做饭，还有郑德良，他在开会。我那行李里还有大家为我准备的一大摞烙好的煎饼，虽然不是什么太值钱的，但却是同学们对我的一片心意。我至今想起来还是非常感激。这份同学情，也是我的精神财富。

知青办的温暖

刘玉照

我于1956年8月出生，作为随军家属子女，一直跟随父母在福建部队驻防地读书上学。1975年5月高中毕业后，由龙岩县武装部牵头，组织随军家属子女落实“知识青年上山下乡”政策。记得当时召开了动员大会，为我们戴大红花，发了《毛泽东选集》四卷，照集体相等，非常隆重。我们这批10余人现在保持联系的，原父母同部队、同单位的、我们同班同学、只有翁放鸣、许宁江两人了。

1975年5月中旬前后，我自己一人，带着各级介绍信，挑着行李，踏上了回山东莒县老家的路程。

回到莒县后，到相关部门交上介绍信、落下户口。当时“介绍信”介绍回乡插队落户口的大队是莒县石井公社石井村。至此，我已完成所有手续，成为石井村的社员了。当时那个火红的年代，我也励志扎根农村广阔天地干革命，开始参加生产队的劳动。当时村里大队干部、团支部书记对我很好，每天收工后，都到我住的小屋里坐坐，书记王洪瑞手把手教我淘米，生煤炭炉，印象很深。

1975年深秋的一天，我正在地里劳动，突然有人来喊我回宿舍，说有人来看我。原来是莒县知青办主任高汶骑自行车去白土沟知青点检查工作，路过石井村来看看我这个回乡青年。

坐下来后，高汶主任问了我许多问题，诸如生活、居住、本村的亲戚关系等等，有一些我不好答的，大队书记在一边帮着一一回答。归纳起来有两点他非常不满意：一是居住的条件太差，我住的是公路旁的一间3至4平方米的低矮的孤独小草房，白天当长途客车的车站卖票用，晚上我住在里面。二是生活安排不好，回乡投靠的本村亲戚舅父母两口子都八十多岁了，只有一个儿子还在外地工作，家中只有孤独的老人，吃水都得靠别人帮忙，不适合与他们一起生活。

他与大队书记的对话，至今留在我的心里：人家父母把孩子送回来，交给我们，我们办不好怎能让他们父母放心？万一出了什么事我们怎么交代？我与高汶主任素不相识，没有任何关系，我父母也与他素昧平生，从来不认识。可我却是从高主任这里第一次体验到什么是革命的情怀，什么是组织的关爱，什么是人间的温暖。

此后不久，大队接县知青办的通知，把外省市的回乡知青，因村里不具备安置条件或安置条件差的，集中到条件较好的知青点管理。我也被收拢到劳动、生活、管理较好的城阳公社邹家庄子大队知青点。这个知青点先后接收了福建、内蒙古、江西等外省回乡插队知识青年，解决我们回乡中的生活学习、劳动锻炼等问题，为我们接受贫下中农再教育，锻炼成长提供了方便。

一段传奇故事

王迎春

我是济南铁二中六六级初中毕业生，1968 年 7 月分到山东省莒县招贤区大罗庄大队插队落户当知青。

我父亲当年是济南铁路局济南车辆段工会主席，在工作中得罪过一些人，被毫无理由地打倒，家庭生活比较困难。我是家中老大，1968 年济南市第一次分配工作，把我分配到济南棉麻机械配件厂，工作三个月后被退回，我未和家中商量，当天就赌气在学校报名下了乡。

在农村的两年多，我扑下身子，任劳任怨，一门心思扎根农村，下乡当年春节前回家探亲，坚决要回农村过“扎根年”，家中父母挽留不住，没钱买车票，上车给售票员说明情况，居然一路顺利地回到了莒县。

没想到 1970 年底的招工，我们小组 12 个知青，走 9 人，留下我和另外两个知青，我很着急，跑到招贤公社去找人问情况。

到公社后，两眼一抹黑，谁都不认识，也找不到人。卢枫当时是招贤公社办公室管公章的人，后来了解到可能是秘书，约 30 来岁。他见我穿着单鞋单裤，就对当时在等着招工盖公章的济南化工厂的招工负责人说：“这个孩子太可怜了，你不带走这个孩子，谁的章我也不盖。”

济南化工厂来招工的负责人被迫无奈，连夜给济南化工厂打电话请示，最终同意带我回济南。

第二天，卢枫找人把我从庄里叫到公社，把他身上仅有的一元钱和一斤粮票交给我，让我买点吃的，然后让我骑着他的自行车到县知青办去办理招工手续。

等办完有关手续，突然发现自行车不见了，我打电话给卢枫告诉他自行车不见了，卢枫在电话中说:“不要紧，丢就丢了。”他又找了在县城里的人，把我带回招贤。

1970年12月31日，我自己乘车返回济南，到家后家中父母和邻居都很震惊,都没想到我能招工回来,原因就是那时我父亲是走资派,还没平反。

没有卢枫，我万万不可能回济南，我们小组最后剩下的那二位同学在两年后，被分配到莱钢。

现在我在济南退休，快乐幸福地生活。

回到济南后，我们家的生活越来越好，特别是在2005年之后，我感到自己的精力、能力都可以了,也非常想插队当知青时的大罗庄。当知青时，社员们对我们知青都很好，有几家对我特别好，过年了，有好吃的，都给我留着。想念之情无法遏止,所以后来我多次返回,去看望当年对我好的人，尽自己的能力去帮助他们。前些年，基本上每年一次。

到了大罗庄，打听当年帮助过我的人，才知道他叫卢枫，退休前任莒县政协副主席，通过电话，我联系到了他，在电话里我对卢枫说:“我是济南来的。”话音未落，卢枫就说:“你是王迎春。”几十年过去了，他还清楚地记得我的名字，怎不让人感动！至今，卢枫已是78岁的老人，祝愿他健康长寿！

我永远把你记在心中，我的大罗庄！我的那些淳朴善良的父老乡亲！

金铭的婚事

张芝灵口述　刘荣起整理

我与韩金铭、张芝灵相处多年，但从没问过他俩的爱情故事。几天前，我找到张芝灵。

我：很想了解一下你和金铭恋爱结婚的事情，你可以谈谈吗？

张芝灵（以下简称“张”)：可以呀。

我：你们是从什么时候开始谈的？

张：应该是六八年秋天吧。

我：好早啊。

张：嗯。我们六八年四月下乡到了招贤公社柳家庄，半年多，我们就谈恋爱了。当时,城市出现了“我们也有两只手,不在城里吃闲饭”的口号。金铭找到我说：他的父母符合离开城市去农村的条件。可是，他们没有地方可去，如果自己结婚成了家，就可以把父母接过来了。他问我，愿意不愿意和他结婚。我说，让我考虑考虑。

我：考虑了多长时间？

张：其实没怎么考虑就答应了。

我：为什么？

张：我从决定下乡起就想在农村过一辈子，不想回济南。我生在农村，长在农村。我生下来十个月母亲就去世了，是我的伯母，噢，也是我的大姨妈——我的母亲和她的姐姐嫁给了亲兄弟俩——收养了我。她刚生了个孩子，夭折了，我是吃伯母的奶长大的。后来，我伯母相继生了四个孩子，日子过得很苦，我仍然和他们生活在一起。到了上学的年龄，父亲把我接到了济南，可是继母对我不好。

我：能举个例子吗？

张：三年困难的时候，我饿得受不了了，看继母不在家，拿了几块地瓜干去学校，边走边吃。没想到，继母追到学校，告到老师那里，说我偷家里的东西吃。这件事，搞得我好几天在同学面前抬不起头来。我的继母和父亲生了四个弟弟妹妹，生活也不好，可也……

下乡就要走了，我要带床被褥，继母不给。我找父亲评理，父亲说，那你就别带了。那个时候，布票、棉花票都很紧张。记得当时给每个下乡知青的布票只有几尺，只够做条裤子的。是一起报名下乡的同学七拼八凑把布票、棉花票给了我。我是带着棉花和被里被面，到了村里的第三天才把被子做起来。那天晚上，我盖着这床被子，哭了。我是很急切地离开我的家的。到了农村，我连着给家里写了六封信，家里连一个字也没回。你想想，我会失望到什么程度。我报名下乡，学校军代表告诉我，根据我的条件，可以分配到工厂。我是一天也不想在济南呆了，坚决要求上山下乡，离开家越远越好。我从小随伯母生活在农村，也比较适应农村生活。

我：除了这些，你对金铭的印象一定很好的。

张：其实，谈恋爱的时候，真没想很多。当时，他思想很进步。他听说针灸能治的聋哑人说话，就带着村里一个哑巴到潍坊同学所在的部队针灸治疗。哑巴的父母是抗战时期的共产党员。其父干地下工作，被日本鬼子杀害了，其母含辛茹苦把他拉扯大。你别说，还真有点效果。他是知青组组长，处处以身作则。与大队干部群众的关系处得很好。他虽然年轻，可大家都叫他“老韩”。我觉得他挺好的，就答应了。

我:在学校“文革”时期,他们班成立了红卫兵组织,他是头头,批斗“走资派”,但他们从来不参加。“复课闹革命”那会儿,他们班最早恢复了秩序。学校军训团很器重他,也很信任他。学校成立革命委员会,他当上了副主任。上山下乡,他第一个带头报名。他那时候给我的感觉是做事有头脑,很踏实,有办法,我很佩服他。报名上山下乡,他也没像有些人那样唱高调,给人很踏实在的印象。

张:他办事公道,威信也很高。我们结婚和小组同学分开过了,他仍然是知青点的组长。

我:那个时候知青们都在一起生活,你俩谈恋爱,有条件吗?

张:哈哈哈哈!有啊!下乡时间不长,我崴了脚脖子,早晨下稻地又让冷水激了一下,连走路都很困难,腰也疼得厉害。队里照顾我,让我看场院。看场院这个活,总得等人家吃完晚饭来接班,我才能走。天一黑,我就有点害怕。金铭来陪我,给我针灸治疗腰腿痛,这样就给我们提供了交谈的机会。

我:天赐良机呀。他是为你学针灸的吗?

张:也算是吧。可能给哑巴治病的时候学了点。

我:这倒是很浪漫的。

张:我们队的场院离村子不远不近的。场院有两大间屋,通着的,很大,里边有好几个粮食囤,还有一张大床,是给夜里看场的人睡觉预备的。紧靠屋子有一条小河,是条沙河。河岸上满是树。

我:很美的环境,很适合谈恋爱啊。

张:庄稼收上来了,满是稻谷的香味和野草泥土的气息。沙河的水是一股涓涓细流,清澈透明,它平静而悠闲自在地流淌着。有小鱼嬉戏,有水草随意漂浮,偶有青蛙从脚底跳过,还有蛐蛐在远处鸣叫……我很享受这种感觉。我深深地呼吸这里的空气,仰望身边高昂的杨柳,我浑身舒展,我觉得这就是我要的生活。柳家庄的自然环境、经济条件都不错,比我的老家——济南郊区黄山店强多了。更重要的是,我自由了,于是我就快乐了。既然号召扎根农村干革命,那就把根扎在这里吧。不想济南了,坚决不想了。

金铭来了,我们绕着场院转悠,在河边走走坐坐,谈理想,谈生活,谈村里、小组里边的事情,也说说他的父母如果来了,怎样在一起生活……

我:很快就无话不谈了。

张:嗯。我们相爱了,我感觉有了依靠,挺好的。

我：这个场院真是你俩的伊甸园呀。

张：是。和他在一起，我的内心很踏实。我们和社员相处得非常好。我从来没有担心过生活方面会有过不去的坎。

我：有一年我去你家，晚饭后你留我住下，我问，你住哪里？你说，我有的是地方住。然后，领着孩子就走了。那时候，我就觉得你在村里如鱼得水，和乡亲们像一家人一样。

张：真是这个样。哑巴家，支书家，指导员家，还有好几家，我们互相帮助，处得的确和一家人一样。哑巴人很聪明，干活很利索，经常帮我干这干那的，还帮我卖粮食，卖稻草什么的。娶了个媳妇，有点傻，生了四个孩子。哑巴媳妇过马路，叫汽车撞死了，汽车跑了。哑巴一个人带四个孩子，真不容易。后来，金铭把他们家的老大带到济南来，安排了工作。

我：在这之前，金铭特别关照过你吗？

张：应该有吧。刚下乡的那年冬天，同学们都有棉鞋穿，就是我没有。他提出，小组出钱，每人买一双那种冬天穿的草鞋。我觉得他是冲着我才买的。

我：可以理解为同学们之间互相关心爱护吧。

张：也是。我们小组的同学之间的关系很好，他们都对我好。

我：你知道他为什么看上你吗？

张：说实话，别看我不吱声不言语的，我也很能干。下乡时间不长，那些农活一样也难不倒我。摊煎饼难吧？我是小组里第一个学会的。

我：你是属于那种朴实无华、勤劳肯干的那一种女人。

张：哈哈，算是吧。

我：金铭确实很积极向上的。我记得当时他在莒县的知青中很优秀，很出类拔萃的，参加过县、地区、省各级积极分子代表大会。

张：那时候村里缺化肥，他就到处跑，求爷爷告奶奶地弄来了不少。他的胃不好，有的时候疼得躺在炕上直不起身子，就是这样，他也坚持下地干活。

我：你们什么时候结婚的？

张：1969年，选的毛主席生日的那一天。

我：没有举办婚礼吗？

张：办了，是大队给张罗的。当时大队负责我们知青的，我们管他叫“指导员”，给我俩主持的仪式。我们对着毛主席像鞠躬，唱语录歌，背语录。

来了很多社员。孩子们围着乱哄哄的，发给他们喜糖，连抢带夺得很热闹。仪式结束了，也没请客吃饭，被子合到一块就行了。

我：记得村里又给了你们两间房子。

张：是呀。在我们知青组隔壁给了两间屋。村里对我们真不错。我都到县里参加工作了，村支书还给送了一车木料去，说："打几件家具吧。"

我：你结婚以后是不是也和当地的媳妇一样不用下地干活了？

张：哪能啊？得挣工分啊！俺家莒红是1970年5月生的，还没掐奶，我就下地干活了。

我：谁给你看孩子？

张：往老乡家一扔就走了。俺家莒红是乡亲们给看着长大的。等到大点了，估摸我该收工了，就在路口等我。有的时候，等着等着就睡着了。再大一点，我不愿意老去麻烦人家，就把她关在屋里，她就从窗户爬出来，满"世界"乱跑。

我：金铭是1971年招工走的吧。

张：是1971年，去了淄博。

我：你一个人带孩子还得下地干活挣工分，生活得很艰难啊。

张：也没觉得怎么苦，也就这样过来了。

访谈到这里也就差不多了。可是，我总觉得还有几句话想说。金铭和我在一起的时候，分分合合的，故事不少。他走了，一走就是十四年，且天人两隔，时常想起他，还是生灵活现地如在眼前。他俩与村民的感情深厚，不是一句两句说得清楚的。他设法安排了五个村民的孩子到济南工作。前年，柳家庄的一家人专程来到济南看望张芝灵。再说芝灵几件事：她于1975年秋天到莒县饮食服务公司工作，与卢鸣、李栗、李宁、胡世瑞、赵美华等知青组建起一个水饺店，芝灵是负责人。他们觉得晚上六点关门歇业太早，主动向上级要求延迟营业到八点；1976年春节期间他们利用回济南探亲的时间，跑到一家水饺店学习，学会了"一手捏"水饺；1977年春天，芝灵参加全临沂地区（十三个县）包水饺比赛，获得了第一名。金铭去世后，儿子宝华又去世了，她忍着悲痛几乎倾其所有照料儿媳和孙女，儿媳改嫁多年了，她仍然照顾着她们母女二人，直到现在。八十年代，夫妻俩相继回到济南。芝灵单位效益不好，四十五岁就内退了，在街道上看自行车维持生活，这个工作两班倒。继母生病住院，她下了上午班就往医院跑，吃住在医院，陪护继母过夜，直到第二天上班。她的父亲生病期间，日日夜夜在身边照料。父亲和继母病重直至去世，芝灵始终陪伴在他们的身边。

返 城

贾秀玲

我从济南下乡到莒县招贤马家店子大队插队落户两年多，返城的消息一直激励着我们，成为我们的热切盼望。从在县知青办窥视到报呈的文件袋，到知青“走着愉快，留着安心”的返城动员会，就在这种动荡、不安、迷惑的心情中，慢慢等到了返城通知书。

这是1970年12月28日，正逢招贤集。应征入伍的同村知青于济涛这天要集结出发，我们几个知青为他送行，顺便赶集，打听消息。在区公所遇到下通知的相书记，他把我们村的通知交给我，同时叮嘱我们要严格执行“不许携带生产工具、不许突击分粮、不许屠宰家禽及一切生活用品留给不返城人员使用”的通知，务必把通知交给村党支部书记老朱，并要求按通知精神，返城知青于12月31日在招贤集结。

可是，接到手的通知返城知青名单中，没有我和李宝琪，顿时觉得天昏地暗，绝望地哭了起来。在这种情况下，同村知青赵卫东说：“咱们赶紧回去，一定要帮一下贾秀玲。”回到村里后，赵卫东与村支书老朱商量怎么帮助我实现返城的愿望。

这位老支书是一位经历过解放战争的转业军人，在县武装部和村里都有一定威望。他怀着淳朴的感情，充满了对知青的爱护，一边安慰我，一边出主意。他说：“我代表村里给知青办写封推荐信，把你这几年在农村的良好表现作个说明，是完全符合返城条件的，拿这封信去找县知青办的负责人高汶。”

时间紧急，第二天一早就要赶往县城把信交给高汶。到县城有40多里地，路途遥远，独自前往，大家都不放心。这时，赵卫东主动表示：“我和县知青办比较熟悉，我陪贾秀玲去县城吧。”同村知青李宝琪也不在返城知青名单中，但是，他却鼓励我去县城活动争取一下，谁有本事谁走吧，他是不会攀比的，谁能返城他都是高兴的。

到了县知青办，赵卫东拿出村支书的推荐信，并把我的情况做了详细介绍，恳请县知青办务必想办法解决。百忙之中，高汶还是耐心听完了赵卫东和我的陈述后说：“今天你们不能回去了，晚上县里开会研究，让招工单位能带走的尽量带走，明早听信吧。”

我怀着惴惴不安的心情熬过了不眠之夜。第二天，研究结果令人沮丧。一些招工代表做不了主，需要请示单位领导。当时通信非常落后，打长途电话或拍电报也要等广播结束后才能进行，招工代表们以与单位无法联系为由拒绝了。那时，我的心情从有一丝丝希望又跌至冰点，整日以泪洗面。同行的赵卫东不断地安慰我，鼓励我，要充满信心地再努力争取，返城的愿望一定会实现。我的心里感到很欣慰。

天无绝人之路。正在这时，济南针钉厂的招工代表到知青办领取通知书和户口转移证明。高汶便和他们商量把我带走，商量结果是不欢而散。招工代表强调他们的难处，甩门而去。这时，高汶为了爱护知青、帮助知青，能多走一个是一个，高声喊道:“不带走小贾，其他知青县里也不放。”都闹成这样了，我感到返城的愿望又渺茫了，更无希望了。

然而，事情有了转机。济南针钉厂招工代表又主动找知青办协商，原则同意先带走我，回去再向厂领导汇报。这时，一直呆呆站在那里的我正不知所措，高汶冲着我说:“愣啥神啊！还不抓紧去转户口和粮食关系，办好后到这里盖章。”我这才如梦初醒，没想到好消息竟来得如此迅速。我来不及细想，拖着麻木的双腿，就急急忙忙跟着赵卫东办妥了全部返城关系。

如果没有村支书对知青的爱护、关心及大力推荐，没有县知青办想知青所想热情服务精神，如果没有知青团结一心、相互帮助的友爱情怀，我的返城梦想是难以实现的。

谁言寸草心，报得三春晖

宋　芬

1968 年春天，我到莒县峤山区前集大队插队落户。农村是一个广阔天地，对于我们这些青年学生来说又是一个陌生的地方，每一项农活，我们都要从头学起，耕、种、锄、割虽然说不上有多少技术含量，但学起来也不是很容易，好处是社员群众对我们特别关心，手把手地教我们，经过三年磨炼，我们都成了种田能手。

火热的农村生活，紧紧拴住了我的心，我爱上了前集村的山山水水，爱上了前集村勤劳善良的人民。在与本村青年王法田的接触中，共同的理想使我俩走到了一起。当时，很多亲朋好友劝我说：“在农村找对象，要一辈子下庄户地啊。”我坚定地表示：“扎根农村，当一辈子农民。”1969 年冬天，我与王法田结了婚。

俗话说不受磨难不成人，大概老天故意要让我们这些下乡青年要经受“苦其心志、劳其筋骨、饿其体肤、空乏其身”的历练。那时，农村生活相当艰苦，主粮是地瓜干，细粮很少，挣一个工值几角钱，结婚八年仍住在低矮的草房里。

1976 年夏天，县知青办主任高汶骑着自行车到峤山公社走访慰问我们几个在农村落户的知青。高主任了解到我的家庭情况，对我说：“我已和大队支部书记宋家友商量好了，由知青办拨点款，大队出工，给你盖几间新房。”听了高主任的话，一股暖流涌上心头。我早就盼着盖新房，但因手头缺资金，一直没有盖成。这次县知青办领导和前集村的村干部帮我解决住房，真是雪中送炭啊！开工那天，前集村四个生产小队的队长每人带一个大工来施工。那时，我家的生活特别困难，买不起茶叶，就把小米炒熟了当茶叶烧大锅水喝。就这样给我们家盖了三间瓦房。施工期间，他们除了喝白开水外，没喝我家一口酒，没吸我家一支烟，没吃我家一顿饭。村里的老少爷们说：“大城市有文化的姑娘，能在咱农村安家落户，这本身就是对咱农民高看一眼，厚爱一层了。”1979 年，高汶主任又到我们村安排协调，给我家盖了门楼、厨房、猪圈。自此，我们家的日子就一天天好起来。

1979 年，国家落实知青政策，我被招工到供销社工作，虽然吃了“国库粮”，但我舍不得离开前集村，在这里有我洒下的汗水，有我与农民结下的深厚友谊，有我的幸福的家庭，这个家倾注着县知青办、镇党委和前集村父老乡亲们的爱。我把这个爱变为报效国家的实际行动，“谁言寸草心，报得三春晖”。

悠悠岁月情

岳更新

2018 年 9 月就是我们知识青年上山下乡五十周年了。半个世纪过去了，我们经历的往事随着时光的流失已经慢慢淡忘了，但唯独我们曾经的知青岁月，却刻骨铭心让人永生难忘。

1968 年 9 月，在父母的鼓励和支持下我参加了济南市第二批知青上山下乡。我们知青小组里一共9个人，6个男生，3个女生，小组成员：庄汇文、陈国泉、陈洪达、韩黎明、杨卫国、史向建、于建华、韩祥华、岳更新。组里年龄最大的是史向建19岁，年龄最小的是于建华16岁。我们知青小组被安排在莒县招贤区梁家四山大队插队落户。这个村子是离招贤区最远的一个知青点而且是山区，当时也是招贤区最贫困的村庄之一。农村条件非常艰苦，劳动强度大，伙食差，村里也没有通电，照明就是煤油灯，我们住的条件也很差，房子四面透风，窗户没有玻璃糊着窗纸，大门是用几块木板钉起来的，一下雨下雪都往里屋里潲，关上门屋里黑咕隆咚的，不点灯什么都看不见，所以我们一年四季门都开着。夏天苍蝇、蚊子、跳蚤很多，腿上和胳膊上被蚊子、跳蚤咬得疙瘩真是层出不穷，而且痒得要命，身上的疙瘩被我们用手挠得血肉模糊。冬天屋里没有取暖设施，喝水的杯子里，洗脸盆里的水都结成了冰。晚上房顶的虚棚上老鼠来回跑个不停，我们几个女生吓得不敢睡觉，生怕老鼠掉到自己的床上。有一天早上刚要起床，于建华听到她床头墙上挂的画有哗啦的响声，她就用手拍了一下，结果一条蛇掉到她的床上，吓得我们女生尖叫着落荒而逃，男生听到叫声立刻跑过来把蛇逮住了。农村艰苦的生活对于我们这些城里的孩子们的确是一个严峻的考验。我们信心十足要在广阔天地大干一场，扎根农村，改变农村落后的现状。刚到农村感到一切都非常新奇，许多景色在城市里是看不到的。我们到农村的时候正赶上收获的季节，望着广袤的土地，丰收的庄稼，树上挂满了橙色柿子，栗子从包裹着的绿色的刺猬壳里露出了棕色的果实，火红色的山楂果实累累挂满枝头，抬头向山上望去，层林尽染，色彩斑斓，犹如一幅美丽的油画展现在我们面前。我们插队的村子是山区，贫下中农有着沂蒙山老区人民的优良传统，非常淳朴善良，对我们知青也是非常爱护和照顾。我们刚到农村的时候什么活也不会干，也不知道如何去干，吃饭都成了问题，经过大队研究决定，把我们9个知青分到各队的农户家里，和贫下中农同吃、同劳动，让我们体会到了大家庭的温暖。大队里还把水库边最好的地分给我们当菜园，并教给我们如何种菜，还为我们小组配上专人指导做饭，教给我们摊煎饼做豆沫子等等，我们知青小组的生活和劳动也逐渐纳入了正常轨道。在劳动中，各队队长都尽量安排我们干轻点的农活，把我们知青当成自己的孩子或兄弟姐妹来照顾，使我们也很快地融入了农村生活。为了照顾我们知青小组，各队把我们的口粮地瓜、玉米等农作物分给村民，让村民帮我们把地瓜切好晒干、把玉米脱粒后再分给我们，这样帮我们节省了很多劳动。刚下乡的时候，我们根本不知道秋收秋种的重要性。在农村秋收秋种是一年中最繁忙的时候，一年的口粮就指着这一季呢！地瓜和玉米必须抓紧天气好切割晾晒，如果遇到阴雨天气，地瓜干就要烂在地里，一年的收成就要白忙活了。当村民秋收秋种忙得不亦乐乎时，我们却闲得无所事事，有村民帮我们忙秋的，这下有时间玩了，我们几个知青爬到山上吹拉弹唱，玩得真是兴高采烈。现在想起来真是太不懂事了，对不起帮助我们的贫下中农！

我们村里种地瓜是春播的重头戏，种地瓜需要往山上挑水挑粪，这项农活对我们来说就是最苦最累了，男生要推几百斤的独轮车往山顶上送粪，女生要用两个筐子往山顶上挑水、挑粪，看着筐里不起眼的东西却死沉死沉的。干一天活肩膀压得又红又肿火辣辣的钻心地疼痛。记得一次于建华挑着水往山顶上走，脚一滑不小心从山崖上摔了下来，脚后跟划了一道很长的口子，和小孩子的嘴这么大，鲜血直流，疼得她坐在山坡上哭了起来，当时于建华才刚满 16 岁，这个年龄在父母面前还是个娇宝宝呢！即使受伤了擦干眼泪还要继续劳动。男生推独轮车翻车和磕磕碰碰的情况也是经常发生。夏天头顶烈日在玉米地里锄草，也是一项非常辛苦的农活，玉米长得很高，密不透风，地里又闷又热，蚊虫还不停地骚扰，一天活干完，脸上、脖子上、手臂上、腿上让玉米叶划得全是一道道的血印，一出汗就钻心地疼。

记得刚下乡的时候，我们队长安排我在猪圈里出粪，看着猪圈里又黑又泥泞的粪汤，闻着臭烘烘的猪粪，站在满是粪便的猪圈里，用铁锨把猪粪不停地往外倒，鞋上、衣服上、手上都溅上了猪粪，臭气熏得我只想吐，好不容易坚持干完，整整一天不想吃东西，觉得自己满身都臭烘烘的。随着时间推移，困难和伤痛被我们渐渐克服，我们也慢慢地适应了这些农活。

虽然我们远离父母兄弟姐妹，但是我们知青小组像兄弟姐妹一样团结，真正做到了有福同享，有难同当，互帮互助在我们小组已是常态。女生帮着男生缝补衣服，拆洗被子，干一些力所能及的活。这些针线活在下乡前我们从来都没有干过，通过上山下乡一些针线活也基本上学会了。组里的男生也是脏活累活抢着干，主动把挑水和种自留地的活全部承包下来。组长杨卫国身体不好，也是主动抢着参加一些力所能及的劳动。庄汇文是我们知青点里种菜高手，什么节气该种哪种蔬菜他了如指掌，在男生们的共同努力下，我们自己种的蔬菜也基本上自给自足，还有节余，我们还喂了猪和鸡，伙食也有了改善。我们和庄里的贫下中农建立了深厚的友情，我们知青小组也更加团结。我们的努力也得到了上级领导的表扬和肯定。1970 年我代表梁家四山知青小组参加了莒县首届知识青年积极分子代表大会。现在回想起我们刚刚下乡时的情形，至今还记忆犹新。每次聚会时谈起当时的经历，还是开怀大笑。

我们刚下乡的时候，队里的口粮还没有分，国家对我们知青还供应半年的商品粮。我们 9 个人轮流做饭，当时吃的主食就是玉米面的窝窝头，喝的是用面做的疙瘩汤，它既当菜又当稀饭。记得轮到史向建做饭了，他在家里也没有做过饭，认为做饭很简单，不就是蒸窝窝头做疙瘩汤，这还不简单吗？他先把疙瘩汤做好，在箢屉上面蒸上了窝窝头，然后就开始拉风箱，他不知道饭什么时候能熟，就数着拉了 500 下风箱，烧了两大捆豆秸，结果把锅盖都烧了一个大洞，窝窝头烧成了黑炭，锅也烧漏了，午饭我们都没有吃。天气很冷，饿着肚子的男生穿着破棉袄腰里扎着根草绳子蹲在墙根晒太阳，就像一帮逃荒的难民，看着当时那个情景很让人心酸。这件事也一直被我们小组当成经典笑话之一。

有一天轮到韩祥华做饭，晚饭做得是高粱米地瓜粥，剩饭要从锅里盛出来，粥放到铁锅里第二天就会变成了黑乎乎的，况且厨房里还有老鼠。韩祥华晚上的剩饭没有盛出来，第二天早上继续加水做饭，饭做好了，陈洪达因为赶集吃饭早，当时屋里光线很暗，饭快要吃完的时候，洪达用筷子夹起一个黑乎乎的东西，他还以为是一个地瓜呢，仔细一看是一只煮熟的老鼠，太令人作呕了，害得他刷了好几遍牙。这样的趣事在我们知青点上太多了，也给我们的艰苦、枯燥生活增添了许多笑声。

我们下乡第一年，县知青办要求在知青点过“扎根年”。这样我们就提前回济南了。那时候粮食供应比较紧张，什么都要凭票供应，我们的户口都迁到农村了，回济南的时候要到粮库换粮票，我们庄里种的麦子很少，一年平均只分到十多斤小麦，没有麦子就不能换粮票，只好背着玉米回济南，真像一帮难民啊。我回到了阔别 4 个多月的济南，看到了在“五七”干校劳动的父母，抚摸着父亲冻伤的双脚，看着母亲消瘦的脸庞，我终于忍不住大哭起来。经过农村这几个月的劳动，我们回来的时候都黑了、胖了，身体明显比以前好了，父母看着我们的这些变化也就放心多了。我们在济南住了十几天就陆续返回了知青点。我因为家中有事和陈洪达晚走了几天。当时交通很不方便，先要坐火车到沂水，在沂水再坐汽车到招贤。

回去的那天晚上是7点的火车，结果到了晚上12点火车也没有开，车厢里人又多，空气乌烟瘴气，火车还没有开我就开始晕车了，整个人迷迷糊糊。火车到沂水的时候已经是中午了，天上下着鹅毛大雪，所有长途汽车已经停运，只有一辆县里来接知青的大卡车，我们只好坐着大卡车回莒县了。一路上大雪纷飞，又冷又饿，肚子里没有东西，我还晕车，不停地吐，把苦胆汁都吐了出来，我觉得自己就像快死了一样，一路上多亏陈洪达的照顾，要不真是后果不敢想象，傍晚终于到达了莒县。第二天一早我们又坐汽车回到招贤，招贤到梁家四山还要走12里路。当时风雪交加，我们又背着沉重的行李，实在是走不动了，把行李放到了黄埠知青点，我和陈洪达冒着大雪，踏着泥泞的道路赶到梁家四山，这时棉衣、棉鞋已经湿透了，人也几乎冻僵了，到了知青点我们已经成了雪人了，看到知青点久违的同学，百感交集，我终于忍不住大哭起来。经过了这一路的艰辛，终于在大年三十赶回了知青点，和贫下中农过了一个终生难忘的“扎根年”。

虽然已经回城参加了工作多年了，但是我们都时刻惦念着梁家四山的老百姓，怀念我们知青小组的生活，当时日子苦虽苦，我们苦中作乐，想家的时候我们就唱起《远飞的大雁》来寄托我们的思念之情。苏联歌曲，也是我们知青点的最爱，这些歌曲伴随着我们度过了两年的下乡生活。我们知青小组人才济济，有小提琴演奏家陈国泉，有黑管演奏家韩黎明，他们两位都是我们莒县知青宣传队的。史向建是一个单杠能手，他自制了一个简易的单杠，翻起单杠就像一只灵活的“猴子”，引得村民经常在我们院子里驻足观看。男生们还在院子里设计了一个土制的篮板，空闲时间打打篮球，自娱自乐在我们小组得到了大家的共识，使我们枯燥的生活添加了许多乐趣。我们组的小提琴、黑管、口琴合奏还在招贤知青汇演中隆重登台亮相，这一组合得到了一致好评！

1999年7月我们下乡31周年之际，陈国泉的朋友开车把我们送到了阔别已久的梁家四山。村民们知道我们要来，冒着酷暑早在村口迎接我们了。我们代表知青小组给庄里希望小学捐了款，尽了自己的一点微薄之力。

2013年10月14日我们一行6人第二次来到梁家四山。原本想已经过去45年了，村民大多数已经不认识我们了，我们就想看一下庄里的变化。我们来的时候也没有给庄里打招呼，就直奔梁家四山去了。招贤镇变化也非常大，原来去梁家四山的路根本找不到了，一路打听着到了庄里。就在我们寻找梁家四山的时候，村民问我们是哪里的，我们说是这庄里原来的知青，村民立即给梁荣贵书记打电话，梁书记亲自出来接我们，还找了几个原来和我们熟悉的村民热情地设家宴接待了我们，并带着我们在庄里和我们曾经劳动过的地里转了转。梁书记的父亲也是我们的老朋友了，他还清楚地记得我们在梁家四山的喜怒哀乐。虽然已经过去45年了，村民还能清楚地叫出我们每个人的名字，说出当年我们的一些趣事。这次回去看到梁家四山的变化很大，村里有了水泥路，出行很方便，老百姓盖了新房子，生活也有了很大的改变，感到很欣慰，我们给村委会捐了款，尽了我们知青小组微薄之力。梁书记代表村委会送给我们当地的土特产小米和绿豆。谢谢梁家四山的父老乡亲们，有机会我们还会回去的。希望梁家四山越来越好，老百姓早日过上小康。

2015年春节前夕，我们在微信上看到了梁家四山村委会帮助村里贫困户和孤寡老人过好春节的倡议，我们知青小组积极响应村党支部的号召，以我们梁家四山知青小组的名义把救济善款打到了村委会的账户上，村委会还用大红纸公布了我们捐款的消息。

转眼49年过去了，弹指一挥间，困难和挫折让我们找了自己的价值所在。我们虽然付出了青春和热情，但是我们收获了理想、坚强和友情。岁月锻炼了体魄，磨炼了毅力，教会我们如何做人，如何做事，使我们更加成熟。这些经历在我们以后的工作中起到了很大的作用，让我们更加珍惜自己的工作，更加珍惜我们知青兄弟姐妹般的友谊。

一生的惦念

朱宝瑛口述　李鸿整理

我原是济南第十七中的学生，1968年9月17日，下乡插队到莒县峤山公社前集大队当知青，那年我才16岁。

我们知青组共有七名知青，四女三男。三位男生是济南二十四中的学生，四位女生都是济南十七中的同学。原本要分到大崖头大队，后来又调到前集大队。

现在这四位女生，一位在临沂大学退休，一位在省精神病医院幼儿园退休，一位在莒县供销社退休。我是1973年病退回济南，1975年分配到济南市历下区土产公司，在那儿工作到退休。

1970年底的大招工，我们小组走了五位知青，一位女知青嫁给本村的农民结婚生子，只剩下我一个人。我百思不得其解，论出身，我不是最差的，论表现，我和大伙一样，为什么就留下我自己？最后，我给自己找了个理由，应该是我年龄最小，不耽误我找对象吧。直到 2016 年，我们第一次回莒县峤山前集村，才解开了这个谜，不让我回城的理由竟然是因我身体不好！所谓的身体不好，就是我耳聋。我耳聋是下乡时参加繁重的农业劳动造成的。记得是那年挑水种地瓜，在劳动中，突然左耳嗡的一声，就聋了。当知青几乎没有收入，所得仅能糊口，济南家中生活也困难，拖拖拉拉地一直没有好好治疗，造成了左耳失聪。大招工后，我一人留在前集大队当知青，身体状况很差，需要往返济南治疗，连九元钱的路费都拿不出。记得有一次，还是县知青办专门救济我，给了我九元钱，我才得以回家治病。

前集大队的父老乡亲对我非常好，他们看我一个女孩留在村里，孤孤零零的，对我说："你这么个小女孩，远离爹娘，一人在外，真可怜。"他们很同情我，经常叫我到他们家中吃饭。我每次从济南回庄，也尽量带一些小礼物送给他们，我和前集大队的父老乡亲结下了深厚的友情。

也有不怀好意的人，给我介绍对象，不是出身不好，就是有残疾的，都是些不好找媳妇的人家，弄得我哭笑不得。

后来，我家中的亲友也劝我，不如在济南近郊找一个合适的人，嫁回来，我当时下定决心，宁愿招工到千里之外工作，也不在家门口当农民，不是看不起农民，是我的身体条件不允许。这样我在前集大队等到 1973 年，终于知青有了新的政策，身体不适的知青，可以病退回城，在我当了五年知青后，才回到济南，结束了知青生涯。

我们前集知青小组的宋芬，下乡时十七岁，她家里当时十分困难。父母被遣返到山东省平原县，那里是北三区，生活条件极差，宋芬家姊妹众多，她父母无法生活，把三个小的分给三个大的，每人负责一个弟妹的生活，宋芬是老三，带着一个小妹在我们知青小组生活了一段时间。

村里有人借此机会给宋芬介绍对象，介绍的是大队书记的妻弟，26 岁离婚，在当时那种情况下，宋芬也很无奈，最后嫁给了大队书记的妻弟。结婚后很长时间，生活都十分困难，晚上从不点灯，因为没钱买灯油。

当年，我们年龄小，不懂事，在种种困难面前咬牙硬挺，生活都十分不容易。回济南后，我最不放心的就是宋芬，因为在前集大队的知青，最后就剩下我们两人，午夜梦回，宋芬经常来到我的梦中。2016 年，我回到前集村，看到她现在生活得很好，我也就放心了。

孟家西楼知青点纪事

冯培兰

（一）第一顿饭

1968年12月28日早上，阳光刚刚跃出地平线，中楼区学校西边的空地上，在寒风中站着十几排青少年，每队大约十至十二人左右。他们是从济南到莒县接受贫下中农再教育的知识青年。

有关领导简单讲了几句话后，把我们十人（五男五女），交给了一个四十多岁中年人，他就是孟家西楼村的贫协主席孟宪石，他吩咐几个推着独轮车的壮小伙子，把我们简单的行李捆绑在车子的两旁，就领着我们走在去孟家西楼大队的路上。走过一片平坦的小路后，来到了山岭前，只听贫协主任孟大爷说:“这里叫马岭，这就是咱们村的地了。”上了这个坡，到了马岭顶，就有阵阵欢快的锣鼓声传到我们的耳边。我们来到了村东头，只见全村的男女老少都在振臂高呼:“欢迎知识青年！”“向知识青年学习！”看着淳朴善良的大叔大婶和身强力壮的满带笑容的青年朋友，以及带着稚气好奇的小孩子们，都这么热情地欢迎我们，我们的心都沸腾了，从心里感觉到，这里的人真好。进村后，来到村中央的一处房屋前，我们知青被安排坐在北屋门口的两旁，院里围满了村社员和孩子们，大队书记孟兆斌先致了欢迎词，又请孟宪石大爷为我们做了忆苦思甜报告，随后，端上了为我们知青准备的第一顿大餐——忆苦思甜饭。

这些用盐水煮的地瓜秧子，里面什么也没有，隆冬季节，地瓜秧子很干、很硬，尽管老乡们用水洗过，泡过，又用盐水煮过，但是吃在嘴里，还是和嚼木渣子一样，嚼不烂，又刚听了忆苦思甜报告，心里的激情还在涌动，我们都在使劲地嚼，慢慢地咽。我在这个组年龄最大，又被指定为知青小组的组长，所以，我努力地吃完了碗里的饭。谁知，旁边的同学看我吃完了，把她的顺手倒在我的碗里，我没吱声，又低头去吃，没想到，我还没吃完，旁边又一女生将她碗里的饭又倒在了我的碗里。看着比我小的妹妹，我笑了笑，低下头，慢慢地把碗里的饭一点一点地吃完，守着全村的社员，我心里想，吃，不能给知青丢脸，不能让社员说我们知青娇气，就这样，我终于把碗里的饭吃完了，这时，十个知青碗里的饭也全光了。看着我们吃得干干净净的碗，社员为我们鼓起了热烈的掌声。

这顿饭在我的记忆中，是最难忘的，也是记忆最深的。

在随后的日子里，我跟社员熟悉后，有多位识字班问我:“地瓜秸好吃吗？”我说:“还行。”她们都说:“我们都没吃过这样的饭，你吃了难受吗？”我说:“这就叫忆苦思甜。”

（二）烙煎饼

我们十个知青就在一口锅里吃饭，开始几天，由村里的社员为我们烙煎饼，一个星期后，这些活儿就全由我们自己做了。

烙煎饼，看似简单，但工序还是很多的，首先，负责做饭的知青要把地瓜干泡上，泡软后，开始换水，一般在切碎前换三至五次水，头两遍水，是紫红色的水，随后一次比一次浅，换完这几次水后，要用刀把它切碎，大约切成黄豆粒大小，切碎后，继续泡，再换上二至三次水，这第一道工序就算完了。

下一道工序，就是推磨，石磨就安在我们屋前，磨是新磨，很沉，需要三人推。为了不耽误农活挣工分，我们都是夜里推，三个知青在磨上套上木棍，用腹部顶着，围着磨一圈一圈机械地转着，有一个人掌勺，不时地往磨眼里添着切碎的碎瓜干。还要不时地把磨盘里的糊子挖到盆里，那时的知青都没有手表，每次推磨都是摸黑起床。我们分成两组，5人一组，3人推磨，2人烙煎饼，都是男知青李景东叫我们，他睡一觉，醒了，就起床在院里喊:“哎，起床推磨了。”推磨时，三人要配合好，用力均匀。那时我们白天干活，觉得很累，半夜推磨，推着推着，就又迷糊上了，不知不觉就把磨棍掉在了地上，打一个激灵也就醒了。不好意思地拣起磨棍，笑笑，继续在磨道里转着，推一次磨，都要在两个小时以上，负责推磨的，推完后，收好糊子，刷好磨回屋再去睡觉。

在推磨的同时，烙煎饼的也上阵了，先把使用的柴火放在棚子里，再把盖顶用布擦干净，放好，备好耙子、油垫子，这时，磨好的地瓜干糊子也就陆续下来了，开始点火，烧热鏊子，抱着地瓜干磨成的面团在鏊子上滚，如果糊子稀，就用耙子摊平。等滚满整个一鏊子时，再用耙子将面糊刮匀刮实，当煎饼烙熟后，用刀子抢煎饼边，然后揭起，一张煎饼就烙成了。就这样，一张又一张，周而复始，烙一次煎饼需用三四个小时，知青小组能吃两三天。也就是说，每次烙煎饼，从推磨开始到结束，需要 4 个多小时，由于我们没有表，通常是烙完煎饼，鸡还没叫，洗洗后再回宿舍睡个回笼睡，即使有时起来晚，也是烙完煎饼，启明星才在东方露脸呢。我们就洗洗，喝口水，坐着稍歇歇，扛着扁担，拿上锄头或是铁锨，随着社员去上早工。

两年来，我们知青点，就是这样团结协作，任劳任怨，自己动手，尽量保证吃饱吃好。我们两年来，很少煮地瓜，有时煮次地瓜，也是吃新鲜，从不拿它当主食，生怕吃不好，吃坏了胃。

（三）乡亲情

1969 年春节，是下乡后的第一个春节，按上级要求要在孟家西楼过一个“扎根年”。

当时我们青春年少，大的 20 岁，小的不过 17 岁，第一次离家在异乡过春节，看见乡亲们家家户户、喜气洋洋地在贴春联，粘窗花，门楣上还挂着红红绿绿的彩纸，心里不免都有些挂念和惆怅。

大队书记孟兆斌，我们都叫他四爷爷，知道我们心里想家，在腊月二十八日，安排各生产队长陆续给我们送来了年货，有炒花生、大馒头，还有炸果子，我们济南叫炸麻叶，但这种炸货与济南的不同，是用黏高粱米或粘谷子磨的面做成的，吃起来又酥又脆又香。看着乡亲们送来的年货，我们心里可暖和了，这些年货来自村里的家家户户，我们看到了大队革委会对我们的关怀，全村乡亲们的热情，我们想家的情感冲淡了不少。春节期间，大队领导还联系了几台戏在我们村演出，活跃了节日气氛。

1969 年的春节，我们就这样吃着全村乡亲们送来的年货，看着丰富多彩的文娱节目，有地方戏、歌舞等，欢欢喜喜地过了一个“扎根年”。

（四）打牛草

1969 年的夏天，有一次，队长临时派我给水牛打草，我一个人挑着箩筐，在河边和沟旁的野地里寻找着嫩草，快到中午，我已割了满满的两筐，准备收工时，又看见一片茂盛的青草，我马上弯下腰，用镰刀去割，没想到河边垂下的柳枝扫在我的脸上，只觉得火辣辣地疼，我急忙用手臂去擦，结果越擦越疼，啊，我叫刷毛夹子蜇着了。刷毛夹子是一种毛毛虫，圆滚滚的身上长满了细细的毛，有毒，扎在肉里，既看不见，更拔不出。脸很快就全红了，我赶紧把草送到牛棚，回到宿舍，用肥皂、碱水洗，不管用，社员又给我找来了氨水（一种液体化肥）擦上，也不管用，疼了两天，脸部感染了，左半个脸肿得连嘴也张不开了。看到我这样，妇女队长孟宪爱陪着我去中楼卫生院看病，医生给我开了药。回家后，村里的孟庆军知道后，每天主动到知青点给我打针。

经过一段时间的治疗，肿消了，但左边脸上仍有一个硬块，硬块中间还有点溃疡，硬块有杏核大小，保管员大爷找到我说："小冯，你脸上这样可不行，落下疤多难看，我有个方法，你用用吧，或许管用。"我按照他的办法，把牛牙焙黄，磨成粉，冲水喝了下去，硬块逐渐变小变软，十几天后，脸又恢复了原样。

（五）水　桶

知青点浇菜园，需要用水桶，我们知青点只有一副水桶，还需要几副水桶。因菜园里没井，需要到"汪"或"沟"里用水桶提，我们都是到社员家里借。当时，大队一个工是 8 分钱，买一副水桶当时价格是五六元，水桶又容易坏。两年里，我们知青不知借了多少家，更不知借了多少次，但我们每一次借水桶，乡亲们都是高高兴兴借给我们，从没有让我们吃闭门羹，在乡亲们的帮助下，我们知青菜园里的菜一直长得都是郁郁葱葱。

两年来，乡亲们对我们知青的关心、爱护和帮助，使我们知青一生难忘。

（六）小菜园

孟家西楼大队革委会为让我们知青吃上蔬菜，分给我们知青点两小块菜地，也叫自留地，一块在我们住的宿舍前面，一块在村的东南面。

种菜多亏了贫协主任孟宪石大爷，都是他按照季节给我们撒下种子，春天帮我们种上茄子、芸豆、小白菜等，夏天给我们种上萝卜和大白菜，秋天种上来年收获的蒜。种上菜以后，浇水，施肥等，就是我们知青自己的事了。菜是一朵花，全靠粪当家。知青点的男同胞不怕脏，不怕臭，及时给蔬菜施肥，把大粪和人尿挑到地里，按畦施好肥，把自己养猪生成的圈肥，从猪圈里起出来。起圈肥的活既脏又臭，人要到猪圈的底部，用铁锨一锨一锨通过墙上的一个四方小洞扔到地面上去，然后再一锨一锨铲到筐里，挑到菜地里去。

种菜不比种庄稼，除了施肥还需要浇水，而且是每隔几天，就要浇一回水。下午收工后，吃完晚饭，我们每人到社员家借一副水桶，挑着水桶到菜地里浇水。我们浇水的方法十分原始，要到村南的“汪”或“沟”里去挑水，男女生都要把鞋脱掉，挽起裤腿，来到“汪”或“沟”边，用手把水桶放到“汪”或“沟”里灌满,然后挑起来,小心地走出“汪”或“沟”边，爬上一个小土坡，穿过村边的公路，再爬上一个小崖头，才能将水浇到菜地里。我们每人要挑二十多担水,才能把菜地浇完。夏天还好,到秋后,秋风一吹,光脚提水,脚和小腿都觉得很凉,小腿都被风吹皱了。就是这样,我们在提水时,还是有说有笑,男同胞还时不时高兴地吼上两嗓子,浇完水,看着菜长得那么好，再累我们也觉得开心

记得1969年，我们种的南瓜收了90个，每个都在10斤以上，堆了好大一堆。初冬，起了大白菜，我们在孟宪石大爷的指导下，挖了一个两间屋子大小的地窖，把大白菜贮存起来，青萝卜在门口的菜园里挖了大坑，埋在地下，在上面堆起的土上插了一些树枝，说是让萝卜喘气。一冬天，吃着我们自己的种的菜，吃着自己打的粮食，可爽了。

（七）返　城

1970年12月28日，我们像往常一样，早上起床，洗漱完毕，扛着工具就各自上生产队去劳动了。

这天，天空里晴朗无云，吃完早饭，大家都到生产队劳动去了，点上就剩我一人在家准备做中午饭。天半晌，我看到有知青陆续从我们家前的公路上走过，因我们的宿舍在村的最南边，而且也没有院墙。忽然，我听到一个声音在喊:“回济南了，你们怎么还没动身啊？”啊，回济南，我懵了，怎么没给我们通知啊？我连忙问道:“什么时候啊？”“今天就走，去县城集合。”

我当时的心情既高兴，还十分着急，去县城还有五十五里路呢，就现在走，也得用四个小时。我急忙找到大队书记孟兆斌，说:“四爷爷，我们今天要去县城集合了。”四爷爷和孟宪石大爷也赶忙安排社员把在各生产队劳动的知青叫回来，又组织了一帮妇女和识字班为我们包饺子。

这边，我们知青忙着在宿舍打点行李，那边妇女们忙着包饺子，等我们把行李打好了，饺子也熟了。相见时难别亦难，看着热气腾腾的饺子，望着乡亲们熟悉的脸庞，我们知青都没有了食欲。

两年来，我们只是在1970年的春节前后分两批回过济南一次，每批都是二十天的假，都是按时归队，也就是说，下乡共720天，我们在这里足足住了700天，可谓是出满勤干满点。在这700天里，我们和社员们一

起上工，一起说话，一起种地瓜，晒地瓜干，冬天深翻地，享受着面朝黄土背朝天的田园生活。在十几天前查体后，各小队给我们知青算两年的劳动成果，我们女生虽然两年也是出满勤干满点，但因为工值太低，女生扣除口粮钱后,还欠各小队的钱,但各小队也没让我们女知青往回交钱,现在,冷不丁地说走就走,心里还是沉甸甸的,有好多话要说,但又不知说什么好,每个知青的嘴里说的是:“谢谢乡亲们了，谢谢乡亲们了。”

乡亲们也是一句话:“你们回城是喜事，别忘了有空回来看看。”

时间紧迫，我们在社员簇拥下，恋恋不舍地踏上了返城的路。

情同手足知青组

七七届刘家菜园知青组

1977 年的八月，秋高气爽，艳阳高照。8 月 31 日，全县知识青年上山下乡行动，经过两天的集中学习，今日奔赴各个知青点。

我们刘家菜园知青组共有十一人，分别是男生七人：李金利、赵拂晓、朱向东、于刚、朱立民，冀贞耘、董庆国;女生四人:丁咏梅、陈霞、袁从娥、贾玲仟，平均年龄十七岁。

8 月 31 日上午,我们也和全县其他小组一样,如期到达插队村庄。当时,刘家菜园大队专门派来了“25 马力”拖拉机，我们一行十一人乘坐上拖拉机，一路高歌很快来到了位于县城南面，古老的莒国古城墙脚下的城阳公社刘家菜园大队。村口红旗招展，锣鼓喧天，一大群男女老少簇拥在桥头，热情地和我们打招呼。大队书记刘纪龙同志和班子成员以及许多社员群众，聚集在大队院里迎接我们。走进院子首先映入眼帘的是高耸在院子中央的毛主席塑像，热烈的掌声使我们这些刚刚走出校园的学生，倍受鼓舞，倍加感动。“知识青年到农村去，接受贫下中农再教育，很有必要。”毛主席的谆谆教导在耳畔回荡，扎根农村干革命，广阔天地炼红心，当时的革命激情骤然提升。中午，来到村里的第一顿饭，是村里早已准备好的热气腾腾的水饺（当年作为我们这些吃商品粮的孩子来说,吃饺子也是件稀罕事）。

安家立业过日子，就得有个持家过日子的样子，可是，对于我们这些十六七岁的孩子来说，毕竟没有经历过。在带队老师赵桂开（县棉麻公司干部，半年后县计量所干部王智常老师接替赵桂开带队）和大队支委、文书兼大队会计刘纪居（一直在支部分管知青，对我们很关心，我们都尊称他为老大哥）的安排、关照下，小组进行了分工，任命李金利同学为小组长，赵拂晓同学为团小组长（兼小组会计），出纳员贾玲仟同学（1978年12月赵拂晓参军后，团小组长由李金利兼任，小组会计由袁从娥接管），并编排了每天由二人为一小组轮流值日，负责全天的小组日常生活，做饭、烙煎饼、喂猪、整理卫生等等。

为了解决从外面担水吃，我们自己动手自打压水井，压水井是由李金利同学的父亲（当时在县水泥厂任厂长）安排厂里，用无缝钢管和柴油机气缸做的，当时在刘家菜园也不多见。安家立业要生火做饭，那个时候烧柴就是个大问题，幸好我们小组有县兰官庄煤矿的同学于刚、朱立民、董庆国、贾玲仟，同学们回家求援，是煤矿领导给予了大力支援，解决了“燃煤之急”。大队在村东给了八分菜园地，春天大部分种上经济作物——蒜，收获了蒜再种上大白菜，秋天插蒜，这些在当时是刘家菜园的主导经济作物。小部分用来种些时令蔬菜，边学着种菜，边学着管理。经济类作物，除留下小组生活所需外，大部分和老百姓一样，赶集卖出去换成钱，用来补贴小组的生活。我们距离酒厂很近，酒糟又是喂猪的好原料，我们找酒厂要酒糟票买来酒糟，又找城阳粮所提供方便，喂养了两头猪崽，十个月的时间两头小猪都长到了300多斤。大家共同努力，精打细算，小组的经济收入较好，每月都有较好的现金结余。小组生活花样较多，农家饭做得也很好，学得也很快。这主要得益于大队安排一大婶手把手地教我们烙煎饼、馇豆沫子；得益于村里的好朋友、大哥哥、大姐姐们经常帮我们择菜做饭，教我们如何炒菜、如何做饭、如何做家务；得益于同学们自己的家人，回家学一点，回小组“露一手”。

下乡插队的第一年，我们是每人每月定量45斤的商品粮，按规定知青到农村的第一年，还要由村里给每个知青发放500斤的“垫底粮”。这样我们的第一年就相当于吃着双份粮，500斤的“垫底粮”不是在自己的粮囤里，要拿回属于自己的“500斤”，就得向大队去要，烙煎饼是充分的理由。家里有了粮，粮本的粮食就节余了下来。丁咏梅同学的妈妈在粮油供应站工作，冒着风险为我们小组调剂了许多的“便利”，至今无法忘怀。

我们刘家菜园大队共有八个生产队和一个实验队，我们十一个同学统一在实验队劳动，但又分到八个生产队参加年底分红（实验队不独立核算不分红）。各个生产队发展不平衡，工日价值悬殊很大，有的一个工日8毛5分钱，有的只有4毛多点。这样，同学们之间收入不均同工不同酬，既影响了个人情绪又影响了积极性的发挥。加之，小组也和家庭一样也有许多的“活落”，干与不干都一样也不行。为此，我们积极想办法与大队协商进行了二次再分配，就是所有同学在各生产队的分红由小组统一收入，结合小组的结余和同学们在小组各项工作的表现，按照人头、工日、组内活动时间进行再分配，很好地解决了平均主义，坚持了多劳多得的原则，体现出了一家人，吃一锅饭，干一样活，拿一样的报酬。这样一来，同学们没有了消极情绪，劳动热情高涨，积极性也有了很大提高。此一举，受到了县知青办的肯定和赞扬并在全县推广。为此，组长李金利同学代表小组出席了 1978 年 3 月临沂地区知识青年先进代表大会。

我们小组十一位兄弟姐妹，情同手足，亲如一家，非常团结（至今我们每年都要聚一聚）。带队老师王智常对我们要求很严，事事处处关心关怀着我们。县知青办的李玉兰阿姨（县知青办副主任）经常到我们小组来检查指导，带着我们集体学习（每周集体学习一天），每次都给予我们小组很高的评价，夸我们是全县团结最好的小组，出勤率最高的小组，最受大队干部称赞和肯定的小组。我们确实为村里承担着许多的单项工作，帮助村里办了许多实事。小组全体同学在实验队劳动，实验队与县农科所挂钩，搞了许多的试验，我们都能够帮助实验室的老师们做些科学试验，良种培育、科学种植等等。村里有两处黑板报，每十天半月或是有重大活动都要更换，赵拂晓同学自己全包揽了。“三夏”“三秋”生产都要搞宣传，小组的同学们全部承揽下来。村里原来的团支部成员都去当老师了，大队党支部安排赵拂晓同学负责团支部工作，和小组同学们一起组织全村的团员青年，利用晚饭后的 2 至 3 个小时搞义务劳动，挖淤泥造地近十亩，改良土壤结构，改变种植品种。刘家菜园大白菜远近闻名，也是村里主要经济作物，那时大批的大白菜供应了北海舰队。种大白菜需要大量的化肥，可那时要购买化肥需要指标，丁咏梅同学的父亲（县农业银行行长）从县化肥厂帮助解决了村里的急需。村里搞水利工程修水渠、打机井、建机房需要的水泥也需要计划，金利同学回家要来了县水泥厂的大力支援，等等。一天，大队副业弹棉花的机房失火，当时正值小组学习日，听到救火全体出动提水桶、端脸盆，勇敢地冲进了火海，避免了更大的损失。事后受到了大队干部和知青办的称赞，表扬我们的广播稿在县广播站播出。

村里的民兵工作知青是主力军，李金利同学是民兵连副连长。民兵连部有三挺 12·75 高射机枪，三挺轮式钢挡板机枪，十六支 65 式半自动步枪。

每年都要参加县武装部和公社武装部组织的春秋两季民兵训练，同时还担负着防雹弹的训练和使用。民兵连部又是武器装备库，枪支的管理，维护保养都由我们小组完成，赵拂晓同学就在民兵连部具体负责。我们还承担着村里的夜间打更巡逻，负责着村外场院的安全和大队果园的安全。积极维护村里的社会治安，敢与小偷小摸等不法行为做斗争。记得有一次夜间果园来报告，有人潜入果园偷苹果，我们小组五人立即持枪赶到果园，先是在外面向果园深处放了几枪，然后端着枪边放枪（其实是给自己壮胆）边搜索着进了果园，幸好偷苹果的早跑了，否则后果不堪设想。多少年之后回想起来还是心有余悸。有一村民在挑酒糟的路上偷掰集体的玉米棒子藏在酒糟桶里，被逮着后大队安排我们押着他挑着酒糟敲着锣游街，从村里游到县城，从城西游到城东，那时的举动十分正常，也非常正义，现在想来又觉得十分可笑。

我们小组在刘家菜园大队插队历时两年整，虽然历经了苦与累的洗礼，但是，我们得到了许多的东西，学会了农家“活落”，经受了考验和磨炼；学会了勤俭持家，懂得了生活的来之不易；学会了与人相处，懂得了人人为我、我为人人的做人理念；学会了坚韧，懂得了困难面前敢于前行；学会了公而忘私，懂得了事事要以集体利益和国家利益为重；和老少爷们在一起，学到了老百姓吃苦耐劳、艰苦朴素、勤俭节约、朴实无华的优良作风和崇高品德，受到了村党支部和老百姓的肯定和称赞，为将来走上新的工作岗位打下了良好的基础。1979年8月31日全体小组成员应招回城安置，踏上了新的工作岗位，具体去向是：

赵拂晓1978年12月应征入伍，在北京军区装甲兵坦克第六师二十一团汽车连服役，1983年底复员后回到莒县，先后在县政府招待所、文心宾馆、县委县政府招待科、行管局、水产局、水利局工作。

李金利先后在洛河供销社、果品公司、县供销社工作。

朱向东在县商业局食品公司肉联厂工作。

于刚先后在刘官庄供销社、果品公司营业楼、县城市信用社、县农村信用社、农商行工作。

朱立民先后在阎庄农村信用社、二十里农村信用社、县农商行工作。

冀贞耘先后在陵阳广播放大站、阎庄广播放大站、县广电局工作。

董庆国先后在刘官庄供销社、店子集供销社、县供销联社工作。

丁咏梅先后在商业局食品公司肉联厂、县农村信用社、县农商行工作。

陈霞在县人民医院工作。

袁从娥先后在东莞广播放大站、安庄广播放大站工作。

贾玲仟在日照市广播电视中波转播台工作。

加入中国共产党

王卫军

我于1960年2月出生，莒县一中高中毕业，在县委党校参加了上山下乡前的培训班。按当时有关规定，家中已经有下乡的（当时姐已下乡），其他姊妹就可以留城安排工作了，可我当时积极要求上山下乡，于1976年8月6日来到莒县城阳公社刘家村第一生产队插队务农。组织上非常关心，派了一名董老师带队，知青办的高主任，李主任也时常去检查指导工作，大队专门派张培久负责做饭、种菜园等。头年我们带着户口下去的，第二年就按我们所挣工分多少与村民同样分粮食，当时一个工五角钱，年底还按工分到一点钱。

我们这批同时去的是11人，第二年又有两个回乡的知青来到我们小组，这期间男生们陆续去当兵，还有的去地质队工作，我们多数女生是在1978年12月回城分配工作的。

我们来到刘家村的知青全部分配到生产队，生产队的活是很累的，村里的大龄青年、中年人干什么，我们就干什么。那时我们最大的20岁，最小的才16岁，身体正在发育期，对那些重活的确有点硬扛，但是大家都很自觉，种麦割麦，插秧收稻等样样都干。到秋收有月亮的时候，早点起床，一天能割二亩水稻，吃在田间地头，到了冬天也闲不着，跟着去挖土将沙回填，改造粮田，去城里砸土墙挖污泥拉回田间当肥料。那时候物资紧张，化肥短缺，种地用的都非常原生态，但是粮食产量的确不高。

有个广播站，每到农忙时节，我们知青就成了主力军，有写稿子的，有广播的，进行宣传，鼓舞斗志。村里还有个忆苦思甜展室，有板面宣传，我们都成了讲解员。为了丰富文化生活，我们也成了村文艺宣传队的主力，编排节目，有乐器演奏、舞蹈、演唱等，自编自演，非常活跃，并且还到城阳党委、魏家村、丰家村等进行演出。村支部提倡移风易俗，我们配合团支部给村里结婚的青年无条件地去抬嫁妆、迎新娘。

由于肯吃苦，积极要求进步，1978年12月，被党委推荐参加了共青团县委第十三次代表大会，成了入党积极分子，接着被吸收为中共预备党员。1979 年在药材公司按期转为正式党员。

献身沂蒙教育事业

刘文莉

1968 年 7 月，我瞒着父母在学校里带头报名上山下乡，得到了学校领导的批准。母亲得知后，又是埋怨，又是开导，希望我留下来，但我坚定了下乡的信念，母亲气恨交加，患病卧床不起。我含着热泪告别了家人，离开了家乡，来到了莒县陵阳乡址坊大队插队落户，后来在该乡任教师。莒县成了我的第二故乡，这里的一山一水与我有着浓厚的感情，这里的人民牵动着我的心，我舍不得养育我、关心我的故乡人民，放弃了一次又一次的回城机会，决心把自己的一生献给这里的人民，献给沂蒙的教育事业。

当时农村的生活条件十分艰苦，扎根农村，这对于一个女知青来说，是更不容易的事情。自 1970 年后，和我一起下乡的同学陆续回到了城市，回到了父母身边，而我却四次放弃了回城的机会，把名额让给了别人。当时，和我一起下乡的范向树也几次放弃了回城的机会，我们俩在知青中成了典型，县知青办出面动员我们结婚安家落户，我们在征得双方父母的同意后，于 1973 年结了婚。最近几年，国家允许双知青自己联系好单位可以回城，亲朋好友、兄弟姐妹都想给我们出面联系，让我们及早回城。我父亲退休前曾任济南市政协工商界常委，省政协工商界执委，临退居二线时，组织上同父亲谈过话，并提到我至今生活在农村，要不要照顾调回城。父亲说："孩子在农村很好，他们也不愿意回城，我这个当父亲的为什么扯后腿呢？"父亲的理解和支持更坚定了我献身农村的信心。我们这样做，社会上很多人不理解，说我们"傻"，但我们毕竟在农村生活了 20 多年，这里的乡亲待人亲，与我们建立了深厚的感情，我们不忍心离开他们，农村需要我们，我觉得为了人民的需要，最为幸福。一个人应当在事业上有所建树，而不应计较城乡差别，贪图浮华，我是这样想的，也是为着这个想法而苦苦追求和奋斗着的。

（一）响应政策，带头实行计划生育

自 1973 年结婚，至今我们只生育一个孩子。当时上级提倡"一对夫

妇一双孩，孩孩间隔四五年”，加上我和爱人都从事教学工作，年龄不算大，再下去几年再要一个孩子也不晚。这时农村中对计划生育政策认识不足，超生现象比较普遍，一些好心人劝我趁年轻再要个孩子，并主动要求帮助我们照看孩子。面对这种情况，我的思想斗争很激烈，翻来覆去想了很多，自己是一名教师，又曾做过计划生育工作，动员说服过别人实行计划生育，现在轮到自己了，更应带头计划生育。我和爱人谈了自己的想法，他表示同意，过几年再要第二个孩子。1979 年孩子已经 5 岁，上级批准了我们生育第二胎，并给开了证明信。正当这时，党中央发表了《公开信》，明确提出了一对夫妇只生一个孩子。在这种形势下，我的思想斗争很激烈，是带头报名一胎化，还是要二胎？说句良心话，我当时感到一个孩子太少了，特别看到同龄人都有两三个孩子，自己也曾后悔过，但考虑到自己的身份和工作，在这种情况下，抢生二胎，一定会造成恶劣影响，通过学习一系列文件，认识到计划生育的重要性、紧迫感，一对夫妇只生一个孩子关系到子孙后代幸福和健康的大问题，也是社会主义精神文明建设的需要，于是我和爱人在各自单位愉快地报了名，终身只要一个孩子，为计划生育工作开展带了个好头。自 1982 年以来，我受到了省、地、县各级政府的表彰、奖励，光荣出席了省计划生育工作表彰大会，并做了典型发言。

图 5-29　刘文莉工作照

（二）献身党的教育事业，努力教书育人

自 1976 年春天开始任教，十几年来，我立足本职工作，热爱教育事业，对工作埋头苦干，任劳任怨，认真教学，努力探索，乡里每次组织业务大检查，我的积分最高。我体格较弱，但从不示弱，多次带病坚持上课，经常为差生、病生补课，关心学生，为家庭困难学生交过学费，为缺衣少穿

的孩子买过衣服，常年供应学习用品，向学生倾注了慈母般的爱，许多学生动情地喊我“妈妈”，家长常说：“俺把孩子交给了刘老师，俺当家长的放心。”短短一句话，我心理上得到了极大的安慰，人民群众这样相信我，更增加了我献身农村教育事业的信心，我全力花在教学上，功夫不负有心人，汗水换来丰硕果，我担任的班级，连续七次在乡里取得好成绩：六次居一，一次居二，并多次被评为优秀班集体。1985 年 1 月，我光荣地加入了中国共产党，实现了一生最大的夙愿。还被评为县模范党员、优秀教师、先进工作者、教学能手，党和人民对我的鼓励，成为我今后前进的动力。

（三）无私奉献，主动赡养孤寡老人

照顾五保老人，是我们民族的传统美德。我们下乡不久，就组织学雷锋小组，为村内五保老人服务，受到干群的好评。婚后，我和丈夫就主动挑起了赡养孤寡老人方长勤的担子，他住处离我们家只有十来米，为了让老人晚年幸福，我们承担了老人吃、喝、穿、戴、缝、洗全部家务。平时

图5-30　1995年11月刘文莉参加中国共产党莒县第九次代表大会与陵阳代表团合影

俺家吃点好饭菜，总少不了他一份，逢年过节，我们便买上点心和酒给老人送去，春节前准备年货，每样都少不了他一份，碰上病灾，我亲自为他抓药，喂药送饭。一些老人羡慕地说：“没想到你这个孤老头子老来有福，

碰上了好闺女，把你伺候得这么周到，比俺这有儿有女的还强。”1984 年 9 月 17 日，老人病情严重，这天我请了假守在老人身边，一步没有离不开，临终前，老人握着我的手断断续续地说：“文……莉……你……为我……好，我……忘不了……你……”两行泪珠从老人眼角流下来。我安慰老人说：“大爷，不要难过，等你好了，我仍像从前那样照顾你，让你多活几年，我感到比什么都强。”赤脚医生见病情恶化，忙向村两委做了汇报，安排专人夜里守护，让我回家做饭照顾孩子。第二天天刚亮，我就赶忙来到老人家，谁知推门一看，老人已停止了呼吸，当时我的泪水止不住流了下来，强忍悲痛和大家一起收敛了老人。

我照顾方长勤老人的事，受到县、乡政府的表扬。李文润副县长在 1983 年优秀老师表彰大会上说：“陵阳公社方家址坊小学教师、下乡知青刘文莉，响应党的计划生育号召，带头终身只要一个孩子，腾出更多时间干好教育工作，她下乡十几年来，一直热心照顾五保老人方长勤，她的心灵美给了学生良好的影响。”

回顾我的人生历程，我觉得尽管经历了风风雨雨磨炼，付出了艰苦的劳动，但党和人民给了我许多荣誉，故乡人民给了我深情厚爱，我只有扎根农村，为沂蒙教育事业奉献自己的光和热，以报答党和人民的养育之恩。

莒县新社员文艺宣传队风采

刘荣起　李　鸿　陈国泉　陈崇思　阎　伟　张玮玮　韩黎明等

从 1968 年 4 月开始，济南市的上山下乡知识青年陆续到达莒县，插队落户。到年底近 1000 名济南的知识青年被安置在不同的村庄里。我们来自济南市的各个中学，包括了初一到高三共六个年级，年龄从十五六岁到二十岁左右。这些人中音乐、美术、体育人才应有尽有，代表了当时济南市各中学的音乐、美术、体育教育水平。

当时，全国各级都在组织毛泽东思想文艺宣传队，通过音乐舞蹈进行宣传，文艺宣传队就给那些有着音乐舞蹈 特长的学生提供了一个展示自己才华的机会。

先是临沂地区知青办组织了一个临沂地区的知青文艺宣传队，莒县知青中有三人入选。他们是殷晓林、陆士伟、王万琴。在这之后，于 1969 年春，在莒县上山下乡知识青年安置办公室的组织下，四月初莒县上山下乡知识青年新社员毛泽东思想文艺宣传队正式成立。同时还组织了一支莒县知青篮球队。当年莒县知青的管理机构县安办主任是老干部高汶同志和于道遵同志。这二支队伍就是由他们二位老领导组建起来的。今天回想一下，他们二老思想开放、意识超前，对知青非常关心爱护，并能发挥这些知青的长处。因为当时临沂地区各县如沂水、日照、莒南、沂南等还没有这样的两支队伍。时至今日，我们这些知青宣传队的队员还常常想起他们二老对我们的好，感谢他们为我们创造了一个展示才华的舞台。

图 5-31　莒县知青宣传队演出时合影（李鸿提供）.

记忆中，接到通知到县安办报到后，人员还不齐备，通过已报到知青的介绍，又陆续招进了几位队员。招贤区东双庙大队知青范博逊参加了一场演出后因故退出。最后，参加莒县新社员毛泽东思想文艺宣传队全过程的共计二十人，其中包括济南第十三中学青年

图 5-32　文艺演出

外语教师梁富庚老师。

在县安办领导下，我们通过民主选举，推选城阳区坝上大队知青刘荣起任队长，刘官庄区黄家宅大队知青李鸿和阎庄区爱国大队知青周荃任副队长。大家集体讨论我们宣传队的名字，最后定为莒县新社员毛泽东思想文艺宣传队。乐队队员有小提琴：陈崇思、陈国泉（兼大革胡）；二胡：尚铁汉；竹笛：李鸿；笙：刘荣起；手风琴：梁富庚老师；单簧管：韩黎明；女高音：季林梅；男高音：阎伟、范博逊；舞蹈演员：周荃、陈胜民、张玮玮、张敬杰、段军、毕斯春、李媛、魏国瑞、赵欣、李亚田；曲艺演员：赵胜。因为人少，后来在实际演出中，很多人都是文武混乱不挡，乐队兼演员，需要干什么就干什么。

报到后一个星期，我们就排练出了一个半小时的节目。莒县新社员毛泽东思想文艺宣传队的首演是在县委大礼堂。具体演出了哪些节目，时隔近五十年，早已记不清了。但是，当晚的演出轰动了这个沂蒙山区的小县城，人群涌动，欢呼声、掌声震耳欲聋。火爆的场景永远留在我们这些宣传队队员的心中。每一个节目都要返场，独唱和独奏节目甚至要返场三到四次。县委大礼堂内，人满为患，水泄不通。入场秩序早已失控，但演出纪律却出奇的好。每个节目一开演，全场安安静静，鸦雀无声。观众随节目的进行，时而惊叹，时而欢呼，时而鼓掌。

图 5-33 原莒县新社员宣传队部分队员在济南趵突泉公园合影

尤其是由陈胜民和魏国瑞分别扮演喜儿和杨白劳，季林梅和阎伟伴唱的芭蕾舞《白毛女》选场等节目更是莒县人见所未见、闻所未闻。舞蹈演员陈胜民扮演的喜儿穿着芭蕾鞋用足尖出场时，随乐队奏出的优美的《北风吹》音乐，犹如仙女下凡。观众们惊呆了！大礼堂内安静得一根针落在地上都能听见。演出结束时，掌声雷动，经久不息，一再谢幕。

我们的演出大获成功！我们抓住了莒县观众的心，我们展示了自己的才华，展示了自己的青春。这是一个让人难以忘怀的夜晚，动人的音乐和优美的舞蹈打动了所有观众的心。

演出结束后，很多观众围着我们观看，久久不愿离去，更有一批特殊的观众围着我们乐队队员好奇地问东问西。了解之后才知道，他们是当时县委宣传队的乐队队员，他们对小提琴、大革胡、笙、单簧管的演奏都是第一次见到，向我们咨询，态度谦和、认真，很让我们感动。后来，他们中的部分人成为我们这些乐队队员多年的朋友。这一刻，我们这些知识青年成了传播先进文化和文明的使者。

第二天，县知青办的领导和工作人员见到我们全都笑嘻嘻的，看来对我们的演出非常满意。县广播站邀请我们到他们的机房去录音，我们的音乐于是遍布全县的有线广播系统，传遍了莒县的城乡村镇和山山水水。县革委宣传部派出摄影师拍了很多照片，据说几个主要女演员的照片放大后，在县革委机关内到处流传。在那段时间，我们莒县新社员毛泽东思想文艺宣传队的演员就是莒县的大明星。

图 5-34　原莒县新社员宣传队部分队员于济南趵突泉公园合影

当时演出的节目，内容主要是宣传知识青年上山下乡运动。另外，宣传队组建不久，中国共产党召开了第九次全国代表大会，随即又增加了宣传“九大”任务。大部分节目是我们宣传队原创，自编、自导、自演，部分独唱、独奏节目采用了成品。几乎每一位队员都参与了节目的编创活动。大家群策群力、积极主动。队内团结和谐，达到完美状态。在为一个新疆舞蹈配伴奏时，陈国泉和陈崇思大胆采用了小提琴独奏《新疆之春》的音乐，这首欢快、热烈、优美的乐曲当时还被称为“毒草”，记得他们两人商量了半天，最后说，反正这儿没人听得懂，就大胆地用上了。但要内部掌握对外保密。这首乐曲节奏强烈、情绪欢快，速度又快，在一次演出中，舞蹈演员魏国瑞因情绪过于投入，在一组时间较长的旋转动作后险些转晕，在舞台上有些摇摇晃晃，这事多年来，成为我们之间的笑谈。

首演之后，新社员宣传队按计划，开始了在全县的巡回演出。凡是有知青的区都要去演出。根据知青小组的不同分布情况，每个区演出若干场次。县知青办找来几辆独轮车，我们的行李、乐器、道具装车后由男同学轮流推着，全体队员步行走遍了全县有知青的区。县知青办派出李桂德同志为领队，他毕业于山东师范学院，教师出身，同我们这些年轻人相处得非常融洽。他对我们采取的管理方法是给予充分的信任，排练节目从不干涉，反而是经常给予赞赏性的鼓励。有一次在巡回演出途中休息时，他见一位演员手抱琵琶，一句唐诗脱口而出:“犹抱琵琶半遮面”，知青李鸿随即和他背起了白居易的《琵琶行》，而背唐诗在那时是不合时宜的，而李桂德同志一副满不在乎的样子，因为他知道中华民族的优秀文化遗产，他对我们完全放心。他的这种管理方式为我们的创作排练提供了一个非常宽松的氛围，据说他后来曾任山东省诸城县委书记，我们这些当年的队员们现在说起他来，几乎都是一致的给予好评!

在巡回演出期间,我们接到县知青办的紧急通知,回县城参加庆“九大”的宣传演出。当时我们领到的任务是在工人俱乐部的露天舞台演出，县革委的宣传队是在县委大礼堂的室内演出，两处相距十分钟路程，现场演出同时开始。我们的演出现场人山人海，掌声雷动，节目还是一再返场。我们全体队员个个精神振奋，全身心投入，台上台下演员与观众已经是融为一体，在音乐和舞蹈中实现了心灵的沟通。尽管那时节目所宣传时政内容较多，但动人的音乐和优美的舞蹈就像是冷寂的山谷中吹来的一股清新的春风，使广大的观众得到了美的享受，愉悦了观众的耳目的同时，也触动了他们内心深处对美的追求!

演出结束后，一些围观的观众告诉我们，他们是从县委大礼堂那边来的，县革委宣传队的演出开始不久，观众就开始纷纷退场，跑到我们这边来看我们的演出。到最后，那边都快没人了。

莒县新社员毛泽东思想文艺宣传队从组建到结束，实际存在了两个多月。在这二个多月中，我们宣传队的队员几乎走遍了全县每一个公社，因为要对知青进行宣传演出，所以，当时大部分的知青点我们都去过。每到一个知青小组，因同为知青，在这样的条件下见面，格外亲热，一些下乡后再没见过面的同学竟然意外相逢。在巡回演出的过程中，我们全体队员安步当车，走过了莒县的山山水水，浮来山的秀美风光，古银杏树的震撼人心，青峰岭水库的烟波浩渺，都被我们深纳心中，在艰苦的环境中，能有这机会领略莒县的美丽山河，怎不让我们永志心中？多年后，我们部分队员再次相聚时，大家不约而同地回忆起在中楼区两山口的演出。我们在去两山口的途中，在拐过一座山坡时，突然大家眼前一亮。山下一座水库呈现在面前，青山绿水动人心魄，风景一时无两啊！时间已是初夏，天气已经不是很冷了，男同学们按捺不住，纷纷下水游泳，女同学欢笑着在一旁呐喊叫好。带队的李桂德同志一看就急了，在岸上大喊："都给我快上来！"急得他一头汗。那时我们才十七八岁，难得有此快乐的机会，一时水花飞溅，热闹非凡。但后来他见我们在水中一个个游来游去的怡然自得，他又笑了起来，干脆点上一支烟，在岸边欣赏起我们的泳姿来。

在这短短的二个多月中，我们这些知青通过音乐舞蹈结成了终生的朋友，友谊从那时一直延续到现在。这二十位队员中有两位已过世，他们是济南第十三中学的梁富庚老师和陵阳区张家围子大队知青尚铁汉。我们这些幸存者常常回忆起他们生前的风采，小梁老师用俄语演唱《莫斯科郊外的晚上》时，那一脸的安然恬静。铁汉扮演小舞剧《收租院》中农会领导人时的英武形象，都让我们永世难忘！目前还有几位队员暂时失去联系，但我们想，是朋友，终会有见面的那一天！我们的友谊绵绵无期、地久天长！

爱的奉献

徐　兆

我高中毕业后，积极响应毛主席的伟大号召，满怀建设社会主义新农村的豪情壮志，于一九六八年四月由济南来到莒县城阳公社刘家菜园大队插队落户。六年来，在农村这个广阔天地里，我经受了锻炼和考验。我深深地体会到，知识青年在农村有学不完的知识，干不完的事业，确实是知识青年需要农村，农村需要知识青年。我先后担任过大队的广播管理员、赤脚医生、民办教师和政治夜校辅导员，革命工作需要我干什么，我就干什么，因而受到贫下中农的称赞。

（一）当好革命维修工

一九六九年，正当社员群众欢庆春节的时候，我们村里的广播喇叭全都不响了。看到这种情景，我心里十分着急。我想，不能眼看着广播喇叭，听不到党中央、毛主席的声音。于是我便和另一名知识青年放弃了春节休息，顶风冒雪检查维修广播线路。刺骨的寒风吹到身上像猫咬似的，手冻得裂开道道血口子，但我们全然不顾，愉快地唱着贫下中农编的歌儿："雨洗脸，风擦汗，地冻三尺照样干。为了农业学大寨，脱皮掉肉心里甜。"我们越干心里越热火，用了整整五天时间，终于把全村的广播线全修好了。广播线接通以后，仍有许多人家的喇叭不响，我就挨门逐户进行检查，决

图 5-35　《广阔天地》原插图

心把所有的喇叭都修好。可是，工具、材料啥也没有，我就自己动手，造了一个土烙铁，又用自己的钱买来焊锡等材料，奋战了十几天把各家各户坏的一百多只喇叭都修好了。贫下中农听到广播后都欢喜地说："多亏毛主席派来的新社员！"从此，贫下中农就让我担任了大队的广播管理员。几年来，谁家的喇叭、收音机坏了，我就主动地给他们修好。现在连村外的

甚至外县的许多群众都来找我修理。虽然身子受点苦，但心里却觉得分外甜。

一九七三年夏天，秋季作物遭受严重的虫灾，各生产队急用喷雾器治防虫害。这时有三个队的喷雾器坏了，叫我给修一修。尽管我过去没有修理过这个东西，有些困难，但我想到了为了夺取农业丰收，就马上动手干起来。由于烙铁小，不好焊，我就先把喷雾器烧热，再用烙铁焊。天热火烤，忙得我汗流浃背，直干了一个通宵，终于把所有的喷雾器都修好了，这些喷射器在灭虫战斗中发挥了很大作用。这年秋天，我们大队在严重灾害情况下，仍然获得了好收成。贫下中农高兴地说："今年农业大丰收，这里边还有维修工小徐的一份功劳哩！"

（二）身背药箱为人民

一九六九年夏季，一天夜里，正下着大雨，突然有一位贫农老大娘抱着一个生病的小孩来找我，问我会不会打针。我实在无能为力，送走了大娘，心里很难过。我想："如果我会治病那该好啊！"我决心以白求恩为榜样，努力学习医疗技术，全心全意为贫下中农服务。当晚就写信给在济南的妈妈和弟弟，让他们给我买些医书和医疗器械。第二天，我到县医院学会了打针。当时我们村还没有办起合作医疗，打针也要跑很远的路到医院去，既耽误治病，又影响生产。由于我主动去病人家里打针治病，把群众欢喜得了不得，都说我做了一个好事。贫下中农鼓励我说："小徐，好好学习，大胆干，你就是咱村的赤脚医生。"我决心不辜负贫下中农的期望，买来几十种药物，一面看书学习，一面实践。经过实践锻炼，我由原来只会打针换药，到能治一些常见病、多发病。后来，群众有了病都来找我。不论是白天黑夜，还是下雪下雨，我总是坚持随叫随到。有一年冬天，贫农社员刘荣秀的小孩患黄疸性肝炎，卧床不起，一连四个月，我天天去他家为孩子打针服药。在一个大雪纷飞的夜里，我从县城开会回来，已经是下半夜了，又冷又累，但是，我没顾这些，首先跑到刘荣秀家给孩子看病。刘荣秀感动得热泪盈眶，他紧紧握着我的手说："天这么冷，夜这么深，你还想着给孩子治病，孩子长大了，俺一定让他成为像你这样的好青年。"我激动地说："贫下中农为教育培养我费尽了心血，我做这点小事有什么值得说的。"

一九七二年冬季，正当广大群众大搞水利会战的时候，我县突然发生

图 5-36 《广阔天地》原插图

了流行性感冒，县医院的病房住得满满的，我们村也病倒了一百多人，严重影响了农业学大寨运动的开展。这时，白求恩毫不利己专门利人精神鼓舞着我勇敢承担了这场“救死扶伤”的重任。我白天黑夜走东家串西家，经过几天的紧张治疗和宣传预防流感的土方验方，很快地控制了传染病的蔓延，保证了水利大会战的顺利进行，使俺大队成为全公社第一个完成任务的先进单位。

（三）胸怀朝阳育新人

1970 年，贫下中农让我担任小学民办教师。这是一项光荣的任务，我决不辜负党和贫下中农对我的殷切期望，一定尽最大努力把孩子培养成为革命事业的接班人。

到校后，学校领导让我教五年级毕业班。这是个“老大难”班，学生不愿学习，纪律松弛，有十几名家长已把学生领回家去。为了改变这个班的落后面貌，我首先抓了政治思想教育，请苦大仇深的老贫农对学生进行阶级教育，组织学生批判“读书无用论”，用自己扎根农村干革命的切身体会，说明农村多么需要有文化有社会主义觉悟的知识青年，用英雄模范人物的先进事迹，教育学生树立革命理想，端正学习态度，明确学习目的，决心为革命学好社会主义文化课，经过教育，学生的精神面貌发生了深刻的变化，原来中途退学的 12 名学生又回到了学校。“老大难”变成了“红旗班”，受到家长的欢迎。

为了贯彻执行教育为无产阶级政治服务、教育与生产劳动相结合的方针，我坚持理论联系实际，把课堂教学和现场教学紧密结合起来，收到了良好的效果。有一次讲“百分数的应用”一节时，正赶上播种小麦，我发动学生拿来盆盆罐罐，为八个生产队测定了小麦的发芽率。由于各生产队按照发芽比例适量播种，保证了苗全苗旺，为小麦丰收创造了有利条件。

为了加强直观教育，提高教学质量，在师生们的大力支持下，我自力更生，土法上马，先后制作了十几种教具，对提高教学质量起了一定作用。制作的“乘法小九九电动演示器”在省里“教学仪器展览会”展出后，受到领导和同志们的称赞。

几年来，我始终组织大搞勤工俭学活动，如拾鸡粪、割青草、复收粮食等。我们共拾鸡粪两千余斤，割青草2万余斤，收入400多元，学生用的书籍、本子、笔墨、纸张做到了自给有余。1973年，给全班27名学生每人做了一套新衣裳。通过勤工俭学，不仅减轻了学生的家庭负担，而且增强了学生的劳动观念，支援了农业生产，受到了学生家长和贫下中农的欢迎。

几年来，在党和贫下中农的关怀教育下，我做了一点应该做的工作，但是，党和人民却给了我很大荣誉，我三次被评为优秀教师，并出席了县教育战线积极分子代表大会。今后我决心戒骄戒躁，永远沿着毛主席指导的与工农相结合的道路奋勇前进！

（原载于1972年9月山东省革命委员会知识青年上山下乡办公室《广阔天地》第9期）

永远和贫下中农结合在一起

董　瑛

1968年，我在济南十五中高中毕业后，响应毛主席关于“知识青年到农村去”的伟大号召，来到莒县中楼公社两山口大队插队落户。

两山口大队地处山区，开门见山，走路爬坡，干活靠双肩。我们一到农村，正赶上冬季整修大寨田。白天干一天活，晚上躺在床上，腰酸腿疼，翻身都懒得动。当时，我想，参加农业劳动真不容易啊！这可不像在学校里，帮助生产队劳动，十天半月就回去了，这是一辈子啊！这样下去，啥时候是个头呢？党组织发现我们的思想苗头后，就给俺讲家史、村史，进行阶级教育、理想前途教育和革命传统教育。我想，无数革命先烈，为了党和人民的利益，不惜牺牲自己的生命，为什么自己参加了几天劳动就感到受不了呢？广大贫下中农整天奋战田间，埋头苦干，任劳任怨，为什么自己一遇困难就打退堂鼓呢？这说明自己在思想感情上与贫下中农还有很大差距，也说明接受贫下中农再教育很有必要。认识提高后，我决心在农村扑下身子，大干一场，为建设社会主义新农村贡献力量。

在农村这个广阔天地里，我总觉得有干不完的工作，使不完的劲。除了参加生产劳动，我们还积极帮助贫下中农做好事，在实际斗争中锻炼自己。有一年冬天，下了一场封门大雪，我和同学们分头到贫下中农家里，帮助他们扫积雪、挑水、推磨、烙煎饼。我看到老贫农何田正病在床上，立刻给他做了一碗热气腾腾的面条送去。他感激地说："旧社会，下这样的大雪，冻死也没人管。今天，你们来了，处处想到贫下中农，这完全是托毛主席他老人家的福啊！"我们经常想着贫下中农，贫下中农也像爱护自己的亲生儿女一样爱护我们。有一次，我长眼疖子，半边脸都肿了起来，贫下中农都很关心。军属何大娘送来了偏方，并连着几晚上用明矾水给我洗眼，终于治好了。我感激地说："大娘，您对俺比对自己的亲生儿女还疼爱。"大娘却说："毛主席把你们交给俺，俺不管谁管？俺不疼谁疼？"过去在学校里经常说"阶级感情""阶级友爱"，但是，并没有真正理解，现在，通过和贫下中农朝夕相处，我才真正理解了什么是无产阶级感情，什么是无产阶级友爱。贫下中农的关心和爱护，使我更加热爱农村，热爱贫下中农。

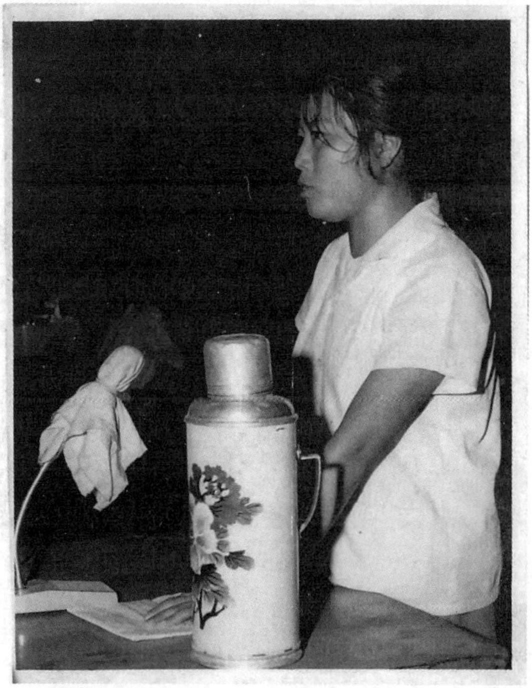
图 5-37　1974 年 8 月董瑛参加省巡回报告团在全省各县区演讲（董瑛提供）.

在与贫下中农共同战斗的日子里，我对当时的林业队长何永良逐渐产生了感情。他出身贫农家庭，对革命工作兢兢业业，勤勤恳恳，是个好青年。但是一想到一旦在农村结婚，就要在农村待一辈子，思想又激烈斗争起来。通过反复学《共产党宣言》，革命导师关于"共产主义革命就是同传统的所有制关系实行彻底的决裂，毫不奇怪，它在自己的发展进程中要同传统的观念实行最彻底的决裂"的教导，给我指明了前进的方向。我决心扎根

图 5-38　董瑛 1975 年春在蒙阴县做报告

农村，同贫下中农结合一辈子。有的社员说:“人家董瑛是城市来的，父母都是干部，我看这事不准成。” 我听了后，就理直气壮地说:“城里的干部女儿，为什么就不能找个农民！为了执行毛主席的革命路线，我要为建设社会主义新农村干一辈子。”

根据工作需要，党组织推荐我当了人民教师。这时我想，一定不辜负

图 5-39　1974 年 8 月董瑛参加省巡回报告团与省知青办宣教处梁处长合影（董瑛提供）

党的期望，决心忠诚党的教育事业，继续走与工农相结合的道路。可是，父母却和我想的不一样，他们听说我当了教师，便让我设法离开农村，调回济南，并再三劝我不要在农村结婚。为了表达自己扎根农村的决心，我给父母写信说："我吃着贫下中农用汗水种出来的粮食长大，毛主席教我走上了与工农相结合的革命大道，我要永远沿着这条大道走下去。当初，我要求下农村时，你们是那样地支持鼓励我，而我要扎根农村，在农村安家落户，却又遭到你们的阻拦，这到底是为什么？你们过去祖祖辈辈都是农民，以后参加了革命工作，1951 年才由沂水来到济南，而现在却瞧不起农村，看不起农民，这又是为什么？你们应该像当初支持女儿下乡一样，支持我在农村安家落户，为建设新农村贡献力量。"当时，父母的思想还是不通，外界也议论纷纷，给我增添了很大的思想负担。我吃不下饭，睡不好觉，翻来覆去考虑这件事，并多次学习了毛主席的教导。我想我和农民结婚，为什么遇到这么大阻力？归根到底，还是二千多来年孔孟之道这条精神枷锁对人们束缚的结果。对待农业劳动，从来有两种截然不同的看法，无产阶级和劳动人民认为劳动创造世界，劳动无上光荣；而地主资产阶级则认为，劳动可耻，劳动人民是下贱的，是"小人"。有人攻击知识青年上山下乡是"变相劳改"，这就充分暴露了他们的地主资产阶级反动本性。我们知识青年走上山下乡的革命道路，决心扎根农村，必须首先从思想上同这些旧的传统观念实行最彻底的决裂。我的行动得到了党组织和贫下中农的积极支持。大队党支部书记何永法同志对我说："知识青年上山下乡既然是一场伟大的社会主义革命，就必然会有两种思想的斗争，遇到干扰和阻力是不奇怪的。你要顶住这股歪风，勇敢地前进！"贫农社员何忠三也对我说："你这样做，是符合毛主席革命路线的，你为知识青年和农村妇女树立了榜样，我们贫下中农坚决支持你。你要听毛主席的话，坚持到底，就是胜利。"毛主席的谆谆教导，党支部的亲切关怀，贫下中农的知心话，使我浑身增添了无穷的力量。1972 年 5 月 1 日，在大队党支部、革委会和贫下中农的支持帮助下，我在广阔天地里建立了新家庭。

随着批林批孔运动的不断深入发展，我们全家人的思想也在不断变化。1974 年 2 月，《人民日报》发表了白启娴同志的来信。这封信在我的家里反响很大。我的爸爸妈妈承认了错误；1974 年 2 月，我生了一个小女孩，我爸爸还给她起了一个耐人寻味的名字：爱农。

我是个高中生，何永良是个只上过 3 年学的小学生，但我们在工作上、学习上互帮互学，在生活上互相关怀体贴。广阔天地，大有作为，我们决心为建设社会主义新农村奋斗到底。

（原载于1974年8月15日《大众日报》）

坚决同旧传统观念决裂，永远和贫下中农结合

董　瑛

新梅：

你好！

来信收到，知道你在农村安家问题上遇到了一些阻力，我觉得这是不奇怪的。毛主席教导我们:“任何新生事物的成长都是经过艰难曲折的。”我在这个问题上也遇到了一些阻力，经过了一番斗争。下面就把我的情况简单地跟你聊聊。

我是1968年高中毕业后上山下乡来到莒县中楼公社两山口大队插队落户的。在农村广阔天地里，我虚心接受贫下中农再教育，经过了锻炼和考验，与贫下中农建立深厚的阶级感情。

图5-40　山东省上山下乡知识青年报告团的同志畅谈接受再教育的体会（1974年8月《广阔天地》插图）

在与贫下中农共同战斗的日子里，我认识了当时的林业队长何永良，在劳动中逐渐对他产生了感情。但是，要真正在农村安家，思想斗争还是很激烈的。社员们也议论纷纷，有的说:“人家董瑛城市来的知识青年，父母都是干部，何永良家生活也不富裕，人家跟他图点啥？”我的同学来信讲:“你不好好考虑一下。这是一辈子的事情，你在山沟里安家，有什么前途？”还有同学说:“一个高中生嫁个农民，太可惜了！”这时，我就反复学习毛主席的有关教导，以及邢燕子、侯隽、沈秀芹等英雄、模范人物的先进事迹。我认识到，不同的阶级，对于理想和前途有截然不同的概念。资产阶级历来把升官发财、骑在劳动人民头上作威作福视为自己的理想前途，把理想和前途建筑在劳动人民的痛苦之上。而无产阶级则把努力建设社会主义，为实现共产主义远大目标和为解放全人类奋斗终生，当作自己的理想和前途。我是一个毛泽东时代的青年，应该坚决走毛主席指引的光明大道。党和人民的需要就是我的理想，永远和贫下中农结合，共同建设社会主义新农村就是我的前途。贫下中农需要我，我更需要贫下中农。

家里和我想的也不一样，我弟弟来信劝我，让我三思而后行。他在信中讲:“你如果和姓何的结婚，就别想再进董家的门，我也不会跟他叫一声姐夫。”并在信皮上写道，“良药苦口利于病，忠言逆耳利于行。”我父母来信讲:“不要打错主意,一定要慎重对待。”并在信中附了这样一首打油诗，“抚养成人二十年，十三寒窗有本钱，今又就业有工作，父母责任已尽完。一失父母对儿宠，二惹女儿心恼烦，来者女儿去者无，愿儿革命永向前。”这首诗的意思是说，下乡那年我 20 岁，上了 13 年学，现在当了老师，父母就不管了，让我独立生活。为了我这件事，一是失去父母对女儿的疼爱，二是使女儿心里不痛快。来到济南就是父母的女儿，不来什么也不是。虽然父母不同意我在农村安家，但是希望我能沿着毛主席的革命路线永远向前。我想，知识青年不走与工农相结合的道路，怎么能沿着毛主席的革命路线前进呢?

为了表示自己的扎根农村的决心，我给父母写信表明我的坚定态度，并在信后也附了一首打油诗:“土生土长二十年，响应号召下农田，沂蒙群峰在招手，一辈子扎根沂蒙山。”我还在信皮上写上了《共产党宣言》中指出的“两个决裂”，再次希望父母能支持女儿在农村安家落户。

我父母知道我决心已定，回信说:“你自己的事情，希望你能妥善处理。只要以后不后悔就行了。”并附了一首打油诗，表示当时的心情，“枪林弹雨不怕难，三十年革命到今天。只因为了女儿事，胜过子胥过昭关。”意思是说，在战争年代，为革命出生入死，从未感到发愁，可是今天，为了女儿的事，愁得比伍子胥过昭关还厉害。由此可见，旧思想、旧传统观念对人们的影响多大啊！我决心与旧传统观念彻底决裂，我在给父母的信中也附了一首打油诗："革命前辈千千万，流血牺牲换今天。为了保卫红江山，立志农村把家安。"

后来，在党支部、革委会和全村社员的帮助下，1972年5月1日，我在两山口结了婚，安了家。

1973年春节到了，俺庄的贫下中农都劝我回济南看看。他们说："你俩一块去，你爸爸、妈妈还能把你们撵出来吗？"我写信征求父母的意见，问他们是否同意我回济南过年。爸爸回信说："任何时候都可以来，但我和你妈有一个要求，只能单枪匹马而来，不许带任何随员。"随员指的是谁，不用说就明白了。

随着形势的不断发展，我们全家人的思想也在不断变化。1974年春节，我爸爸主动捎信让我回济南过年，说："我们的关系，迟早要大锅里煮冰——由凉变热。"1974年2月，《人民日报》发表了白启娴同志的来信，这封信在我的家里反响很大。首先我弟弟认识到，自己过去想法是错误的，表示要向姐姐学习。同时，他还十分高兴地第一次承认了这个当农民的姐夫。我爸爸、妈妈也认了这门亲戚，还给我的小女孩起了一个耐人寻味的名字：爱农，并解释说，爱农村也行，爱农业也行，爱农民更好。看来，这锅冰已经熔化了，开锅了。我爸爸、妈妈现在的态度，就像当初支持我下乡一样，坚决支持我扎根农村干革命了。

新梅，以上就是我在农村安家落户的大体经过。几年来的实践，使我深深体会到，在知识青年扎根农村的问题上，是意识形态领域里一场深刻革命……邢燕子、侯隽、朱克家等这些革命知识青年是我们的好榜样，我们一定要像他们那样，扎根农村干革命，在三大革命斗争实践中增长自己为人民服务的才干……今天就谈到这里，希望我们经常交流思想，互相勉励，永远沿着毛主席的金光大道阔步前进！

祝你进步！

董　瑛

1974年9月

（原载于1974年9月《广阔天地》，有删节）

爱的故事在延续

——两山口十二名知青情系第二故乡捐资助学九周年

董　瑛

图 5-41　1998 年 9 月 2 日在两山口村委合影

分别 30 年，第一次集体回两山口

1968 年 12 月 22 日，毛主席发出最新指示：“知识青年到农村去，接受贫下中农再教育，很有必要。”我们 12 人积极响应号召，于 1968 年 12 月 27 日由济南十五中学上山下乡到莒县中楼公社两山口大队插队落户。

我们怀着对毛主席无限忠诚、对祖国的无限热爱来到农村，把人生中最美好的青春年华献给了广阔天地。我们与贫下中农一起战天斗地，用自己的双手挥洒汗水，耕耘着贫瘠的土地，养活着自己。尽管那时生活非常艰难，但锻炼了我们的生产生活能力，使我们坚强起来，让我们从容面对

左起前排：陈芙蓉、张莉莉、王安洁、路传玲、董瑛；

中排：郑孔强、李作田、于勇、刘波；后排：杨琦、李瑞昌、杨其泉

图 5-42　1969 年春节两山口知青在济南合影照

摄于 1969 年 2 月济南天桥照相馆

百般坎坷，让我们克服生活中的重重困难，用坚忍的意志迈出坚实的脚步，是那个年月的磨炼，让我们以后的人生路上勇往直前。

1970年12月底,因工作需要,大家奔向新的工作岗位,通过不懈的努力,同学们成了各行各业的骨干，人们百般赞美，只有知青才能吃得起苦，一句话：行！直至今天！

1998年9月，为纪念知识青年上山下乡30周年，我们12人第一次集体重返两山口村,《日照日报》还大篇幅的作了报道。

小汽车开进了两山口村，我们欣喜地看到，村里通了电，还盖起了不少大瓦房，改革开放给小山村确实带来了巨大变化，但是我们觉得那个美丽的小山村变得不如我们下乡时美丽了，山上的树少了许多，显得光秃秃的，裸露的石头很是刺眼。听说西山上我们曾经洒下辛勤汗水劳动过的苹果园也没有了，村里的沙河变得那么窄，虽然修建了一座桥，但河边河中的白色垃圾随处可见,河里那些可爱的鸭、鹅也已不见踪影。山还是那座山，人还是那些人，只是少了心中那道美丽的风景。两山口依然贫穷，怎么帮他们成了我们12名老知青的挂心事。

2008年，在纪念知识青年上山下乡四十周年之际，我们12人再聚两

图5-43　2017年，两山口知青与受捐助大学生及家长合影

山口村，时任《经济日报》社秘书长及全国经济报刊协会副会长于勇提议，为大力宣传弘扬全社会捐资助学的良好风气，倡导奉行良好的社会道德，

大家共同商定，决定建立一个老知青奖学助学基金，帮助两山口，还是从教育入手。于勇慷慨解囊，并拉来莒县一家信用社的赞助，老知青们也纷纷出资，共筹集资金 10 万元，年度利息用于捐助两山口村考上大学的孩子们。并从 2013 年起，资助三名失去父母濒临失学的孩子至 18 岁。

自 2009 年起，共资助考上大学的学生 28 名，计 20100 元，三个孤儿 14000 元。

这个充满人间大爱与真情的故事将延续下去……

表 5–1　两山口知青捐资助学情况一览表

时间	人数	姓名	性别	录取院校
2009 年	3 人	何召禄	男	山东司法警官学校
		何慧敏	女	南洋师范学院
		何乃相	男	东北师范大学
2010 年	3 人	蒋庆鑫	男	中国石油大学（华东）
		何晓丽	女	潍坊教育学院
		何子珍	女	山东经济学院
2011 年	4 人	何婉君	女	山东理工大学
		何美丽	女	东营职业学院
		何德亮	男	山东英才学院
		何乃花	女	山东潍坊职业学院
2012 年	3 人	张文香	女	山东财经大学
		何倩文	女	泰山职业技术学院
		何丹丹	女	潍坊护理职业学院
2013 年	7 人	何晓强	男	山东体育学院
		何晓雯	女	潍坊科技学院
		何俊增	男	江苏大学
		何晓东	男	山东科技大学地球科学工程学院
		何晓龙	男	青海师范大学
		何丽珠	女	菏泽艺术学院
		何建峰	男	中国矿业学院
2015 年	3 人	何凌云	女	山东财经大学
		何壮志	男	齐鲁师范学院
		何文艳	女	青岛恒星科技学院

续表

时间	人数	姓名	性别	录取院校
2016 年	3 人	何雅文	女	天津师范大学
		何乃登	男	山东师范大学通讯工程学院
		何罗娜	女	济宁职业技术学院
2017 年	2 人	何志达	男	安阳学院
		张晓丽	女	山东现代学院

下乡日记

董瑛

1968 年 12 月 27 日　星期五　天气晴

新的战斗开始了！

今天，是我一生中非常难忘的一天。今天，我经历了多少次激烈的思想斗争、经历了多少次的斗私批修，终于坚定的走上了毛主席他老人家指引的革命化的道路，到农村去，到祖国最需要、最艰苦的地方安家落户。

凌晨，周围一片漆黑。只有不远处的路灯闪着微弱的光。今天准备到莒县中楼公社插队的同学们下半夜就来到集合地点候车。当汽车徐徐启动的刹那间，哭泣声、告别声、汽车喇叭声响成一片。前来送行的父母、亲人们站在汽车两侧，隔着窗户拉着手、叮嘱着。车内不知谁小声嘀咕了一句:“师傅真狠心，车开得那么快！”。我想，车能开的慢点吗？慢了就出不了大门了！

我们强忍泪水，凝望着汽车两侧送别的人群，直到看不见。

1969 年 1 月 12 日　星期日　天气晴

收到父母的来信，我真高兴！亲爱的爸爸妈妈，女儿一定在两山口扎下根，安心在农村干一辈子革命。

我是革命的后代，虽不曾亲身经历过两万五千里长征、爬雪山、过草地、吃树皮草根的艰苦生活。但这种不怕任何困难，一往无前的革命精神，却应在我们这一代心中生根、发芽。这是激起我们旺盛革命意志的传家宝，我要接过来传下去，永远保持劳动人民的本色。

晚饭后，贫协主任崔良吉大爷为端昌送来治胃疼的偏方：猪肚一个、蒜瓣一把。把蒜瓣放在洗干净的猪肚内，将口扎好，煮熟后吃肉、连蒜瓣一起吃。不管此方效果如何，吃吃看。总是贫下中农对下乡知青的关心。我笑话瑞昌说宁让肉受疼，不让嘴受穷。因为我们这里的生活是以地瓜为主粮的。早上地瓜稀饭，三顿都是地瓜干煎饼。瑞昌胃不是很好，不能吃太多的地瓜，但他很爱吃，所以这样说他。

1969 年 2 月 3 日　星期一　天气晴

同学们都去赶年集了。

明天立春，按这里的风俗习惯，立春前一定要理发，不然怎么样怎么样。所以今天来理发的人特别多。我利索地给每一个等候的贫下中农社员、每一个小学生理发，一刻也没歇着，从早上 10 点到下午 4 点，虽然累点，但我心里还是很高兴的。

雷锋说过“自己活着，就是使别人生活得更美好”，用自己的实际行动为贫下中农服务（理发的推子还在）。

1969 年 2 月 9 日　星期日　天气晴

今天腊月二十三，农村里热热闹闹过小年，辞灶。

我们在济南没有过小年的习俗，来这里与贫下中农一起过小年。何永登对我们说:“咱村里四个姓，姓何的二十三辞灶，二十四姓蒋、张、崔的辞灶”。不知谁冒出一句：我们十二人十个姓，我们辞二十五。满屋的人都哈哈大笑起来。何永登接着说，习俗是“君辞三、民辞四、忘了辞五、别辞六”后来演变成“王八辞五、鳖辞六”你们不能辞五，跟姓何的辞三吧！

大队里给我们送来了十多斤炒花生，大家吃在嘴里，甜在心里，贫下中农待我们如父母一样亲！

1969 年 2 月 16 日　星期日　天气阴

今天是年三十，在农村是人们非常重视的一个传统节日。大队革委会的贫下中农来知青组和我们过上山下乡来农村的第一个扎根年。

虽然不在父母身边，但过得还蛮有意义的。

白天，同学们忙忙碌碌，做菜、包水饺。这里的老百姓还以为我们这些从城里来的青年不会包水饺，站在屋门口往里瞅，还指指划划得说着什么。活好面、调好馅，分工负责，切脊子的，擀皮的，包的，流水作业，时间不大，几盖丁包子就整整齐齐的摆那儿了。门外看热闹的直看得目瞪口呆，说这档子真不善（意思是说这帮人真厉害）。

晚上，大队革委的全体成员与我们共度除夕之夜。我们开了个斗私批修会，总结了来两山口五十多天的工作，肯定了成绩，找出了不足，大家畅所欲言，我很高兴。大叔也没把我们当外人，有什么说什么，很有诚意。

门外鞭炮声响成一片。我们用更新的成绩迎接1969年。

1969年3月27日　星期四　天气晴

新社员
响应号召下乡来，
有人说是“屈才”，
我们说不是“屈才”，是“缺才”，
要跟贫下中农学能耐。
泉城之花山沟里开，
香飘千里外，
革命自有后来人，
一代胜一代！

1969年10月1日　星期三　天气晴

今天国庆节，是我们离开济南后来到农村的第一个国庆节。我们在想，在济南一定热闹非凡。但十分遗憾，我们是无法看到济南游行的盛况了。

今天我们正好在北山上摘花生，太阳快落山的时候，大伙找来干柴烧了一大堆鲜花生，然后兴致勃勃地围坐在一起吃起来，吃的嘴黑、手黑。你看看我，我瞧瞧你，不由得大笑起来。合伙“会餐”，共度国庆佳节。

1969年10月8日　星期三　天气晴

我没想到这封家信来得如此之快，心里确实感到无比高兴。亲爱的爸爸妈妈，您二老在信中的嘱咐女儿都记住了。

“常言道，三春不如一秋忙，秋天下下腰，强起春天跑三遭。希望你在秋收秋种的战斗中，再立新功。谈到收入这一点不是目的，目的是改造世界观。家中还能供得起你一个人的生活费，甚至十几年我们都愿意支持一个有理想的孩子为革命贡献自己的力量”。

1969年10月23日　星期四　阴小雨

凌晨四时左右，天空下起了零星小雨。听吧，小小的两山口村顿时热闹起来。从秋收切晒地瓜干，天一直不错，这是第一次碰到下雨，而且是在睡梦中。全村男女老少背着口袋、挎着提篮、提着带罩的小煤油灯，深一脚浅一脚、磕磕绊绊全部下地捡公粮去了，我们也不例外。

眼前的一切，让我不由得联想起那些在城市里正在酣睡的人们，却不知在这偏僻的小山村里正进行着一场抢收地瓜干的战斗，他们吃的不正是我们辛勤劳动的果实吗？“粒粒皆辛苦”啊！

1969年12月9日　星期二　小雨

学习金训华。

我怀着无比激动的心情，一遍又一遍的学习了金训华同志的英雄事迹和他闪烁着毛泽东思想灿烂光辉的日记，我的心久久不能平静。金训华用他平凡而又短暂的一生谱写了一首毛泽东思想的壮丽凯歌，为我们知识青年树立了光辉的榜样，为我们攀登“一不怕苦，二不怕死”的无产阶级思想高峰，指出了一条崭新的道路。听毛主席的话，走金训华走过的革命道路，是我们知识青年的必由之路。

“不比不知道，一比吓一跳”，过去自己在毛泽东思想哺育下，在贫下中农的耐心帮助教育下，取得了一点半滴的成绩就觉得差不多了。通过学习，自己差得太远了。一是扎根农村干一辈子革命的思想不如金训华同志牢，二是一不怕苦，二不怕死的革命精神不如金训华同志坚。差距找到了，今后工作也就有方向了。英雄的成长全靠毛泽东思想。我要像金训华同志那样“活着就要拼命干，一生献给毛主席”！

1969年12月11日　星期四　天气晴

生产小队的年终结算基本搞完了，我们三个人扣除口粮钱148.44元，再扣去刚分家时买的零碎用品，还剩7.40元。可怜呐，来了一年连回家的路费都没挣出来，明年的生活还真愁人。谢天谢地，大队里给报销50元，这还差不多，不过也得节省着点用。

父母来信说:“收入不是目的，目的是改造世界观”。我觉得也是这样。不过回济南还得父母寄钱买车票，心里还是不好受。

知青生活中的两件小事

公方树

（一）半盆洗脸水

步入社会的第一站便是桃园知青组。苦中有乐的知青生活，教会了我们怎样做人，如何生活。艰苦的磨炼铸就了我们知青不同于其他群体的别样意志。四十多年过去了，往事随着岁月的流逝越来越模糊，有些逐渐淡出了记忆；但有些事总是时不时地在脑海里闪现。记得我们刚下乡时，第一次上坡收工回去吃午饭，一迈进知青组院子，看到每个宿舍门前一字排开摆放整齐的一个个洗脸盆有些惊奇。走近细细一瞧，每个脸盆里竟然都盛着半盆干净的清水。原来，这是桃园知青组历届知青留下的传统：农忙时每天值班的战友为干活劳累的战友备下洗脸水，这个传统一直持续到知青组有了自己的压水井。这件事情虽小却着实触动了我，当时心里有股暖意涌动着，切身体会到大家庭温暖的感觉很温馨很美好，从此集体观念就根深蒂固的埋在了心里。

（二）打　井

桃园大队是由大桃园和小桃园两个东西排列的自然村组成，中间隔着一条十多米宽的大水沟，桃园知青组宿舍位于大桃园西面大水沟的东岸。知青们的饮用取水需要经过一条一千多米高低不平的坡土路、跨过大水沟去位于小桃园的露天水井挑水吃，井深两米左右，用扁担钩着水桶从井里汲水是个技术活，力道、角度不对水桶就容易脱离钩子掉到井里。小组的日常事务中，挑水、揉面、拉风箱是重体力活，值班时搭档的男同学们总是抢着干重活累活，现在回想起来是不是女生们很受宠啊？别说还真得正儿八经的为男生们点个赞。

改善饮用水条件一直是我们的心愿，因客观因素迟迟未能落实。一九七八年春，机缘巧合得到后营卫校的几位老军人的鼎力相助，老少两代人撸起袖子说干就干，在靠近我们知青组厨房的窗前三米处选了打井的位置。我原以为打个吃水井是件很简单的事，没想到真的操作起来根本不是那么回事。那个年代条件差，打井都是手工操作，大家轮番上阵，双手握着钻杆齐心协力一寸一寸地往地下夯，不一会儿就汗流浃背。钻杆一点一点地进入地下，希望一点一点升腾。随着进度的加深，坚持在钻杆旁的只剩下我们知青组的男生们了。快接近水源时，大量的泥浆喷涌而出，劈头盖脸的浇向他们，瞬间把他们变成了一个个泥人。大家看过电影《铁人王进喜》吗？当时给人的感觉就是那个样子。泥浆合着汗水沁透衣服焐在身上极不舒服，他们默默地忍着，一班接一班没有人退缩。很快，男生们的脸盆里都被泥衣服塞满了。当时，没有人组织，没有人号召，女生们不约而同拿起满是泥浆的脏衣服清洗，姐妹们真的是从心里敬佩和心疼这些好兄弟……

致敬我亲爱的战友们!

难忘的知青记忆点滴

陈秀珍

43年前，我同所有的知青一样响应号召，报名上山下乡，来到莒县峤山公社大崖头大队，接受贫下中农的再教育。在农村，在学习种田种菜中与农民打成一片。从娇生惯养的城里娃变成了农民，白天面朝黄土背朝天的重复劳动，晚上享受着夏天的蚊虫叮咬，冬天的寒风刺骨难以入睡的失眠状态，吃着清苦的伙食；用我们稚嫩的肩膀，扛起属于我们的天地。

记得刚分配到大崖头大队二小队，天蒙蒙亮就要下地干活，吃饭前绪密知青院子留影后，晌午饭一点左右，饭后接着干活一直到太阳落山才收工，晚饭基本是九点左右。一天劳动十多个小时，对我们来说实在难以承受，咬牙坚持着。男劳动力每天挣十分，女整劳力每天八点五分，当时我们小队十分工约合人民币两角八分，艰辛程度可想而知。有一次种稻子插秧，看见稻田的泥水心理恐惧，但还是鼓足勇气下去了。干着干着忽然觉得腿很疼，有一种针刺的感觉，抬起腿一看，一个黑乎乎软软的东西，吸在腿上，怎么也拔啦不下来，当时就吓得我大哭起来。妇女队长听见哭声，以为出现什么事了，赶紧跑过来一看，是一只蚂蟥，她赶紧用手一拍，那东西掉了水里，她告诉我:“蚂蟥爬在腿上要拍，‘捕啦’是掉不下来的”；那一刻感觉妇女队长，就像救命恩人一样。

1976年11月，第一批知青返城后，我们组只剩下四人，心情糟糕到极点。我们被合并到峤山公社前绪密大队，临走前村里邻居大哥张廷玉想为我们送行，包个饺子吃，可买不到猪肉，大哥就准备把家里养的两个小公鸡给杀了，给我们炖炖吃，有知青提出包个鸡肉饺子吃，于是炖鸡改成了鸡肉饺子；我们一起怀着感激的心情，吃了一顿鸡肉的离别饺子。我们把组里仅有的快要下蛋的七只母鸡，留给了邻居大哥作为报答。当离开那一刻心情就像倒了的五味瓶，酸甜苦辣咸。哭了一路来到前绪密大队，与我们想象的不一样，大队书记安伯山，副书记高玉山对我们知青问寒问暖，无微不至，老乡们的热情使我们冰凉的心温暖了许多，重新树立起信心，倍受感动。回想起在农村的点点滴滴，每每想起心里总有一种说不出的感激和感动。

1977 年 11 月知青返城，我带着恋恋不舍的心情，离开了第二故乡，回到青岛，踏上了新的工作岗位，继续发扬着吃苦耐劳、坚持不懈、积极向上优良传统，在工作中取得了优异的成绩，并光荣地加入了中国共产党。

转眼间 43 年过去了，我们所走过的青春岁月，千辛万苦，也尝尽了甜酸苦辣，这是我人生的选择，无怨无悔有痛苦就有欢乐。为我的一生，积累了最宝贵的财富，让我在困难中学会坚强。自立，在工作中学会了坚持自信。

光阴似箭，如今已是暮年的我们，一生需要感恩和感谢的人太多。感谢曾经帮助我的朋友，亲人和下乡插队的艰苦年代，贫下中农老乡给予的帮助和关怀。让我们的晚年生活更加丰富多彩，幸福美满。

我的记忆

李　欣

一个特殊的年代，造就了一群特殊的人，他们有一个相同的名字——知青。

对于所有曾经有过上山下乡经历的人，这段令人魂牵梦萦的知青岁月，很难用一两句话来准确地表达它的得与失、对与错、苦与甜。毕竟他们正当求学的好时光，却被上山下乡“连锅端”到农村；本该在长知识的年岁，命运却让他们成了“知青”。

采访中，他们所说的共同的一句话就是:“我们难忘的青春岁月不仅留在了田野里，同时也镌刻在内心深处的记忆中。”

从 1979 年开始，知青返城风起，犹如退潮一样，当年千千万万的知识青年历经艰辛，备尝困顿、磨炼后又踏上了返城的归途。

转眼三十年过去了，曾经的激情青年已步入暮年。他们此时有多少故事可以拿出来讲给后辈们听，而我们又该如何看待他们当年那种精神？

就让我们跟着当年的“知青”，一起回到三十多年前黄土地上的悲欢故事里。

姓　名：李　林

年　龄：52 岁

插队时间：1975 年至 1979 年

插 队 地：山东省莒县陵阳公社刘址坊大队

回 忆 录：在那里，我初尝人生坎坷的滋味，也培养了我的适应能力，锻炼了我的意志，给我的人生拉开了新的篇章。

30 年过去了，我依然清晰地记着那天的情景，甚至每一个细节。

1975 年，我高中毕业，上面还有个哥哥，当时政策是一个安排工作，一个上山下乡。

当时，父母也是考虑给我们俩怎么安排比较好，那段时间我比较悠闲，就在等着通知。

有一次，我正在头门岛我的一个同学家里玩，后来到了路桥另外一个同学家。一到他们家，就被告知家里人找我找得很急，然后我就急急忙忙地回家了。

一到家，父亲拿着一张东西，递到我的面前，我才知道，家里最后决定让我回乡插队。而且在我去同学家的时候，已经办理完所有的手续，只等我收拾好启程了。

到山东的路很不好走，我先从临海坐车到上海，整整用了 12 个小时，然后再从上海坐船到青岛，最后再从青岛坐车到了莒县。

在我很小的时候跟着父亲到过莒县，但是已经没有什么印象了。

这次到了莒县以后，给我的第一印象就是：穷——低矮的草房，一眼望不到边的田野，农民过着原始而淳朴的生活。

我被分配到林业队里，主要就是在苹果园里干活。

山东的苹果名气很大，我们那里的河滩上就有差不多 80 亩的苹果园。我跟另外 6 个知青一起，开始跟苹果打起了交道。

莒县的苹果品种繁多，每个种类的成熟期也不一样，所以每年的果实采摘期大概要延续 3 个月左右，之后，便是剪枝，施肥，到了来年开春后就是打药，然后，就等挂果了，周而复始从事这样的工作。

后来我们知道，其实叫我们去果园还有大队领导另外的意思。苹果成熟以后，就有很多人会动起歪脑筋。叫当地的农民去看，有时候碍于亲戚朋友的面子不好说。知青在当地人生地不熟，跟谁都不认识，看守果园就需要这样的人，比较大公无私。

我们当时插队的时候，条件已经改善了不少，平均一个星期能吃到一顿肉了。我们几个人分成一男一女为一个组，轮流做饭，一组做一个星期，还要负责给知青点养的两头猪喂食。做饭的那个星期是没有工分的，其他人就把工分平摊给做饭的两个人。

（一）实践出真知

说起吃的东西，虽然父亲是山东人，但我丝毫没有遗传到他的饮食习惯，对于当地的饮食还是完全不适应。

当地人的主食是煎饼，没有面粉，是玉米番薯煎饼。轮到做饭的两个知青在星期天晚上把玉米磨成面，打成糊，到星期一起来的时候，用鏊子烙出 7 个人一个星期的口粮。

那鏊子也很奇怪，呈圆形，中间是凸起的，然后把玉米糊铺在上面，摊成薄薄的一层，一会儿就烙好了一个煎饼。

当地的农民平时就吃煎饼，包着生大蒜和大葱，就这样吃的。

我不吃蒜不吃葱，那个煎饼又硬得跟石头一样，我完全吃不习惯。刚开始的时候，我两边嘴角全都被煎饼给割破了，划出了两道长长的血口子，每次吃饭的时候都会疼出眼泪。后来，我想到一个办法，就是把煎饼先在大白菜的汤里泡软，然后再吃下去，这样就好多了。只能把我们南方人的习惯和北方人的饮食结合起来，填饱肚子是最要紧的。

还有一个生活的细节，也是我通过实践得出的经验，后来就慢慢做得更好了，那就是推独轮车。

我们在果园里劳动，运输工具就是独轮车，你们可能在电视上有看到过，就是一个推车，下面只有一个轮子，双手扶着两个把手，用一根绳子挂在脖子上，然后把东西放在车上推着前进。

这种车子可能在水泥地啊或者硬地面上是比较好推的，但是我们当时果园里全是沙地，稍微不小心就会失去平衡。

刚开始的时候我根本没掌握技巧，就靠两只手拼命用力推，一用力，轮子就陷在沙地里出不来了，只能让别人帮忙拉一下，把车子再拉出来。所以，那个时候我每天完成工作都要比别人多2个小时。

慢慢地，我发现其实是我的方法不对，然后我调整了方法，让自己半蹲，把重心放低，然后用腰腹的力量推着车前进，双手只负责方向的控制。嘿，果然用了这个方法，推起独轮车来就得心应手了。

我想这三年多时间教给我最多的也是这一点，懂得去适应，也懂得通过自己的实践和创造来让生活过得更好。

（二）黄土地上的歌声

让我难忘的事件，就是每天晚上的歌声。那已是晚饭后的时光，已洗去了一身疲惫的我们又聚在了一起，我和一帮知青们又开始了一天的聚会。

当时，我有几本革命歌曲的书，上面有五线谱，还有歌词，我们最喜欢的就是看这些书，然后学习唱这些歌曲，学会了以后就大家一起唱着，笑着，也许有些走调，也许音色不够优美，但大家仍是那样的欢快，那样的兴致盎然，因为那是我们一天中最惬意的休闲时光。

歌声中，我们敞开心扉，正统的马列主义、革命的浪漫主义情怀会在高亢的歌声中展现。歌声中，无奈与困惑伴随着丝丝的乡愁，豪放与惆怅夹杂着隐隐的忧伤情调也会在不经意间流露。革命的理想主义与民俗的现实主义、国家的命运与个人的前途等各种矛盾和思想也会在说唱中不断地碰撞……

歌声回荡在黄土地的上空，这歌声让果园里仿佛缀上了几分城市的气息。年轻的身影又为黄土地增添了活力，带去了文明。总有那么几首老歌在我们中间不厌地传唱，总有那么几首新曲让我们无倦地学唱。如今回想起来，是旋律的美妙还是其中的几句歌词让我们青春的心灵激荡，至今我也说不清楚。

虽然现在这些书籍我已经找寻不到了，但是那些旋律有时候还会在脑子里回响，每当这个时候，我仿佛又从这美妙的旋律中回到了在那蹉跎岁月里的青春时光。我们在幻想中追求理想，我们在成长中得到锻炼。无奈的青春，又是无怨无悔的青春，不管怎么样，都给我的人生带来了不一样的历练，让我在不平凡的回忆中感悟人生。

（2009年10月23日浙江临海新闻网）

谷子没去皮　直接下锅煮

——知青马素君和李洁讲述插队时的苦与乐

金秀清

1949年，马素君和李洁出生在济南的同一条街上，一同在济南十五中读完了初中，1968年又被分配到同一个村插队。接着，又一同落户在了插队的莒县姜庄村，现在两个人无话不说，亲如姐妹。

6月10日，李洁和马素君一起向记者讲述了当知青时的苦乐生活：不知道谷子要脱了皮才是小米，直接把谷子放进锅里煮，结果没有煮熟；吃煎饼累得腮帮子疼；从机井提水几次桶都掉进井里；插队时遇心上人在村里安家落户……

（一）刚去时，8个人没一个会做饭

李洁告诉记者，由于那个时候济南还没有直接到莒县的列车，满载知青的专列只能先到益都，在那休整了一晚上。同样都是睡地铺，同样下着雨。

第二天一大早，大家就乘坐各自的汽车赶赴插队点。

为照顾另外一个知青，她主动申请分配到莒县姜庄。直到各村的人来领知青时，李洁才知道自己和马素君被分在同一个村，高兴得不得了。

当时被分到姜庄的，有五女三男，共8名知青。

刚开始，他们还对眼前的一切充满新鲜感，但逐渐就体会到了知青生活的艰辛。为此，几个女知青还经常哭，因为她们听不懂当地人说的话、喝不惯当地的水，每次吃煎饼都累得脸腮疼。

头半年他们还不用自己做饭，半年后需要自己做饭吃的时候，他们居然发现8个人中没一个人会做饭。最后商量决定，由五个女知青轮流做饭。

此外，去庄稼地除草分不清庄稼和草的糗事也曾发生过；因为不知道小鹅不能吃肉，还用蛤蜊肉喂死过一只小鹅。“最可笑的就是，有一次村里分了谷子，没有去皮直接就放进锅里煮了，最后也没有煮熟。”

（二）小伙帮干活　擦出爱情火花

要说知青连锄地这最基本的农活不会干，或许很多人根本就不会相信。

不过，李洁就是这样一个不会锄地的知青。

由于高度近视，到村里没多久，李洁就做起了社办老师，虽说不用每天与农活、农具打交道，但仍然非常累。李洁说，当时她也和村里的其他社员一样，每天早上5时左右就得起床，一天到晚都不闲着，吃饭的时间也很短。

在干活的时候，马素君渐渐和村里的一个小伙子擦出了爱情的火花。由于干农活的速度跟不上大伙，有时候分给马素君的活她自己根本就干不完。就在这个时候,一个“英雄救美”的小伙子出现了。比如,割麦子的时候，小伙子就会在另外一头帮着割，马素君渐渐地也对这个小伙子产生了好感。

“那个时候，丈夫家里很穷没有钱，连自己的婚房都是村里和知青办给帮着解决的。”马素君说。

1970年，在马素君的影响下，李洁也和村里的一个小伙子结了婚。两家关系十分要好。

（三）车站分离　竟是母女最后一面

马素君说，虽然母亲已去世多年，但现在她还清楚地记得母亲的模样，仍然还记得自己乘坐火车来莒县当知青时，母亲在火车站为她送行。只是没有想到，那次送行竟是母女俩的最后一面。

由于马素君乘坐的是知青专列，前来送行的人非常多，母亲和弟弟也来到火车站给她送行。马素君说，因为成了一名知青，当时她还有些兴奋，不过她看到母亲眼里含满了泪水。“后来才知道，火车开走后，母亲就晕倒了，接着就去世了。没想到从此与母亲阴阳相隔。”

1969年结婚之后，马素君的弟弟还专门赶来看望她。那个时候家里还没有表，由于姜庄没有车到县城，只能步行20多里路，赶在早上6时前到车站送弟弟。因为害怕迟到，她就一直看星星来判断时间，结果一家人送弟弟到车站的时候，居然才凌晨3点钟，只好在车站等了三个多小时。

倾诉：企盼知青常相聚共忆当年难忘情

据马素君介绍，这么多年来，自己一直想找人好好聊聊当年的知青生活，却一直没能实现，即使是自己的孩子有时候也不相信那段经历，直到本报推出了“追忆知青岁月”栏目。得知记者要来，前一天晚上马素君没有休息好，她一直在回想当年知青生活的点滴，生怕第二天聊天时遗漏什么重要信息，一想到有意思的情景就立马记录下来。

记者看到在一个本子上面，马素君一晚上竟然写满了十余张纸。

记者翻阅马素君这本简单的“自传”，看到了这么一段：“是《半岛都市报》让我又回到了当年知青下乡的情景，也是《半岛都市报》的记者让我倾诉了这将近四十年扎根农村的苦与乐，完成了我的一个心愿。”

现在马素君和李洁都没有住在姜庄，但是她们两个还是经常会见面，经常回到姜庄去看看，可随着时间的推移，村里原来的很多设施都已经不在了。每当看到村里的一草一木，她们仍然会想起当年在这里发生的一切。

马素君告诉记者，她还有一个愿望，就是希望莒县健在的知青能够经常聚到一起，谈谈当年的经历，那段历史不应被遗忘。

（2012 年 6 月 13 日《半岛都市报》）

老知青回忆艰辛岁月：工地风沙大，馒头藏到袄袖里吃

高　杰　刘红娟

据山东广播电视台新闻中心《今日报道》报道，由山东省中华文化促进会等举办的，“知青博物馆《与共和国同命运》全国巡展山东展”，今天在济南市博物馆开幕。展出了图板 160 余幅，实物 500 余件，再现了那段激情燃烧的知青岁月。

本次展览分为：共赴广阔天地、谱写闪光青春、浴火凤凰、改革开放的中坚、终生不了情五个部分，展出图板 160 余幅，实物 500 余件。犁杖、草帽、木箱，这些熟悉又亲切的物品唤起了几百名老知青的回忆。

原甘肃建设兵团老知青姚印菊回忆：“那时候十五周岁，这是我当时走的时候的老照片，我和我母亲，和我婶子，照的这张老照片，（当时）很单纯很单纯的，就是知道出去建设祖国去了。那个地方是世界风库，那时候大风伸手不见五指，那时候吃饭的，一个大馒头，也没有碗，就在工地上吃，那时候风沙大没法吃，就把黄棉袄退下来，把馒头藏到袖子里吃饭。”

原沂蒙山区莒县下乡知青刘荣启说：“我下乡的时候第一次住进去的小屋，那间小屋，当时我的身高，那个小屋比我矮一头，进进出出，都得钻着走。屋顶乌黑乌黑的，而且墙角上还有蜘蛛网，大家喊我吃饭，我就不自觉地把头一天我母亲给我带的白面饼，拿出来了，想跟同学们一块吃早饭，把饼拿出来，那一刻……”回忆至此，刘荣启不禁哽咽。

对于这些两鬓斑白的“50 后”来说，那段青春岁月是刻骨铭心的，虽

苦却难以忘怀。

原甘肃建设兵团老知青马宝英说:“大家一起同吃同住同劳动，比姊妹们都亲，我们的感情和现在的人的感情，同学同事，不一样，现在怎么也找不到那过去的感觉。”

原山东生产建设兵团第二师的战士刘仲颢说:“他们艰苦创业，不怕流血牺牲，不怕苦，不怕累，那种拼死拼活，为祖国的繁荣，为祖国的建设，为祖国的富强，真的是付出了很大很大的心血，甚至牺牲，就到我们今天改革开放，到我们现代的生活环境中来，我觉得这种精神依然要发扬光大。”

本次展览从多角度展示了中国1700万知青担负建设祖国边疆农村的历史责任，在红土地、黄土地、黑土地、大草原、大戈壁战天斗地的光辉历史，再现了广大知青在改革开放征程中创造出的辉煌业绩。此次展览将持续到3月29日，免费为市民开放。

（山东广播电视台新闻中心《今日报道》）

又见故乡山里红

李学军

在上山下乡的热潮中，我们高唱着“到农村去，到祖国最需要的地方去”革命歌曲，意气风发地走出校门，怀揣着远大的理想，轰轰烈烈地奔向了农村这块广阔天地，与贫下中农一起战天斗地，接受贫下中农再教育。我当时没有跟随大部队下到知青点，而是选择了回乡插队落户。我的老家是莒县刘家官庄镇后竹园村，是个有山有水的好地方，现在我记不清当时为什么选择回乡，有些记忆已很模糊，也许是因为老家那个富有诗意的名字吧，也许是那石龙、石马、珍珠山的美丽传说，抑或是那乡音乡愁牵动了我的思绪，让我义无反顾地走近了她，去寻找那“茂林修竹，流觞曲水”“窗前一丛竹，青翠独言奇”的超然意境。

回乡后，村里没有安排我参加农业劳动，而是给我分配了一项光荣任务，参加县里抽调的长虹岭整治会战。这是一项大水利工程，即“长虹岭”工程，由县里统筹安排，它纵贯莒县南北，路段绵长，呈弧形，低丘缓坡像一条彩虹，所以人们称之为“长虹岭”。队员则是从全县各公社抽调，由各公社党委统一领导，以连队为会战基本单位，简称基建连。当时我所在的连队就设在莒县刘官庄茶棚管理区，连队的主要任务就是在凤凰山附近放炮炸石头修渠道，大搞农田水利基础建设，以改土治水为目标，达到地整到哪里，水即通到哪里，能排能灌，当年工程，当年受益。那时候，条件艰苦，人们所用的工具还是比较原始的铁锨、镢头、铁锤等，住民房，吃大锅饭，晚上点煤油灯，指挥部里只有一个大喇叭，有事就在大喇叭上喊：全体都听明白了，今天分配给各队的任务，天黑前必须完成，不干完活不收工。然后就是放歌，像“社员都是向阳花”“学习雷锋好榜样”等等，气氛非常热烈，队员们干劲十足，每天都是热火朝天地干，没有一个喊苦叫累的。当时我在连队担任仓库保管员，主要保管工程中使用的雷管、导火索，所谓仓库其实就是一间民房，一盘盘的导火索堆满了大半个屋子，另一边是一盒盒雷管,那时我一个16岁的小姑娘对这些危险物品一无所知，现在想来真有些后怕。听爆破员讲，雷管里面有黄药，爆炸点很低，不小心碰到很容易爆炸，那时我根本不懂，有好几次雷管从我手上掉在了地上，他们都吓得不轻，我却没当回事。更有意思的是导火索外面是用一层白棉线缠上的，那些姑娘小媳妇都抢着把这些线一圈圈解下来缝制鞋垫子。休息的时候，姑娘小媳妇们就会拿出鞋垫子，坐在树荫下、堰头边纳鞋垫子，三五成群大老远都能听到一阵阵的笑声；男队员们则随手在地上画一个框，几块石子就是一盘棋，两人下，一群人围着吆喝，玩得不亦乐乎。那时候的人们就是这样简单质朴，勤劳善良，干活不偷懒，为集体利益出工出力毫无怨言。我的任务是开工前按照任务量发放导火索、雷管，一个雷管对应一截导火索，点好数不能马虎。完成任务后，我就一个人去爬凤凰山，说是山其实并不高，一会就能爬上去，从山顶上看风景，远处山廓朦胧，树木葱葱，山上长满了棘子、酸枣棵，齐腰深的红草像麦浪一样此起彼伏，藏在草丛里的石头东一块西一块的，像一群静卧的动物，黑黝黝地散落着，在今天看来挺有一种韵味。其实，在那个以地瓜干为生的年代，这些石头就是乡亲们战斗的主要战场，家家户户切瓜干，晒瓜干，甜甜的地瓜味让人忘记了疲劳，摆好的瓜干如同一本本的小人书在太阳下闪光，倒也赏心悦目。还有那成片的野花、不知名的草，一不小心就被乱刺扎到。其实我最喜欢的不是采野花，而是摘野果，就是酸枣子，土话也叫山里红，从发涩的青枣子开始，摘着摘着枣子就红了，漫山遍野，青红相间应接不暇，不知不觉就能摘一大捧，让人喜不自禁。有时候摘得兴意正浓，猛听到有人大声喊:“放炮了”，就得赶紧蹲下来找个避风的地方猫着，不一会就听到“轰隆隆”的炮声，只见远处碎石横飞，噼里啪啦，那硝烟弥漫的感觉像在拍电影。要是有哑炮了，那就危险了，就得一直猫着，直到险情排除才能收工。

“曲水流觞叹如何，人生如梦易蹉跎，金戈百万尽在握，饮罢回首谁知我。”

时光流转，屈指算来，那段如火如荼的岁月已悠悠飘过三十九载，似云烟随风远去，但故乡那片醉人的红却酸酸甜甜地让我回味无穷。站在这块亲切的土地上，任风儿轻轻吹过我的脸庞，弯下腰捧一把泥土在手，让泥土的芬芳平静浮躁的心绪，时不我待，这里留下过我的脚印和汗水，这里见证过我的迷茫与成长，正是山里红结果的好时节，花草们也育满了籽粒，忙着为来年播种，远远望去，星星点点的山里红缀在枝头，惹人爱怜，又见山里红，故乡的山里红，几回回梦中闪过你的身影……

沂蒙山：那些渐行渐远的……

陈　力

（一）“国库粮”

20世纪70年代前后，这个词语在沂蒙山一带时常使用。“国库粮”是社会地位的体现，它泛指政府机关人员、军官、医生、教师、企业职工等所有具备城镇户籍的居民。

具备这个称呼的人在乡里百姓眼里高人一等，需仰视，需另眼相看，说到这个字眼，提到这些人，百姓眼里就充满了无比的羡慕之情。

当年百姓最大的愿望，就是有一天自己的子女也能挤进这个行列，也能成为一名吃“国库粮”的人。

经常听到社员有这样的对话：西屋老张家真好，仨孩子里有俩是吃“国库粮”的；咱和他比不了啊，人家他爹是吃“国库粮”的。

（二）“识字班”

“识字班”一词来源于20世纪40年代末，是我党当年倡导组织的群众团体。因参加该团体的多为青少年或年轻妇女，所以“识字班”慢慢在百姓眼里嘴里演变成了女孩子和年轻妇女的代称。

这个称呼在沂蒙山区百姓间直至七十年代中期还广为流传，经常这样的问话:“嫩家里有几个孩子,几个‘识字班’?”对话回答:“俺有五个孩子,两个‘识字班’。”

百姓对话:“你快看，这个城里来的‘小识字班’长得真俊。”

（三）化肥袋裤子

世纪70年代中期，从日本进口的化肥、尿素，开始在农村使用。

进口化肥袋子用尼龙布织成，虽然很薄但耐磨、结实、飘逸。

聪明、贫穷的沂蒙山百姓在用完化肥后，不舍得将化肥袋子丢弃，多用此化肥尿素袋子改做裤子穿。有条件穿这种裤子的多为社队干部，或武装部长、供销社主任、民兵连长等。

穿者用土染料将化肥袋裤子染上深色，可百姓的染料时间一长就褪色，于是裤子上就现出一行行醒目的或大或小的日文黑体字:“尿素，使用方法，保证含氮量，制造商：日本株式会社”。这些醒目的很不雅的字或者出现在裤子前面，或者出现在裤子后面、侧面。但穿此裤子者并不感到尴尬，依然神气十足。因为这裤子的材料来之不易，也体现了穿者的能力、地位和身份。

本人当年是知青，虽没穿过此裤子，可也曾享受过县里下发的优待券，凭券可一次购买日本化肥袋子八个，一个袋子——八毛钱。记忆中，自留几个，其余几个被老乡索走。

（四）独轮车

这次回莒县一直觉得少了些什么，可究竟是什么呢？我在回忆着，想来想去，终于想起来了，是独轮车。不会错的，就是它！

独轮车直至20世纪70年代中期，还一直是沂蒙山百姓的重要劳动工具，村子里几乎家家户户都离不开它，赶集、进城，春种、秋收，盖房、建屋，婚丧、嫁娶，都需要它，家里突然有了个病人要去请大夫更是离不开它。

几十年前，国共打内战，沂蒙山的几十万百姓就手推独轮车，怀揣煎饼，走了几千里的路去运粮、运弹药打老蒋。

据说，陈毅新中国成立后曾说过如此一句话:“我们的解放战争胜利是沂蒙山的百姓用小车推出来的。不能忘记沂蒙山,不能忘记沂蒙山的百姓！”可见当年的独轮车在沂蒙山的位置究竟有多重要！

可那些在沂蒙山的大路小路上到处可见的独轮车怎么就一下子看不到

了呢?

哦，说来也不奇怪，我这“一下子”可是40年过去了啊，而这40年又恰恰是中国历史上变化最大的一个时期。

40年来社会、历史的进步终于让这些为百姓服务、造福过千年的独轮车走下了历史的舞台。

为了历史的记忆，补充一个真实的场景吧：

几十年前走在沂蒙山的山路上时，常会遇到这样一个滑稽的画面——那时，山里大夫金贵，村里的百姓若是家里有了病人，就需要推着独轮车去请大夫。

被请的大夫坐在独轮车的一侧，为了让车子保持平衡，另一侧则放几块大石头。山路崎岖，山路颠簸，为了不让大夫受屈，车子上需要垫一层厚厚的棉被。

说的再远一点，据说只要不是十万火急的病，被请的大夫到了病人家是先要吃饭的。

可眼前，那些曾经遍及沂蒙山的独轮车真的见不到了，连拍一张照片作个念想的希望也破灭了。要看独轮车，只能到论坛里去找别人拍下的照片。在此，也向独轮车的拍摄者深深致意。

（五）打牙祭

从内蒙古回到莒县，朋友托朋友，分到了一个大队办的重晶石粉碎厂，身份还是知青。虽然厂子小得可怜，可看看周边的人就知道，公社管理区书记的侄女，县商业局长的外甥……没有一定的关系还真进不来。

再看看那时的待遇：一个月工资30元，逢俩集（10天）休一天。这种状况在当时当地也让人羡慕不已。

厂很小，活累且枯燥。那时恰逢冬季，打眼一看周围黑压压一片，不论是厂长、会计还是工人全是清一色的自家做的黑棉袄、黑棉裤，脸上的表情也全一样，看不出他们的喜怒哀乐。

闲来无事的时候，我格外怀念那些刚逝去的日子。不久前，我还在兵团，那里唯一的缺点就是前途无着，离家太远，可在那里接触的全是年龄相近的知青，虽然苦一些累一些，但整体的感觉是又乱又脏又热闹，可在这里呢，却遇到了另一个问题，没人交流，没人对话。

山里的老乡，性格也像大山一样的沉默。

厂里没有食堂，只有一个遮雨的草棚，草棚下面是一个粗糙简陋的灶台，灶台旁边坐着一个烙煎饼的女人。

棚子里总是烟气缭绕，透过一团团的烟雾热气，只看到一个女人在没完没了地忙着，忙着点火，忙着添柴，忙着摊煎饼。

煎饼，一斤买六张，一毛钱，新鲜地瓜面烙的，甜丝丝的。刚开始吃还觉得蛮好，要是天天吃就受不了了，烧心，胃里不舒服，可除此以外，又没有别的饭让你吃，于是，只能忍着胃里的不舒服天天坚持着吃吃吃。

说起来，在吃的问题上，我是不太挑剔，很随和的，在我坚持不了的时候，我身边的老乡也坚持不住了。

每过个把月，老乡就提出一个解馋（打牙祭）的主意——搭伙喝羊汤。

找一个人去村里买只羊，拉回来宰了，下锅煮肉、熬汤。

钱均摊，大抵是每次每人七八毛钱。

等待喝羊汤的时候，老老少少都兴奋着，盼望着，脸上开了花一般笑意盈盈，即便那些平日里话最少的人也开口讲话了。

煮好的羊肉、羊杂、羊血搅在一起用秤分好，放到大碗里，一人一份。汤随便喝，辣椒末、咸盐随便加，汤少了就添水，大家都放开肚子喝！

每个人兴冲冲地端着自己的大碗，一手拿碗，一手拿煎饼，碗里热气腾腾，嘴里嘘嘘地吹着气，直吃得喝得胃饱肚热、热汗直冒、痛快淋漓。

莒县流行的羊汤，细说起来还真是源远流长啊！

（六）送礼

当年我们是那样的寒酸，不仅仅是吃的穿的住的，即便是托人家办事送点礼也是那样的寒酸。

我自内蒙古兵团回山东莒县一个最大最重要的目的就是想早一天跳出“农门”不再做知青。

说起来，莒县不是我的家乡，可我们认识一位能办点事的熟人，他的家乡是莒县。这位熟人离开家已经好多好多年了，虽然他也认识几个县里的人，但关系却很一般。因此，根据国情，根据民情，根据乡情，这些关系都需要打点打点，意思意思。

送点什么好呢？多了，没那么多的钱，少了，又怕不够“意思”。

熟人说话了，“你去买两条烟，再买几瓶酒就行了。”

“什么牌子的？”

"'蓝金鹿'、'栈桥白酒' 就行。"

"能行？"

"让你买什么你就买什么。"

买来了，"蓝金鹿"，三毛一一盒，两条，六块二；白酒，栈桥的，也买来了，一块一一瓶，十瓶，十一块。两样加在一起，不过十七八块钱。

当年，如此低档次的香烟和白酒就敢拿出门送礼呢。

是的，20 世纪 70 年代的莒县，公社大队一级的干部和城里吃国库粮的一般干部吸得都是一毛五一盒的益都"丰收烟"，都喝八毛钱一斤的散装"白干酒"。

因此，当年在莒县"蓝金鹿"算是好烟；瓶装的被百姓们称作"棒酒"的白酒，也属于好酒。

至今还记着那天带着礼品向县城赶路的场面：冬天的沂蒙山寒气逼人，我骑着从管理区书记那里借来的自行车，沿着崎岖不平的山路向莒县城进发，肩上斜背的挎包里是两条"蓝金鹿"，十瓶"棒酒"放在后座上用麻绳拴着。北风在光秃秃的丘陵山地上呼啸着穿过，我穿一件薄薄的制服棉袄，带一副干活用的破手套，脚上也只是一双单薄的旧皮鞋。

上路不久，身上就开始发冷了，越往前走越感到寒气逼人了。顶着迎面的风，我简直是在一米一米地努力向前挣扎着前行。

走到一个拐弯处，冻麻的手一下没握住车把，自行车歪倒了，刹那间，我慌神了，头一下也大了，什么顾不上赶紧扶起车子去看后面的酒。

不等走过去，一股酒香就传到了我的鼻孔里。

这可怎么办，这可怎么办？我急匆匆地扶起车子，哦，谢天谢地！车子只是歪倒了，"棒酒"也只摔碎了一瓶。

寒风里，支起车子，我暖暖手重新将"棒酒"认认真真地仔仔细细地重新绑好。

悄悄在心里数算一下，没事，还有九瓶酒，两位需要打点的领导一家四瓶也可以，成双成对，还余一瓶，吉利！

那年我画主席像

张延超

我们济南十一中学的 9 人一组，是 1968 年 8 月 3 日下乡莒县刘官庄公社前竹园村的。

前竹园村子不大，离公路很近的大队院前已经建起了一个三米多高的大影壁，准备请人来画主席像的。听说往县城跑了几趟了，都没有请来画像的，那阵子形势使然，全国大兴画主席像。小小的莒县城里没有几人会画。

知青组里透露出了我会画画的事，大队书记找到了我，选中了画毛主席去安源那幅在当时流行影响大的一幅油画。

画主席像在全国已成磅礴之势。油画颜料紧俏难买，莒县城里买不到，只好到济南去买。刚下乡一个多月，有机会回济南一趟，让我喜不自禁！同时肩起了给组里的其他知青往家里捎个平安信的使命，公私两便了。

回到济南买油画颜料竟然碰壁，跑遍了济南的所有美术用品商店，都因断货难以买到。只好求救于济南的几个画友，仅凑够一个画面部的颜色：肉色、硃磦、赭石和白色，其他部分只好买了各种颜色的油漆来代替了。

我在大队院前的影壁墙上精工细绘了 5 天，这么大的画以前没有画过，借用九宫格放大、起稿、添彩、润色，青年毛泽东身穿蓝大褂，手拿油布伞，面色毅然而庄重地走在山间小路上，背景是风云叱咤的天空。一幅 3 米多高的毛主席去安源油画完美落成！

社员见证了画像的全过程，啧啧稀奇："了不起！了不起！""没想到画主席像这么复杂。"连过路前竹园煤矿拉煤的大卡车也停下来看主席像，公路上簇拥了好几层人，偏僻的农乡哪见过画画的呢？

前竹园大队主席像前热闹起来，在这里开大会，演出节目，誓词宣言，形势大好掀开一角波澜！附近后竹园村、兰官庄的社员也纷纷来观看毛主席画像。

记得那是 10 月下旬秋凉了，大队干部通知我，兰官庄煤矿上要画主席像，几次三番去县城、跑济南和青岛请人来画主席像均无着，看见咱村头的毛主席去安源像画得好，要请你去，已经和大队协商好了。

前竹园村后就是后竹园，往北三里就是兰官庄，坐落着一个煤矿，和前竹园村煤矿同属一个矿区。矿区和附近几个村子和谐相处，这几个村子靠着这个煤矿也沾了大光，首先烧的问题不犯难为。要知道那时节，农村里有两大项基础的难，一个是吃，一个是烧。

兰官庄煤矿副矿长老黄，安排我在煤矿画主席像的事宜，说明了要务：画四个大幅画像，兰官庄煤矿两幅，前竹园煤矿两幅。两个煤矿的两个大会议室里各画一个主席标准头像，以及主席像的尺寸等等。

又得回济南购买油画颜料，这时油画颜色已不很紧张了，再有电告画友的预购，很快解决了油画颜料的问题。煤矿上物资丰裕，选择上好的木料做画框龙骨，小帆布绷紧加固在木框上，按照尺寸做好的油画框帆布，涂一层桐油后，防雨防腐，再涂上一层面漆，就万事俱备了。

在兰官庄煤矿要画的主席像尺幅更大，9 米 ×12 米。第一幅先画的是毛主席在北戴河站像，为了把握打稿不失真，这么大的画仍须用九宫格放大的方法，这就要求一个打格子必须要准确，否则按照原图放大就会走形，失之毫厘谬之千里么。大的画打格子成了问题，怎样便捷地打好大画面的格子呢？木工老师傅看到我左右划格子的事，给我递了个招:“画面大用我的墨线试试，咋样？”咦！眼前一亮，木工墨线可长可短，是个妙招。九宫格放大的问题解决了。木框画面竖起来，扎起了三层木板架子。准备的基础工作全部做好了。

着手画像了，我爬上了第二层木架子，用浅赭色打稿线，开始从主席头面部位开始逐渐起稿，毛主席在北戴河站像，呈现的是全身像，占据画面的三分之二多的样子。必须活动在三层架子间，上上下下也是个体力活呢。画画的人，急得是看效果，需要画一部分得下梯子看效果，没想到下面已站满了煤矿工人。煤矿作业生产是三班倒班，没有上班的工人，好多聚集在这看画画呢，当我爬下梯子看整体稿线效果时，他们聚拢过来，递茶递烟，一片热忱，我也搭讪着和他们拉呱：

“这么大的画，得画几天呀？”

“第一次见到伟人像是这么画的”

“画好了挂起来，你给俺照张相行吗？咱俩合个影。”

“画像的老师，你能给俺家老人画张像吗？”

……

哎呀，我在这里画像竟然成了一道风景，画也不是一二天能完成的，消息不胫而走。兰官庄这里是个逢三逢八的大集市，四外八乡拥来赶集的人们又添了一个节目：看画主席像。

实际上，社员看画凑热闹，他们并不知道其中画画人的甘苦。主席像的轮廓线打好后，比对原图无误后，是为油彩着色做好了铺垫。油画，又称西画，这是舶来品种绘画。也有写意和写实两种画法，画主席像属于写实一派，并不是说画照片，绝似照片。如果跟照片一模一样的话，那是照相机的翻版了。就失去了绘画的艺术性的本义。照片上的人像由于光影光色的科学再现光度，那是写真。油画人像是展现油画的艺术手法，运用艺术手法，运用艺术技巧再现人物精神画面。我画主席像力求掌握这一要旨，抓住“神似”去刻画塑造主席的精神面貌。

所以，我坐在高高的木板架子上，左手拿调色板，右手画笔，眼睛浏览着照片原图，调试着笔在画面上的色彩度，减低照片原图上的高光，能够使画面上主席的脸面的高光柔和过渡，切换出立体感觉来。

用色彩塑出一个伟大领袖人物的精神风貌，不能完全脱离原图的感觉又得凸显油画的特殊表现法，必须把两方面融合起来。出神入化——是我们评价一个画作的高标准原则，需要抓住伟人的神态去画，这和中国画并无二致，中外艺术是相通的。我从主席的面部着手画起，先画出受光面块部分，对比着再画出背光（或称遮光）面块，糅合进高光面。其实它和照片表现出的立体凸显不同，靠近画面可看出明显的过渡块面；远距离看是柔和的立体人物形象，这就是油画的艺术表现。

我画毛主席在北戴河站像就是在这样的主导意识下完成的。毛主席屹立在赭黄色的沙岸边，慈祥和蔼，身着银灰色大衣，伫视着前方。下面沙岸的赭色颜色和大衣的颜色调子相融合，背后蔚蓝的天空，预示着主席宽广的博大胸怀。整洁的画面，“跳跃出”一代伟人的光辉形象，博得观者的喝彩，非常成功！

殊不知，那个时期看到了很多的主席像画得不得法，主要只是表现了一个形态，画面是平板无神，没有画出主席伟人的风骨，没有彰显伟人的神话气质，给人不舒服的感觉，还不如挂个放大的照片呢？

就这样，我尝试画大画，用大油画笔以大笔触的感觉，掌控形象准确的快意，特别展现主席不凡的神态为主，画面上的配景仍参考中国画的表现法，给画面的需求来配置完成。

这期间，我把当时发表过的主席照片像均仔细研究了一番，伟大领袖毛主席是中国革命的缔造者、决策者、推动者，伟人的气度神态有过人的风骨。我也因为能够亲自描绘伟大人物形象而异常激情，时代赋予的任务和使命在肩，我必须攒出全身心的努力做好，要为见证这一时代的特殊任务做出微薄之力！

1969年的春季，我完成了两个煤矿的四个大画面的制作：两幅毛主席去安源画像；一幅毛主席在北戴河；一幅毛主席招手站像。煤矿上选了一个春和日丽的好日子，把四幅大画像分别镶进了两个矿区早已建好的大影壁嵌墙上，主席像面对的矿区街道上红旗招展，主席像前锣鼓喧天，煤矿工人列队在像前举行庆典礼仪活动，整个矿区沸腾了。周围村子里的村民簇拥进前，瞻仰伟大领袖毛主席的画像。

之后，受邻县沂南县蒲旺供销社之托，给画了毛主席在天安门城楼上身穿绿军装的大幅画像。

往事如烟，近五十年了。那年我画主席像的往事却牢牢记在心田，难以忘怀……

图 5-44　张延超在毛主席画像前留影

第六章　部分知青简介

第一节　济南知青简介（部分）

于　勇　男，汉族，1952年7月出生于山东济南；研究生学历，高级记者，享受国务院特殊津贴。

1965年至1968年：济南十五中读书。

1968年至1970年：山东省莒县中楼公社两山口大队知青。

1970年至1972年：济南汽车制造总厂锻造厂学徒工。

1972年至1974年：济南汽车制造总厂宣传部。

1974年调入《济南日报》工交部。

1979年起，先后就读于中央电大英语专业，山东师范大学中文系专科、本科，山东省委党校党政干部研究生，中国科学院研究生院，1993年获美夏威夷大学MBA硕士学位（与中国科学院研究生院联办）。

历任《济南日报》记者、《黄河报》社社长、《重型汽车报》社社长、《经济日报》山东记者站站长兼办事处主任、《经济日报》海南记者站站长兼办办事处主任、《经济日报》报社副秘书长、《经济日报》报业集团常务副总经理、中国报业协会书记处书记；曾任中国经济传媒协会常务副会长、三精制药股份公司、渤海轮渡股份公司、三角轮胎股份公司、浙江金利华电器股份公司独立董事。

现任中国产学研合作促进会党委委员、中国文化国际合作创新联盟常务副主席、泰山论坛常务副主席兼秘书长、中国微能源网产业联盟副理事长。

王永利　男，1950年10月26日出生，中共党员，新闻专业中级职称。1968年12月下乡至山东莒县中楼公社孟家西楼大队。1970年底回到济南汽车制造总厂工作。1971年到1985年，在济汽总厂铸钢厂从事机械设备的安

装和维修工作。1985年调入济汽总厂《黄河》报社任编辑，1987年任《黄河》报社副总编辑，1989年任济汽总厂电视台总编辑。自1977年起，在省市报刊上发表评论、小说、散文和杂文等文学作品，百余篇，成为济南市作家协会会员。2000年后参与了几家社会期刊和电视剧中心的编辑工作。2007年鲁冠电视剧制作中心与省民政部门联合录制《千年古县》系列专题片，参与了《千年古县——莒县》的策划和编辑。

王莉姝 女，1953年出生，现居住在济南，是济南一建集团总公司退休职工。1968年12月28日从济南铁二中到莒县中楼公社中楼大队插队。1971年9月20号调入莒县建筑公司从事统计预结算工作。1988年6月20日调济南一建集团总公司从事工程预结算工程造价工作。

尹 力 男，满族。1951年11月出生。北京师范大学哲学系毕业。中共党员，高级编辑。1968年到山东省莒县峤山区大崖头大队插队；1970年返城安置在山东省交通厅轮胎厂，任生产调度；1979年调北京师范大学化学系，任教学法实验员；1985年，调中央电视台电教部工作，历任副组长、组长，专题部副主任、主任，社教节目中心副主任；西部频道总监。2005年调中国国际广播电台，任新闻中心主任、副总编辑，现为联合国海陆丝绸之路城市联盟科教文化与传播委员会主席，中国广播影视联合会专家委员会委员，中国电视艺术家协会会员。从事电视工作以来为广播电视事业做出了贡献。

卢 鸣 男，1951年11月21日出生，中共党员。1968年9月至1975年9月，在莒县峤山区庄家洪沟大队插队。担任过四年小队会计，负责生产队的粮食分配和财务核算。1975年9月至2007年9月，在莒县饮食服务公司工作。1999年建立起了海尔空调、海尔冰箱、春兰空调、长虹空调特约维修部。2001年任饮食服务公司副经理；2007年9月至2011年12月，调莒县五金公司任副经理；20世纪90年代，担任过莒县第五届政协委员。2011年12月退休。

叶建行 男，1950 年 1 月 26 日出生。1968 年至 1977 年，下乡至莒县刘官庄区黄家宅大队下乡，1976 年春，参加山东临沂地区放映员培训班；1977 年至 1987 年，在莒县陶瓷厂工作，1987 年至 1992 年，在莒县涤纶厂工作，1992 年至 2010 年，在济南齐鲁化纤集团工作；2010 年退休。

田　元 男，中共党员，1950 年出生于山东省济南市，1966 年毕业于济南第十七中学。1968 年到山东省莒县峤山区大崖头大队插队。1971 年到济南第二建筑公司工作，先后任工人，工段长，技术员，车间副主任、主任，助理工程师，生产计划科科长等职务。1986 年调济南燕山小区竞赛办公室指挥部，任助理工程师，1988 年起任济南第二建筑公司综合加工厂厂长。1996 年起任济南第二建筑公司副经理。2002 至 2010 年任济南市建委清理解决建筑领域拖欠工程款及农民工工资领导小组成员。2010 年退休。

冯培兰 女，1948 年 12 月 29 日出生。中共党员。1968 年 12 月由济南市下乡至莒县中楼区孟家西楼大队插队落户。1970 年 12 月返城至济南第一棉纺织厂工作，历任国棉一厂准备车间整经工序辅导员、轮班工作长、准备车间主任、车间党总书记、二织分厂成检科科长、技术科科长、分厂运转主任等职。2000 年正式退休。2016 年被评为济南市天桥区优秀共产党员。

朱玉珠 女，1968 年在莒县陵阳区西上庄下乡插队，1970 年至 1975 年任民办教师；1975 年至 1988 年 10 月招工至莒县展销门市部（县五金公司）；1988 年 11 月至 1990 年 11 月，调莒县一轻供销公司任门市部主任；1990 年 12 月至 1994 年 8 月，调莒县印刷厂任办公室主任；1994 年 9 月至 2000 年，任莒县印刷股份有限公司副经理；

2000年6月退休。

刘文莉 女，1949年9月1日出生，中共党员。1968年7月，由济南十五中下乡到莒县陵阳公社方家址坊大队务农。1976年3月至1979年12月在方家址坊小学任民办教师;1979年12月至2004年9月，在方家址坊小学任公办教师。2004年9月退休。

刘　波 男，1951年出生。高级政工师职称，中共党员。1968年12月由济南十五中学到莒县中楼公社两山口大队插队落户。1970年12月回城。在济南汽车制造总厂任工人、秘书、科长、驻京办主任；中国重型汽车集团有限公司政策研室调研员、离退休处副处长、资本运营部主管，中国重汽股份有限公司董事会秘书兼副总经理;2011年9月退休。

刘荣起 男，中共党员。1968年9月下乡到莒县城阳区坝上大队。1970年12月底被县革委留在莒县;1971年4月调入莒县宣传队（后改名京剧团），曾任莒县文化局创作员，参与大型历史剧《古城烽火》剧本、音乐的创作和演出。1979年至1987年在莒县五交化公司工作;1982年至1985在职参加山东广播电视大学汉语言文学专业学习;1987年4月组建莒县县政府驻济南办事处;1988年12月调回济南工作;2009年12月退休。2015年11月参与组建山东知青艺术团。

刘俊祥 男，1954年生。1968年12月28日从济南第二十五中学下乡到莒县中楼公社中楼大队。1971年9月20日调入莒县运输公司。1988年6月20日调济南起重设备总厂工作。

孙　毅　女，1952年9月生，大学文化，中共党员。1968年9月23日下乡到山东省莒县招贤区东双庙大队，1970年12月31日招工到济南针钉厂；1979年11月调济南市人民检察院，先后在公诉处、反贪局、职务犯罪预防处工作，任高级三级检察官，正处级检察员。

李　洁　女，原名李连英，1949年1月15日出生。1968年7月至1970年7月，下乡到莒县陵阳区姜庄大队务农；1970年7月至1978年7月，在姜庄小学任民办教师；1978年7月至1986年7月，经考试，由民办转公办，在姜庄小学教学；1986年7月至1988年7月，到莒县教师进修学校进修后，在莒县第二实验小学任教。现已退休

李莲娜　女，1951年11月11日出生。汉族，大学学历，中共党员。1968年9月18日由济南下乡至莒县峤山公社大崖头大队二队。1970年12月30日返城至济南化工厂工作。1972年4月至1975年8月，在山东大学化学系学习高分子专业。1985年12月至1986年1月7日，获卡尔·杜伊斯堡基金会奖赏金赴德国进修。1970年12月30日至1994年4月4日，在济南化工厂，历任处长、车间主任、分厂厂长，总工程师，副厂长。1994年4月至1995年6月，任意大利Herlfeon首席代表。1997年1月至1998年6月，任济南金马旅游学院副院长。1998年7月至2006年7月，任德国卡尔·杜伊斯堡公益中心首席代表。2006年7月至2009年7月，任德国国际培训中心首席代表。

李　鸿　1950年2月出生于山东省济南市，1966年6月初中毕业于山东省济南市第十六中学。1968年4月到山东省临沂地区莒县刘官庄公社黄家宅大队插队。1973年8月在高等和中等院校招生中，通过推荐加考试，被山东省莒县师范录取，成为工农兵学员。1975年7月毕业，1977年调入莒县一中任音乐教师，1980年调莒县师范任艺术体育教研组长。1984年4月调回济南工作，先后在济南教育学院附中、济南第六十中、济南第七十一中等学校分别任教师，教导副主任、主任，副校长等职务。1984年考入山东师范大学历史系（函授），1989年毕业取得学士学位。1994年当选为济南市计算机教育学会理事。1997年辞职到海南省立达学园、海南国科园实验学校、广东中华英豪学校、广东汕头金园实验学校等民办学校工作，历任教师、校长助理、教育处主任、招生办主任等职。2010年退休回到济南。

杨　琦　男，1952年4月2日出生。大学文化，中共党员。1968年至1970年到莒县中楼区两山口大队插队。1970年至1996年在济南第一棉纺织厂任党委委员、宣传部长；1996年至1998年任济南市药监局代宣传部长，1998年至2000年，任济南第二制药厂厂长、党委书记；2000年至2012年任济南市食品药品监管局机关党委副书记，2012年退休。

张延超　男，大专学历，1947年12月出生，济南市人。1966年7月济南市十一中学高中毕业，1968年8月3日下乡莒县刘官庄公社前竹园村。1975年9月至1977年9月莒县师范毕业，1977年9月师范毕业分配至刘官庄公社中学任语文教师；1978年9月调入莒县二中任教。1986年9月调济南市历城区公路管理局政工科工作，2007年12月退休。2008年首届“鲁图杯”山水作品《抱犊沟之晨》获老年书画展金奖；2011年中韩美术国际大展《幽谷》获铜奖；2012年第三届全国读者迎春书画展《碧溪凝翠》作品获金奖；2016年第三届“相约

稼轩故里”全国书画展《幽谷幽居》作品获铜奖;2016年《太行秋韵》作品入编大型中国扇子艺术美术集，等等。

张亦兵　女，1952年1月23日出生。1968年3月至1969年12月，在莒县陵阳区借庄下乡插队;1970年至1979年，在莒县陵阳公社借庄任民办教师;1979年12月至1996年，在莒县陵阳乡借庄任公办教师;1997年1月至2007年，在陵阳中心小学任教。任教师期间，获得优秀教师称号。

张　厚　男，1950年4月15日出生。中共党员。1968年8月至1972年11月，下乡到莒县庄疃区钟家村大队;1972年12月招工到胜利油田水电指挥部电修车间当工人;1984年12月，任胜利油田供电公司党委办公室机要秘书;1992年12月，任胜利石油管理局电力管理公司党委办公室机要秘书;1996年1月，任胜利石油管理局电力管理公司党委办公室副主任;2000年1月，任胜利石油管理局电力管理公司党办副主任、保密办主任（正科);2002年3月调电力管理总公司老年中心工作。2010年4月退休。

张敬杰　女，1950年8月15日生。下乡到莒县刘官庄公社前于庄大队插队。1968年8月务农两年。1971年调莒县京剧团(文艺宣传队)任舞蹈演员,兼拉小提琴，后几年担任编舞和带新学员练功。1977年调回济南戏具厂当工人，后并入济南制镜厂。1983年调济南海洋贸易公司任主管会计。1986年调济南市文化局下属大同剧场、济南艺术广告公司工作，一直到退休。

陈胜民 女，1954 年出生。系中国美术家协会福建分会会员、中国作协河北分会会员。1965 年就读于济南第三中学。1968 年到山东省莒县峤山公社杜家小沂水大队插队。1970 年底招工到济南化工厂工作，随后参军，到中国人民解放军福州军区后勤部。1977 年考入福建省师范大学艺术系绘画专业，1982 年毕业后继续在部队从事绘画和文学创作及文艺理论研究。1983 年调至中国人民解放军空军北京军区第六飞行学院政治部工作至退休。

多年来创作的主要作品有:《气魂功魄》《精武神功》《模糊思维在艺术中的表现》《头上的花盆》《盼到了》，戏剧小品《我是一个兵》《伞》《转业女兵》等。

陈祥衡 男，1952 年 2 月生人，中共党员，高级工程师（副教授级）。1968 年至 1970 年在山东省莒县下乡插队，1971 年调回济南，进入国有企业。自参加工作以来，曾在济南三爱富氟化工有限责任公司（原济南化工厂）担任过团支部书记、厂团委干事；生产车间工段长、技术主任；厂工艺查定办公室副主任；环保处副处长、处长等职务。2008 年退休。

陈崇思 男，1951 年 3 月 10 日出生，籍贯湖南常德。中共党员。1968 年 9 月 23 日至 1970 年 9 月，在莒县峤山区杜家沂水插队；1970 年 9 月至 1980 年 4 月，参加莒县革命委员会毛泽东思想文艺宣传队（后改为莒县京剧团乐队）。1980 年 4 月至 1986 年 12 月，调莒县洛河卫生院任会计；1986 年 12 月至 1988 年 4 月，调莒县刘官庄乡卫生院任会计，1988 年 4 月至 2011 年，任莒县卫生局财务科科长，2011 年退休。

范向树 男，1948 年 10 月 26 日出生。1968 年 7 月由济南十五中学下乡到莒县陵阳公社方家址坊大队插队落户。1977 年 9 月至 1979 年 12 月，在方家址坊小学任民办教师；1979 年 12 月至 2008 年 10 月，在陵阳中学任公办教师。2008 年 10 月退休。2014 年 9 月病逝。

秦祖荣 男，1951 年 6 月 30 日出生。1968 年 9 月 23 日，由济南二十三中学到莒县峤山区杜家沂水下乡插队；1972 年 10 月，进入莒县师范学习；1974 年至 1975 年，在莒县东莞中学任教；1977 年，调日照市西湖中学任教；1978 年 7 月，调日照市安东卫安岚中学任教；1989 年 7 月，调日照市铁路中学任教；1990 年 3 月，调日照市铁路小学任校长；2011 年 6 月，在日照市铁路小学退休。

柴刚 男，中共党员，1968 年 7 月至 1974 年 9 月下乡到莒县招贤公社大铺大队四小队，曾担任团支部书记。1974 年 9 月至 1977 年 9 月在山东矿业学院（现山东科技大学）机电系读书，担任学习委员。历任山东省地方煤炭局供销科科长、供销处副处长，山东省煤炭工业供销总公司常务副总经理、山东省煤炭劳动服务公司经理、山东省煤炭多种经营泰安大都实业总公司总经理、山东煤炭多种经营总公司泰安新大都饭店副总经理、山东省煤炭工业发展总公司副总经理兼煤炭物资中心主任等职务。现已退休。

徐　萍 女，1968 年 8 月下乡到莒县刘家官庄公社前竹园大队。1970 年招工回济南。历任济南汽车制造总厂工人，计划调度员，生产科副科长，后调至“重型汽车报”工作。已退休。系中国女摄影家协会终身会员，山东省摄影家协会会员，山东省女摄影家协会会员，济南市摄影家协会会员，美国职业摄影师协会会员。现任

山东省女摄影家协会常务理事、副秘书长，济南市天桥区摄影家协会副秘书长，济南第十一中学校友会副会长兼秘书长，济南第十一中学校友摄影协会主席。

徐遵海 男，中专学历，1949年9月出生，济南天桥区人，1986年8月加入中国共产党，主治医师。1966年7月，济南市第十三中学毕业。1968年9月下乡到莒县陵阳公社借庄大队，插队务农6年。1974年9月，由县知青办推荐到临沂卫校上学，1976年6月毕业。分配到莒县店子集乡卫生院工作。1979年11月调莒县结核病防治所工作，2000年3月调莒县皮肤病防治站工作。2009年于莒县皮防站退休。

章安秋 女，1950年8月8日出生，中共党员。1968年4月25日下乡到山东莒县爱国公社朱家庄子大队。1970年12月招工到山东大学物理系磁学、压电物理实验室工作。1975年至1977年担任物理系代理团总支书记、七七级学生辅导员，期间，在曲阜县中王庄担任下乡知青的带队干部;1978年任物理系教务员、教学秘书。1984年7月在职脱产参加山东电视大学党政干部专修科学习，毕业后被学校安排到山东大学生物系党总支担任总支干事，从事人事档案和职称评定的管理等工作。1992年4月，担任山东大学计划生育办公室主任直到2006年6月退休。多次被评为先进个人、模范共产党员。

阎 伟 男，1951年9月15日出生。初中毕业后，于1968年4月26日，下乡到刘官庄区前于家庄公社前云大队1970年11月到莒县教师培训班学习，12月底，被招工回济南针钉厂工作。1981年至1984年9月，调济南自行车零件厂（原济南针钉厂）教育科工作。1984年9月至2011年11月，调济南市工商业联合会（济南总商会）工作，先后任科员、副科长、科长、副处长、处长等职。2012年退休。

董　瑛　女，1948年10月25日出生，中共党员。1968年高中毕业后，下乡至中楼公社两山口大队。1970年10月至1971年6月，在莒县一中教师培训班学习；1971年10月至1975年9月，在莒县中楼完小任教；1975年10月至1981年6月，调莒县革命委员会知识青年上山下乡办公室工作；1981年6月至1984年6月，调莒县计划生育局工作；1984年6月至2003年，调莒县人大常委会法制工作委员会，任主任。2003年退休。

靳彤光　女，1949年6月3日出生，满族。山东省聊城市于集区河洼村人。

1968年7月至1976年8月，在莒县刘官庄区兰官庄大队插队务农，曾担任三年妇女主任；1976年8月任莒县刘官庄公社兰官庄大队民办教师；1979年10月转为公办教师，在刘官庄中心小学任教；1984年7月至1987年7月，在兰官庄中学任教；2004年6月，在刘官庄中心小学退休。

路传玲　女，1951年12月出生，主管护师职称，中共党员。1968年12月由济南第十五中学赴莒县中楼公社两山口大队插队落户。1970年12月回城，在济南市立一院任护士；后调济南社会福利院任护士医护科副科长，主管护师；2006年12月退休。

第二节　青岛知青简介（部分）

王发华　男，1954年1月14日出生，中共党员。1975年5月下乡到莒县庄疃公社坝上大队。1976年12月回城。1976年12月至1984年7月，在青岛第九橡胶厂二车间先后当工人、事务员；1984年7月至1988年10月，在青岛第九橡胶厂纪委、宣传科、宣传中心干事；1988年10月至1993年12月，在青岛双星集团公司任双星报编辑部责任编辑、双星报社副总编辑。1993年12月至1997年12月，在青岛市科学技术协会青岛科技报社任记者、编辑。1998年10月至2003年11月，任青岛高级职业学校政工处科员，校报校刊编辑部副主任、主任，青岛大学报社帮助工作；2003年11月至2014年1月，任青岛大学报社编辑、专题部主任、编辑部主任。

苏勋珍　女，1957年1月出生年月，中共党员，本科，高级政工师、三级职业心理咨询师。1975年10月下乡至山东莒县招贤公社东双庙大队；1976年11月参军入伍到解放军54573部队宣传队、138师医院；1981年12月转业后在青岛市第五人民医院人事科、宣传科；1991年12月至1996年4月期间在市妇联宣传部帮助工作；1997年6月调至青岛市妇女儿童活动中心先后任办公室主任、中心副主任、中心主任、调研员；2017年2月退休。

杨秀琴　女，1957年6月出生，汉族，1964年至1970年，在青岛西吴小学读书，1973年毕业于青岛第20中学，1975年7月2日下乡到莒县峤山公社大崖头大队四小队插队，1976年11月回城，分配在青岛国棉六厂，成为一名纺织工人，期间多次被评为“先进工作者”等光荣称号。2000年在青岛中心医院从事护理工作。2007年退休。

吴仕传　男，1955年6月出生，中共党员，助理工程师，函授大专学历。在青岛市太平路小学和青岛二中读书。1975年5月下乡到莒县，峤山公社，大崖头大队插队。1976年11月底并点到峤山公社前续密大队插队，1977年11月21日回城。1977年11月29日到青岛第二酿造厂报到，干过锅炉工，车间主任，生产技术科长等。曾获得过青岛市优秀合理化建议者奖，山东省商业先进工作者荣誉称号等。2007年下岗。2015年退休。

张克弟　男，1958年7月7日出生。1975年6月由青岛橡胶制品厂上山下乡到莒县，在庄疃公社前城子插队，1976年12月返城，进入青岛北海船厂工作，2009年6月辞职，进入青岛中海船舶机械有限公司工作至今。

陈秀珍　女，1956年2月21日出生，中共党员，在青岛市临清路小学和青岛11中学读书，1975年5月由青岛市下乡到莒县，在峤山公社大崖头大队二队插队，1976年11月合并于峤山公社前绪密大队，1977年11月21日回城，11月23日到青岛第一建筑公司报到，三八女子班任组长和团小组长，1985年调入胶东路饭店任库官记账员，1995年在市北商业公司巨泰商场任副经理，2003年至2004年在市南区劳动保障中心协理员，2004年至2011年任青岛市市南区八大峡街道汶铁社区，党委副书记，居委会副主任，多次荣获优秀共产党员，岗位先锋，先进工作者等光荣称号，现已退休。

郑建强 男，1957年7月30日出生，汉族。1973年初中毕业，1975年6月5日，下乡到莒县，在庄疃公社前城子大队，1977年10月就业到青岛橡胶制品厂，1982年调到青岛橡胶公司。2000年下海经商，从事汽车用润滑油产业，成立青岛冠军石油化学有限公司，在2014年又成立青岛德联石油化学有限公司，任总经理至今。

胡月英 女，1957年3月19日生，中共党员。1975年4月到莒县下乡，插队到莒县庄疃公社坝上大队。1976年12月返城，进入青岛市自行车厂试制组当学徒工，1982年调自行车研究所计划科，当库管记账员，1986年调入自行车研究所综合办公室，负责劳动工资和后勤总务工作，1992年调入青岛市四方区神话洞外联部工作，1979年调入青岛市教体局四方第二教工幼儿园负责会计工作，2004年调入青岛市教体局四方机关幼儿园负责会计工作，兼后勤总务工作，2007年3月退休。

崔德风 女，1955年3月13日出生，汉族，1975年7月2日下乡到莒县峤山公社大崖头大队，被分配到大队医务室，1976年11月回青岛，就业青岛市政工程管理处医务室，1977年考入七二一大学口腔专科班。1980年考入青岛市业大口腔大专班1985年毕业。毕业后调入青岛市攻疗养院口腔科。1995年晋升为口腔科主治医师。2005年退休，退休后在社区诊所口腔科工作至今。

董福兴 男，1957年5月24日出生，在青岛辽宁路小学读书，1973年毕业于青岛第47中学。1975年5月由青岛市下乡到莒县，峤山公社大崖头大队，八小队插队。1976年11月合并到峤山公社前绪密大队知青组。1977年11月21日回青，11月28日分配到青岛食品公司工作，在业务科，干过业务员，驾驶员。

1994年调入青岛饮食服务公司聚福楼大酒店工作，2000年下海自谋职业。2017年5月退休。

第三节 莒县籍知青简介（部分）

于华杰 男，1958年11月出生于济南市历城区，籍贯山东省海阳县行村镇桃林村，本科学历，中共党员。1976年高中毕业，同年8月到莒县城阳镇桃园大队下乡，任知青组组长。1978年3月考入山东烟台市烟台市轻工学校，毕业后分配到山东平邑酒厂工作，1980年11月调至莒县公安局刑警队先后任侦查、预审科科长、党支部书记、党委副书记、政委；2004年11月调任日照市公安局岚山分局党委书记、局长，2011年11月调任日照市公安局刑警支队党总支书记支队长，2014年3月任日照市公安局副处级侦查员。

马元锋 男，中共党员。1975年8月至1976年12月在莒县城阳公社桃园大队下乡。任桃园知青组建组第一任组长。1976年12月至2001年12月征工安置在山东韩旺铁矿，担任过办事员、团委副书记、科长。2001年12月至2005年1月被任命为莱钢集团鲁南矿业有限公司工会主席、董事。2005年1月至2015年05月任莱钢集团鲁南矿业有限公司党委副书记、纪委书记、工会主席、董事。2015年6月离岗，现已退休。

马克庆 男，1973年9月至1975年9月在莒县一中学习；1975年9月下乡到莒县城阳公社东陈家楼大队插队落户；1976年12月返城，征工至山东韩旺铁矿保卫科工作；1980年5月调莒县公安局政工科工作；1986年9月调莒县县委组织部，任组织员、办公室副主任；1993年9月调日照市司法局，任办公室主任；1996年12月

调莒县纪委，任监察局副局长；2001年调莒县检察院，历任党组副书记、副检察长、反贪局局长、正科级检察员、四级高级检察官，职级副处级。1983年至1986年被县委、县政府连续评为先进工作者，2003年被评为省级优秀反贪局长，2011年受县委、县政府记功奖励。

王卫军　女，1960年2月29日出生。1976年8月6日到莒县城阳镇刘家村插队落户。1978年12月，参加共青团县委第十三次代表大会。1978年12月，调莒县医药公司工作，任科长、副书记；2002年3月，调莒县食品药品监督管理局任副局长，主任科员。

王全梅　女，1961年9月9日出生，中共党员。1968年2月至1977年7月，1977年8月，到莒县庄疃公社前城子大队插队落户；1978被评为县“三八”红旗手，并参加了全县妇女代表大会。1977年8月至1981年12月，先后在莒县爱国公社、莒县果品公司工作；1981年12月，调莒县浮来山乡，任妇联副主任，团委书记；1988年9月，调临沂邮电局工作；1993年2月，调日照市邮电局工作，后在中国联通日照分公司工作。2016年退休。

王兴兆　男，1958年9月出生，1976年8月6日，莒县一中高中毕业后，下乡到莒县城阳公社刘家村，被推选为大队团支部成员，出席了莒县知青经验交流会，1977年12月2日，光荣出席了临沂地区农业学大寨积极分子代表大会，受到大会表彰。

王秀娟 女，中共党员，1957年6月生，大专学历，中楼镇人。1974年在城阳公社韩家菜园下乡，1975年11月在临沂城区水泥厂工作，1982年6月在莒县百货公司工作，1991年11月至今在莒县统计局工作（期间1994年至1997年在山东政法干部学院学习）。

王建民 男，1957年10月出生。山东沂南县蒲旺孙家拐头村人，中共党员。1975年11月至1976年12月在莒县城阳公社邹家庄子插队。1976年12月至1986年10月招工到莒县商业系统，历任维修工、公司文书、局政工科员等职。1986年11月至2010年8月调莒县人事局、莒县编委办公室工作，历任科员、编办主任、副主任、人事局副局长、莒县事业单位监督管理局局长等职，2010年9月至今任莒县编委办公室副主任、事业单位登记管理局局长，2011年4月离岗。

王洪香 女，1957年8月出生于莒县，1974年高中毕业。1974年12月25日下乡到莒县浮来山园艺场知青组。1980年调入莒县苗圃继续参加劳动，1986年在莒县桑园供销社工作，1990年在莒县招贤供销社工作，1984年在莒县酒厂工作，2006年退休。

王雪芹 女，1957年8月19日出生，中共党员。1974年9月12日至1976年9月，在莒县陵阳公社刘家址坊插队落户，期间，任公社团委副书记、村团支部书记，1976年9月至1977年7月，在济南师范上学（铁路进修生）;1977年8月至1992年3月，在济南铁路南郊幼儿园任教师、副园长，党支部书记。是山东省幼教研究

会理事;1992 年 4 月至 2012 年 8 月，调济南铁路局工会，任指导员、女工委主任。系高级政工师。2019 年 9 月退休。

王跟东 女，1958 年 9 月 14 日出生，高中文化。1976 年 8 月到莒县陵阳公社方家址坊大队插队，1979 年招工到莒县面粉厂工作。1980 年调莒县百货公司，先后任售货员、出纳、会计，公司妇女主任等，曾是日照市政协委员。2008 年退休。

尤润生 男，1958 年出生，1975 年 8 月至 1978 年 10 月在莒县城阳公社东陈家楼大队插队（期间 1977 年 10 月至 1978 年 10 月被抽调到莒县农业学大寨工作队工作一年）。1978 年 10 月至 1981 年 7 月在沂水医学高等专科学校医疗专业学习，毕业后即分配到临沂市沂水中心医院工作至今。1996 年担任内科主任，内科党总支书记，1998 年担任临沂市沂水中心医院副院长，2013 年改任临沂市沂水中心医院副调研员。现为心内科主任医师，硕士生导师。兼任潍坊医学院硕士生导师，山东省高等医学专科学校附属医院教授，滨州医学院、济宁医学院教授；山东省介入心血管病学会委员，山东省起搏电生理学会委员，山东省风湿病学会委员，山东省临床药事分会委员，山东省医师协会介入心血管病学会常委，山东省医疗事故鉴定专家组成员，中华医学会临沂分会理事、临沂市中西医结合学会副主任委员、临沂市内科学会副主任委员、心血管病介入学会副主任委员，临沂市青年医务工作者协会副主席。2001 年被选拔为临沂市第四批专业技术拔尖人才，2011 年被评为山东省卫生系统科技工作先进个人。

毛晓华 男，曾用名毛家禄，1956 年 4 月出生，中共党员。1974 年 9 月 12 日下乡于莒县陵阳人民公社西上庄村，从事生产劳动，同年 12 月 25 日转浮来山园艺场知青点。1980 年 11 月调至莒县税务局工作。在税务工作期间，经临沂地区财税干训班及山东省税务党校培

训和自学，1988年1月考取助理会计师，1994年考取税务师，副科职称。2016年4月由莒县国家税务局退休。

毛晓萍 女，1957年10月出生，中共党员。1974年8月到莒县陵阳公社西上庄大队插队落户，1975年12月招工至临沂地区水泥厂工作。1979年3月调临沂地区陶瓷研究所工作。1982年调莒县文化馆工作。2007年退休。

现为中国书法家协会会员，山东省书法家协会会员，日照市书法家协会主席团委员兼副秘书长，莒县书协副主席。其主要作品有:《文化大典》《中国红色艺术家》《民族之光》《中国当代书画新作博览》《羲之书画报》《日照政协》《浮来情书画作品》《山东羲之书画艺术研究院日照分院成立作品集》《人文与自然》《翰墨文心羲之遗韵作品集》《日照书画作品集》《日照青年四届作品集》《莒州书画》《庆祝建党90周年》《诗书画日照》《莒州书画名家》等。

公方黎 男，1961年出生，中共党员。1978年10月至1979年8月在莒县陵阳公社方家址坊插队，1979年8月招工到莒县石井税务所任征收员，1983年1月调莒县店子集党委，先后担任宣传委员、组织委员。1992年4月任安庄乡政府副乡长、党委副书记。2001年1月任峤山镇党委副书记、政府副镇长;2003年8月至今任总工会副主席、主任科员、党组成员。

孔庆春 男，1962年3月出生，莒县城阳镇人。中共党员，大学文化。1978年10月到城关公社东关一大队插队，先后在莒县财税局、税务局、莒县纪律检查委员会、莒县信访局、莒县老干部局、莒县县委组织部工作。曾担任县纪律检查委员会副科级检查员，县信访局副局长、局长，县委办公室副主任，老干部局局长，县委组

织部副部长，现任县人大常委会委员、县委组织部主任科员。工作中先后被省委办公厅、省人社厅表彰为先进工作者，记二等功两次，被日照市委、市政府表彰为先进工作者，记三等功一次。

卢兆村　男，1959年3月出生，中共党员，本地籍贯，1976年莒县一中高中毕业后报名上山下乡，1981年中专毕业后被分配到莒县农机局做技术工作，后任办公室主任;1984年至1989年调莒县县委办公室任办事员、秘书（期间2年临沂教育学院中文系学习);1990年至1995年在莒县二十里乡任副乡长、党委副书记;1996年后，先后任莒县文化局副局长，莒县文体广电局党组副书记、主任科员。任职期间，主持、策划、组织了上百次大型文化活动，创立了一批文化品牌，参与了莒国古城、齐长城、陵阳河遗址保护等重点工作，直接策划、设计、参与了招贤文体中心、陵阳河文化博物馆、丽正园等文化设施建设，实际推动了莒地非物质文化遗产保护传承工作。2012年离岗后，被县委安排到陵阳街村帮助工作。先后被授予“全省宣传工作先进个人”“全省非物质文化遗产保护工作先进个人”“临沂地区党务信息工作先进个人”等称号，在扶贫、计生工作中被市、县授予先进工作者称号，在农业生产中获县政府金质奖章一枚奖励。

史德玉　男，1958年8月出生。中共党员。1975年9月，到陵阳公社西上庄大队和刘家址坊大队插队落户。1976年12月至1980年5月，先后在山东省韩旺铁矿、山东省淄博金岭铁矿学习工作。1980年5月至1980年12月，调莒县商业局烟酒公司工作。1980年12月至1981年12月，在莒县县委青年干部培训班脱产学习。1981年12月至1984年8月，在莒县峤山乡党委工作，任老干部管理员;1984年8月至1988年12月，在城阳镇党委工作，先后任老干室主任、组织委员;1988年12月至1993年3月，在浮来山镇党委工作，先后任宣传委员、副乡长。1993年3月至1993年12月，在莒县卫生局任局工作主任1993年12月至2008年12月，在莒县卫生局防疫站先后任副站长、站长、党支部书记、卫生局党组成员;2008年12月至2012年8月，在莒县疾病预防中心任卫

生局党组成员、中心主任、中心党支部书记。

宁　萍　女，1957年3月出生，中共党员。1974年9月到莒县爱国公社刘家村插队。1975年12月到莒县电影公司工作，1999年任海军水电路干休所管理处保密室副主任；2008年任海军水电路干休所政治处俱乐部主任。曾被上海市虹口区凉城街道评为军地优秀工作者；一次被海军上海基地司令部评为优秀党员。2012年4月退休。

刘正霞　女，1958年9月5日出生，高中毕业后，于1976年8月6日到莒县城阳公社刘家村插队。于1978年2月招工到卫生部门工作，成为医护工作者。

严庆军　男，1978年9月下乡至莒县陵阳镇方家址坊村，现就职于莒县文化馆。系山东省戏剧家协会会员，山东省民间文艺家协会会员，日照市戏剧曲艺家协会理事。其主要获奖作品有：《天下珍闻奇趣录》《在人类的第二住所》《文艺晚会串台词集锦》《苦乐年华》、小说《觉悟》、散文《东方的太阳》、山东快书《喝酒望人醉》、小品《小小维修工》等；2006年任莒县文化馆馆长后，任总策划、总编导组织了“全国福寿文艺节”，县“春节联欢晚会”“五一晚会”“七一晚会”“十一晚会”等各大文艺晚会30余场，同时任主编编著了《秃尾巴老李的传说》《孟姜女的传说》《岁月如歌》《简明实用汉语成语词典》等著作。《莒县秃尾巴老李的传说》被国务院列入国家级非物质文化遗产。

李云波 男，1958 年 10 月 11 日出生，大学学历，籍贯原莒县中楼镇葛子沟村（现属日照市岚山区），中共党员，现在山东省日照市中级人民法院工作，三级高级法官。

1976 年 7 月莒县一中高中毕业，后到莒县爱国公社爱国大队插队落户。1978 年 3 月应征入伍，在济南军区工程兵青岛警备区机械二连，担任机械操作员。1979 年 9 月，出席了青岛警备区第二次党代会和青岛警备区直属部队党代会，会议期间受到时任中共中央副主席、中央军委副主席叶剑英亲切接见。1980 年复员回原籍。在莒县人民法院工作，先后担任书记员、办公室秘书、助理审判员、审判员、副庭长、庭长、副局级审判员（副科级）。

1993 年调日照市中级人民法院工作。先后担任副科级审判员、正科级审判员、副庭长、庭室党支部书记、副处级审判员、市中级法院审判委员会委员、市法官协会常务理事。2010 年被市委选配为市中院审判委员会专职委员（县处级副职领导职务），进中院领导班子分管审判管理和审判委员会办公室工作。在日照市中级人民法院工作以来，先后被记二等功二次、三等功一次，被市委组织部评为优秀共产党员一次，被市委授予扶贫帮户先进个人和包村先进工作组二次，被本单位评选为先进个人多次，2013 年 11 月，被最高人民法院授予荣誉天平奖章。2014 年转为县处级副职非领导职务。

李业春 女，1957 年 5 月 19 日出生，汉族，中共党员。1974 年 9 月到莒县爱国公社刘家村下乡，同年 12 月转莒县浮来山园艺农场知青组。1978 年 7 月至 1981 年 7 月在莒县农业科学研究所工作;1981 年 7 月至 1984 年 7 月在莒县司法局工作。1984 年 7 月至 2000 年 12 月在莒县公证处工作。期间任公证员、副主任、三级公证员（中级职称）、二级公证员（副高职称）。2001 年在莒县司法局工作，任公证律师管理科科长。2012 年 5 月退休。

李业秋 女，1958年出生。1974年9月到莒县爱国公社刘家村插队。1977年7月分配到山东东风化肥厂工作，1983年8月调莒县五交化公司，1985年8月在莒县县委党校学习两年后，于1987年7月调莒县法律顾问处（后改为律师事务所）从事律师工作。1997年12月被选调到日照市司法局法律援助中心，先后担任律师、副主任、主任，2007年11月晋升为国家一级律师（正高）。2013年8月退休后，仍从事律师职业，并于2013年10月被聘为日照市医疗纠纷人民调解委员会主任、首席调解员。

李成刚 男，1959年2月26日出生，中共党员，高级经济师、高级政工师。

1972年1月至1976年8月，在莒县一中读初中、高中；1985年7月至1987年7月，就读山东广播电视大学法律专业；1987年9月至1989年7月，就读山东经理管理干部学院经济管理专业；1994年7月至1999年6月，就读山东省委党校干部教育学院涉外经济管理专业；1999年8月至2001年8月，参加中国人民大学工商管理学院MBA研修。1976年8月6日到城阳公社邹家庄子大队插队。1978年3月，应征入伍到青岛警备区司令部警卫连。1982年2月，复员先被安置到莒县粮食局，后调庄疃、城阳公社武装部工作；1985年4月，调到莒县涤纶工程建设指挥部工作。建厂后，先后任副厂长、党委书记、董事长、总经理。2001年2月，任莒县经济委员会（后为莒县经济贸易局）主任、党组书记；2006年4月任莒县经济贸易局（现莒县经济和信息化局）主任科员；2001年12月兼任莒县金能热电有限公司党委书记、董事长，山东银丰化工集团股份公司董事长、山东莒县柠檬酸有限公司董事长。2006年4月，经县委批准任浩宇集团公司党委委员，受聘集团公司总经理；2014年11月至今任莒县经济开发区党建指导员。工作期间个人先后获得县拔尖人才、县跨世纪优秀青年经济管理人才、市优秀共产党员、市纺织劳动模范、优秀厂长（经理）、山东省“富民兴鲁”劳动奖章，被莒县县委、县政府记三等功一次。先后当选莒县第十四届、第十五届，日照市第十五届人民代表大会代表和第十一届中共莒县委员会候补委员。

李成江　男，1957年10月生，山东莒县人。1975年8月参加工作，1985年加入中国共产党，研究生学历，工学博士学位，教授级高级工程师，注册土木工程师，享受政府特殊津贴。现任中冶建筑研究总院有限公司董事，主要社会兼职：中国岩石力学与工程学会技术咨询工作委员会主任委员、中施协岩土锚固工程专业委员会常务副理事长、北京科技大学博士生导师。1975年高中毕业后，于是年8月到莒县城阳公社桃园大队插队，1976年底招工到山东韩旺铁矿工作。恢复高考后，于1978年初考入同济大学地下建筑专业学习，先后获得学士、硕士及博士学位，1988年5月毕业后分配至冶金部建筑研究总院（现名称为中冶建筑研究总院有限公司）工作，1995年任院长助理，1998年起担任副院长。从事科研教学以来先后获国家科技进步二等奖1次，省部级科技进步一等奖2次、二等奖2次，发表学术论文多篇。

李旭凯　男，1961年10月1日出生。中共党员。1977年8月至1978年4月下乡至陵阳公社西山河村。1978年4月招工至城阳粮所;1978年8月任莒县粮食局仓储股防化员。1984年10月任莒县招贤粮所副所长;1986年8月任莒县粮食局储运股股长;1993年3月，调任临沂地区粮油购销储运公司办事员。1990年9月任临沂地区粮油购销储运公司副经理。1992年11月调任临沂市粮油贸易公司经理。1997年6月，任临沂市粮食局计划购销科科长。2000年9月，任临沂市粮校（经贸学校）副校长;2010年1月任临沂经贸学校校长，2010年6月任临沂经贸学校校长，党总支副书记，2011年4月，任临沂市粮食局副局长（正县级），党组成员。

李金利　男，1960年8月出生，莒县峤山镇牛庄三村人。中共党员。1977年8月到莒县城阳公社刘家菜园大队插队落户，1979年8月分配到莒县洛河供销社工作，历任营业员、物价员。1981年11月，调莒县果品公司工作，历任物价员、文书。1985年1月，调莒县供销合作社工作，任团委副书记，主持工作。1989年1月，调

莒县果品公司任副经理。1990 年 12 月，任莒县果品（集团）股份有限公司总经理。同年，被中国果品流通协会吸收为理事。1996 年 1 月至 1998 年 3 月，任莒县果品（集团）股份有限公司总经理兼莒县供销总公司副总经理。1998 年 4 月，调莒县供销合作社联合社任供销总公司副总经理、理事会副主任、党委委员。2004 年 4 月至 2008 年 11 月，莒县供销合作社联合社副主任，党委委员。2008 年 12 月至 2013 年 6 月，任莒县供销合作社联合社党委书记、理事会主任、翔丰公司董事长。2012 年 7 月被全国供销总社、劳动与社会保障部授予“劳动模范”。2013 年 12 月，到浮来山镇工作，享受副处级待遇。

李学军　女，生于 1962 年 3 月 14 日，籍贯莒县刘家官庄镇后竹园村。中共党员。1978 年 8 月至 1979 年 7 月回乡接受贫下中农再教育。1979 年 8 月 1 日至 1981 年 8 月在莒县肉联厂工作；1981 年 8 月至 1992 年 3 月调莒县公安局工作；1993 年 3 月至 1999 年 8 月莒县公安局办公室副主任；1999 年 8 月至 2002 年 8 月任莒县公安局督察室副科长；2002 年 8 月至 2009 年 7 月任莒县公安局信访科科长；2009 年 7 月至 2012 年 8 月任莒县公安局副政委、党组成员、机关党委书记、工会主席；2012 年 8 月至 2017 年 3 月任莒县公安局正科级侦察员、警察协会副会长。

李德花　女，1957 年 7 月生，1974 年 6 月毕业于莒县一中，同年 10 月莒县知青办举办的学习班学习。1974 年 12 月去莒县浮来山园艺场知青点从事生产劳动，1981 年 10 调至莒县粮食系统粮所工作。2007 年 7 月退休。工作期间，多次被评为先进工作者，“三八”先进个人等荣誉。

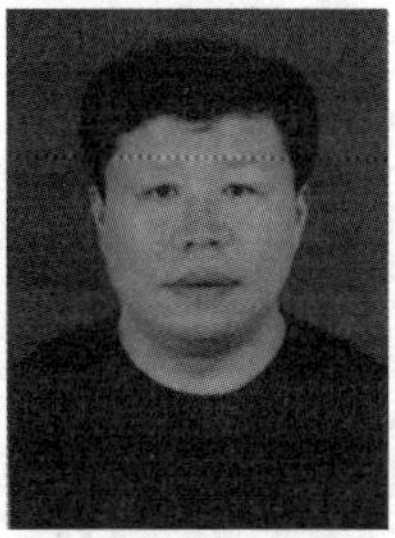

吴爱民 男，1959 年 11 月 24 日出生，本科文化。1976 年 8 月到莒县陵阳公社方家址坊大队插队。1978 年 3 月参军入伍在海军第二炮兵学院学习雷达专业。1978 年 12 月毕业分配到北海舰队驱逐舰支队，1983 年 10 月复员回莒县。1984 年 1 月被分配到莒县文化馆工作。1985 年 3 月调莒县邮电局任工会干事、办公室秘书、主任、工会主席、邮政局副局长、局长等。2013 年 1 月调日照市邮政局任工会副主席，2014 年 12 月退居二线至今。在莒县工作期间，曾被评为“全国劳动模范”荣誉称号。

何建华 男，1957 年 7 月 13 日生，高中文化。1974 年 11 月在城阳公社韩家菜园大队下乡，1975 年 11 月至 1981 年 7 月在临沂城区水泥厂工作，1981 年 7 月至 2017 年 7 月，先后在莒县税务局安庄税务所、洛河税务所、城阳分局、稽查局工作。2017 年 8 月退休。

宋方利 男，1959 年 2 月出生，大专学历，籍贯泰安宁阳，汉族，中共党员。1976 年 7 月至 1978 年 2 月下乡到陵阳镇刘家址坊村，1978 年 2 月至 1981 年 11 月在青岛市海军当兵，1981 年 11 月至今在莒县广播电视台工作。

张　东 男，1958 年 1 月 5 日生，钓鱼国家级 b 级裁判。1974 年 11 月在城阳公社韩家菜园大队下乡，1975 年 12 月招工到莒县百货公司，先后任物价员、仓库保管员、驻济南业务办事员。1982 年 4 月至 1988 年 4 月在莒县食品公司肉联厂工作，任供销社副科长，城阳视频站站长。1988 年 4 月至 1990 年 4 月在龙山乡工作，先后任统计助理、政府文书、党委秘书。1990 年 4 月至

1990年10月在莒县公安局龙山派出所工作。1990年10月至1997年4月在龙山乡工作，先后任司法所长、政府办主任、党委统战委员、政府副镇长。1997年4月至2001年4月在浮来山镇政府任副镇长。2001年4月至2004年4月在刘官庄镇政府任副镇长。2004年4月至2018年1月在莒县人社局劳动和社会保险事业处任副科级干部。2018年3月退休。

张　健　男，1960年1月出生，莒县店子集镇大宋家村人中共党员。1976年8月到陵阳公社方家址坊村下乡，1978年2月到北海舰队驱逐舰一支队服役，历任战士、正连职译电员等职。1988年10月转业到莒县监察局工作，1992年县纪委与县监察局合署办公后，历任党风室主任、县纪委常委、县行政监察投诉中心主任、监察局副局长等职，期间曾先后获得过县优秀共产党员、日照市优秀党务工作者等荣誉。2009年7月任县纪委副书记，期间曾担任县政协常委，2013年3月离职。

陈淑霞　女，1958年12月出生，店子集中学毕业后，于1976年8月6日下乡到陵阳公社刘家址坊大队。下乡期间，后被村委安排到幼儿园工作、公社抽调进入宣传队、到县文化馆参加培训学习，成为公社的文艺宣传骨干，为乡村精神文明建设做出了应有的贡献。

林　平　男，1957年6月20日出生，1974年9月12日到陵阳公社刘家址坊插队落户。1975年10月至1977年6月，在山东鲁南化工技工学校学习；1976年7月至1981年6月，分配至山东东风化肥厂动力科工作；1981年7月至1988年12月，调莒县人大办公室工作。1988年12月至2001年3月，分别在店子集镇、阎庄镇、招贤镇、寨里河乡、浮来山乡党委工作，历任司法助理、组织委员、副书记等职。2001年3月至今，在莒县环保局，历任副局长、主任科员。

欧家元 男，1957年8月出生，中共党员。籍贯江苏省赣榆县殷庄乡。1974年在石井中学高中毕业后，到城阳公社邹家庄子插队落户；1975年1月至1976年12月，到莒县良种场，担任知青点小组长；1977年1月至1981年8月，招工在莒县良种场工作；1984年4月至1990年10月，调莒县农工商委工作。1990年10月至1993年6月，调临沂地区茶叶研究站工作，1993年6月调莒县茶叶加工厂工作

郎丰霞 女，1954年12月出生。1974年9月至12月在莒县邹家庄子村下乡；1974年12月至1980年11月在莒县浮来山园艺场工作；1980年11月至1989年12月在莒县农科所工作；1989年12月至2006年12月在莒县水利局工作；2006年12月退休。

赵秀荣 女，1956年8月出生。1974年4月在莒县夏庄镇齐家沟下乡，1974年12月转入莒县园艺场知青组，1984年4月至1989年4月在临沂市麻纺厂工作，1989年4月至2007年5月在市乡镇企业局供销公司工作，2007年5月退休。

赵拂晓 男，1960年2月出生，莒县龙山镇薄板台村人。中共党员。现在莒县水利局工作。1977年7月毕业于莒县庄疃中学，按照知识青年上山下乡政策，符合下乡插队条件，于1977年8月31日，到城阳公社刘家菜园大队插队。1978年12月19日，参军入伍。先后担任过文书、班长、代司务长。1984年1月复员回乡，安排在县政府招待所工作。1990年8月调县政府办公室工作，1993年12月

任县委县政府接待科副科长兼文心宾馆副经理、副书记;1998 年 4 月任县委办公室扶贫包点工作组任组长;1999 年 4 月调县政府行政事务管理局任副局长兼机关饮食服务中心党支部书记;2008 年 10 月调任水利局任党组成员，水产局副局长、支部书记(水产局 2002 年并入水利局);2011 年 4 月任水产局正科级干部;2013 年 3 月离岗。

姚学荣 女，1958 年 3 月出生。中共党员，研究生学历。1974 年 9 月至 1975 年 12 月到陵阳公社刘家址坊村下乡插队。1975 年 12 月至 1980 年 1 月，返城安置到临沂拖拉机厂任技术科资料员;1980 年 2 月至 1982 年 5 月，调莒县农业局任政工干事;1982 年 6 月至 1985 年 8 月，调莒县县委企业政治部任组织干事;1985 年 9 月至 1987 年 8 月至 1992 年 5 月，调莒县县委企业政治部工作，后任县妇联办公室主任;1992 年 6 月至 2016 年 12 月，调山东省物价局任纪检组副组长;2017 年调山东省发展改革委，任纪检组副组长。

耿春云 女，1959 年 3 月 6 日出生，莒县长岭镇人。中共党员。1976 年 8 月 6 日，到莒县陵阳公社刘家址坊大队插队落户，1977 年，被评为县先进知识青年。1978 年 12 月至 1986 年 11 月，在莒县阎庄卫生院工作，期间，1979 年 7 月至 1980 年 12 月，在莒县卫校学习。1986 年 12 月至 2005 年 10 月，在莒县城阳卫生院工作，期间，到潍坊医学院脱产学习一年半，到莒县人民医院进修一年。2005 年至今，在莒县人民医院工作。

高华兰 女，1959 年 11 月 2 日出生，莒县一中高中毕业后，响应国家“上山下乡”的号召，于 1976 年月到莒县城阳公社刘家村。1978 年 10 月返城。

唐仕泉 男，1962年2月出生，中共党员。1977年8月，到莒县陵阳公社方家址坊大队插队落户。1982年12月，调莒县革委会办公室任公务员、办事员；1983年1月至1984年5月，调莒县招贤公社党委，任常委、办公室主任；1984年6月至1991年10月，任莒县纪委秘书、常委、办公室主任；1991年11月至2016年7月，任日照市纪委副科级检查员、办公室副主任、主任、秘书长、副书记、常务副书记；2016年至今，任兖矿集团党委常委、纪委书记。

崔勇 曾用名崔志强，1956年出生，祖籍莒县中楼镇，1974年在莒县城阳镇韩菜园村下乡。现任莒县永安爆破工程有限公司董事长。山东省爆破器材行业协会第四届理事，莒县五一劳动奖章获得者，日照市第九届政协委员。

主持创新的“爆破现场3G无线监控技术”获得莒县职工优秀经济技术创新成果奖。

在2009年主持实施了日照市首个A级设计爆破施工：莒县东莞水泥厂立窑拆除爆破工作，受到省内同行业高度评价。

商志晓 男，1959年10月出生，山东省莒县人。中共党员。1983年山东师范大学政治系毕业后考入中国人民大学学习，1986年毕业获硕士研究生学历。是年分配到山东省委党校从事哲学、马克思主义理论、党的建设等学科教学、研究工作。1997年晋升为教授。2001年任山东省委党校副校长。2005年获山东大学法学博士学位。2010年5月任山东省范大学党委书记。同时兼任中国马克思恩格斯研究会常务理事、中国生产力学会常务理事、山东省社会科学界联合会副主席、山东省哲学学会会长、山东省马克思主义研究会会长、山东省党的建设研究基地首席专家、山东省学位委员会委员、山东省社会科学优秀成果评奖委员会领导小组成员等职。受聘担任多所高等院校兼职教授。全国马克思主义理论研究和建设工程专家、国家社会科学基金学科评审组专家，山东省首批“有

突出贡献的中青年专家”，享受国务院“政府特殊津贴”。曾获“山东省优秀知识分子标兵”等荣誉称号。多年来主要研究成果有：发表学术论文200余篇，出版专著6部、主编著作30余部，主持完成国家社科基金研究项目3项、省级项目18项。获全国、省级以上科研成果奖20余项次。

董世奇 男，1957年6月3日出生，中共党员。1974年12月25日，下到莒县良种场知青点。1978年受组织委派到黑龙江依兰县学习大型联合收割机两个月，把先进的技术带回了莒县。1981年调入莒县农业银行至今。期间，1987年至1990年担任莒县洛河营业所主任，1995年至2001年担任农行信贷部主任；1994年月30日，中央党校大专毕业，1997年6月30日，山东干部函授大学（本科）毕业。多次被评为先进工作者。

程　鹏 男，原名程建民，1957年1月生，1974年于莒县一中高中毕业后下乡到庄疃公社韩家村大队。1975年底招工进莒县地震台，1976年2月参军，先后任战士，县人武部干事，临沂军分区政治部新闻干事。解放军南京政治学院新闻系毕业，退休前为济南军区政治部黄河出版社社长助理兼总编室主任，副编审，文职5级（副军职）。入伍40载一直从事新闻出版工作，发表新闻及文学作品2000余篇，有50余篇获国家和省级奖励。四次荣立三等功，享受军队优秀专业技术人才岗位津贴；全军新闻出版系列高级职称评审委员会委员；中国管理科学研究院特约研究员；山东作家协会会员。

管春生 男，1962年2月24日出生，中共党员。1978年10月至1979年8月，在莒县陵阳公社方家址坊大队插队落户；1979年8月至1985年4月，在莒县招贤镇税务所工作，期间，到临沂财校参加临沂地区财税干部训练班专门学习会计管理；1985年4月至1994年7月，调莒县城关税务所工作。1994年7月至1995年10月，调莒县地税局城阳分局工作；1995年10月至2010年3月，调莒县地税局

稽查局工作。2010 年至今，在莒县地税局直属分局工作，任专职副书记。

颜磊　男，1956 年 6 月出生，1963 年至 1972 年在莒县城里完小读书。初中毕业后，1973 年 2 月到 1974 年 9 月在莒县水泥厂待业，同年 11 月知青办通知上山下乡，我踊跃报名，响应党的号召参加知青办在县委党校举办的知青学习班。县府知青办和县文教局还举行欢送大会，我在莒县大会堂主席台上戴上了光荣花。1974 年 12 月知青办通知我分配到莒县浮来山国营园艺场工作。1982 年 11 月调到吕县果品公司工作，1985 年 12 月调到莒县工商银行工作，2016 年退休。

魏洪芹　女，1959 年 10 月 2 日出生，籍贯昌邑市龙池乡马渠村。1977 年 6 月在库山中学高中毕业后，到莒县阎庄公社爱国大队插队落户;1979 年 8 月，招工到莒县招贤公社供销社工作;1982 年 4 月，调莒县库山供销社工作;1986 年 8 月，调地质矿产部山东第二水文地质大队工作;1987 年 9 月，调地质矿产部 613 技校工作，1990 年 4 月，调山东省鲁南地质工程勘察院工作，1996 年 1 月，调山东省国土资源厅地质科学实验研究院工作，2014 年 4 月退休。

第四节　回乡知青简介（部分）

马瑞芹　女，1949 年 12 月 19 日出生。1968 年，从四川省成都市回乡插队落户。1970 年招工在县师范教师培训班接受幼师教育培训，之后调至莒县饮食服务公司，后又调至百货大楼工作。

卢松群　山东交通技师学院高级讲师。1974 年沂水一中高中毕业，1974 年 11 月回乡到莒县城阳公社韩家菜园大队插队落户。1975 年至 1977 年在临沂地区汽车运输技工学校学习。1978 年留校任教。1979 年在长沙交通学院进修学习。1987 年取得中央电大专科学历，后取得首都师范大学函授本科学历。1997 年取得高级讲师职称。1998 年先后任山东省交通技师学院办公室主任、南校区管委会副主任兼汽车系主任、学院纪检副书记等职务。2016 年 12 月退休。

刘玉照　男，1956 年 8 月 10 日出生。中共党员。d 到莒县城阳公社插队落户;1976 年 12 月 22 日，招工到沂水韩旺铁矿当工人;1979 年 12 月调到临沂地区邮电局工作，担任机线员、助理技术员、技术员 1990 年 1 月，调日照电信局工作，后在日照联通公司工作，2016 年 8 月退休。

刘　芳　女，1962 年 6 月 12 日出生。中共党员。福建省闽清县人。1977 年 8 月 30 日，到山东省莒县城阳公社东关大队插队落户。1979 年 10 月至 1982 年 8 月，招工到福建省闽清县邮政局工作;1998 年 10 月至 2008 年 4 月调福建省莆田市邮政局，任管理员;2008 年 4 月至 2015 年 6 月，在中国邮政储蓄莆田市分行，任办公室总经理;2015 年 5 月至今，在中国邮政储蓄银行莆田市分行，任银行高级主管。

刘建华　男，1951 年 5 月出生于北京，1967 年从北京市宣武区南菜园中学毕业，1969 年回乡到小店公社脉住墩村。1970 年招工到莒县夏庄铁木业社，后调莒县印刷厂工作，曾任莒县印刷厂副厂长。工作期间，先后获得全县工会优秀工作者、优秀工会主席、先进个人、先进工作者等荣誉称号。

孙东华　女，1953年10月7日出生。1969年从潍坊昌乐县莒县陵阳杨家址坊插队落户。1971年秋至1975年秋在杨家址坊任民办教师，任教期间在接家岭师范接受过培训。1975年秋至2003年在供销部门工作，任门市经理，直至退休。

孙东周　男，1951年9月26日出生。1968年由潍坊昌乐回莒县陵阳杨址坊务农。1975年10月招工至莒县饮食服务公司。2000年至2010年，担任公司保卫科科长至退休。

孙永芬　女，1952年12月21日生，中共党员。1959年到1965年在莒县实验小学上学。1965年至1968年在莒县一中上初中，并按期毕业。1970年至1974年8月由浙江省海盐县回乡洛河公社刘家南湖大队。1974年12月至1978年12月在莒县北农场下乡。1979年至1980年调入莒县农科所工作。1980年12月调入莒县物资局机电公司财务科工作，职称会计师，任财务科科长至退休。1989年1月在山东广播电视大学毕业。工作期间多次被评为先进工作者。1993年3月被评为临沂地区巾帼建功杯先进个人，1993年3月被评为临沂地区三八红旗手称号，1994年被评为日照市物资局先进工作者。

李春华　女，1951年2月19日出生，中专学历。1968年由重庆回乡至莒县店子集沟头大队插队落户。1969年招工，先后在桑园小学、峤山小学、莒县一小、二小任教，期间多次被评为县优秀教师。出席过临沂地区语文学术调研会议，并发表过论文多篇，参加过地区

普通话比赛，曾经是莒县第六届政协委员。

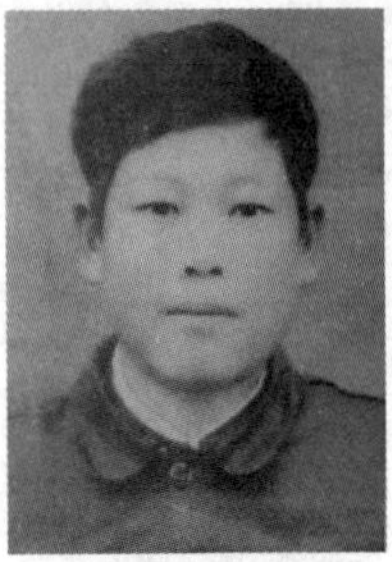

来永庆 男，1954年8月出生，中共党员。1968年7月至1977年7月，初中毕业后回乡插队。1977年11月至1978年11月，在莒县建筑公司工作。1978年调莒县工业公司。

陈秀华 女，中共党员，1959年11月出生，1976年于浙江省舟山中学高中毕业，同年10月份到莒县桑园镇西苑庄回乡插队，1978年3月当选莒县第八届人大代表、县革委会委员。1978年11月到莒县公安局工作；1987年3月到临沂市公安局工作，期间任五里堡派出所副指导员、指导员等职；1994年3月到日照市公安局工作，曾任办公室副主任、宣传科副科长、车管所教导员、宣传处处长，现任副处级侦查员。先后曾荣获全国颁发居民身份证先进个人、全国公安优秀宣传干部等荣誉。

张建平 男，1957年10月生，党员，大学本科学历。1963年在福建官桥上学，1964年到1971年在莒县城里完小读小学二年级至初中，1972年1月至1974年7月就读于莒县一中。1974年9月响应党的号召于本县城里回乡到东莞公社前石崮后大队插队落户、分配到林业队。1975年5月至8月经推荐参加了东莞公社卫生分院“赤脚医生”培训班。1975年11月招工到临沂拖拉机制造厂当了一名车床工人，1980年11月调回莒县图书馆工作，1985年6月调到莒县文化局工作，1996年至1999年兼任文书市场管理站站长。1999年12月调入莒县博物馆并任馆长，期间发表论文《试谈汉代经济发展》被省文化厅评为优秀论文、2004年担任图书馆支部书记。2008年从博物馆离岗，2017年7月退休。工作期间多次被评为市文化局先进工

作者，1994年、1995年、2005年被县委评为优秀党员。1992年至1998年连续六年被县委县政府评为先进工作者，并奖励两级工资。社会兼职：山东省博物馆学会理事，中国先秦史学学会会员、中国古城学会会员。

单淑庆 女，1949年11月出生。1968年由济宁二中回莒县洛河乡洛河大队务农。1970年在莒县一中参加教师培训，1971年在临沂师专学习；1972年在莒县一中任教；1986年在莒县三中任教。1971年获科技先进个人奖。

孟庆珍 女，1960年1月1日出生。1977年至1979年在城关公社刘家村大队下乡插队。1979年至2010年在莒县信用社工作；2010年退休。

曹际蓉 女，1946年8月13日出生。1949年，父亲南下到丰都县，1951年随母去丰都。1968年12月回原籍莒县中楼公社上曹村插队落户。1970年12月招工到县机械厂工作，1979年调县造纸厂。1996年8月退休。

葛立君 男，1955年3月20日出生，中专学历。1968年12月至1979年12月，回乡到莒县桑园公社上疃村插队落户；1979年12月招工分配到莒县食品公司任会计；1978年至2006年在水产公司任会计。2013年11月退休。

葛立臻 男，1951年9月10日出生。1968年12月回乡插队落户。1976年12月招工分配到商业局服务公司大众饭店工作，1981年调入商业局机电维修部工作。2011年退休。

谢建秋 女，1953年9月9日出生。1971年5月从四川省宜宾市下乡，到四川省宜宾县双龙区沙溪插队，1974年1月迁入莒县庄疃公社钟家村。1975年10月入临沂卫校学习。1977年8月分配到山东省军工局中心医院，1989年1月调回莒县人民医院，1991年6月调入淄博市职业病防治医院，后调入淄博市第六人民医院，直到退休。

潘月才 男，1971年5月从四川省宜宾市下乡到宜宾县双龙区沙溪公社长安大队，1974年5月回乡到莒县城阳公社西大街大队。1975年4月10日参加工作，到济南铁路局泰安临管段，1984年调临沂工务段，在莒南线路工区任工长，2006年调莒县线路工区，2009年7月退休，在莒县居住。

第七章　知青名录

第一节　济南知青名录

济南知青 1968 年共分五批下乡。分布在城阳区、闫庄区、招贤区、峤山区、东莞区、刘官庄区、中楼区、龙山区、陵阳区。

一、城阳区

1. 韩家菜园大队 8 人，3 男 5 女。

男：孝国利、孙吉庆、刘瑞超

女：刘美红、李桂兰、孙际慧、尹桂兰、刘英

2. 戚家街大队 9 人，4 男 5 女。

男：刘军、张兴牟、张绍国、陈利民

女：杨景芝、陈世英、李富兰、薛新民、耿新光

3. 钟家村大队 8 人，4 男 4 女。

男：张洪海、赵军、李增顺、张厚

女：张嘉菱、季勤范、蔡宝芬、李兴珍

4. 邢家庄大队 12 人，6 男 6 女。

男：牟善来、徐树文、张延农、纪惠全、尹志杰、王鲁

女：王锡玫、陆嘉伟、钱自洁、刘啓英、刘和玲、秦桂萍

5. 坝上大队 9 人，5 男 4 女。

男：张世生、于海军、褚志民、卜祥田、刘荣起

女：张玉珍、孙黎明、马玉兰、杨琪

6. 刘家菜园大队 12 人，4 男 8 女。

男：杨承志、徐同、徐兆、宫玉起

女：卢之年、李建平、岳燕、李威东、路洪、何秀玉、黄华娥（印尼华侨）、李彩月

7. 胡家街大队 8 人，5 男 3 女。

男：张清勇、周振俭、刘庆泉、候登富、姜玉明

女：徐联民、王素梅、石光辉

8. 邹家庄子大队 12 人，6 男 6 女。

男：郭道新、刘培玉、宗建群、纪传盛、乔立平、谭志

女：周淑云、江秀蕙、王俊梅、胡志源、董来娣、鹿玉兰

9. 后城子大队 12 人，7 男 5 女。

男：井宝玉、江广生、刘少富、周甲申、耿庆水、杨照鑫宋浩

女：张诤、李祥鸿、王墨兰、臧秋华、杨瑞芬

二、闫庄区

1. 宋家桥大队 12 人，7 男 5 女。

男：姜全勤、冯崇侨、于载培、邢鲁生、南乐群、杜润德、胡安全

女：沈国华、路文蜀、谢淑雯、苏桂兰、丁敏

2. 桃园大队 11 人，4 男 7 女。

男：张成云、张世斌、武济民、李强

女：张湘玲、韩桂祥、梁卫东、孟秀芬、宋建敏、于永会、李金华

3. 姚家岭子大队 9 人，5 男 4 女

男：张维、朱帜、王昊、杨长荣、赵西如

女：王建新、樊明、孙松岑、朱英

4. 肖家河大队 10 人，6 男 4 女

男：杨一华、张凤鸣、殷晓林、莫之民、程庆柱、康明

女：杨英菊、董宝玲、王稼祥、李建华

5. 贾马官庄大队 10 人，4 男 6 女

男：陈祖德、苏齐山、藏建、王广珠

女：陈惠澄、祁纪香、鲁济清、张小平、刘英华、崔立新

6. 爱国村 14 人，7 男 5 女。

男：王寄鲁、辛环、庞元森、李培吉、曾昭平、季萌军、赵坚、汪寿琪、张博文

女：周荃、赵丽平、刘萍、王鲁清、王冬梅

7. 西陈家楼大队 11 人，4 男 7 女。

男：王述、孙敬侠、郭鲁、李舒远

女：张锂、王建民、蔡莉莉、陈平顺、孟宪芬、刘玉秀、张琪

8. 岔头大队 13 人，5 男 8 女。

男：王献国、尚济群、沈为农、陈玉泉、钱生贵

女：刘静、徐伯英、鞠风新、王学英、孙宝瑞、赵淑文、马玉荣、刘兆贤

9. 伦家当门大队 13 人，4 男 9 女。

男：赵新、孔济生、魏新民、尚永济

女：王秀英、王玉佩、马冬敏、董爱莲、方玉香、单淑芹、刘民、马世锦、杨炳娴

10. 长安口大队 9 人，5 男 4 女

男：杜兆平、张进、赵勤安、秦军、李铁牛

女：魏青、刘杰、马平、李易梅

11. 朱家庄子大队 12 人，5 男 7 女。

男：王建国、韩锋、姚作斌、孙衡山、崔振海

女：徐金华、王小景、章安秋、李文军、邢庆玲、刘炜玲、刘东

12. 刘家村大队 12 人，5 男 7 女。

男：李卫华、田爱国、南捷、赵镜清、严成平

女：王作芳、方安娜、李五玲、张承娴、李小青、严汝慧、高敏

13. 东陈楼大队 11 人，5 男 6 女。

男：夏继俊、孙承志、张茂林、仲大明、亓平

女：房玉琴、王红、刘玉珍、张新华、高峰、郑妹丽

14. 八里庄子大队 10 人，5 男 5 女。

男：王新、董道新、张华刚、姚永武、张建刚

女：牟宏志、吴啟妹、张锦玉、赖鲁英、张福坤

15. 周马庄大队 11 人，5 男 6 女。

男：李亚田、王卫东、朱明、白秀榕、卢长生

女：王全玉、李莉、徐鸿、宿爱华、段军、郑金琴

三、招贤区

1. 大铺大队共 12 人，5 男 7 女。

男：柴钢、杨庆生、张晓林、刘文柯、于汉民

女：王慕慧、周淑英、刘金荣、李丽云、宋玲、马继玲、曹秀荣

2. 西黄埠大队共 9 人，4 男 5 女。

男：郭勤、黄传新、李建勋、李坚

女：施正宜、韩琳琳、张胜华、宋凌云、赵建平

3. 东双庙大队 10 人，5 男 5 女。

男：王肇杰、范博逊、宫方仁、冯建中、常毅

女：刘海霞、杜桃、王岳、崔玉桂、孙毅

4. 大河东大队 10 人，6 男 4 女。

男：范义民、季长彬、赵重阳、李诚、路士伟、赵振祥

女：孙一兵、王卫平、张深岑、李静华

5. 程家曲坊 11 人，7 男 4 女。

男：裴天惠、张正平、关康民、郑海鹏、龚立魁、段立明、佟裕元

女：付焕、房玲燕、李修华、李莉

6. 马家店子 12 人，7 男 5 女。

男：赵卫东、韩少君、于济涛、李宝琪、张恩其、郭连起、安志超

女：许臻、刘冬梅、贾秀玲、李婕、赵杰

7. 梁家四山子 9 人，6 男 3 女。

男：陈国泉、陈洪达、韩黎明、杨卫国、史向建、庄汇文

女：岳更新、于建华、韩祥华

8. 梁家春生 10 人，6 男 4 女。

男：赵铭颐、邹长利、薄克林、刘裕磊、周德新、刘如珣

女：武明江、顾秀林、田秀文、刘湘云

9. 前王家春生 11 人，3 男 8 女。

男：朱来顺、贾象峰、赵大军

女：吕文琢、邢桂云、董延华、朱继尧、周兴华、宋玉秀、宋淑萍、宁逢云

10. 柳家庄大队 10 人，4 男 6 女。

男：韩金铭、洪鼎腾（印尼华侨）、高冲、陶坦

女：王淑琴、王巧云、张芝灵、赵娅玲、贺宜、贺时

11. 大罗庄大队 12 人，3 男 9 女。

男：宋法永、李金成、庞曰泰

女：曹秀珍、刘兰英、王迎春、刘淑华、陈宏德、刘惠英、刘维文、王俊利、张胜军

12. 后仕阳大队 10 人，5 男 5 女。

男：陈泓、王济生、侯少伟、张法正、解维平

女：郝春芳、邢金环、王昭云、杨立群、阴晓波

四、峤山区

1. 庄家洪沟大队 13 人，4 男 9 女。

男：卢鸣、郑德良、王芃、方昭宾

女：高翠萍、黄珊、陆望平、李毅、张玉清、于维达、于虹、崔玉岭、杨新华

2. 郑家石槽大队 9 人，4 男 5 女。

男：李宁、王景斌、孙树德、孟庆玉

女：崔阿荔、侯竹林、司继织、李良鑫、徐红光

3. 大崖头大队 9 人，5 男 4 女。

男：尹力、刘玉启、徐万丰、田元、李栗

女：文素慧、姬文英、李莲娜、张锐

4. 徐家城子大队 9 人，5 男 4 女。

男：于连平、赫翔、王桐、李茂海、谢洪胜

女：祝玉聪、刘红卫、王爱平、柳美兰

5. 后店大队 10 人，5 男 5 女。

男：付疆、辛志民、王双京、孙庆林、罗龙生

女：高洁、辛永平、孙新荣、张萍、晋兰欣

6. 大辛庄大队 12 人，9 男 3 女。

男：雷良勤、李建全、张小湖、李宗波、李宗江、毕宜奎（由五花营转来）、任德山、张新运、杨卫国

女：苏禄印、张玉珍、张乃珍

7. 前集大队 8 人，3 男 5 女。

男：王潭吉、李德宁、刘广立

女：赵鸿慧、金暄、宋芬、朱宝瑛、徐静波（后转来）

8. 杜家沂水大队 9 人，6 男 3 女。

男：魏国瑞、陈崇思、秦国枫、秦祖荣、杨振德、武尔君

女：陈胜民、王胜来、陈岩

9. 胡家村大队 13 人，6 男 7 女。

男：孙德强、刘德卫、张建华、高铁民、束缚先、董学仁

女：张天慧、张霞、张琳、蒿兴文、徐海玲、刘燕明、刘大楠

10. 康家村大队 8 人，3 男 5 女。

男：卜庆昌、陈光明、刘传绪

女：陈淑华、李继军、杨英燕、王凤华、万延荣

五、东莞区

1. 大沈刘庄大队 11 人，5 男 6 女。

男：高安、张允利、孙新民、杨正修、尹高义

女：李玉兰、王心平、徐敏、李媛、丁爱鸾、张桂兰

2. 东莞大队 10 人，5 男 5 女。

男：赵增福、袁传泊、李建、杨作仁、盛光祖

女：陈红、庞凤、王连美、施炘、郑新华

3. 源河大队 12 人，6 男 6 女。

男：王学祯、王克堂、王武华、庞静宁、黄海涛、贺羲臣

女：张明荣、朱敏、王峦峰、刘秉礼、王佩英、马梅生

4. 孟家庄大队 9 人，6 男 3 女。

男：杨利民、张勇、杨宪金、郝景峰、傅伟、孙铁钢

女：刘玉华、张铭、李红（曾用名李宣恒）

5. 田庄大队 8 人，5 男 3 女。

男：杜庆生、王铁英、李子敬、管昆（管恩壮）、刘延海

女：乔亭华、赵玉平、沈立雯

6. 西沈庄大队 9 人，4 男 5 女。

男：李春旭、谭金超、李维克、冯树森

女：韩琳、秦淑霞、沈莉文、吴云霞、王惠芳

7. 大福照大队 7 人，3 男 4 女。

男：孙金华、王东五、雷良栋

女：孙秀清、于培英、刘镇、王晓慧

8. 大店子大队 8 人，4 男 4 女。

男：王维贤、张坤俊、张金声、张树森

女：董爱兰、杨建伟、张继芳、曲喜翠

六、刘官庄区

1. 小河北大队 9 人，5 男 4 女。

男：荆光普、赵钟剑、于卫国、赵建国、赵胜

女：郑抗美、张玫、林振慈、林彦文

2. 前云大队 13 人，6 男 7 女。

男：赵绪平、杜剑、阎伟、刘天放（由徐家庄转来）、范令公、赵胜利

女：季世琪（曾用名季红兵）、胡世瑞、崔秀云、包宇光、杨秋萍（印尼华侨）、温锦莲（印尼华侨）、黄华心（印尼华侨）

3. 后云大队 8 人，3 男 5 女。

男：胡卫东、李传杰、王兆麟

女：张英、吴淑媛、王宝珠、王俊芬、刘宪荣

4. 前于庄大队 13 人，6 男 7 女。

男：韩志平、刘锡培、钱金生、丁永正、毕贵生、万富川

女：王万琴、陈宝娣、张敬杰、季林美、周清、魏小玲、李文静

5. 黄家宅大队 11 人，6 男 5 女。

男：熊家源、李鸿、叶建行、谭新国、杜建群、王济明

女：沈玉新、程桂芝、渠玉珠、曲秀琴、谢爱东

6. 李家念头大队 9 人，4 男 5 女。

男：李克深、张毅伟、李肖奇、柳洪嗣

女：王红、李新明、欧阳建平、欧阳新、严智

7. 马驹岭大队 8 人 ,4 男 4 女。

男：安平、丛毅、郑国、李启顺

女：李洪香、王晓黎、宋义、宋慧

8. 前竹园大队 9 人，5 男 4 女。

男：张大庚、张延超、周峥、公志光、李德刚

女：徐萍、王玉蓉、范萦、王宇灵

9. 后竹园大队 11 人，6 男 5 女。

男：索重华、李衣白、罗兵、张雨人、宋洪喜、张承元

女：和美琳、刘汝华、石玉玲、丁丽荣、郑孔英

10. 兰官庄大队 13 人，7 男 6 女。

男：李茂轩、王乐康、袁胜利、李继山、谢全生、张春录、王德录

女：毕玉美、李际爱、王慧玲、杨莹珠、孙景成、靳彤光

11. 徐家庄大队 8 人，4 男 4 女。

男：尹承文、吴茂新、杜济让、刘天放

女：李湘秋、朱传华、王梅鳳、耿岱华

12. 严家砚疃大队 8 人，男女。

男：袁富庭、刘志立、赵国三

女：赵海英、周丹尼、赵文敬、黄萍（曾用名黄晓萍）、马素风

13. 五花营大队 12 人，7 男 5 女

男：李明、毕宜奎、李芳太、李荣德、陈文豪、王文亨、徐少恭

女：单乐宝、邱长莲、李家玲、张永梅、郝济生

注：1970 年 6 月五花营知青点撤销，徐少恭、李明并（转）到高家庄，李芳太、李荣德、陈文豪、单乐宝、邱长莲、李家玲并（转）到西李家楼大队，毕宜奎并（转）到峤山大辛庄；是年 6 月 1 日严家砚疃知青点整体转到高家庄大队。

七、中楼区

1. 两山口大队 12 人，7 男 5 女。

男：于勇、杨琦、刘波、郑孔强、李作田、杨其泉、李瑞昌

女：董瑛、张莉莉、路传玲、陈芙蓉、王安洁

2. 孟家西楼大队 10 人，5 男 5 女。

男：李景冬、王永利、王洪收、张和平、李英濂

女：冯培兰、甘玉华、史军、陈抗美、刘利华

3. 中楼街大队 13 人，6 男 7 女。

男：刘俊祥、丁百新、马吉才、李新民、刘世山、朱传明

女：王莉姝、崔志美、张秀环、毕斯春、李瑞华、林光、任红卫

4. 板楼大队 10 人，5 男 5 女。

男：刘树明、张凯、赵根成、王俊阳、张允茅

女：郭文琴、赵美华、左晓丽、王智慧、袁月兰

5. 黑涧大队 12 人，6 男 6 女。

男：田贵民、牟恩瑾、鲍秋合、孙育力、赵允、王育中

女：王光英、曾慈、闫秀珍、金延芬、李迎新、周镜平

6. 五楼山前大队 13 人，9 男 4 女。

男:李庆昇、李立新、葛振刚、刘继前、徐学明、袁长星、张洪德、甄理、孟宪斌（孟庆连）

女：宋鲁俊、张秀兰、曹消美、戚玫玫

7. 前牛店大队 7 人，3 男 4 女。

男：楼森、邓曾慈、李建华

女：杨元春、蔡友军、徐云、杨维英

8. 刘家沟大队 10 人，6 男 4 女。

男：王琳、葛城、杨兆棋、程铁民、赵广泰、于为民

女：景静、张启英、王玉华、张喜梅

9. 孙由大队 14 人，11 男 3 女。

男：孙振奎、高济生、王登禄、张传岱、王元祥、陆继庆、陶焕群、徐学明、张致伟、田中南、刘存喜

女：张崇云、韩荷莲、王玉萍

10. 大陈军子大队 12 人，7 男 5 女。

男：刘耀民、王新荣、丁文良、张世海、刘福元、刘俊国、冯乐义

女：李连茹、张元森、罗秀琪、张曼云、曲俊修

11. 鸡山沟大队 12 人，6 男 6 女。

男：魏立放、刘存喜、王国起、韩建清、尹荣光、孙成玉

女：田问华、王爱德、王淑芹、毕新民、甄世梅、孙玉香

12. 前姚埠大队 11 人，5 男 6 女。

男：程蕴波、李庆武、丁其勇、陈传玉、许永华

女：张学东、胡景珠、冯建新、司明华、赵风兰、王秀云

八、龙山区

1. 瓦楼大队 12 人，7 男 5 女

男：张纯胜、姜农林、田立、刘长华、宋代勇、王锡善、宋琪

女：刘春芳、李爱丽、王小英、林秀芝、张玮玮

九、陵阳区

1. 姜庄大队 8 人，3 男 5 女。

男：卢宪文、王万一、孙晓武

女：李连英、马素君、李延贞、王林、李风竹

2. 方家址坊大队 11 人，4 男 7 女。

男：邵茂泽、范向树、李家智、王德忠

女：刘文莉、刘文莲、王玉菊、刘学军、马立新、周琴、张要武

3. 借庄大队 11 人，5 男 6 女。

男：赵国成、徐遵海、王延信、沈泽声、汤国础（印尼华侨）

女：李艳丽、侯秀君、王玉秀、黄雅虹（印尼华侨）、黄华英（印尼华侨）、张亦兵

4. 西上庄大队 12 人，5 男 7 女。

男：张海军、赵毅宏、李贤安、李宝银、马新生

女：刘志华、金和平、朱玉珠、刘淑珍、王宝珊、宋维英、柳仲芬

5. 前西庄大队 11 人，5 男 6 女。

男：王亮、张鹏、张永泉、田茂池、冯富申

女：赵志静、褚桂荣、王文英、韩桂芬、于淑珍、郑玉香

6. 杨家址方大队 8 人，6 男 2 女。

男：富经图、陈祥衡、付二祥、张化宇、王忠、燕和平

女：李湘秋（由徐庄子大队转来）、朱传华（由徐庄子大队转来）

7. 大埠地大队 11 人，6 男 5 女。

男：全国、张晓、许衍青、宋仲元、吴乃光、黄建

女：王红、张家瑞、陈建云、何玉燕、常华

8. 西湖大队 9 人，4 男 5 女。

男：房玉新、李维仟、范再历、魏守银

女：吴德英、张英、许秋霞、付文秀、何淑珍

9. 于家店子大队 9 人，3 男 6 女。

男：于英军、王维森、吴安平

女：陈庆芝、吴兰妹、徐月清、崔景利、孟魏、吴钦争

10. 张家围子大队 12 人，5 男 7 女。

男：郑建国、尚铁汉、赵文厚、朱学彬、汪光远

女：王香、吕新华、朱贵兰、郭仁华、马传芝、王士园、董丽杰

11. 刘家址坊大队 8 人，4 男 4 女。

男：黄毓刚、徐大新、石玉新、魏佃祥

女：李新放、姜贵云、常磊、张宏文

第二节　青岛知青名录

青岛知青1975年共分三批下乡。分布在庄疃公社、爱国公社、峤山公社、洛河公社、招贤公社、碁山公社、东莞公社、刘官庄公社、夏庄公社、寨里河公社、中楼公社、小店公社、石井公社、陵阳公社、龙山公社。

一、庄疃公社

1. 前城子大队 17 人，10 男 7 女。

男：朱宝江、张克弟、赵国华、孙中钢、綦振福、郑建强、修云生、杨鹏阁、赵吉永、苏之堂

女：程桂娥、李丽、刘世香、陈瑛、崔复华、高芸、王素芳

2. 坝上大队 18 人，11 男 7 女。

男：杨淑礼、鲍瑞森、曲玉良、张立远、张宗仁、荆裕明、杨维阁、郝万亮、孙建民、王俊卿、王发华

女：胡月英、于秀敏、史青兰、张平、邹岩、刘泽花、刘继敏

二、爱国公社

1. 周马庄大队 19 人，11 男 8 女。

男：耿建平、毕士军、张永乐、李文、周懋迅、陈贻俊、马炳辉、王胜林、张文阁、范瑞青、马锋（回收顶替）

女：赵伟、鞠芝秋、高蓉年、李丽丽、李小兰、石金然、王丽丽、

梁为民

2. 朱家庄子大队 23 人，11 男 12 女。

男：高群年、李金山、朱广平、王建群、王胜涛、张喜文、李国翔、张文川、岳进九、范祥庆、宋春生（回收顶替）、

女：杨文、毕风华、张敏、王者清、王文英、高爱华、张文华、马桂英、李昕、刘建英、刘美艳、白金兰

3. 姚家岭大队 12 人，8 男 4 女。

男：白泽安、赵永昌、杜序强、陆晓光、王连福、吕先武、高锡盛、苏春生

女：宋秀莲、杜丽华、陆晓芝、王梅林、孙爱平（回收）

4. 宋家桥大队 13 人，8 男 5 女。

男：杨进、杨成、秦洪山、郝旭明、谈重兴、吕先国、王清、蒋垂利

女：鲁丽美、许青华、张显春、张玉芹、侯淑堂、

5. 八里庄子大队 9 人，3 男 6 女。

男：丁海涛、秦伟、杨建

女：任松桂、王丽霞、朱秀云、苏桂美、孙振婷、冯立娟

三、峤山公社

1. 前集大队 8 人，4 男 4 女。

男：苏照光、王守松、乔光新、王永秋

女：孙秀芝、相秀芹、韩文华、楚维维

2. 朱家朱里大队 12 人，6 男 6 女。

男：葛树先、冷兆德、马胜利、李同安、孙昌乐、李志强

女：韩丽丽、张自梅、初玉萍、高玉兰、焦爱美、乔玉霞

3. 大辛庄大队 13 人，6 男 7 女。

男：隋全庆、乔光正、宋福利、姜跃庭、金国聚、王维骥、王新民

女：梁芙花、李青、于红青、谭秀云、李庆宗、刘建国

4. 大崖头大队 10 人，5 男 5 女。

男：宋强忠、董福兴、王永良、赵全喜、吴仕传

女：于娟谈、孙秀英、崔德凤、陈秀珍、杨秀琴

5. 前绪密大队 10 人，6 男 4 女。

男：姜维国、王民军、龙雨、陈兴华、马宪吉、牛明玉

女：迟风琴、韩美丽、康玉香、逄梓芳、
葛秀鹰（1975 年 11 月 28 日顶替）

6. 前店大队 9 人，5 男 4 女。

男：应万跃、姚群、孙建峰、谢可、路军

女：颜永春、顾青珍、王秀珍、张佩、李玉兰（1976 年 1 月 5 日回收）

7. 刘家沂水大队 12 人，7 男 5 女。

男：刘永舰、庄跃环、胡宝法、李新国、王德祥、王培军、
杨建国（1975 年 11 月顶替）

女：李敏华、刘彩云、郭拎弟、孙秀梅、孙维萍

8. 北井大队 8 人，4 男 8 女。

男：王维驹、贾瑞云、苏照勉、刘兴帮

女：王建民、薛艳娟、谭桂琴、赵洪惠（1975 年 11 月顶替）

9. 大宋家村大队 8 人，3 男 5 女。

男：杨照国、王敬进、刘庆国

女：万秀英、赵秀筠、何彩玲、崔维华、姜秀玲

10. 胡家村大队 10 人，5 男 5 女。

男：胡宝村（保才）、尹泽民、陈洪亮、
万瑞利（1976 年 1 月 2 日回收）、
王玉林（1975 年 12 月 20 日回收顶替）

女：崔美年、金秀兰、冯春花、田秀云、薛淑琴

11. 郑家石槽大队 8 人，4 男 4 女。

男：陈元春、李军、孙同义、郭洪斌

女：邢兆林、王春梅、董安敏、李宗芳（1975 年 11 月顶替）

12. 薛家程子大队 8 人，4 男 4 女。

男：薛建华、周吉利、王天林、柏成宗

女：李巧云、任建华、鲍世平、贾玉梅

四、洛河公社

1. 魏家庄大队 15 人，7 男 8 女。

男：邱洪水、崔福林、于清芳、黄家河、车风哨、董月江、

姜学亮

女：陈玉萍、尹玲玲、李玉兰、陈美霞、王坚毅、刘秀华、宿光兰、李淑美

2. 西地大队 10 人，6 男 4 女。

男：马先荣、辛成林、王德功、张永安、毕显明、荆世军（回收顶替）

女：安伯莉、赵春风、于桂芳、延青芬

3. 店子大队 10 人，5 男 5 女。

男：马锡成、周永全、刘炳伟、王世亮、张世安、卢发亮（1975.12.29 下乡）、魏东华（回收顶替）、

女：宋立娟、郭淑华、郭兰英、刘砚平、芦有良

4. 洛河崖大队 13 人，6 男 7 女。

男：刘成科、刘建廷、黄茂德、纪全新、王正霞、尹建忠

女：李芳、李华、祝培兰、周继芳、高瑞云、王桂英、安佰芝

5. 北汶大队 13 人，7 男 6 女。

男：王均惠、王宗臣、原章城、纪全利、魏克进、宗瑞利、李金平、邹永强（顶替回收）

女：江翠萍、田月兰、颜玉珍、侯广华、周继花、李淑美

9. 后果庄大队 7 人，4 男 3 女。

男：毛元辉、王福有、王正连、孟涛利、李玉生（回收顶替）、陆信元（回收顶替）

女：宋连美、邱秋萍、吕新民、高竹林（回收顶替）

五、招贤公社

1. 西双庙大队 15 人，8 男 7 女。

男：姜宏胜、于贞亮、王祖欣、张立洁、仲崇义、朱继臣、谭颖贤、仇继承

女：刘淑琴、王玉娟、姜信芬、王敏华、于吉云、孙淑花、闫朝香

2. 大铺大队 17 人，7 男 10 女。

男：牛兆华、徐胜利、韩子俭、王玺章、刘爱生、宫振亮、李先军

女：张静、邹立、于延玲、杨界秀、董雪梅、姜仪贞、
高玉华、王秀荣、李慧琴、赵锦娟

3. 大罗庄大队 13 人，8 男 5 女。

男：梁为光、庞爱国、孙爱国、贾克善、崔国华、庞建国、张冠军、孙瑞兴

女：姜淑玉、王玉芳、柳萍、董娟、李慧琴

4. 小罗庄大队 13 人，6 男 7 女。

男：李新建、李鹏生、丁健法、胡庆林、董保顺、姜祖建

女：张雁青、盛秀琴、江素荣、丁荣荣、李玉珍、梁玉贞、朱秀平

5. 东双庙大队 13 人，8 男 5 女。

男：李玉君、栾风君、曲怀林、宋乾、周连兴、纪瑛尚、杨玉琳、禚丕元

女：吴瑞芬、韩秀云、李淑贞、段淑文、苏勋珍

6.(知青点不详) 大队 8 人，4 男 4 女。

男：李先境、盛立铎、井同洲、高启松

女：郭丽明、周青华、刘红、夏光秋

六、巷山公社

1. 东海大队 9 人，3 男 6 女。

男：宫建敏、张瑞升、孟枳柏

女：郑吉芬、侯桂芳、许梅、逄淑琴、马放、王爱许

2. 茅埠大队 8 人，5 男 3 女。

男：孙宝石、邹永山、王永建、姜子明、窦宝强

女：范志英、张静文、王建华

3. 三庄大队 9 人，6 男 3 女。

男：藏纪善、刘成友、荆永顺、马升君、王向华、兰方国

女：周秀云、周立华、任宣华

4. 朱山大队 10 人，7 男 3 女。

男：吴宗利、杨建国、邢鹏、黄斌、谭志远、魏永顺、辛承明

女：杨淑华、牟瑞君、唐凤

5. 庞庄大队 15 人，7 男 8 女。

男：江万良、毕显亮、杜明建、杜茂祥、袁有国、孙肇杰、宋连正

女：薛华贞、姜玉华、杨淑贞、刘春菊、历淑琴、张金兰、宋海青、吕秋燕

6. 夜珠泽大队 7 人，3 男 4 女。

男：赵可欣、张小芃、张维亮

女：潘荣荷、李洪兰、徐代红、孙秀珍

7. 车峰峪大队 8 人，5 男 3 女。

男：唐东兴、赵建华、乔中先、姜学致、李义年

女：朱静、迟玉琴、张秀珍

8. 水由大队 9 人，5 男 4 女。

男：王金平、郑卫、孟凡军、张庆宝、曹国亮

女：王勤、赵建敏、潘伟利、周巧云

9. 代家墩大队 9 人，5 男 4 女。

男：黄雪飞、张曙亮、李相利、刘丛川、刘宗法

女：姜亦兰、刘咏春、朱兰芳、娄洪兰

10. 苑家沟大队 7 人，3 男 4 女。

男：王永利、刘少华、王俊孝

女：董秀美、王春香、田玉珍、任怀玉

七、东莞公社

1. 东莞大队 11 人，6 男 5 女。

男：薛瑞瑶、孙志建、丁建国、王钟谦、张健、曲振兴

女：鲁淑娟、韩欣枝、代丽丽、李秀花、吴秀娟

2. 朱留大队 11 人，6 男 5 女。

男：蔡永田、张守清、姜其松、王鸿义、邢新学、吴文江

女：陈淑玉、孙维新、吴永华、杨爱斌、汪元喜

3. 庄家山大队 11 人，6 男 5 女。

男：高会来、冯守琪、孙家泉、孙洪强、赵新宁

女：吉筱丽、陈欣、吕超美、杨祝芳、于建琴

4. 孟家庄大队 10 人，6 男 4 女。

男：于光和、张洪书、耿世胜、匡永林、马奎宗、曲永生

女：解玉英、冯家云、林静、王玉兰

八、刘官庄公社

1. 黄家宅大队 10 人，5 男 5 女。

男：谢清河、韩敬春、王洪锡、丁六一、付文革

女：纪双环、赵文华、李梅芹、朱金惠、赵伟

2. 前云大队 7 人，5 男 2 女。

男：韩敬生、李传强、马恩悌、郭新泉、刘新华

女：徐静霞、谢淑桂

3. 西李家楼大队 9 人，6 男 3 女。

男：丁建民、郝章青、孙良玉、孙裕明、王永博、魏健德

女：王建新、李红、陈宗亮

九、夏庄公社

1. 中马坡大队 12 人，6 男 6 女。

男：陈学智、李维忠、周茂山、陈学义、徐世谦、史敬留、任单新（回收顶替）

女：孙培欣、栾淑美、梁玉芳、徐桂香、胡海燕、董丽美

2. 北马坡大队 12 人，5 男 7 女。

男：张国祥、苏厚福、王勇、谢国民、胡珊绪

女：秦玲玲、贾淑芹、刘秀珍、张云春、泮风美、吕风珠、刘洪玲（1976 年 8 月病退）

3. 梁家苗蒋大队 10 人，5 男 5 女。

男：安保国、吴建国、贾金敦，吕继强、张国文

女：杨金香、孙永春、宫国玲、江建华、张建青

十、寨里河公社

1. 孙家沟大队 9 人，4 男 5 女。

男：祝思璋、姜俊杰、王元茂、胡建光

女：王琳、孙福祥、孙爱珍、姜爱峰、郑华荣

2. 前牛店大队 7 人，4 男 3 女。

男：匡立忠、冯克胜、王恩锦、刘宝律

女：兰淑贞、程玉兰、刘桂莲

十一、中楼公社

1. 刘家沟大队 16 人，6 男 10 女。

男：李修业、于其杰、王延臣、王锦善、姜军、栾春涛

女：张铭娣、桂青春、白爱莲、王秀珍、李桂荣、衣立欣、兰淑贞、程玉兰、徐忠华、胡玉华

2. 韩军子大队 3 人，2 男 1 女。

男：衣立强、兰以香

女：曲红霞

3. 陈军子大队 11 人，6 男 5 女。

男：刘长庆、高学海、赵和平、赵书堂、姜君、栾春清

女：徐忠华、王玉珍、韩丽华、胡玉华、姜少兰、吴桂芳

4. 黑涧大队 9 人，4 男 5 女。

男：孙志保、王永大、宋玉生、孟广福

女：董春香、卢桂珍、朱崇梅、滕爱华、朱焕茵

5. 板楼大队 10 人，5 男 5 女。

男：李宝玉、尹兆祥、李秉昌、吕照国、牟寿毅

女：方蓉、陈家美、隋淑芹、赵新英、花秀英、袁玉兰

6. 五楼山前大队 11 人，5 男 6 女。

男：杜正庆、王学君、王恩明、张传慧、沈信国

女：王华章、张风华、杨淑娟、王玉玲、刘恩玉、李军

7. 孙由大队 10 人，5 男 5 女。

男：房堃、刘文光、胡风礼、肖令代、田维信

女：安郁华、成玉美、杜瑞萍、胡金花、毕娜

十二、小店公社

1. 脉住墩大队 12 人，5 男 7 女。

男：张立刚、徐衍松、杨洪玉、朱传利、孙建刚

女：王秋芬、李修贞、高萍、袁志英、张传颖、李秀英、

王秀花（由内蒙古转来回乡）

2. 牛家沟大队 9 人，3 男 6 女。

男：栾春亭、贺珍利、张永和

女：孙素芝、王锡英、刘新伟、臧爱美、韩桂英、刘清兰

3. 东心河大队 10 人，6 男 4 女。

男：厉焕华、王维华、安刚、崔恩德、李本利、陈树民

女：任淑贞、曹福强、吴玉萍、王桂清

4. 后严家崮西大队 11 人，5 男 6 女。

男：杨振起、丁建华、隋胜起、韩新庆、桂仲勇

女：杨美华、张永芹、王新美、尤爱莲、王新惠、郭丽娜

5. 董庄大队 9 人，3 男 6 女。

男：吴唐顺、杜传古、邵泽永

女：唐洪玉、王世珍、苗秀兰、王爱华、吴佩琴、张美玲

6. 前衡山大队 6 男 7 女。

男：梁泽宏、隋昌义、程明谋、杨克军、纪寿铎、宋书恒

女：孙丽春、李军、徐朋、崔素霞、姜清莲、刘玉华、杨淑娟

7. 吕东大队 10 人，4 男 6 女。

男：岳华、孙德元、田立春、吴国臣

女：李瑞珍、吴述荣、王建伟、乔桂兰、紫照红、王美景

8. 卢家孟晏大队 11 人，5 男 6 女。

男：尚明祥、温孝、杨琦、倪继刚、徐金龙

女：徐玉春、李宁、薛晨睎、崔鸿芬、纪爱玲、陈永芳

十三、石井公社

1. 白土沟大队 11 人，4 男 7 女。

男：王以胜、陈增礼、卞恩忠、孙洪恩

女：王英姿、陈爱鑫、张彩玲、袁显芳、陈爱春、徐紫微、刘桂华

十四、陵阳公社

1. 借庄大队 13 人，6 男 7 女。

男：王英明、张同珀、王建华、蔡培强、牛振光、秦嗣国

女：蔡培珍、姬竹山、朱小兰、李萍华、李爱华、魏红、杨德美

2. 何家疃大队 13 人，5 男 8 女。

男：王庆广、范显忠、贾文滨、宋秋国、庞九亮

女：杨荆雯、徐俐、李秀君、顾连香、李香兰、许志萍、张传萍、彭秀珍

3. 西湖大队 9 人，4 男 5 女。

男：郑光玉、卜令崙、张维国、史希成

女：马俊云、王金华、杨德美、邹秀娟、苏爱芝

4. 大宋家庄大队 8 人，3 男 5 女。

男：王敬进、刘庆国、杨照国

女：崔维华、姜秀玲、何彩玲、万秀英、赵秀均

1. 范家庄大队 10 人，5 男 5 女。

男：李明、王建文、綦建寅、邵茂智、张志才

女：张连英、徐恒娥、滕以德、孙伶恩、陈爱霞

2. 薄板台大队 16 人，9 男 7 女。

男：尹杰、潘光荣、王清惠、王振义、于全民、赵宗发、董淡完、邓洪亮、付家山（回收顶替）、

女：李秀云、杜晶、林均春、姜丽娟、姜子艳、董秀花、刘桂花

注：青岛知青名录，来源于青岛市档案馆、莒县档案馆的部分馆藏资料，姓名、男女、知青点、人数统计可能有误。

第三节　莒县知青名录

莒县本县知青 1974—1978 年共分五批下乡。分布在城阳公社、庄疃公社、爱国公社、陵阳公社、小店公社、北农场、浮来山园艺场。

一、城阳公社

1. 桃园大队：

七五届 10 人，5 男 5 女。

男：马元锋、房德军、李成江、孙现明、王金波

女：朱智敏、邴树红、陈常平、董加娟、苑素霞

七六届 8 人，4 男 4 女。

男：于华杰、于洪涛、郭志胜、穆军

女：李云燕、张建霞、马君娜、胡庆华

七七届 8 人，4 男 4 女。

男：崔学田、张福成、魏玉东、鞠中华

女：孙现玲、宋时萍、胡成美、公方树

七八届 7 人，2 男 5 女

男：徐恒利、王立建

女：李英俊、王艳玲、王建明、赵善菊、王兴菊

2. 刘家村大队

七四届 13 人，6 男 7 女。

男：孔德志、王力军、卢立勤、任瑞文、王利民、康纪华

女：陈常梅、李业秋、陈敏、来淑芬、宁萍、李业春（后转浮来山园艺场）、张丽娜

七六届 11 人，6 男 5 女。

男：王兴兆、王淑强、来风鸣、侯祥、胡彦民、丁明晋

女：王卫军、刘正霞、张守萍、高华兰、姚玉兰

七七届 2 人 ,2 女。

女 : 孟庆珍、齐素美（回乡）

3. 西陈楼大队

七四届 11 人，6 男 5 女。

男：耿春翔、王建波、袁吉、孔继军、王俊鲁、童建平（后转浮来山园艺场）

女:高丽华（后转浮来山园艺场）、朱秀香、张红卫、徐风云、丁风云。

七五届 2 人，1 男 1 女。

男：宋玉礼

女：刘红（后转东陈楼大队）

七六届 12 人，4 男 8 女。

男：刘晓方、卢兆村、张晓玉、陈常春

女：张晖、盛玉玲、于晓云、杨丽华、谢建华、赵爱华、赵均玲、王恩红

4. 东陈楼大队

七四届12人，6男6女。

男：张晓辉、王厚强、宋宜俊、吕国强、严加海、张安平（回乡）

女：王英、唐红敏、高婉华、司丽萍、张秀兰、郎凤双

七五届3人，2男1女。

男：马克庆、尤润生

女：王爱芹

七六届10人，3男7女。

男：张建明、赵善平、王建玉

女：于海春、王丽霞、袁芬、魏玉娜、张守荣、刘红、苑丽娟（回乡）

5. 邹家庄子大队

七四届12人，7男5女。

男：张俊岭、陈淑胜、马建华、孙永新、庄肃欣、欧家元（后转北农场）、田志强

女：于华荣、郎丰霞（后转浮来山园艺场）、徐卫东、伦立华、吴相玉

七五届6人，2男4女。

男：刘玉照、王建民

女：马秀玲、董会媛、陈欣华、宋佩云

七六届9人，6男3女。

男：赵勇、王京杰、戚方明、李成刚、唐建、孙卫东

女：严淑娟、孙卫红、马秀芬

七七届5人，3男2女。

男：靳绍溪、范立昌、王宝刚

女：虢建荣、颜永玲

6. 韩家菜园大队

七四届11人，6男5女。

男：张东、崔志强（现用崔勇）、何建华、王德重、卢松群（回乡）、程少云（回乡）

女：潘月芬、王秀娟、聂静（回乡）、赵海芹（回乡）、庄会芹（回乡）

七六届11人，5男6女。

男：刘汉成、伦立民、王绍利、孙宝群、薛彦强

女：胡善兰、潘月玲、李凤娟、徐加荣、刘文秀、孙爱群

七七届 4 人，1 男 3 女。

男：袁从功

女：张永华、薛兰会、邹进花

7. 刘家菜园大队

七五届 12 人，7 男 5 女。

男：徐家驷、严维兴、张树吉、林青、王厚军、陈维东、商志晓

女：赵国华、于立萍、孙文菊、于丽、朱立荣

七七届 11 人，7 男 4 女

男：李金利、赵拂晓、朱向东、朱立民、董庆国、于刚、冀贞耘

女：贾玲仟、袁从娥、丁咏梅、陈霞

8. 东关一大队

七五届 15 人，9 男 6 女。

男：虢建民、孙振录、魏信才、冀贞耕、王爱鸣、赵善东、柳永浩、解明强、赵骏

女：郑玉美、张洪敏、徐光霞、刘彦梅、宋时君、于云萍

七七届 13 人，6 男 7 女。

男：陈涛、李亮廷、李守法、马克征、于立明、韩爱国

女:王学伟、来梅、刘霞、孙希东、张学敏、于佃英、刘芳（回乡）

七八届 5 人，1 男 4 女。

男：孔庆春

女：解宝凤、李素霞、曹曰涛、郭志红

9. 东村大队

七六届 14 人，7 男 7 女。

男：姚常森、康纪怀、许云晖、姜炳建,王云海、管恩达、王平（七五年下乡，七八年由江苏连云港转来）

女：李英豪、卢芹、鲁卫荣、王福荣、王桂霞、赵树兰、李文琼（七〇年下乡，七七年由云南建设兵团农场转来）。

七八届 5 人，2 男 3 女。

男：王庆平、曹献华

女：姚秀玲、鲁卫芹、刘新娟

二、庄疃公社

1. 韩家村大队

七四届 6 人，4 男 2 女。

男：程鹏（曾用名程建民）、袁瑞成、公向东、侯勇

女：孟云、丁海涛（后转北农场）

2. 前城子大队

七七届 13 人，7 男 5 女。

男：胡东凯、张玉波、胡彦礼、童建明、刘云祥、商莒宁、田志明

女：王全梅、李凤英、张晓艳、王翠霞、王玲玲（由爱国村转来）胡善美（回乡）

七八届 5 人，2 男 3 女。

男：卢立功、黄云启、

女：战玉英、解宝英、程建霞

3. 坝上大队

七七届 17 人，9 男 ,8 女。

男：卢晓明、杜继京、王京民、邹军、郝廷祥、何乃俭、尹德祥、孔德强、滕聿群

女：汲春兰、牟海琴、董世菊、王玉平、丁海娟、谢建英、郭炳炜（回乡）

李宝花

七八届 5 人，1 男 4 女。

男：董世军，

女：刘苏平、许崇霞、王海英、彦君

三、爱国公社

1. 爱国大队

七四届 5 人，3 男 2 女。

男：董向军、陈黎彬、张剑宇

女：吕敬爱、王英

七五届 2 人，1 男 1 女。

男：王道新

女：高瑞兰

七六届16人，7男9女。

男：韩世兴、陈健（曾用名陈海聆）、李云波、吕国胜、林召祥、张少辉、刘彦杰

女：史文平、陈维芬、韩爱玲、滕国香、滕保美、于海秋、贾惠英、贾惠丽、来庆丽

七七届16人，4男10女。

男：赵建国、李业东、李靖、相明

女：王厚霞、严德秀、魏洪芹、卢宝美（现用名卢伟）、王玉萍、林凡华、李家菊、孟春香、孟桂香、王玲玲（后转前城子大队）徐光芹（回乡）

四、陵阳公社

1. 刘家址坊大队

七四届13人，7男6女。

男：董晓峰、张崇良、林平、胡兆东、孙国、古永立、严加奎

女：孙现平、王雪琴、姚学荣，曹月萍、张英颜、胡彩云

七五届6人，4男2女。

男：史德玉，牟悦成，朱振端，李林

女：李永萍，王桂兰

七六届8人，3男5女。

男：来永宝、宁方利、王学恩。

女：耿春云、郑佳兰、张翠萍、陈淑霞、王全玲

七七届10人，5男5女。

男：何绍禹、胡兆升、胡乃勇、赵光升、卢锡平（回乡）

女：刘俊菊、于海英、段绍津、阚文华、卢永新（回乡）

2. 方家址坊大队

七四届15人，9男6女。

男：鞠新华、王文福、赵涛、武新民、王永战、秦玉书、赵兴民、赵建军、张永军

女：王卫华、王海玲、史晓英、李娜、王立华、于佃芹

七五届3人，2男1女。

男：王理平、鞠利华

女：林秋华

七六届10人，6男4女。

男：吴爱民、宋建伟、张健、马克祥、谢卫国、牟业良

女：王跟东、毛家秀、潘兆云、徐维霞

七七届5人，2男3女。

男：唐仕泉、徐兆昆

女：辛崇英、王文英、王玉玲

七八届9人，7男2女。

男：孙会建、公方黎、段洪伟、商玉瑞、王建国、管仁生、严庆军

女：林娟、王丽华

3. 西上庄大队

七四届5人，2男3女。

男：谢卫海、毛家禄（后转浮来山园艺场）、

女：泮兆萍、毛家美（现用毛晓萍）、王贵兰

五、小店公社

河南大队

七四届5人(含1名回乡知青)，5男。

男：尹德海、陈波、李保东、王兴龙、于水

六、北农场

七四届10人，7男3女

男：欧加元、董世奇、徐德明、尹德江、赵金山、王建明、朱兰进

女：孙永芬、徐凤云、丁海涛

七、浮来山园艺场

七四届12人，5男7女

男：毛家禄、孙宝罗、颜磊、童建平、袁瑞

女：李业春、高丽华、李德花、杨爱萍、郎丰霞、赵秀荣、

王洪香

第四节　回乡知青名录

回乡知青自1961—1979年下乡在与其有亲属关系的公社。分布在城阳公社、庄疃公社、爱国公社、峤山公社、洛河公社、招贤公社、桑园公社、碁山公社、库山公社、东莞公社、刘官庄公社、夏庄公社、寨里河公社、中楼公社、小店公社、长岭公社、石井公社、陵阳公社、龙山公社。

一、城阳公社

1. 何家亭子大队

何建秋，女，1975年由四川省回乡。

2. 西大街大队

张举欣，女，1970年8月由青岛市回乡。

潘月才，男，1971年下乡，1974年由四川省转回乡。

张明钦，男，1975年由本县回乡。

3. 孔家街大队

刘太山，男，1974年12月回乡。

牛淑玲，女，1978年由本县回乡。

4. 北关大队

王正南，男，1977年由本县回乡。

5. 李家村大队

李德成，男，1967年10月由济南回乡。

李志成，男，1968年10月由本县回乡。

李省，女，1973年由济南回乡。

6. 董家屯大队

童建平，男，1967年由青岛回乡。

7. 后菜园大队

马秀莲，女，1970年由大连市下乡。

8. 南关二大队

孔庆云，女，1974年9月由本县回乡。

9. 大果街大队

靳秀娟，女，1978年10月由本县回乡。

10. 陈家屯大队

李家秀，女，1978年由本县回乡。

陈维娜，女，1978年由本县回乡。

11. 靳家园大队

王秀举，女，回乡。

12. 东关一大队

田德华，男，1975年由青岛即墨回乡。

田福华，男，1975年由青岛即墨回乡。

李文秀，女，1975年由青岛回乡。

刘芳，女，1977年由福建回乡。

13. 刘家村大队

齐素美，女，1977年8月由抚顺回乡。

14. 七里墩子大队

孟庆华，男，1975年由吉林省敦化林业局下乡，1976年回乡。

15. 东陈家楼大队

张安平，男，1974年由本县回乡。

苑丽军，女，1974年回乡。

苑丽娟，女，1976年由福建回乡。

16. 韩家菜园大队

卢松群，男，1974年由沂水县回乡。

程少云，男，1974年由莱阳县回乡。

聂静，女，1974年由济南回乡。

赵海芹，女，1974年由济南回乡。

庄会芹，女，1974年由沈阳回乡。

17. 小湖大队

张爱民，女，1968年11月下乡，1973年转回乡。

二、庄疃公社

1. 钟家村大队

谢建秋，女，1971年5月由四川宜宾县回乡。

谢建均，男，回乡。

2. 坝上大队

郭炳炜，女，1977 年由辽宁抚顺回乡。

3. 戚家街大队

于瑞贞，女，1971 年本县回乡。

王雪丽，女，1974 年 12 月 16 由临沂地委回乡。

戚家梅，女，回乡。

4. 刘西街大队

朱志坚，男，1975 年由成都西南变电公司回乡。

5. 后石尧大队

尚兆才，男，1964 年 10 月由洪山煤矿回乡。

杜桂芳，女，1977 年 8 月回乡。

6. 前石灰窑大队

张乔华，男，1977 年由本县回乡。

王玉奇，男，回乡。

7. 韩家村大队

王均芬，女，回乡。

8. 响泊头汪大队

张玉敏，女，1970 年下乡到临清柴家庄，1972 年转来。

9. 前城子大队

胡善美，女，1977 年由四川回乡。

三、爱国公社

1. 罗米庄大队

赵中波，男，1974 年 12 月由临沂县人武部回乡。

2. 伦当门大队

陆京前，男，1974 年 12 月由临沂地区农机局回乡。

3. 东刘官庄大队

李易梅，女，回乡。

4. 长安坡大队

王从军，女，1975 年 9 月 17 日由宁波地区保卫组回乡。

5、孙家山沟大队

孙玉芬，女，1975 年 5 月由临沂拖修厂回乡。

6. 渚汀大队

于凤英，女，1974年9月由本县回乡。

陈玉彬，男，1975年5月由抚顺西露天矿工务段回乡。

尹均美，女，1975年9月25日由历城仲宫公社回乡。

7. 何家楼大队

何素琴，女，1974年7月15日回乡，1975年7月8日转回（无档案）。

8. 肖家河大队

徐宝琴，女，1975年12月由济南新华印刷厂回乡。

9. 河圈大队

杨会芹，女，1976年1月由本县回乡。

10. 八里庄子大队

张半刚，男，回乡。

11. 姚家岑子大队

张伟，男，回乡。

12. 朱家庄子大队

李刚，男，1972年2月由济南回乡。

13. 爱国大队

董淑翠，女，1969年10月下乡，1974年10月由安丘县转回乡。

郭永祥，男，1973年9月由安丘县回乡。

唐士枚，女，1976年回乡。

徐光芹，女，1977年由本县回乡。

高瑞利，男，1979年由本县回乡。

四、店子集公社

沟头大队

李春华，女，1968年由重庆市回乡。

五、峤山公社

1. 大刘家沂水大队

刘维英，女，1974年6月由山西介休空字二六六部队回乡。

2. 后绪密大队

赵连英，女，1974年7月由贵州平旷县商业局回乡。

3. 庙东头大队

李宁，男，1974 年 12 月由福建省商业局回乡。

4. 东桥村大队

穆立民，男，1974 年 9 月由本县回乡。

穆德胜(原名穆新民)，男，1976 年 8 月由本县回乡。

5. 东沟头大队

于明安，男，1974 年 9 月由本县回乡。

6. 朱庙大队

王素芹，女，外地转来无档案。

7. 前集大队

董瑞升，男，1974 年 9 月由峤山粮所回乡。

董瑞华，男，1977 年本县回乡。

8. 北井大队

张建全，男，1976 年本县补办回乡。

9. 张阿疃大队

张玉升，男，1976 年 11 月回乡。

10. 前绪密大队

李学华，女，1977 年 8 月本县回乡。

康家村大队、

于秉铖，男，1979 年 1 月

六、洛河公社

1. 田官庄大队

刘国营，男，1975 年 10 月 17 日由本县回乡。

2. 双合村大队

崔培成，男，1976 年由本县补办回乡。

3.. 章庄大队

杨忠玲，女，回乡。

杨忠敏，女，回乡。

4. 后梭庄大队

陈清江，女，1968 年 12 月 1 日由本县回乡。

5. 刘家南湖大队

孙永芬，女，1970年8月由浙江省海盐县回乡。

孙永新，男，1970年8月由浙江省海盐县回乡。

6. 洛河大队

单淑庆，女，1968年由济宁市回乡。

七、招贤公社

1. 东黄埠大队

宋铁军，男，1975年5月20日由临沂地革委回乡。

宋丽霞，女，1975年5月20日由临沂地革委回乡。

张作俭，男，1975年1月由临沂地革委回乡。

2. 大铺大队

于家秀，女，1975年6月由临沂地革委回乡。

3. 大河东大队

董德川，男，1975年6月由四川省长寿川维四公司加工厂回乡。

4. 前王春生大队

刘淑清，女，1974年9月由莒县县委党校回乡。

5. 小罗宅大队

管仁举，男，1975年7月由青岛环卫处市南站回乡。

6. 岳家春生大队

岳守齐，男，1975年由本县回乡。

7. 庄家庄子大队

马瑞芹，女，1968年由四川省成都市回乡。

张兴芝，女，1976年9月由四川省成都市回乡。

8. 招贤二大队

张作俭，男，1974年12月15本县回乡。

9. 招贤三大队

李秀民，女，回乡。

10. 梁家春生大队

蔡华运，男，1968年回乡。

11. 东双庙大队

孙树莲，女，1968年由上海市回乡

八、桑园公社

1. 上疃大队

葛立臻，男，1968 年 12 月由山东省青岛市回乡。

葛立军，男，1968 年 12 月由山东省青岛市回乡。

2. 下疃大队

葛瑞连，女，1966 年 9 月由青岛市台东区回乡。

3. 小长远大队

陈常芹，女，1977 年由本县回乡。

陈常凤，女，1977 年由本县回乡。

4. 东宅科大队

王明岐，男，1974 年 11 月由沂水县商业局回乡。

5. 西苑庄大队

陈秀华，女，1976 年 11 月由浙江回乡。

6. 范家团山大队

王祥谓，男，1975 年 9 月由重庆市红岩新村 75 号回乡。

7. 大山后大队

于佃亮，男，1977 年 8 月由本县回乡。

九、碁山公社

1. 长宁子大队

孙致俭，女，由沂水电厂回乡。

孙廷忠，男，回乡。

孙为，女，由本县回乡。

2. 苑家沟大队

苑丽君，女，1974 年 6 月回乡。

3、西坡大队

王新树，男，1974 年回乡。

4. 庞庄大队

郑培荣，男，1971 年 7 月由青岛市沧口区回乡。

郑培军，男，1971 年 7 月由青岛市沧口区回乡。

郑家宝，男，1971 年 7 月由青岛市沧口区回乡。

王洪波，男，1974年11月由本县回乡。

王洪涛，男，1977年由本县回乡。

5. 魏征川大队

王素波，女，1977年8月由临沂地委回乡。

6. 西新城村

黄彦军，男，1967年由辽宁省抚顺回乡。

十、库山公社

1. 宋家路西大队

宋宜花，女，1970年5月由抚顺市回乡。

2. 源河大队

赵民英，女，1974年11月由福建回乡。

3. 张庄子大队

张善华，女，回乡。

4. 大库山大队

陈力，男，1970年10月由内蒙古兵团下乡，1974年6月由青岛水产供销公司转回。

十一、东莞公社

1. 中发牛山大队

王春华，女，1975年12月由本县回乡。

2. 东莞大队

孙凤英，女，1974年7月由莒县商业局回乡。

刘婷，女，1974年9月由浙江回乡。

孙振朋，男，1976年8月由莒县食品公司回乡。

李子敬，男，回乡。

3. 前石崮后大队

张建平，男，1974年9月由本县回乡。

4. 门楼大队

杨爱萍，女，1974年11月回乡。

5. 庄家山大队

吴永红，男，1976年8月回乡。

6. 孟家庄大队

孟庆华，男，1974 年 9 月由沂南县回乡。

十二、刘官庄公社

1. 前于庄大队

杨晓华，女，1975 年 7 月由福建龙岩地区革委回乡。

2. 黄花沟大队

何永春，男，回乡。

3. 尹家店子大队

王明祥，男，1974 年 12 月由济南军区 6079 部队回乡。

4. 黄家宅大队

郭炳兰，女，1974 年 12 月由辽宁省抚顺水利机械厂回乡。

5. 中泉村大队

王清珍，女，1969 年 8 月由吉林省通化市建筑公司回乡。

王汝青，女，回乡。

6. 大砚疃大队

张亚军，女，1975 年 10 月由河南密县粮食局回乡。

7. 前云村大队

盛开元，男，1976 年由重庆回乡。

8. 西苏村大队

苏佃玲，女，1977 年 3 月由本县回乡。

9. 大官庄大队

田德灵，女，1967 年由本县回乡。

10. 兰官庄大队

刘文凤，女，回乡。

11. 大河北大队

乜荣君，女，1969 年 1 月由青岛市下乡至黑龙江，1972 年转大河北。

李建民，男，1970 年由本县回乡。

12. 严家砚疃大队

严秀芳，女，回乡。

13. 后于家庄大队

于云苓，女，回乡。

14. 刘官庄大队
刘廷芳，女，回乡。
刘廷风，女，回乡。
15. 后竹园大队
李学军，女，1978 年 8 月由本县回乡。
16. 西李楼大队
唐丽雅，女，1969 年 1 月，由文登县回乡。
刘茵芬，女，由济南回乡。

十三、夏庄公社

1. 后石屯大队
石冰，男，1974 年 12 月由临沂地革委回乡。
薛慎喜，男，由本县回乡。
2. 夏庄大队
赵宏，男，1974 年 12 月由临沂地区防控指挥部回乡。
董祥芬，女，回乡。
赵国民，男，回乡。
赵国军，男，回乡。
赵国珍，女，回乡。
3. 张家抱虎大队
张继勤，女，1974 年 10 月由沂源县委回乡。
4. 大苗蒋大队
李文美，女，1969 年回乡。
李桂华，女，1974 年 9 月由本县回乡。
5. 南上庄大队
赵月霞，女，1974 年 12 月由临沂地区水利局回乡。
6. 北上庄大队
闵现群，男，1970 年回乡。
闵现利，男，1970 年回乡。
闵会玲，女，1974 年 12 月由苍山回乡。
7. 韩家岭大队
丁芙蓉，女，1975 年转本县回乡。

8. 南孙家庄大队

朱桂荣，女，1975 年由湖北通城县粮食局转回乡。

9. 蔡孟晏大队

赵久森，男，1975 年 8 月 23 日由本县回乡。

10. 南马坡大队

巩庆美，女，1970 年由大连市回乡。

巩庆国，男，1970 年由大连市回乡。

巩庆兰，女，1975 年 8 月由驻哈尔滨 3026 部队回乡。

11. 北马坡大队

王闵来，男，回乡。

12. 旺疃大队

来永庆，男，1968 年 9 月由莒县教育回乡。

来永起，男，1968 年 9 月由莒县教育回乡。

来永娟，女，1968 年 9 月由莒县教育回乡。

来永欣，女，1968 年 9 月由莒县教育回乡。

13. 北汀水大队。

赵元英，女，由重庆水利电部仪器厂回乡。

赵元普，男，回乡

赵元君，女，回乡。

赵修喜，男，1976 年 8 月回乡。

14. 后辛庄大队。

张友华，男，1976 年 8 月由福建回乡。

15. 大庄子大队

来丰台，男，1976 年由浙江天台县回乡。

16. 齐家沟大队

赵秀荣，女，1974 年 9 月回乡。

17. 李家抱虎大队

李桂花，女，回乡。

18. 刘苗蒋大队

李永英，女，回乡。

19. 中马坡大队

闵会玲，女，1974 年 11 月回乡。

朱玉芳，女，1976年7月回乡。
宋秋香，女，1976年8月回乡。
王闽莱，男，1976年10月回乡。
来凤生，男，1977年3月回乡。
卢绪庆，男，1977年12月回乡。
付其刚，男，1978年7月回乡。
付其永，男，1978年7月回乡。
付其梅，女，1978年7月回乡。
付其华，女，1978男7月回乡。

十四、寨里河公社

1. 寨里河大队

张　兵，女，1974年由浙江回乡。
厉启军，男，1974年9月由本县回乡。
徐德明，男，1974年11月由本县回乡。
徐德玉，女，1977年9月由本县回乡。

2. 唐家河水大队

唐建亮，男，1977年9月由临沂回乡。

十五、中楼公社

1. 大陈君子大队

陈雪蓉，女，1975年8月由重庆市回乡。

2. 后牛店大队

郑玲莉，女，由本县回乡。

3. 娄家湖地大队

曹建云，女，1969年3月由辽宁大连市回乡。

4. 刘家岭大队

王福成，男，1973年4月由湖北施恩副食品公司回乡。

5. 五楼山前大队

邹世芳，女，由抚顺回乡。

6. 上槽大队

曹际蓉，女，1968 年 12 月由重庆市武隆县回乡。

曹树森，男，1969 年 3 月由丹东市回乡。

7. 前牛店大队

姚燕春，女，由济南回乡。

8. 刘家沟大队

解桂芳，女，由济南回乡

十六、小店公社

1. 坪子大队

慕增军，女，1975 年 12 月由临沂县革委回乡。

2. 官路大队

卢萍，女，1974 年 9 月由惠民地委回乡。

3. 脉住墩大队

刘建华，男，1969 年由北京回乡。

刘建萍，女，1974 年 2 月由北京邮票厂回乡。

李怀娟，女，回乡。

4. 庞家垛庄大队

庄建勤，女，1974 年 9 月由县人武部回乡。

5. 杨家崮西大队

江爱生，男，由浙江绍兴回乡。

江强强，男，由兵团转来回乡。

6. 河南大队

张玉静，女，1970 年回乡。

卢立香，女，内蒙古兵团转回。

7. 窝疃大队

王爱新，男，1975 年 10 月由福建厦门杏林医院回乡。

8. 金墩大队

陈健，男，由临沂回乡，无档案。

9. 小店大队

唐路平，男，1974 年由浙江青田县委回乡，1975 年转回。

10. 岳官庄大队

卢立香，女，回乡。

11. 东辛河大队

王竹录，男，1968 年下乡，1970 年转来回乡。

王竹青，男，回乡。

杨春燕，女，回乡。

王竹森，男，回乡。

12. 大陈家孟堰大队

赵玉成，男，1976 年由本县回乡。

13. 邵家垛庄大队

李敬华，男，1965 年由本县回乡。

李桂香，女，1976 年由 10 月回乡。

14. 吕东大队

于水，男，1974 年 9 月本县回乡。

于洋，男，1976 年本县回乡。

15. 严家崮西大队

严守贤，男，1969 年 5 月由洪山煤矿回乡。

16. 水沟坡大队

鲁香悦，男，回乡。

17. 张家崮西大队

张秀远，男，回乡。

18. 后严家崮西大队

杨勇，男，1975 年回乡。

十七、长岭公社

双泉大队

张树会，男，1969 年由辽宁省桓仁铅矿回乡。

十八、石井公社

1. 石井大队

刘玉照，男，1975 年 8 月由本县回乡。

2. 南岭大队

陈淑华，女，1974 年 11 月回乡。

3. 木家寨大队

王继平，女，1970年由本县回乡。

4. 朱家课庄大队

朱志勇，男，回乡。

5. 后夏庄大队

董云峰，男，回乡。

6. 杨家官庄大队

李学聘，男，1969年由四川永川县回乡。

十九、陵阳公社

1. 西山河大队

李旭毅，男，1974年9月由莒县峤山银行回乡。

张文民，男，1975年8月26日由招贤食品站回乡。

李旭凯，男，1977年8月由莒县峤山银行回乡。

2. 松院大队

周京南，男，1975年9月由淄博制酸厂回乡。

3. 庄科大队

岳平，女，1974年9月由本县回乡。

4. 陵阳街大队

张雅先，女，由辽宁本溪市新丰矿山机械厂回乡。

5. 杭头大队

丁明华，女，1974年9月由本县回乡。

6. 大放河庄大队

罗海敏，女，1975年10月11日由浙江普陀县人武部回乡。

7. 张家围子大队

张成玉，男，1969年回乡。

陈希荣，女，1975年由本县回乡。

张文利，男，1976年由本县回乡。

张胜利，男，1976年由本县回乡。

张承风，女，回乡。

8. 杨家址坊大队

孙东周，男，1968年由潍坊市昌乐县回乡。

孙东芳，女，1968年12月回乡。

孙东华，女，1969年12月由潍坊市昌乐县回乡。

9. 刘家址坊大队

李林，男，1975年12月由浙江省临海市回乡。

卢锡平，男，1977年由青岛回乡。

卢永新，女，1977年由青岛回乡。

10. 袁家疃大队

于兴昌，男，回乡。

11. 朱家葛湖大队

陈秀英，女，1961年由本县回乡。

12. 大埠堤大队

吕静，女，由济南回乡。

二十、龙山公社

1. 范家山大队

段少波，男，1975年5月由本县回乡。

2. 徐家疃大队

张喜英，女，1975年9月8日由本县回乡。

3. 东花崖头大队

杜明香，女，1969年由甘肃白银市回乡。

4. 石龙口大队

何昇文，男，1974年9月由福顺回乡。

5. 南上涧大队

张陆珍，女，1972年回乡。

张陆明，男，1972年回乡。

6. 仲沟大队

宋瑞卿，女，回乡。

注：回乡知青下乡大队信息待定人员：

宋玉兰，女，1977年由本县回乡。

庄新利，女，1977年由本县回乡。

张成军，男，1977年由本县回乡。

杨建华，男，1976年8月回乡。

薛俊芬，女，1976年8月回乡。
吴风华，女，1976年8月回乡。
张兴兰，女，1976年8月回乡。
彭建华，男，1976年8月回乡。

第五节　随迁知青名录

郭占文（男），1965年由济南随迁回庄疃公社泥沟子大队；

张秀兰（女），1966年10月由济南随迁回庄疃公社后官庄大队；

刘兆山（男）、刘兆秀（女）、刘兆芬（女）1970年由济南随迁回城阳公社西陈楼大队；

薛春华（女）、薛冬华（女），1970年由济南随迁回小店公社薛家孟晏大队；

白允生（男），1970年由济南随迁回刘官庄公社白家湖大队；

王京义（男）、王景昌（男），1970年由青岛随迁回碁山公社三庄大队；

张京伦（女）、张京问（男），1971年随迁回碁山公社水由大队；

何乃光（男），随迁回刘官庄公社黄花沟大队；

白德玲（女），由济南随迁回乡；

王锡善（男），由济南随迁回乡；

董英（女），由济南随迁回乡。

董坤明（女），1996年由济南随迁城阳东关街。

董日辉（男），1996年由济南随迁城阳东关街。

附　录

往事回顾

捐建大崖头小学和利源大桥

田　元

一天，接到我原下乡插队莒县峤山大崖头村村主任张伟同志的电话，他们村委班子一行 6 人，在老书记王怀新同志的带领下来济南看望我。下班后我热情地接待了他们，经过交谈了解到大崖头村变化很大，改革开放以来，村民的生活水平有了很大的提高。村民的精神面貌也随经济收入的提高有了较大的改善。我为他们能取得这样的成绩感到由衷的高兴，并给予了鼓励。因为我离开大崖头时，村民的生活还比较清贫。

晚上，简单在家用餐后，家庭式座谈会继续进行，我也问了一下曾帮助我们做饭的贫协主任杜守明大爷现在如何，和我们年龄差不多大的几个朋友近况如何，村民除了土地承包有稳定的粮食收入，还有没有其他副业作补充？村委班子成员一一做了回答。我对新一届班子在交流过程中充满了希望和信心。他们也表达了此行的主要任务，受村民委托来济南一是看望 1968 年由济南下乡到他们村的知青，共叙友情，畅谈未来；二是希望当年下乡知青能给村委班子献计献策，帮助第二故乡发展经济，开辟思路，促进社会主义新农村的建设。

交谈过程中首要问题就是村里原有小学因年久失修不能使用，县镇教育部门为了学生的安全，决定撤销已是危房的小学，将该校学生分流到附近学校就读，村民接送孩子很不方便，尤其是父母外出打工将孩子留在家中，接送孩子多是爷爷奶奶来完成，很困难。村与村之间距离较远，学校没有食堂，村民早上送，中午接，下午送，晚上接，一天四趟，很辛苦，赶上雨雪天气那更是难上加难。要是能在本村上学就不用多跑如此多的路程，大人孩子少受罪。再穷不能穷教育，再难不能难孩子。看能否通过当年下乡知青协调当地有关部门修复原先小学或新建一所新的小学，以解村民之困难，多关心村民的疾苦，关心下一代孩子的学习，给孩子们创造一个舒适温馨的学习环境，体现亲民、爱民、利民之举。我为之感动，决定将村委的这种爱民之心和美好的规划前景告诉我们同在大崖头村插队的知青同学，通过我们共同努力帮助村民解决这一困难。

电话联系到尹力，他正带队在天安门广场集合准备赴俄罗斯考察，我将此事告诉了尹力，并表达了我的意见，尹力答应这是个好事，要办，等他出国回来再详谈。

大崖头村东一条河，叫作袁公河，这是我在下乡后第一次回济南探亲时在地图上看到的。这条河在冬季上冻后，穿着鞋子能通过的，如春秋季节和冬季化冻后，过河需要挽起裤腿，脱掉鞋子，蹚水过河，夏天水大赶上雨天河水暴涨水流湍急，河水东淹庄稼地，西淹大崖头村，水面宽，水流急，河床的小树只露着树梢，深约三四米，在这种情况下是没有人敢过河的。我们插队时峤山公社每五天一个大集，附近甚至几十里外的人们都推着、挑着自己粮菜来市场交易，还有的赶着自己养的猪、羊来交易，换回自己需要的物品，赶上天气下雨，村民只能望河兴叹，人、车、物过不了河，只能等待下一交易日，村民们世世代代期盼着什么时候能修建一座大桥来解决本村村民的出行问题，也方便其他村庄村民的出行问题。

村委班子深知村民的意愿和实现这个意愿的难度，带着这些疑虑和愿望又一次来到济南，将这些问题和盘托出，寻求解决困难的办法。

尹力回来后，我们及时取得了联系，并将在原先要求建学校的基础上再建一座桥的愿望告诉了他。建桥能促进河东经济作物的发展，促进兄弟村庄的文化、经济交流，是深得民心的工程，彻底解决村民世世代代出行难的问题。尹力很支持村委会的这种意见，并称赞这届班子敢想敢干，真正能代表村民意志。

尹力着手联系省、市、县、镇有关部门，并委派人员到大崖头实地考察、协调。2007 年 3 月，尹力电话通知我同去莒县，当时我因病需手术住院未能前往。尹力经积极协调省交通厅、省教育厅，积极同日照市和莒县的领导同志反映村民的实际困难和急需解决的这些困难的迫切要求。经过省、市、县各级领导的亲切关怀和支持，最后拍板建学校和修桥的方案。尹力同时电话告诉我事已办妥，要我安心养病，待好转后回莒县多走走。

2007年5月份，建桥人员进驻大崖头开始前期准备工作，很快大桥开工。桥长96米，宽7米，桥墩12个，总投资120万元，由县交通局监督，城阳建筑公司施工，于2007年12月12日竣工交付使用。桥梁施工过程中得到了市、县、镇领导的大力支持，多次到施工现场视察慰问施工人员，在人力、财力、技术等方面都给予了有力的保障和支持，使工程提前竣工，提前投入使用。

2008年4月14日，莒县城阳大崖头村小学开工仪式举行，我应邀参加，现场察看了施工图、平面图及效果图，城阳镇的领导同志参加了开工仪式并热情地接待了我们，也受到村民的热烈欢迎，同时也参观了已竣工的大桥工程。在桥上遇到了已离休的老革命干部王怀志同志、莒县原商业局局长杜甫同志、村里的老书记王怀新同志及知青大院的左邻右舍，并同他们热情地拥抱问候。

附1-1　2007年12月峤山大崖头知青筹资修建的利源大桥竣工

2008年9月1日，新学期开学，新的教室、新的课桌、椅子、新的教学仪器和设备、投影仪、微机，宽敞明亮的教室里孩子们正在聚精会神地听老师讲课……

2008年10月6日，金色的秋天，当年去大崖头插队的知青尹力及爱人祝玉聪（徐家城子知青），文素慧及其丈夫（省工艺美术学院副院长）、徐万丰及爱人胡元风、田元及爱人李大珍（省造纸总厂），李栗（莒县饮食服务公司），及下乡莒县的知青代表10余人，共同回莒县大崖头村小学参加新校启用仪式。县、镇有关领导热情地接待了我们，并参加了大桥通车仪式。

一排排的教室整齐有序，听着孩子们朗朗地读书声，我们感到无比欣慰。

知识的力量是无穷的，愿孩子们插上知识的翅膀腾飞。

七名济南老知青莒县捐资助学

靳凤清

“谢谢叔叔、阿姨的帮助，我以后一定会好好学习的！”2011年9月12日，莒县中楼镇学生何晓丽从老知青于勇手里接过500元助学金后，她感激地说。

近日，中国经济报刊协会副会长于勇等7名老知青，再次回到了43年前曾经插队落户的中楼镇两山口村，用助学捐款的形式回报父老乡亲对他们的关心、关怀的恩情。

据了解，43年前，于勇等12位知识青年响应党和国家的号召，从济南来到该村插队落户，同当地村民同吃同住同劳动，用自己的勤劳和智慧支持了农村发展和建设。插队落户的日子里，他们也得到了该村群众无微不至地关怀和照顾。

“每次来到两山口，我的心情都特别激动，这里的一草一木都牵挂着我的心，乡亲们对我们的好我们永远难忘。”回想起曾经插队的日子，老知青于勇激动地说。他表示，此次开展助学捐款活动，就是为了报答他们曾经劳动过、生活过的“第二故乡”。

据知青们讲，他们将一直把这种助学捐款的爱心传递下去，一如既往地关心、支持该村的建设和发展。

（2011年9月19日《黄海晨刊》）

悠悠知青梦，难忘故乡情

陈　通　战祥明

2013年8月17日，曾经在中楼两山口村插队落户的知青再次来到这里，举行第四次“老知青奖学助学基金”发放仪式，为该村今年被大学录取的8名学生，每人送上800元助学金，体现了知青们对曾经劳动过、生活过的“第二故乡”的感激之情。

重走故乡路，再饮故乡水，叙叙故乡情是老知青们心头多年的夙愿。当年的小姑娘、小伙子如今已是两鬓斑白的老人家，岁月流逝虽然洗了他们的年华，但却带不走老知青们的对“故乡”永恒的思念。当老知青们再次踏上令他们魂牵梦绕的“故乡”时，他们的泪水止不住流下来。看着早在村口迎接他们的“亲人”，老知青们急切地“冲”下车来，有的人一见面就相拥而泣，有的人紧握的手久久不愿松开，多少年在外漂泊的心，此时此刻终于停靠在了梦的彼岸。看着这些往日的父老乡亲们，望着两山口村的一草一木，老知青们的思绪又回到了 45 年前的那一段激情燃烧的岁月中……

1968 年 12 月，12 名风华正茂的知识青年，积极响应国家的号召，怀揣着他们青春梦想，从省城济南来到中楼镇两山口村这个偏远的小山村插队。当时，在他们当中最大的 21 岁，最小的仅仅 16 岁，两山口大队考虑到他们年龄小，又是从大城市来的，刚来这里不习惯，大队各方面都对他们给予无微不至的精心照顾，对他们的劳动、学习、休息都考虑得很周到，并且还安排两个“识字班”专门给他们做饭,想到知青们正是长身体的时候，需要加营养，大队里硬是省下钱来给他们买来半个猪头改善生活，村里的乡亲们也都非常热情，给他们送鸡蛋、做新鞋，用朴实无华的心慢慢使知青们感受到了家的温暖。

就这样，两山口村的知青们在艰苦的环境中努力锻炼着自己，在和乡亲们的共同劳动中，他们不仅学会了割麦子，也学会了使用独轮车劳动，为了不再麻烦“识字班”，他们学会了做饭，还有几个女知青跟着村里的大婶学会了纳鞋底。在劳动之余知青们也发挥了自己的文艺特长，排练节目为乡亲们表演，为给我们带来了欢乐，融洽了感情。慢慢地，知青们已经完全融入了这里的生活，把两山口村看成了自己家的家，他们对这里的一草一木，一山一水都充满了深厚的感情，他们早已融入了大山的怀抱。

40 年过去了，当他们看到村里有了电，还盖起了不少大瓦房时，知青们感到无比的欣慰。改革开放给小山村带来了巨大变化，但他们觉得这个美丽的小山村像缺少些什么，山上的树少了很多，放眼望去，显得光秃秃的，他们曾经劳动过的苹果园也没有了，村中的那条清澈见底的小河已经变得那么窄，还是那座山，人还是那些人，只是少了记忆中的最初那道风景。两山口依旧贫穷，怎么帮他们，成了 12 名知青的一块心病。

帮助两山口，要从教育入手！ 2008 年，经老知青于勇（时任《经济日报》社秘书长及中国经济报刊协会副会长）提议，他们共同协商决定设立“老知青奖学助学基金”，于勇慷慨解囊并拉来了莒县农村信用社的赞助，其他老知青也纷纷出资，共筹集资金10万元作为基金，用于资助两山口村考上大学的学子们，从那时起，12名老知青都会在每年的8月份为两山口村考上大学的学生捐出助学金。老知青们动情地说:“每次回到两山口，我们的心情都特别激动，这里的一草一木都牵挂着我们的心，乡亲们对我们的关心和帮助我们永生难忘。我们开展捐资助学，就是为了报答我们曾经劳动过、生活过的第二故乡！”五年过去了，两山口村的20名大学生得到了“老知青奖学助学基金”的资助，金额累计1.2万元。悠悠情思青春泪，甜甜乡音牵肚肠。45年过去了，他们的汗水，他们热泪，他们的青春，都留在了这个小山村的土地中，这里的青山、绿树，还有那崖、那桥、那乡亲的笑脸，将会永远萦绕在他们的心头，成为永恒的记忆，两山口，这个遥远的小山村，就是他们的青春梦，就是他们永远抹不掉的悠悠故乡情。

（2013年8月24日《日照日报》）

12位济南知青情系两山口村45载助力老乡奔小康

苏　兰

“‘小康不小康，关键看老乡。农村还是全面建成小康社会的短板。’习近平总书记的话还言犹在耳，今天我们又回到了四十年前挥洒过青春汗水的土地，父老乡亲们教会我们如何战胜困难，给了我们正能量。下一步，我们进一步发挥各自的优势，补齐两山口农村的短板，助力父老乡亲奔小康，为早日实现中国梦贡献力量……”12月28日上午，在山东省日照市岚山区中楼镇两山口村“贺济南老知青下乡四十五周年再聚两山口”的现场，作为十二位知青代表、中国经济报刊协会副会长于勇铿锵的话语令现场的村民产生共鸣，雷鸣般的掌声划破了小山村的宁静。

（一）插队知青魂牵梦绕质朴老乡情

这一幕感人的场景发生在离山东省莒县县城近2个多小时车程，位于两座大山之间的偏僻小村庄。掌声未落，参加过淮海战役的老党员，今年已经八十六岁高龄的何生老人激动地站起来唱起了当年的歌:“我们有为青年，我们是革命的先锋，毛泽东教育我们一心为人民……”

歌声未了，老人家喜极而泣，边哽咽边说:“你们来看我们了，我感觉真是美好啊，真是太好了，你们常来啊，哎呀，真伟大呀！我不知道说什么好啊！这么好的生活，俺就想起了那些烈士们呀，淮海战役我的战友们啊……”此时的老人已经泣不成声，在场的男女老少无不为之动容……

“每一次老知青的到来都给我们增添力量。此次他们让我们再一次感到有老知青的冬天不再寒冷。”38 岁的村支书告诉中国经济网记者，知青们每次回来都带给我们惊喜，这次他们为村里 3 名失去父亲、家境贫寒、辍学和濒临失学的儿童每人发放 1000 元助学金。同时，还给村里 67 名 70 岁以上老人每人送上一套保暖衣，让老人和孩子从心底里感觉到了温暖。

“知青们的行动也鞭策着我们这一代村干部，必须多为百姓谋福利，我们已经制定了三年规划，其中有产业致富方案，有老年人社区新屋建设……这一切都深含老知青的心，他们经常帮助我们出方案想办法。”村支书非常感动地说。

（二）老乡质朴真情助知青度过蹉跎岁月

“回望四十五个春秋，一段段翻山越岭的跋涉、一段段努力拼搏后岁月的沉淀，让我们获得了宝贵的人生经历与责任，凭着吃苦耐劳的精神，我们在砥砺前行中用双手建设祖国，并在这一过程中书写了每个人的辉煌。”忆往昔，于勇的话语充满了自豪。

中国经济网记者随着当年 12 位知青踏上这片堪称他们第二故乡的两山口村时，看到他们探寻当年的旧居，畅谈当年生活，点点滴滴无不令人感动。

尤其是见到 96 岁的老奶奶，身板硬朗、面色红润的老人家叫出董瑛、于勇的名字时，众多知青与老乡的真挚感情顿如井喷，此时任何语言的表达都是苍白的，只有凭借心灵的感应、情感的默契以及泪水的宣泄。

12 位插队知青中年龄最大的董瑛大姐接受中国经济网记者采访时说："忘不了我们忍饥挨饿时父老乡亲把从自己牙缝里省出来白面热馍送给我们，忘不了大雪封门时，村支书给我们开门……忘不了百姓教我们学推独轮车,学会磨煎饼。在人生的道路上,他们为我们上了第一堂自食其力的课，让我们练就了不怕困难执着向前的本领。"

“我在两山口插队 8 年，因家庭出身问题我是最后一个离开两山口的知青，当我一个人面对空荡荡的集体宿舍，精神极度苦闷的时候，何生老大哥陪我干活、劳动，陪我唱歌、说书、讲故事，令我终生不忘。如今，一次次梦回两山口，无论人生路各自朝哪个方向走，深感那段经历磨炼了意志，加速了成长，更以一种无法替代的方式，深切了解了自己安身立命的国家，从而奠定了我们一代人心智和意志的成熟。”年龄最小的知青郑孔强，后来经过自己的不懈努力成为济南铁路系统单位的工会主席。

记者了解到，1968 年 12 月，济南市十五中学的 12 名风华正茂的知识青年积极响应国家号召，怀揣着他们的青春梦想，从山东省城济南来到中楼镇两山口村这个偏远的小山村插队。

当时，在他们当中最大的董瑛大姐是小组组长 21 岁，最小的郑孔强仅仅 16 岁，两山口大队考虑到他们年龄小，村大队部给予他们无微不至的精心照顾，对他们的劳动、学习、休息都考虑得很周到，想到知青们正是长身体的时候，需要加营养，还安排两个“识字班”专门给他们做饭。

知青们已经完全融入了这里的生活，把两山口村看成了自己的家，他们对这里的一草一木、一山一水都充满着深厚的感情，他们早已融入了大山的怀抱。

但时代改变人，两年后他们相继回到济南。由此，这里的岁月成为他们凝重如山的回忆。

（三）反哺“两山口” 教育先入手

12 名插队知青中的老大哥杨琦是当年知青小组的副组长，因在插队生活中收获了甜美的爱情还出版了诗集《初恋》。

他在接受中国经济网记者采访时说：“45 五年过去了，当看到村里有了电，还盖起了不少大瓦房时，我们感到无比的欣慰。改革开放给小山村带来了巨大变化，但却觉得这个美丽的小山村缺少些什么，山上的树少了很多，放眼望去，显得光秃秃的，曾经劳动过的苹果园也没有了，村中那条清澈见底的小河正逐渐干涸，记忆中最初的那道风景已面目全非。”颇有诗人气质的杨琦话语中带着忧虑。

“虽然两山口老乡的生活已经发生了天翻地覆的变化，但两山口贫穷没有发生本质性变化，怎么帮两山口真正富强，成了我们 12 名知青的魂牵梦系的一块心病。”说到这些，杨琦话语凝重。

杨琦告诉中国经济网记者，2008 年，由时任《经济日报》社秘书长及中国经济报刊协会副会长于勇提议，后经共同协商，决定设立“老知青奖学助学基金”。除了于勇说服莒县农村信用社给了 5 万元的赞助外，于勇、杨琦、王安洁、郑孔强、董瑛、刘波、路传玲、李瑞昌、李作田、张莉莉、陈芙蓉、杨其泉12名老知青也纷纷慷慨解囊，共筹集资金10万元作为基金，用于资助两山口村考上大学的学子们。从那时起，12名老知青都会在每年的8月份为两山口村考上大学的学生捐出助学金。

中国经济网记者了解到，五年过去了，两山口村的20名大学生得到了“老知青奖学助学基金”的资助，金额累计1.2万余元。

这个数字还在不断累加。记者了解到，27日晚，12名知青为纪念插队四十五周年再聚两山口开了一个碰头会。当老大姐董瑛提出，是否同意给两山口村里因家庭变故导致生活陷入困境的何昌龙、何德兰、何乃森三位同学每年每人1000元的捐助时，知青于勇毫不犹豫地说：“三个孩子都多大？我可以负责提供他们的助学基金，直到他们十八岁成人……”在场的知青们纷纷表示捐助，并希望通过捐助基金激发孩子们面对困难绝不退缩的精神，学以致用，为山村建设出力。

截至记者发稿，中国经济网记者收到了老知青的短信，于勇赞助3位青少年款项1.6万元已经打入助学基金账户。

“在两山口村获得助学基金，我会努力学习，学好本领，像帮助我们的叔叔阿姨那样，为家乡建设出力。”15岁的何乃森在接受记者采访时道出了孩子们的心声。

董瑛大姐的孙女何一苇同学已经是六年级的小学生，她在接受中国经济网记者采访时说：“经常听爷爷奶奶讲他们的知青生活，讲他们如何通过努力改变家乡。今天我跟着奶奶来到小山村，知道山村的同龄人没钱买书，我还用压岁钱买了名人传记、科普知识等方面的书籍与我的同龄人分享，我们共同努力，长大了，共同为美丽家乡贡献力量！”

（四）携手村官思创新　带领老乡奔小康

苦难是一种磨砺，让其锋利，也让其圆润，在锋利与圆润之间，都是无形的财富。这财富成就了今天12位知青的人生财富的同时也在两山口村继续延伸。

“两山口留下了我们的青春岁月，也是我们一遍遍回望时，必然触及的心灵力量。这力量已经超越了个体命运和时代情绪，而成为人们深刻认识中国的一道风景，同时也在时时唤醒现在人们的觉醒和奋发。”记者出身的知青于勇深感时代责任。

“知青们多年来对中楼镇的帮助也为我们的工作注入了新的内涵，我们将携手知青的力量建设新农村……”岚山区委书记盖卫星的话简短而深刻。

日照市岚山区王区长说:“老知青为助力教育的发展办实事办好事，他们一手拉着老人的手，一手拉着孩子的手，他们的爱心也鞭策我们为百姓多做实事。希望孩子们把感激之情化为动力，早日成为有作为的栋梁之材，为早日实现家乡的小康贡献力量……”

当知青的车队驶离两山口村时，回望满目贫瘠的山峦，于勇感慨，这里虽然荒凉，却用博大深情的土地哺育了我们，我们除了给孩子们提供教育的帮助，还正在让村支部带领村民学会“造血”，学会致富本领，学会在市场中寻找商机。可喜的是，我们已经初步建立了北山水库修建项目，相关内容正在逐步落实……

期待着山清水秀的两山口村早日实现美丽新农村的梦想……

（中国经济网 2013 年 12 月 30 日）

老知青 10 万元助学基金回报村子

郑芷南

“我们两山口的女人特别贤惠。”听着妻子路传玲和“插友”张莉莉在车上谈论做豆腐乳，正在开车的刘波说。刘波和其他十一位“插友”习惯于称自己为两山口人，谈论起两山口村他们总说“咱村”。

两山口村是原先临沂地区莒县中楼区的一个小山村，现在划到了日照市岚山区。1968 年 12 月 28 日，济南十五中的 12 名学生到两山口村插队，45 年过去了，当年十六七岁的孩子，现如今已经是六十多岁的老人。2013 年 12 月 28 日，知青们重回两山口村。此前，他们筹集 10 万元钱，建立“老知青奖学助学基金”。

（一）25 斤猪头肉过了“扎根年”

1969 年初，知青们刚到两山口村。“那场大雪我一辈子也忘不了，一脚踩下去，雪没过了膝盖。”刘波说，那年春节的那场大雪是他见过最大的雪。

这是这些十六七岁的孩子们离开家过的第一个年，“村里的乡亲们为了让我们在这里过好这个年，凑钱到附近的村子里买了半个猪头。”于勇回忆说。

知青路传玲说:“当年我们回家，山里下了大雪，村里的十个村民帮我们背着行李，20里山路，他们把我们推着送到了山口。我的脚冻伤了，他们用自行车推着我走。”

2013年12月28日，知青们回到两山口。“你还记着我么?”“怎么不记得。”知青和村民们一见面就熟络地聊了起来。

何生是两山口村的一位村民，已经80多岁了，“他是打仗受伤后，退伍返回村里的。当年给我们这群知青讲打四平的故事，他当时是我们心目中的偶像。”

20名知青中的10人在两山口插队两年后，都返回了济南，还有一人几年后去了东营参加工作。因为家庭成分的原因，知青郑孔强在村里待了八年才返城，“他们都走了，我当时心情糟透了，也没心思过年了。何大爷走了一整天,到县上的邮局帮我拿过冬的衣服。”说着郑孔强掉下了眼泪。

知青们还看望了一位90多岁的老人，老人4个孩子已经去世了两个，知青们给老人留下了慰问品和1000元钱，“老人当年对我们就像自己的孩子一样，我们这些离开父母的孩子也觉得她就是我们的母亲。”离开时，老人和知青们都流下了眼泪。

（二）一双鞋一声谢

12人中，5名女生，7名男生，最小的16岁，最大的21岁。

两山口冬天的冷，知青们每每说起都记忆犹新，知青郑孔强说:“我母亲给我带了一个食盐水瓶，冬天灌上热水放被窝里当热水袋用。早上起来瓶子都被冻裂了。”他们还回忆，冬天睡觉的时候，把棉衣盖到头上，用袖子当出气口。

45年后再聚，知青路传玲对当年的一件事始终难以忘怀:“于勇，不知道你还记不记得，那件事我一直想跟你说声谢谢。”路传玲说的这件事是因为一双鞋。

1969年春节，路传玲的脚冻伤，“当时脚肿得像馒头一样，穿不进去鞋。”于勇把自己的鞋给了路传玲。“现在一双鞋不算什么，当时全身的家当也没有多少，大多数人都只有一双鞋，他把自己的鞋给了我。”

说到这里,路传玲抑制不住内心的激动,眼角湿润了。“他们男生”,“我们女生”，两鬓斑白的知青们这样互相称呼。“咱们男同学得谢谢我们这五朵金花，当年她们做的煎饼咱们没少吃。”刘波提议向女同学们说声感谢。

12个人在村里生活一段时间后，被分到了4个队，3个人组成一个“小家庭”。女生做饭，男生劳动。

（三）村里有个姑娘叫“小芳”

“人家都说村里有个姑娘叫小芳，咱村里我好像想不起来谁是‘小芳’。”许久不见的老朋友们聊到凌晨，刘波说他想不起村里的“小芳”。“路传玲成了你的‘一叶障目’，你谁也看不到了。”郑孔强笑着说，大家也哈哈一笑。

刘波和路传玲在两山口开始恋爱，相伴走过了45年，刘波时常对“插友们”抱怨，爱人管着他，只能在抽油烟机一米半的范围内抽烟。但是两人举手投足间的恩爱，所有人都看在眼里。

同样，在两山口村插队时相恋的还有杨琦和王安洁，“谨以此文献给，无限忠诚于我们爱情的纯洁、可爱的姑娘，我亲密的战友和终身的伴侣——安洁。”这段话印在杨琦写给王安洁的一本名为《初恋》的书的扉页上。

2008年，56岁的王安洁患上了阿尔兹海默症，5年来，虽然王安洁已经想不起往事，甚至不认识自己的丈夫，杨琦依然对妻子日夜悉心照顾。

王安洁缺席了45年后的这场聚会，席间，杨琦说这么好的场面，安洁要是能看见该多好，随之泣不成声。

（四）筹集10万元设助学基金

2008年12月底，知青们插队四十周年时，他们曾回过村里，看到村里的贫困，知青们掉下了眼泪。他们筹集10万元钱，建立“老知青奖学助学基金”，用利息奖励村里考上大学的孩子们，先后有20多名学生受到资助，共发放奖金1.2万元。他们还帮助村里拉项目、跑资金，给村里找致富的路。

2013年12月28日，知青们再次回到两山口村时，他们给67名70岁以上的老人每人买了一套保暖衣。除了给村里两位百岁老人的慰问金外，村里有3名失去父亲、家境贫寒、辍学和濒临失学的孩子，知青们给每个孩子1000元助学金，承诺资助他们到18岁。

“这里是我们的家，我们都是两山口人，我们希望看到两山口好，做一点我们能做的。”知青们说。

（2014年1月2日《山东商报》）

济南知青回来了

刘 涛

日照岚山区中楼镇两山口村，前不久举行了一场特殊的欢迎仪式。11位20世纪60年代从济南到村里下乡插队的知青们，又来看望乡亲们了。

据介绍，当初到两山口村插队的知青有12人，插队前他们就是同一所学校的同学。干农活、吃大锅饭，短则四年、长则八年的插队经历，让十六七岁的他们终生难忘，他们当中还有两对因此喜结良缘，而两山口村也成了他们的第二故乡。

上午10点半，村民们早早等候在村小学门口迎接11位知青。见到昔日插队时的老友、邻居，老知青们与他们相互握手、拥抱，村里不少上了年纪的老人感动得流下了泪水。

由当年的青涩少年到如今的花甲之年，再看到熟悉的地方熟悉的人，大家的感情依然如当初那般浓烈。回忆往事，大家仿佛又回到了45年前。

“还记得我吗？我是于勇。”于勇认出了一位当年曾照顾过自己的老人。“老人家96岁了，当年来的时候，我什么都不会，多亏这位老母亲的照顾。”

“45年了，两山口村发生了很大的变化，但不变的是这里的乡音与乡情，我们早已经把这里当作了我们的第二家乡了。”老知青于勇说。

“这是我们队的老队长郭叔，他那会肌肉很结实。1972年大年三十，郭叔冒着大雪，走二十多里地给我拿过年的衣服，我一辈子也忘不了。”老知青郑孔强拥抱着老队长，掩饰不住内心的激动。

两山口村的发展一直牵动着这12名知青的心。6年前，他们凑钱为山村建起了小学，并筹集资金10万元设立了“老知青奖学助学基金”，改善村里的教育环境。

（2014年1月16日《齐鲁晚报》）

一别莒国40年

陈 力

离开莒县不觉四十年了，期间也不时地想起过莒县，想那些熟识的人，想那些曾经的事——这种思念随着时间的延续非但没有减弱反而越来越强烈了，于是决定利用今年国庆长假的机会去莒县走一走，看一看。

这次回莒县是和女儿、女婿一家同行，他们回临沂老家看望老人，我们搭顺风车。女儿女婿结婚已近八年，期间，女婿和其家人也曾几次邀请我们去临沂看看，可一直没有机会，这次说好了，借着这次去莒县之便也顺便去女婿的老家看一眼。

（一）莒县依稀在梦里

时光就这么快，曾经的一个人生驿站——莒县，相别不觉四十年了，有时连自己也纳闷，有这么长时间了吗？再屈指，再算，没错，就是四十年。

四十年过去了，好多的事情都记不住了，记不真了，可莒县城四十年前的模样我还记得，一点也不会错。

印象里最深的莫过于莒县的汽车站了。长途汽车，带我第一次来莒县时，就在这里下的车。

到莒县已是深秋，下了车，街上黑压压一片，几乎所有的人不管老少全穿着黑棉袄、黑棉裤。唯一的区别：老乡穿的是自家做的，吃“国库粮”干部穿的是制服式样。

当年的莒县汽车站，红砖红瓦房，如同70年代北方所有的乡下县城一样，斑驳的外墙上还留有毛泽东语录，时间久了些，斑痕累累。候车室里烟雾缭绕，充满了呛人的酒味烟味和一股股难闻的说不出的味道，破旧的门窗，歪歪斜斜的旧木头长椅，潮湿黏糊的地面，墙上泛黄的长途车时刻表，房顶天花板上排列着粗大陈旧的房梁，黑乎乎的，除了这些，屋子里满是孩子哭声，大人的叫声。

对，应该说说孩子，那些怀抱里的，或者正蹒跚学步的莒县孩子，他们的打扮可要比那些大人，成人、老人鲜亮得多。40年前的莒县孩子，尤其是山里的，为了辟邪，头上都戴一顶家做的老虎帽，黑布做的，帽子上用红线、绿线绣着虎眼、虎鼻、虎嘴，胡须上翘，威风凛凛，小孩子脏乎乎的脸蛋上“红二团”醒目，额头中央排列着用火柴杆仔细点上的圆点，一小撮，五个。孩子们穿的老虎鞋和头上的帽子遥相呼应，鞋上面的老虎形象，也栩栩如生，威风凛凛。四十年过去了，那种原生态的拙朴的乡土味浓浓的美一直留存在我的记忆里。奔走在汽车站的孩子们，年龄都不大，小的七八岁，大的也莫过十二三岁，一身脏兮兮的棉袄棉裤，黑黑的小手提一个旧脸盆，一把老暖瓶，握一根看不出颜色的旧毛巾，来回穿梭在人群里、院子里，远远地看到外边的车进了院子，便蜂拥而上，大呼小叫着："洗脸吧，洗脸吧，二分钱。"

还有，还有挎着篮子卖熟鸡蛋的，卖豆腐的，卖青萝卜、卖炒花生果子的，一个个都若黑色的幽灵，忽地出现了，忽地又看不到了，卖鸡蛋的多是年龄大的女人，围一条旧围巾遮着脸，挎着篼箕偷偷地卖，六分钱一个，篮子里的鸡蛋不多，盖着看不出颜色的脏毛巾。

街上，冷冷清清，几乎看不到什么汽车，间或有几辆老式的汽车、自行车驶过，几辆懒散的马车和推独轮车的老乡在慢慢地走过，地面上不时看到一些拉车牲口排出的粪便。

不会有错，当年莒县城里最高，唯一的楼房是县委招待所，二层楼，红砖砌的一栋小楼，很寒碜地立在马路边上，外面能看到一层层斑驳的红砖。

还有电线杆子上挂着的高音喇叭里不时传来的样板戏。

离车站最近的一排平房，那是莒县城最大的"大众饭店"，窗户里不断飘出一团团白色的热气和一阵阵炒菜的油烟味。

几个胡子拉碴的乞丐，也穿着露着棉絮的黑棉衣，脏得透亮，懒懒地坐在朝阳的房角里喷云吐雾。

莒县，莒州，莒国，四十年前你的那副模样还有人记得吗？

（二）走近莒县　走进莒县

看过莒南的庄园，吃罢莒南的"消防驴"后，车子带我们向莒县一路驶去。

下午3时许，司机师傅说一声："到了，咱们已经进莒县城了。"

莒县城？就是那个四十年前我来过无数次的又脏、又破、又穷的县城？

愣住了！眼下，这里，就是莒县！

宽广阔气的马路，整洁干净的人行道，笔直高大的银杏树，一眼望不到头的楼房、商场，衣着光鲜的路人，花里胡哨的广告牌。

此刻，假若有人对我说起，这里是我不熟悉的任何一个城市，我都会相信。

说，这里是济南，我信！说，这里是武汉，我信！说，这里是沈阳，我还信！因为，当下中国的每一个城镇，不论地处江南还是江北，不论是大还是小，她们早就失去了自己的特色，早就变得千城一面了。

“士别三日当刮目”！我这莒县一别，可整整是四十年啊。四十年的时间究竟包含了几百个“三日”？多得简直数也数不过来，简单一点说吧，自从我离开莒县后，这里几乎诞生过两代人。

找一家商务宾馆住下。我的腿，我的眼，我的心又走进了莒县。

就让我再做一回莒县人吧，让我再一次来品一品我的沂蒙，我的莒县。

我们下榻在“新盛商务宾馆”，此宾馆地处莒县东关，开业不很久，环境清新，整洁舒适，价格便宜地让人觉得有点不好意思，标准间八十八元（其内在质量不输老家青州的四星级宾馆），除此外，还管一餐实惠好吃的早餐。

晚饭,想去一家名字叫“世起”的羊肉馆,这家羊肉馆在网上颇有盛名。宾馆的小服务生用手向不远处指点着说，“那就是‘世起’羊肉馆。”

去了，喝了，名声远扬的莒县全羊汤热气腾腾，香气扑鼻。三十大元一碗，锅饼，不要钱，随意吃。

淳朴、实在的莒县用家乡的特产款待了阔别几十年的我和妻子。

我闷着头一连喝了三大碗，直喝得热汗淋漓，直喝得满心舒坦，直喝得忍不住地大呼“痛快，痛快”！

吃罢，和莒县的朋友约好，明天去库山，去那个几十年来令我无法忘怀的小山村。

（三）寸寸库山寸寸情

10月3日8点40分，朋友带我们驰向莒县的库山。

坐在车里，我向外打望着，不算宽的公路两边是粗粗的树，枝叶繁茂地绿着。不知当年，我一次次去县城时可也是走的这条路。

上午10点，车子停在了库山医院门前。

刹那间，一股“近乡情更怯”的感觉涌上了我的心头，虽然那感觉淡淡的，但也真实的存在。

几百里路跑来，此刻，我最担心一个认识的人也见不到，最担心40年前的老房子、老屋都不在了，如果那样，该多遗憾！

天助我，在这个完全陌生的小镇医院里，我竟然真见到了一位老人，六十开外的董大夫。他竟然也还记得我提及的那些老人，那些老事。

“走，我带你去看看老医院去，老医院离这里有三里多路。”

没想到，没想到，当年那个老医院旧址还在呢。

三里多路，车子拐一个弯就到了。

当一眼看到那个旧日的库山医院时，我仿佛一下子又回到了40年前：当年的老房子已被分割成了一个个独立的小院，住上了新人。院门紧紧地锁着，只能从外边踮着脚朝里看，我看到了我曾住过的房子，房顶上爬着一根绿色的枝叶。

医院的大院还能依稀看出一点旧日的模样，隔着石头砌就的院墙，隔着一排排高高的树，我远望着，我记得院子外边就是一条河，小河从远处流来，水很浅很清澈。

医院外边是一条不宽的马路，路向前延伸着一直通到很远的村子，马路对面有联中，有供销社，再往前走很远，还有一个邮政所，一间磨坊。

当年，我的落脚之处是一家村里的重晶石粉碎厂。问老董，他告诉我，那厂子早就垮了，不过那些老房子还在，离这里有八里路。

太远了，路又不太好走，实在不好意思再麻烦朋友去那里了。

除了老董，这里没有一个我认识的人了——站在那条街上，我不断地向远处、近处望去。究竟想看到些什么？我自己也说不清，但我知道，想看到的那一些都没了，都早已经消散了。

（四）莒县的“天下数第一”

莒县“天下数第一”的是一棵树，一棵活了接近四千年的银杏树。这棵树在莒县浮来山上，粗壮高大至今仍是枝叶繁茂，郁郁葱葱。

好多人也是因为这棵树而知道的莒县，因此，这棵树一直被莒县人引为骄傲。

转引一段百度上的文字：山东莒县，有一座浮来山，山上生长着具有3500年寿龄的天下第一银杏树，该树下鲁、莒两国国君曾结成友好同盟。刘勰在此写出了世界上第一部文学评论巨著《文心雕龙》。《左传》记载：鲁隐公八年（公元前715年）“九月辛卯，公及莒人盟于浮来”，可见，该树当时已成浓荫，成为名树。专家考证，此树至少已有3500年历史。树现高26.3米，树干周长15.7米，须八人伸展双臂方能合围。此古树乃冰川时代留下来的树种，有“活化石”之称。经国家林业局专家鉴定，为“天下第一银杏树”。

40年前，我在莒县的时候就听说过这棵树，可当时总是在为填饱肚子，为以后的生存而奔波着，再加上交通不便，因此没有闲心去看那株老树，但心里一直惦念着她，想象着她“七搂八拃一媳妇”的模样。

说起这“七搂八拃一媳妇”还有个典故。相传在明朝嘉靖年间，莒县东一书生进京赶考，途中遇雨，就到这棵巨大的银杏树下避雨，忽然兴致上来，想考察一下树到底有多粗，就用搂抱的形式来测量树的围粗。书生竟然搂了七搂还没转到起点。正在他想搂第八搂的时候，被眼前的情况吓住了，书生量树的起点竟站着一位年轻的少妇。原来少妇也来大银杏树下避雨。由于树太大了，所以两人谁也没看见谁。怎么办呢？书生有心让那少妇让一让，但不好意思开口，但又不想放弃自己的测量，于是就只好改为用手拃的方法，悄悄向那少妇身边拃过去，数到第八的时候，正好到那少妇的身边，那少妇竟然也没觉察。可是，那少妇身体所占的位置怎么量呢？书生想不出别的办法，就只好把少妇的体宽也算测量的一个长度。于是银杏树的树围就成了“七搂八拃一媳妇”。

如今，几百年又过去了，这棵老树又长粗了不少，“七搂八拃一媳妇”的说法早已经过时了。

这次来莒县，除了看自己曾经待过的库山，另一个重要的目的就是去看一眼那棵仰慕已久的银杏树。

（五）毋忘在莒

莒县，夏为莒部落，商属姑幕国，周为莒子国。后又称莒州，又称莒国，又称莒县。粗粗算来她的人文历史也当在四千年以上了。

齐鲁之邦历史悠久，莒县在其中的历史地位绝不可小视。

目前，山东省县级博物馆最著名的有三个分别是：青州、莒州、滕州。

莒县博物馆：位于莒县县城青年路南端。始建于1986年，1989年对外开放，占地5200平方米，建筑面积1500平方米，馆藏文物12000余件，一、二、三级文物达200余件。博物馆分为“莒国文物基本陈列”“莒县流散文物珍品专题展览”两大系列。

这次莒县之行顺路也去参观了莒县博物馆。

纵观莒县历史，窃以为亮点有三：

堪称世上仅存的四千年银杏古树生在、长在莒县，且至今亦枝繁叶茂。

莒县是中国文学史上举足轻重的文学理论家、评论家——刘勰的故乡。

蒋公介石那句在海峡对面影响至深的名言——“毋忘在莒”，“莒”之出处即为此“莒”。

毋忘在莒（jǔ）是一个成语，源自中国春秋战国时期。它有两个典故，有两种含义。

春秋时期，齐国齐襄公末期，前685年齐大夫连称、管至父弑君而立襄公堂弟公孙无知。其南部的小国莒国（都城今日山东省莒县）在春秋时期政治稳定而多外国贵族，齐大夫鲍叔牙遂携公子小白流亡至此。齐国再发政变后，小白返临淄即位，是为齐桓公，后成五霸之首。《吕氏春秋·直谏》载：鲍叔牙奉杯而进曰：“使公（齐桓公）毋忘出奔在于莒也；使管仲毋忘束缚在于鲁也；使宁戚毋忘贩牛而居于车下也。”即提醒齐桓公勿忘当年之苦难。

战国时期，莒国此时已经是齐国的一个城。前284年齐国被燕国乐毅率领大军连攻七十二城，仅剩即墨、莒二城为齐国最后固守。齐国在田单的领导下以莒城为反攻基地，经历五年成功收复了失地。后以毋忘在莒比喻收复国土。

“毋忘在莒”一词在大陆鲜有人提起，可这句话却是蒋公介石居台期之座右铭，在海峡对岸的台湾影响极其深远几乎是“家喻户晓”。

蒋介石自1949年败退后，基本以“毋忘在莒”为座右铭，并常以此提醒台湾军民。1952年1月，蒋介石到金门岛视察，特意给金门守军题词：“毋忘在莒”。当时，国民党军队驻防金门的司令官胡琏将军当年就在金门督造了一座“莒光楼”，楼内有“毋忘在莒”匾额和“莒光”二字，现在“莒光楼”已成为观光景点。

（六）临别莒县赶大集

每去一个地方，总喜欢去当地的农贸市场走一圈，这已经成了我的习惯。

内心里是这样想的：不论到哪里，若想真正了解一个城市（或乡村）最真切、最真实的途径就是逛农贸市场。唯此才能知道这里的平民百姓是怎么样生活的，他们平时在吃些什么，喜欢些什么，这些东西是什么模样，这东西如何吃？好吃吗？

唯有到农贸市场走一圈，（当然最好是在这个城市住几个月，去乘公交，去遛马路，去赶早市）那你才能真正地了解一个城市，贴近一个城市，融进一个城市。

临别莒县，咨询一位宾馆的工作人员（他讲自己也是青岛的老知青），附近可有农贸市场？

老知青告诉我们，不远，打个车去也就五块钱。

和妻子打车去了，看到了好多青岛不常见的稀罕东西，看到了好些已经久违的稀罕东西，譬如两种不同的“煎饼机”，譬如农家装干粮的“毛龙”，譬如专卖“兔子肚”的小贩，譬如多少年见不到的麻袋片，甚至还见到了几十年没见到过的老“棺材”。

知青文苑

我是老三届我是知青

张建华

我是老三届，我是知青——
9 月 17 日，
告别了父母兄弟，
告别了美丽的泉城，
来到了沂蒙山区，
来到了沭河东岸，
来到了屋楼崮山下，
来到了贫下中农中间……

9 月 18 日，
在社员们激情的锣鼓声中，
我们走进了这小小的村庄，
住进了牛棚，
吃上了煎饼，
扛上了锄头，
丢掉了城市户口，
成了吃工分的农民。

出工，干活，收工，
饭前，先祝万寿无疆，
再祝身体健康，
学上一段语录，
干活，回家，吃饭！
一切，是那样新鲜，
一切，是那样耐人寻味，
一切，又是这么值得回忆……

知青的经历，
那是人生的磨难：
艰苦的环境，
繁重的农活，
糟糕的饮食，
无聊的精神生活。
最爱唱的歌是“九一八”，
从那个悲惨的时候……

知青的经历，
那是人生的考验：
割麦、推粪、人拉犁，
脏活、累活就在我们面前，
考验我们的体力，
考验我们的意志，
考验我们的承受能力，
也考验我们对新生活环境的适应能力。

知青的经历，
那是人生的精彩：
我们的工龄，
就从下乡那一天计算，
我们最宝贵的青春，

献给了第二故乡，
四十年过去，
真想念我当知青、当农民的小村！

知青的经历，
那是人生的坎坷：
离开家乡，离开父母，
这心灵的创伤就要愈合，
招工来了，最苦的时候到了！
别人走了，我留下来，痛不欲生！
一次次招工，与我无缘，
我在承受着最艰苦的锤炼！

知青的经历，
那是人生的甜蜜：
学会了各种农活，
学会了交友，
学会了做饭洗衣，
学会了对恶劣生活环境的适应。
妈妈放心了，因为——
我在逆境中成长！

知青的经历，
那是人生的烙印：
忘不了那吃不饱的日子，
用刚分的新麦去换陈地瓜干！
忘不了那补丁摞补丁的旧衣裳，
还有用旧轮胎做的简易凉鞋！
也忘不了我住过的牛棚，
还有身心的创伤……

知青的经历，

那是人生的财富：
插队，练就了我们吃苦耐劳的品质，
下乡，培养了我们勤俭节约的作风，
农村，锻炼了我们身体，磨炼了我们的意志，
广阔天地，造就了我们不畏困难、艰苦奋斗、勇于拼搏的精神！
这是什么？
这就是宝贵的知青精神！

知青的经历，
那是人生的骄傲：
无论我在哪里——
是工作、下岗还是内退，
是在农村还是返城后，
也不管是对长辈、对同龄人还是对儿子，
我总会骄傲地说：
“我是老三届，我是知青！”

四十年的风风雨雨，
四十年的峥嵘岁月！
我们承受了苦难，
我们经历了磨炼，
我们学会了生存，
我们读懂了人生。
青春无悔！因为——
我是老三届，我是知青！

毋忘在莒

黄传新

自1968年4月上山下乡到莒县插队算起，距今已48年余，继之就地从教，于1980年3月调回济南。抚今追昔，即兴吟之。

十里浮来，
银杏树下，
少小离家。
昔年近弱冠，
插队莒县；
立鸿鹄志，
誓把根扎。
挥镰舞锄，
风吹雨打，
岁月蹉跎度年华。
多谢了，
念父老乡亲，
爱助有加。
沭水情深义侠，
曾记否煎饼卷豆渣。
兼清风明月，
日月伴我，
寒来暑往，
晨露晚霞。
立足杏坛，
参天化育，
乐享秋实与春华，
俱往矣，
今皓首华发，
采菊烹茶。

（1）十里浮来：浮来山位于莒县城西约8公里处，方圆十余平方公里,因植有3000余年树龄的银杏树而驰名天下。据《左传》载:"隐公八年，九月辛卯，公与莒人盟于浮来。"今浮来山上还建有古代文学批评家南梁刘勰创办的（北）定林寺，其中的校经楼，据说曾是刘勰校经处。

（2）弱冠，古代男子20岁称弱冠中。年近弱冠，当年只有十六七岁，还不到二十岁。

（3）沭水：沭河，由西北至东穿过整个莒地域。

（4）豆渣:即人们常说的"小豆腐",莒县人俗称"豆沫子",发"噔沫子"音。

（5）参天化育：此语出自《中庸》，参，是理解和感悟的意思，化育，是感化、教育的意思，此话意即参悟天地间万事万物发展变化之道。

（原载于《老朋友》杂志2016年第10期）

推　碾

文素慧

收了工，吃罢了饭，
抬着粮食来推碾。
磨盘家家都会有，
石碾全村就一盘。
老远就听到说笑声，
急急忙忙往那儿赶。
一盏汽灯树上挂，
男女老少笑开颜。
孩子们追逐闹得欢，
媳妇儿小伙识字班。
业余生活不丰富，
集中在这里闲聊天。
听听村里的新鲜事儿，
唠唠家长和里短。
排队聊天过得快，
不觉已经到碾边。
忙把粮食倒碾盘上，

抓紧时间赶快干。
两个人推，一个人扫，
围着碾边不停地跑。
先掐黄色的玉米粒儿，
再掐泡好的地瓜干。
快跑快扫快快转，
后面排队一大串。

昨天·今天

阎　伟

轻轻地，轻轻地，我们叩响昨天的门环，
回眸五十年春秋，不过弹指一瞬间；
静静地，静静地，我们屏住急促的呼吸，
回到这座山下，回到这条小河边，
回到这片沂蒙大地面前。

我们回来了，带着当年的向往和离别的眷恋，
我们回来了，带着梦魂牵绕的思念和火辣辣的渴盼；
我们回来了，抚摸那条大河，那座大山，
我们回来了，寻觅那幢草房，那缕炊烟。

五十年啊！我们又一次走进了你，
抓起一把泥土，紧紧地紧紧地贴在心坎儿；
五十年啊！我们又一次走近了你，仿佛就是在昨天，
大豆摇铃，麦海无垠，
铺展在我们挚爱的山乡平原。

我们，曾经把根扎在这里，于是，对这片土地，
就有了儿子对母亲那样的情感；
我们，曾经把爱留在这里，于是，对这片土地，
就有了不离不弃永不相忘的夙愿。

我们，也曾面对“今夜有暴风雪”的考验，
它锻造了我们忠诚，锤炼了我们的勇敢；
我们，也曾饱尝“北风那个吹”的严寒，
它砥砺了我们的执着，奠定了我们的信念。

眺望东海辽阔，倾听波涛浩瀚，
我们懂得了什么叫虚怀若谷，大爱无边；
守望原野千里，体味黄土无言，
我们懂得了什么叫无怨无悔，无私奉献。

啊，正是因为大地的给予，我们才有了一副铁肩，
撑起一座桥，让祖国从这岸走向那岸；
正是因为大地的给予，我们才有了一身肝胆，
挺起一座山，让中国的太阳辉煌灿烂！

重温曾经的道路坎坎坷坷曲曲弯弯，
寻觅曾经的足迹风风雨雨深深浅浅；
回忆曾经的日子从从容容恬恬淡淡，
讲述曾经的故事真真切切酸酸甜甜……

来吧，曾经把根扎在这里的朋友，
请来到沭河两岸，浮来山前，
请来到熟悉的田野村头，
面对那躬耕的牛，紧握乡亲们的手，
泪水洒满襟怀和双肩。

来吧，请来到屋楼崮，看看日云山，
请来到陵阳河畔，
聆听牛角陶号穿越历史的呼喊，
面朝浩渺的大海，瞻仰高扬的风帆，
再翻开满载我们青春岁月的《莒县知青》，

逐篇诵读三遍！

来吧，曾经把根扎在这里的朋友，
请回到第二故乡的身边，
站在古城的文心广场，
唱起《知青相聚歌》，
再喊一声：我爱你，莒县！
　　——胜过万语千言！

啊，朋友！让我们牵来济南的清泉，
把它扎在腰间，
来参加知青下乡五十周年的纪念联欢；
让我们一揽巍峨的蒙山，把它列成方阵，
来参加知青下乡五十周年的纪念庆典！

然后，献上一首浸满全体知青心声的诗篇，
在这里深情吟诵的节选——
有一种情怀，今生不变，
有一种精神，今生永远！

知青岁月，弹指挥间

——老知青50年后相聚两山口有感

董　瑛

斗转星移，岁月沧桑，
50年光景，弹指挥间。
我们下乡时出生的孩子，
已是知天命之年。
当年战天斗地的场景
恍如昨日，

清晰又遥远……
50 年，回忆是一种被时间诗化了的怀念。

50 年前，
我们响应毛主席的号召，
扎好俩发辫，扛起柳条包，带上绿军帽，
上山下乡到莒县。

50 年后，我们鬓发斑白，步履蹒跚，
为庆祝知识青年上山下乡 50 周年，
老知青奖学助学基金会成立 10 周年
又一次相聚在魂牵梦绕的小山村。

踏上曾浸透过汗水和泪水的土地，
回想起那些难以忘怀的日子，
一幕幕刻骨铭心的艰辛，
追忆着生命中那一段苦累交织着的经历，
涌上心头的岂止是万语千言。

忘不了，披星戴月，往返 30 公里，
送一车重 300 斤的地瓜干到中楼，
回来还给供销社捎上重 500 斤的两麻袋食盐；
忘不了，早出晚归翻山越岭赶大集，
为林业队卖秋梨；
忘不了，徒步往返县城，65 公里一日还；
忘不了，凌晨鸡叫就起来围着磨盘转，
烟熏火燎滚煎饼，早晚还得顾菜园；
忘不了，风雨交加的夜晚，
城市的人们还在酣睡，
我们却要摸黑跑到坎坷不平的山间岩石上，
抢收白天切晒的地瓜干，
那可是我们一年的口粮啊；

更忘不了，一九六九年夏天暴雨冲毁路面，
把回济南看望父母的我们困在沂水马站，
背上行李徒步 100 多公里赶回莒县。
那个时候我们都才十七八岁
在今天的父母眼里还是孩子啊，
本该百般呵护的花季年华，
可我们已经饱尝了生活的艰辛与磨难。

我们将人生最美好的青春年华，
贡献给了最广阔的农村天地，
正是这段艰苦的岁月，
把我们的意志磨炼。

下乡插队的两年，
让我们把走向社会的力量积攒，
回味其中的苦辣酸甜，
让我们学会了在困境中不屈不挠、执着向前。

五十年的人生历程并不短暂，
我们也从风华正茂走进古稀之年，
虽然都已事业有成，家庭美满，
但我们依然愿为小山村做更多贡献。

五十年前的那页已经翻过，
不管对这段历史是褒是贬，
功过是非自有历史评判，
知青的蹉跎岁月，
愿与共和国的成长一起载入历史档案。

故乡啊，故乡

孟凡金

故乡啊，故乡。我的生命与您一起成长；故乡在哪里，我的心就在哪里。今天，我来了，明天，我又走了。然而，您可知道我恋恋不舍的赤子心呀！永远在故乡的怀抱里。

——题记

（一）回故乡

春草绿冬草黄，日出日落人匆忙。我又回到了青春的时光，家乡的味道，令我荡气回肠。

有一种情怀叫乡情，有一首歌儿叫故乡。故乡，不只是一个地理符号，更是一个时间所在；不只是过去和现在，同样意味着将来。她是爱的起点，她是精神的也是物质的。冬去春来，人生旅程，匆匆忙忙，四处奔波，终生难忘的是我永远的故乡。

我们思念两山口，两山口也想念我们。2008 年的岁末年初，鲁东南沂蒙山区的两山口村，一片欢腾，喜气洋洋。这天，时任经济日报社秘书长及中国经济报刊协会副会长于勇与落户扎根在莒县的董瑛等 12 名老知青伙伴相约回到了他们的第二故乡——两山口村。

怀旧是人的本能，感恩是人的本性。重温故乡情，再饮清泉水，知青们百感交集。

“知青们回来啦！”大爷大娘们奔走相告，喜极而泣，老泪纵流。

“大爷大娘们，我们回来啦！”老知青们如同当年那样，满脸流露出朝气蓬勃的神气，时而欢呼雀跃，时而与乡亲们相拥而泣，热泪盈眶。那紧握着的双手久久不愿松开，不愿松开。

40 多年呀，人生一半的路程，也是人生最宝贵的时光。当年来到两山口，这群孩子那是朝气蓬勃，意气风发，斗志昂扬。今天回到两山口，他们已是两鬓生白发，人生旅途中的心灵阵痛，生活中的艰辛，生命中的感恩，交织相融。面对亲如父母的大爷大娘，千言万语的知心话儿涌上心头，知青们相拥亲人，感慨万分。

面对故乡，面对父老乡亲，遥想那激情四射的岁月，他们爬上大山，呼唤青春，倾诉心肠。那是生命的力量，那是人生的向往。

回来了，回家啦！于勇与他的12名知青伙伴回到了两山口，到家了。这次回来他们最大的心愿是向故乡人汇报这些年的个人成长历程以及工作和生活情况，让大家放心。同时，还有一点微薄的心意，他们12人捐资10万元成立老知青奖学助学基金，用于两山口村考上大学学子的助学奖励，微薄之力，赤子之心，算作报答乡亲们的一点心意。

如今，他们的助学基金已资助了25名从两山口走出的大学生。

2013年8月17日，12名知青集体回村给当年金榜题名的8名大学生发放助学金。同时，他们走遍大街小巷，给全村67位70岁以上的老人送去每人一身保暖衣服，并给102岁的何贞和96岁的何民两位老人分别送去1000元的敬老金。这次，于勇“收获”最大，当听说村里眼下有三个失去父母的孩子时，他便请村干部把三个孩子叫在一起，并当面发给了每个孩子1000元的学费，同时承诺即日起自己出钱每年给每个孩子1000元学习费用补助，直至年满18岁。他乐呵呵地对三个孩子说:“你们谁的学习成绩在班里是前10名，每到过年我就给谁1000元的红包压岁钱。”一席话，在场的人都感动了，笑了，特别是三个孩子笑得是那样的甜蜜，那样的开心。后来，于勇又专门带上学习生活用品去了中楼中学，向校长说明了事情的原委，对三个孩子千叮咛万嘱咐，希望他们听老师的话，好好学习，健康成长。几年来，这三个孩子品学兼优，茁壮成长。

其实，他们帮助村里发展教育的想法由来已久。那是1998年12月，为了纪念上山下乡30周年，12名知青第一次集体重返两山口。那时进出村里的路已经拓宽了，村里也通上了电，还盖起了很多宽敞的砖瓦房，改革开放给两山口带来了新气象新变化。但是当看到原来那茂密的山林树木被严重砍伐，成了光秃秃的山岭，西山那片苹果园也没有了，而且那清澈的河道也变窄变浅变脏了，昔日那成群结队的鸭子和白鹅已不见踪影。这山还是那座山，人还是那些人，可心中那道美丽的风景却消失了，知青们的伤感油然而生。面对依然不富裕的父老乡亲，我们该怎么帮他们？大家都在思考着怎么样想个帮扶办法，去掉这块心病。治穷先治愚，帮助两山口必须从抓教育入手。后来，在于勇的倡导下，大家齐心协力，成立了这个具有特殊意义的奖学助学基金会。

“人呀！不仅仅是钱的事，有心就好，有心就好呀！”这是两山口老人们的喃喃话语。

“每次来到两山口，我的心情既激动又沉重然后才是平静，因为见到了乡亲们而激动，看到了老乡们的生活依然不富裕心里却很沉重，可每次回来只要见到了父老乡亲们时大家都十分高兴。这里的一草一木，一情一景，每时每刻都牵着我们的心。乡亲们对我们的好，我们终生难忘。”每当回想起在两山口插队锻炼的激情岁月，于勇总是激动不已。这些年来，于勇靠自信、靠拼搏、靠执着，打造了属于自己的人生，创造了成功的事业。今天，他和伙伴们来了，父老乡亲们热烈地欢呼，激情的拥抱，让知青组里的全体伙伴们仿佛又回到了从前，找回了阳光灿烂，生龙活虎的昨天。

昨天的笑容今天的笑脸那都是历史的拷片。大山里的秋天，满山野的松树一片绿色，挺拔傲然；那泛红的枫叶随风摇曳，层林尽染；满坡的庄稼呀！地瓜冒出了头，玉米露出了脸，那盈实的花生呀，脆香甘甜，金灿灿的庄稼，映照在父老乡亲们甜蜜蜜的笑脸上。

山乡秋色浓，家和万事兴。每年的金秋时节，这 12 名老知青都按照过去知青“集结日”的习惯，不约而同相聚在两山口，为当年考入大学的孩子发放老知青奖学助学金。济南——两山口，两山口——济南，说不完的爱，道不尽的情，老知青们每次回来，那朗朗的欢声笑语，那禁不住的思乡泪，无不演绎着中国知识青年上山下乡感人的故事。这故事，无论是大还是小，无论是轰轰烈烈还是默默无闻，都勾起我们无限的思绪，深深的思考，值得我们倍加珍惜。

（二）来到两山口

1968 年 4 月，毛泽东在黑龙江省革委会《关于大专院校毕业分配的报告》中批示:“毕业生分配问题是个普遍问题，不仅大学还有中学。”于是，面向农村、面向边疆、面向工矿、面向基层的“四个面向”迅速宣传贯彻执行。但是，在国内外重重困难压力之下，工业战线出了不少问题，加上本来还单身力薄的中国工业体系，即使现有的城市工商界人员都难以生计，谈何招工就业，可谓困难重重。加上国内局势还比较复杂，所以，就在这年的 12 月 22 日，毛泽东发出了“知识青年到农村去，接受贫下中农再教育，很有必要”的号召。从此，全国迅速掀起了知识青年上山下乡的高潮。千百万知识青年满怀革命豪情挎起红书包、扛上行囊，奔向了祖国的四面八方接受贫下中农再教育，奔向了与工农相结合的广阔天地，强意志，炼红心，誓做无产阶级事业接班人。就在这激情燃烧的时刻，济南 814 名知识青年走出了泉城分批来到了山清水秀的莒县。这其中，济南第15中学等100余名知识青年于12月27日分乘长途客车，一路颠簸奔向了沂蒙山区的莒县，来到了盼望已久的广阔天地。按照上级事先安排，他们分别被安置在了中楼公社的中楼、两山口、孟家西楼、黑涧、屋楼前、前姚埠、孙由、刘家沟、板楼、鸡山沟、大陈家庄子11个大队。于勇的小组12人安置在两山口大队。他们中有7男5女，最大的21岁，最小的16岁。女生是董瑛、张莉莉、路传玲、王安洁、陈芙蓉。男生是于勇、杨琦、李瑞昌、刘波、杨其泉、李作田、郑孔强。

知识青年到农村来，虽然他们都有充分的思想准备和强烈的接受锻炼愿望，但是，也都想去比较富裕条件好一点的大队。当听说两山口大队全是山，整日里跟石头打交道，吃住行都很差的时候，大家就沉不住气了，议论纷纷，情绪低落。怎么办？绝不能带着情绪进村，董瑛和杨琦立即找公社领导反映说："我们小组的平均年龄最小，体力较弱，能不能照顾一下去个条件好一点的大队"。领导耐心解释说："咱们中楼公社全是山区，这里各个大队的情况都差不多，只是两山口大队离公社驻地远一点，但还有更远的大队。你们要听毛主席的话，到艰苦的地方锻炼成长，这才是好青年啊。"听了领导的一番话，他俩的心情好了许多，大家的急躁情绪也稳了下来。

两山口确实很山、很穷。"两山口呀，两山口，山岭薄地路难走，媳妇娶不来，闺女嫁外头，贫穷的日子呀，什么时候熬到头"。这是当年两山口村民自己编的顺口溜，也是村情的真实写照。她和千百万中国小山村一样，路不畅，道难行，吃不饱，穿不暖。穷乡僻壤山沟里的贫穷着实叫人心酸。

就在知青快要来的前两天，村革委会主任何永登接到了公社通知，犯了愁。眼下集体仓库里的五谷杂粮除了必须留足春播春种的种子，加上五保户的口粮，余留的粮食很少，吃得确实是个大难题。还有重要的一项工作就是怎么教他们适应农村生活，学会干农活？上级讲了，凡是接收上山下乡知识青年的大队，必须马上安排他们参加劳动，尽快让他们融入贫下中农中，接受再教育，加强锻炼，快速成长。这是关乎无产阶级革命事业接班人的大事。知青必须接，上级精神也懂得了，可眼下的问题是他们如何看待父老乡亲们，父老乡亲又会以什么样的态度和脸色对待这群孩子。在从公社开会回大队的路上，何永登总觉得大脑发胀，脚步沉重，越想脑子越乱，越走脚步越沉。

很快，知青们就要来了，怎么办？晚饭后，何永登把大队干部召集到大队院里，研究怎么安置这12名知青的事。会上，他首先传达了上级“政治上有人抓，生产上有人教，生活上有人管”的指示，接着说明了公社领导的具体要求和工作安排，会场上却鸦雀无声。大家面对这突如其来的天大的事，心里着实都没底儿。但是，为了响应伟大领袖毛主席的号召，我们必须千方百计地毫无条件接受任务，接收这些孩子，这是坚定不移的政治任务。即使在咱这穷山沟里，破屋漏天也好，囤里少粮也罢，我们必须横下一条心，政治挂帅，思想领先，为培养无产阶级革命事业接班人，我们责无旁贷。

“困难，我们不怕，有人就有希望，有人就有力量。”大家统一了认识，端正了态度，憋出了干劲。

“咱们现在就动手吧，先把住的安顿下来，再考虑吃的”。随着何永登的一番话，大家立即行动了起来，纷纷挽起袖子动起了手，在石垒墙泥抹面高洼不平的大队集体一排房屋里，大干了一个通宵。他们扫除了墙上的蜘蛛网丝，堵塞了透风的墙缝口，凑齐了锅碗瓢盆，整理好了床铺。做完这一切，火红的太阳已从东山冉冉升起，照亮了大地，冬天里的两山口，暖意融融。

“城里的孩子长得什么样？”“听说他们会唱歌会跳舞会背诵毛主席语录？”从没走出大山的老人们心里一直在嘀咕，乡亲们也都翘首以待。

1968年12月28日，两山口阳光灿烂，锣鼓喧天，欢呼声沸腾，这个清秀美丽的原始般的山村掀开了崭新而且有重要的历史意义的一页。

在公社里吃完早饭，三五成群的知青们有的在窃窃私语，有的相依话别。因为他们中即便是同一所学校的也要被分到不同的大队里去。这时，随着各组组长的招呼，大家有序整齐列队，分别在各大队负责人的带领下，雄赳赳，气昂昂奔向各自的新家。

心有多大天地就有多大，路有多长脚就有多长。只见在通往两山口大队蜿蜒崎岖的羊肠小道上，走来了一支“吱扭吱扭”响的独轮车推车队，每辆车上都装满了大大小小的箱子和背包之类的包裹。推车的是几位黑黝黝的年轻小伙子。一路上，知青们欢呼雀跃，有的摔了跟头，爬起来也不叫疼。而推车的小伙子们累了也不说累，只是时不时地瞅几眼这群城里人，尤其是那几位白嫩嫩的姑娘。到了下午时分，两山口欢迎他们的贫下中农立刻奔了上来。

“向知识青年学习！”“向知识青年致敬！”欢呼声回响在两山口的上空。

“向贫下中农学习！”“向贫下中农致敬！”在这激动人心的时刻，组长杨琦率领同学们振臂高呼。

“来了，乡亲们，我们来了。”12 名风华正茂的知识青年满怀喜悦，终于到家了。

“来了好，来了就好。”两山口的父老乡亲敞开胸怀拥抱来自远方的亲人。

搬下行装，知青们在贫下中农们的簇拥下，住进了这简陋的草房山屋，安顿了下来。

两山口冬日里的夜晚，明月当空，风光迷人。今天晚上的欢迎会，隆重热烈，别开生面。

“人人（那个）都说（哎）沂蒙山好，沂蒙（那个）山上（哎）好风光……”一曲沂蒙山小调萦绕在两山口的上空。接着，何兰香带领八个青年妇女拍着巴掌，大大方方有模有样的演唱了“十唱知识青年好”。这一着，知青们更懵了，没想到父老乡亲们为了我们的插队锻炼这么虔诚，这么认真，这么倾心。同学们禁不住流下了感动的眼泪，大家面面相觑都不知说啥好了。

“乡亲们为了我们的到来，操心、费力还唱歌了，我们怎么办？”此时，杨琦啥也不顾及了，顶着嗓门喊唱了一首革命歌曲。

随后，大队干部向他们发了毛主席语录和毛主席纪念章，同时提出了要求和希望。接着，董瑛代表同学们表示了扎根农村广阔天地接受贫下中农再教育，为社会主义新农村建设贡献力量奉献青春的坚定决心。

从这一天起，历史，打开了两山口的一扇门，生龙活虎的一群城里年轻人的到来激活了沉闷的小山村，这是一扇伟大的历史转折之门，更是时代赋予那代人的历史使命和责任担当之门。实际上，人与山川大地是相融的，无论是城里人还是乡下人生活都是相通的，“现在的人不是农民的儿子就是农民的孙子”这种说法颇有道理。其实人与自然社会的共生共存是永恒的。古往今来，一代一代人繁衍生息，一代一代人历经苦乐年华，大自然的恩予是无穷无尽的。

可是，大队里缺这少那，怎么能让他们填饱肚子是个大问题。现在农户家里也都贫寒，自己吃饱都很难保障。怎么能把这些年轻人安顿好，起码要吃饱饭，别冻着，给人家城里的爸妈有个交代。教育好，培养好，关心好这是公社领导的明确要求。而且积极争创全县优秀知识青年安置点是大局也是目标，更是检验接收知青大队对待这项工作的试金石，非常重要。我们必须做到对上级组织负责，对孩子们的家长负责，对孩子们的成长负责。面对这三负责要求，大队干部们在动脑子，想办法，找路子，苦苦思索，费尽心机。

（三）乡村生活

累了，折腾了这几天，知青们都觉得身体散了架子似的。可是，为了实现在广阔天地接受再教育健康成长的愿望，他们思想活跃，精神头十足。有的还没整理好床铺，就急不可待地在煤油灯下给家人写信。希望信儿快快飞到济南，让牵挂的亲人们早点得到他们的音信，叫家人放心。

杨琦在信中写道“奶奶，爸爸，妈妈：您们好。昨天下午已经到达了中楼区两山口大队，这村子南面有两座大山，它就是在两座山之前，故名两山口。这个村四面环山，它就在山坳里，村的东西南北都有小道与其他村和外界联系着。不过，道都很窄，两个轮子的车是进不来的。全村一百多户人家，六百多口人，九百多亩地。主要农作物是地瓜，花生等。山上还有果树。这儿的贫下中农待我们很热情，安排得很周到。当然，我们对一切还是不熟悉不习惯的，信就是晚上在小小的煤油灯下写的。以后还会遇到各种各样的困难，但是，我们有信心会克服的。明天，我们将去登山俯瞰我们公社的全貌，明确我们村的远景规划，进一步增强建设新农村的信心。同学们都很高兴。”儿杨琦　　1968 年 12 月 28 日夜

杨琦在信里说的话也是大家的心里话，虽然他们都沉浸在接受贫下中农再教育的火热生活中，但牵挂家的心情是一样的。

两山口的早晨，空气清新。上山，这是第一课。“来了，咱就先走走看看咱们的村子，咱们的家乡”。吃了早饭，大家在革委会主任何永登的带领下，奔向了西良山。在西良山下往上看那茂密的松林遮挡了视线，只有山头隐约可见。大家跟在何永登的后面踩着乱石，牵扶着马尾松向山顶爬去。站在山顶上，喘着粗气的同学们忘了劳累。大家都陶醉在大自然的美景里。远眺群山屹立、峰峦起伏、云烟缭绕、美轮美奂。向东南方看去，马亓山巍然矗立，陡山水库在群山的环抱中清澈如明镜。那松林、那梯田、那村庄、那果园，遥相呼应，无不展现着大自然迷人的美景，同学们痴迷了。

这时有人问济南在哪里？何永登指着西北方向说:“越过北边的山有一条路通向石井，石井有个站点，在那里就能坐车去济南。”

从此，知青们如梦初醒找到了去济南的方向。知青们有了新家，开始了新的生活。就在西良山上，两山口人听到了欢呼看到了希望。

心里有苦不诉苦，身上有伤不说疼。尽管有苦有难，可心中的话儿只能憋着，藏心里，又能对谁说呢！来了，那是雄心壮志，来了，必是壮志凌云。农村，广阔大天地，无限宽广而丰富的矿藏呀，这是实现革命理想的地方。知青们斗志昂扬，激情豪迈。

劳动是人类赖以生存的基本能力和条件，积极劳动学会干活是知青们上山下乡的必修课，更是对上山下乡知识青年的基本要求。

日出东方，阳光普照，雄鸡齐鸣，唤醒了沉睡的两山口。该出工了，正值轰轰烈烈的农业学大寨运动高潮，广大贫下中农甩开膀子大干，热火朝天，不甘停歇。因为每家每户都有任务指标，那就是按人口分任务计工分算收入。多劳多得的“人七劳三”分配制度，不用吆喝，不用动员，只要有劳动能力的人都会主动地下地干活。深翻土地,砌石垒堰,整修大寨田;挖井扩坝，兴修水利设施，这是各级对农业学大寨的统一要求。在那没有机械设备的年代，只能镢刨锨挖，但见工地上人来车往，大冷的天，也必须脱掉棉袄甩开膀子大干。面对着这漫山遍野的红旗飘飘，面对着那每个生产队用秫秸撑起的宣传栏上贴满了队与队、户与户、人与人之间相互竞赛打擂台的挑战书和决心书,再看看汗流满面的父老乡亲们,知青们惊呆了,感动的心情难以言表。

此情此景，触动了知青们的心。这时，于勇甩掉了棉袄，一声吆喝，率领大家奔向了火热的劳动大军中。

农业学大寨是20世纪60年代全国农村改天换地，人定胜天，整翻田地，兴修水利，让山川大地变新颜，保证农业丰收而进行的轰轰烈烈的社会主义农村大运动、农业大革命。中国大地处处都是红旗飘扬，战天斗地，热火朝天的宏伟场景。

大家都在想，老乡们对我们这么好，我们得好好干留个好印象，常言说人给人的第一印象是非常关键的。可是，你看吧！知青们挥了两下镢头，没劲，肩膀就疼；铲了几锨渣土，没力，手臂就酸；推起装满土石的独轮车，东歪西斜，非常吃力。老乡们边干边看，有的捂着嘴笑，有的窃窃私语，他们都在百般感叹！这群娃儿呀！什么时候学会干活哟！

一天的劳动，知青们觉味了，懂得了“粒粒皆辛苦”的真实含义。向贫下中农学什么？我是谁？我来这里干什么？他们每个人都在思考。

晚饭吃得还好，地瓜皮子煎饼和五谷杂粮合在一起的大锅粥，还有萝卜头咸菜和猪大油炖白菜，大家吃得开胃，香美。

当时，知识青年来到农村，国家供补六个月的食粮，其他由地方政府和知青家庭自己解决。当然，由于全国各地的情况不一样，知识青年们的生存，生活，成长环境和条件各有所异，因此补贴的标准也不相同。

生活在继续，劳动在继续，接受贫下中农再教育在继续。忆苦思甜学毛选，吃饭前背诵老三篇，胸佩毛主席像章，手捧红宝书矢志永向前，公社里的各种打擂台比赛，花样特别多。尽管昼夜忙碌，知青们的生活没有空闲，但十分充实。程序化的劳动——收工——吃饭——学习——排练节目，一段时间下来，他们很快习惯了。可时间长了，老是清汤寡水，嘴上不说胃里却馋，只是都不好意思说罢了。这一个阶段的生活，他们彻底知道了乡下老百姓生活的艰难。

漫长的冬夜，寒风冽冽。何永登辗转反侧睡不着觉，他一直在想，快过年了，怎么着也得让这些娃儿过年吃到肉，吃上饺子，这也是对他们父母的过年交代呀。于是，他起了个大早“爬雪山过草地”式地一路颠簸来到了公社食品站。苦口婆心买回了几斤猪肉，加上乡亲们又凑钱弄了半个猪头，七拼八凑的过年货算是齐备了。这个春节，知青们终于吃上了肉，吃上了面。可是，在那个年代，父老乡亲过年能吃上猪头肉的人家却很少，很少。即使吃水饺，也只能盼着年五更那一顿，何况还有不少人家连水饺都吃不上。

知青们回忆：这半个猪头竟有 25 斤重，几个男同学经过刮毛，清洗，好几道工序才拾掇干净，加上邻居于大爷不但给了花椒、茴香等料子，而且还指导着煮了一大盆冷冻肉。有趣的是他们把煮熟的口条没舍得放在熟肉盆里，准备日后享用。可是，过了一天少了一点，又过了一天又少了一点，原来是不管男女都嘴馋呀，你吃一点我吃一点。就这样，那盆猪头肉和那个猪舌头，伴随着知青们在两山口过了个“扎根”年，那是 1969 年的春节。

雪释冰融，大地复苏。萌生着无限希望的年轻人该如何面对这美好的人生，憧憬那灿烂的未来，美满的家园，幸福的生活。

两山口在哺育着他们。

于勇对男生们百般呵护，兄弟相处，亲和力很强。对女生，董瑛则以大姐的魅力温暖着身边的小姐妹们。

他们已经融入了两山口，与广大贫下中农同吃、同住、同劳动。在这儿，两山口为他们搭建了成长的舞台，在这广阔的天地里，能不能成才，还要靠个人的奋斗。

冬去春来，两山口欢乐祥和。他们团结上进，听话肯干尊重父老乡亲，全大队的老少爷们把他们的生活成长挂在心头，或者说他们已融入了大山深处的两山口也或者说他们已成为两山口的村民了。

金秋时节，硕果累累。勤于用脑又善于动笔的杨琦对当时的情景做了这样的表述：秋收的季节，山乡里呈现一派繁忙景象。白花花的棉花地里，村里的识字班们在摘棉花。田间小路上，男社员们挑着一担担带着叶子的刚拔出来的花生秧果，自然地排成一个单行的队伍，迈着有节奏的步伐挑到场上，经过近两年的磨炼，自己的脸也不那么白了，体格也壮了，挑着比自己体重还多的花生一样走在社员队伍中。场上打下来的花生一垛垛的，像金黄色的小山包。各个生产队的场上都竖起了花生站子，就是用高粱秆编成的圆形围栏，把晒好的花生倒进里头，傍晚把顶上盖上草苫子，以防被雨淋湿，个个像蒙古包一样大，真叫人喜。山根的岩石上、田间、地边所有干燥朝阳的地方，都晒满了一片片白色的地瓜干。这里一片，那里一片，满山遍野处处是斑斑白点。地里，人来车往，挑担的、推车的、大人孩子忙成一片，丰收的喜悦写在每个人的脸上。这个时候就怕天不好，有些老人都睡不着觉，一看要下雨就吆喝着大家快起来干活。别把地瓜皮子淋湿了，万一还没晒干的地瓜皮子着了雨，再加上阴天没有光照，那这劳作一年的地瓜皮子不就烂了吗？天呀！这可是咱的主食啊！这天晚上，大家刚休息就听到天要下雨的呼叫声，他们赶快慌里慌张起来，提起灯笼，挑上筐篓，莽莽撞撞的来到西山，赶紧去抢收晒在满山遍岭上的地瓜干。天阴森森的滴答着小雨点，但见四面八方的山坡上灯光闪耀，无数盏忽闪忽闪的小灯笼就像天上的繁星，还像城市里的夜间灯火。知青们赶紧忙活起来，抢收劳动果实，这与大自然斗争的紧张场面，简直就是在虎口夺食。这样的情形，一个秋天发生了好几次呐。

瑞雪兆丰年，两山口人特别喜欢雪，因为雪美丽而洁净，吉祥而清纯。雪，是大自然对人类的恩赐；雪，是苍天送来的厚重礼物。董瑛回忆，今年的雪，真大！封了门，堵了路，出不了屋，干不了活。屋檐上下垂的冰凌凌老长老长，全大队人喜上眉梢，尤其是从没见过这样大雪的知青们十分惊讶，他们中有的跳跃欢呼，有的目瞪口呆，有的凝神思考。这时，于勇想了个办法，用锹一层一层的铲，一人宽就行，大家轮流干。一个小时左右，他们走出了知青点，准备去清扫大街上的积雪。可是，一出门大伙儿惊呆了，万万没想到乡亲们已经清扫完了路，早已来到他们面前，于勇激动得呀，不知说啥好，只是双手合十，频频地向乡亲们表示歉意。

冰雪融化，春暖花开。两山口万物复苏，生机盎然。在阳光灿烂的春天里，知青们心情激荡，立志发奋努力，甩开膀子大干一场。

星星还眨着眼睛，大地还没有苏醒。就在这寂静的山野里，有一群年轻人在劳动。很可能他们是被父老乡亲们的关爱触动了，也可能是因为前期干活不像样怕老少爷们再笑话而练功，还有更重要的一项是上级有明确规定：每个知青点必须定期上报每个知青的团结、学习情况和思想状况，重点是接受贫下中农再教育的个人收获和劳动量（以挣得的工分计算）完成情况。

仰望天空，脚踏大地。我们坚决拥护伟大，光荣，正确的中国共产党，无限忠诚伟大领袖毛主席，虚心学习，吃苦耐劳，健康成长。在立场、方向和道路的大是大非问题上，董瑛一直把握得很严格、很严肃。对此，两山口的知青点立了“干好活不叫苦，团结紧互相助，有成绩不骄傲，有困难共克服”的团队自律信条，一到劳动累了，他们就齐声高喊“苦不苦，想想长征二万五，累不累，想想革命老前辈！”所以，他们齐心协力，不争执，不攀比，不怄气。干吧！千山万水路一条，那就是虚心接受贫下中农再教育是我们成长的金光大道。

几个月下来，12个知青气色都黑里泛红，胖壮结实，知青们能自立了，同时知青们又要求自己做饭。于是，何永登召开了会议，决定把给他们做饭的两个“识字班”女青年撤了，由他们自己做饭。这又是一大进步。其实，县里和公社里早有规定，凡是插队落户的知识青年必须自己动手，自立自强，不能宠爱，不准搞特殊方式的关照。但是，面对这些虽豪情满怀但年纪小加上都是一直在城里长大的年轻人，一开始就什么也不管，叫他们自食其力，这样做太残酷也不现实，必须有一个适应过渡期。

知青们都是第一次背井离乡远离父母，从没下过厨做过饭，他们的家人也牵挂在心头。来到农村生活，困难重重。幸好来了这几个月，从两位“识字班”大姐的手里多少学了些做农家饭菜的技巧，但那都是看着人家做，或者有时当个帮手而已，可真正自己动起手来还是手忙脚乱不靠谱。像推磨与烙煎饼这活儿就比较复杂。首先是磨面糊，这是第一道工序，就是把浸透泡软的地瓜皮子切碎，边用力推着石磨边用勺子均匀地舀到磨眼里，石磨在悠悠的转动中，面糊就像挤牙膏一样滋滋地从磨缝里流出来。推石磨看起来很简单，可这既是力气活，也是技术活，更需要几个人的密切配合，往往是天亮前就得忙活着推磨前的各项准备，如挑水、刷磨、切碎地瓜皮子等。接着几个人要套上磨棍，而且你前我后的脚步必须是踩着一二一的点子一圈一圈又一圈地转呀转。一般磨一大四盆糊子的话，在磨沟里的转圈是七八公里的里程。知青们刚开始推磨的时候，一转圈就总觉得天旋地转，晕的难受，但又不得不天天转圈，天天推磨，日复一日也就不晕了，习以为常了。天亮了，就要出工干活，还要吃上这煎饼。

烙煎饼，在两山口叫“滚煎饼”，就是把磨好的糊糊再兑上地瓜皮子干面粉拌成一个大团子，两手托着在烧热的鏊子上面均匀地滚动，等鏊子上沾满的一层糊糊快干了时，用手把它揭下来，一张煎饼就做成了。这活比推石磨还难。坐在鏊子前，烟熏火燎，即使是冬天里你也会满头大汗。那张张热气腾腾香喷喷的煎饼可是咱沂蒙山区抗战求解放支援子弟兵的主要食品呀。现在，自己做了自己吃再不会，那，你还会做什么？你还能吃什么？在农村女孩子十多岁就必须跟着母亲学会烙煎饼，这与学做缝缝补补的针线活一样，是农家女子必备的技能，否则，就不好找婆家。煎饼是鲁东南老百姓的主食，家家户户，祖祖辈辈都是这样。所以，知青们要学会做饭必须先学会推磨，滚煎饼。一段时间后，五个女知青滚的煎饼在村里都是数一数二的，父老乡亲都赞不绝口。

生活就这样过，一天又一天，他们终于学会了做饭。至于拌咸菜，炒菜，慢慢的在劳作中，在争吵中也都八九不离十。孬好自己做了自己吃，熟了就行。毕竟能自食其力了。

做饭，是分组值日的，每组三天。尤其是于勇和杨琦这个组做的饭，大家只能凑合着吃。值日的最后一顿饭，做的是白菜疙瘩汤，可这面疙瘩怎么也拌不匀，长的长，团的团，散的散，吃得时候有说咸的有说淡的有说辣的，还有的咬出了白面粉，既生气又好笑。

“鸡蛋怎么样能煮熟呀，同学们。”王安洁的一句话把杨琦羞得端着饭碗跑了。

又过了一段时间，按照上级指示要求，每个知青组都要分家，即编组分到各个生产队。公社里在两山口搞试点，两山口大队有四个生产队，正好三个人一组编入一个生产队。但是，知青们很不乐意，他们认为，我们本来就是一个整体，再把我们分开，并且各设炉灶，这不等于把我们割裂了吗？大家都想不通。但是，要求就是要求，规定就是规定，不管想通想不通必须分组。

于是，三个人一个组，搬到了各个生产队，分头干活，分灶做饭。四盏煤油灯，四个三人小组的新生活开始了。

“分组不分家”这是大家的共识，也符合上级对知青插队阶段性的要求精神。对此，两山口知青组甩开膀子干，相互勉励，有乐同享，有难共担，他们获得了荣誉，受到了锻炼，在人生的分水岭上爬坡过坎跨上了日趋成熟的一步。诚然，这是艰难的一步，在中国大地上，这一步，成长了千千万万的青年人，成就了千千万万的无产阶级革命事业接班人。但是，由于战略上的缺失和措施的不配套，也伤害了无数人，甚至毁掉了一些人。这，就是这一代人人生注定的命运，这，也是这代人必然的人生选择。

（四）山野里的爱恋

那山，那水，那人，那情，那爱，氤氲在两山口，浸润在年轻人的心田里。

不知不觉，杨琦和王安洁相恋了。初恋是相识的感知，热恋是相知的缠绵，成家是相知相爱的夙愿。在那遥远的小山村，有这么一群相互依附着的年轻人，他们是一个朝气蓬勃的群体，他们一个锅里摸舀子，劳动在一块，生活在一起，友谊深厚，爱！自然萌生。试想，从20世纪50年代中期开始的城市青年转移到农村劳动锻炼、生活居住，直至1978年结束，据资料载有1800多万上山下乡知识青年，他们，经受住了劳动的锻炼；他们，饱受了生活的艰难；他们，历经了心灵的折磨，他们中，有多少人借势返城就业安居；有多少人永远扎根在了农村；有多少人在寂寞与困惑中苦苦寻求生存与成长的漫漫人生路，至今也没有权威性的确凿数字。

劳动创造财富，生活萌生爱情。杨琦倾情王安洁看来已经痴迷了，他在日记里写下了：“纯洁如皓月，正直比青竹，热情似火焰，活泼似顽童”的浪漫诗句，杨琦用简单平凡的话语，把自己爱恋王安洁那颗火辣辣的心倾注得淋漓尽致。

“我们的友谊怎样进一步发展，她想的能和我想的一样吗？”“姑娘是理解我的！”杨琦自问自答，回顾这些日子的接触，杨琦这样想，他充满了自信心。

北风刺骨，姑娘娇嫩的手伸进冰冷的水中为杨琦洗衣服，访贫问苦他们总愿意搭档一块去，劳动完后又总愿意在一起欢唱说笑，疲劳和想家的感觉也抛到了脑后。尽管时间短,可他们之间相处得却十分默契,关爱倍加。为了防止冻裂手脚，安洁送给杨琦一盒防冻脂，他把它看成这是友谊的象征，看作这是姑娘的心。安洁也高兴地收下杨琦从莒南大店买回来的毛主席像章。她不想想，我为什么送给她而不送给别的同学呢？她能那样天真吗。杨琦把他们之间的交流和往来在脑子里过了一遍，被爱情燃烧的心像在火上浇了油，越烧越旺。

年关临近，刘波收到了济南电报。“母亲病重，速回。”选来选去，大家一致同意叫杨琦陪刘波回济南。明早启程，而这对热恋中的情人却难舍难分。在莒国情书《初恋》中，杨琦这样写道：

爱,是什么力量也阻止不了的。

1969 年 2 月 13 日的夜晚。

夜深了，村庄睡熟了，连狗叫的声音都听不到。山村的夜来的早,也特别黑。万籁俱静，只有北风吼着吹起高处的雪花填平低矮的沟壑。

在这寂静的夜晚，同学们早已做上了梦见亲人的梦，时而呓语，时而裹紧盖在身上的棉被黄大衣。此时，却有两颗激荡不已的心正在接近着冲撞着。

“我要先走了，你有什么话要说吗？”我坐在安洁的身边，因为是在女生宿舍，我不得不压低声音。

“没有，哦，不过路上——雪下得这么大，你要多加小心啊！”安洁有点紧张，但一想起风雪之夜他俩要走出大山，她充满关切地说。

一股暖流涌入我的心间，早已想好的话到了嗓子眼。这时安洁看了我一眼，看到我多情逼人的目光，她不由自主地羞涩地低下了头。我到了嘴边的话又噎了回去。

两人心里都在想……

沉默伴着黑夜的寂静，听得见几个女生睡熟的呼吸声。

我的心似波涛翻涌，一浪高过一浪。看着身边可爱的姑娘，我多想把她搂在怀里亲亲她啊。想到这里，脸上热乎乎的，幸亏黑暗遮住了我那涨红的脸。

安洁也感到了我身上脸上散发的热，但她依然坐着不动，任激动的心随意翻卷。

继续沉默。时间一分一秒地过去了。我想终不能这样坐到启程吧，那就会失去良机，我的手心直出汗，再次鼓起了勇气：

"王安洁，你觉得刘波和路传玲这样好吗？"

"挺好的呀，有什么不好的呵？"

"我们的关系能比同学关系更进一步发展吗？"这是我请教刘波后想好的一句话，已憋了好几天了，好歹说出了口，终于松了一口气。

安洁低着头，捂着脸。

"你说啊！"我期待的眼睛看着她。

安洁把脸埋在两只小手里，一句话也不说，像什么话也没听见，可心里像有只小兔蹦蹦跳跳的。她在想什么呐，可能在想我这个人到底怎么样吧，也可能想从学校到农村一幕幕的事情像电影一样在脑子里闪过，也可能是在想别的或者是什么也没想。

"你快说呀。"我焦急地等待着她的回音。

"还用说吗"？安洁舒心地笑着快速的说。

我俩的双手紧紧地握在一起，神圣的幸福感流遍全身。

两点整，知青们都起来了。女同学做饭，男同学帮着杨琦和刘波整理行装，齐呼啦的忙碌了一阵子。

村干部们来了，村主任拍着杨琦和刘波的肩膀深情地说："你俩回济南，照顾好老人，可千万别忘了串串门，报个信，就说大伙在这里都好。"一番嘱托，知青们的心里热乎乎的。听说有两个知青要回济南，热心的大爷大娘们不顾寒冷也来到了知青点，大家齐刷刷地站队为他们两人送行。

杨琦和王安洁含情脉脉，难舍难分。

顶着星星，李作田陪送他俩走出了两山口。

他们高一步，低一步艰难前行，深雪处，插下脚就没到了膝盖，不知道跌了多少个跟头，也不知道陷进了多少个坑，摸爬滚打，天亮了，终于到了石井。

苦，咽在肚里。乐，甜在心头。爱，就在这大山深处。

两山口山清水秀，两山口人杰地灵，两山口人祖辈厚道。在伟大领袖毛主席的教导下，战天斗地，穷则思变，大干快上建设社会主义。穷，不怕！不怕苦，战天斗地拼命干。贫，不屈！不怕累，穷则思变换新颜。咱就是面朝黄土的耕地人，咱们两山口就是这样一辈辈一代代这么过来的。多干点，叫这些娃儿少吃苦，都是应该的。为了生活奋力拼搏，出力流汗，父老乡亲就是这股劲儿，他们日出而作，日落而息，在山野里生长，在田地里耕作，在茅草屋里生活，一辈又一辈，子子孙孙清贫安逸。这两山口村呀！就是我们的家，我们在父老乡亲的怀抱里健康成长，这是多么的幸运，多么的荣光。我们永远是两山口的孩子，好好锻炼成才，誓做无产阶级革命事业的接班人。

就在石井等车的时候，杨琦变戏法似的写了一个纸条，扭开手电筒的后门塞了进去，给了李作田。李作田回来了，并告诉王安洁手电筒里有秘密，可能是心有灵犀吧，王安洁迫不及待地扭开了手电筒，取出了纸条。

安洁：

我现在已安全到达石井，即将坐上汽车，一切放心！在这分别的几天里，望你不要过分难过，多多保重身体，争取别带着眼疖子回济，眼泪不要轻易掉。

祝您春节愉快。

紧握您的手！

杨琦

1969.2.14

时代赋予了他们广阔的天地，他们，又是如何面对，如何珍惜，如何答卷。这道命题文章内容应该是非常丰富的。无论是快乐还是困惑，无论是希望还是迷茫，无论是幸福还是心酸，时时刻刻在锤炼着这代人的意志和毅力。

王安洁是在爷爷奶奶身边长大的，家中来信，奶奶生病想孙女，于是，安洁向大队里和公社知青办公室请了假，杨琦百般殷勤地把她送到中楼坐车，去了济南。

其实，王安洁人在济南，心在两山口，在知青点上，说到底还是在杨琦身上。这天，她在按照爸妈嘱咐安顿好了奶奶的起居休息，急不可待地又在给杨琦写信。

亲爱的琦哥：

您好，你的身体还好吧，中秋节放假来吗？月饼收到了吗？

明天是中秋节，我真体会到了每逢佳节倍思亲的感觉。家中有病人迫使我们分开了，但是虽然相隔七八百里地，我的心却和你的心一起跳动，晚上做梦都和你在一起劳动。

孤雁单飞是孤单，但它们总是欢聚在南方。过不很长时间，我将会重新回到你的身边，到那时，我们又能聚在一起了……

琦，离开了你，耳边听不到你的声音，看不见你的身影，我感到周围是那么的空落，这才感到我们在战斗中结成的友谊是多么宝贵和难忘呀，这才感到我们之间的感情竟是那么深厚啊。

你即使能缚住孔雀的翅膀，
也缚不住它对森林的向往，
你即使能束住孔雀的身子，
也束不住它对远方的怀念。

秋天到了，天气渐渐冷起来了。你早晚要穿得暖和些，不要冻着，济南这两天特别冷，何况在山区更是冷了，要自己注意……

在家里要多吃点苦，多干些家务活，和同学们要搞好团结，我不说，你也会做到的，对吗。

暂时到此吧。

代问邻居和同学们好。

祝你身体健康，精神愉快。

洁妹

1969.9.27

无论是暖意融融的春天还是炎热闹心的苦夏，不管在那果实累累的秋日里还是在那冰封大地冰冷时节里，一年四季，季季有收获有欢乐；季季有失去有悲伤。收获了什么？失去了什么？知青们虽然心里有话却碍于脸面出于自尊难启齿难出口。但是，他们的父母亲呀！心里有杆秤，想念的话语不好说也只能咽在肚子里。虽然党这么的关怀，政府这么的关照，乡亲这么的关心，伙伴这么的关爱。但是，一切都满足不了爸妈魂绕梦牵儿女的念想。

董瑛，是位有素质有水平的全才女青年。革命家庭，父母是从临沂走出去的老革命，沂蒙山区，曾是她的父辈们生活战斗的地方。来莒县时，父亲已是济南天桥区的区长。在那火热的年代里，青年人必须跟上时代步伐，奋勇向前。在父母的鼓励下，她打起了行装，英姿飒爽加入了上山下乡的队伍，来到了两山口。

何永良，二十多岁，土生土长在两山口的男子汉。他善于动脑子肯钻研勤动手，把西山那片林业园地呵护的非常出色，在中楼公社乃至全莒县，那真是响当当的拔尖人才，无论是栽培、剪枝、打药，还是护养管理各方面的技术十分精通，所以，何永良不负众望，在公社和大队干部的推荐下，挑起了林业队长的担子。

董瑛暗恋何永良，可何永良天塌下来也没敢想这桩事。他知道，天上掉不下大饼来，如果真让“鲜花插在了牛粪上”了，那还了得。对不起人家呀！可是，董瑛不管这些，她眼睛有光，心里亮堂，反正我爱的不是贫富也不是长相，何况你是位心眼好又上进又手巧又可爱又黑又壮有志气的青年。

甭说，爱的力量是巨大的，何永良还真是没有辜负董瑛给他的鼓舞和力量，他专心地学，拼命地干，生怕表现不好被甩了。

在这遥远的山村里，祖祖辈辈面朝黄土背朝天的乡亲们自从知青们来了，大家的精神世界发生了翻天覆地的变化。

由于董瑛才华出众，在响应毛主席“广阔天地大有作为，扎根农村干革命”的伟大号召中，董瑛严格要求自己，劳动肯干，学习刻苦，成长快成绩突出，被评为省地县学习毛主席著作积极分子。不久，她就被调到了峪子中学教书了。几年下来，她使这所学校变了模样，学校面貌和学生成长尤其是考试成绩在全公社遥遥领先，深受领导和父老乡亲们的称赞。她在收获了工作成就的同时也收获了甜蜜的爱情。

1972 年 5 月 1 日，大喜的日子，两山口喜气盈门，何永良和董瑛今天喜结良缘。在农村，一家娶媳妇满村都喜庆，都参与，两山口沸腾了。父老乡亲们倾家出动，兴高采烈，喜气洋洋，人们的脸上都挂满了幸福的笑容。鞭炮声锣鼓声伴随着父老乡亲的欢呼声，震天动地。这声音从鲁东南美丽的两山口飞向了泉城，回旋在齐鲁大地的上空，董瑛娘家人也都在祝福庆贺。

1974 年，董瑛作为全省知识青年的优秀代表，抱着还吃奶的女儿到省城做报告。她生动地叙说着自己来农村锻炼成长的故事，那激动感人的话语，那甜酸苦辣生活味道的叙说，尤其是在接受贫下中农再教育中自己成长的人生感悟，深深打动着人们。俗话说，将心比心，董瑛的这场报告感动了无数人，她的报告对推动全省知识青年上山下乡运动的继续发展发挥了积极的作用。领导满意，家乡理解，知青赞同。她为莒县人民争得了荣誉，为在莒县的知识青年争了光。后来，她应邀在各地做报告，反响强烈，好评连连。

由于董瑛在基层虚心接受锻炼，成长进步快，工作扎实突出，1976 年

8月被组织上选拔到县知青办任副主任，1994年6月，任县人大常委会法制工作委员会主任。期间，她为全县的普法宣传，法律普及、学法懂法执法做出了优异的贡献，广受爱戴。

而今在故乡，面对左邻右舍的问这问那，她总是说“还是莒县好”。每年伙伴们来，她总是那句话“大家回村，看看咱们的房东生活真好，真的。不管你们谁回来，咱们家里的事找我。”

两山口，大山的怀抱呀，这里是多姿多彩浓郁飘香的小山村，这里又是相恋相爱相濡生存的爱巢家园，在这萌生幸福的圣地里，那朵朵盛开的恋情之花，扎了根，开了花，结了果。

杨琦和王安洁相亲相爱，终成眷属，尤为感人的是面对病魔缠身的王安洁，杨琦百般呵护，他俩的爱情故事，感天动地。

刘波和路传玲在两山口谈情说爱，后来喜结良缘，同饮泉城水，共享幸福年。

董瑛与何永良相恋相爱，结婚成家，扎根莒县，幸福美满。

（五）文艺宣传队

不知不觉，知青们来两山口一年了。一年来，他们真真切切的和父老乡亲们打成了一片，知青们付出了很多也收获了很多。年底，大队里劳动分配的依据是按每个人出工挣得的工分总数计算，折扣完口粮工分后剩余的工分再折合成钱发给社员，一年来知青们的收入都在四五十元左右。虽然第三生产队的工值只有每个工0.48元，全大队最低，但李瑞昌还是两山口知青点里工分最多，收入最高的，那是他拼命干出来的结果。再苦再累再脏的活他都抢着干，一点儿也不亚于地道的农村小伙子，社员们都夸他是不疼力气的好儿郎。如用独轮车推石磨翻山越岭赶大集，这可是最累最难干的活。石磨由上下两盖组成，是用从山里起出来的大石头块为原料，经过用铁锹、大小不一的锤子、不同型号的凿子、各种各样的錾子等工具进行劈、剁、錾等一系列工序反复打磨才能制成一盘石磨。这是千家万户必备的生活器具。两山口的石匠加工的石磨很有名气，周边大队的社员都喜欢用。有的来买并自己运走，有的来买了需要给送去，而大量的需要运到周边大集上去卖。制作石磨大多是上了年纪的人，而外运石磨都靠有力气的青壮年，一盘中型的石磨的重量400公斤左右。起初，每当看到村里人用独轮车推运石磨，知青们都吓得打趔趄，可尝试了几回却成功了，他们的胆子也大了。只见李瑞昌和男伙伴们穿着山村里用轮胎胶皮特制的“皮鞋垫子”，光着膀子，肩上系上肩垫子，搭上车襻，上坡时一人推一人拉，下坡时拉得人再用反向力往回拽，否则，万一上坡推不上去，退回来了，会人车成堆；下坡控制不住，一溜烟地滑下去，定会人仰马翻。后果不堪设想。所以，尽管汗流浃背，腰酸腿疼，车夫们都是如临大敌，各尽其力，来不得半点含糊。就这样，在从两山口通往石井，十字路，中楼等集市的崎岖山路上，经常看到知青推着独轮车运送石磨的身影，不时引来赞叹的目光。

粮入了仓钱分到了手，完成了年终结算，就进入到冬闲季节了。

往年的这个时候，各大队就开始组织文艺宣传队进行节目排练，准备过年演出。

“锣鼓一敲上台前，俺给表演三句半，不知演得好不好？试试看！”伴随着锣鼓乐器的响起，这种既朴实又简便的“三句半”节目便开始了。加上快板书，山东快书，表演唱等，一场演出的节目也就凑齐了。那时，传播新闻和娱乐节目渠道非常稀少，农村生活单调，枯燥，大队的院子是全村唯一的活动场所，也是文艺宣传队排演节目的舞台，更是宣传贯彻落实党的路线、方针、政策，宣传毛泽东思想的重要阵地。

宣传队的演员有老有少，男男女女，老老少少，吹拉弹唱，门类齐全。今年大队里不愁了，大队革委会把原来的宣传队和12名知青合在一起，成立了新的两山口毛泽东思想文艺宣传队。本来这12名知青多数都是文艺骨干分子，在学校时，杨琦与孔强还同台演过天津快板《三个美国佬》呐。说干就干，决不能给两山口丢脸，也不能丢了咱们知青的颜面。他们八仙过海，各显其能，把从公社文化站找来的节目材料与在学校时演出过的节目结合在一起，优中选优，突出特色，认真排练。仅用了一周的时间，把十多个崭新的文艺节目推上了舞台。

第一次在乡下的汇报演出是在公社的大院里，加上两山口的乡亲们也多数都来了，知青们兴奋不已，更神气了。

“两山口大队毛泽东思想文艺宣传队向贫下中农汇报演出现在开始。”王安洁清脆而响亮的报幕声在舞台上响起，回荡在大院的上空。顿时，全场欢声雷动，面对无数双盯着她的眼睛，王安洁神情自若，满面笑容。“第一个节目，说唱毛主席的光辉著作《为人民服务》。”于是，董瑛高举着红旗率领着大家迈着整齐的步伐登上舞台，时而合唱，时而朗诵，还不时伴配着各种舞蹈，他们的表演赢得了贫下中农们的欢呼喝彩。

两个男生的对口相声引来笑声四起。

王安洁的独唱《众手浇开幸福花》，台下掌声不断。

最后一个节目是对口剧《一个破碗》，人们聚精会神地盯着舞台。

但见一个化了妆的农民老大爷缓慢走上台来，他拿着长杆旱烟袋，一边抹着胡须一边高声朗诵，句句都在赞颂着今天的幸福生活全靠共产党和毛主席的英明领导，来之不易。台下的观众一时认不出这位老大爷是谁扮演的，这时，一个看过排练的小孩大声嚷了起来“杨琦……杨琦，他是二队的杨琦。”又一个青年快步跑到台上，台下又是一阵议论，“快看！三队的郑孔强，最小的那个。”

《一个破碗》讲的是一位老贫农痛说自己的苦难家史，教育他的后代们要“不忘阶级苦，牢记血泪仇，”世世代代不忘本，永远跟党干革命的故事。随着逃荒要饭，挨打受骂，家破人亡等剧情的深入，贫下中农们联想到自己的苦难生活，流下了辛酸的眼泪。

这场精彩的汇报演出轰动了全中楼公社，很多大队纷纷来邀请他们去演出。在大队革委会的支持下，有时何永登还亲自带队，他们翻山越岭，不辞劳苦，先后去了马家峪，刘家峪，吕家崮西等十多个大队进行了交流演出，受到了广大贫下中农的广泛称赞。

从此，两山口毛泽东思想文艺宣传队名扬全县。

（六）返　城

历史苍茫人依然,月去年来我何从。恋乡思家左右难,何时有缘事业成。下乡，知青们信心百倍，万丈豪情，回城，他们却束手无策，无地自容。

人活在世，对有的人，有的事，有些人，有些事，舍弃比得到更难。谁愿意舍弃好不容易获得的一切呢?

上山下乡，接受贫下中农再教育的锻炼，知青们很珍惜、很难忘。他们在政治上，成熟了；生活上，自立了；学习上，进步了。在那激情燃烧的岁月里品尝到的甜酸苦辣的艰辛生活，永远烙印在每个知青的心头。可是，这条绳上系结的一个又一个大疙瘩，一时半刻又难以解开。国家层面上了愁，地方政府也难为，家长不满意，孩子有埋怨。严峻的社会现实，就这样复杂而严肃的摆在了国人面前。

招工，参军，高考，接班……一条又一条的就地就业路，返城安置路，参军从戎路，高考深造路，自我创业路，用知青的话说，那是“条条大道通北京，人生路上有大道。”千军万马，五湖四海，祖国九百六十万平方公里之怀抱里到处都有上山下乡的知识青年。难道我们会永远在农村扎根生活吗？几年，十几年？甚至是终生？对此，知青们急不可待，他们忐忑不安，扪心自问。但时势如此，奈何！又有何？

听说来中楼公社插队的知青们近期就要陆续返城安置了。这消息在各大队知青点也都已经传开，可是，真的假的，只是各大队知青点相互传递的信息，甚至是从大街小巷上听到的小道消息。从没听到过上级领导发话，更从没见到县里公社里的红头文件。

捕风捉影的消息越传越多，越传越真，花样也越来越神秘越玄乎，传说的温度越来越高，不管是信里传递的还是个人自己打听到的，知青们的耳朵里已经是灌满了。无论怎么说，反正大家的心思全在这里啦，心里非常不踏实。

1970 年 12 月 1 日，终于有了上级的消息，大队革委会主任何永登去公社参加了知青返诚安置会议，会上，党委书记张锡禄贯彻传达了上级的指示精神，安排了各个知青点的具体工作。消息传来知青们欢呼雀跃。然而，走多少？留多少？现在都很难说。这要看济南方面面向某些国有企业招工的条件，他们的标准高，人数也有限。何况，招聘回城的决定权在招工的企业和县级人民政府的手里，公社和大队只负责推荐和考察，总的要求是既考虑知青个人的家庭困难，又考察知青个人的家庭政治状况和插队表现。要全面考察综合权衡，并不是说，来，大家一块儿来。走，大家一起儿走。

虽说人都有毫不利己的胸怀，但到了事关个人前途命运的关键时候，也都有私心。这两山口的 12 人也不例外。

中楼公社各知青点的知青们的心呀，都在波浪翻滚。毕竟谁走谁留的标准条件很笼统，大家都吃不透拿不准。两山口的青山绿水，两山口父老乡亲们的培养之恩和关爱之情，我们终生也报答不完。可是，在那遥远的地方，有生于斯养于斯的家乡亲人们，令人时刻想念。无论天涯海角，任凭千回百转，即使流血流汗，也心甘情愿，这是人生的历练，人生的成长。上山下乡接受贫下中农再教育给我们的机遇十分宝贵，无论如何都必须听党的话，遵守纪律，服从安排。但是，企盼回城的急切心情之火都在每个人心底里燃烧。毋庸置言，向往与追求美好的生活实现完美的人生价值是人类的本能和欲望。下乡，返城都在考验着每个知青价值取向的重要转折点时的人生选择。

在这关键时候，两山口也出现了问题，知青们中间也出现了摩擦、猜疑、怀疑，甚至到了影响团结的地步，这是很危险的。此时中楼公社的各知青点的状况大体相同，公社领导也很头疼、很犯难，先说安置政策上，上级没有明确的规定，再说眼下各个知青点的状况，钱物仍然匮乏，他们虽然吃得饱，但精神上生活的并不好，毕竟这些孩子不是面朝黄土背朝天的农村老百姓，很难在农村生活一辈子。他们，总得有个好归宿，他们，总得有个好前程。这也是天经地义的呀！人们都在盼望着，这不是一个人几个人的事儿。

知青队伍的稳定是大是大非问题，更是检验各级党委政府执行毛主席指示，坚定政治立场，做好知青工作的能力体现。为这，公社党委书记张锡禄彻夜难眠，他一直在想，你说这100多名青年来到咱这里，又是在10多个大队参加劳动，接受贫下中农再教育，他们不管哪个队、哪个点、又无论是哪个知青，见了我都是书记长书记短的问候，他们快要陆续回城了，咱却帮不上什么大忙，心里也很不是个滋味。这几天，他听到了很多传言，心里一直放心不下，便骑着公社里唯一的交通工具自行车挨个知青点跑，每到一处都与知青们促膝谈心，临走总是嘱咐那句话："大家别急啊，生活上有困难找我"。在两山口，知青们围着张锡禄亲切交谈争先恐后叙说心里活，张书记的心里却火烧火燎的。中午时分，已经走出了村子的张书记还是不放心，他又回来对于勇和董瑛嘱咐了一些话。

两山口知青点是全县的先进典型，很多知青点都来这里参观学习。从而，在众多知青的心里，这里也是了解知青返城消息的聚焦点。其实，纷纷扬扬的传言都是白费工夫。济南来莒县招工的人员住在县城，他们不急不慢。面对这么多知青返城，他们也不能草率行事，这也是有道理的，他们必须既要按照来时的动议开展工作，也要尊重县委的意见，原则很明确，落实上级政策，好事一定要办好，决不准有偏差出乱子。

起初，知青们为济南来人了而欢欣鼓舞，可一直没有动静，他们又愁眉苦脸，疑虑重重。心急乱求神，更不可思议的是竟有几个女知青偷偷地找到了某大队的神婆打卦算命。实际上谁打的卦也不准，因为根本就没有神。可是，当有的人在思绪复杂意念错乱对如何把握自己生活命运与前程未卜的情况下，往往意念乱了分寸，想到了神，想到了命，明明知道这不是救世主，只是求个心理安慰和平衡而已，但还是不由自主地去做了。她们算命的结果是都回城都去好的单位，随心所愿，欢天喜地。

何永登知道这事后思来想去，十分恼火。单论这事，如果是村里的婆娘们焚纸烧香求天呼地祈祷丰收平安也就罢了，但是，你们是下来接受贫下中农再教育的，而且是又红又专的无产阶级革命事业接班人，岂能信神弄鬼，这是政治立场问题，在大是大非面前要把握住自己，如果捅出娄子来，我这大队干部的脸往哪里搁，我又怎么向公社领导交代，何况两山口是先进知青点。但又出于同情呵护，无奈之下只是狠狠地批评了她们一顿，没有将这件事记入个人档案，没有向上级汇报，也没有对任何人说过，当时他想如果出了事我就自己扛着。

冬天来了，年底到了。北风卷着雪花飘落在山野，飘落在两山口的大街小巷里，也飘落在了知青们每个人的心头上。此时，他们只能靠与家中的书信来往和各知青点的传话为信息渠道。有的说在同一个知青点的人返城安置在同一个单位，有的说男的统统去济钢女的统统去济纺，也有的说招人的单位很多，必须找路子托关系拜门子，说法很多却难辨虚实真假。知青们在茫茫的迷雾中企盼着冉升的曙光。

急躁、烦恼、失望、渴望，他们终于按捺不住了。

1970 年 12 月 27 日，实在沉不住气的几个女知青起了个大早，静悄悄地走出了村子奔向了县城。走累了，她们相互搀扶，趺趺撞撞地走了 50 多里路，好不容易来到了济南来招工人员住的地方莒县饭店打听信息。无巧不成书，她们到了县城招工人员却从县城去了中楼，尽管她们很失望但看到了希望。毕竟盼来的娘家人去了知青点，这莫大的安慰激起了她们的精气神。于是，几个人在莒县饭店两人一碗荤菜一人一块大饼急急忙忙填饱肚子，风风火火地往回赶，生怕一旦回去晚了就没有返城的份了似的。她们一路豪情一路狂奔，直到晚上十点多才回到了两山口的家。两山口—莒县城—莒县城—两山口，这 100 多里的路程啊！几个姑娘脚上都磨出了泡，累得上气不接下气，身子骨都垮了。

回到家里，她们终于坦然了，明天去公社卫生院查体，返城！“天大地天不如党的恩情大，爹亲娘亲不如党的恩情深”。他们百感交集！他们欣喜若狂！他们相拥而泣！他们彻夜难眠！

日出日落，何去何从。经过外调与审查的层层关口，两山口知青点的 12 人有 9 人被调回济南。于勇、刘波、李瑞昌、王安洁、陈芙蓉被分派到了济南汽车制造总厂；杨琦、张莉莉、杨其泉去了济南国棉一厂；路传玲调剂到了济南市立医院。董瑛是主动向组织申请扎根莒县不返城的，而李作田和郑孔强还需要生活在这里。扪心自问，当时对留下来的伙伴来说，确实是残酷的考验。一起来的却不能一起返城，大集体解散了，他们是多么的孤单呀！对此，走的同学心里也不是个滋味，倍感遗憾。但大家相信他们一定会挺过这一关。

虽是寒冬腊月，可人们并不觉得多么冷。在知青们住的大院里，在大街小巷，在两山口通向外界的崎岖山路上，父老乡亲与他们流泪拥抱，而他们更是感激万分，依依难舍，抱着乡亲们挥泪告别。

（七）后　记

历史是今天的昨天，今天是昨天的延续。每一个人的人生旅程无不闪烁着青春的火花，无论是平凡还是伟大。

于勇，从济南汽车制造总厂的一名锻工干起，现任《经济日报社》秘书长及全国经济报刊协会副会长。

董瑛，扎根莒县，任县人大常委会法制工作委员会主任。

杨琦，从工厂调入济南市食品药品管理局，任机关党委副书记。1977年9月与王安洁结婚。

王安洁，济南汽车制造总厂小学从教30年，小学高级教师。

李作田，胜利油田通讯公司行政科长。

郑孔强，济南铁路局干部。

刘　波，中国重汽集团股份公司董事。1977年与路传玲结婚。

路传玲，济南市社会福利院干部。

李瑞昌，济南汽车制造总厂干部。

陈芙蓉，济南汽车制造总厂劳动模范。

张莉莉，济南纺织厂车间主任。

杨其泉，济南纺织厂建筑施工员。

为了纪念知识青年上山下乡30周年，从1998年12月，12名知青年年都回两山口，两山口成为他们永远的故乡。故乡，成为他们梦想的往返，是他们终生想念的地方。

（八）左手是爱右手是情——写在后面的话

冰心说道：“爱在左，情在右，走在生命的两旁，随时撒种，随时开花，将这一径长途，点缀得香花弥漫，使穿枝拂叶的行人，踏着荆棘，不觉得痛苦，有泪可落，却不是悲凉。”2016年秋天，我因撰写《故乡啊，故乡》一文，阅读了大量有关知青时期的史料，拜访了扎根在莒县的济南知青董瑛。初稿与居住济南的杨琦及各位两山口老知青进行了沟通交流，得到了进一步的修正、补充、完善。但总是怕写不好，亏对了他们，心里一直忐忑。为了更近距离的了解他们当时的激情与苦衷和日后及现在的生活状况，更加深层次探寻与理解他们的苦乐年华，挖掘他们形成这种伟大的情与爱凝结、升华的心理历程，征得欢迎，便加入了“两山口”微信群，成了两山口的一名“新知青”。

一段时间下来，我更加深深地感受到了这个年近七十岁人群的伟大精神和高尚品质。上山下乡让他们交足了学费，熬尽了苦心，他们的手掌上和膀背上都磨出过茧，流淌过血，可他们人生无悔的心始终是鲜红的，意志始终是坚定的。在乡下与贫下中农同吃、同住、同劳动的滋味深深地滋润在了心里。12人的一个团队虽然规模不大，可他们团结携手合力前行的向心力却是巨大而无穷无尽的！这故乡里的故事至深感人，源源不断。

2016年12月29日，济南杨琦家，一场别开生面的大聚会大合影拍照在这里举行。前几年，这12位老知青的年度合影照都是在两山口，而且依着1968年刚来时的合影位置排序从未改变。为什么这次选在了杨琦家里拍“全家福”呐？原因就是王安洁生病了，不能自理了。但是，为了拍好这不能让一个人掉队的“全家福”，他们按照于勇的倡议，从四面八方赶来，相聚一起，大家不逊当年的风发意气，兴高采烈地簇拥着王安洁拍下了幸福的12人“全家福”。当日下午，在两山口微信群里看到这幅意义深远的“全家福”，我流泪了，千言万语涌上心头。我一直在思索，什么是情？什么是爱？怎么样以实际行动践行社会主义核心价值观？在这里，我们有了一份真真切切的答案。

“路遥知马力，日久见人心”。历史是昨天的生活，今天是明天的历史。“明日早餐路传玲已备好，各位就不要再带了，以免麻烦”。乍看起来这像是一则普普通通的出游信息，殊不知，这是一项惊天动地的告知，这是丁酉年正月初七下午五点刘波在群里发出的微信。他们带着正在外地出差的于勇的心愿又在集合准备来莒县了。然而，这次来莒是每个人第一次心头非常悲痛的故乡行，因为备受大家尊重的董瑛大姐的丈夫何永良大哥病故了，永远地走了，兄弟姊妹们来为他送最后一程，并安抚大姐。我在《故乡啊，故乡》文中有一段文字："何永良，二十多岁，土生土长在两山口的男子汉。他善于动脑子肯钻研勤动手，把西山那片林业地呵护得非常出色，在中楼公社乃至全莒县，那真是响当当的拔尖人才，无论是栽培、剪枝、打药，还是护养管理各方面的技术十分精通，所以，何永良不负众望，就挑起了林业队长的担子"。何况，永良大哥以本土人的谦让和纯朴时时事事为知青们着想，难事揽过来，荣誉让出去，以主人翁的姿态与知青们打成一片，与大家结下了深厚的无产阶级革命友谊，这在那个时代是了不起的一种责任担当。

亲情是一种深度，友情是一种广度，而爱情则是一种纯度。为什么董瑛大姐和大家都深深地爱着永良大哥？我想：这就是志同道合的缘由吧！

（原载于2017年《莒州文学》）

再聚首

赵建国

四十八年前，伟人指航线，接受再教育，广阔天地间。
春耕好时光，独轮车迴转，挑水种地瓜，扁担三尺三。
麦还翻细浪，挥汗飞割镰，颗粒堆满仓，遍地下炊烟。
弯腰高粱红，玉米金灿灿，累累结硕果，枝挫山林间。
寒风迎傲雪，整修大寨田，愚公移山志，旧貌换新颜。
男人胸怀广，聪贤识字班，民心真善美，人品朴淳憨。
瞬间两年半，仿佛在昨天，趵突吟虎啸，沂蒙水潺潺。
五十载聚首，知青汇莒县，再回小河北，重上浮来山。

再聚首重返故里

耿春阳

老同学、老工友孔继军1975年11月参加工作离开知青点西陈家楼大队，1977年考取大学离开临沂地区水泥厂，1998年留美学生后定居，现在美国新加拿大州工作，近日回国探亲访友。因此给老工友快乐相聚，给老同学故地重游找到了由头。

3月26日上午我们七名74、75届同学（孔继军、王建波、袁吉、朱秀香、高丽华、宋玉礼、耿春翔）到位于莒县县城北区的莒县城阳公司西陈家楼大队（现为西陈家楼村）汇合。44 年前的草屋、瓦房的普通村落，已经变成了 8 栋楼构成 500 多户村民居住的明星社区。我们既为村里的巨大变化感到惊讶和震撼，也为村民的幸福生活感到自豪和骄傲！

老村民见到我们非常高兴、忆往事，谈今朝，不舍得离去；村主任李凯见到我们后，立即告诉村书记张立祥，张书记得知我们到来，更是热情接待我们。在党员活动室，张书记向我们展示了社区的平面图，介绍了近年来村里的发展情况和今后的发展规划。让我们了解了村干部团队的凝聚力、战斗力，对村里的未来发展充满信心……

回首往昔，我们的心情无比激动、内心充满澎湃。

44 年前，我们响应党的号召，上山下乡到广阔天地接受贫下中农的再教育，那时候我们正青春年少，意气风发，豪情满怀，充满梦想，决心扎根农村革命一辈子。我们同吃、同住、同劳动，结下了兄弟姐妹般的情谊……回首往事，仿佛就在昨天。在农村每天的劳动累并快乐着，劳动结束后十几个同学围在大桌子旁就餐，相互盛饭盛菜，满满家的感觉，业余时间我们大院里，二胡、笛子、口琴的音乐声莺歌燕舞，扑克、象棋玩得不亦乐乎，还有业余理发员、卫生员。我们家成为农民兄弟姐妹的生活圈和娱乐园。

四十多年如白驹过隙，弹指一挥间。四十多年的思念、四十多年的期盼，汇聚成这次激动人心的相聚。许多老同学、老农民虽见面难相认，但却乡音未改，情真意切。四十多年，我们虽天各一方，但月共一轮；四十多年，我们聚少离多，却让我们更加思念，更加珍惜彼此的友谊。看到大家一张张熟悉的面孔，回首往事，仿佛就在昨天。四十多年过往一幕幕的回放，让同学之情、工友之谊，就像一杯陈年的佳酿，越久越浓，越香越烈！

中午 8 位同学（增王俊鲁）、7 位工友（张建宇、国素华、王明祥、于风英、毛晓萍、来淑芬、于水）欢欣雀跃的共聚莒国大酒店，开启了老同学、老工友推杯换盏、幸福快乐的时光。

我们非常荣幸的作为此次聚会的组织者，把大家聚到一起，重温那段穿着破衣服穷的只有快乐的难忘而美好的芳华岁月，感谢筹备委员会成员的精心准备和安排；也非常感谢莒县同学秘书长朱秀香，工友秘书长于风英的积极参与，认真组织。正是：

时光一去如流水，
今朝再聚尽白头。
常忆青春曾做伴，
难忘风雨共同舟。

2017 年 3 月 27 日

说唱表演

《说说知青这点事》

作者：刘荣起
（序曲）

（众边唱边跳出场）（曲一）
神仙搬来了浮来山，知识青年到山前。
左手一把镢头，右手一把锨，
面朝黄土背朝天，要把荒山变良田。
（板）冬天破棉袄呦，夏天搭披肩，
睡着小土炕呀，吃着地瓜干。
酸甜苦辣都尝遍，转眼过了五十年。
（唱）四千年的银杏树啊，
多像咱们知识青年，知识青年！
（第一场）
女甲:（手持一根磨棍上场，吹哨）
起床了，起床了！
众:（睡眼惺忪的）干嘛呀……
女甲:（舞动手中的磨棍）推磨！
（顺手将磨棍扔给女丁）
众：又推磨？
女甲：没煎饼吃了，你喝西北风去？
众：推就是了，那么凶干嘛！
女丁：来来来，推磨。

（众人做推磨状，唱曲二）
小磨盘呀，一个眼，放进泡好的地瓜干。
推一推，转一转，推出的糊子粘又粘。
唉嗨——再去学把煎饼摊。
女丁：怎么少了一个人呀？
女甲：王一男！
众：王一男，王一男！
（女甲揪着男甲的耳朵上场）
男甲：哎！（数板）
天不亮，鸡不叫，你别影响我睡觉！
女甲：你想睡觉也好办，三天不许你吃饭。
女丙：你推不推？
男甲：不推！
女丙：看我不夯你！（举起磨棍）
众:(起哄）夯！夯！！夯！！！
男甲:(抱头）好好好，我推，我推！
众：哈哈哈哈！
（唱曲二）小磨盘呀，一个眼，
放进泡好的地瓜干……
女甲：王一男！
男甲：到！
女甲：我说怎么推的这么别扭呢，
原来你小子乱了步子，别推了！
男甲：不推啦？哈哈，睡觉去——
女甲：不行，挑水去！
男甲：挑多少？
女甲：两大缸。
男甲：俺娘唉！十二挑子啊？
女甲：你挑不挑？
男甲：挑，挑，俺——挑！
（唱曲一）
小组长啊，欺负咱，不是挑水就是浇菜园。

累滴个咱那，腰痛腿又酸，

还整天朝俺翻瞪个眼，也不多给一分钱。

（板）:（煽动性的）小组长，大坏蛋，整天让咱把活干。

不怕地，不怕天，就怕组长教训俺！

众：不怕地，不怕天，就怕组长教训咱！

（女甲生气了）

男甲:（讨好的）唉，唉，瞧一瞧，看一看，

数咱组长长得最好看。

众：对，对，数咱组长长得最好看，

最——好——看！（造型）

（第二场）

男乙:（曲二）

傍黑才得把家还，一天只吃了二两饭。

晕头转向花了眼，抓把麦穗放灶边，

唉嗨——，煮煮权当一顿饭。

（鸡叫声）

唉，唉，这是谁家的鸡？

这是谁家的鸡呀！这一小会把我的麦穗吃光了。你吃饱了，我吃什么？（喊）这是谁家的……（一转念）嗯，你就是我的一顿饭！（抓鸡）

（唱曲二）

八印锅，圆又圆，点着柴火把水添。

抓只鸡，煮巴烂，美餐一顿在今晚。

唉嗨——美餐一顿在今晚。

女乙（急匆匆的上场，唤鸡）:

鸡勾勾儿，鸡勾勾儿……

小强，小强，看见俺家那只老母鸡了吗？

男乙:（结巴）没有，没——有。

（心虚地）大嫂，屋里坐，屋里坐。

女乙:（闻了闻）奥，不了，不了。（走几步，又回来）小强啊，俺知道你晚上没饭吃，给你带了两个煎饼卷鸡蛋，你趁热吃吧，吃吧。（递给男乙）鸡勾勾儿，鸡勾勾儿……

男乙：大嫂——，大嫂！

女乙：小样儿，还哄我，我早就闻着味了！

（深有感触的）知青啊，不易呀！

鸡勾勾儿，鸡勾勾儿……（下场）

男乙：大嫂——大——嫂！（扑通跪下，左右开弓打自己的嘴巴）大嫂！小强对不住你呀！（唱曲二）

冬天你给俺做棉袄，夏天你给俺补衣衫。

生了病，你守床前，忙前忙后不得闲。

小强啊，你要好好记住这一天！

（板）待等日后俺有了钱，千只万只一块还！

女乙（板）：转眼到了一八年，

知青们，五十周年把家还。

三年前，小强投资了八百万，

建了养殖场，还建了，动物植物研究院

——俺也当上了大老板了！哈哈哈哈！

哎，小强啊，俺那董事长哎，

你好不容易来一趟，视察一下养殖场？

男乙：不看。

女乙：看看咱的研究院？

男乙：不看。

女乙：那你看看账本，咱可盈利了 200 万！

男乙：不看。

女乙：那——你……

男乙：嫂子，俺只想报大恩！（欲跪）

女乙：使不得，使不得。哎，看你，又来上了。

（板）哎，哎，哎，同学们，快来坐，

大嫂给你们做了一桌百鸡宴。

小强啊，俺的董事长，你先吃口尝尝鲜。

男乙：大嫂啊！（唱曲二）

那天偷的那只鸡，让我扔到了沟里边。

煎饼包布留在身（掏出一块布），

一直跟我这些年。

从那后，一口鸡肉我不沾。

众:(白)那你吃啥?

男乙(板):煎饼豆沫玉米面,

有时啃块地瓜干。

众:这个年头有点怪,总裁啃上了地瓜干。

(兴高采烈地,造型)

(第三场)

男丙:(清唱)光棍苦哇!

(唱曲二)

光棍难呀,光棍苦,光棍一心想媳妇。

鞋子烂了没人做,衣服破了没人补。

——唉嗨,孤苦伶仃没奔头。

(板)有人上门来提亲,

男丁:村里的识字班可能行?

男丙:长得漂亮也凑付。

(走上一女)

男丁:你看——

男丙:有点高。

(又走上一女)

男丁:你看——

男丙:有点矮。

(又走来一女)

男丁:你看——

男丙:有点胖。

(又走来一女)

男丁:你再看——

男丙:有点瘦。

男丁:(恼)不是高了,就是矮了,不是胖了,就是瘦了,你毛病太多,不管了,你自个找去吧。

男丙:找就找个对眼的。

(女丙上)

男丙:这不是三花吗?

女丙:是俺,辉哥。

男丙：你来干啥？
女丙：你来干啥？
男丙：俺来相亲。
女丙：谁呀？
男丙：光说是咱村的一个识字班，是谁？不知道。你来——
女丙：相亲。
男丙：啊！相亲？谁呀？
女丙：不告诉你。
众：你们快来看啊，这俩人有戏。
男丙:（唱曲一）
说一声，小三花，年纪太小不能嫁。
女丙：今年我已二十整，嫁谁我也不犯法。
男丙：大花二花已出嫁，你在家照顾好爹妈。
女丙:（板）照顾爹妈不光我，
已经有了一个他。
男丙:（白）是谁？哥给你把把关。
女丙:（板）他勤劳肯干能吃苦，
助人为乐爱大家。（唱）
知识青年有知识，聪明善良人人夸。
男丙：我？
女丙：傻瓜！俺爹早就看上了你。
男丙：老支书？
女丙：俺娘也要把你娶到家。
男丙：娶我？嫁给你？不行不行！
众：倒——插——门！哈哈哈哈！
女丙：哎，你听我说。（曲二）
我家有三间大瓦房，一个宅院宽又大。
今天你要答应我，明天婚事咱定下。
——唉嗨，来年给你生个娃。
男丙：倒插门？我不干。
女丙：什么倒插门呀，老脑筋！（曲二）
咱再盖上房两间，把你的爹娘接到家里边。

蔬菜嫩，瓜果鲜，空气清新泉水甜。
包他们——比在城里都舒坦。
男丙：三花，亲爱的，你真好！（扑上去拥抱）
女丙:(躲闪)边去，还没举行仪式呢。
女乙：那咱就给他们办了?
众：办了，办了！拜拜，拜拜!
男丁：一拜天地!
二拜高堂!
夫妻对拜!
共入洞房！（男丙牵女丙欲“入室”）
女乙:(拦住)边去，想得美，这是在演戏!
众哈哈大笑。
(尾声)(重复序曲)

作于
2017.7

山水相依情悠悠

杨　琦

知青这个群体，上山下乡的时候，大都正值情窦初开的年份。他们在接受贫下中农再教育、同吃同住同劳动的过程中，相互帮助、共历磨难，知青之间、知青与社员之间建立友谊以致发展成恋情是他们成长中的必然。

中楼公社两山口大队有 12 名知青，其中 5 人在山村建立了恋爱关系，并终成眷属，直至今天白首相伴。杨琦和王安洁就是其中的一对。

杨琦写了一本书《初恋》，详细地记录了他俩在山村相知相恋相爱的心路历程。

那是 1969 年春节前夕，那年的雪是近五十年来最大的一场雪。杨琦要陪刘波先回济南看望患病的母亲。其他知青要在村里过扎根年。杨琦想到安洁对他的好，上冻的天安洁帮他洗衣服，送给他友谊牌护手霜，和他一块访贫问苦等等，他要在临行前向安洁表露心迹。

已是 2 月 14 日的凌晨，在一盏微弱的煤油灯下，他俩并排坐在床边。不能再沉默了，杨琦鼓足勇气对安洁说：

"我们的关系能比同学关系更进一步发展吗？"

又是沉默。

"你说啊。"

"还用说吗。"安洁双手捂住了涨红的脸。

杨琦把安洁的手放到他胸前，安洁感觉到他的心在砰砰地跳动。

热恋中的情人一旦分开，才体会到爱之深情之切。在济南的日子里，不像在两山口朝夕相处，安洁初尝了相思的苦涩。那天，她狠心刺破了手指，用流出的血写下了一首小诗：

"血字表心愿，不知事如愿。劝君莫扔掉，此物仍相见。七年我再看，今去来日还。"

农田劳作汗入土，一日三餐煎饼填。生活的磨难巩固和加深着他们的感情。春天，花生地里锄草相互会心的对视；夏夜，茅草屋内飘出的阵阵歌声；秋收，在山岩上晾晒地瓜干忙碌的身影；冬闲，他们共同排练节目，向贫下中农汇报演出。日出而作，日落而息，共同的生活让他们心心相印。

那是秋后的一个下午，安洁教学回来做好了饭，趁他俩还没回来，她就去卫生室要药去了。杨琦回来看安洁不在，等了一会还不见人。此时，天快黑了，他猛然想到，安洁这两天胃疼，是不是去卫生室了。一个不祥的念头泛上心来，他来不及多想，一路跑进了公社大院。安洁看杨琦来了，一下子站起来，拉着他走出了卫生室。安洁给他说，她要点药就走，可黄大夫非让打针，说不打针不行。我觉得黄大夫不怀好意，心里有些害怕，可又迈不开腿，亏你来啦。随后又问，你怎么知道我在这儿。杨琦说，我知道你胃疼啊。安洁紧紧拉着杨琦的胳膊，感触地说，真是心有灵犀啊。

井中捞笔的事，感动得安洁都流了泪。那是初冬的一个下午，安洁打水时,把衣兜里的钢笔掉井里了。杨琦听说后,脱去外衣毫不犹豫地下了井。当他从石缝里好不容易摸到钢笔时，身上已是一层鸡皮疙瘩。

当然，安洁照顾杨琦也是无微不至。麦收时，摔麦子的大木板掉下来，砸了杨琦的脚面。他一个星期没下床，安洁餐餐换样送到他床前。到现在，杨琦不洗衣服不刷碗，都是安洁“惯”着他的习惯。

1970 年 12 月底,他们同时被济南的企业招工。杨琦进了济南国棉一厂，安洁成为济南汽车制造总厂小学的一名教师。在两山口，他们一日不见如隔三秋。在济南,一周甚至十天不见已是常事,她的一首小诗中这样写着“一星期不见面，尝尝泪水湿衣衫，想想两山口啊聚多离少，哪有这般相见时难别亦难。”相思，也让杨琦寝食难安。1972 年夏，杨琦突发奇想，我要把两山口的事全写下来，送给安洁，让她想我的时候看看。下了班，他就把自己关在家里写。大约三个多月，他写了一百多页稿纸，有三万多字吧。随后，他边修改边誊写在一个笔记本上，定名《友谊》，作为一份礼物送给了安洁。这就是 2013 年《初恋》成书的底稿。

1977 年国庆节前，杨琦和安洁赴青岛旅行结婚，在栈桥边留下了他们相互依偎的身影。再后来，安洁直至退休，从教近三十年，成为一名小学高级教师。杨琦从企业调入济南市食品药品监管局，成为一名正处级领导干部。

天有不测风云。2008 年秋，安洁病了，而且是阿尔茨海默症，俗称老年痴呆。杨琦还不到退休年龄，但为了给安洁看病治病，他不得不提前离岗了。各大医院都去了，也住院检查治疗了，盐酸美金刚片一直吃着，但安洁的病虽缓慢却持续地发展着。仅仅四五年的时间，不能自己吃饭了，

附1−2

没有语言了，无法站立了，直至卧床不起。照顾她吃喝拉撒睡，成了杨琦的主要任务。为了防止褥疮，买了气垫床，这样也还能勤翻身。九年多了，杨琦天天如一日地照顾着安洁，安洁虽已经没有了思维也不认人，但看着安洁还红润的面容，杨琦心里也感到些许的欣慰。

在《初恋》的最后一页，杨琦有一首诗：

遥忆莒国情——整理情书有感

蹉跎岁月鬓发白
四十余载情未衰
佳人形在神却去
徒留芳踪现脑海
清纯率真怀春女
恰遇少年钟情郎
难得白首相厮守
良山见证情和爱

毋忘在莒（小说）

何爱东

时间如白驹过隙。当年公子小白因为哥哥齐襄公荒淫暴虐，怕引火烧身，而逃离齐国到莒国避难，公子赳也逃到鲁国避难。转眼数载寒暑，小白的哥哥齐襄公果然被人杀死，现在，杀死齐襄公的人又被人杀死。齐国国中无主，小白和赳兄弟俩都想赶回齐国做国君。

时间就是胜利。小白在鲍叔牙的陪同下，骑着白驹一路飞奔。而鲁国那边，小白的哥哥纠也在火速回国的路上。转眼间，白驹载着小白已到莒城北 60 里。就在这时，山坡上忽然出现一队人马，小白还没来得及反应，一支冷箭已朝他射来！箭中腹部，小白应声落马，倒地不起。射箭的人，是纠的谋士，名字叫管仲。看到小白中箭而亡，管仲大喜，他的主公这次是唯一的王位继承者了。

得到弟弟已死的确切消息，纠绷紧的神经终于放松了。纠雄赳赳气昂昂地朝齐国前行，他的脑海里不时浮现出自己坐在王位上，众臣民顶礼膜拜的场景。身边的人，甚至已经称呼他大王了……

可等他们浩浩荡荡来到齐国城下时，方才知道，小白已经先他入城登基做了国王，小白即是后来的齐桓公。

原来，当时管仲的冷箭正好射在了小白的衣带钩上。小白将计就计，装死以迷惑管仲，然后藏在车中昼夜不停飞速行进，所以能够先入齐国即位。

纠只好继续退回鲁国避难。这年秋天，齐兵与鲁兵作战，鲁兵败逃，齐兵又切断鲁兵的退路。齐桓公写信给鲁国说:“纠是我兄弟，我不忍亲手杀他，请鲁国将他杀死。召忽（纠的另一个拥护者）、管仲是我仇敌，我要求活着交给我，让我把他们剁成肉酱才甘心。不然，齐兵要围攻鲁国。”鲁人害怕，就杀死了纠。召忽自杀而死，管仲被囚禁起来送给了齐国。

如此深仇大恨，齐桓公怎么可能不杀死管仲呢。没想到，鲍叔牙迎接管仲一到齐国境内的堂阜，就给他除去桎梏，让他斋戒沐浴而见桓公。

原来，此前，鲍叔牙对齐桓公说:“我有幸跟从您，您终于成为国君。

您的尊贵地位，我已无法再帮助您提高。您如果只想治理齐国，有高傒和我也就够了。您如果想成就霸王之业，没有管仲不行。管仲所居之国，其国必强，不能失去这个人才。”于是齐桓公听取鲍叔牙的话，就假装召回管仲以报仇雪恨，实际是想任他为政。齐桓公赏以厚礼并任管仲为大夫，主持政务。

在众多能臣的辅佐下，齐国国力日盛。一天，齐桓公宴请管仲、鲍叔牙、宁戚在一起喝酒。管仲、宁戚先后向齐桓公敬酒献吉言，只有鲍叔牙没敬酒。喝得正高兴时，齐桓公对鲍叔牙说:“何不起身敬酒祝寿？”鲍叔牙捧起酒杯敬酒，说:“希望您不要忘记逃亡在莒国的情景，希望管仲不要忘记被囚禁在鲁国的情景，希望宁戚不要忘记自己喂牛住在车下的情景。”

听了鲍叔牙的话，齐桓公飘然的心为之一震。众人离席后他把鲍叔牙独自留下，说:“如果我和各位大夫都能不忘记您说的话，那么齐国的江山也许就不危险了！”

这就是“毋忘在莒”的典故。齐桓公在管仲、鲍叔、隰（xí，席）朋、高傒等人辅佐下，励精图治，组织基层五家连兵之制，兴盛商业流通、渔业盐业，用以救济贫民，奖励贤能之士。齐国人人欢欣，齐桓公最终成为春秋五霸之首。

毋忘在莒、不忘初心方能成就大业，可后来的齐桓公却不能“毋忘在莒”了。他骄傲自满、到处攻伐、荒淫奢侈，还不听从管仲临死前的劝告，重用了几个巴结他的小人。齐桓公病时，五公子各自结党要求立为太子。桓公死后，就互相攻战，以致宫中无人，也没人敢去把齐桓公装尸入棺。齐桓公尸体丢弃在床上六十七天，尸体爬满蛆虫以至爬出门外。直到后来公子无诡即位，才装棺并向各国报丧，穿衣入殓，停柩于堂。

附 :《毋忘在莒》典故

“毋忘在莒”典故出自《吕氏春秋·直谏》:“齐桓公、管仲、鲍叔、宁戚相与饮酒酣，桓公谓鲍叔曰:‘何不起为寿？’鲍叔奉杯而进曰:‘使公毋忘出奔在于莒也……’”

这段历史说的是：春秋时期，齐襄公昏庸，齐国内乱，公子小白和公子纠为逃避杀身之祸，于公元前686年分别在鲍叔牙和管仲的保护下逃到莒国和鲁国避难。

第二年，齐襄公去世，小白和纠都想回国继位。途中，纠的辅佐者管仲设伏，试图杀死小白。没想到射中小白的衣带钩，小白将计就计装死，然后快速回国抢先继位，小白就成了后来的齐桓公。后来在鲍叔牙的建议下，齐桓公冰释前嫌，任用管仲。

一次，齐桓公与鲍叔牙、管仲、宁戚一起饮酒。另外两人都向齐桓公敬酒，唯独鲍叔牙没敬酒，齐桓公主动问鲍叔牙:“你为啥不起身给我敬酒呢？”

于是鲍叔牙起身敬酒说到:“希望国君不要忘记在莒国逃亡的岁月……”

齐桓公受鲍叔牙启发，遂奋发图强、励精图治，终成为春秋五霸之首。

现在，“毋忘在莒”多用于不忘本、不忘初心之意。

《知青相聚歌》

作词：荣启、杨琦、张维

作曲：荣启

1=F　4/4　2/4

莒县知青群创作组
集体创作

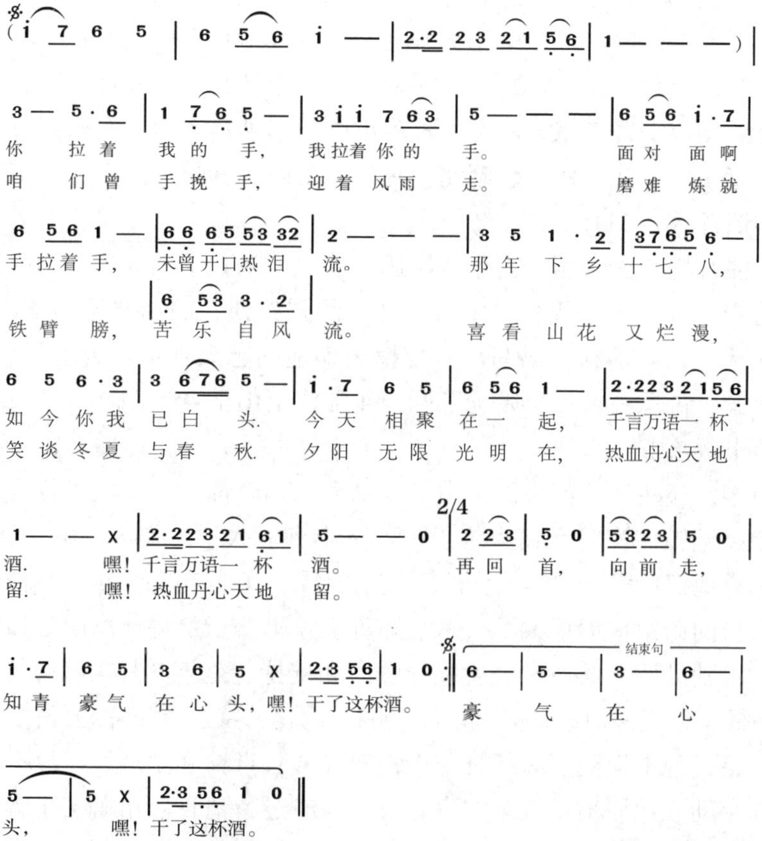

后　记

20世纪60年代，在党中央和毛泽东主席关于“知识青年到农村去，接受贫下中农再教育”的号召下，全国先后有1600多万知识青年积极响应，奔赴农村，奔赴边疆，展开了一场轰轰烈烈地上山下乡运动。莒县从1968年始先后接收安置了来自济南、青岛市以及本县籍上山下乡知识青年和北京市、辽宁、浙江、四川、湖北、福建、山西、贵州、河南、云南等省的回乡知识青年共3116人。

忆往昔峥嵘岁月稠。当年他们远离故土，来到了地处沂蒙山区的莒县插队落户，发扬自力更生，艰苦奋斗，顽强拼搏，团结友爱的革命精神，战天斗地，奋勇前行，谱写出一部撼天动地的感人史篇。为了不忘初心，弘扬美德，传承精神；也是为了圆当年那代上山下乡人的一个梦，我们决意编纂出版该书。

当年，那些如花似玉的上山下乡知青，如今都步入了老年行列，有的甚至中道夭折。岁月无情人终去，留下丰碑后人说。作为档案主管部门，责无旁贷地把那段历史载入史册，刻不容缓。2016年上半年，时任莒县档案局局长的田纪平倡议编写《莒县知青》一书。于是将此意向县领导做了汇报，得到县委、县政府分管领导赞同和支持。是年7月15日，《莒县知青》编纂工作正式启动，随即成立了编纂委员会，特邀唐正立担任执行主编。该书编纂过程中得到了时任日照市档案局局长肖梅和副局长付海军的大力支持和帮助，并提出了许多宝贵建议。同时还特请日照市著名学者、日照市太阳文化研究会监事长、《日照企业文化》杂志副总编田文阁先生在百忙中将搜集到的李鸿、陈力、黄传新、张建华、杨琦等莒县知青的回忆文章，以及两山口知青捐资助学的有关新闻报道资料无私捐献给我们。

2017年1月，许传新接任莒县档案局局长后，对该书编纂工作尤为重视，多次向县领导汇报，听取指导意见。强调编纂好《莒县知青》，既是对曾在莒县上山下乡知识青年的交代，也是对莒县历史的担当。必须要编纂出一部高水平、符合时代潮流的专著。编写过程中，他多次召开座谈会，听取汇报，了解进程，精心指导。除此，还得到了老知青、当年知青工作者和知青点有关人员的热心帮助、支持。编纂者以极大的热情夜以继日的工作，在短短时间内，完成了从资料搜集、整理到编撰成书的重任。

本书在编纂过程中，遇到的最大困难是资料缺失，当时莒县革命委员会上山下乡办公室有关知青资料不全，致使该书编写遇到了困难，只好采取多渠道查询和收集有关信息。一年来，查阅分析 1966 至 1976 年“文革”期间的有关知青档案和当时县革委有关知青档案 340 余卷。查阅 1964 至 1986 年团县委、县财政局、县粮食局、县卫生局、县农业局、县计委、县人事局、县税务局、县教育局、各公社（乡镇）及有关村庄等知青档案 393 余卷件。同时，查阅临沂档案馆有关知青档案资料 100 余卷，从济南档案馆查到《济南知识青年登记表》，从青岛市档案馆查到《青岛市上山下乡知识青年登记表》和《知识青年上山下乡带队干部花名册》等。但这些资料多是政策性文件和上级行政部门的资料，真正反映莒县知青点和知识青年在农村的生产生活状况的材料寥寥无几。于是，又到县内当年知青点走访知情人，征集有关照片、奖状、奖章、图书、笔记、生产生活用品等。但由于光阴荏苒，物是人非，当年的文字资料收集甚少，好在征集到一些照片和实物，也了解了当时村情和知青的一些情况。

莒县档案局分管副局长宋君始终身处一线，具体组织实施，既指导又实干，做了无可替代的工作。为了便于联系，与济南、青岛、莒县知青相继建起了微信群，通过聊天，获得一些有价值的资料。当年知青对编纂《莒县知青》一书给予了高度关注和厚望，并以实际行动给予大力支持，有的通过微信提供了上山下乡时的照片、图书、文字资料。有的通过邮寄方式提供，有的亲自送至档案局。如济南知青刘荣起、李鸿、阎伟、殷晓林，青岛知青带队干部许永明、青岛知青吴仕传，莒县知青公方树、欧家元、赵拂晓等。尤其当时两山口知青组组长董瑛提供了大量日记、照片、实物等有关资料，并在百忙中亲自核实济南知青名录。所有这些都使我们感受至深。

《莒县知青》的编纂出版发行，离不开各级有关领导的大力支持，以及有关专家们的帮助。济南市档案馆、青岛市档案馆、临沂市档案馆、莒县档案馆协助提供了有关资料，在此向他们表示感谢！县档案局信息技术科科长孔范德、王涛在资料征集和采访过程中做了大量工作，在成书过程中提供了强有力的保障，功不可没。

该书成稿后，印发了征求意见稿，先后送交市委副秘书长肖梅，市委副秘书长、档案局局长葛长华、县委书记、县长、市档案局，以及部分知青广泛征求意见。分别在济南、青岛、莒县召开《莒县知青》评审会，董瑛、刘荣启、杨琦、李鸿、郑孔强、阎伟、柴刚、程鹏、王丽姝、张延超、章安秋、殷晓林、王发华、许永明、吴仕传、王新华、苏勋珍、李金利、李业春、孙永新、王卫军、欧家元、张东、耿春云、谢建华、王根东、胡兆东、张建平、姚常森、陈维芬、来淑芬、牟海琴、公方树、孙永芬等老知青参加了评审会；并提出宝贵的修改意见，在此一并向他们致以谢意。

该书由莒县作家协会主席孟凡金，马树林最后修改定稿，由经济日报出版社出版。

由于时间匆促，资料不全，还有许多该收录的内容没有收录进来，尤其“知青名录”部分，因馆藏档案有限，知青姓名不全，有的尽管有手写资料，因字迹潦草，难以辨认，虽多渠道发出通知，至今无法取得联系，因而无法确认其姓名。同时也因编者水平所限，书中舛误之处在所难免，敬请广大读者斧正。

编　者

2018 年 6 月